Rojgar Coaching Center

SSC-GD

REASONING

लेखक

RWA Team

❒ प्रकाशकः

Rojgar Publication

Bilaspur, Greater Noida,
Gautam Buddha Nagar,
U.P. 203202
Mobile : 9818489147

E-mail: rojgarwithankit@gmail.com

❒ नवीनतम संस्करण

❒ ISBN: 9788196802875

❒ **Distributor:**

ROHIT GENERAL STORE
Bilaspur, Greater Noida
Mobile : 9557571762, 8171579050

नोटः इस किताब में किसी भी प्रकार के संशोधन या त्रुटि संबंधित आपके सुझाव स्वागत योग्य हैं। जिसके लिए आप हमारे नंबर 9311737467 पर संपर्क कर सकते हैं।

अंकित भाटी सर की कलम से...

प्यारे बालकों/बालिकाओं

जैसा कि आप सभी को विदित है, कि "SSC GD" की नौकरी का आकर्षण पिछले कई वर्षों में बहुत ज्यादा बढ़ा है। इसके पीछे का मुख्य कारण रोजगार के साथ-साथ देश सेवा का भाव भी है। यह नौकरी आपको सही मायनों में देश सेवा के भाव से ओत-प्रोत कराती है। पिछले वर्ष SSC GD में सबसे ज्यादा सिलेक्शन आपकी संस्था (Rojgar With Ankit) से हुए, जिन साथियों का चयन SSC GD में हुआ, उनके लिए हम एक सम्मान समारोह का आयोजन करते हैं, जिससे हम उनकी Selection की Journey को करीब से आप लोगों को दिखा सकें एवं इस नौकरी की तैयारी करने वाले अभ्यर्थी उनसे प्रोत्साहित हो सकें। आपकी संस्था RWA वैसे तो अपने प्रत्येक बैच में 'सबसे सस्ता, सबसे अच्छा' टैगलाईन को चरितार्थ करती है, लेकिन जब हम SSC GD की बात करते हैं, तो सबसे ज्यादा उम्मीद RWA से की जाती है, इसलिए मैं हमेशा आपकी इच्छानुसार सबसे अच्छा, कंटेंट चाहे वह किसी कोर्स, बुक्स, मॉक टेस्ट व यूट्यूब पर फ्री प्रैक्टिस सेट्स हो, सभी रूप में आपको उपलब्ध कराता हूँ, लेकिन इसके बदले में आपसे भी मेहनत, सतत् प्रयास तथा स्वयं व परिवार के प्रति प्रतिबद्धता की अपेक्षा रखता हूँ।

हम सभी एक सामाजिक प्राणी हैं, सभी समाज में रहते हैं, जब कभी समय से सफलता नहीं मिल पाती तो अभ्यर्थी स्वयं को उपेक्षित सा महसूस करता है। इसके लिए आप सभी के लिए एक मोटीवेशनल लाईन है-

ठुकराया था जिसको तुमने पिछले साल की सर्दी में,
लौटकर आने वाला है वो इस बार सिपाही की वर्दी में।

मैं यह मानता हूँ कि SSC GD की तैयारी अगर सटीक रणनीति से की जाए तो लक्ष्य को प्राप्त किया जा सकता है। इसी कड़ी में RWA, SSC GD के लिए विशेष तौर पर चार बुक्स का COMBO निकालता है, जिसमें SSC GD में पूछे जाने वाले चारों विषय - हिंदी, GS, मैथ्स और रीजनिंग की बुक्स प्रकाशित करता है, जिसके कंटेट को गत वर्षों के टॉपर्स द्वारा भी बहुत सराहा गया है। चार किताबों के इस COMBO में चौथी किताब Reasoning को आपके समक्ष प्रस्तुत कर रहा हूँ। इस किताब में 2019, 2021, 2023 व 2024 के प्रश्नों को चैप्टरवाइज के साथ-साथ Typewise व उसके अंदर Levelwise समाहित करने का एक ईमानदार प्रयास किया गया है। पुस्तक के अंत में Previous Year पेपर्स के आधार पर पाँच प्रैक्टिस सेट दिये गये हैं।

वैसे तो इस पुस्तक को कई चरणों में सूक्ष्मता से जाँचा गया है, लेकिन फिर भी यह दावा करना कि पुस्तक त्रुटिरहित है, अव्यावहारिक ही होगा। आप हमें अपने सुझाव हमारे हेल्पलाईन नंबर 9311737467 पर के माध्यम से दे सकते हैं। आपके सुझावों पर हम निश्चित रूप से काम करेंगे।

मेरा सपना पंक्ति में खड़े अंतिम विद्यार्थी तक रोजगार की पहुँच सुनिश्चित करना है। साथियों सफलता या असफलता सब हमारे प्रयासों पर निर्भर करती है। अंत में जो मैं आपको हमेशा बोलता हूँ-

जब नाव जल में छोड़ दी,
तूफान में ही मोड़ दी
दे दी चुनौती सिंधु को,
फिर धार क्या, मझधार क्या?

कह मृत्यु को वरदान ही
मरना लिया जब ठान ही
जब आ गये रणभूमि में
फिर जीत क्या फिर हार क्या?

जब छोड़ दी सुख कामना,
आरंभ कर दी साधना
संघर्ष पथ पर बढ़ चले
फिर फूल क्या अंगार क्या?

संसार का पी पी गरल,
जब कर लिया मन को सरल,
भगवान शंकर हो गये,
फिर राख क्या श्रृंगार क्या?

–अंकित भाटी

(रोजगार विद अंकित)

Index

वर्गीकरण (Classification)

Type 1

Direction (Q.No. 1 to 47): In each of the following questions, find the odd pair of letters?

निर्देश (प्रश्न संख्या 1 से 47) : निम्नलिखित प्रत्येक प्रश्न में अक्षरों का विषम युग्म छाँटिए।

1. **(SSC GD, 1 Dec., 2021, Shift-III)**
(a) MJQ (b) EBI
(c) GDK (d) RNU

2. **(SSC GD, 1 Dec, 2021, Shift-I)**
(a) PVY (b) FLO
(c) GMQ (d) LRU

3. **(SSC GD, 1 Dec, 2021, Shift-II)**
(a) AEIMQ (b) KOSWA
(c) EIMQU (d) NRUZE

4. **(SSC GD, 2 Dec, 2021, Shift-II)**
(a) FCHF (b) HEJH
(c) PMRN (d) XUZX

5. **(SSC GD, 2 Dec, 2021, Shift-I)**
(a) NHDB (b) BXJC
(c) ZTJM (d) PLFH

6. **(SSC GD, 2 Dec, 2021, Shift-II)**
(a) TPWR (b) BXEV
(c) HDKF (d) RNUP

7. **(SSC GD, 3 Dec, 2021, Shift-III)**
(a) TYD (b) RVB
(c) NSX (d) GLQ

8. **(SSC GD; 3 Dec, 2021, Shift-I)**
(a) KDF (b) QJL
(c) NGI (d) PLK

9. **(SSC GD, 3 Dec, 2021, Shift-II)**
(a) DHLP (b) NRVZ
(c) TXBF (d) YCGL

10. **(SSC GD, 6 Dec, 2021, Shift-III)**
(a) UYW (b) LPN
(c) DHF (d) OQP

11. **(SSC GD, 6 Dec, 2021, Shift-I)**
(a) EIU (b) OEU
(c) AEI (d) QNV

12. **(SSC GD, 7 Dec, 2021, Shift-III)**
(a) GPL (b) OXS
(c) LUP (d) IRM

13. **(SSC GD, 7 Dec, 2021, Shift-I)**
(a) DMI (b) CGP
(c) RFB (d) ATH

14. **(SSC GD, 7 Dec, 2021, Shift-II)**
(a) GCY (b) OKG
(c) JFB (d) UQN

15. **(SSC GD, 8 Dec, 2021, Shift-III)**
(a) WYCI (b) HJNT
(c) BDHN (d) ZAEJ

16. **(SSC GD, 8 Dec, 2021, Shift-I)**
(a) ZBFL (b) BDHN
(c) MOSY (d) OQUB

17. **(SSC GD, 8 Dec, 2021, Shift-I)**
(a) GKOV (b) AFKP
(c) KPUZ (d) TYDI

18. **(SSC GD, 9 Dec, 2021, Shift-III)**
(a) RTUS (b) KMNL
(c) JLMK (d) OQSP

19. **(SSC GD, 9 Dec, 2021, Shift-I)**
(a) GAH (b) MTA
(c) VCJ (d) DKR

20. **(SSC GD, 9 Dec, 2021, Shift-II)**
(a) ZDHLP (b) LPTXB
(c) QUYBG (d) BFJNR

21. **(SSC GD, 10 Dec 2021, Shift-III)**
(a) MAA (b) OSD
(c) OTP (d) VOL

22. **(SSC GD, 10 Dec 2021, Shift-I)**
(a) DBZX (b) TRPN
(c) NLJH (d) CAYV

23. **(SSC GD, 10 Dec 2021, Shift-II)**
(a) STUV (b) FGHE
(c) HIJG (d) BCDA

24. **(SSC GD, 13 Dec 2021, Shift-III)**
(a) HOT (b) LIP
(c) MRF (d) POD

25. **(SSC GD, 13 Dec 2021, Shift-I)**
(a) YGSQ (b) GTDME
(c) MHXT (d) LBJZ

26. **(SSC GD, 13 Dec 2021, Shift-II)**
(a) MDNK (b) SFHJ
(c) GBTM (d) JLQC

27. **(SSC GD, 14 Dec 2021, Shift-III)**
(a) BDFHJ (b) QSUWY
(c) JLNPR (d) CEHJK

28. **(SSC GD, 14 Dec 2021, Shift-I)**
(a) CXTP (b) TOJE
(c) NIDY (d) RMHC

29. **(SSC GD, 14 Dec 2021, Shift-II)**
(a) GHE (b) BJP
(c) LUX (d) OWL

30. **(SSC GD, 15 Dec 2021, Shift-III)**
(a) EFIN (b) OPSX
(c) ABEJ (d) UCGK

31. **(SSC GD, 15 Dec 2021, Shift-I)**
(a) TPLI (b) MIEA
(c) XTPL (d) RNJF

32. **(SSC GD, 15 Dec 2021, Shift-II)**
(a) LPU (b) MMV
(c) DSE (d) AMU

33. **(SSC GD, 16 Nov 2021, Shift-III)**
(a) AEU (b) IOU
(c) ZDK (d) AEI

34. **(SSC GD, 16 Nov 2021, Shift-I)**
(a) QRS (b) NMP
(c) HIJ (d) DEF

35. **(SSC GD, 17 Nov 2021, Shift-III)**
(a) YUSR (b) GDBA
(c) ZWUT (d) IFDC

36. **(SSC GD, 17 Nov 2021, Shift-I)**

(a) CXGV (b) LOPK
(c) EVIR (d) HSLO

37. (SSC GD, 17 Nov 2021, Shift-II)
(a) PSVYB (b) NQTWA
(c) DGJMP (d) TWZCF

38. (SSC GD, 18 Nov 2021, Shift-III)
(a) ZUP (b) FAU
(c) LGB (d) MHC

39. (SSC GD, 18 Nov 2021, Shift-I)
(a) QSJ (b) EGV
(c) RTI (d) NTD

40. (SSC GD, 18 Nov 2021, Shift-II)
(a) DOU (b) AHI
(c) GNU (d) ODS

41. (SSC GD, 9 Mar 2019, Shift-II)
(a) UBC (b) RYZ
(c) FGM (d) IPQ

42. (SSC GD, 11 Mar 2019, Shift-I)
(a) GCE (b) SJL
(c) PLN (d) JFH

43. (SSC GD, 11 Mar 2019, Shift-II)
(a) GAT (b) DAT
(c) EAV (d) WAD

44. (SSC GD, 11 Mar 2019, Shift-III)
(a) LNP (b) YAC
(c) RSU (d) CEG

45. (SSC GD, 1 Mar 2019, Shift-II)
(a) prt (b) bdf
(c) suw (d) kmn

46. (SSC CRPF, 4 Oct, 2019, Shift-I)
(a) UQ (b) RN
(c) JG (d) NJ

47. (SSC CRPF 4 Oct, 2019, Shift-II)
(a) EBD (b) IFH
(c) QNO (d) YVX

Type 2

Direction (Q.No. 48 to 60): In each of the following questions, find the odd pair of numbers?

निर्देश (प्रश्न संख्या 48 से 60) : निम्नलिखित प्रश्नों में से प्रत्येक में संख्याओं का विषम युग्म छाँटिए।

48. (SSC GD, 5 Mar 2019, Shift-I)
(a) 22, 33 (b) 10, 15
(c) 18, 27 (d) 16, 21

49. (SSC GD, 13 Feb 2019, Shift-I)
(a) 109 (b) 561
(c) 127 (d) 307

50. (SSC GD, 13 Feb 2019, Shift-II)
(a) 373 (b) 247
(c) 317 (d) 319

51. (SSC GD, 14 Feb 2019, Shift-I)
(a) 27 (b) 625
(c) 343 (d) 125

52. (SSC GD, 14 Feb 2019, Shift-III)
(a) 216 (b) 8
(c) 125 (d) 65

53. (SSC GD, 15 Feb 2019, Shift-II)
(a) 45 (b) 75
(c) 105 (d) 85

54. (SSC GD, 18 Feb 2019, Shift-III)
(a) 53 (b) 73
(c) 23 (d) 33

55. (SSC GD, 18 Feb 2019, Shift-III)
(a) 12–86 (b) 5–31
(c) 8–58 (d) 3–23

56. (SSC GD, 19 Feb 2019, Shift-II)
(a) 91 (b) 84
(c) 55 (d) 42

57. (SSC GD, 19 Feb 2019, Shift-II)
(a) 3–6 (b) 12–128
(c) 7–42 (d) 8–56

58. (SSC GD, 19 Feb 2019, Shift-II)
(a) 732 (b) 543
(c) 651 (d) 452

59. (SSC GD, 22 Feb 2019, Shift-I)
(a) 79–97 (b) 39–93
(c) 91–99 (d) 45–54

60. (SSC GD, 1 Dec., 2021, Shift-III)
(a) (13, 26, 169)
(b) (17, 34, 278)
(c) (15, 30, 225)
(d) (12, 24, 144)

Type 3

Direction (Q.No. 61 to 93): In each of the following questions, find the odd pair of words?

निर्देश (प्रश्न संख्या 61 से 93) : निम्नलिखित प्रश्नों में से प्रत्येक में शब्दों का विषम युग्म छाँटिए।

61. (SSC GD, 1 Dec., 2021, Shift-III)
(a) मीठा (b) खट्टा
(c) कड़वा (d) विशिष्ट स्वाद

62. (SSC GD, 3 Mar 2019, Shift-III)
(a) कथकली (b) कुचिपुड़ी
(c) हेमिस (d) सत्रिया

63. (SSC GD, 3 Mar 2019, Shift-I)
(a) अंधा (b) बहरा
(c) गूंगा (d) विवर

64. (SSC GD, 3 Mar 2019, Shift-II)
(a) बैंक कार्ड (b) क्रेडिट कार्ड
(c) डेबिट कार्ड (d) मेमोरी कार्ड

65. (SSC GD, 2 Mar 2019, Shift-I)
(a) दौड़ा-दौड़ी (b) तीव्र गति
(c) हड़बड़ी (d) मंदगति

66. (SSC GD, 2 Mar 2019, Shift-II)
(a) कार्बन (b) ऑरम
(c) सिलिकॉन (d) जर्मेनियम

67. (SSC GD, 1 Mar 2019, Shift-II)
(a) मधुमक्खी का छत्ता
(b) कुत्ता घर
(c) सुअर का बाड़ा
(d) शावक

68. (SSC GD, 22 Feb 2019, Shift-II)
(a) तकिया (b) रजाई
(c) बिस्तर (d) बैड

69. (SSC GD, 22 Feb 2019, Shift-I)
(a) विभिन्न (b) अलग करना
(c) समान (d) भेद करना

70. (SSC GD, 18 Feb 2019, Shift-II)
(a) कान (b) आंख
(c) गुर्दा (d) नाक

71. (SSC GD, 15 Feb 2019, Shift-I)
(a) गुर्दा (b) नाक
(c) यकृत (d) फेफड़ा

72. (SSC GD, 5 Mar 2019, Shift-II)
(a) कार्गो (माल) (b) ट्रॉली
(c) टेम्पो (d) ट्रक

73. (SSC GD, 6 Mar 2019, Shift-I)
(a) भागवत् गीता (b) बाइबल
(c) कुरान (d) यहूदी

74. (SSC GD, 6 Mar 2019, Shift-II)
(a) टोकरी (b) कटोरा
(c) ठेला (d) बैग

75. (SSC GD, 7 Mar 2019, Shift-III)
(a) शब्दकोश
(b) विश्वकोष
(c) लेख
(d) गणक (कैलकुलेटर)

76. (SSC GD, 8 Mar 2019, Shift-I)
(a) अपरिमेय संख्या (b) प्राकृतिक संख्या
(c) पूर्ण संख्या (d) पूर्णांक संख्या

77. (SSC GD, 7 Mar 2019, Shift-II)
(a) झुंड (b) पशु समूह
(c) दल (d) हंस

78. (SSC GD, 8 Mar 2019, Shift-II)
(a) डेसीमीटर (b) किलोमीटर
(c) एमीटर (d) मिलीमीटर

79. (SSC GD, 8 Mar 2019, Shift-II)
(a) रुपया (b) ढाका
(c) डॉलर (d) यूरो

80. (SSC GD, 9 Mar 2019, Shift-II)
(a) साझेदारी (b) प्रोपराइटरशिप
(c) व्यापार संघ (d) नौकरी

81. (SSC GD, 11 Mar 2019, Shift-I)
(a) पंख (b) कपाल
(c) ग्रासनली (d) नास्य हड्डी

82. (SSC GD, 11 Mar 2019, Shift-II)
(a) केला (b) सेब
(c) अंगूर (d) फूलगोभी

83. (SSC GD, 11 Mar 2019, Shift-III)
(a) स्कार्फ (b) दस्ताने
(c) धूप का चश्मा (d) स्वेटर

84. (SSC GD, 11 Mar 2019, Shift-II)
(a) दिसपुर (b) मुंबई
(c) चेन्नई (d) झारखंड

85. (SSC GD (CRPF), 4 Oct, 2015, Shift-I)
(a) एस.एम.एस. (b) मनीऑर्डर
(c) स्पीड पोस्ट (d) पत्र

86. (SSC GD, (CRPF) 4 Oct, 2015, Shift-II)
(a) वर्ग (b) समलम्ब
(c) घन (d) त्रिभुज

87. (SSC GD, 1 Mar 2019, Shift-III)
(a) कागज : लुगदी
(b) फावड़ा : खोदना
(c) बंदूक : गोली चलाना
(d) कलम : लिखना

88. (SSC GD, 1 Mar 2019, Shift-I)
(a) भालू : शावक
(b) मुर्गा : मुर्गी
(c) शेर : शेरनी
(d) भाई : भाभी

89. (SSC GD, 22 Feb 2019, Shift-I)
(a) गुड़ : गन्ना
(b) धागा (यार्न) : तंतु (फाइबर)
(c) आमलेट : भोजन
(d) धातु : अयस्क

90. (SSC GD, 22 Feb 2019, Shift-II)
(a) ताजमहल : आगरा
(b) इंडिया गेट : नई दिल्ली
(c) विक्टोरिया स्मारक : कोलकाता
(d) कोणार्क : ओडिशा

91. (SSC GD, 11 Feb 2019, Shift-III)
(a) अंगूर : गुच्छा
(b) फूल : गुलदस्ता
(c) मधुमक्खियाँ : झुंड
(d) आदमी : कक्षा

92. (SSC GD, 11 Feb 2019, Shift-II)
(a) बाज : स्वूप
(b) सुअर : बाड़ा
(c) राजा : महल
(d) पक्षी : घोंसला

93. (SSC GD, 11 Feb 2019, Shift-I)
(a) मिश्र : कैरो (b) इटली : रोम
(c) इराक : दीनार (d) ग्रीस : एथेंस

उत्तरमाला

1.	(d)	2.	(c)	3.	(d)	4.	(c)	5.	(a)	6.	(b)	7.	(b)	8.	(d)	9.	(d)	10.	(d)
11.	(d)	12.	(a)	13.	(d)	14.	(d)	15.	(d)	16.	(d)	17.	(a)	18.	(d)	19.	(a)	20.	(c)
21.	(a)	22.	(d)	23.	(a)	24.	(c)	25.	(b)	26.	(b)	27.	(d)	28.	(a)	29.	(b)	30.	(d)
31.	(a)	32.	(b)	33.	(c)	34.	(b)	35.	(a)	36.	(a)	37.	(b)	38.	(b)	39.	(d)	40.	(a)
41.	(c)	42.	(b)	43.	(b)	44.	(c)	45.	(d)	46.	(c)	47.	(c)	48.	(d)	49.	(b)	50.	(c)
51.	(b)	52.	(d)	53.	(d)	54.	(d)	55.	(b)	56.	(c)	57.	(b)	58.	(d)	59.	(c)	60.	(b)
61.	(d)	62.	(c)	63.	(d)	64.	(d)	65.	(d)	66.	(b)	67.	(d)	68.	(d)	69.	(c)	70.	(c)
71.	(b)	72.	(a)	73.	(d)	74.	(c)	75.	(d)	76.	(a)	77.	(d)	78.	(c)	79.	(b)	80.	(d)
81.	(a)	82.	(d)	83.	(c)	84.	(d)	85.	(a)	86.	(c)	87.	(a)	88.	(a)	89.	(c)	90.	(d)
91.	(d)	92.	(a)	93.	(c)														

Hints & Solution (व्याख्या)

1. 13 10 17 5 2 9
M J Q , E B I
−3 +7 −3 +7
7 4 11 But 18 14 21
G D K R N U
−3 +7 −4 +7

2. 16 22 25 6 12 15
P V Y , F L O
+6 +3 +6 +3
12 18 21 But 7 13 17
L R U G M Q
+6 +3 +6 +4

3. 1 5 9 13 17 11 15 19 23 1
A E I M Q , K O S W A
+4 +4 +4 +4 +4 +4 +4 +4
5 9 13 17 21 But 14 18 21 26 5
E I M Q U N R U Z E
+4 +4 +4 +4 +4 +3 +5 +5

4. Ⓕ C H Ⓕ (+5, +0) , Ⓗ E J Ⓗ (+5, +0)
Ⓧ U Z Ⓧ (+5, +0) But Ⓟ M R Ⓝ (+5, −2)

5. प्रथम अक्षर का स्थानीय मान + दूसरे अक्षर का स्थानीय मान = (तीसरे अक्षर का स्थानीय मान + चौथे अक्षर का स्थानीय मान) × 2

(a) 14 8 4 2
N H D B
$(14 + 8) = 2 \times (4 + 2)$
$22 \neq 12$

(b) 2 24 10 3
B X J C
$24 + 2 = 2 \times (10 + 3)$
$26 = 26$

(c) 26 20 10 13
Z T J M
$26 + 20 = 2 \times (10 + 13)$
$46 = 46$

(d) 16 12 6 8
P L F H
$16 + 12 = 2 \times (6 + 8)$
$28 = 28$

6. 20 16 23 18 8 4 11 6
T P W R , H D K F
−4 −5 −4 −5
18 14 21 16 But 2 24 5 22
R N U P B X E V
−4 −5 −4 −9

7. 20 25 4 14 19 24
T Y D , N S X
+5 +5 +5 +5
7 12 17 But 18 22 2
G L Q R V B
+5 +5 +4 +6

8. 11 4 6 17 10 12
K D F , Q J L
−7 +2 −7 +2
14 7 9 But 16 12 11
N G I P L K
−7 +2 −4 −1

9. 4 8 12 16 14 18 22 26
D H L P , N R V Z
+4 +4 +4 +4 +4 +4
20 24 2 6 But 25 3 7 12
T X B F Y C G L
+4 +4 +4 +4 +4 +5

10. 21 25 23 12 16 14
U Y W , L P N
+4 −2 +4 −2
4 8 6 But 15 17 16
D H F O Q P
+4 −2 +2 −1

11. Q N V दिए गए सभी अक्षर व्यंजन हैं।

12. 15 24 19 12 21 16
O X S , L U P
+9 −5 +9 −5
9 18 13 But 7 16 12
I R M G P L
+9 −5 +9 −4

13. 4 13 9 3 7 16
D M I C G P
↓ ↓
4+13+9=26, 3+7+16=26

18 6 2 1 20 8
R F B But A T H
↓ ↓
18+6+2=26 1+20+8=29

14. 7 3 25 15 11 7
G C Y , O K G
−4 −4 −4 −4
10 6 2 But 21 17 14
J F B U Q N
−4 −4 −4 −3

15. 23 25 3 9 8 10 14 20
W Y C I , H J N T
+2 +4 +6 +2 +4 +6
2 4 8 14 But 26 1 5 10
B D H N Z A E J
+2 +4 +6 +1 +4 +5

16. 26 2 6 12 2 4 8 14
Z B F L , B D H N
+2 +4 +6 +2 +4 +6
13 15 19 25 But 15 17 21 2
M O S Y O Q U B
+2 +4 +6 +2 +4 +7

17. 1 6 11 16 11 16 21 26
A F K P , K P U Z
+5 +5 +5 +5 +5 +5
20 25 4 9 But 7 11 15 22
T Y D I G K O V
+5 +5 +5 +4 +4 +7

18. R T U S (+1, +1) , K M N L (+1, +1)
J L M K (+1, +1) But O Q S P (+1, +2)

19. 13 20 1 22 3 10
M T A , V C J
+7 +7 +7 +7
4 11 18 But 7 1 8
D K R G A H
+7 +7 −6 +7

20. 26 4 8 12 16
Z D H L P , (+4 +4 +4 +4)
12 16 20 24 2
L P T X B (+4 +4 +4 +4)
2 6 10 14 18
B F J N R (+4 +4 +4 +4)
17 21 25 2 7
But Q U Y B G (+4 +4 +3 +5)

21. (a) MAA = इसमें स्वर A दो बार उपस्थित है।
(b) OSD = केवल एक स्वर उपस्थित है जोकि O है।
(c) OTP = केवल एक स्वर उपस्थित है जोकि O है।
(d) VOL = केवल एक स्वर उपस्थित है जोकि O है।
अत: विकल्प (a) भिन्न है।

22. 4 2 26 24 20 18 16 14
D B (−2), Z X (−2), T R (−2), P N (−2)
14 12 10 8 But 3 1 25 22
N L (−2), J H (−2) But C A (−2), Y V (−3)

23. F G H E (+1 +1 −3), H I J G (+1 +1 −3)
B C D A (+1 +1 −3) But S T U V (+1 +1 +1)

24. (a) HOT = इसमें O स्वर उपस्थित है।
(b) LIP = इसमें I स्वर उपस्थित है।
(c) MRF = इसमें एक भी स्वर उपस्थित नहीं है।
(d) POD = इसमें O स्वर उपस्थित है।
अत: विकल्प (c) भिन्न है।

25. विकल्प (a), (c), (d) में एक भी स्वर नहीं है परंतु विकल्प (b) में पाँच अक्षर के साथ-साथ एक स्वर भी है।

26. M D N K
$\Rightarrow 13 + 4 + 14 + 11 = 42$
G B T M
$\Rightarrow 7 + 2 + 20 + 13 = 42$
J L Q C
$10 + 12 + 17 + 3 = 42$
But S F H J
$\Rightarrow 19 + 6 + 8 + 10 = 43 \neq 42$

27. B D F H J , (+2 +2 +2 +2)
Q S U W Y (+2 +2 +2 +2)
J L N P R (+2 +2 +2 +2)
But C E H J K (+2 +3 +2 +1)

28. 20 15 10 5 14 9 4 25
T O J E (−5 −5 −5), N I D Y (−5 −5 −5)
18 13 8 3 3 24 20 16
R M H C (−5 −5 −5) But C X T P (−5 −4 −4)

29. BJP शब्द में एक भी स्वर (Vowel) नहीं है।

30. 5 6 9 14 15 16 19 24
E F I N (+1 +3 +5), O P S X (+1 +3 +5)
1 2 5 10 21 3 7 11
A B E J (+1 +3 +5) But U C G K (+8 +4 +4)

31. 13 9 5 1 24 20 16 12
M I E A (−4 −4 −4), X T P L (−4 −4 −4)
18 14 10 6 20 16 12 9
R N J F (−4 −4 −4) But T P L I (−4 −4 −3)

32. MMV में कोई स्वर (Vowel) नहीं है।

33. ZDK में कोई स्वर (Vowel) नहीं है।

34. 17 18 19 8 9 10
Q R S (+1 +1), H I J (+1 +1)
4 5 6 14 13 16
D E F (+1 +1) But N M P (−1 +3)

35. 7 4 2 1 26 23 21 20
G D B A (−3 −2 −1), Z W U T (−3 −2 −1)
9 6 4 3 25 21 19 18
I F D C (−3 −2 −1) But Y U S R (−4 −2 −1)

36. 12 15 16 11
L O P K
$\Rightarrow 12 + 15 + 16 + 11 = 54$
5 22 9 18
E V I R
$\Rightarrow 5 + 22 + 9 + 18 = 54$
8 19 12 15
H S L O
$\Rightarrow 8 + 19 + 12 + 15 = 54$
But 3 24 7 22
C X G V
$\Rightarrow 3 + 24 + 7 + 22 = 56 \neq 54$

37. 16 19 22 25 2
P S V Y B , (+3 +3 +3 +3)
4 7 10 13 16
D G J M P (+3 +3 +3 +3)
20 23 26 3 6
T W Z C F (+3 +3 +3 +3)
14 17 20 23 1
But N Q T W A (+3 +3 +3 +4)

38. 26 21 16 12 7 2
Z U P (−5 −5), L G B (−5 −5)
13 8 3 6 1 21
M H C (−5 −5) But F A U (−5 −6)

39. Q S J (+2, O.L.), E G V (+2, O.L.)
R T I (+2, O.L.) But N T D (+6, Not O.L.)

40. 1 8 9 7 14 21
A H I G N U
1+8=9, 7+14=21

15 4 19   4 15 21
O D S   D O U
↓   ↓
15+4=19   4+15≠21

41. U $\xrightarrow{+7}$ B $\xrightarrow{+1}$ C

R $\xrightarrow{+7}$ Y $\xrightarrow{+1}$ Z

I $\xrightarrow{+7}$ P $\xrightarrow{+1}$ Q

परंतु

F $\xrightarrow{+1}$ G $\xrightarrow{+6}$ M

42. G $\xrightarrow{-4}$ C $\xrightarrow{+2}$ E

P $\xrightarrow{-4}$ L $\xrightarrow{+2}$ N

J $\xrightarrow{-4}$ F $\xrightarrow{+2}$ H

परंतु

S $\xrightarrow{-9}$ J $\xrightarrow{+2}$ L

43. 7 1 20
G A T
$\Rightarrow 7 + 1 + 20 = 28$
5 1 22
E A V
$\Rightarrow 5 + 1 + 22 = 28$
23 1 4
W A D
$\Rightarrow 23 + 1 + 4 = 28$
परंतु
4 1 20
D A T
$\Rightarrow 4 + 1 + 20 = 25 \neq 28$

44. L $\xrightarrow{+2}$ N $\xrightarrow{+2}$ P

Y $\xrightarrow{+2}$ A $\xrightarrow{+2}$ C

C $\xrightarrow{+2}$ E $\xrightarrow{+2}$ G

परंतु

R $\xrightarrow{+1}$ S $\xrightarrow{+2}$ U

45. p $\xrightarrow{+2}$ r $\xrightarrow{+2}$ t

b $\xrightarrow{+2}$ d $\xrightarrow{+2}$ f

s $\xrightarrow{+2}$ u $\xrightarrow{+2}$ w

परंतु

k $\xrightarrow{+2}$ m $\xrightarrow{+1}$ n

46. विकल्प से,

(a) U → Q (–4)   (b) R → N (–4)

(c) J → G (–3)   (d) N → J (–4)

अत: स्पष्ट है कि विकल्प (c) अन्य सभी से भिन्न है।

47. (a) E $\xrightarrow{-3}$ B $\xrightarrow{+2}$ D

(b) I $\xrightarrow{-3}$ F $\xrightarrow{+2}$ H

(c) Q $\xrightarrow{-3}$ N $\xrightarrow{+1}$ O

(d) Y $\xrightarrow{-3}$ V $\xrightarrow{+2}$ X

अत: स्पष्ट है कि QNO भिन्न है।

48. (a) $11 \times 2 = 22$
$11 \times 3 = 33,$

(b) $5 \times 2 = 10$
$5 \times 3 = 15,$

(c) $9 \times 2 = 18$
$9 \times 3 = 27,$

(d) $8 \times 2 = 16$
$8 \times 3 = 24 \neq 21$

अत: विकल्प (d) विषम है।

49. $109 \rightarrow 1 + 0 + 9 = 10$

$127 \rightarrow 1 + 2 + 7 = 10$

$307 \rightarrow 3 + 0 + 7 = 10$

But

$561 \rightarrow 5 + 6 + 1 = 12$

50. विकल्पों से,

(a) $373 \rightarrow 3 + 7 + 3 = 13$

(b) $247 \rightarrow 2 + 4 + 7 = 13$

(c) $317 \rightarrow 3 + 1 + 7 = 11$

(d) $319 \rightarrow 3 + 1 + 9 = 13$

स्पष्ट है कि विकल्प (c) असंगत संख्या है।

51. 27, 343, 125 ये सभी क्रमश: 3, 7, 5 के घन (Cube) हैं जबकि 625, 25 का वर्ग (Square) है।

52. विकल्प से,

$216 = (6)^3$

$8 = (2)^3$

$125 = (5)^3$

But $65 = 4^3 + 1$

53. $45 \rightarrow 15 \times 3$

$75 \rightarrow 15 \times 5$

$105 \rightarrow 15 \times 7$

But $85 \rightarrow 17 \times 5$

85 को छोड़कर सभी 15 से विभाज्य हैं।

54. संख्यायें 53, 73 और 23 अभाज्य संख्या हैं। जबकि 33 एक भाज्य संख्या है।

55. 12 → 86 (×7+2)

8 → 58 (×7+2)

3 → 23 (×7+2)

But 5 → 31 (×6+1)

56. 55 को छोड़कर अन्य सभी संख्याएँ 7 से पूर्णत: विभाज्य (Divisible) हैं।

अत: विकल्प (c) सही है।

57. $3 \times (3 - 1) = 6$

$7 \times (7 - 1) = 42$

$8 \times (8 - 1) = 56$

परंतु $12 \times (12 - 1) = 132 \neq 128$

अत: विकल्प (b) भिन्न है।

58. $732 \rightarrow 7 + 3 + 2 = 12$

$543 \rightarrow 5 + 4 + 3 = 12$

$651 \rightarrow 6 + 5 + 1 = 12$

But $452 \rightarrow 4 + 5 + 2 = 11$

अत: विकल्प (d) अन्य से भिन्न है।

59. 79 → 97

39 → 93

45 → 54

But 91 → 99

अत: विकल्प (c) अन्य तीनों विकल्पों से भिन्न है।

60. 13, $13 \times 2 = 26$, $(13)^2 = 169$

17, $17 \times 2 = 34$, $(17)^2 = 289 \neq 278$

15, $15 \times 2 = 30$, $(15)^2 = 225$

12, $12 \times 2 = 24$, $(12)^2 = 144$

अत: विकल्प (b) भिन्न है।

61. मीठा, खट्टा और कड़वा अलग-अलग स्वाद की अनुभूति कराते हैं इसलिए ये तीनों अलग-अलग परंतु एक समान अर्थ प्रकट करते हैं।

जबकि 'विशिष्ट स्वाद' किसी भी स्वाद की अनुभूति नहीं कराता है। अत: विशिष्ट स्वाद अन्य तीनों से भिन्न है।

62. कथकली, कुचिपुड़ी और सत्रिया ये सभी भारत के शास्त्रीय नृत्य हैं जबकि हेमिस एक राष्ट्रीय उद्यान है।

63. अंधा, बहरा और गूंगा ये तीनों एक प्रकार की शारीरिक विकलांगता हैं।
परंतु विवर का अर्थ छिद्र अथवा गुफा है।

64. बैंक कार्ड, क्रेडिट कार्ड और डेबिट कार्ड ये सभी बैंक से लेन-देन में प्रयोग होते हैं, जबकि मेमोरी कार्ड स्टोरेज डिवाइस है।

65. 'मंद गति' धीरे चलने की क्रिया है। जबकि दौड़ा-दौड़ी, तीव्रगति, हड़बड़ी ये तीनों ही तेज चलने की क्रिया हैं।

66. कार्बन, सिलिकॉन तथा जर्मेनियम रसायन विज्ञान के तत्वों के नाम हैं जबकि ऑरम लैटिन भाषा में सोने (गोल्ड) को कहते हैं।

67. 'शावक' (शेर का बच्चा) अन्य से भिन्न है क्योंकि शेष कीट एवं जानवरों के निवास स्थान हैं।

68. 'बैड' असंगत है क्योंकि तकिया, रजाई, बिस्तर कपड़े हैं।

69. 'समान' असंगत है जबकि विभिन्न, अलग करना, भेद करना ये सभी प्रायः एक-दूसरे के समानार्थी शब्द हैं।

70. दिये गये विकल्पों में कान, आँख तथा नाक बाह्य अंग हैं, जबकि 'गुर्दा' आंतरिक अंग है।

71. गुर्दा, यकृत, फेफड़ा ये सभी शरीर के आंतरिक भाग हैं, जबकि 'नाक' शरीर का बाह्य भाग है।

72. ट्रॉली, टेम्पो, ट्रक ये सभी सड़क पर चलने वाले वाहन हैं जबकि कार्गो एक मालवाहक हवाई जहाज होता है जो आकाश में उड़ता है।

73. भागवत् गीता, बाइबल, कुरान धार्मिक ग्रंथ हैं जबकि यहूदी एक धर्म है।

74. ठेला व्यापार हेतु उपयोग में लाई जाने वाली वस्तु है जबकि अन्य सभी घरेलू उपयोग की वस्तुएँ हैं।

75. शब्दकोश, विश्वकोष और लेख ये सभी शब्दों को संग्रहित करते हैं, जबकि गणक (Calculator) गणना में प्रयोग होता है।
अतः विकल्प (d) अन्य सभी से भिन्न है।

76. विकल्प (a) को छोड़कर बाकी सभी 'परिमेय संख्या' (Rational Number) हैं।

77. झुंड, पशु समूह और दल ये सभी समूहवाचक संज्ञाएँ हैं, जबकि हंस व्यक्तिवाचक संज्ञा है।

78. डेसीमीटर, किलोमीटर, मिलीमीटर ये तीनों ही दूरी की इकाई हैं जबकि एमीटर विद्युत धारा मापने का यंत्र है।

79. रुपया, डॉलर, यूरो मुद्रा है जबकि ढाका शहर है।

80. दिये गए शब्द साझेदारी, प्रोपराइटरशिप और व्यापार संघ ये सभी एक समूह को प्रदर्शित करते हैं जबकि नौकरी एक पेशा है जो कि अन्य से भिन्न है।

81. 'पंख' पक्षियों का बाह्य अंग है जबकि अन्य सभी आंतरिक अंग हैं।

82. फूलगोभी को छोड़कर अन्य सभी फल हैं।

83. स्कार्फ, दस्तानें और स्वेटर ये सभी 'सर्दी' में पहने जाने वाले वस्त्र हैं जबकि धूप का चश्मा 'गर्मी' में लगाया जाता है।

84. दिसपुर, मुंबई और चेन्नई ये सभी राजधानियाँ हैं जबकि झारखंड एक प्रदेश है।

85. SMS मोबाइल अथवा इंटरनेट से संबंधित सुविधा है, जबकि मनीऑर्डर, स्पीड पोस्ट तथा पत्र, डाक सेवा से संबंधित है।

86. वर्ग, त्रिभुज तथा समलम्ब 2D आकृति हैं। जबकि घन 3D आकृति है।

87. फावड़ा से खोदना, बंदूक से गोली चलाना तथा कलम से लिखना ये सभी आपस में एक दूसरे से संबंध रखते हैं जबकि कागज से लुगदी बनाना ये आपस में संबंध नहीं रखता है।

88. विकल्प (a) को छोड़कर अन्य विकल्पों में दिए गए शब्द-युग्म एक पुल्लिंग और स्त्रीलिंग का जोड़ा है।

89. 'गुड़', 'गन्ने' से प्राप्त होता है, 'धागा (यार्न)', 'तंतु (फाइबर)' से तथा 'धातु', 'अयस्क' से प्राप्त होता है। जबकि 'आमलेट', भोजन का एक प्रकार है। अतः यह अन्य से अलग है।

90. 'कोणार्क : ओडिशा' असंगत है क्योंकि 'कोणार्क' 'ओडिशा' का एक शहर है जबकि अन्य सभी स्मारक एवं उनसे संबंधित स्थान हैं।

91. दिये गए प्रश्न में विकल्प (a), (b), (c) में 'दूसरा शब्द' पहले वाली वस्तुओं का समूह है जबकि विकल्प (d) में ऐसा नहीं है।

92. विकल्प (a) के अलावा अन्य विकल्पों के शब्द-युग्मों में एक शब्द 'प्राणी' तथा दूसरा शब्द उसका निवास स्थान है।

93. दिये गए विकल्प (c) में इराक की मुद्रा दीनार है जबकि अन्य विकल्प में देश और उसकी राजधानी दी गई हैं।

सादृश्यता (Analogy)

Type 1

Direction (1-14) : Select the set whose numbers have exactly the same relationship as the numbers in the following sets. (Note: Operations should be performed on whole numbers, without dividing the number into its component digits.) for example, operations like adding/ subtracting/multiplying of 13 etc. can be done on 13-13. Breaking 13 into 1 and 3 and then performing mathematical operations on 1 and 3 is not allowed.

निर्देश (1-14) : उस समुच्चय का चयन करें, जिसकी संख्याओं के बीच ठीक वही संबंध है, जो संबंध निम्नांकित समुच्च्यों की संख्याओं में है। (नोट: संख्याओं को उसके घटक अंकों में विभाजित किए बिना, पूर्ण संख्याओं पर संक्रिया की जानी चाहिए।) उदाहरण के लिए 13-13 पर संक्रियाएँ जैसे 13 में जोड़ना/घटना/गुणा करना आदि किया जा सकता है। 13 को 1 और 3 में तोड़कर और फिर 1 और 3 पर गणितीय संक्रियाएँ करने की अनुमति नहीं है।)

1. (20, 90, 10)
(25, 135, 10)
(SSC GD, 10/01/2023, Shift-II)
(a) (22, 150, 7)
(b) (19, 80, 15)
(c) (18, 72, 10)
(d) (30, 169, 12)

2. (216, 12, 15)
(432, 23, 31)
(SSC GD, 10/01/2023, Shift-III)
(a) (380, 24, 18)
(b) (304, 14, 24)
(c) (150, 11, 14)
(d) (484, 16, 32)

3. (6, 135, 9)
(13, 261, 16)
(SSC GD, 11/01/2023, Shift-II)
(a) (11, 249, 16)
(b) (9, 224, 19)
(c) (9, 190, 13)
(d) (7, 216, 17)

4. (11, 20, 341)
(25, 33, 638)
(SSC GD, 11/01/2023, Shift-IV)
(a) (12, 29, 341)
(b) (14, 17, 363)
(c) (20, 25, 625)
(d) (12, 32, 484)

5. (17, 136, 40)
(11, 198, 90)
(SSC GD, 12/01/2023, Shift-I)
(a) (12, 108, 45)
(b) (12, 228, 105)
(c) (24, 96, 25)
(d) (9, 135, 70)

6. (360, 65, 25)
(216, 44, 20)
(SSC GD, 12/01/2023, Shift-IV)
(a) (190, 35, 17)
(b) (198, 35, 13)
(c) (80, 19, 9)
(d) (179, 66, 30)

7. (14, 231, 19)
(7, 154, 15)
(SSC GD, 13/01/2023, Shift-III)
(a) (11, 188, 13)
(b) (18, 242, 20)
(c) (9, 160, 15)
(d) (13, 210, 17)

8. (10, 450, 5)
(8, 360, 5)
(SSC GD, 16/01/2023, Shift-II)
(a) (9, 340, 4)
(b) (7, 285, 5)
(c) (9, 223, 3)
(d) (7, 189, 3)

9. (40, 10, 150)
(65, 35, 150)
(SSC GD, 17/01/2023, Shift-III)
(a) (70, 30, 270)
(b) (75, 40, 225)
(c) (55, 10, 225)
(d) (30, 12, 120)

10. (8, 280, 5)
(11, 308, 4)
(SSC GD, 17/01/2023, Shift-IV)
(a) (6, 370, 9)
(b) (11, 440, 5)
(c) (5, 270, 9)
(d) (13, 637, 7)

11. (16, 350, 19)
(14, 310, 17)
(SSC GD, 23/01/2023, Shift-I)
(a) (13, 320, 19)
(b) (17, 380, 19)
(c) (12, 300, 19)
(d) (12, 240, 17)

12. (4, 8, 256)
(2, 9, 144)
(SSC GD, 23/01/2023, Shift-III)
(a) (4, 9, 258)
(b) (8, 5, 340)
(c) (3, 7, 162)
(d) (6, 9, 432)

13. (261, 54, 25)
(270, 45, 15)
(SSC GD, 25/01/2023, Shift-I)
(a) (288, 82, 50)
(b) (236, 80, 56)
(c) (298, 67, 45)
(d) (182, 87, 69)

14. (174, 14, 15)
(228, 24, 14)
(SSC GD, 25/01/2023, Shift-IV)
(a) (180, 17, 15)

(b) (384, 45, 19)
(c) (334, 16, 23)
(d) (192, 20, 13)

Type 2

15. Select the option which is related to the fourth term in the same way as the first term is related to the second term and the fifth term is related to the sixth term.

उस विकल्प का चयन करें, जो चौथे पद से उसी प्रकार संबंधित है, जिस प्रकार पहला पद दूसरे पद से संबंधित है और पाँचवाँ पद छठे पद से संबंधित है।

8 : 6 :: ? : 12 :: 343 : 21

(SSC GD, 11/01/2023, Shift-III)

(a) 24 (b) 84
(c) 72 (d) 64

16. Select the option which is related to the sixth term in the same way as the first term is related to the second term and the third term is related to the fourth term.

उस विकल्प का चयन करें जो छठे पद से उसी प्रकार संबंधित है, जिस प्रकार पहला पद दूसरे पद से और तीसरा पद चौथे पद से संबंधित है।

169 : 182 :: 225 : 240 :: ? : 306

(SSC GD, 12/01/2023, Shift-II)

(a) 195 (b) 289
(c) 192 (d) 291

17. Select the option that is related to the fifth number in the same way as the second number is related to the first number and the fourth number is related to the third number.

उस विकल्प का चयन करें, जो पाँचवीं संख्या से उसी प्रकार संबंधित है, जिस प्रकार दूसरी संख्या, पहली संख्या से संबंधित है और चौथी संख्या, तीसरी संख्या से संबंधित है।

18 : 4 :: 36 : 16 :: 27 : ?

(SSC GD, 12/01/2023, Shift-III)

(a) 7 (b) 8
(c) 9 (d) 10

18. Select the option that is related to the fourth term in the same way as the first term is related to the second term and the fifth term is related to the sixth term.

उस विकल्प का चयन करें जो चौथे पद से उसी प्रकार संबंधित है, जिस प्रकार पहला पद दूसरे पद से और पाँचवाँ पद छठे पद से संबंधित है।

18 : 30 :: ? : 66 :: 54 : 102

(SSC GD, 13/01/2023, Shift-I)

(a) 36 (b) 42
(c) 46 (d) 38

19. Select the option that is related to the third number in the same way as the second number is related to the first number and the sixth number is related to the fifth number.

उस विकल्प का चयन करें जो तीसरी संख्या से उसी प्रकार संबंधित है जिस प्रकार दूसरी संख्या पहली संख्या से संबंधित है और छठी संख्या पाँचवीं संख्या से संबंधित है।

4 : 30 :: 7 : ? :: 6 : 56

(SSC GD, 13/01/2023, Shift-II)

(a) 72 (b) 76
(c) 70 (d) 80

20. Select the option which is related to the third term in the same way as the second term is related to the first term and the sixth term is related to the fifth term.

उस विकल्प का चयन करें जो तीसरे पद से उसी प्रकार संबंधित है, जिस प्रकार दूसरा पद पहले पद से और छठा पद पाँचवें पद से संबंधित है।

13 : 225 :: 16 : ? :: 17 : 361

(SSC GD, 16/01/2023, Shift-I)

(a) 345 (b) 328
(c) 324 (d) 376

21. Select the option that is related to the fifth number in the same way as the second number is related to the first number and the fourth number is related to the third number.

उस विकल्प का चयन करें, जो पाँचवीं संख्या से उसी प्रकार संबंधित है, जिस प्रकार दूसरी संख्या, पहली संख्या से संबंधित है और चौथी संख्या, तीसरी संख्या से संबंधित है।

9 : 11 :: 29 : 21 :: 37 : ?

(SSC GD, 16/01/2023, Shift-III)

(a) 24 (b) 22
(c) 26 (d) 25

22. Select the option that is related to the fifth number in the same way as the second number is related to the first number and the fourth number is related to the third number.

उस विकल्प का चयन करें, जो पाँचवीं संख्या से उसी प्रकार संबंधित है, जिस प्रकार दूसरी संख्या, पहली संख्या से संबंधित है और चौथी संख्या, तीसरी संख्या से संबंधित है।

46 : 11 :: 30 : 7 :: 50 : ?

(SSC GD, 16/01/2023, Shift-IV)

(a) 13 (b) 8
(c) 12 (d) 9

23. Select the option that is related to the third number in the same way as the second number is related to the first number and the sixth number is related to the fifth number.

उस विकल्प का चयन करें, जो तीसरी संख्या से उसी प्रकार संबंधित है, जिस प्रकार दूसरी संख्या, पहली संख्या से संबंधित है और छठी संख्या, पाँचवीं संख्या से संबंधित है।

4 : 74 :: 6 : ? :: 7 : 353

(SSC GD, 17/01/2023, Shift-II)

(a) 450 (b) 226
(c) 256 (d) 216

24. Select the option that is related to the fifth number in the same way as the second number is related to the first number and the fourth number is related to the third number.

उस विकल्प का चयन करें, जो पाँचवीं संख्या से उसी प्रकार संबंधित है, जिस प्रकार दूसरी संख्या, पहली संख्या से संबंधित है और चौथी संख्या, तीसरी

संख्या से संबंधित है।

14 : 4 :: 18 : 6 :: 22 : ?

(SSC GD, 24/01/2023, Shift-I)

(a) 9 (b) 10
(c) 7 (d) 8

25. Select the option which is related to the third term in the same way as the second term is related to the first term and the sixth term is related to the fifth term.

उस विकल्प का चयन करें जो तीसरे पद से उसी प्रकार संबंधित है, जिस प्रकार दूसरा पद पहले पद से और छठा पद पाँचवें पद से संबंधित है।

8 : 520 :: 9 : ? :: 10 : 1010

(SSC GD, 24/01/2023, Shift-IV)

(a) 756 (b) 690
(c) 738 (d) 752

26. Select the option that is related to the fifth number in the same way as the second number is related to the first number and the fourth number is related to the third number.

उस विकल्प का चयन करें, जो पाँचवीं संख्या से उसी प्रकार संबंधित है, जिस प्रकार दूसरी संख्या, पहली संख्या से संबंधित है और चौथी संख्या, तीसरी संख्या से संबंधित है।

18 : 3 :: 55 : 4 :: 334 : ?

(SSC GD, 31/01/2023, Shift-I)

(a) 6 (b) 7
(c) 8 (d) 5

27. Select the option which is related to the fifth number in the same way as the second number is related to the first number and the fourth number is related to the third number.

उस विकल्प का चयन करें, जो पाँचवीं संख्या से उसी प्रकार संबंधित है, जिस प्रकार दूसरी संख्या, पहली संख्या से संबंधित है और चौथी संख्या, तीसरी संख्या से संबंधित है।

31 : 14 :: 23 : 10 :: 39 : ?

(SSC GD, 2/02/2023, Shift-III)

(a) 20 (b) 19
(c) 18 (d) 22

28. Select the option which is related to the fourth term in the same way as the first term is related to the second term and the fifth term is related to the sixth term.

उस विकल्प का चयन करें, जो चौथे पद से उसी प्रकार संबंधित है जिस प्रकार पहला पद दूसरे पद से संबंधित है और पाँचवाँ पद छठे पद से संबंधित है।

407 : 37 :: ? : 59 :: 253 : 23

(SSC GD,.7/02/2023, Shift-II)

(a) 341 (b) 539
(c) 738 (d) 649

29. Select the option that is related to the third number in the same way as the second number is related to the first number and the sixth number is related to the fifth number.

उस विकल्प का चयन करें जो तीसरी संख्या से उसी प्रकार संबंधित है जिस प्रकार दूसरी संख्या पहली संख्या से संबंधित है और छठी संख्या पाँचवीं संख्या से संबंधित है।

64 : 16 :: 169 : ? :: 256 : 32

(SSC GD, 7/02/2023, Shift-III)

(a) 28 (b) 26
(c) 30 (d) 24

30. Select the option that is related to the fifth number in the same way as the second number is related to the first number and the fourth number is related to the third number.

उस विकल्प का चयन करें, जो पाँचवीं संख्या से उसी प्रकार संबंधित है, जिस प्रकार दूसरी संख्या, पहली संख्या से संबंधित है और चौथी संख्या, तीसरी संख्या से संबंधित है।

76 : 16 :: 56 : 12 :: 21 : ?

(SSC GD, 8/02/2023, Shift-I)

(a) 18 (b) 7
(c) 5 (d) 11

Type 3

Direction (31-36) : In the following questions, select the related letters-pair from the given alternatives.

निर्देश (31-36) : निम्नलिखित प्रश्नों में दिए गए विकल्पों में से संबंधित अक्षर-युग्म का चयन कीजिए।

31. BO : DR :: ?

(SSC GD 26/02/2024 Shift IV)

(a) FS : HV (b) AI : DV
(c) OT : OJ (d) CZ : UX

32. DHKL : CGJK :: ?

(SSC GD 26/02/2024 Shift II)

(a) NUWX : RUCN
(b) ZUZY : ABOD
(c) FXYI : EWXH
(d) TXZW : RULM

33. JRVP : IQUO :: ?

(SSC GD 24/02/2024 Shift II)

(a) QJBV : PIAU
(b) WWYR : URUO
(c) NOPZX : ZWXV
(d) NDUR : ABOC

34. DGKX : FIMZ :: ?

(SSC GD 21/02/2024 Shift I)

(a) BLRO : AYWZ
(b) FVKG : HXMI
(c) XCBA : TSBO
(d) WXZB : MLUD

35. RPD : WUI :: ?

(SSC GD 21/02/2024 Shift IV)

(a) LDS : CFK (b) BAC : OTT
(c) XOL : UPL (d) XYM : CDR

36. XKNS : WJMR

(SSC GD 21/02/2024 Shift III)

(a) EADT : DZCS
(b) BOEF : DJKI
(c) KUQP : RSHO
(d) MZJG : ARZO

Direction (37-42) : In the following question, select the related letters from the given alternatives.

निर्देश (37-42) : निम्नलिखित प्रश्नों में दिए गए विकल्पों में से संबंधित अक्षरों का चयन कीजिए।

37. HXP : CSK :: ANT : ?

(SSC GD 26/02/2024 Shift II)

(a) DPP (b) ZXX
(c) VIO (d) PPO

38. AEI : ACI :: NRV : ?

(SSC GD 21/02/2024 Shift I)
(a) RQP (b) UVB
(c) CBA (d) NPV

39. KBZ : HYW :: VIF : ?
(SSC GD 20/02/2024 Shift IV)
(a) HVA (b) NOP
(c) SFC (d) SHM

40. MICS : LHBR :: JRVP : ?
(SSC GD 22/02/2024 Shift I)
(a) RDHH (b) MLUK
(c) IQUO (d) OCSN

41. FXYI : EWXH :: GLNB : ?
(SSC GD 21/02/2024 Shift II)
(a) XAPD (b) XAQD
(c) FKMA (d) DMLU

42. AEI : CGK :: NRV : ?
(SSC GD 22/02/2024 Shift IV)
(a) SRI (b) PQR
(c) PTX (d) UXZ

Direction (43-46) : From the following options, select the option which is related to the fifth letter-cluster in the same way as the fourth letter-cluster is related to the third letter-cluster, and the second letter-cluster is related to the first letter-cluster.

निर्देश (43-46) : निम्नलिखित विकल्पों में से उस विकल्प का चयन कीजिए जो पाँचवें अक्षर-समूह से ठीक उसी प्रकार संबंधित है जिस प्रकार चौथा अक्षर-समूह, तीसरे अक्षर-समूह से संबंधित है और दूसरा अक्षर-समूह पहले अक्षर-समूह से संबंधित है।

43. TEA : ZBDFSU :: SIN : MOHJRT :: RIO : ?
(SSC GD 20/02/2024 Shift I)
(a) SQJHPN (b) BDSHFK
(c) NPHJQS (d) SUDFZB

44. FAMILY : EBLJKZ :: GATHER : FBSIDS :: DINNER : ?
(SSC GD 01/03/2024 Shift II)
(a) CJMDSO (b) CJODMS
(c) CJMODS (d) DMJODS

45. PIRATE : PEITRA :: SYSTEM : SMYEST : PHYSIQUE : ?
(SSC GD 05/03/2024 Shift III)
(a) UEIQPHYS
(b) SYHPQIEU
(c) YSPHUEIQ
(d) PEHUYQSI

46. PIG : OQHJFH :: KIN : JLHJMO :: LED : ?
(SSC GD 27/02/2024 Shift I)
(a) ECFDMK (b) CEDFKM
(c) KMDFCE (d) MKFDEC

Direction (47-66) : Select the option which is related to the fifth letter-cluster in the same way as the second letter-cluster is related to the first letter-cluster and the fourth letter-cluster is related to the third letter-cluster.

निर्देश (47-66) : उस विकल्प का चयन कीजिए जो पाँचवें अक्षर-समूह से उसी प्रकार संबंधित है जिस प्रकार दूसरा अक्षर समूह पहले अक्षर-समूह से संबंधित है और चौथा अक्षर-समूह तीसरे अक्षर-समूह से संबंधित है।

47. PENALTY : QFOBMUZ :: OFFENSE : PGGFOTF :: NERVOUS : ?
(SSC GD, 10/01/2023, Shift-VI)
(a) VOUSNER (b) RENVOUS
(c) OFSWPVT (d) SUOVREN

48. YOUR : XPEJ :: TONE : SPLW :: BANK : ?
(SSC GD, 10/01/2023, Shift-I)
(a) CBOL (b) ABLQ
(c) YZMP (d) XYOP

49. UCE : FEX :: PGS : TIS :: HKR : ?
(SSC GD, 10/01/2023, Shift-II)
(a) SNK (b) SMK
(c) SMJ (d) RKH

50. ROOT : QQTV : STEM : VGUO :: LEAF : ?
(SSC GD, 10/01/2023, Shift-III)
(a) GDNH (b) GCHN
(c) GCNH (d) NGCH

51. PAE : HCQ :: ESH : KUF :: FDN : ?
(SSC GD, 11/01/2023, Shift-I)
(a) KGP (b) KFG
(c) QFG (d) PFH

52. DGS : PEC :: NST : QQM ::EHK : ?
(SSC GD, 11/01/2023, Shift-II)
(a) HFD (b) NFD
(c) HJF (d) JFB

53. DOWN : VKCL :: ARMY : YHMA :: HOME : ?
(SSC GD, 11/01/2023, Shift-IV)
(a) TMOW (b) GNLD
(c) SLNV (d) RKMU

54. SURGERY : TVSHFSZ :: SILENCE : TJMFODF :: SOCIETY : ?
(SSC GD, 12/01/2023, Shift-I)
(a) CIETYSO (b) TPDJFUZ
(c) COSYTEI (d) YTEICOS

55. RAIN : SZJM :: FALL : GZMK :: JUMP : ?
(SSC GD, 12/01/2023, Shift-II)
(a) KTNO (b) KOTN
(c) OKTN (d) KNTO

56. ARCS : ENHN :: GHAT : KDFO :: MUSK : ?
(SSC GD, 12/01/2023, Shift-II)
(a) PQYF (b) PRYE
(c) QRXE (d) QQXF

57. FALLEN : TJPOCG :: DANGER : XJKQCE :: CABLES : ?
(SSC GD, 12/01/2023, Shift-IV)
(a) DCEPJY (b) YJPEBD
(c) ZJPECD (d) YJPECD

58. COMFORT : OCFMTRO :: CONTROL : OCTNLOR :: DIGITAL : ?
(SSC GD, 10/01/2023, Shift-I)
(a) GITALDI (b) GIDLATI
(c) LATIGID (d) IDIGLAT

59. NGC : OJH :: BQJ : CTO :: PTC : ?
(SSC GD, 23/01/2023, Shift-I)
(a) QWH (b) QUD
(c) OQH (d) OWH

60. FACTORY : AFTCYRO :: FASHION : AFHSNOI :: EXPLAIN : ?
(SSC GD, 23/01/2023, Shift-I)
(a) EXALPNI (b) NIALPXE
(c) XELPNIA (d) PLAINEX

61. CAPTURE : PACERUT :: BANKING : NABGNIK :: CHARITY : ?
(SSC GD, 25/01/2023, Shift-III)
(a) RAHCYTI (b) AHCYTIR

(c) YTIRAHC (d) RITYCHA

62. NEST : OVHU :: STIR : TGRS :: BAKE : ?
(SSC GD, 27/01/2023, Shift-I)
(a) CZPF (b) YBLV
(c) YZPV (d) CBLF

63. PENSION : NENSIOP :: QUALITY : YUALITQ :: PRODUCT : ?
(SSC GD, 31/01/2023, Shift-III)
(a) DUCTPRO (b) TCUDORP
(c) ORPTCUD (d) TRODUCP

64. PJM : LHM :: NSV : UQK :: JTW : ?
(SSC GD, 31/01/2023, Shift-IV)
(a) USH (b) VPG
(c) VRG (d) WRG

65. REALITY : YEALITR :: SCIENCE : ECIENCS :: ADVERSE : ?
(SSC GD, 6/02/2023, Shift-IV)
(a) EDVERSA (b) VDAERSE
(c) VERSEAD (d) ESREVDA

66. ENGLISH : HSILGNE :: BIOLOGY : YGOLOIB :: PHYSICS : ?
(SSC GD, 8/02/2023, Shift-III)
(a) SPSICSY (b) PYHISCS
(c) SCISYHP (d) SYPHSIC

Type 4

Direction (67-100) : Select the option which is related to the third word in the same way as the second word is related to the first word. (The words are to be treated as meaningful words, and not to be related to each other on the basis of the number of letters/consonants/vowels in the word)

निर्देश (67-100) : उस विकल्प का चयन कीजिए जो तीसरे शब्द से उसी प्रकार संबंधित है जिस प्रकार दूसरा शब्द पहले शब्द से संबंधित है। (शब्दों को अर्थपूर्ण शब्दों के रूप में मानना है और उन्हें शब्द में अक्षरों/व्यंजनों/स्वरों की संख्या के आधार पर एक-दूसरे से संबंधित नहीं करना है।)

67. साइकिल : पैडल :: कार : ?
(SSC GD 20/02/2024 Shift I)
(a) दरवाजा (b) पहिया
(c) करछा (d) हथौड़ा

68. रोम : इटली :: मैड्रिड : ?
(SSC GD 01/03/2024 Shift III)
(a) जर्मनी (b) स्पेन
(c) फ्रांस (d) पुर्तगाल

69. बाघ : शावक :: हाथी : ?
(SSC GD 27/02/2024 Shift IV)
(a) पिल्ला (b) मेमना
(c) हस्ति शावक (d) बछेड़ा

70. पेंगुइन : चूजा :: बत्तख : ?
(SSC GD 24/02/2024 Shift II)
(a) बिलौटा
(b) शावक
(c) कंगारू का बच्चा
(d) बत्तखशाव

71. कार्डियोलॉजिस्ट : हृदय :: नेफ्रोलॉजिस्ट : ?
(SSC GD 23/02/2024 Shift III)
(a) फेफड़े (b) हृदय
(c) यकृत (d) गुर्दे

72. जासूस : सुराग :: वैज्ञानिक : ?
(SSC GD 24/02/2024 Shift I)
(a) प्रयोग (b) चित्र
(c) गीत (d) नृत्य

73. अग्निशमक : पाइप :: माली : ?
(SSC GD 06/03/2024 Shift I)
(a) तौलिया (b) जाली
(c) कलम (d) खुरपा

74. ढोल : तालवाद्य :: गिटार : ?
(SSC GD, 11/01/2023, Shift-III)
(a) बांसुरी (b) सुषिर वाद्य
(c) तत वाद्य (d) सितार

75. रंग : लाल :: वाहन : ?
(SSC GD, 12/01/2023, Shift-IV)
(a) ट्रक (b) पेट्रोल
(c) सड़क (d) टायर

76. चील : पंजा :: घोड़ा : ?
(SSC GD, 11/01/2023, Shift-I)
(a) तेज़ (b) खुर
(c) ताकतवर (d) शक्ति

77. मुंबई : महाराष्ट्र :: भोपाल : ?
(SSC GD, 10/01/2023, Shift-III)
(a) उत्तर प्रदेश (b) मध्य प्रदेश
(c) दिल्ली (d) आंध्र प्रदेश

78. पीडियाट्रिशियन : बच्चे :: डर्मेटोलॉजिस्ट : ?
(SSC GD, 10/01/2023, Shift-II)
(a) अस्थियाँ (b) पौधे
(c) पैर (d) त्वचा

79. पैना : भोथरा :: धुँधला : ?
(SSC GD, 11/01/2023, Shift-III)
(a) दृश्य (b) गहरा
(c) स्पष्ट (d) हल्का

80. वायरोलॉजी : विषाणु :: कार्डियोलॉजी : ?
(SSC GD, 12/01/2023, Shift-III)
(a) खोपड़ी (b) सिर
(c) हृदय (d) फेफड़े

81. कविता : कवि :: जूते : ?
(SSC GD, 13/01/2023, Shift-I)
(a) चिकित्सक (b) मोची
(c) बावरची (d) बढ़ई

82. बल्ला : क्रिकेट :: रैकेट : ?
(SSC GD, 13/01/2023, Shift-II)
(a) बेसबॉल (b) हॉकी
(c) टेनिस (d) गोल्फ

83. तीन : त्रिभुज :: चार : ?
(SSC GD, 13/01/2023, Shift-III)
(a) षट्भुज (b) कोण
(c) आयत (d) पंचभुज

84. पेंटर : ब्रश :: माली : ?
(SSC GD, 13/01/2023, Shift-IV)
(a) रेंच (b) स्पिनर
(c) रेक (d) ट्रैक्टर

85. डॉक्टर : स्टेथोस्कोप :: लोहार : ?
(SSC GD, 16/01/2023, Shift-II)
(a) निहाई (एनविल)
(b) कुल्हाड़ी
(c) लोहा
(d) कलम

86. प्रतिरोध : ओम :: ऊर्जा : ?
(SSC GD, 16/01/2023, Shift-IV)
(a) वाट (b) जूल
(c) वोल्ट (d) प्रबलता

87. माली : हैरो :: किसान : ?
(SSC GD, 17/01/2023, Shift-I)
(a) बीज (b) पानी
(c) हल (d) भूमि

88. 2D : त्रिभुज :: 3D : ?
(SSC GD, 17/01/2023, Shift-I)

(a) अर्धगोला (b) आयत
(c) आकृति (d) वर्ग

89. चिकित्सक : अस्पताल :: खगोल विज्ञानी : ?
(SSC GD, 17/01/2023, Shift-II)
(a) पानी का जहाज (b) पेशा
(c) शोरूम (d) वेधशाला

90. चूहा : कृंतक :: मगरमच्छ : ?
(SSC GD, 17/01/2023, Shift-III)
(a) शाकाहारी (b) सरीसृप
(c) जल (d) स्तनपायी

91. डेनमार्क : कोपेनहेगन :: केन्या : ?
(SSC GD, 24/01/2023, Shift-II)
(a) नैरोबी (b) ओस्लो
(c) एथेंस (d) मापुटो

92. वार्षिक : अर्धवार्षिक :: मासिक : ?
(SSC GD, 27/01/2023, Shift-III)
(a) सालाना (b) दैनिक
(c) पाक्षिक (d) साप्ताहिक

93. अर्जेंटीना : पेसो :: जापान : ?
(SSC GD, 1/02/2023, Shift-IV)
(a) येन (b) क्रोना
(c) गिल्डर (d) रियाल

94. लेखक : कलम :: डॉक्टर :: ?
(SSC GD, 2/02/2023, Shift-IV)
(a) धातु (b) स्टेथोस्कोप
(c) शार्पनर (d) इरेजर

95. सोमवार : गुरुवार :: बुधवार : ?
(SSC GD, 7/02/2023, Shift-II)
(a) शनिवार (b) सोमवार
(c) शुक्रवार (d) रविवार

96. घोड़ा : अस्तबल :: पक्षी : ?
(SSC GD, 7/02/2023, Shift-III)
(a) उड़ना (b) छत्ता
(c) घोंसला (d) आकाश

97. रोगाणु : रोग :: युद्ध : ?
(SSC GD, 9/02/2023, Shift-III)
(a) बम (b) देश
(c) विनाश (d) बंदूक

98. लीची : फल :: जाइव : ?
(SSC GD, 9/02/2023, Shift-IV)
(a) नृत्य (b) कंप्यूटर
(c) घोड़ा (d) काला

99. वोकल कॉर्ड (स्वर रज्जु) : गायक :: पैर : ?
(SSC GD, 13/02/2023, Shift-I)
(a) शिक्षक (b) वैज्ञानिक
(c) डॉक्टर (d) फुटबॉलर

100. पहिया : कार्ट :: निब : ?
(SSC GD, 13/02/2023, Shift-IV)
(a) लिखना (b) कलम
(c) तकिया (d) कागज

Direction (101-104) : From the following options, select the option which is related to the fifth letter as the same way as fourth letter is related to the third letter and the second letter is related to the first letter.

निर्देश (101-104) : निम्नलिखित विकल्पों में से उस विकलप का चयन कीजिए जो पाँचवें शब्द से ठीक उसी प्रकार संबंधित है जिस प्रकार चौथा शब्द तीसरे शब्द से संबंधित है और दूसरा शब्द पहले शब्द से संबंधित है।

101. अनानास : फल :: स्प्राइट : पेय :: एवोकाडो : ?
(SSC GD 23/02/2024 Shift II)
(a) सब्जी (b) अनाज
(c) मिठाई (d) फल

102. ताजमहल : आगरा :: इंडिया गेट :: नई दिल्ली :: गेटवे ऑफ इंडिया : ?
(SSC GD 24/02/2024 Shift III)
(a) चेन्नई (b) बैंगलोर
(c) मुंबई (d) अमृतसर

103. व्यक्ति : समूह :: आंशिक : पूर्ण :: रिक्त : ?
(SSC GD 22/02/2024 Shift III)
(a) खाली (b) उपलब्ध
(c) मुक्त (d) अधिकृत

104. चींटी : बांबी :: बत्तख : तालाब :: घोड़ा : ?
(SSC GD 20/02/2024 Shift I)
(a) मांद (b) अस्तबल
(c) छत्ता (d) कुत्ताघर

105. 'Earthwarm' is related to 'Non chordate' in the same way as 'Fish' is related to ....
'केंचुए' का 'अरज्जुकी' से वही संबंध है, जो 'मछली' का .... से है।
(SSC GD, 1/12/2021, Shift-III)
(a) Chordate/रज्जुकी
(b) Non-chordate/अरज्जुकी
(c) Reptiles/सरीसृप
(d) Mammals/स्तनधारी

106. 'Sweater' is related to 'Wool' in the same way as 'Coin' is related to ....
'स्वेटर' का जो संबंध ऊन से है, 'सिक्के' का वही संबंध .... से है।
(SSC GD, 1/12/2021, Shift-I)
(a) Money/धन
(b) King/राजा
(c) Currency/मुद्रा
(d) Metal/धातु

107. 'Shirt' is related to 'Cloth' in the same way as 'Ear-ring' is related to ....
'शर्ट' का 'कपड़े' से वही संबंध है, जो 'बाली' का .... से है।
(SSC GD, 2/12/2021, Shift-I)
(a) Goldsmith/सुनार
(b) Woman/स्त्री
(c) Ear/कान
(d) Gold/सोना

108. 'Europe' is related to 'Switzerland' in the same way as 'Asia' is related to ....
'यूरोप' का जो संबंध 'स्विट्जरलैंड' से है, वही संबंध 'एशिया' का .... से है।
(SSC GD, 2/12/2021, Shift-II)
(a) जापान (b) फ्रांस
(c) महाद्वीप (d) विश्व

109. 'संशोधन (Rectification)' का 'सुधार (Correction)' से वही संबंध है, जो 'निष्कासन (Eviction)' का .... से है।
(SSC GD, 6/12/2021, Shift-I)
(a) सराहना (Commend)
(b) निर्वासन (Expulsion)
(c) विस्मयादिबोधक (Exclamation)
(d) संवेदानात्मक (Sensational)

110. 'Kabul' is related to 'Afghanistan' in the same way as 'Canberra' is related to ....
'काबुल' का 'अफगानिस्तान' से वही संबंध है, जो 'कैनबरा' का .... से है।
(SSC GD, 6/12/2021, Shift-II)
(a) Austria/ऑस्ट्रिया
(b) Australia/ऑस्ट्रेलिया
(c) Belgium/बेल्जियम
(d) Argentina/अर्जेंटीना

111. 'Chair' is related to 'Wood' in the same way as 'Blanket' is related to ....

'कुर्सी' का जो संबंध 'लकड़ी' से है, 'कंबल' का वही संबंध .... से है।

(SSC GD, 7/12/2021, Shift-II)

(a) प्लास्टिक (Plastic)
(b) कागज (Paper)
(c) बिस्तर (Bed)
(d) ऊन (Wool)

112. रूबेला (Rubella) : विषाणु (Virus) :: मलेरिया (Malaria) : ?

(SSC GD, 7/12/2021, Shift-I)

(a) विषाणु (Virus)
(b) परजीवी (Parasite)
(c) कवक (Fungi)
(d) जीवाणु (Bacteria)

113. 'Hot' is related to 'cold' in the same way as 'Heavy' is related to ....

'गरम' का संबंध 'ठंडे' से ठीक उसी प्रकार है, जैसे 'भारी' का संबंध '.......' से है।

(SSC GD, 8/12/2021, Shift-III)

(a) कम/Less (b) हल्के/Light
(c) छोटे/Small (d) बड़े/Big

114. 'Marigold' is related to 'Flower' in the same way as 'Barley' related to ....

'गेंदा' का 'फूल' से वही संबंध है, जो कि 'जौ' का .... से है।

(SSC GD, 8/12/2021, Shift-I)

(a) Stalk/डंठलों (b) Pulses/दाल
(c) Spices/मसाले (d) Grain/अनाज

115. दाँत : काटना :: .... : ....

(SSC GD, 6/03/2019, Shift-I)

(a) पैर : चलना
(b) झाड़ू : उड़ना
(c) ट्यूबलाइट : गर्मी
(d) भोजन : गंध

116. होली : रंग :: .... : ....

(SSC GD, 11/03/2019, Shift-II)

(a) मुर्हरम : मुसलमान
(b) हेमिस : लोक
(c) दीवाली : प्रकाश
(d) लोधी : पंजाबी

117. आंध्र प्रदेश : तेलुगु :: .... : ....

(SSC GD, 11/03/2019, Shift-II)

(a) असम : मैथिली
(b) केरल : मलयालम
(c) गोवा : हिंदी
(d) त्रिपुरा : तेलुगु

118. कंगारु : फुदकना :: साँप : ....

(SSC GD, 11/03/2019, Shift-I)

(a) रेंगना (b) काटना
(c) चलना (d) कुंडलन

119. 'विस्तार' का जो संबंध 'फैलाव' से है, वही संबंध 'संकुचन' का .... से है।

(SSC GD, 13/01/2023, Shift-II)

(a) परास (b) सिकुड़न
(c) विशाल (d) आयतन

उत्तरमाला

1.	(c)	2.	(b)	3.	(d)	4.	(d)	5.	(a)	6.	(b)	7.	(d)	8.	(d)	9.	(c)	10.	(d)
11.	(a)	12.	(d)	13.	(a)	14.	(b)	15.	(d)	16.	(b)	17.	(c)	18.	(a)	19.	(a)	20.	(c)
21.	(d)	22.	(c)	23.	(b)	24.	(d)	25.	(c)	26.	(b)	27.	(c)	28.	(d)	29.	(b)	30.	(c)
31.	(a)	32.	(c)	33.	(a)	34.	(b)	35.	(d)	36.	(a)	37.	(c)	38.	(d)	39.	(c)	40.	(c)
41.	(c)	42.	(c)	43.	(c)	44.	(c)	45.	(d)	46.	(c)	47.	(c)	48.	(b)	49.	(b)	50.	(c)
51.	(c)	52.	(a)	53.	(d)	54.	(b)	55.	(a)	56.	(d)	57.	(d)	58.	(d)	59.	(a)	60.	(c)
61.	(b)	62.	(a)	63.	(d)	64.	(c)	65.	(a)	66.	(c)	67.	(b)	68.	(b)	69.	(c)	70.	(d)
71.	(d)	72.	(a)	73.	(d)	74.	(c)	75.	(a)	76.	(b)	77.	(b)	78.	(d)	79.	(c)	80.	(c)
81.	(b)	82.	(c)	83.	(c)	84.	(c)	85.	(a)	86.	(b)	87.	(c)	88.	(a)	89.	(d)	90.	(b)
91.	(a)	92.	(c)	93.	(a)	94.	(b)	95.	(a)	96.	(c)	97.	(c)	98.	(a)	99.	(d)	100.	(b)
101.	(d)	102.	(c)	103.	(d)	104.	(b)	105.	(a)	106.	(d)	107.	(d)	108.	(a)	109.	(b)	110.	(b)
111.	(d)	112.	(b)	113.	(b)	114.	(d)	115.	(a)	116.	(c)	117.	(b)	118.	(a)	119.	(b)		

Hints & Solution (व्याख्या)

1. Logic : (पहली संख्या – तीसरी संख्या) × 9 = दूसरी संख्या

जिस प्रकार,

(20, 90, 10) → (20 – 10) × 9 = 90

(25, 135, 10) → (25 – 10) × 9 = 135

उसी प्रकार

(18, 72, 10) → (18 – 10) × 9 = 72

2. Logic : (दूसरी संख्या + तीसरी संख्या) × 8 = पहली संख्या

जिस प्रकार,

(216, 12, 15) → (12 + 15) × 8 = (27) × 8 = 216

(432, 23, 31) → (23 + 31) × 8 = (54) × 8 = 432

उसी प्रकार

(304, 14, 24) → (14 + 24) × 8 = (38) × 8 = 304

3. Logic : (पहली संख्या + तीसरी संख्या) × 9 = दूसरी संख्या

जिस प्रकार

(6, 135, 9) → 15 × 9 = 135

(13, 261, 16) → 29 × 9 = 261

उसी प्रकार

(7, 216, 17) → 24 × 9 = 216

4. Logic : (पहली संख्या + दूसरी संख्या) × 11 = तीसरी संख्या

जिस प्रकार,

(11, 20, 341) → 31 × 11 = 341

(25, 33, 638) → 58 × 11 = 638

उसी प्रकार

(12, 32, 484) → 44 × 11 = 484

5. Logic : [(तीसरी संख्या ÷ 5) × (पहली संख्या)] = दूसरी संख्या

जिस प्रकार,

(17, 136, 40) → (40 ÷ 5) × 17
= (8) × (17) = 136

(11, 198, 90) → (90 ÷ 5) × 11
= (18) × (11) = 198

उसी प्रकार

(12, 108, 45) → (45 ÷ 5) × 12
= (9) × (12) = 108

6. Logic : (दूसरी संख्या – तीसरी संख्या) × 9 = पहली संख्या

जिस प्रकार,

(360, 65, 25) → (65 – 25) × 9
= 360

(216, 44, 20) → (44 – 20) × 9
= 216

उसी प्रकार

(198, 35, 13) → (35 – 13) × 9
= 198

7. Logic : (पहली संख्या + तीसरी संख्या) × 7 = दूसरी संख्या

जिस प्रकार,

(14, 231, 19) → (14 + 19) × 7
= (33) × 7 = 231

(7, 154, 15) → (7 + 15) × 7
= (22) × 7 = 154

उसी प्रकार

(13, 210, 17) → (13 + 17) × 7
= (30) × 7 = 210

8. Logic : (पहली संख्या × तीसरी संख्या) × 9 = दूसरी संख्या

जिस प्रकार,

(10, 450, 5) → (10 × 5) × 9
= (50) × 9 = 450

(8, 360, 5) → (8 × 5) × 9
= (40) × 9 = 360

उसी प्रकार

(7, 189, 3) → (7 × 3) × 9
= (21) × 9 = 189

9. Logic : (पहली संख्या – दूसरी संख्या) × 5 = तीसरी संख्या

जिस प्रकार प्रकार,

(40, 10, 150) → (40 – 10) × 5
= (30) × 5 = 150

(65, 35, 150) → (65 – 35) × 5
= (30) × 5 = 150

उसी प्रकार

(55, 10, 225) → (55 – 10) × 5
= (45) × 5 = 225

10. Logic : (पहली संख्या × तीसरी संख्या) × 7 = दूसरी संख्या

जिस प्रकार,

8 × 5 × 7 = 280

11 × 4 × 7 = 308

उसी प्रकार

13 × 7 × 7 = 637

11. Logic : (पहली संख्या + तीसरी संख्या) × 10 = दूसरी संख्या

जिस प्रकार,

(16, 350, 19) → (16 + 19) × 10
= (35) × 10 = 350

(14, 310, 17) → (14 + 17) × 10
= (31) × 10 = 310

उसी प्रकार

(13, 320, 19) → (13 + 19) × 10
= (32) × 10 = 320

12. Logic : 8 × पहली संख्या × दूसरी संख्या = तीसरी संख्या

जिस प्रकार,

8 × 4 × 8 = 256

8 × 2 × 9 = 144

उसी प्रकार

8 × 6 × 9 = 432

13. Logic : (दूसरी संख्या – तीसरी संख्या) × 9 = पहली संख्या

जिस प्रकार,

(261, 54, 25) → (54 – 25) × 9
= (29) × 9 = 261

(270, 45, 15) → (45 – 15) × 9
= (30) × 9 = 270

उसी प्रकार

(288, 82, 50) → (82 – 50) × 9
= (32) × 9 = 288

14. Logic : (दूसरी संख्या + तीसरी संख्या) × 6 = पहली संख्या

जिस प्रकार,

(14 + 15) × 6 = 29 × 6 = 174

(24 + 14) × 6 = 38 × 6 = 228

उसी प्रकार

(45 + 19) × 6 = 64 × 6 = 384

15. 8 : 6 :: [64] : 12 :: 343 : 21

$(2)^3$ (2×3) $(4)^3$ (4×3) $(7)^3$ (7×3)

16. 169 : 182 :: 225 : 240 :: [289] : 306

$(13)^2$ (13^2+13) $(15)^2$ (15^2+15) $(17)^2$ (17^2+17)

17. 18 : 4 :: 36 : 16 :: 27 : [9]

$\frac{(18)^2}{4} = 81$ $\frac{(36)^2}{16} = 81$ $\frac{(27)^2}{?} = 81$

$\therefore\ ? = \frac{729}{81} = 9$

18. 18 : 30 :: [36] : 66 :: 54 : 102

18×2–6 36×2–6 54×2–6

∴ (66 + 6) ÷ 2 = ?

72 ÷ 2 = 36

19. 4 : 30 :: 7 : [72] :: 6 : 56

(4+1)×6 (7+1)×9 (6+1)×8

+1 +1 +1

20. 13 : 225 :: 16 : [324] :: 17 : 361

$(13+2)^2$ $(16+2)^2$ $(17+2)^2$

21. 9 : 11 :: 29 :: 21 :: 37 : [25]

By options : (d) दी गई सभी संख्याएँ विषम (odd) है, इसलिए सही उत्तर 25 होगा।

Alternate

9 : 11 :: 29 : 21 :: 37 : [25]

(9+13)÷2 (29+13)÷2 (37+13)÷2

22. 46 : 11 :: 30 : 7 :: 50 : [12]

(46–2)÷4 (30–2)÷4 (50–2)÷4

23. 4 : 74 :: 6 : [226] :: 7 : 353

$(4)^3+10$ $(6)^3+10$ $(7)^3+10$

$\therefore (6)^3 + 10$

$216 + 10 = 226$

24. 14 : 4 :: 18 : 6 :: 22 : [8]

(14÷2)–3 (18÷2)–3 (22÷2)–3

25. 8 : 520 :: 9 : [738] :: 10 : 1010

$(8)^3+8$ $(9)^3+9$ $(10)^3+10$

$\therefore (9)^3 + 9$

$729 + 9 = 738$

26. 18 : 3 :: 55 : 4 :: 334 : [7]

$(3)^3–9$ $(4)^3–9$ $(7)^3–9$

$\therefore (7)^3 - 9 = 343 - 9$

$= 334$

27. 31 : 14 :: 23 : 10 :: 39 : [18]

(31–3)÷2 (23–3)÷2 (39–3)÷2

28. 407 : 37 :: [649] : 59 :: 253 : 23

×11 ×11 ×11

29. 64 : 16 :: 169 : [26] :: 256 : 32

$(8)^2$ (8×2) $(13)^2$ (13×2) $(16)^2$ (16×2)

30. 76 : 16 :: 56 : 12 :: 21 : [5]

$\frac{(76+4)}{5} = 16$ $\frac{(56+4)}{5} = 12$ $\frac{(21+4)}{5} = 5$

31. जिस प्रकार,

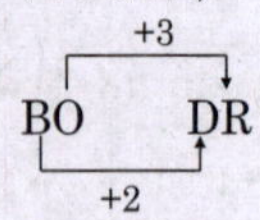

उसी प्रकार,

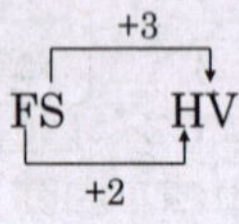

32. जिस प्रकार

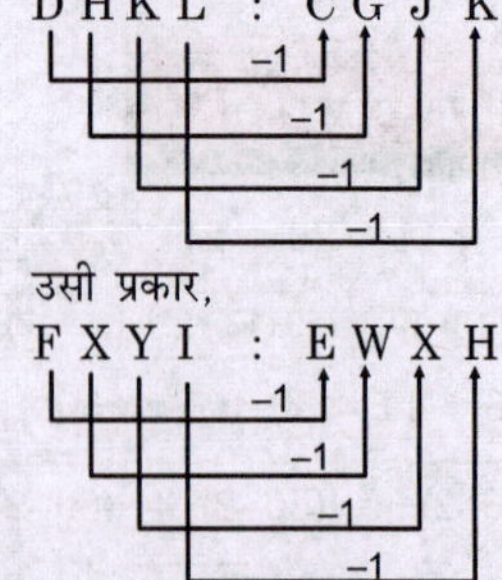

33. जिस प्रकार

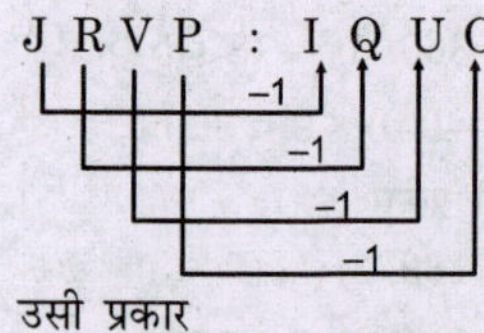

उसी प्रकार

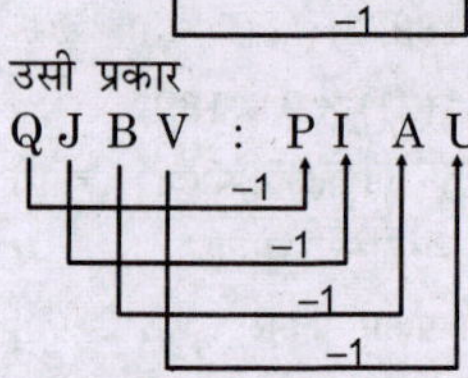

34. जिस प्रकार,

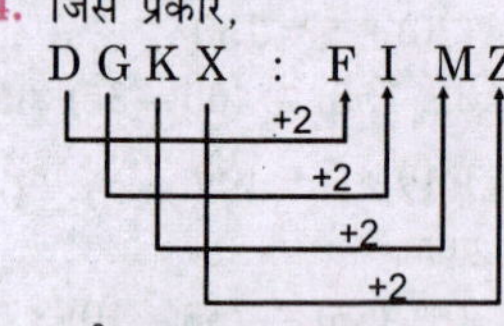

उसी प्रकार,

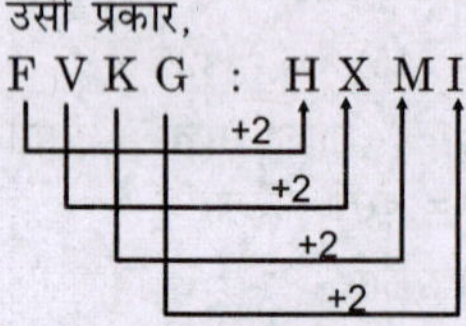

35. जिस प्रकार,

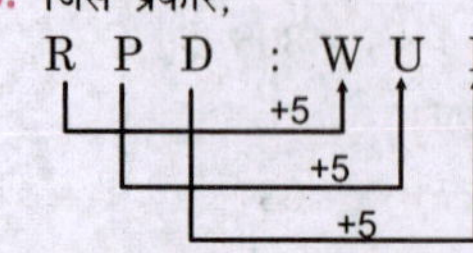

उसी प्रकार,

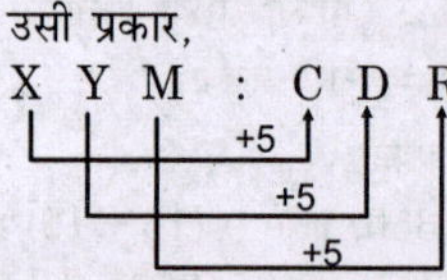

36. जिस प्रकार,

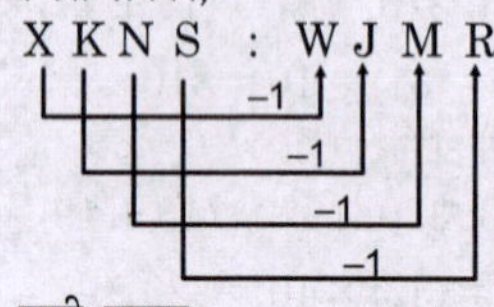

उसी प्रकार,

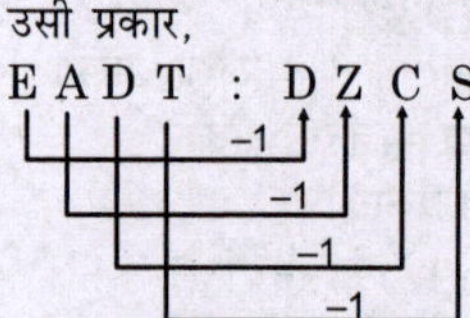

37. जिस प्रकार,

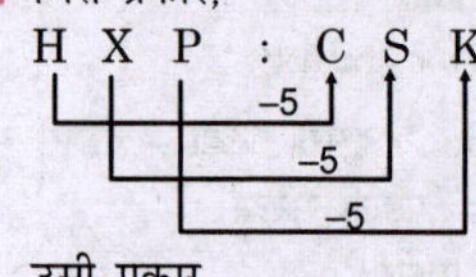

उसी प्रकार,

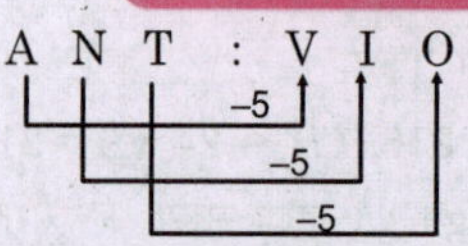

38. जिस प्रकार,

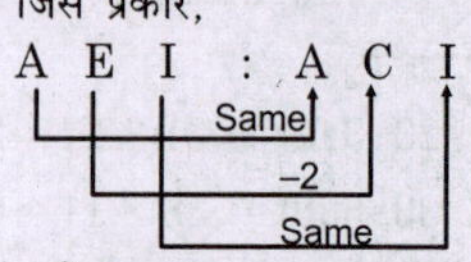

उसी प्रकार,

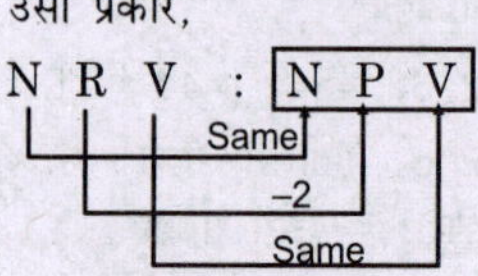

39. जिस प्रकार,

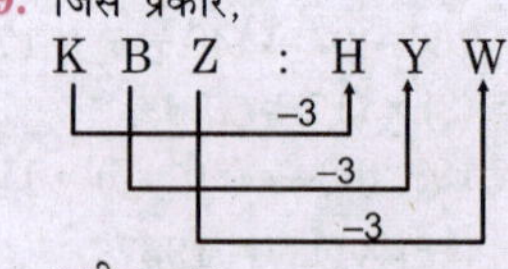

उसी प्रकार,

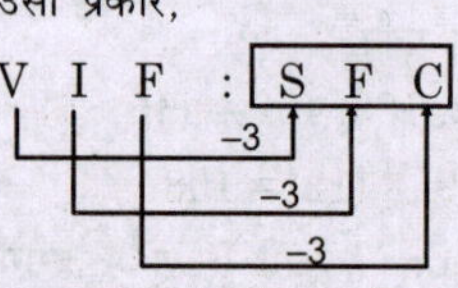

40. जिस प्रकार,

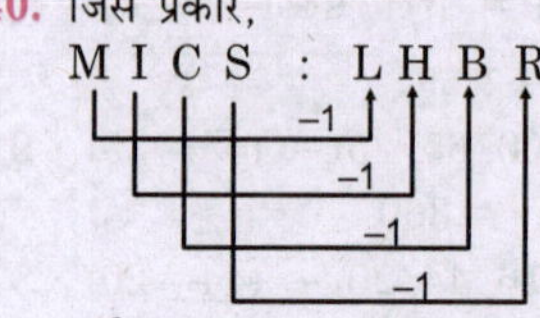

उसी प्रकार,

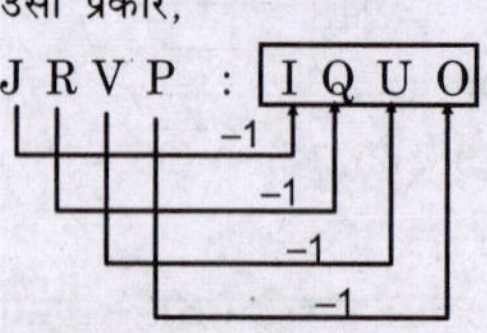

41. जिस प्रकार,

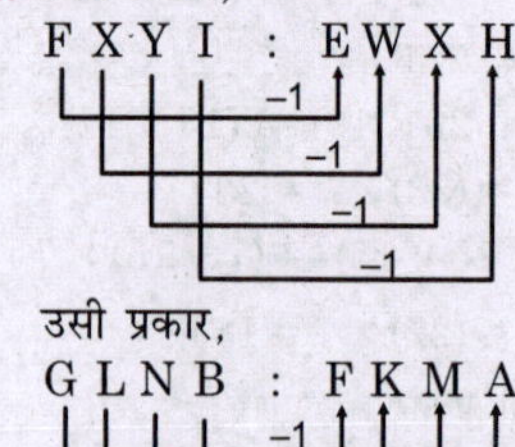

42. जिस प्रकार,

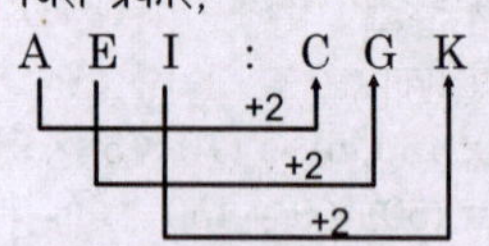

उसी प्रकार,

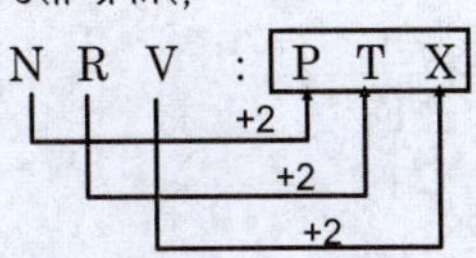

43. जिस प्रकार,

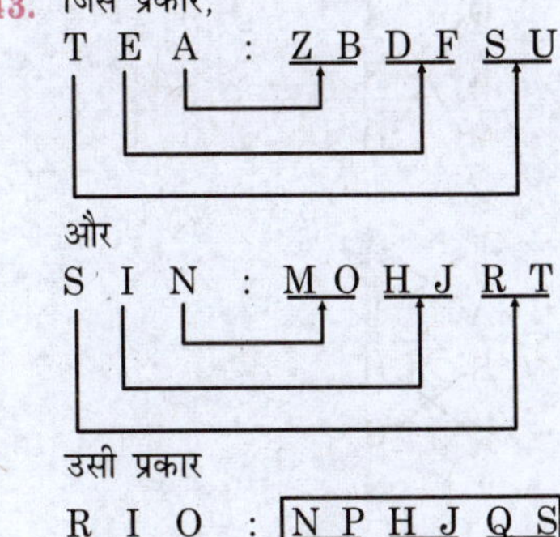

R I O : NPHJQS

44. जिस प्रकार,

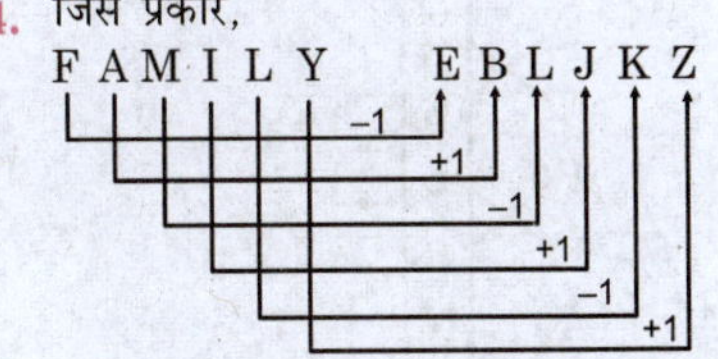

तथा

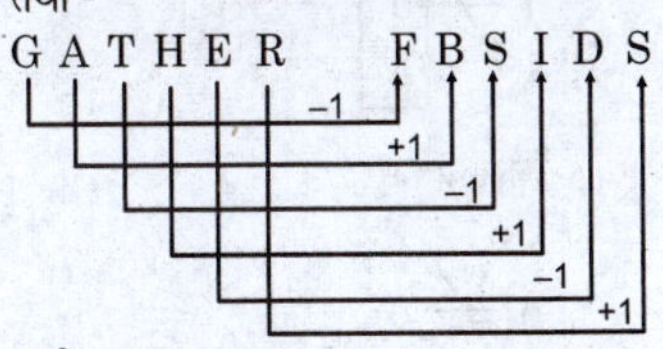

उसी प्रकार,

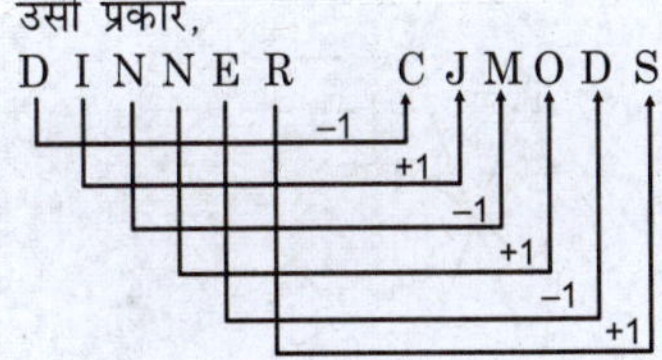

45. जिस प्रकार,

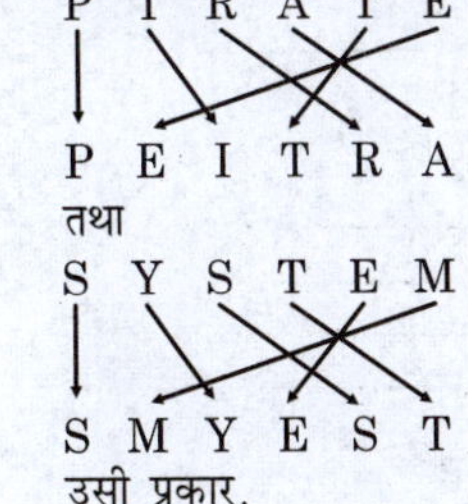

उसी प्रकार,

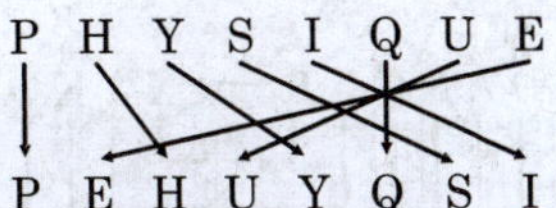

46. जिस प्रकार,

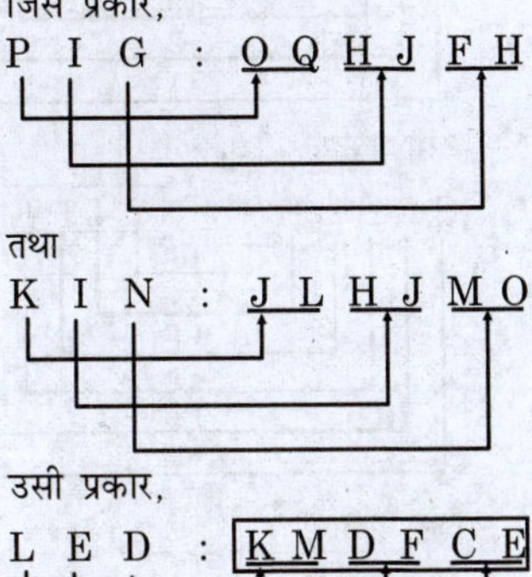

47. जिस प्रकार,

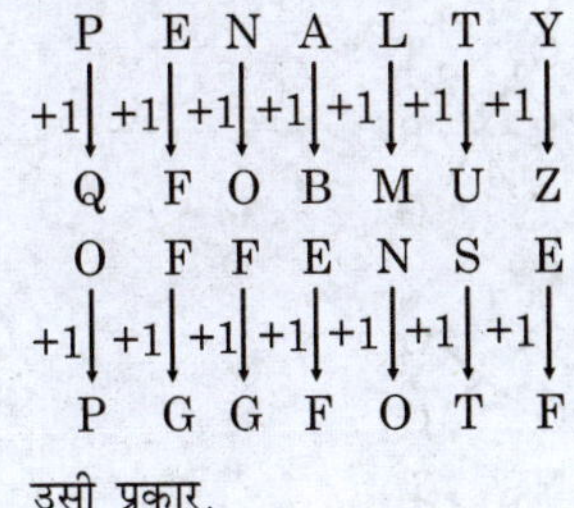

उसी प्रकार,

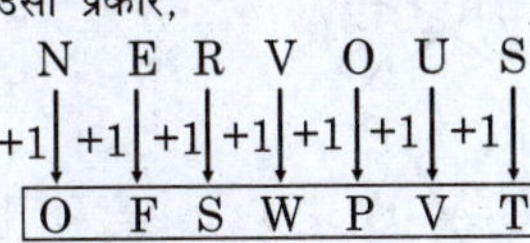

48. जिस प्रकार,

Y O U R

−1 +1 +1 −1

X P E J

विपरीत वर्ण (Opp. Letter) → V Q

T O N E

−1 +1 +1 −1

S P L W

विपरीत वर्ण (Opp. Letter) → O D

उसी प्रकार,

B A N K

−1 +1 +1 −1

A B L Q

विपरीत वर्ण (Opp. Letter) → O J

49. जिस प्रकार,

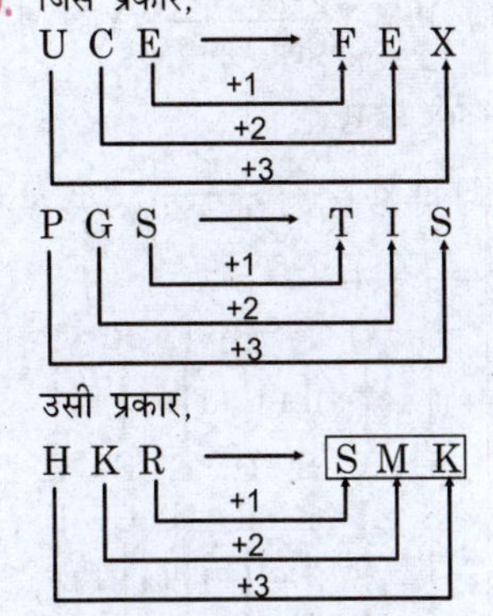

50. जिस प्रकार,

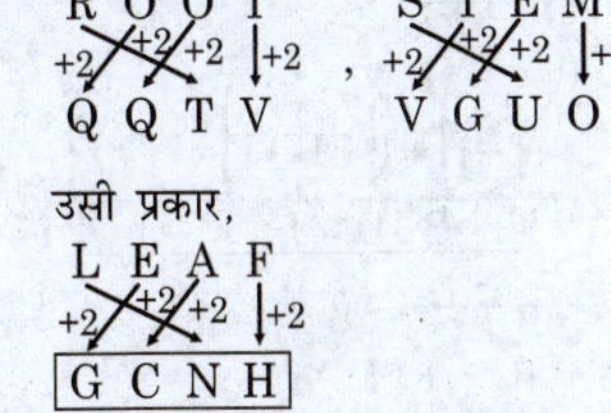

51. जिस प्रकार,

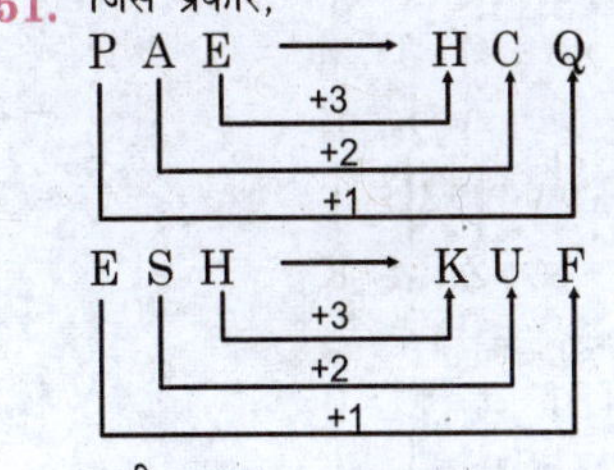

उसी प्रकार,

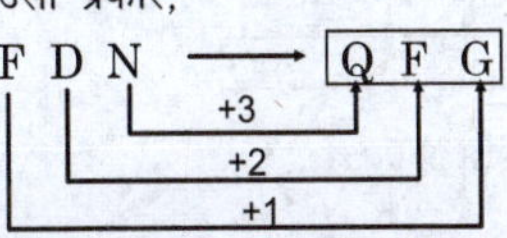

52. जिस प्रकार,

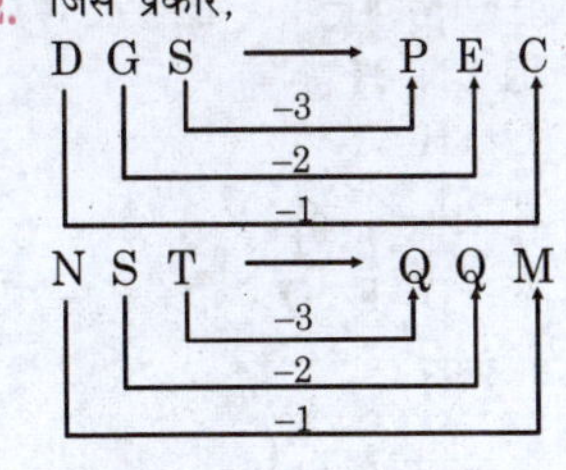

उसी प्रकार,

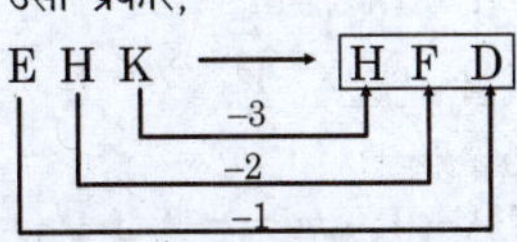

53. जिस प्रकार,

DOWN —विपरीत वर्ण −1 (Opp. Letter−1)→ VKCL

A R M Y $\xrightarrow[\text{(Opp. Letter–1)}]{\text{विपरीत वर्ण –1}}$ Y H M A

उसी प्रकार,

H O M E $\xrightarrow[\text{(Opp. Letter–1)}]{\text{विपरीत वर्ण –1}}$ R K M U

54. जिस प्रकार,

S U R G E R Y
+1 +1 +1 +1 +1 +1 +1
T V S H F S Z

S I L E N C E
+1 +1 +1 +1 +1 +1 +1
T J M F O D F

उसी प्रकार,

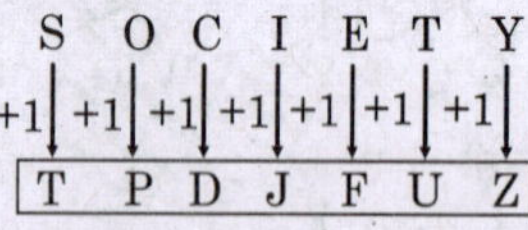

55. जिस प्रकार,

R A I N
+1 –1 +1 –1
S Z J M

F A L L
+1 –1 +1 –1
G Z M K

उसी प्रकार,

J U M P
+1 –1 +1 –1
K T N O

56. जिस प्रकार,

A R C S
+4 –4 +5 –5
E N H N

G H A T
+4 –4 +5 –5
K D F O

उसी प्रकार,

M U S K
+4 –4 +5 –5
Q Q X F

57. जिस प्रकार,

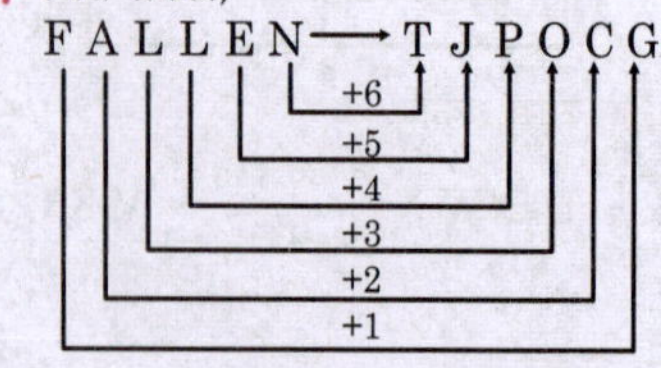

और

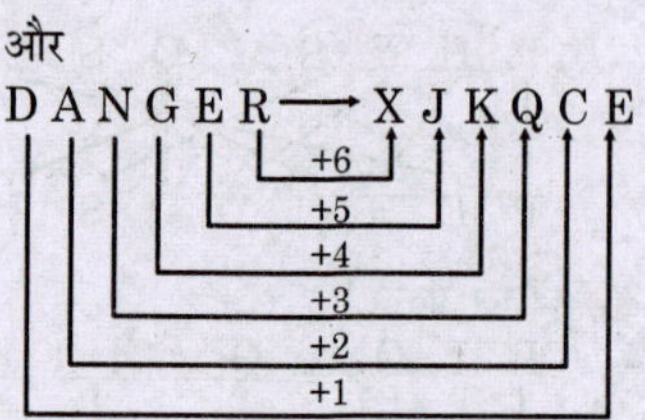

उसी प्रकार,

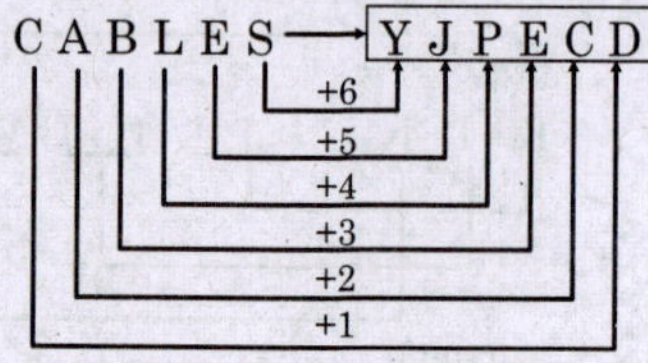

58. जिस प्रकार,

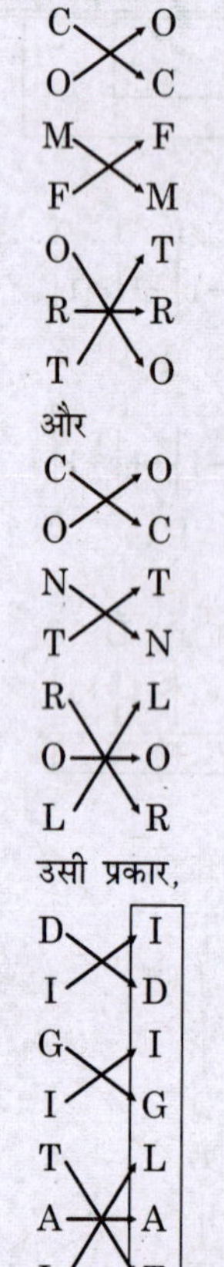

59. जिस प्रकार,

N G C , B Q J
+1 +3 +5 , +1 +3 +5
O J H , C T O

उसी प्रकार,

P T C
+1 +3 +5
Q W H

60. जिस प्रकार,

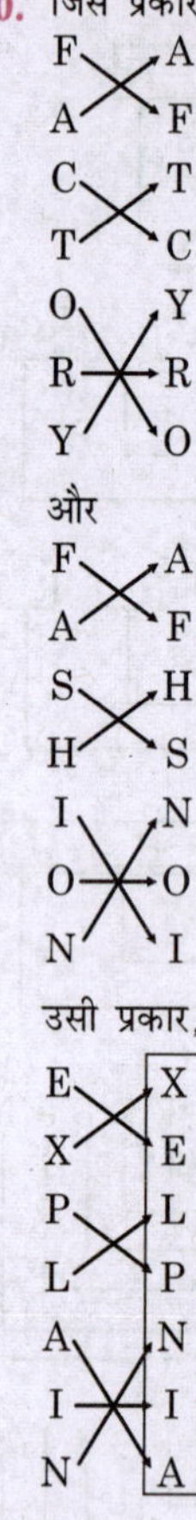

61. जिस प्रकार,

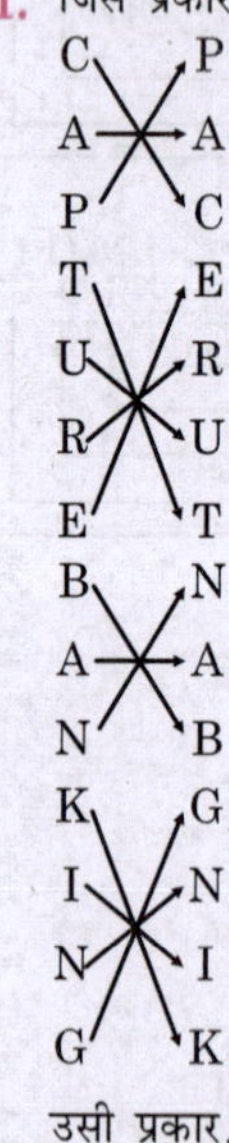

उसी प्रकार,

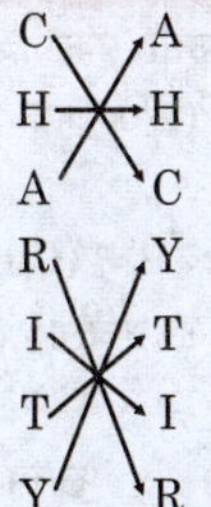

62. जिस प्रकार,

N E S T → O V H U (+1, opp, opp, +1), S T I R → T G R S (+1, opp, opp, +1)

उसी प्रकार,

B A K E → (+1, opp, opp, +1) → C Z P F

63. जिस प्रकार,

P E N S I O N → N E N S I O P

Q U A L I T Y → Y U A L I T Q

उसी प्रकार,

P R O D U C T → T R O D U C P

64. जिस प्रकार,

P J M ⟶ L H M (−1, −2, −3)

N S V ⟶ U Q K (−1, −2, −3)

उसी प्रकार,

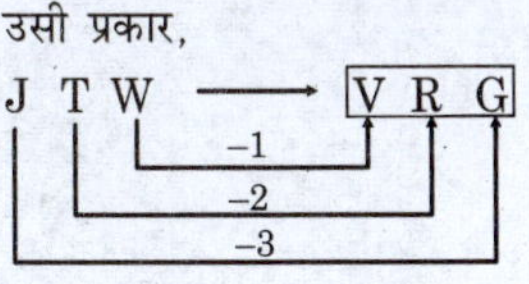

65. जिस प्रकार,

R E A L I T Y → Y E A L I T R

S C I E N C E → E C I E N C S

उसी प्रकार,

A D V E R S E → E D V E R S A

66. जिस प्रकार,

ENGLISH ⟶(उल्टा क्रम) HSILGNE

BIOLOGY ⟶(उल्टा क्रम) YGOLOIB

उसी प्रकार,

PHYSICS ⟶(उल्टा क्रम) SCISYHP

67. जिस प्रकार साइकिल पैडल से चलती है, उसी प्रकार कार पहिया से चलती है।

68.

देश	राजधानी
इटली	रोम
स्पेन	मैड्रिड

69. जिस प्रकार बाघ के बच्चे को शावक कहते हैं, उसी प्रकार हाथी के बच्चे को हस्ति शावक कहते हैं।

70. जिस प्रकार पेंगुइन के बच्चे को चूजा कहते हैं, उसी प्रकार बत्तख के बच्चे को बत्तखशाव कहते हैं।

71. जिस प्रकार,

हृदय का अध्ययन = कार्डियोलॉजिस्ट

उसी प्रकार,

गुर्दे का अध्ययन = नेफ्रोलॉजिस्ट

72. जिस प्रकार जासूस का संबंध सुराग से है। उसी प्रकार वैज्ञानिक का संबंध प्रयोग से है।

73. जिस प्रकार पाइप अग्निशमक का हिस्सा है। उसी प्रकार खुरपा, माली से जुड़ा है।

74. जिस प्रकार 'ढोल', 'तालवाद्य' यंत्र के अंतर्गत आता है, उसी प्रकार, 'गिटार' 'ततवाद्य' यंत्र होता है।

75. जिस प्रकार 'लाल' रंग होता है, उसी प्रकार 'ट्रक' 'वाहन' होता है।

76. जिस प्रकार 'चील' के पैरों के निचले हिस्से को 'पंजा' कहा जाता है। उसी प्रकार 'घोड़े' के पैरों के निचले भाग को 'खुर' कहा जाता है।

77. जिस प्रकार 'मुंबई', महाराष्ट्र' की राजधानी है, उसी प्रकार 'भोपाल', 'मध्य प्रदेश' की राजधानी है।

78. जिस प्रकार 'पीड़ियाट्रिशियन', बालरोग चिकित्सक होते हैं, उसी प्रकार, 'डर्मेटोलॉजिस्ट', 'त्वचा' रोग चिकित्सक होते हैं।

79. जिस प्रकार 'पैना' का विपरीत शब्द 'भोथरा' होता है, उसी प्रकार 'धुँधला' का विपरीत शब्द 'स्पष्ट' होगा।

80. जिस प्रकार 'विषाणु' का अध्ययन 'वायरोलॉजी' के अंतर्गत किया जाता है, उसी प्रकार 'कार्डियोलॉजी' के अंतर्गत हृदय का अध्ययन होता है।

81. जिस प्रकार 'कवि', 'कविता' लिखता है, उसी प्रकार 'मोची', 'जूते' बनाता है।

82. जिस प्रकार 'क्रिकेट', 'बल्ला' द्वारा खेला जाता है, उसी प्रकार 'टेनिस' को 'रैकेट' द्वारा खेला जाता है।

83. जिस प्रकार 'त्रिभुज' में तीन भुजा होती हैं, उसी प्रकार 'आयत' में चार भुजा होती हैं।

84. जिस प्रकार 'पेंटर' का संबंध ब्रश से है, उसी प्रकार 'माली का संबंध' रेक से होगा।

85. जिस प्रकार 'डॉक्टर' का संबंध 'स्टेथोस्कोप' से है, उसी प्रकार 'लोहार' का संबंध 'निहाई (एनविल)' से होगा।

86. जिस प्रकार 'प्रतिरोध' का मात्रक 'ओम' है। उसी प्रकार 'ऊर्जा' का मात्रक 'जूल' होगा।

87. जिस प्रकार 'हैरो', माली द्वारा प्रयुक्त उपकरण है ठीक उसी प्रकार 'हल', 'किसान' द्वारा प्रयुक्त उपकरण होगा।

88. जिस प्रकार 'त्रिभुज', द्विविमीय आकृति है, उसी प्रकार 'अर्धगोला' त्रिविमीय आकृति है।

89. जिस प्रकार 'अस्पताल' का संबंध 'चिकित्सक' है उसी प्रकार 'वेधशाला' का संबंध 'खगोलविज्ञानी' से होगा।

90. जिस प्रकार 'चूहा', कृंतक' के अंतर्गत आता है, उसी प्रकार 'मगरमच्छ', 'सरीसृप' के अंतर्गत आयेगा।

91. जिस प्रकार 'डेनमार्क' देश है और 'कोपेनहेगन' उसकी राजधानी है, उसी प्रकार का संबंध 'केन्या' और 'नैरोबी' में है। केन्या एक देश है और नैरोबी उसकी राजधानी है।

92. जिस प्रकार वार्षिक का आधा अर्धवार्षिक होता है उसी प्रकार मासिक का आधा पाक्षिक होता है।

93. जिस प्रकार 'अर्जेंटीना' की मुद्रा 'पेसो' है

उसी प्रकार 'जापान' की मुद्रा 'येन' होगी।

94. जिस प्रकार 'लेखक' का संबंध 'कलम' से है उसी प्रकार 'डॉक्टर' का संबंध 'स्टेथोस्कोप' से होगा।

95. जिस प्रकार 'सोमवार' के तीन दिन बाद गुरुवार पड़ता है, उसी प्रकार बुधवार के तीन दिन बाद 'शनिवार' पड़ेगा।

96. जिस प्रकार 'घोड़ा' के रहने के स्थान को 'अस्तबल' कहा जाता है। उसी प्रकार 'पक्षी' के रहने के स्थान को घोंसला कहा जाता है।

97. जिस प्रकार 'रोगाणु', 'रोग' का कारण बनता है, उसी प्रकार 'युद्ध', 'विनाश' का कारण बनेगा।

98. जिस प्रकार 'लीची' एक 'फल' होता है, उसी प्रकार 'जाइव' एक 'नृत्य' होता है।

99. जिस प्रकार वोकल कॉर्ड (स्वर रज्जु) का संबंध गायक से है, उसी प्रकार 'पैर' का संबंध फुटबॉलर से होगा।

100. जिस प्रकार 'पहिया' का संबंध 'कॉर्ट' से है, उसी प्रकार 'निब' का संबंध 'कलम' से होगा।

101. जिस प्रकार अनानास, फल है तथा स्प्राइट एक पेय पदार्थ है। उसी प्रकार एवोकाडो एक फल है।

102. जिस प्रकार ताजमहल आगरा में तथा इंडिया गेट, नई दिल्ली में है। उसी प्रकार गेटवे ऑफ इंडिया, मुंबई में है।

103. जिस प्रकार व्यक्ति का विलोम 'समूह' तथा आंशिक का विलोम 'पूर्ण' होता है। उसी प्रकार रिक्त का विलोम 'अधिकृत'।

104. जिस प्रकार चींटी, बांबी तथा बत्तख, तालाब में रहती है। उसी प्रकार घोड़ा अस्तबल में रहता है।

105. कॉकरोच और केचुएं 'अरज्जुकी' (Non-chordate) से संबंधित होते हैं जबकि मछली 'रज्जुकी' (Chordate) से संबंधित होते हैं।

106. स्वेटर, ऊन से बनता है तथा सिक्के धातु से बनते हैं।

107. शर्ट, कपड़े से बनती है तथा बाली, सोने से बनती है।

108. जैसे 'स्विट्जरलैंड', 'यूरोप' में स्थित है, उसी प्रकार 'जापान', 'एशिया' में स्थित है।

109. जिस प्रकार संशोधन (Rectification) का संबंध सुधार (Correction) से है। उसी प्रकार निष्कासन (Eviction) का संबंध निर्वासन (Expulsion) से है।

110. जिस प्रकार काबुल, अफगानिस्तान की राजधानी है। उसी प्रकार कैनबरा, ऑस्ट्रेलिया की राजधानी है।

111. कुर्सी (Chair) को लकड़ी (Wood) से बनाया जाता है। उसी प्रकार, कंबल (Blanket) को ऊन (Wool) से बनाया जाता है।

112. **बीमारी (Disease):कारक (Cause)**

रूबेला (Rubella) : रूबेला विषाणु (Rubella Virus)

मलेरिया (Malaria) : प्लाज्मोडियम परजीवी (Plasmodium Parasite)

113. जिस प्रकार गर्म का विलोम ठंडा है। उसी प्रकार भारी का विलोम हल्का है।

114. गेंदा (Marigold) एक फूल (Flower) है तथा जौ (Barley) एक प्रकार का अनाज (Grain) है।

115. जिस प्रकार, दांत का संबंध किसी भी चीज को 'काटने' से है। उसी प्रकार, पैर का संबंध 'चलने' से है।

116. जिस प्रकार होली रंगों का त्योहार है। उसी प्रकार दीवाली प्रकाश का त्योहार है।

117. जिस प्रकार आंध्र प्रदेश की भाषा तेलुगु है। उसी प्रकार केरल की भाषा मलयालम है।

118. जिस प्रकार कंगारु फुदक-फुदक कर चलता है। उसी प्रकार साँप रेंगकर चलता है।

119. जिस प्रकार, 'विस्तार' शब्द का समानार्थी शब्द फैलाव है, उसी प्रकार 'संकुचन' का समानार्थी शब्द 'सिकुड़न' है।

कोडिंग डिकोडिंग (Coding-Decoding)

Type 1

1. In a certain code language 'LAST' is written as 'PFWY'. How will 'MEAN' be written in that code language?

एक निश्चित कूट भाषा में 'LAST' को 'PFWY' लिखा जाता है। उसी कूट भाषा में 'MEAN' को कैसे लिखा जाएगा?

(SSC GD 23/02/2024 Shift I)

(a) QKES (b) QJFT
(c) QJET (d) QJES

2. In a certain code language, 'LAMP' is written as 'IWJL'. How will 'LOGS' be written in that code language?

एक निश्चित कूट भाषा में, 'LAMP' को 'IWJL' लिखा जाता है। उसी कूट भाषा में 'LOGS' को कैसे लिखा जाएगा?

(SSC GD 20/02/2024 Shift I)

(a) IJDO (b) IKDP
(c) IKEO (d) IKDO

3. In a certain code language, 'ELEVEN' is written as 'GNGXGP', 'TWENTY' is written as 'VYGPVA', then how will 'FORTY' be written in that code language?

एक निश्चित कूट भाषा में, 'ELEVEN' को GNGXGP' लिखा जाता है, 'TWENTY' को 'VYGPVA' लिखा जाता है, तो उसी कूट भाषा में 'FORTY' को कैसे लिखा जाएगा?

(SSC GD 21/02/2024 Shift III)

(a) HTQVA (b) HQTUA
(c) HPTVA (d) HQTVA

4. In a certain code language, 'POLISH' is written as 'FSGLMP'. How will 'PRAISE' be written in that code language?

एक निश्चित कूट भाषा में, 'POLISH' को 'FSGLMP' लिखा जाता है। उसी कूट भाषा में 'PRAISE' को कैसे लिखा जाएगा?

(SSC GD 23/02/2024 Shift II)

(a) CSGPAP (b) CGSAPP
(c) CSGAPO (d) CSGAPP

5. In a certain code language, 'DEFINITE' is written as 'EUJOJGFD', 'DRIZZLING' is written as 'GOJMAAJSD'. How will 'ATTACHED' be written in that code language?

एक निश्चित कूट भाषा में, 'DEFINITE' को 'EUJOJGFD' लिखा जाता है, 'DRIZZLING' को 'GOJMAAJSD' लिखा जाता है। उसी कूट भाषा में 'ATTACHED' को कैसे लिखा जाएगा?

(SSC GD 05/03/2024 Shift IV)

(a) AUUBDIFD
(b) BUUBDIFE
(c) EFIDBUUB
(d) DFIDBUUA

6. In a certain code language, 'ALLIES' is written as 'REHLKA'. How will 'BALLET' be written in that code language?

एक निश्चित कूट भाषा में, 'ALLIES' को 'REHLKA' लिखा जाता है, उसी कूट भाषा में 'BALLET' को कैसे लिखा जाएगा?

(SSC GD 20/02/2024 Shift III)

(a) SEKLZB (b) SDKLZB
(c) SEKZLB (d) SEKLZC

7. In a certain code language, 'AMRITSAR' is written as 'MAIRSTRA', 'DURGAPUR' is written as 'UDGRPARU'. How will 'SHILLONG' be written in that code language?

एक निश्चित कूट भाषा में, 'AMRITSAR' को 'MAIRSTRA' लिखा जाता है, 'DURGAPUR' को 'UDGRPARU' लिखा जाता है। उसी कूट भाषा में 'SHILLONG' को कैसे लिखा जाएगा?

(SSC GD 20/02/2024 Shift III)

(a) HSLIOLGN
(b) NGLOILSH
(c) HSLOILGN
(d) GNLIOLSH

8. In a certain code language, 'RHYMES' is written as 'PFWKGQ', 'LIME' is written as 'JKKG'. How will 'CHIMES' be written in that code language?

एक निश्चित कूट भाषा में, 'RHYMES' को 'PFWKGQ' लिखा जाता है, 'LIME' को 'JKKG' लिखा जाता है। उसी कूट भाषा में 'CHIMES' को कैसे लिखा जाएगा?

(SSC GD 22/02/2024 Shift IV)

(a) KFAQGK (b) AFKQGK
(c) AFKKGQ (d) KFAKGQ

9. In a certain code language, if 'PIZZA' is written as 'BAAJQ', 'BURGER' is written as 'SFHSVC', then how will 'NOODLES' be written in that code language?

एक निश्चित कूट भाषा में, यदि 'PIZZA' को 'BAAJQ' लिखा जाता है, 'BURGER' को 'SFHSVC' लिखा जाता है, तो उसी कूट भाषा में 'NOODLES' को कैसे लिखा जाएगा?

(SSC GD 22/02/2024 Shift IV)

(a) OPPEMFT (b) KSAHTRO
(c) TFMEPPO (d) ORTHASK

10. In a certain code language, 'COMPUTER' is written as 'DPNQVUFS', 'KEYBOARD' is written as 'LFZCPBSE'. How

will 'MOUSE' be written in that code language?

एक निश्चित कूट भाषा में, 'COMPUTER' को 'DPNQVUFS' लिखा जाता है, 'KEYBOARD' को 'LFZCPBSE' लिखा जाता है। उसी कूट भाषा में 'MOUSE' को कैसे लिखा जाएगा?

(SSC GD 05/03/2024 Shift III)

(a) NPVTF (b) NPTFV
(c) NVTPF (d) NPTVF

11. In a certain code language, 'GHOST' is written as 'JCRNW' and 'FIRED' is written as 'IDUZG' How will 'RIFLE' be written in that code language.

एक निश्चित कूट भाषा में, 'GHOST' को 'JCRNW' और 'FIRED' को 'IDUZG' लिखा जाता है। उसी कूट भाषा में 'RIFLE' को किस प्रकार लिखा जाएगा?

(SSC GD, 11/01/2023, Shift-I)

(a) PDBGH (b) UDIGH
(c) UIDBH (d) VEJFH

12. In a certain code language, 'COMBAT' is written as 'NPDVCD' and 'CREATE' is written as 'FSDGVC'. How will 'CREDIT' be written in that language?

एक निश्चित कूट भाषा में, 'COMBAT' को 'NPDVCD' के रूप में लिखा जाता है और 'CREATE' को 'FSDGVC' के रूप में लिखा जाता है। उसी कूट भाषा में 'CREDIT' को कैसे लिखा जाएगा?

(SSC GD, 11/01/2023, Shift-II)

(a) ERCTID (b) TIDERC
(c) FSDVKF (d) ERCVKF

13. In a certain code language 'BANTER' is written as 'EZQSHQ' and HAVEN is written as 'KZYDQ'. How will ADVENT be written in that code language?

किसी निश्चित कोड भाषा में 'BANTER' को 'EZQSHQ' के रूप में लिखा गया है और 'HAVEN' को 'KZYDQ' के रूप में लिखा गया है। उसी कोड भाषा में 'ADVENT' को किस प्रकार लिखा जाएगा?

(SSC GD, 13/01/2023, Shift-I)

(a) DBYCOS (b) DCZEPU
(c) DBYDPS (d) DCYDQS

14. In a certain code language, 'MANTLE' is written as 'JZKGIV' and 'TINKER' is written as 'QRKPBI'. How will 'DERIVE' be written in that code language?

एक निश्चित कूट भाषा में, 'MANTLE' को 'JZKGIV' और 'TINKER' को 'QRKPBI' के रूप में लिखा जाता है। उसी कूट भाषा में 'DERIVE' को किस प्रकार लिखा जाएगा?

(SSC GD, 13/01/2023, Shift-IV)

(a) AUORST (b) AVORSV
(c) KCQTUM (d) KBORSN

15. In a certain code language, 'FLEET' is written as 'TFMFF', 'OUTLET' is written as 'TOVUMF', how will 'LABOUR' be written in that language?

एक निश्चित कूट भाषा में, 'FLEET' को 'TFMFF' के रूप में लिखा जाता है, OUTLET' को 'TOVUMF' के रूप में लिखा जाता है, उसी भाषा में 'LABOUR' को कैसे लिखा जाएगा?

(SSC GD, 16/01/2023, Shift-III)

(a) RLBCPV (b) RLABOU
(c) LRBCPV (d) LRABOU

16. In a certain code language, 'FACTOR' is written as 'DBGTQV' and 'FAMILY' is written as 'NBGANK'. How will 'FATHER' be written in the same language?

एक निश्चित कूट भाषा में, 'FACTOR' को 'DBGTQV' के रूप में लिखा जाता है और 'FAMILY' को 'NBGANK' के रूप में लिखा जाता है। उसी भाषा में 'FATHER' को कैसे लिखा जाएगा?

(SSC GD, 23/01/2023, Shift-I)

(a) TAFREH (b) UBGREH
(c) UBGTGJ (d) REHTAF

17. In a certain code language, 'CHILL' is written as 'HDNHQ' and 'HARSH' is written as 'MWWOM'. How will 'DEVIL' be written in that code language?

एक निश्चित कूट भाषा में, 'CHILL' को 'HDNHQ' और 'HARSH' को 'MWWOM' लिखा जाता है। उसी कूट भाषा में 'DEVIL' को किस प्रकार लिखा जाएगा?

(SSC GD, 23/01/2023, Shift-II)

(a) JBECQ (b) IAAEQ
(c) JAERQ (d) IBADQ

18. In a certain code language, BLUSH is written as 'EPXWK', and 'SPLASH' is written as 'VTOEVL'. How will 'SPRITE' be written in that code language?

एक निश्चित कूट भाषा में, 'BLUSH' को 'EPXWK' लिखा जाता है, और 'SPLASH' को 'VTOEVL' लिखा जाता है। उसी कूट भाषा में 'SPRITE' को किस प्रकार लिखा जाएगा?

(SSC GD, 25/01/2023, Shift-I)

(a) VTUNWI (b) VTUMXI
(c) VTUMWI (d) VTUNXI

19. In a certain code language, 'GOLDEN' is written as 'MPHPGF' and 'GERMAN' is written as 'SFHPCO'. How will 'GLOBAL' be written in the same language?

एक निश्चित कूट भाषा में, 'GOLDEN' को 'MPHPGF' के रूप में लिखा जाता है और 'GERMAN' को 'SFHPCO' के रूप में लिखा जाता है। उसी कूट भाषा में 'GLOBAL' को कैसे लिखा जाएगा?

(SSC GD, 25/01/2023, Shift-III)

(a) PMHNCD (b) OLGNCD
(c) PMHLAB (d) OLGLAB

20. In a certain code language, 'FUTURE' is written as 'KWYWWG', and 'SHREWD' is written as 'XJWGBF'. How will 'SAILOR' be written in that code language?

एक निश्चित कूट भाषा में, 'FUTURE' को 'KWYWWG' लिखा जाता है, और 'SHREWD' को 'XJWGBF' लिखा जाता है। उसी कूट भाषा में 'SAILOR' को किस प्रकार लिखा जाएगा?

(SSC GD, 30/01/2023, Shift-I)

(a) XCNMTT (b) XCMMTT
(c) XCMNTT (d) XCNNTT

21. In a certain code language, 'DESIGN' is written as 'TFEPIK' and 'DESIRE' is written as 'TFEGTK'. How will 'DEVICE' be written in the same language.

एक निश्चित कूट भाषा में, 'DESIGN' को 'TFEPIK' के रूप में लिखा जाता है और 'DESIRE' को 'TFEGTK' के रूप में लिखा जाता है। उसी भाषा में 'DEVICE' को किस प्रकार लिखा जाएगा?

(SSC GD, 30/01/2023, Shift-IV)

(a) ECIVED (b) VEDGEK
(c) VEDECI (d) WFEGEK

22. In a certain code language, 'AROUND' is written as 'PSBFPW' and 'ARTIST' is written as 'USBVUK'. How will 'AUTHOR' be written in that language?

एक निश्चित कूट भाषा में, 'AROUND' को 'PSBFPW' के रूप में लिखा जाता है और 'ARTIST' को 'USBVUK' के रूप में लिखा जाता है। उसी भाषा में 'AUTHOR' को किस प्रकार लिखा जाएगा?

(SSC GD, 31/01/2023, Shift-I)

(a) UVBTQJ (b) ROHTUA
(c) TUAROH (d) UVBROH

23. In a certain code language, 'PEOPLE' is written as 'QEOQME' and 'MONKEY' is written as 'NOOLEZ' How will 'SILVER' be written in that language?

एक निश्चित कूट भाषा में, 'PEOPLE' को 'QEOQME' लिखा जाता है और 'MONKEY' को 'NOOLEZ' लिखा जाता है। उसी भाषा में 'SILVER' कैसे लिखा जाएगा?

(SSC GD, 1/02/2023, Shift-II)

(a) TJWMSE (b) TIMWES
(c) TWJMSE (d) TJWMES

24. In a certain code language, 'FATHER' is written as 'IFWMHW', and 'SISTER' is written as 'VNVYHW'. How will 'UNCLE' be written in that code language?

एक निश्चित कूट भाषा में, 'FATHER' को 'IFWMHW' लिखा जाता है, और 'SISTER' को 'VNVYHW' लिखा जाता है। उसी कूट भाषा में 'UNCLE' को किस प्रकार लिखा जाएगा?

(SSC GD, 1/02/2023, Shift-III)

(a) XSHQI (b) XSGQH
(c) XSFQH (d) XTGRH

25. In a certain code language, 'DEVOUR' is written as 'WGEQFT' and 'VARIED' is written as 'ECIKVF'. How will 'BLANKET' be written in that code language?

एक निश्चित कूट भाषा में, 'DEVOUR' को 'WGEQFT' और 'VARIED' को 'ECIKVF' के रूप में लिखा जाता है। उसी कूट भाषा में 'BLANKET' को किस प्रकार से लिखा जाएगा?

(SSC GD, 2/02/2023, Shift-I)

(a) ZYNPGPG (b) YMZPQGH
(c) YNZPPGG (d) ZNUMCHA

26. In a certain code language, 'SQUARE' is written as 'UQSERA' and 'CIRCLE' is written as 'RICELC', how will 'EQUATE' be written in that language?

एक निश्चित कूट भाषा में, 'SQUARE' को 'UQSERA' के रूप में लिखा जाता है और 'CIRCLE' को 'RICELC' के रूप में लिखा जाता है, उसी भाषा में 'EQUATE' को कैसे लिखा जाएगा?

(SSC GD, 2/02/2023, Shift-II)

(a) UQEETE (b) UQEETA
(c) AUQETA (d) QQEETA

27. In a certain language, 'FIT' is written as 'FGIST' and 'KIN' is written as 'KLIMN'. How will 'JOY' be written in that language?

एक निश्चित कूट भाषा में, 'FIT' को 'FGIST' के रूप में लिखा जाता है और 'KIN' को 'KLIMN' के रूप में लिखा जाता है। उसी भाषा में 'JOY' को कैसे लिखा जाएगा?

(SSC GD, 2/02/2023, Shift-IV)

(a) KKOXX (b) JJOYY
(c) KJOYX (d) JKOXY

28. In a certain code language, 'HEALTH' is written as 'CGJJVN' and 'CHARGE' is written as 'CJEGIT'. How will 'HOURSE' be written in that language?

एक निश्चित कूट भाषा में, "HEALTH' को 'CGJJVN' के रूप में लिखा जाता है और 'CHARGE' को 'CJEGIT' के रूप में लिखा जाता है। उसी भाषा में 'HOURSE' को किस प्रकार लिखा जाएगा?

(SSC GD, 6/02/2023, Shift-I)

(a) WQJGUT (b) GNSSTF
(c) TNGDRQ (d) VPIFTS

29. In a certain code language, 'ENTITY' is written as 'UOFAVK' and 'EQUITY' is written as 'VRFAVK'. How will 'ESCAPE' be written in the same language?

एक निश्चित कूट भाषा में, 'ENTITY' को 'UOFAVK' के रूप में लिखा जाता है और 'EQUITY' को 'VRFAVK' के रूप में लिखा जाता है। उसी भाषा में 'ESCAPE' को कैसे लिखा जाएगा?

(SSC GD, 6/02/2023, Shift-IV)

(a) EPACSE (b) DTFGRC
(c) CSEEPA (d) DTFEPA

30. In a certain code language, 'TRIFLED' is written as 'YQNEQDI' and 'BRIEF' is written as 'GQNDK'. How will 'FALTER' be written in that code language?

एक निश्चित कूट भाषा में, 'TRIFLED' को 'YQNEQDI' और 'BRIEF' को 'GQNDK' के रूप में लिखा जाता है। उसी कूट भाषा में 'FALTER' को किस प्रकार से लिखा जाएगा?

(SSC GD, 7/02/2023, Shift-I)

(a) KZQSJQ (b) KYQTHP
(c) KZQSHR (d) KYPSJQ

31. In a certain code language, 'BRIGHT' is written as 'JSCVJI' and 'BROKEN' is written as 'PSCPGM'. How will 'BUDGET' be written in the same language?

एक निश्चित कूट भाषा में, 'BRIGHT' को 'JSCVJI' के रूप में लिखा जाता है और 'BROKEN' को 'PSCPGM' के रूप में लिखा जाता है। उसी भाषा में 'BUDGET' को कैसे लिखा जाएगा?

(SSC GD, 8/02/2023, Shift-I)

(a) EVCVGI (b) DUBTEG
(c) TEGDUB (d) EVCTEG

32. In a certain code language 'HOUSE' is written as 'JUWYG' and 'BEARD' is written as 'DKCXF'. How will 'CRAVE' be written in this code language?

एक निश्चित कूट भाषा में 'HOUSE' को 'JUWYG' के रूप में और 'BEARD' को 'DKCXF' के रूप में लिखा जाता है। इसी कूट भाषा में 'CRAVE' को कैसे लिखा जाएगा?

(SSC GD, 9/02/2023, Shift-I)

(a) ANDAG (b) DMCEG
(c) FLBEG (d) EXCBG

33. In a certain code language 'PEOPLE' is written as 'NOEMEL' and 'TABLES' is written as 'RBAISE'. How will 'MATURE' be written in that code language?

एक निश्चित कूट भाषा में 'PEOPLE' को 'NOEMEL' के रूप में 'TABLES' को 'RBAISE' के रूप में लिखा जाता है। इसी कूट भाषा में 'MATURE' को कैसे लिखा जाएगा?

(SSC GD, 13/02/2023, Shift-I)

(a) AMRDRE (b) KTARER
(c) LATMRE (d) JATRER

34. In a certain code language, 'GUIDE' is written as 'KWMFI', and 'SLICE' is written as 'WNMEI'. How will 'FAITH' be written in that code language?

एक निश्चित कूट भाषा में, 'GUIDE' को 'KWMFI' लिखा जाता है, और SLICE को 'WNMEI' लिखा जाता है। उसी कूट भाषा में 'FAITH' को किस प्रकार लिखा जाएगा?

(SSC GD, 13/02/2023, Shift-II)

(a) JDNVL (b) JDNWL
(c) JCNVL (d) JCMVL

35. In a certain code language, 'FOREST' is written as 'SPGVUG' and 'FRENCH' is written as 'FSGJEP'. How will 'FRIEND' be written in the same language?

एक निश्चित कूट भाषा में, 'FOREST' को 'SPGVUG' के रूप में लिखा जाता है और 'FRENCH' को 'FSGJEP' के रूप में लिखा जाता है। उसी भाषा में 'FRIEND' को कैसे लिखा जाएगा?

(SSC GD, 13/02/2023, Shift-III)

(a) JSGDNE (b) IRFFPG
(c) JSGFPG (d) IRFDNE

36. In a certain code language, 'DRIVER' is written as 'JSETGX' and 'DURING' is written as 'SVEIPK'. How will 'DOLLAR' be written in that language?

एक निश्चित कूट भाषा में, 'DRIVER' को 'JSETGX' के रूप में लिखा जाता है और 'DURING' को 'SVEIPK' के रूप में लिखा जाता है। उसी भाषा में 'DOLLAR' को किस प्रकार लिखा जाएगा?

(SSC GD, 13/02/2023, Shift-IV)

(a) LODRAL (b) MPERAL
(c) RALLOD (d) MPETCN

37. In a certain code language, 'IMPORT' is written as 'GKRQPR'. How will the word 'EXPEND' be written in that language?

एक निश्चित कूट भाषा में, 'IMPORT' को 'GKRQPR' लिखा जाता है। उसी कूट भाषा में, 'EXPEND' को क्या लिखा जाएगा?

(SSC GD, 01/12/2021, Shift III)

(a) GCFLMF (b) CVNGLR
(c) DYQFMB (d) CVRGLB

38. In a certain code language, 'DEACTIVATION' is written as 'CAEDAVITNOIT'. How will the word 'FACILITATION' be written in that code language.

एक विशिष्ट कूट भाषा में, 'DEACTIVATION' को 'CAEDAVITNOIT' लिखा जाता हैं। इस भाषा में 'FACILITATION' को क्या लिखा जाएगा?

(SSC GD, 1 Dec. 2021, Shift I)

(a) ICFAALILNOTT
(b) ICFTILAANOIT
(c) ICFTANNILONOTT
(d) 'ICAFATILNOIT

39. In a certain language, ZOMBIE is coded as BEIMOZ and FLEX is coded as EFLX, than how is PRODUCT coded in the same language?

एक निश्चित कूट भाषा में, ZOMBIE को BEIMOZ और FLEX को EFLX के रूप में कूटबद्ध किया जाता है। उसी कूट भाषा में, PRODUCT को कैसे कूटबद्ध करेगें?

(SSC GD, 1 Dec. 2021, Shift I)

(a) CDOPRTU (b) CDPORTU
(c) CDORPTU (d) CDPORUT

40. In a certain code language, 'SUPERWASH' is written as 'UWRGTYCUJ'. How will 'ANTISEPTIC' be written in that same language?

एक विशिष्ट कूट भाषा में, 'SUPERWASH' को 'UWRGTYCUJ' लिखा जाता है। इसी भाषा में 'ANTISEPTIC' को क्या लिखा जाएगा?

(SSC GD, 1/12/2021, Shift I)

(a) CPVKUGRVKE
(b) CPVKUGRRVE
(c) CPKVUGRVKE
(d) CPUKVGRVKE

41. In a certain code language, 'MASTER' is written as 'NBTUFS'. How will 'ENOUGH' be written in that language?

किसी विशेष कूट भाषा में, 'MASTER' को 'NBTUFS' लिखा जाता है। इस भाषा में, 'ENOUGH' को क्या लिखेगे?

(SSC GD, 1 Dec 2021. Shift-I)

(a) FOPVHI (b) OPHIFV
(c) VHIPOF (d) VOHPFI

42. In a certain code language, 'NIHAR' is written as 'ZUTMD' and 'VIRUS' is written as HUDGE. How will 'GERMS' be written in that code language?

किसी कूट भाषा में, 'NIHAR'

को 'ZUTMD' और 'VIRUS' को 'HUDGE' लिखा जाता है। इस कूट भाषा में 'GERMS' को क्या लिखा जाएगा?

(SSC GD, 02/12/2021. Shift-III)

(a) SOOWQE (b) SPDZE
(c) TQDXE (d) SQDYE

43. In a certain code language, 'FUTILE' is written as UFITEL and SELDOM is written as ESDLMO. How will the word CORTEX be written in that language?

एक निश्चित कूट भाषा में, FUTILE को UFITEL लिखा जाता हैं और SELDOM को ESDLMO लिखा जाता है। उसी कूट भाषा में CORTEX को किस प्रकार लिखा जाएगा?

(SSC GD, 02/12/2021. Shift-I)

(a) OCRTFX (b) OCTRXE
(c) XETROX (d) ROCXET

44. In a certain code language, NERDX is written as QBUGA and CARING is written as FXUFQJ. How will CLOSET be written in the same language?

एक निश्चित कूट भाषा में, NERDX को QBUGA लिखा जाता है और CARING को FXUFQJ लिखा जाता है। उसी कूट भाषा में CLOSET को किस प्रकार लिखा जाएगा?

(SSC GD, 02/12/2021. Shift-I)

(a) FOKVBX (b) FPLVBQ
(c) FOLVBW (d) FOLUCW

45. In a certain code language, NEXT is written as MODFWYSU. How will the word CLOCK be written in that language?

एक निश्चित कूट भाषा में, NEXT को MODFWYSU लिखा जाता है। उसी कूट भाषा में CLOCK को किस प्रकार लिखा जाएगा?

(SSC GD, 02/12/2021. Shift-II)

(a) BDKPQPBDJL
(b) BDKMNPBDLM
(c) BDKMNPBDJL
(d) BDKMNPBEML

46. In a certain code language, 'PERHAPS' is written as SPAHREP. What is the code for CHEWING?

किसी निश्चित कोड भाषा में, 'PERHAPS' को 'SPAHREP' के रूप में लिखा जाता है। तब, 'CHEWING' का कोड बताइए?

(SSC GD, 03/12/2021. Shift-III)

(a) GNIWEHC (b) ECHNIGW
(c) HGWENIC (d) GNIHEWC

47. In a certain code language, 'FOAMING' is written as 'AOFMGNI'. How will 'BELIEVE' be written in that code language?

किसी निश्चित कूट भाषा में, 'FOAMING' को 'AOFMGNI' लिखा जाता है। उसी भाषा में 'BELIEVE' को क्या लिखा जाएगा?

(SSC GD, 03/12/2021. Shift-I)

(a) MFCJFWF (b) EBILVEE
(c) LEBIEVE (d) LEBEIEV

48. In a certain code language, 'LAWYER' is written as 'LWEAYR' and 'ADVICE' is written as 'AVCDIE'. How will 'COURTS' be written in that language?

किसी निश्चित कूट भाषा में, 'LAWYER' को 'LWEAYR' के रूप में लिखा जाता है और 'ADVICE' को 'AVCDIE' के रूप में लिखा जाता है। उसी कूट भाषा में, 'COURTS' को किस प्रकार लिखेगे?

(SSC GD, 06/12/2021. Shift-I)

(a) STRUOC (b) OUTRSC
(c) OURUST (d) CUTORS

49. In a certain code language, 'REFINE' is written as 'KHOZKL'. How will 'SOLVENT' be written in that language?

किसी निश्चित कोड भाषा में, 'REFINE' को 'KHOZKL' लिखा जाता है। उसी कूट भाषा में, 'SOLVENT' को किस प्रकार लिखेगे?

(SSC GD, 07/12/2021. Shift-I)

(a) YHJPPIX (b) ZHKPRIY
(c) ZIKQQJY (d) YHPJPIX

50. In a certain code language, 'ORGAN' is written as 'QWDLC' and 'OPERATE' is written as 'QBXWLSX'. How will 'GENERATOR' be written in that language?

एक निश्चित कूट भाषा में, 'ORGAN' को 'QWDLC' लिखा जाता है और 'OPERATE' को 'QBXWLSX' लिखा जाता है। उसी कूट भाषा में, 'GENERATOR' को किस प्रकार लिखा जाएगा?

(SSC GD, 07/12/2021. Shift-I)

(a) DXCXWQLSW
(b) DXCXLWSQW
(c) DXCXWLSQW
(d) DXCXSWLQW

51. In a certain code language, 'PARENTS' is written as 'JYHULFG'. How will the word 'ASTONISH' be written in that language?

एक निश्चित कूट भाषा में, 'PARENTS' को 'JYHULFG' लिखा जाता है। उसी कूट भाषा में, 'ASTONISH' को किस प्रकार लिखा जाएगा?

(SSC GD, 08/12/2021. Shift-I)

(a) YGFKLQGR
(b) YGEKKQGR
(c) YHEKLQGR
(d) YHEKKQGS

52. In a certain code language, 'PHARMACEUTICAL' is written as 'QGBQNZDDVSJBBK'. How will 'ELECTRONIC' be written in that language?

एक निश्चित कूट भाषा में, 'PHARMACEUTICAL' को 'QGBQNZDDVSJBBK' लिखा जाता है। उसी कूट भाषा में, 'ELECTRONIC' को क्या लिखा जाएगा?

(SSC GD, 08/12/2021. Shift-II)

(a) FKEBUQPMKB
(b) FKFUBPOMIB
(c) FKFBUOPMIB
(d) FKFBUQPMJB

53. In a certain code language, 'RHINO' is written as 'POJIS' and 'TIGER' is written as 'SFHJU'. How will 'HORSE' be written in that language?

एक निश्चित कूट भाषा में, 'RHINO' को 'POJIS' तथा 'TIGER' को

'SFHJU' के रूप में लिखा जाता है। उसी भाषा में, 'HORSE' को किस रूप में लिखा जाएगा?

(SSC GD, 0912/2021. Shift-II)

(a) ETRPJ (b) ETSPI
(c) FTSPI (d) FRSQJ

54. In a certain code language, 'BEHIND' is written as 'BLGJGD'. How will 'ORANGE' be written in that language?

एक विशिष्ट कूट भाषा में, 'BEHIND' को 'BLGJGD' लिखा जाता है। इस भाषा में, 'ORANGE' को क्या लिखा जाएगा?

(SSC GD, 09/12/2021 Shift-I)

(a) PLCETQ (b) CELCTQ
(c) CLECCQT (d) NQCLTF

55. In a certain code language, 'SUNSET' is written as 'RTMTFU'. How will 'JORDEN' be written in that code language?

एक निश्चित कूट भाषा में, 'SUNSET' को 'RTMTFU' लिखा जाता है। उसी कूट भाषा में, 'JORDEN' को क्या लिखा जाएगा?

(SSC GD, 10/12/2021 Shift-III)

(a) NIQFOE (b) INQFOE
(c) INQEOF (d) INQEFO

56. In a certain code language, 'MIND' is written as 'NJOE'. How will 'NEFT' be written in that code language?

एक विशिष्ट कूट भाषा में, 'MIND' को 'NJOE' लिखा जाता है। उसी कूट भाषा में 'NEFT' को क्या लिखा जाएगा?

(SSC GD, 10/12/2021 Shift-I)

(a) OFGU (b) GUOF
(c) GUFO (d) OFUG

57. In a certain code language, 'PARTH' is coded as 'TEVXL' . In the same language, which of the following word will be coded as 'XVEHI'?

एक विशिष्ट कूट भाषा में, 'PARTH' को 'TEVXL' के रूप में कूटबद्ध किया जाता है। इसी कूट भाषा में, निम्न में से किस शब्द का कूट 'XVEHI' होगा?

(SSC GD, 13/12/2021 Shift-II)

(a) TRADE (b) TARDE
(c) BZILM (d) BZLIM

58. In a certain code language, 'SCIENTIST' is written as 'TSITNEISC'. How will 'GOLDSMITH' be written in that code language?

एक निश्चित कूटभाषा में, 'SCIENTIST' को 'TSITNEISC' के रूप लिखा जाता है, उसी कूट भाषा में 'GOLDSMITH' को कैसे लिखा जाएगा?

(SSC GD, 13/02/2019 Shift-I)

(a) HTIMSDLOG
(b) HTISMDLGO
(c) HTIMSDLGO
(d) HITMSDLOG

59. In a certain code language, 'ASSUME' is written as 'EMUASS'. How will 'NEEDLE' be written in that code language?

एक निश्चित कूट भाषा में, 'ASSUME' को 'EMUASS' के रूप लिखा जाता है, उसी कूट में 'NEEDLE' को कैसे लिखा जाएगा?

(SSC GD, 12/02/2019 Shift-II)

(a) ELDEEN (b) EJDNEE
(c) ELDNEE (d) EDLNEE

60. If in a certain code language, 'POLITICAL' is written as 'QNMHUHDZM', then how will 'SOCIAL' be written in that code languagae?

यदि किसी कूट भाषा में, 'POLITICAL' को 'QNMHUHDZM' के रूप में लिखा जाता है, तो उसी कूट भाषा में 'SOCIAL' को कैसे लिखा जाएगा?

(SSC GD, 11/02/2019 Shift-III)

(a) DBKNTH (b) NTHDBAK
(c) DHBKTN (d) TNDHBK

61. In a certain code language, 'KITCHEN' is written as 'LKWGMKU', then how will 'SHAMPOO' be written in that code language?

यदि किसी कूट भाषा में, 'KITCHEN' को 'LKWGMKU' के रूप में लिखा जाता है, तो उसी कूट भाषा में 'SHAMPOO' को कैसे लिखा जाएगा?

(SSC GD, 11/02/2019 Shift-II)

(a) TJDQUUV (b) TJDQTUU
(c) TJDQTUV (d) TJEQUUV

62. If in a certain code language, 'MONSTROUS' is written as 'NOMRTSSUO', then how will 'SOCIOLOGY' be written in that code language?

अगर एक कूट भाषा में, 'MONSTROUS' को 'NOMRTSSUO' के रूप में कूटबद्ध किया जाता है, तो 'SOCIOLOGY' को किस प्रकार कूटबद्ध किया जाएगा?

(SSC GD, 19/02/2019 Shift-II)

(a) COSLOIYGO
(b) COSLOIGYO
(c) OCSOLIGYO
(d) YGOCOSLOI

63. If in a certain code language, 'WORKER' is written as 'OKROKR', then how will 'ASSUME' be written in that code language?

एक निश्चित कूट भाषा में, 'WORKER' को 'OKROKR' के रूप लिखा जाता है, उसी कूट भाषा में 'ASSUME' को कैसे लिखा जाएगा?

(SSC GD, 14/02/2019 Shift-II)

(a) SUESUE (b) SUESVE
(c) SSESSE (d) SUMSUM

Type 2

64. In a certain code language, 'TIME' is written as '43', and 'WHEN' is written as '46'. How will 'TURN' be written in that code language?

एक निश्चित कूट भाषा में, 'TIME' को '43' लिखा जाता है, और 'WHEN' को '46' लिखा जाता है। उसी कूट भाषा में 'TURN' को कैसे लिखा जाएगा?

(SSC GD 21/05/2024 Shift II)

(a) 64 (b) 73
(c) 69 (d) 67

65. In a certain code language, 'TEACH' is written as '74', 'STUDY' is written as '178'. How will 'NEVER' be written in the same code language?

एक निश्चित कूट भाषा में, 'TEACH' को '74' लिखा जाता है, 'STUDY' को

'178' लिखा जाता है। उसी कूट भाषा में 'NEVER' को कैसे लिखा जाएगा?

(SSC GD 22/02/2024 Shift II)

(a) 118 (b) 124
(c) 128 (d) 132

66. In a certain code language, 'LEAVE' is written as '42', 'TEAM' is written as '36'. In that code language, how will 'OFFER' be written?

एक निश्चित कूट भाषा में, 'LEAVE' को '42' लिखा जाता है, 'TEAM' को '36' लिखा जाता है। उसी कूट भाषा में, 'OFFER' को कैसे लिखा जाएगा?

(SSC GD 22/02/2024 Shift II)

(a) 48 (b) 47
(c) 46 (d) 50

67. In a certain code language, 'PAGES' is written as '192', 'ABOVE' is written as '180'. How will 'PRIOR' be written in that code language?

एक निश्चित कूट भाषा में, PAGES' को '192' लिखा जाता है, 'ABOVE' को `180' लिखा जाता है। उसी कूट भाषा में 'PRIOR' को कैसे लिखा जाएगा?

(SSC GD 23/02/2024 Shift I)

(a) 296 (b) 312
(c) 304 (d) 308

68. In a certain code language, 'PERJURY' is written as '113' and 'DECEPTION' is written as '91'. How will 'WITNESS' be written in that code language?

एक निश्चित कूट भाषा में, 'PERJURY' को `113' लिखा जाता है और 'DECEPTION' को '91' लिखा जाता है। उसी कूट भाषा में 'WITNESS' को कैसे लिखा जाएगा?

(SSC GD 01/03/2024 Shift II)

(a) 85 (b) 91
(c) 109 (d) 96

69. In a certain code language, 'PARTY' is written as '81', 'PLACE' is written as '38'. How will 'PRIME' be written in that code language?

एक निश्चित कूट भाषा में, 'PARTY' को '81' लिखा जाता है, 'PLACE' को '38' लिखा जाता है। उसी कूट भाषा में 'PRIME' को कैसे लिखा जाएगा?

(SSC GD 01/02/2024 Shift III)

(a) 64 (b) 65
(c) 62 (d) 63

70. In a certain code language, 'PANTRY' is written as '715297' and 'STEADY' is written as '125147'. How will 'DATES' be written in that code language?

एक निश्चित कूट भाषा में, 'PANTRY' को '715297' लिखा जाता है और 'STEADY' को `125147' लिखा जाता है। उसी कूट भाषा में 'DATES' को कैसे लिखा जाएगा?

(SSC GD 05/03/2024 Shift I)

(a) 42151 (b) 41241
(c) 41215 (d) 41251

71. In a certain code language, 'HOST' is written as '9724', 'KINDO' is written as '45310', 'KNOWS' is written as '37654'. How will 'W' be written in that code language?

एक निश्चित कूट भाषा में, 'HOST' को '9724' लिखा जाता है, 'KINDO' को '45310' लिखा जाता है, 'KNOWS' को '37654' लिखा जाता है। उसी कूट भाषा में 'W' को कैसे लिखा जाएगा?

(SSC GD 21/02/2024 Shift III)

(a) 7 (b) 5
(c) 6 (d) 4

72. In a certain code language, 'FORCE' is written as '83052', 'GAMES' is written as '42761', and 'FORUM' is written as '08957'. How will 'C' be written in that code language?

एक निश्चित कूट भाषा में, 'FORCE' को '83052' लिखा जाता है, 'GAMES' को '42761' लिखा जाता है, और 'FORUM' को '08957' लिखा जाता है। उसी कूट भाषा में 'C' को कैसे लिखा जाएगा?

(SSC GD 20/02/2024 Shift I)

(a) 2 (b) 8
(c) 5 (d) 3

73. In a certain code language, 'MONTH' is written as '141213719' and 'YEAR' is written as '222269'. How will 'WEEK' be written in that language?

एक निश्चित कूट भाषा में 'MONTH' को '141213719' के रूप में और 'YEAR' को '222269' के रूप में लिखा जाता है। उसी भाषा में 'WEEK' को किस प्रकार लिखा जाएगा?

(SSC GD, 10/01/2023, Shift-II)

(a) 4222261 (b) 1444424
(c) 4222216 (d) 2444416

74. In a certain code language, 'BRAVE' is coded as 48 and SPEAR is coded as '59'. How will VICTOR be coded in that language?

एक निश्चित कूट भाषा में, 'BRAVE' को 48 के रूप में कूटबद्ध किया जाता है और 'SPEAR' को 59 के रूप में कूटबद्ध किया जाता है। उसी भाषा में 'VICTOR' को किस प्रकार कूटबद्ध किया जाएगा?

(SSC GD, 11/01/2023, Shift-IV)

(a) 85 (b) 83
(c) 87 (d) 81

75. In a code language 'DEVOTE' is written as '71' and 'DIALECT' is written as '54'. How will 'DIESEL' be written in the same language?

एक कूट भाषा में 'DEVOTE' को '71' लिखा जाता है और 'DIALECT' को '54' लिखा जाता है। उसी भाषा में 'DIESEL' को कैसे लिखा जाएगा?

(SSC GD, 13/01/2023, Shift-I)

(a) 54 (b) 49
(c) 53 (d) 47

76. In a certain code language, if 'FLED' is coded as '3921' and 'GIFT' is coded as 46317, then how 'HUNK' will be coded in that language?

एक निश्चित कूट भाषा में, यदि 'FLED' को '3921' के रूप में और 'GIFT' को '46317' के रूप में कूटबद्ध किया जाता है, तो उसी भाषा में 'HUNK' को कैसे कूटबद्ध किया जाएगा?

(SSC GD, 16/01/2023, Shift-II)

(a) 720107 (b) 19211316
(c) 518118 (d) 8211411

77. In a certain code language, 'CLOAKED' is written as '39' and 'FLANK' is written as '32'. How will 'FLOCKED' be written in that code langauge?
एक निश्चित कूट भाषा में, 'CLOAKED' को '39' और 'FLANK' को '32' के रूप में लिखा जाता है। उसी कूट भाषा में 'FLOCKED' को किस प्रकार लिखा जाएगा?
(SSC GD, 17/01/2023, Shift-I)
(a) 48 (b) 46
(c) 42 (d) 44

78. In a certain code language, if 'BROTHER' is coded as '14' and 'ACTIVE' as '12', then how will 'CHOCOLATE' be coded in the same language?
एक निश्चित कूट भाषा में, यदि 'BROTHER' को '14' के रूप में और 'ACTIVE' को '12' के रूप में कूटबद्ध किया जाता है, तो उसी भाषा में 'CHOCOLATE' को कैसे कूटबद्ध किया जाएगा?
(SSC GD, 17/01/2023, Shift-IV)
(a) 15 (b) 18
(c) 20 (d) 16

79. In a certain code language 'MOBILE' is coded as '18' and 'TELEVISION' is coded as '30'. How will 'COMPUTER' be coded in that language?
एक निश्चित कूट भाषा में, 'MOBILE' को '18' और 'TELEVISION' को '30' के रूप में कूटबद्ध किया जाता है। तो उसी भाषा में 'COMPUTER' को कैसे कूटबद्ध किया जाएगा?
(SSC GD, 24/01/2023, Shift-III)
(a) 20 (b) 22
(c) 24 (d) 23

80. In a certain code language, if CAB is coded as '75' and 'DIP' as '52', then how will 'FLY' be coded in that language?
एक निश्चित कूट भाषा में यदि 'CAB' को '75' के रूप में और 'DIP' को '52' के रूप में कूटबद्ध किया जाता है, तो उसी भाषा में 'FLY' को कैसे कूटबद्ध किया जाएगा?
(SSC GD, 27/01/2023, Shift-IV)
(a) 26 (b) 38
(c) 44 (d) 42

81. In a certain code language, 'MARINE' is coded as '100' and 'NORMAL' is coded as '126'. How will 'REALM' be coded in that language?
एक निश्चित कूट भाषा में 'MARINE' को '100' और 'NORMAL' को '126' के रूप में कूटबद्ध किया जाता है। उसी भाषा में 'REALM' को किस प्रकार कूटबद्ध किया जाएगा?
(SSC GD, 1/02/2023, Shift-I)
(a) 78 (b) 88
(c) 98 (d) 70

82. In a certain code language, 'EXAM' is written as '625214' and 'TEST' is written as '2162021'. How will 'ASSESSMENT' be written in that code language?
एक निश्चित कूट भाषा में, 'EXAM' को '625214' और 'TEST' को '2162021' के रूप में लिखा जाता है। इसी कूट भाषा में 'ASSESSMENT' को किस प्रकार से लिखा जाएगा?
(SSC GD, 1/02/2023, Shift-III)
(a) 22020620201461512
(b) 22020620201461521
(c) 22020620201465121
(d) 22020602201461521

83. In a certain code language, 'ARGUE' is written as '22620926' and 'BEACH' is written as '1924262225'. How will 'ACCEL' be written in that code language?
एक निश्चित कूट भाषा में, 'ARGUE' को '22620926' और 'BEACH' को '1924262225' के रूप में लिखा जाता है। इसी कूट भाषा में 'ACCEL' को किस प्रकार से लिखा जाएगा?
(SSC GD, 1/02/2023, Shift-IV)
(a) 1524242426 (b) 1252242426
(c) 1522242426 (d) 1522226426

84. In a certain code language 'FIRST' is coded as '79191921' and 'TIME' is coded as '219145'. How will 'BETTER' be coded in the same language?
एक निश्चित कूट भाषा में, 'FIRST' को '79191921' और 'TIME' को '219145' के रूप में कूटबद्ध किया जाता है। उसी भाषा में 'BETTER' को किस प्रकार कूटबद्ध किया जाएगा?
(SSC GD, 6/02/2023, Shift-I)
(a) 352120618 (b) 252020518
(c) 262021519 (d) 362121619

85. In a certain code language, 'EARNED' is written as '94', 'GAINED' is written as '80', then how will 'DOLLAR' be written in that language?
एक निश्चित कूट भाषा में, 'EARNED' को '94' के रूप में लिखा जाता है, 'GAINED' को '80' के रूप में लिखा जाता है, तो उसी भाषा में 'DOLLAR' को किस प्रकार से लिखा जाएगा?
(SSC GD, 8/02/2023, Shift-IV)
(a) 111 (b) 68
(c) 96 (d) 124

86. In a certain code language, 'BABY' is written as '20' and 'ADULTS' is written as '30'. How will 'WOMAN' be written in this code language?
एक निश्चित कूट भाषा में, 'BABY' को '20' और 'ADULTS' को '30' के रूप में लिखा जाता है। इसी कूट भाषा में 'WOMAN' को किस प्रकार से लिखा जाएगा?
(SSC GD, 9/02/2023, Shift-III)
(a) 20 (b) 25
(c) 30 (d) 35

87. In a certain code language 'MISTAKE' is written as '9765412' and 'NAKED' is written as '84123' . How will the word 'INTIMATE' be coded in that language?
एक निश्चित कूट भाषा में, 'MISTAKE' को '9765412' के रूप में और 'NAKED' को '84123' के रूप में कूटबद्ध किया जाता है। उसी कूट भाषा में, 'INTIMATE' को किस प्रकार लिखेगे?
(SSC GD, 01/12/2021 Shift III)
(a) 89786145 (b) 78579452
(c) 78698365 (d) 79438163

88. In a certain code language, 'CANDLE' is coded as

'52144113'. How will the word 'QUIET' be coded in that language?

एक निश्चित कूट भाषा में, 'CANDLE' को '52144113' के रूप में कूटबद्ध किया जाता है। उसी कूट भाषा में, 'QUIET' को किस रूप में कूटबद्ध किया जाएगा?

(SSC GD, 07/12/2021 Shift-II)

(a) 02591271 (b) 02592117
(c) 20591271 (d) 20592117

89. In a certain code language, 'PLACARD' is coded as '29-3-23' and DORMATS is coded as 37-13-40. How will the word 'CONFUSE' be coded in that language?

एक निश्चित कूट भाषा में, 'PLACARD' को '29-3-23' और DORMATS को 37-13-40 के रूप में कूटबद्ध किया जाता है। उसी भाषा में, 'CONFUSE' को कैसे कूटबद्ध करेंगे?

(SSC GD, 09/12/2021 Shift-I)

(a) 30-6-44 (b) 35-6-42
(c) 42-7-40 (d) 32-6-45

90. In a certain code language, 'CROW' is coded as '3-18-15-23' and 'FISH' is coded as '6-9-19-8'. How will the word 'BULL' be coded in that language?

एक निश्चित कूट भाषा में, 'CROW' को '3-18-15-23' के रूप में तथा 'FISH' को '6-9-19-8' के रूप में कूटबद्ध किया जाता है। उसी भाषा में शब्द 'BULL' को कैसे कूटबद्ध किया जाएगा?

(SSC GD, 10/12/2021 Shift-II)

(a) 2-21-12-12 (b) 3-20-11-11
(c) 2-22-12-12 (d) 4-22-13-13

91. In a certain code language, 'STORE' is coded as '8712922' and 'PURE' is coded as '116922'. How will 'ASSURED' be coded in that language?

एक विशिष्ट कूट भाषा में, 'STORE' को '8712922' के रूप में और 'PURE' को '116922' के रूप में कूटबद्ध किया जाता है। उसी कूट भाषा में, 'ASSURED' को किस प्रकार कूटबद्ध किया जाएगा?

(SSC GD, 13/12/2021 Shift-III)

(a) 2686982223 (b) 2688982223
(c) 2695872223 (d) 2688692223

92. In a certain code language, 'REFUSE' is written as 74. How will 'KIDNAP' be written in that code langauge?

एक निश्चित कूट में, 'REFUSE' को '74' के रूप लिखा जाता है। उसी कूट भाषा में 'KIDNAP' को कैसे लिखा जाएगा?

(SSC GD, 13/02/2019 Shift-I)

(a) 59 (b) 55
(c) 54 (d) 57

93. In a certain code language, 'HOUSE' is written as 68. How will 'CASTLE' be written in that code language?

एक निश्चित कूट में, 'HOUSE' को '68' के रूप लिखा जाता है, उसी कूट भाषा में 'CASTLE' को कैसे लिखा जाएगा?

(SSC GD, 02/03/2019 Shift-I)

(a) 72 (b) 60
(c) 84 (d) 59

94. In a certain code language, 'CUBA' is written as 27. How will 'FIJI' be written in that code language?

एक निश्चित कूट भाषा में, 'CUBA' को '27' के रूप लिखा जाता है, उसी कूट भाषा में 'FIJI' को कैसे लिखेंगे?

(SSC GD, 02/03/2019 Shift-II)

(a) 30 (b) 34
(c) 27 (d) 38

Type 3

95. In a certain code language, 'SHIP' is written as 'T17O' and 'KITE' is written as 'L29D'. How will 'HOPE' be written in that language?

एक निश्चित कूट भाषा में, 'SHIP' को 'T17O' के रूप में लिखा जाता है और 'KITE' को 'L29D' के रूप में लिखा जाता है। उसी भाषा में 'HOPE' को कैसे लिखा जाएगा?

(SSC GD, 31/01/2023, Shift-I)

(a) I31D (b) D31I
(c) 130D (d) H31E

96. In a certain code language, 'BREAD' is written as 'BED19', 'IRONY' is written as 'IOY32', how will 'SHARP' be written in that language?

एक निश्चित कूट भाषा में, 'BREAD' को 'BED19' के रूप में लिखा जाता है, 'IRONY' को 'IOY32' के रूप में लिखा जाता है, उसी भाषा में 'SHARP' को कैसे लिखा जाएगा?

(SSC GD, 2/02/2023, Shift-III)

(a) SAP62 (b) SAP26
(c) 26SAP (d) SHA26

97. In a certain code language, 'SUBTLE' is written as '40CUMF", 'HANGER' is written as '90HFS', how will 'CLOTH' be written in that language?

एक निश्चित कूट भाषा में, 'SUBTLE' को '40CUMF' के रूप में लिखा जाता है, 'HANGER" को '90HFS' के रूप में लिखा जाता है, उसी भाषा में 'CLOTH' को कैसे लिखा जाएगा?

(SSC GD, 13/02/2023, Shift-IV)

(a) 15PUI (b) 15OTH
(c) 17OTH (d) 17PUI

98. In a certain code language, 'RAINBOW' is written as 'S19OC15X', 'SUNSHINE' is written as 'T21OTI9O5'. How will 'MOONLIGHT' be written in that code language?

एक निश्चित कूट भाषा में, RAINBOW' को 'S19OC15X' लिखा जाता है, 'SUNSHINE' को 'T21OTI9O5' लिखा जाता है। उसी कूट भाषा में 'MOONLIGHT' को कैसे लिखा जाएगा?

(SSC GD 21/02/2024 Shift III)

(a) N1515OM9HIU
(b) N1515O9MHIU
(c) N1515ON9HIU
(d) N1515M9OHIU

99. In a code language, MISSION is written as 'N64O' and TEASE is written as 'U56F'. How will NASTY be written in this code language?

एक कूटभाषा में, MISSION को

N64O के रूप में लिखा जाता है और TEASE को U56F के रूप में लिखा जाता है। इसी कूट भाषा में NASTY को कैसे लिखा जाएगा?

(a) Z41O (b) O14Z
(c) Z14O (d) O41Z

100. In a certain code language, 'OUTGROW' is written as '56GRPX' and 'THINNER' is written as '37NNFS'. How will 'THOUGHT' be written in the same language?

एक निश्चित कूट भाषा में, 'OUTGROW' को '56GRPX' के रूप में लिखा जाता है और 'THINNER' को '37NNFS' के रूप में लिखा जाता है। उसी भाषा में 'THOUGHT' को कैसे लिखा जाएगा?

(SSC GD, 24/01/2023, Shift-I)

(a) 33UGIU (b) 43UGHT
(c) 43UGIU (d) 33UGHT

Type 4

101. In a certain code language, 'cart light' is coded as 'straw handle', 'plug light' is coded as 'toes handle' and 'cart plug' is coded as 'toes straw' is encoded as What will be the code word for 'cart'.

एक निश्चित कूट भाषा में, 'cart light' को 'staw handle' के रूप में कूटबद्ध किया जाता है, 'plug light' को 'toes handle' के रूप में कूटबद्ध किया जाता है और 'cart plug' को 'toes straw' के रूप में कूटबद्ध किया जाता है। 'cart' के लिए कूट शब्द क्या होगा?

(SSC GD, 10/01/2023, Shift-I)

(a) handle (b) straw
(c) toes (d) plug

102. In a certain code language 'live life happily' is coded as '447', 'everyone is here' is coded as '824' and 'be grateful' is coded as '28' is encrypted. How will 'count your blessings' be coded in the same language?

एक निश्चित कूट भाषा में, 'live life happily' को '447' के रूप में कूटबद्ध किया जाता है, 'everyone is here' को '824' के रूप में कूटबद्ध किया जाता है और 'be grateful' को '28' के रूप में कूटबद्ध किया जाता है। उसी भाषा में 'count your blessings' को किस प्रकार कूटबद्ध किया जाएगा?

(SSC GD, 12/01/2023, Shift-IV)

(a) 658 (b) 856
(c) 549 (d) 459

103. In a certain code language 'You Are Kind' is written as 'hat me ga'. 'She Is Smart' is written as 'fe ta' nou'. 'She Is Kind' is written as 'fe ta ga'. How will 'Kind' be written in the same language?

एक निश्चित कूट भाषा में 'You Are Kind' को 'hat me ga' लिखा जाता है। 'She is Smart' को 'fe ta nou' लिखा जाता है। 'She Is Kind' को 'fe ta ga' लिखा जाता है। उसी भाषा में 'Kind' को कैसे लिखा जाएगा?

(SSC GD, 25/01/2023, Shift-I)

(a) hat (b) ga
(c) ta (d) fe

104. In a code language, 'our son's car' is coded as 'fu da be', 'son's birthday today' is coded as 'la fu ja' and 'today our match' is coded as 'he da la'. What will be the code for the word 'car match'?

एक कूट भाषा में, 'Our son's car' को 'fu da be' के रूप में कूटबद्ध किया जाता है, 'son's birthday today' को 'la fu ja' के रूप में कूटबद्ध किया जाता है और 'today our match' को 'he da la' के रूप में कूटबद्ध किया जाता है। शब्द 'car match' के लिए कूट क्या होगा?

(SSC GD, 1/02/2023, Shift-II)

(a) be he (b) la he
(c) da he (d) fu be

105. In a certain code language, 'we can go' is written as 'ti mi pi', 'can i sit' is written as 'pi ri di' and 'sit and go' is written as 'di'. si ti'. How will 'and' be written in that language?

एक निश्चित कूट भाषा में, 'we can go' को 'ti mi pi' के रूप में लिखा जाता है, 'can i sit' को 'pi ri di' के रूप में लिखा जाता है और 'sit and go' को 'di si ti' के रूप में लिखा जाता है। उसी भाषा में 'and' को कैसे लिखा जाएगा?

(SSC GD, 7/02/2023, Shift-II)

(a) pi (b) ti
(c) di (d) si

106. In a certain code language, 'fever origin' is coded as 'tree cloud', 'apple origin' is coded as 'brown cloud and sandwich fever' is coded as 'shoe tree'. What will be the code word for 'apple'?

एक निश्चित कूट भाषा में, 'fever origin' को 'tree cloud' के रूप में कूटबद्ध किया जाता है, 'apple origin' को 'brown cloud' के रूप में कूटबद्ध किया जाता है और 'sandwich fever' को 'shoe tree' के रूप में कूटबद्ध किया जाता है। 'apple' के लिए कूट शब्द क्या होगा?

(SSC GD, 8/02/2023, Shift-III)

(a) brown (b) cloud
(c) sandwich (d) fever

107. In a certain code language, 'I am fine' is written as 'le su kim', 'you are fine' is written as 'se kim de' and 'all are fine' is written as 'kim ru se'. Then find the code for 'all'.

एक विशिष्ट भाषा में, 'I am fine' को 'le su kim', के रूप में 'you are fine', को 'se kim de' के रूप में और 'all are fine' को 'kim ru se' के रूप में लिखा जाता है। तो, 'all' का कूट बताइए।

(SSC GD, 02/12/2021 Shift-III)

(a) de (b) ru
(c) su (d) se

108. If in a certain code language, 'MAYANK IS GREAT' is written as 're ge ne'. 'HE IS AN INDIAN' is written as 'te re pe me' and 'GREAT INDIAN CULTURE' is written as 'pe ge se', then find the code for 'MAYANK'?

यदि निश्चित कूट भाषा में, 'MAYANK

IS GREAT' को 're ge ne', 'HE IS AN INDIAN' को 'te re pe me' तथा 'GREAT INDIAN CULTURE' को 'pe ge se' लिखा जाता है, तो 'MAYANK' का कूट बताइए?

(SSC GD, 06/12/2021 Shift-III)

(a) ge (b) pe
(c) re (d) ne

Type 5

109. In a certain code language, 24391 is coded as ≠∞×©* and 15678 is coded as *β∉µ£. How will 65432 be coded in that language?

किसी कूट भाषा में, 24391 को ≠∞×©*, 15678 को *β∉µ£ के रूप में कूटबद्ध किया जाता है। उसी कूट भाषा में, 65432 को किस प्रकार कूटबद्ध किया जाएगा?

(SSC GD, 06/12/2021 Shift-III)

(a) β∉≠∞× (b) ≠∞×β∉
(c) ∉β∞×≠ (d) ×≠∉β∞

110. In a certain code language, ROPE is written as '%57$, DOUBT is written as '35#8*' and LIVE is written as '@24$', then how will TROUBLE be written in that language?

किसी निश्चित सांकेतिक भाषा में, ROPE को '%57$', DOUBT को '35#8*' तथा LIVE को '@24$' लिखा जाता है। तब, उसी भाषा में TROUBLE को कैसे लिखेंगे?

(a) *%5#8@$ (b) 9%#58@$
(c) 9%5#8@4 (d) 9%#58$@

111. In a certain code, CRATES is written as '. +*÷$#' and BEAT is written '@$*÷', then how is CARS written in that code?

एक निश्चित कूट भाषा में, CRATES को '. +*÷$#' तथा BEAT को '@$*÷' लिखते हैं, तो CARS को उसी कूट भाषा में कैसे लिखेंगे?

(a) # . * + (b) * . + #
(c) . * # + (d) . * + #

112. If in a certain code language, FIGHT is written as '39%@4' and TEARS is written as '458©H', then how will STAGE be written in that language?

यदि एक निश्चित सांकेतिक भाषा में, FIGHT को '39%@4' तथा TEARS को '458©H' लिखा जाता है, तो उस कोड/सांकेतिक भाषा में STAGE कैसे लिखा जाएगा?

(a) H4835 (b) H48%5
(c) H84%5 (d) H48@5

Type 6

113. In 'white' is called 'black', 'black is called 'grey', 'grey' is called 'red', 'red' is called 'green', 'green' is called 'blue' and 'blue' is called 'yellow', then what will be the colour of 'stop' signal light?

यदि 'सफेद' को 'काला', 'काले' को 'स्लेटी', 'स्लेटी' को 'लाल', 'लाल' को 'हरा', 'हरे' को 'नीला' तथा 'नीले' को 'पीला' कहते हैं, तो ट्रैफिक के 'स्टॉप' सिगनल की लाइट का रंग क्या होगा?

(SSC GD, 17/11/2021 Shift-III)

(a) Grey/स्लेटी (b) Yellow/पीला
(c) Blue/नीला (d) Green/हरा

114. If 'green' is called 'red', 'red' is called 'blue', 'blue' is called 'white', 'white' is called 'yellow' and 'yellow' is called 'orange', then what is the colour of grass?

यदि 'हरे' को 'लाल', 'लाल' को 'नीला', 'नीले' को 'सफेद', 'सफेद' को 'पीला' तथा 'पीले' को 'संतरी' कहते हैं, तो घास का रंग क्या है?

(a) Blue/ नीला
(b) Yellow/ पीला
(c) Orange/ संतरी
(d) Red/ लाल

115. If 'train' is called 'bus', 'bus' is called 'tractor', 'tractor' is called 'car' and 'car' is called 'bike', then which is used to plough a field?

यदि 'रेलगाड़ी' को 'बस', 'बस' को 'ट्रैक्टर', 'ट्रैक्टर' को 'कार' तथा 'कार' को 'मोटर साइकिल' कहते हैं, तो खेत को जोतने के लिए किसका प्रयोग होता है?

(a) Train/ रेलगाड़ी
(b) Bus/ बस
(c) Tractor/ ट्रैक्टर
(d) Car/ कार

उत्तरमाला

1.	(d)	2.	(d)	3.	(d)	4.	(d)	5.	(d)	6.	(a)	7.	(a)	8.	(c)	9.	(c)	10.	(a)
11.	(b)	12.	(c)	13.	(d)	14.	(b)	15.	(a)	16.	(c)	17.	(b)	18.	(c)	19.	(a)	20.	(d)
21.	(d)	22.	(a)	23.	(b)	24.	(c)	25.	(c)	26.	(b)	27.	(d)	28.	(a)	29.	(b)	30.	(a)
31.	(a)	32.	(d)	33.	(b)	34.	(d)	35.	(c)	36.	(d)	37.	(d)	38.	(d)	39.	(a)	40.	(a)
41.	(a)	42.	(d)	43.	(b)	44.	(c)	45.	(c)	46.	(a)	47.	(c)	48.	(d)	49.	(b)	50.	(c)
51.	(a)	52.	(d)	53.	(c)	54.	(b)	55.	(d)	56.	(a)	57.	(a)	58.	(c)	59.	(c)	60.	(d)
61.	(a)	62.	(a)	63.	(a)	64.	(c)	65.	(c)	66.	(b)	67.	(c)	68.	(c)	69.	(c)	70.	(d)
71.	(c)	72.	(d)	73.	(c)	74.	(c)	75.	(a)	76.	(c)	77.	(d)	78.	(b)	79.	(c)	80.	(b)
81.	(a)	82.	(b)	83.	(c)	84.	(a)	85.	(d)	86.	(b)	87.	(b)	88.	(a)	89.	(d)	90.	(a)
91.	(d)	92.	(b)	93.	(b)	94.	(b)	95.	(a)	96.	(b)	97.	(a)	98.	(a)	99.	(d)	100.	(c)
101.	(b)	102.	(c)	103.	(b)	104.	(a)	105.	(d)	106.	(a)	107.	(b)	108.	(d)	109.	(c)	110.	(a)
111.	(d)	112.	(b)	113.	(d)	114.	(d)	115.	(d)										

Hints & Solution (व्याख्या)

1. जिस प्रकार,

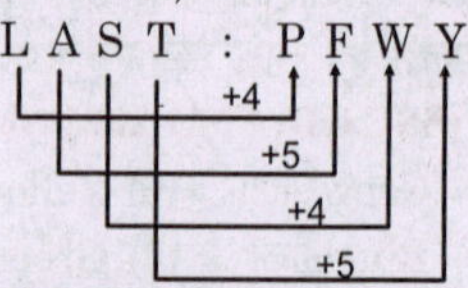

उसी प्रकार,

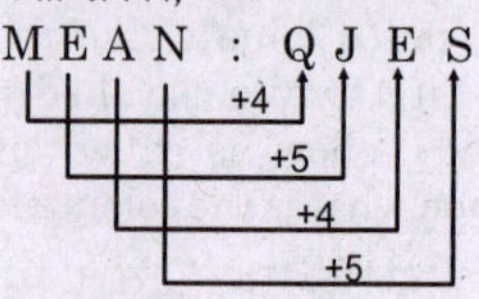

2. जिस प्रकार,

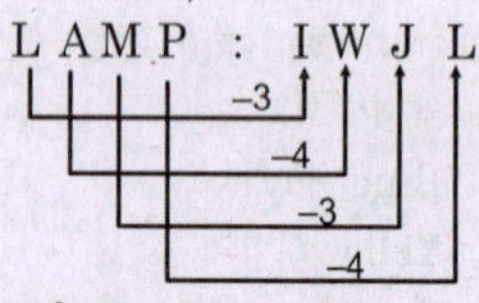

उसी प्रकार,

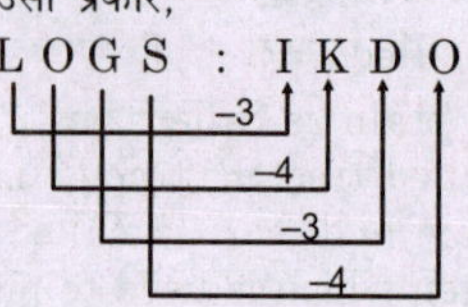

3. जिस प्रकार,

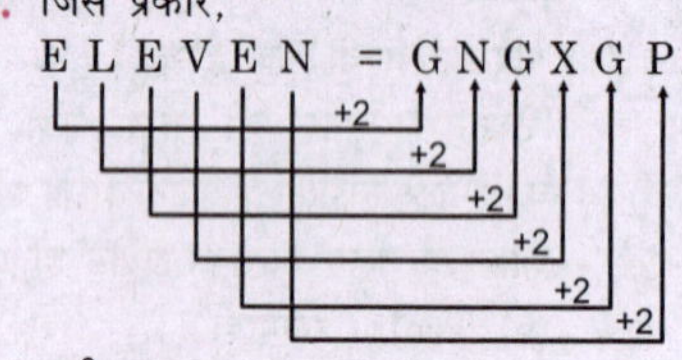

उसी प्रकार,

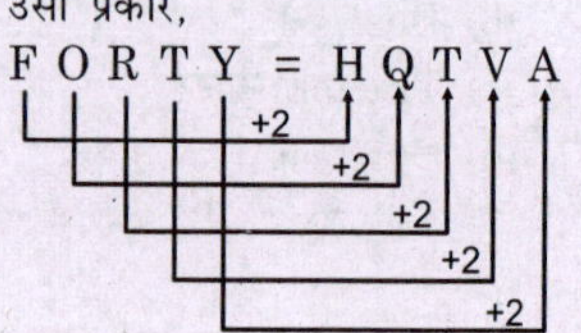

4. जिस प्रकार,

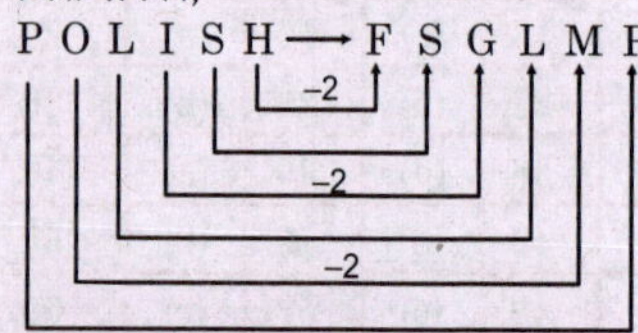

उसी प्रकार,

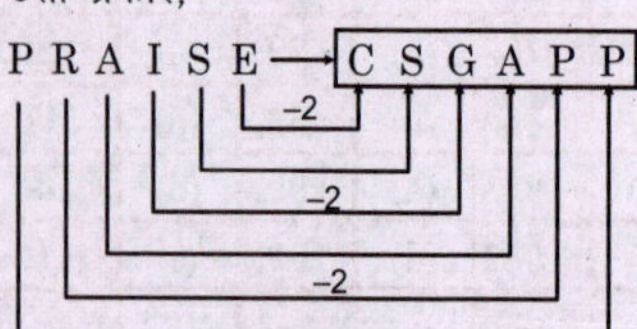

5. जिस प्रकार,

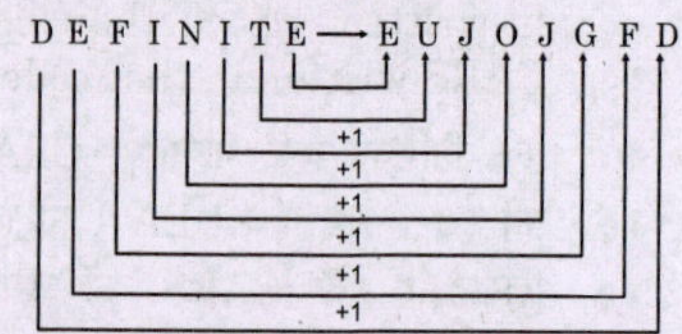

उसी प्रकार,

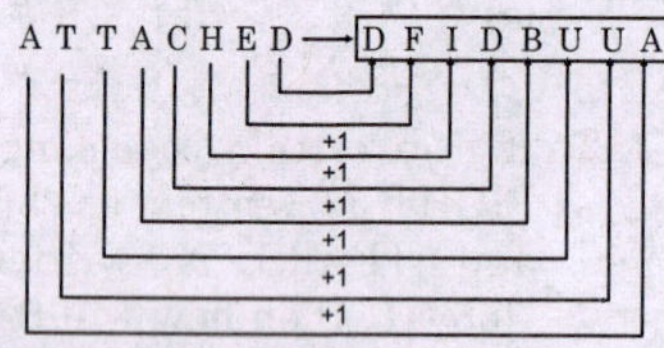

6. जिस प्रकार,

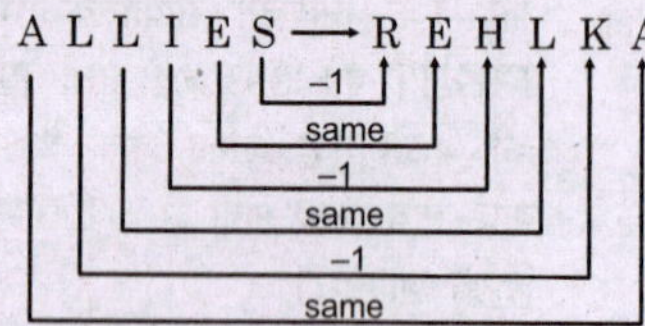

उसी प्रकार,

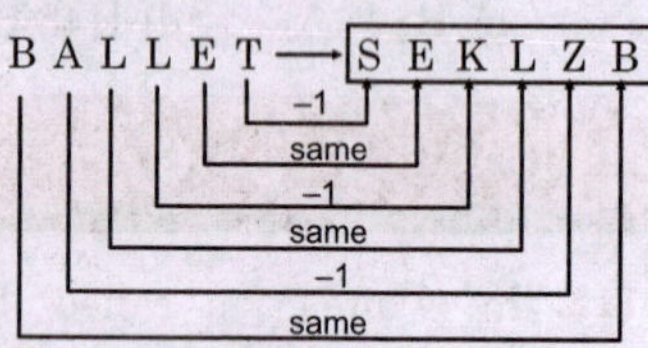

7. जिस प्रकार,

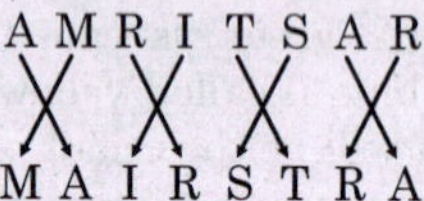

तथा

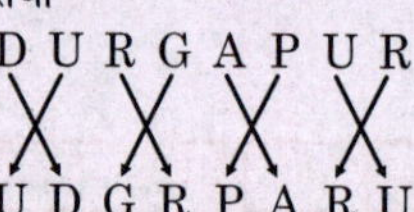

उसी प्रकार,

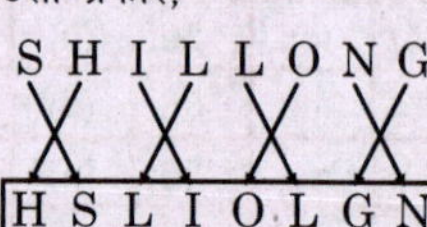

8. जिस प्रकार,

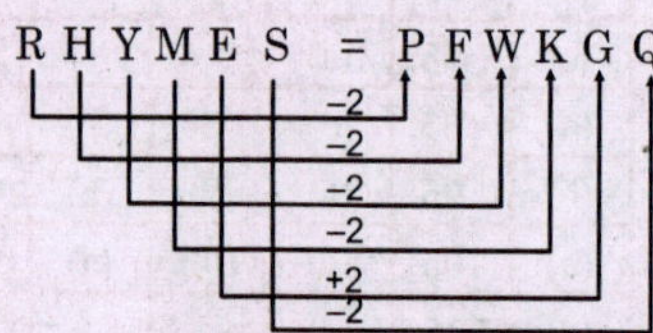

तथा

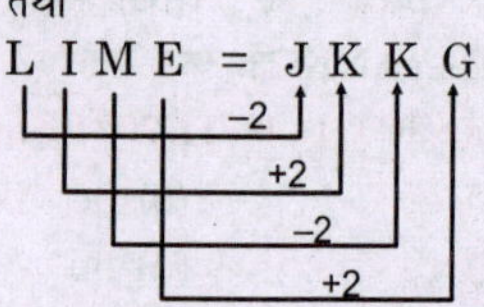

उसी प्रकार,

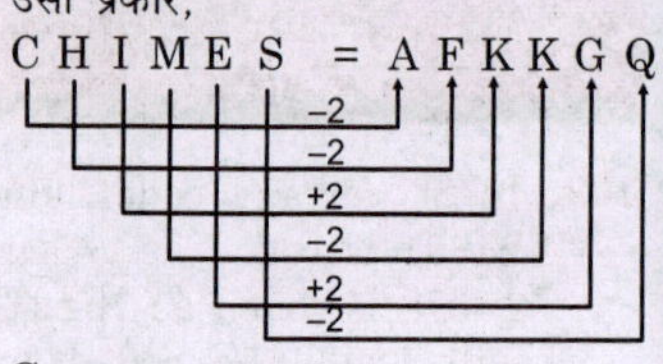

Consonant = –2

Vowel = +2

9. जिस प्रकार,

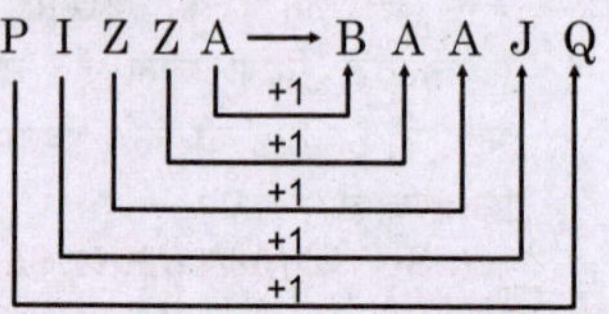

तथा

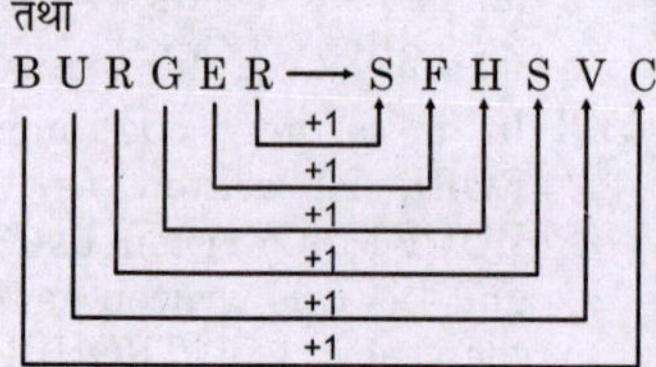

उसी प्रकार,

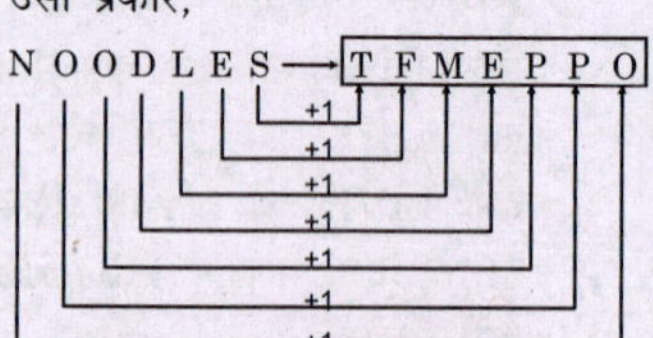

10. जिस प्रकार,

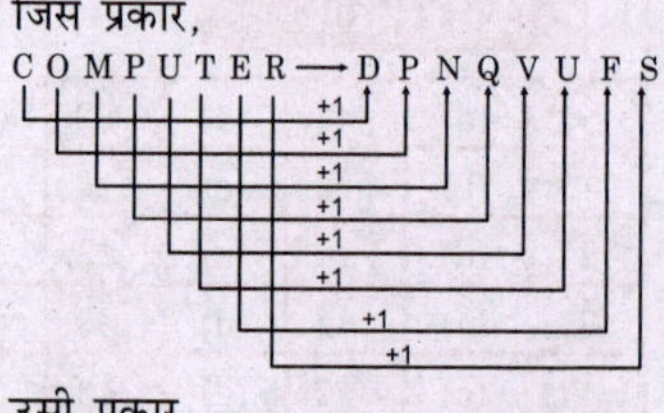

उसी प्रकार

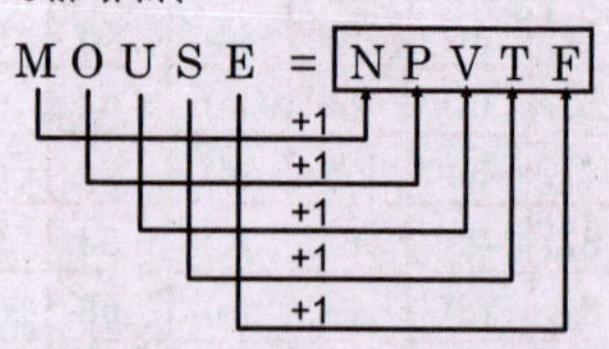

11. जिस प्रकार,

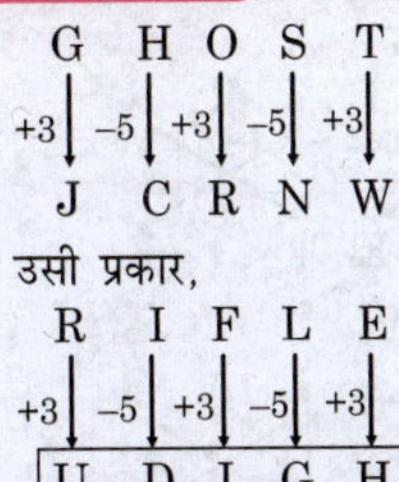

12. जिस प्रकार,

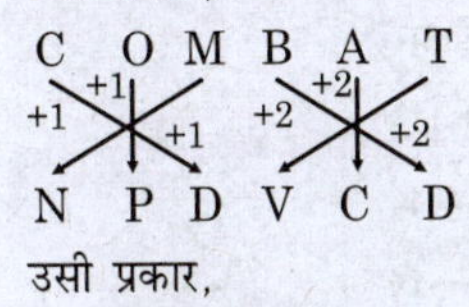

उसी प्रकार,

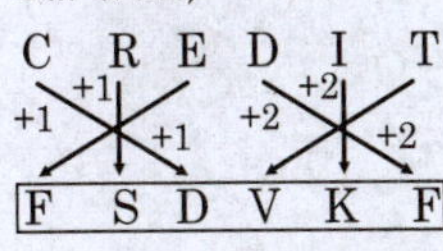

13. जिस प्रकार,

B A N T E R
+3 −1 +3 −1 +3 −1
E Z Q S H Q

उसी प्रकार,

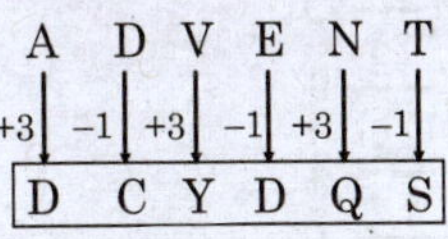

14. जिस प्रकार,

M A N T L E
−3 opp −3 opp −3 opp
J Z K G I V

उसी प्रकार,

D E R I V E
−3 opp −3 opp −3 opp
A V O R S V

15. जिस प्रकार,

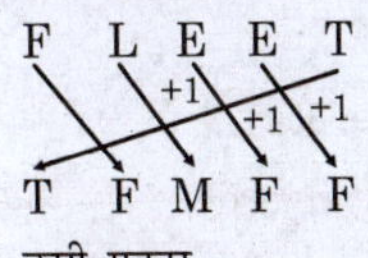

उसी प्रकार,

L A B O U R
+1 +1 +1 +1
R L B C P V

16. जिस प्रकार,

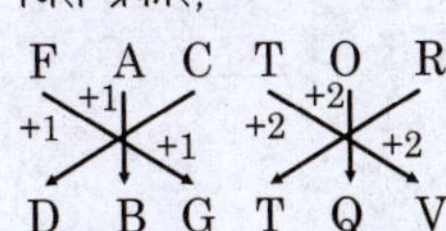

उसी प्रकार,

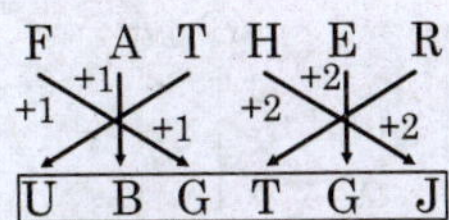

17. जिस प्रकार,

C H I L L
+5 −4 +5 −4 +5
H D N H Q

उसी प्रकार,

D E V I L
+5 −4 +5 −4 +5
I A A E Q

18. जिस प्रकार,

B L U S H
+3 +4 +3 +4 +3
E P X W K

उसी प्रकार,

S P R I T E
+3 +4 +3 +4 +3 +4
V T U M W I

19. जिस प्रकार,

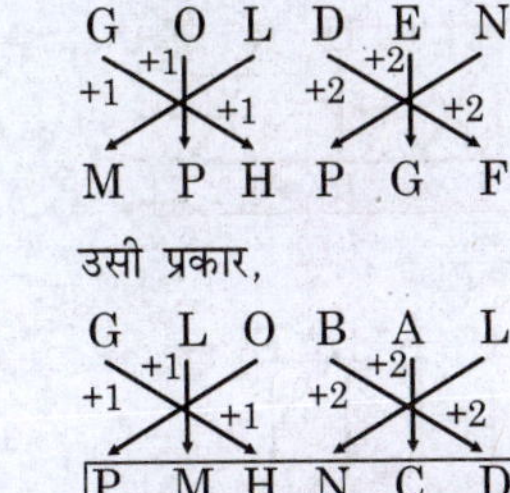

20. जिस प्रकार,

F U T U R E
+5 +2 +5 +2 +5 +2
K W Y W W G

उसी प्रकार,

S A I L O R
+5 +2 +5 +2 +5 +2
X C N N T T

21. जिस प्रकार,

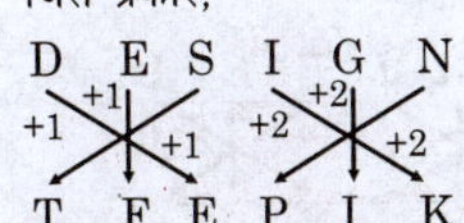

उसी प्रकार,

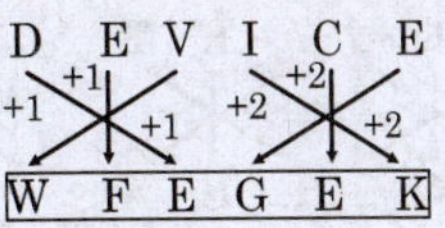

22. जिस प्रकार,

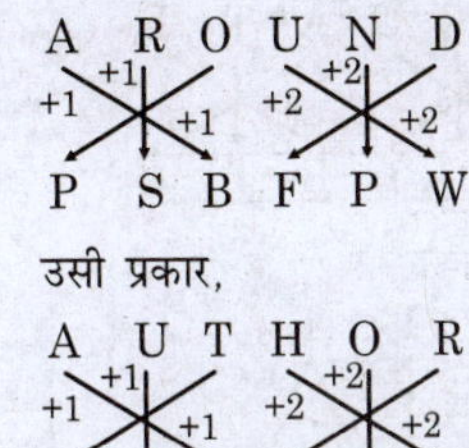

23. जिस प्रकार,

P E O P L E
+1 +1 +1
Q E O Q M E

उसी प्रकार,

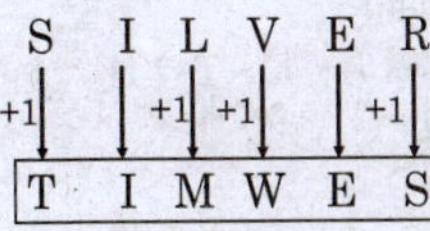

Logic : स्वर (Vowels) को ज्यों का त्यों रखा गया है, और व्यंजन (consonants) में (+1) किया गया है।

24. जिस प्रकार,

F A T H E R
+3 +5 +3 +5 +3 +5
I F W M H W

उसी प्रकार,

U N C L E
+3 +5 +3 +5 +3
X S F Q H

25. जिस प्रकार,

D E V O U R
opp. +2 opp. +2 opp. +2
W G E Q F T

उसी प्रकार,

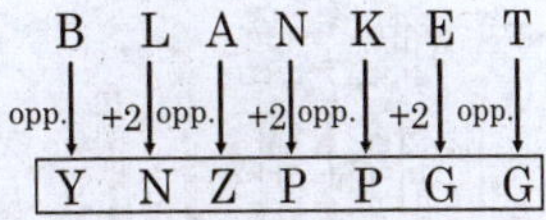

26. जिस प्रकार,

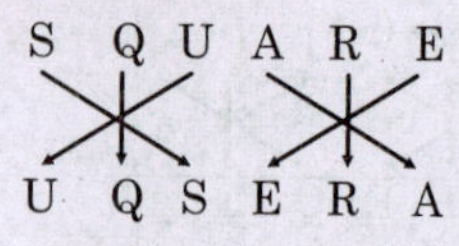

उसी प्रकार

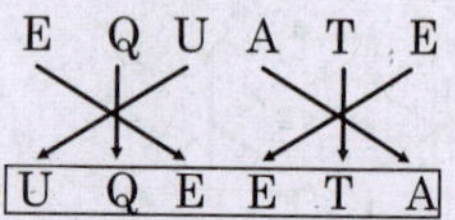

27. जिस प्रकार,

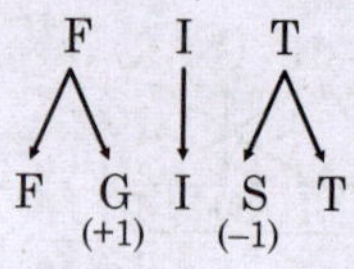

उसी प्रकार,

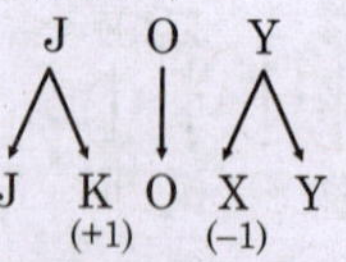

28. जिस प्रकार,

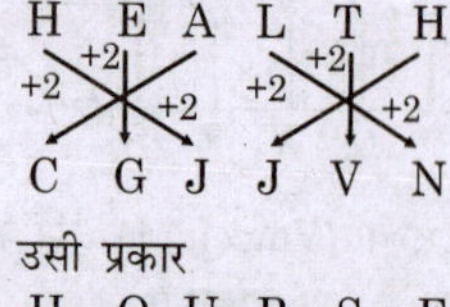

उसी प्रकार

H O U R S E

+2 +2 +2 +2 +2 +2

W Q J G U T

29. जिस प्रकार,

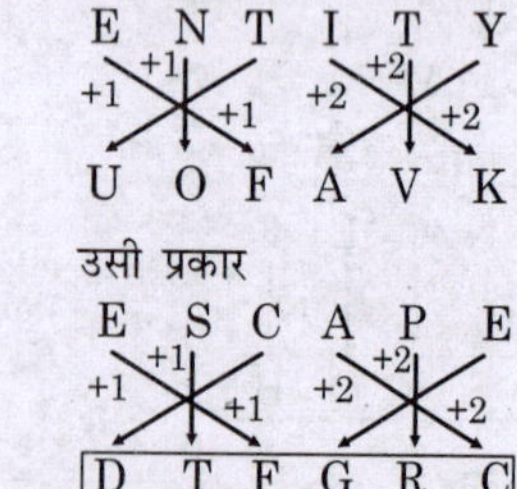

उसी प्रकार

E S C A P E

+1 +1 +1 +2 +2 +2

D T F G R C

30. जिस प्रकार,

T R I F L E D

+5 –1 +5 –1 +5 –1 +5

Y Q N E Q D I

उसी प्रकार

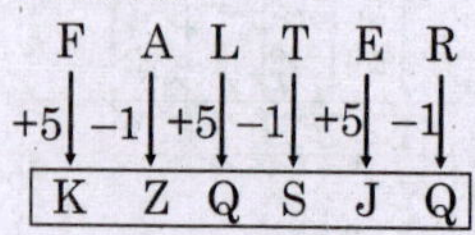

31. जिस प्रकार,

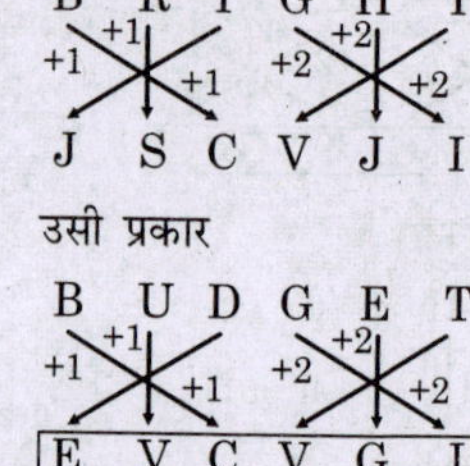

उसी प्रकार

B U D G E T

+1 +1 +1 +2 +2 +2

E V C V G I

32. जिस प्रकार,

H O U S E

+2 +6 +2 +6 +2

J U W Y G

उसी प्रकार

C R A V E

+2 +6 +2 +6 +2

E X C B G

33. जिस प्रकार,

P E O P L E

–2 –3

N O E M E L

उसी प्रकार

M A T U R E

–2 –3

K T A R E R

34. जिस प्रकार,

G U I D E

+4 +2 +4 +2 +4

K W M F I

उसी प्रकार

F A I T H

+4 +2 +4 +2 +4

J C M V L

35. जिस प्रकार,

F O R E S T

+1 +1 +1 +2 +2 +2

S P G V U G

उसी प्रकार

F R I E N D

+1 +1 +1 +2 +2 +2

J S G F P G

36. जिस प्रकार,

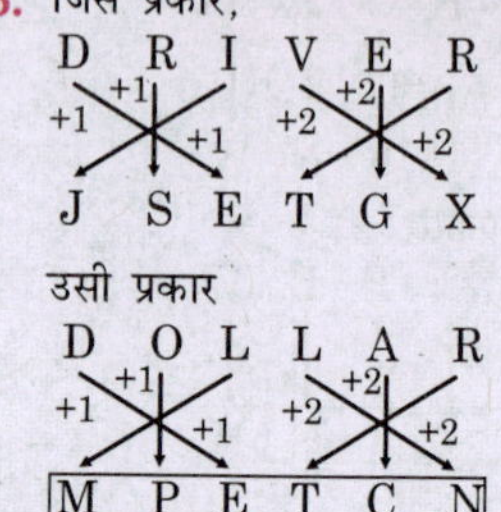

उसी प्रकार

D O L L A R

+1 +1 +1 +2 +2 +2

M P E T C N

37. जिस प्रकार,

I $\xrightarrow{-2}$ G

M $\xrightarrow{-2}$ K

P $\xrightarrow{+2}$ R

O $\xrightarrow{+2}$ Q

R $\xrightarrow{-2}$ P

T $\xrightarrow{-2}$ R

उसी प्रकार

E $\xrightarrow{-2}$ C

X $\xrightarrow{-2}$ V

P $\xrightarrow{+2}$ R

E $\xrightarrow{+2}$ G

N $\xrightarrow{-2}$ L

D $\xrightarrow{-2}$ B

38. जिस प्रकार,

D E A C T I V A T I O N

C A E D A V I T N O I T

उसी प्रकार,

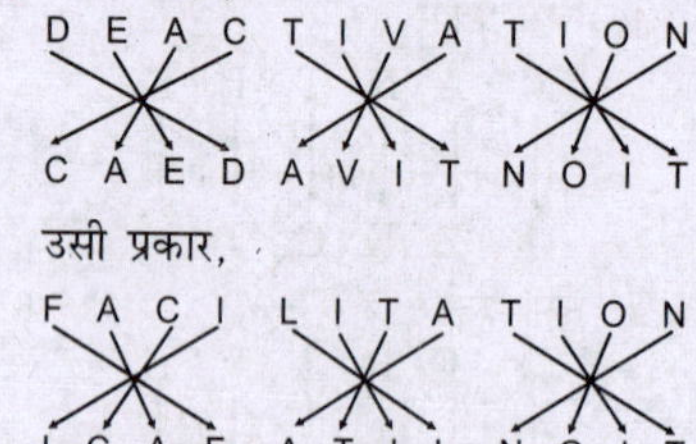

39. जिस प्रकार,

ZOMBIE ⇒ BEIMOZ

and

FLEX ⇒ EFLX

Alphabetical order में व्यवस्थित करने पर-

PRODUCT ⇒ CDOPRTU

40. जिस प्रकार,

S U P E R W A S H

+2 +2 +2 +2 +2 +2 +2 +2 +2

U W R G T Y C U J

उसी प्रकार,

A N T I S E P T I C
+2 +2 +2 +2 +2 +2 +2 +2 +2 +2
C P V K U G R V K E

41. जिस प्रकार,

M A S T E R
+1 +1 +1 +1 +1 +1
N B T U F S

उसी प्रकार,

E N O U G H
+1 +1 +1 +1 +1 +1
F O P V H I

42. जिस प्रकार,

N $\xrightarrow{+12}$ Z V $\xrightarrow{+12}$ H
I $\xrightarrow{+12}$ U I $\xrightarrow{+12}$ U
H $\xrightarrow{+12}$ T and R $\xrightarrow{+12}$ D
A $\xrightarrow{+12}$ M U $\xrightarrow{+12}$ G
R $\xrightarrow{+12}$ D S $\xrightarrow{+12}$ E

उसी प्रकार

G $\xrightarrow{+12}$ S
E $\xrightarrow{+12}$ Q
R $\xrightarrow{+12}$ D
M $\xrightarrow{+12}$ Y
S $\xrightarrow{+12}$ E

43. जिस प्रकार,

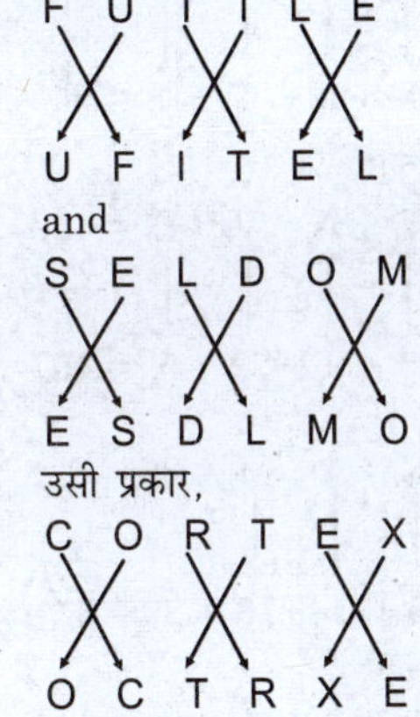

44. N $\xrightarrow{+3}$ Q तथा C $\xrightarrow{+3}$ F
E $\xrightarrow{-3}$ B A $\xrightarrow{-3}$ X
R $\xrightarrow{+3}$ U R $\xrightarrow{+3}$ U
D $\xrightarrow{+3}$ G I $\xrightarrow{-3}$ F
X $\xrightarrow{+3}$ A N $\xrightarrow{+3}$ Q
G $\xrightarrow{+3}$ J

∴ C $\xrightarrow{+3}$ F
L $\xrightarrow{+3}$ O
O $\xrightarrow{-3}$ L
S $\xrightarrow{+3}$ V
E $\xrightarrow{-3}$ B
T $\xrightarrow{+3}$ W

Note: A, E, I, O, U को 3 step पीछे तथा बाकी को 3 step आगे।

45. जिस प्रकार,

N E X T
M O D F W Y S U

उसी प्रकार

C L O C K
B D K M N P B D J L

46.

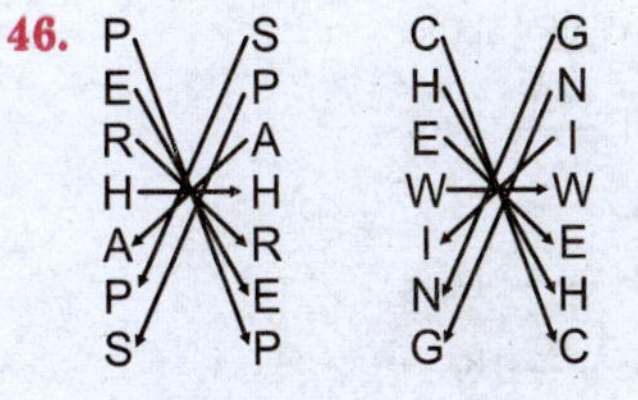

47. जिस प्रकार,

F O A M I N G
A O F M G N I

उसी प्रकार,

B E L I E V E
L E B I E V E

48. 1 2 3 4 5 6 ⇒ 1 3 5 2 4 6
L A W Y E R ⇒ L W E A Y R

तथा

1 2 3 4 5 6 ⇒ 1 3 5 2 4 6
A D V I C E ⇒ A V C D I E

उसी प्रकार,

1 2 3 4 5 6 ⇒ 1 3 5 2 4 6
C O U R T S ⇒ C U T O R S

49. जिस प्रकार,

18 5 6 9 14 5
R E F I N E
−6 +6 −6 +6 −6 +6
L K Z O H K = KHOZKL

उसी प्रकार

S O L V E N T
+6 −6 +6 −6 +6 −6 +6
Y I R P K H Z = ZHKPRIY

50.

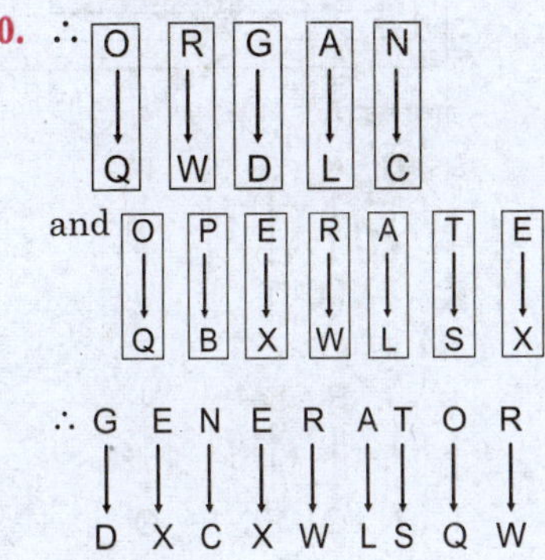

∴ G E N E R A T O R
D X C X W L S Q W

51. जिस प्रकार,

PARENTS $\xrightarrow{Opp - 1}$ JYHULFG

उसी प्रकार,

ASTONISH $\xrightarrow{Opp - 1}$ YGFKLQGR

52. जिस प्रकार

P H A R M A C E U T I C A L
+1 −1 +1 −1 +1 −1 +1 −1 +1 −1 +1 −1 +1 −1
Q G B Q N Z D D V S J B B K

उसी प्रकार,

∴ E L E C T R O N I C
+1 −1 +1 −1 +1 −1 +1 −1 +1 −1
F K F B U Q P M J B

53. जिस प्रकार,

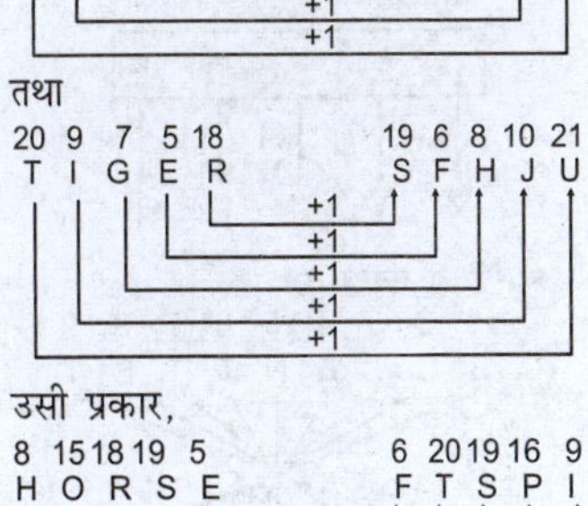

उसी प्रकार,

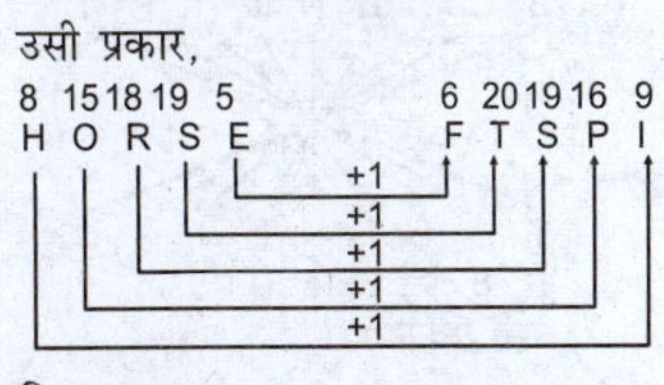

54. जिस प्रकार,

2 5 8 9 14 4
B E H I N D
2 12 7 10 7 4
B L G J G D
−2
−2
−2
+2
+2
+2

उसी प्रकार,

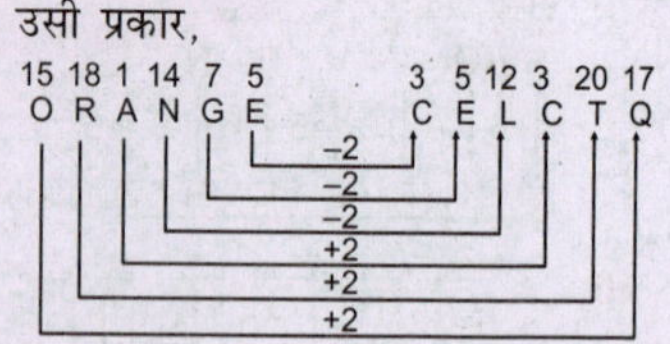

55. जिस प्रकार

S U N S E T
↓–1 ↓–1 ↓–1 ↓+1 ↓+1 ↓+1
R T M T F U

उसी प्रकार,

J O R D E N
↓–1 ↓–1 ↓–1 ↓+1 ↓+1 ↓+1
I N Q E F O

56. जिस प्रकार,

M →(+1) N
I →(+1) J
N →(+1) O
D →(+1) E

उसी प्रकार,

N →(+1) O
E →(+1) F
F →(+1) G
T →(+1) U

57. जिस प्रकार,

P A R T H
↓+4 ↓+4 ↓+4 ↓+4 ↓+4
T E V X L

उसी प्रकार,

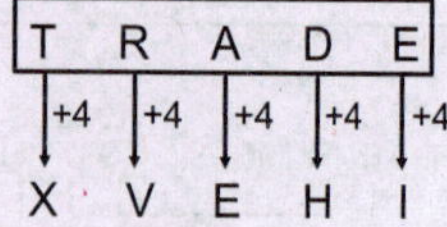

58. जिस प्रकार,

1 2 3 4 5 6 7 8 9
S C I E N T I S T

T S I T N E I S C
9 8 7 6 5 4 3 1 2

उसी प्रकार,

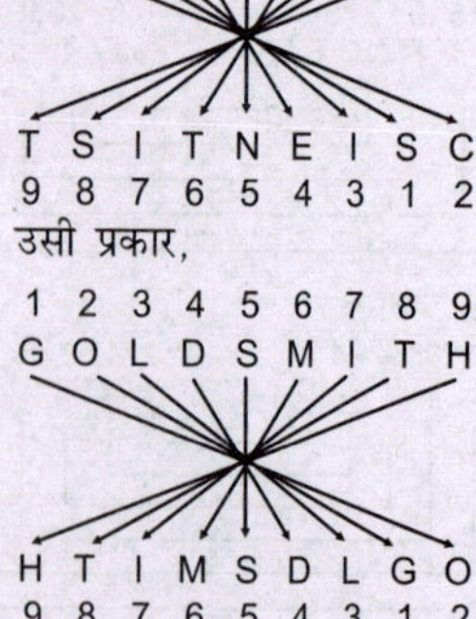

59. जिस प्रकार,

1 2 3 4 5 6 → 6 5 4 1 2 3
ASSUME → EMUASS

उसी प्रकार,

1 2 3 4 5 6 → 6 5 4 1 2 3
NEEDLE → ELDNEE

60. जिस प्रकार,

P O L I T I C A L
↓+1 ↓–1 ↓+1 ↓–1 ↓+1 ↓–1 ↓+1 ↓–1 ↓+1
Q N M H U H D Z M

उसी प्रकार,

S O C I A L
↓+1 ↓–1 ↓+1 ↓–1 ↓+1 ↓–1
T N D H B K

61. जिस प्रकार,

K →(+1) L
I →(+2) K
T →(+3) W
C →(+4) G
H →(+5) M
E →(+6) K
N →(+7) U

उसी प्रकार,

S →(+1) T
H →(+2) J
A →(+3) D
M →(+4) Q
P →(+5) U
O →(+6) U
O →(+7) V

62. जिस प्रकार,

M O N S T R O U S

N O M R T S S U O

उसी प्रकार,

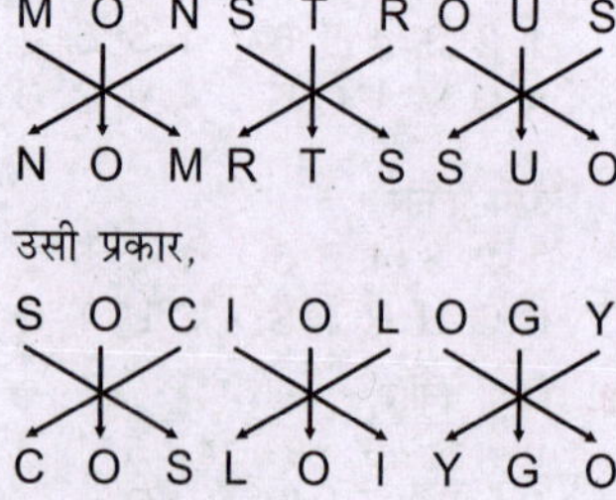

63. जिस प्रकार,

1 2 3 4 5 6 → 2 4 6 2 4 6
WORKER → OKROKR

उसी प्रकार,

1 2 3 4 5 6 → 2 4 6 2 4 6
ASSUME → **SUESUE**

Note: अक्षरों 2, 4, 6 का प्रयोग दो-दो बार किया गया है।

64. जिस प्रकार,

T I M E = 43
20 + 9 + 13 + 5 = 47 – 4

तथा

W H E N = 46
23 + 8 + 5 + 14 = 50 – 4

उसी प्रकार,

TURN = (20 + 21 + 18 + 14) – 4
= 73 – 4 = 69

65. जिस प्रकार,

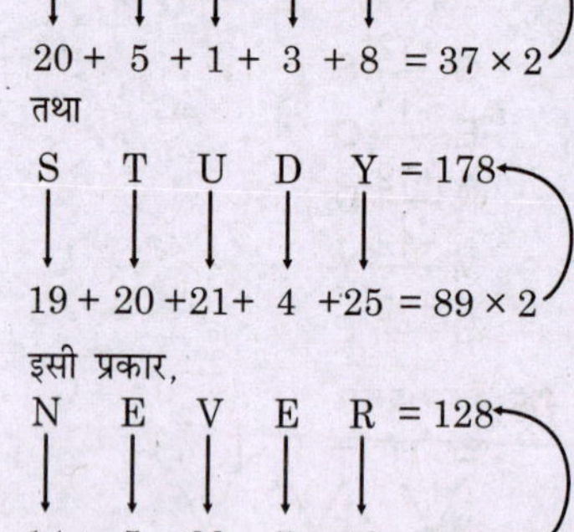

66. जिस प्रकार,

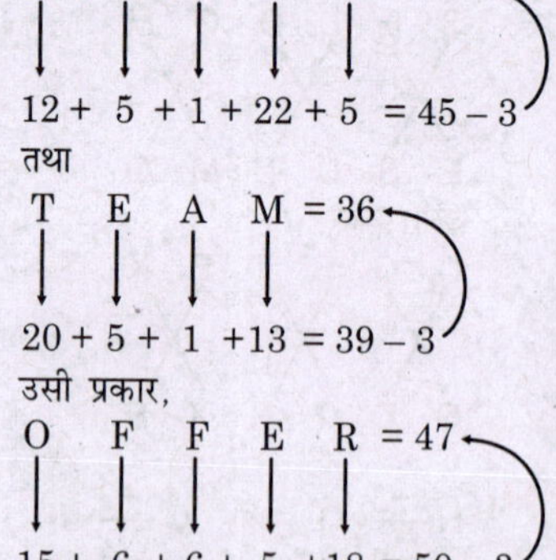

67. जिस प्रकार,

P A G E S = 192
16 + 1 + 7 + 5 + 19 = 48 × 4

तथा

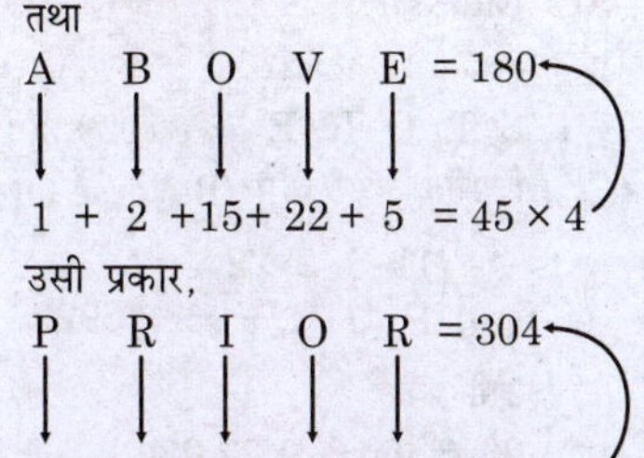

68. जिस प्रकार,

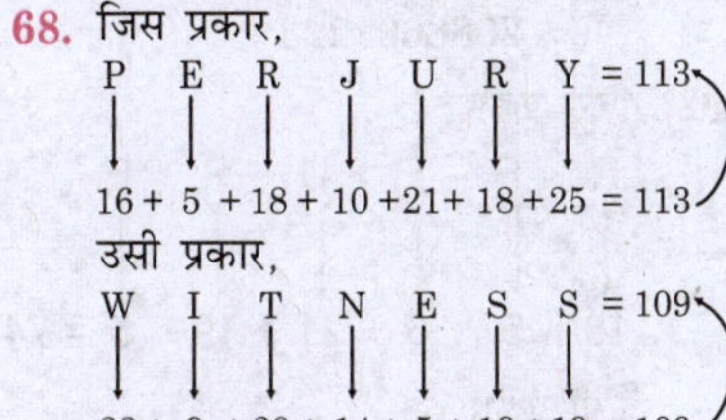

69. जिस प्रकार,

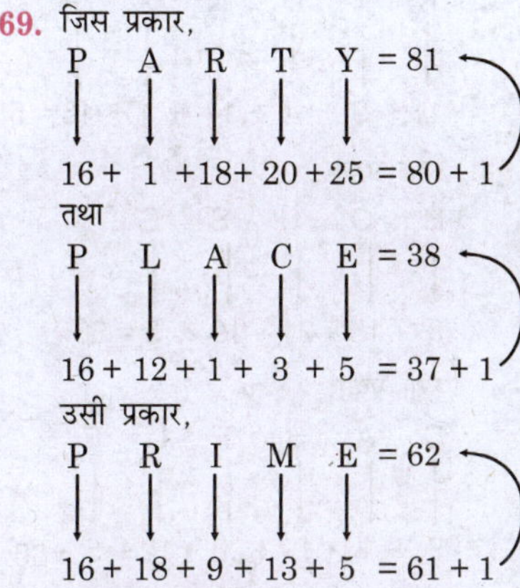

70. PANTRY = 715297
STEADY = 125147
Common rule से
DATES = 41251

71. HOST = 9724
KINDO = 45310
KNOWS = 37654
Common Rule से
O = 4, S = 7, NK = 35
तथा इसी प्रकार
W = 6

72. FORCE = 83052
GAMES = 42761
FORUM = 08957
Common Rule से
E = 2, FOR = 085, M = 7
तथा इसी प्रकार
C = 3

73. जिस प्रकार,

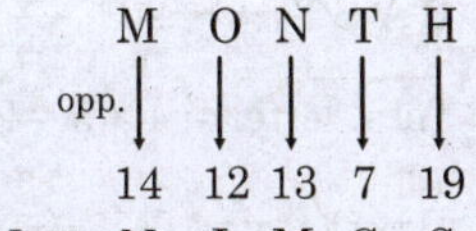

Opp. Letter N L M G S

उसी प्रकार

W E E K
opp.
4 22 22 16
Opp. Letter D V V P

74. जिस प्रकार,

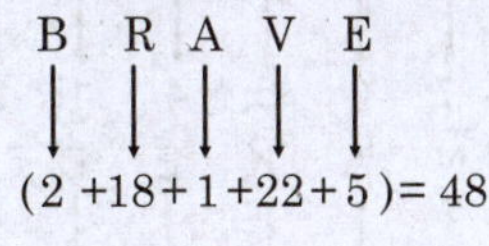

उसी प्रकार

V I C T O R
(22 + 9 + 3 +20 +15 +18) = 87

75. जिस प्रकार,

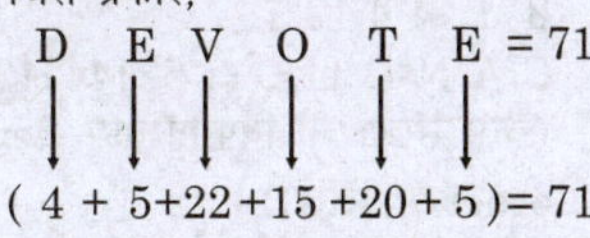

तथा

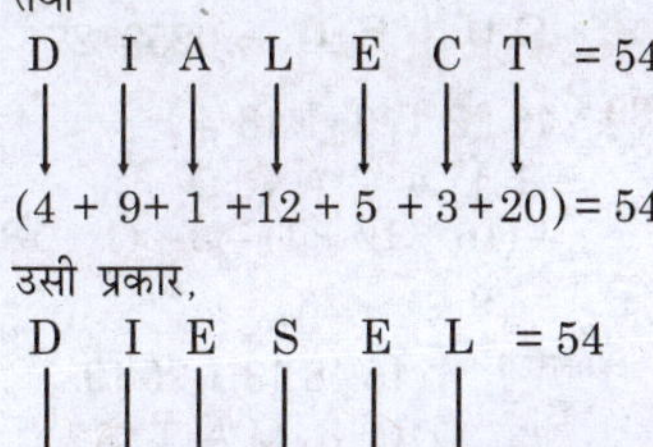

76. जिस प्रकार,

F L E D
–3 –3 –3 –3
3 9 2 1

उसी प्रकार

H U N K
–3 –3 –3 –3
[5 18 11 8]

77. जिस प्रकार,

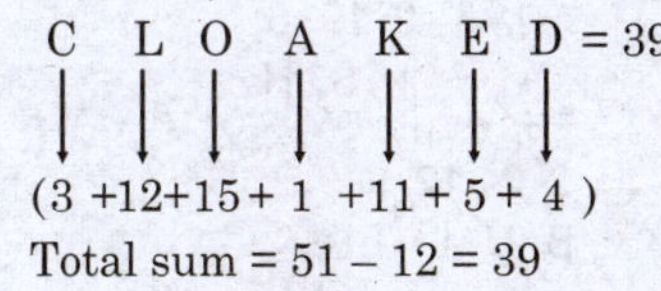

Total sum = 51 – 12 = 39

तथा,

F L A N K = 32
(6 +12+ 1 +14 +11)
Total sum = 44 – 12 = 32

उसी प्रकार

F L O C K E D = [44]
(6 +12+15+ 3 +11 + 5 + 4)
Total sum = 56 – 12 = 44

78. जिस प्रकार,

BROTHER ⟶ 14
Total letter = 7 × 2 = 14

तथा,

ACTIVE ⟶ 12
Total letter = 6 × 2 = 12

उसी प्रकार

CHOCOLATE ⟶ 18
Total letter = 9 × 2 = 18

79. जिस प्रकार,

MOBILE ⟶ 18
Total letter = 6 × 3 = 18

तथा,

TELEVISION ⟶ 30
Total letter = 10 × 3 = 30

उसी प्रकार

COMPUTER ⟶ 24
Total letter = 8 × 3 = 24

80. जिस प्रकार,

C A B ⟶ 75
Opp. letter
X Z Y
(24+ 26 +25) = 75

तथा,

D I P ⟶ 52
Opp. letter
W R K
(23+ 18 +11) = 52

उसी प्रकार

F L Y ⟶ [38]
Opp. letter
U O B
(21+ 15 + 2) = 38

81. जिस प्रकार,

M A R I N E → 100

(13 + 1 + 18 + 9 + 14 + 5)

60 × 2 = 120 – 20 = 100

उसी प्रकार,

R E A L M → 78

(18 + 5 + 1 + 12 + 13)

49 × 2 = 98 – 20 = 78

82. जिस प्रकार,

E X A M

+1 +1 +1 +1

6 25 2 14

उसी प्रकार,

A S S E S S M E N T

+1 +1 +1 +1 +1 +1 +1 +1 +1 +1

2 20 20 6 20 20 14 6 15 21

83. जिस प्रकार,

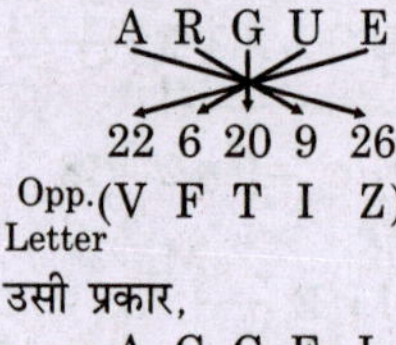

Opp. Letter (V F T I Z)

उसी प्रकार,

A C C E L

15 22 24 24 26

Opp. Letter (O V X X Z)

84. जिस प्रकार,

F I R S T

+1 +1 +1

7 9 19 19 21

उसी प्रकार,

B E T T E R

+1 +1 +1

3 5 21 20 6 18

85. जिस प्रकार,

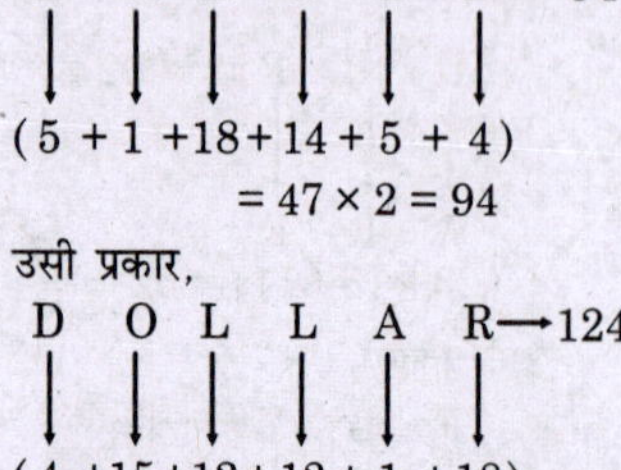

= 47 × 2 = 94

उसी प्रकार,

= 62 × 2 = 124

86. जिस प्रकार,

BABY ⟶ 20

Total letter = 4 × 5 = 20

तथा,

ADULTS ⟶ 30

Total letter = 6 × 5 = 30

उसी प्रकार,

WOMAN ⟶ 25

Total letter = 5 × 5 = 25

87.

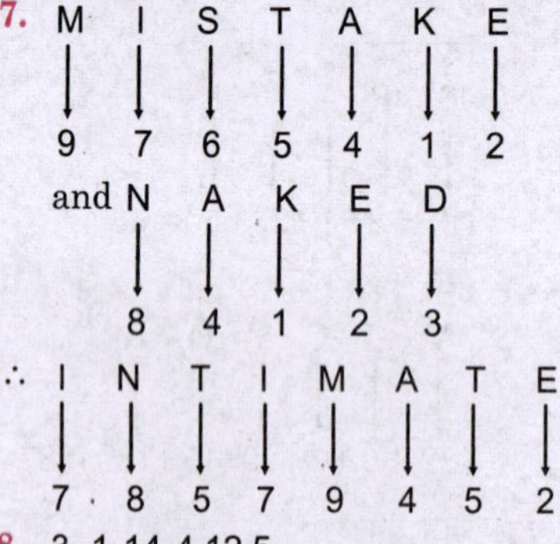

88. 3 1 14 4 12 5

C A N D L E ⇒ 52144113

(क्रम संख्या को विपरीत क्रम Reverse order में लिखें।)

17 21 9 5 20

Q U I E T ⇒ 02591271

89. 16 12 1 3 1 18 4

P L A C A R D

= (16 + 12 + 1) – 3 – (1 + 18 + 4)

= 29 – 3 – 23

तथा 4 15 18 13 1 20 19

D O R M A T S

= (4 + 15 + 18)

–13 – (1 + 20 + 19)

= 37 – 13 – 40

3 15 14 6 21 19 5

अत: C O N F U S E

= (3 + 15 + 14) – 6 – (21 + 19 + 5)

= 32 – 6 – 45

90. जिस प्रकार,

3 18 15 23

C R O W

तथा 6 9 19 8

F I S H

उसी प्रकार

2 21 12 12

B U L L

⇒ 2 – 21 – 12 – 12

91. जिस प्रकार,

8 7 12 9 22

S T O R E ⇒ 8712922

विपरीत अक्षर क्रम (Reverse Order)

11 6 9 22

and P U R E ⇒ 116922

उसी प्रकार,

26 8 8 6 9 22 23

A S S U R E D

⇒ 2688692223

92. जिस प्रकार

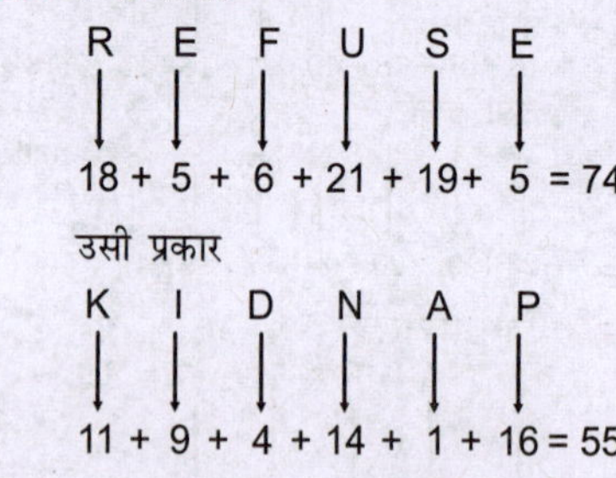

93. जिस प्रकार,

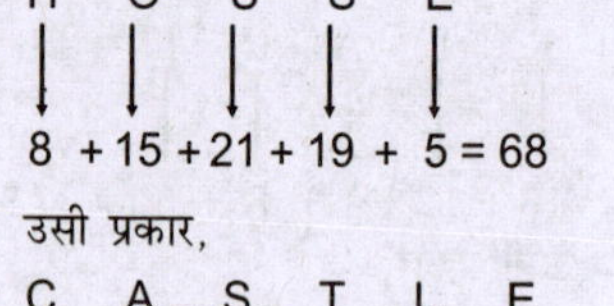

उसी प्रकार,

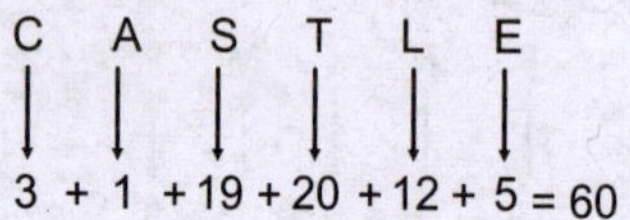

94. जिस प्रकार,

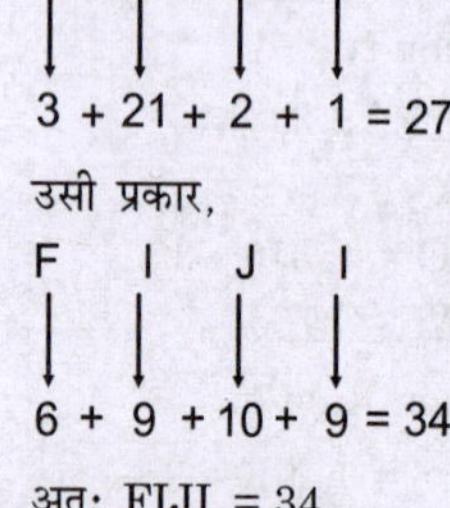

अत: FIJI = 34

95. जिस प्रकार,

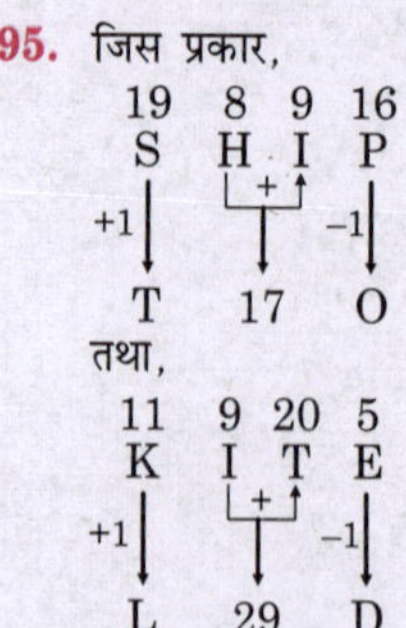

उसी प्रकार,

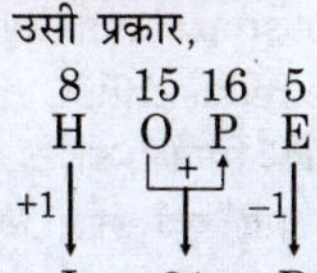

96. जिस प्रकार,

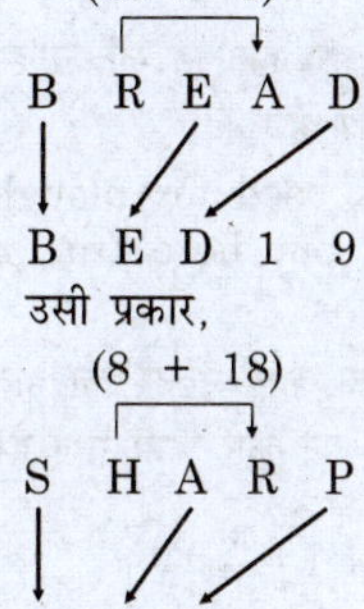

97. जिस प्रकार,

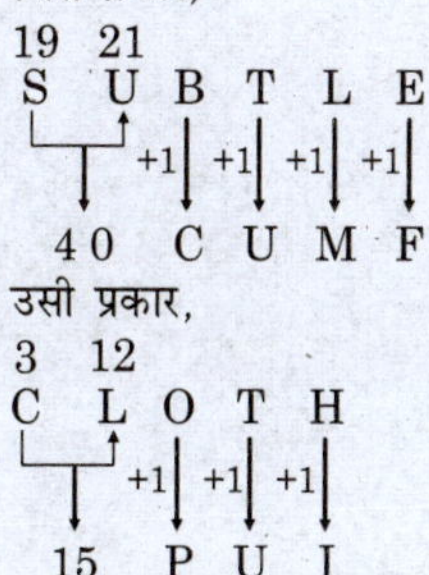

98. जिस प्रकार,

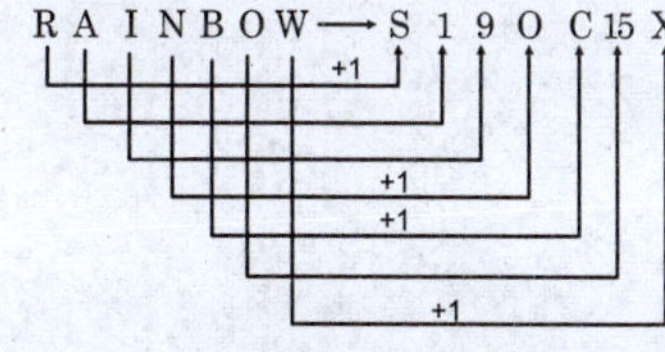

तथा

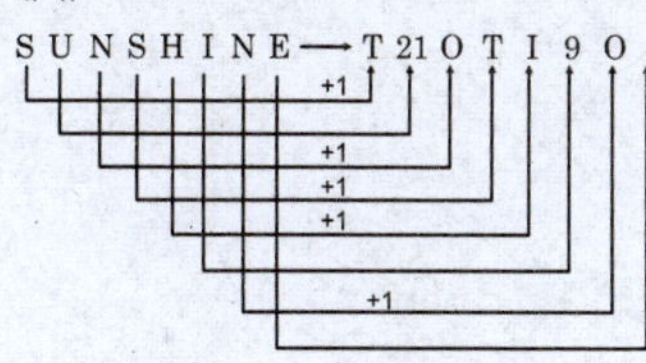

उसी प्रकार,

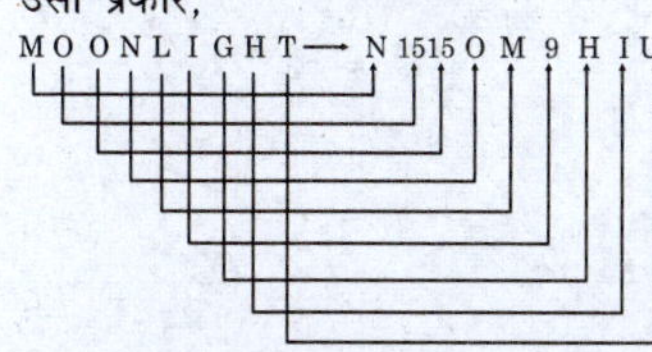

नोट : सभी व्यंजनों में अगला अक्षर तथा सभी स्वरों की place value को रखा गया है।

99. जिस प्रकार,

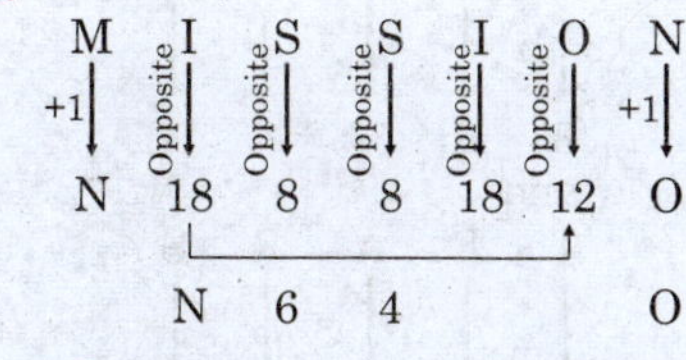

N 6 4 O

उसी प्रकार,

N A S T Y

O 26 8 7 Z

O 41 Z

100. जिस प्रकार,

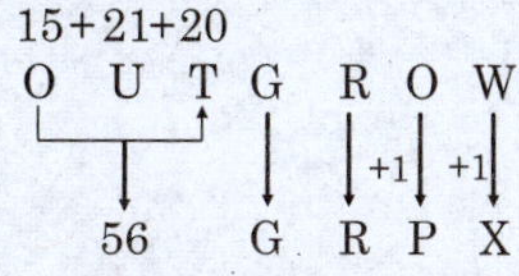

उसी प्रकार,

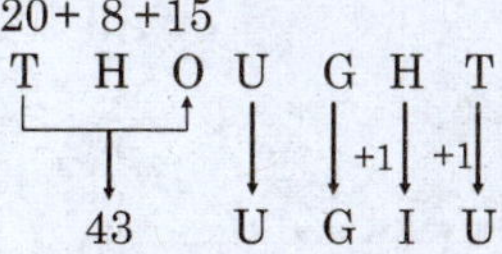

101.

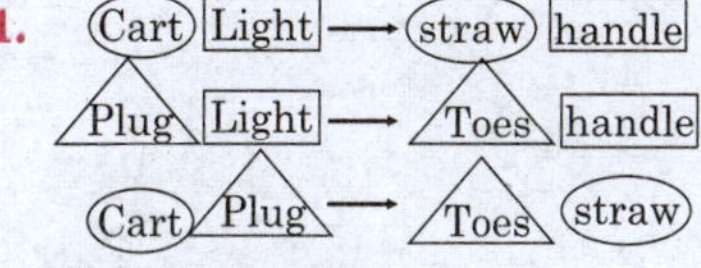

Cart → straw

102. live life happily → 4 4 7

everyone is here → 8 2 4

be greatful → 2 8

count your blessings → 5 4 9

103. You Are kind → hat me ga

She is smart → fe ta nou

She is kind → fe ta ga

kind → ga

104. Our Son's car → fu da be

Son's birthday today → la fu ja

today Our match → he da la

car match → be he

105. We can go → ti mi pi

Can i sit → pi ri di

sit and go → di si ti

and → si

106. fever origin → tree cloud

apple origin → brown cloud

sandwich fever → shoe tree

apple → brown

107. I am fine = le su kim

you are fine = se kim de

all are fine = kim ru se

∴ all = ru

108. MAYANK IS GREAT

⇒ re ge ne

HE IS AN INDIAN

⇒ te re pe me

GREAT INDIAN CULTURE

⇒ pe ge se

∴ MAYANK = ne

109.

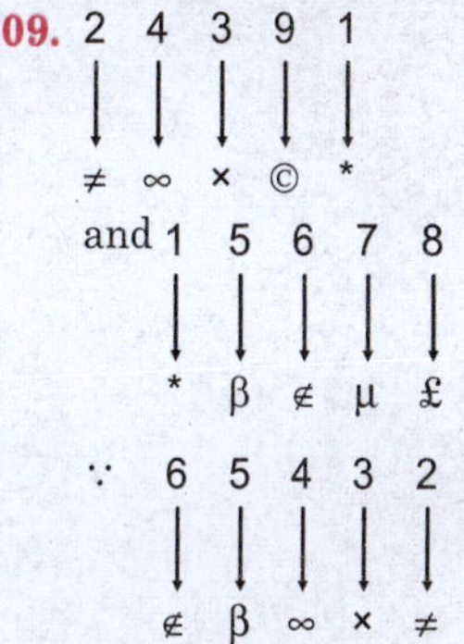

110. जिस प्रकार,

R O P E → % 5 7 $

और

D O U B T → 3 5 # 8 *

∴

T R O U B L E → * % 5 # 8 @ $

111. 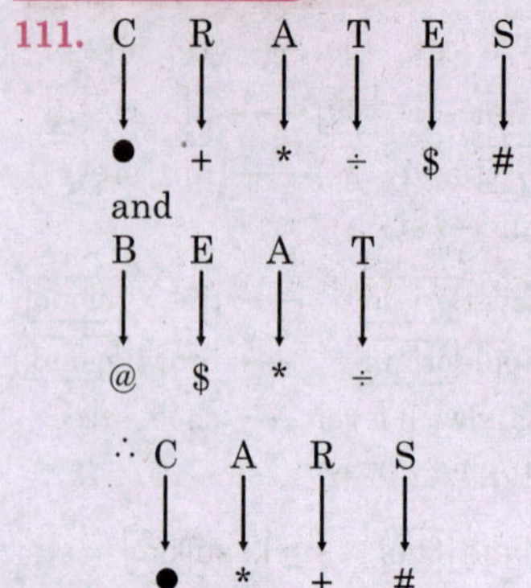

112. 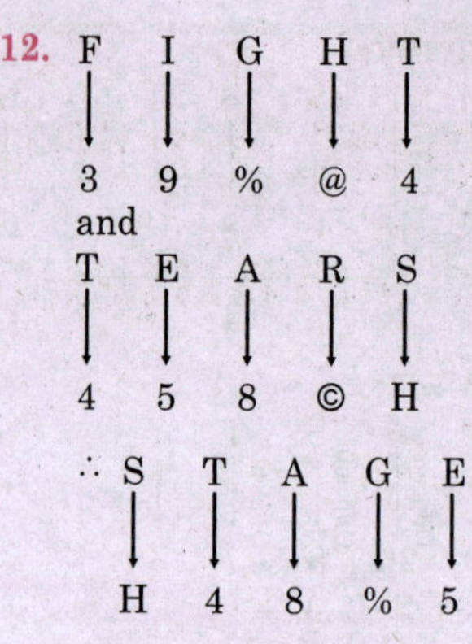

113. The colour of stop signal light is red but here red is called green/ ट्रैफिक के 'स्टॉप' सिग्नल लाइट का रंग लाल होता है, परंतु यहाँ लाल को हरा कहा गया है।

114. The colour of grass is green but here green is called red.

घास का रंग हरा होता है लेकिन हरे को लाल कहा गया है।

115. Tractor is used for ploughing the fields but here tractor is called car.

खेत जोतने का कार्य ट्रैक्टर का होता है, लेकिन ट्रैक्टर को कार कहा गया है।

शब्दों का तार्किक क्रम (Logical Arrangement of Words)

Type 1

Directions (Q. No. 1 to 50) : Select the correct option that shows the order of the given words in which they occur in the English dictionary.

निर्देश (प्रश्न संख्या 1 से 50): सही विकल्प का चयन करें जो दिए गए शब्दों के क्रम को दर्शाता है जिसमें वे अंग्रेजी शब्दकोश में आते हैं।

1. 1. Dear
2. Dean
3. Deal
4. Dead
5. Death

(SSC GD 20/02/2024 Shift I)

(a) 4, 3, 2, 5, 1 (b) 1, 3, 2, 4, 5
(c) 1, 3, 2, 5, 4 (d) 4, 3, 2, 1, 5

2. 1. Let
2. Lethargy
3. Letter
4. Lethal
5. Lest

(SSC GD 20/02/2024 Shift II)

(a) 5, 1, 4, 2, 3 (b) 1, 5, 3, 2, 4
(c) 5, 1, 2, 4, 3 (d) 1, 5, 2, 3, 4

3. 1. Line
2. Linament
3. Linger
4. Linear
5. Linguist

(SSC GD 21/02/2024 Shift II)

(a) 2, 1, 3, 4, 5 (b) 2, 1, 4, 3, 5
(c) 1, 2, 4, 3, 5 (d) 1, 2, 3, 4, 5

4. 1. Mission
2. Missed
3. Missing
4. Mist
5. Might

(SC GD 21/02/2024 Shift IV)

(a) 5, 4, 3, 2, 1 (b) 5, 4, 3, 1, 2
(c) 5, 1, 3, 4, 2 (d) 5, 2, 3, 1, 4

5. 1. Debate
2. Debark
3. Debar
4. Debauch
5. Debenture

(SSC GD 22/02/2024 Shift II)

(a) 3, 2, 1, 5, 4 (b) 3, 2, 1, 4, 5
(c) 1, 2, 3, 5, 4 (d) 1, 2, 3, 4, 5

6. 1. Clamber
2. Clam
3. Claim
4. Clag
5. Clad

(SSC GD 22/02/2024 Shift III)

(a) 5, 4, 3, 1, 2 (b) 1, 2, 3, 5, 4
(c) 5, 4, 3, 2, 1 (d) 1, 2, 3, 4, 5

7. 1. Example
2. Examine
3. Examination
4. Exact
5. Exactly

(SSC GD 22/02/2024 shift III)

(a) 5, 1, 4, 3, 2 (b) 4, 5, 3, 2, 1
(c) 4, 5, 3, 1, 2 (d) 1, 5, 4, 3, 2

8. 1. Confusion
2. Confidence
3. Confirm
4. Conflict
5. Conductor

(SSC GD 22/02/2024 Shift IV)

(a) 5, 2, 3, 4, 1 (b) 5, 2, 1, 3, 4
(c) 5, 2, 3, 1, 4 (d) 3, 5, 2, 4, 1

9. 1. Change
2. Chance
3. Channel
4. Chant
5. Chancellor

(SSC GD 23/02/2024 Shift I)

(a) 2, 3, 1, 4, 5 (b) 2, 5, 1, 4, 3
(c) 2, 3, 1, 5, 4 (d) 2, 5, 1, 3, 4

10. 1. Height
2. Hinge
3. Horse
4. Hate
5. Hustle

(SSC GD 23/02/2024 Shift II)

(a) 4, 5, 3, 2, 1 (b) 4, 1, 2, 5, 3
(c) 4, 3, 2, 1, 5 (d) 4, 1, 2, 3, 5

11. 1. Technology
2. Technical
3. Technician
4. Technique
5. Technophobia

(SSC GD 23/02/2024 Shift III)

(a) 2, 1, 4, 3, 5 (b) 2, 4, 1, 3, 5
(c) 2, 3, 1, 5, 4 (d) 2, 3, 4, 1, 5

12. 1. Lens
2. Lenient
3. Length
4. Lend
5. Lent

(SSC GD 24/02/2024 Shift I)

(a) 3, 4, 5, 2, 1 (b) 4, 3, 2, 5, 1
(c) 4, 3, 2, 1, 5 (d) 3, 4, 2, 5, 1

13. 1. Light
2. Like
3. Lift
4. Life
5. Lignite

(SSC GD 24/02/2024 Shift II)

(a) 1, 4, 3, 2, 5 (b) 4, 3, 1, 5, 2
(c) 1, 3, 4, 5, 2 (d) 4, 3, 1, 2, 5

14. 1. Tender
2. Thankful
3. Tactful
4. Tablespoon
5. Tasty

(SSC GD 24/02/2024 Shift III)

(a) 4, 5, 2, 1, 3 (b) 4, 3, 5, 1, 2
(c) 4, 3, 5, 2, 1 (d) 4, 1, 5, 2, 3

15. 1. Cook
2. Book
3. Took
4. Look
5. Shook

(SSC GD 24/02/2024 Shift IV)

(a) 2, 3, 1, 4, 5 (b) 2, 5, 4, 1, 3
(c) 2, 1, 4, 5, 3 (d) 5, 1, 4, 2, 3

16. 1. Pink
2. Ping
3. Pick
4. Pull
5. Push

(SSC GD 26/02/2024 Shift I)

(a) 3, 4, 1, 2, 5 (b) 3, 2, 1, 4, 5
(c) 3, 5, 4, 2, 1 (d) 3, 1, 2, 4, 5

17. 1. Consume
2. Consumer
3. Consult
4. Contact
5. Contain

(SSC GD 26/02/2024 Shift II)

(a) 3, 1, 2, 5, 4 (b) 1, 2, 3, 5, 4
(c) 3, 1, 2, 4, 5 (d) 1, 2, 4, 5, 3

18. 1. Celebrate
2. Celestial
3. Cello
4. Celebrity
5. Celluloid

(SSC GD 26/02/2024 Shift IV)

(a) 1, 4, 3, 2, 5 (b) 1, 2, 3, 4, 5
(c) 1, 4, 2, 3, 5 (d) 1, 4, 5, 2, 3

19. 1. Response
2. Reporter
3. Reaction
4. Registration
5. Relevant

(SSC GD 27/02/2024 Shift I)

(a) 2, 5, 1, 3, 4 (b) 4, 5, 1, 2, 3
(c) 3, 4, 5, 2, 1 (d) 5, 1, 4, 2, 3

20. 1. Tattoo
2. Tatters
3. Tatting
4. Tattle
5. Taut

(SSC GD 27/02/2024 Shift I)

(a) 2, 5, 1, 3, 4 (b) 4, 5, 1, 2, 3
(c) 2, 3, 4, 1, 5 (d) 5, 1, 4, 2, 3

21. 1. Fragrance
2. Fruitful
3. Frugal
4. Frighten
5. Frosty

(SSC GD 27/02/2024 Shift II)

(a) 1, 4, 3, 5, 2 (b) 1, 5, 4, 3, 2
(c) 1, 4, 5, 3, 2 (d) 1, 4, 5, 2, 3

22. 1. Award
2. Await
3. Away
4. Awake
5. Aware

(SSC GD 28/02/2024 Shift I)

(a) 3, 2, 1, 5, 4 (b) 2, 4, 1, 3, 5
(c) 2, 4, 1, 5, 3 (d) 3, 2, 1, 4, 5

23. 1. Notch
2. Noise
3. Noble
4. Noisy
5. Nosey

(SSC GD 28/02/2024 Shift IV)

(a) 3, 2, 4, 5, 1 (b) 3, 5, 4, 1, 2
(c) 3, 1, 4, 5, 2 (d) 3, 2, 5, 4, 1

24. 1. Mystery
2. Mystical
3. Mythology
4. Mysterious
5. Mythical

(SSC GD 29/02/2024 Shift I)

(a) 4, 1, 5, 3, 2 (b) 4, 1, 2, 3, 5
(c) 4, 1, 2, 5, 3 (d) 4, 2, 5, 3, 1

25. 1. Lid
2. Lick
3. Lien
4. Lie
5. Lieu

(SSC GD 29/02/2024 Shift II)

(a) 1, 2, 4, 3, 5 (b) 2, 1, 4, 3, 5
(c) 2, 4, 1, 3, 5 (d) 1, 2, 3, 4, 5

26. 1. Liberal
2. Libra
3. Library
4. Libel
5. Liability

(SSC GD 29/02/2024 Shift III)

(a) 5, 4, 1, 2, 3 (b) 4, 5, 2, 1, 3
(c) 5, 4, 1, 3, 2 (d) 4, 5, 1, 2, 3

27. 1. Parallel
2. Paradise
3. Paragraph
4. Parallelism
5. Parasite

(SSC GD 29/02/2024 Shift IV)

(a) 3, 1, 4, 2, 5 (b) 2, 3, 4, 5, 1
(c) 2, 3, 1, 4, 5 (d) 2, 1, 4, 3, 5

28. 1. Decant
2. Decamp
3. Decade
4. Decagon
5. Decay

(SSC GD 01/03/2024 Shift I)

(a) 4, 3, 2, 1, 5 (b) 3, 4, 2, 1, 5
(c) 4, 3, 2, 5, 1 (d) 3, 4, 2, 5, 1

29. 1. Biter
2. Bit
3. Bitcoin
4. Bite
5. Birth

(SSC GD 01/03/2024 Shift II)

(a) 3, 2, 4, 1, 5 (b) 5, 2, 3, 4, 1
(c) 5, 2, 3, 1, 4 (d) 3, 2, 4, 5, 1

30. 1. Cigar
2. Cinema
3. Cipher
4. Cider
5. Cinnabar

(SSC GD 01/03/2024 Shift III)

(a) 4, 1, 2, 5, 3 (b) 4, 1, 2, 3, 5
(c) 2, 1, 3, 5, 4 (d) 2, 1, 3, 4, 5

31. 1. Purvey
2. Purse
3. Purple
4. Purely
5. Putter
6. Pustule

(SSC GD, 11/01/2023, Shift-II)

(a) 3, 4, 2, 1, 6, 5
(b) 6, 5, 4, 3, 2, 1
(c) 4, 3, 2, 1, 6, 5
(d) 3, 4, 2, 1, 5, 6

32. 1. Glob
2. Globule
3. Global

4. Globe
5. Gloom
(SSC GD, 16/01/2023, Shift-IV)
(a) 3, 4, 2, 1, 5 (b) 1, 2, 4, 3, 5
(c) 1, 3, 4, 5, 2 (d) 1, 3, 4, 2, 5

33. 1. Flower
2. Fletcher
3. Florist
4. Filter
5. Fleur
(SSC GD, 17/01/2023, Shift-II)
(a) 4, 2, 5, 3, 1 (b) 2, 4, 3, 5, 1
(c) 4, 5, 2, 3, 1 (d) 2, 4, 5, 3, 1

34. 1. Breeze
2. Breech
3. Breather
4. Breed
5. Breathe
(SSC GD, 25/01/2023, Shift-I)
(a) 5, 2, 3, 4, 1 (b) 5, 3, 2, 1, 4
(c) 3, 5, 2, 4, 1 (d) 5, 3, 2, 4, 1

35. 1. Spiny
2. Spine
3. Spinach
4. Spinney
5. Spirit
6. Spike
(SSC GD, 13/02/2023, Shift-IV)
(a) 3, 4, 5, 1, 2, 6
(b) 2, 5, 3, 4, 6, 1
(c) 6, 2, 5, 1, 4, 3
(d) 6, 3, 2, 4, 1, 5

36. 1. Manner
2. Manage
3. Masculine
4. Magic
5. Matter
(SSC GD, 10/01/2023, Shift-I)
(a) 4, 2, 1, 3, 5 (b) 1, 4, 3, 2, 5
(c) 4, 1, 2, 5, 3 (d) 1, 2, 4, 3, 5

37. 1. Culture
2. Cult
3. Cultivate
4. Cupid
5. Cumin
(SSC GD, 12/01/2023, Shift-III)
(a) 2, 3, 1, 5, 4 (b) 2, 3, 1, 4, 5
(c) 3, 2, 1, 4, 5 (d) 2, 1, 3, 5, 4

38. 1. Naughty
2. Natural
3. National
4. Nagging
5. Napping
(SSC GD, 13/01/2023, Shift-IV)
(a) 3, 4, 2, 1, 5 (b) 5, 4, 3, 2, 1
(c) 4, 5, 3, 2, 1 (d) 4, 5, 1, 2, 3

39. 1. Vehicle
2. Verify
3. Vegan
4. Venom
5. Vein
(SSC GD, 23/01/2023, Shift-III)
(a) 3, 5, 4, 1, 2 (b) 3, 1, 5, 4, 2
(c) 4, 2, 1, 3, 5 (d) 3, 4, 2, 1, 5

40. 1. Distinct
2. Discipline
3. Different
4. Distinguish
5. Disregard
(SSC GD, 24/01/2023, Shift-IV)
(a) 3, 2, 5, 1, 4 (b) 3, 4, 1, 2, 5
(c) 2, 3, 5, 1, 4 (d) 2, 5, 4, 1, 3

41. 1. Heated
2. Healed
3. Heaped
4. Hedge
5. Helmet
(SSC GD, 6/02/2023, Shift-III)
(a) 2, 1, 3, 4, 5 (b) 3, 4, 1, 2, 5
(c) 3, 2, 1, 4, 5 (d) 2, 3, 1, 4, 5

42. 1. Chair
2. Charm
3. Chauffer
4. Chain
5. Change
(SSC GD, 7/02/2023, Shift-IV)
(a) 4, 5, 1, 3, 2 (b) 4, 1, 2, 5, 3
(c) 4, 1, 5, 3, 2 (d) 4, 1, 5, 2, 3

43. 1. Lastly
2. Latex
3. Large
4. Laminate
5. Ladle
(SSC GD, 8/02/2023, Shift-I)
(a) 5, 4, 3, 2, 1 (b) 5, 4, 3, 1, 2
(c) 5, 2, 3, 1, 4 (d) 5, 1, 3, 4, 2

44. 1. Drain
2. Dried
3. Dreamt
4. Drown
5. Drunk
(SSC GD, 9/02/2023, Shift-II)
(a) 1, 2, 3, 4, 5 (b) 2, 3, 1, 4, 5
(c) 1, 4, 3, 5, 2 (d) 1, 3, 2, 4, 5

45. 1. Naughty
2. Navy
3. Navigate
4. Nautical
5. Nuptial
(SSC GD, 1/12/2021, Shift-III)
(a) 1, 4, 3, 5, 2 (b) 1, 3, 4, 2, 5
(c) 3, 2, 1, 4, 5 (d) 1, 4, 3, 2, 5

46. 1. Tamale
2. Tamagotchi
3. Tamarind
4. Tamarack
5. Tamable
(SSC GD, 1/12/2021, Shift-I)
(a) 1, 5, 2, 4, 3 (b) 2, 1, 3, 4, 5
(c) 1, 3, 4, 5, 2 (d) 5, 2, 1, 4, 3

47. I. Facet
II. Facility
III. Facile
IV. Fact
V. Faculty
(SSC GD, 1/12/2021, Shift-II)
(a) I, III, II, IV, V
(b) III, II, V, I, IV
(c) V, IV, III, II, I
(d) I, II, III, IV, V

48. 1. Elegy
2. Elegant
3. Eleven
4. Elite
(SSC GD, 2/12/2021, Shift-III)
(a) 1, 2, 3, 4 (b) 2, 3, 4, 1
(c) 2, 1, 3, 4 (d) 3, 2, 4, 1

49. 1. Loiter
2. Loiterer
3. Logic
4. Logotype
5. Log
(SSC GD, 3/12/2021, Shift-II)

(a) 5, 3, 1, 4, 2 (b) 5, 3, 4, 2, 1
(c) 5, 4, 3, 1, 2 (d) 5, 3, 4, 1, 2

50. 1. Parade
2. Parallel
3. Pearl
4. Peanut
5. Peach
(SSC GD, 6/12/2021, Shift-III)
(a) 1, 2, 5, 3, 4 (b) 5, 2, 1, 4, 3
(c) 2, 1, 4, 5, 3 (d) 1, 2, 5, 4, 3

Type 2

51. After arranging the word given below as per the order in the English Dictionary, which word will come at the fourth position?
नीचे दिए गए शब्दों को अंग्रेजी शब्दकोष के क्रम के अनुसार व्यवस्थित करने के बाद कौन-सा शब्द चौथे स्थान पर आएगा?
1. Wheel
2. Wheat
3. Whale
4. Whet
5. When
(SSC GD 20/02/2024 Shift II)
(a) Whet (b) Wheel
(c) When (d) Wheat

52. After arranging the words given below as per the order in the English dictionary, which word will come at the third position?
नीचे दिए गए शब्दों को अंग्रेजी शब्दकोष के क्रम के अनुसार व्यवस्थित करने के बाद, कौन-सा शब्द तीसरे स्थान पर आएगा?
1. Small
2. Smart
3. Smack
4. Smash
5. Smatter
(SSC GD 20/02/2024 Shift IV)
(a) Smart (b) Smash
(c) Small (d) Smack

53. After arranging the words given below according to the order in the English dictionary, which word will come at the fourth position?
नीचे दिए गए शब्दों को अंग्रेजी शब्दकोष के क्रम के अनुसार व्यवस्थित करने के बाद कौन-सा शब्द चौथे स्थान पर आएगा?
1. Private
2. Prison
3. Privacy
4. Privy
5. Privilege
(SSC GD 21/02/2024 Shift I)
(a) Privilege (b) Privacy
(c) Prison (d) Privy

54. After arranging the words given below as per the order in the English dictionary, which word will come at the fifth position?
नीचे दिए गए शब्दों को अंग्रेजी शब्दकोष के अनुसार व्यवस्थित करने के बाद कौन-सा शब्द पाँचवें स्थान पर आएगा?
1. Whip
2. While
3. White
4. Whisk
5. Whiff
(SSC GD 21/02/2024 Shift III)
(a) Whisk (b) Whip
(c) White (d) shile

55. After arranging the given words in the order of English dictionary, which word will come at the third position?
नीचे दिए गए शब्दों को अंग्रेजी शब्दकोश के क्रम के अनुसार व्यवस्थित करने के बाद कौन-सा शब्द तीसरे स्थान पर आएगा?
1. Recant
2. Receive
3. Recent
4. Recess
5. Recall
(SSC GD 22/02/2024 Shift I)
(a) Recent (b) Receive
(c) Recant (d) Recess

56. If the words given below are arranged according to the order in the English dictionary, which word will come at the fifth position?
नीचे दिए गए शब्दों को अंग्रेजी शब्दकोष के क्रम के अनुसार व्यवस्थित करने पर, कौन-सा शब्द पाँचवें स्थान पर आएगा?
1. Rebind
2. Rebate
3. Rebirth
4. Rebel
5. Rebeck
(SSC GD 23/02/2024 Shift IV)
(a) Rebate (b) Rebirth
(c) Rebel (d) Rebeck

57. If the words given below are arranged according to English dictionary, which word will come at the third position?
नीचे दिए गए शब्दों को अंग्रेजी शब्दकोश क्रम के अनुसार व्यवस्थित करने पर, कौन-सा शब्द तीसरे स्थान पर आएगा?
1. Sloven
2. Slow
3. Slough
4. Slobber
5. Slouch
(SSC GD 26/02/2024 Shift III)
(a) Slouch (b) Slow
(c) Slough (d) Sloven

58. If the words given below are arranged according to the order in the English dictionary, which word will come at the third position?
नीचे दिए गए शब्दों को अंग्रेजी शब्दकोश के क्रम के अनुसार व्यवस्थित करने पर, कौन-सा शब्द तीसरे स्थान पर आएगा?
1. Principal
2. Prince
3. Principle
4. Princess
5. Princely
(SSC GD 27/02/2024 Shift III)
(a) Princely (b) Principal
(c) Princess (d) Principle

59. After arranging the words given below as per the order in the English dictionary, which word will come at the third position?
नीचे दिए गए शब्दों को अंग्रेजी शब्दकोश के क्रम के अनुसार व्यवस्थित करने के बाद कौन-सा शब्द तीसरे स्थान पर

आएगा?

1. Shrink
2. Shrug
3. Shriek
4. Shrimp
5. Shred

(SSC GD 27/02/2024 Shift IV)

(a) Shrink (b) Shriek
(c) shrug (d) Shrimp

60. If the words given below are arranged according to English dictionary order, which word will come at the fourth position?

नीचे दिए गए शब्दों को अंग्रेजी शब्दकोश के अनुसार व्यवस्थित करने पर, कौन-सा शब्द चौथे स्थान पर आएगा?

1. Slur
2. Suit
3. Slug
4. Slung
5. Slump

(SSC GD 28/02/2024 Shift II)

(a) Slur (b) Suit
(c) Slung (d) slug

61. After arranging the words given below as per the order in the English dictionary, which word will come at the fourth position?

नीचे दिए गए शब्दों को अंग्रेजी शब्दकोश के क्रम के अनुसार व्यवस्थित करने के बाद, कौन-सा शब्द चौथे स्थान पर आएगा?

1. Weep
2. Ween
3. Weed
4. Weight
5. Week

(SSC GD 01/03/2024 Shift IV)

(a) Week (b) Weed
(c) Weep (d) Weight

Type 3

निर्देश (प्रश्न संख्या 62 से 66) : उस सही विकल्प का चयन कीजिए, जो निम्नलिखित शब्दों की व्यवस्था को तार्किक और अर्थपूर्ण क्रम में दर्शाता है।

Direction (Question No. 62-66) : Select the correct option which shows the arrangement of the following words. Shows things in a logical and meaningful order.

62. (1) गेहूँ
(2) लोई
(3) सेंकना
(4) पिसना
(5) रोटी

(a) 4, 2, 1, 3, 5 (b) 1, 4, 2, 3, 5
(c) 3, 1, 5, 2, 4 (d) 1, 4, 3, 5, 2

63. (1) देश
(2) महाद्वीप
(3) शहर
(4) मोहल्ला
(5) राज्य

(a) 1, 2, 3, 5, 4 (b) 2, 1, 5, 3, 4
(c) 3, 2, 1, 5, 4 (d) 1, 2, 5, 3, 4

64. (1) प्राथमिक
(2) निम्न माध्यमिक
(3) बालवाड़ी
(4) विश्वविद्यालय
(5) उच्च माध्यमिक

(a) 3, 1, 2, 5, 4 (b) 3, 2, 1, 5, 4
(c) 3, 1, 2, 4, 5 (d) 3, 1, 5, 2, 4

65. (1) घुटना
(2) गर्दन
(3) जाँघ
(4) सिर
(5) पैर की अंगुली
(6) कमर

(a) 5, 1, 3, 6, 2, 4
(b) 5, 1, 6, 3, 2, 4
(c) 5, 1, 3, 6, 4, 2
(d) 5, 3, 1, 6, 2, 4

66. 1. सीएफएल बल्ब
2. बल्ब
3. लालटेन
4. मिट्टी का दीपक
5. एलईडी बल्ब

(a) 3, 4, 1, 2, 5
(b) 4, 3, 1, 2, 5
(c) 4, 3, 2, 1, 5
(d) 3, 4, 2, 1, 5

उत्तरमाला

1.	(d)	2.	(a)	3.	(b)	4.	(d)	5.	(b)	6.	(c)	7.	(b)	8.	(a)	9.	(d)	10.	(d)
11.	(d)	12.	(c)	13.	(b)	14.	(b)	15.	(c)	16.	(b)	17.	(c)	18.	(c)	19.	(c)	20.	(c)
21.	(c)	22.	(c)	23.	(a)	24.	(c)	25.	(b)	26.	(a)	27.	(c)	28.	(b)	29.	(b)	30.	(a)
31.	(c)	32.	(d)	33.	(a)	34.	(d)	35.	(d)	36.	(a)	37.	(a)	38.	(c)	39.	(b)	40.	(a)
41.	(d)	42.	(d)	43.	(b)	44.	(d)	45.	(d)	46.	(d)	47.	(a)	48.	(c)	49.	(d)	50.	(d)
51.	(c)	52.	(a)	53.	(a)	54.	(c)	55.	(b)	56.	(b)	57.	(c)	58.	(c)	59.	(d)	60.	(a)
61.	(c)	62.	(b)	63.	(b)	64.	(a)	65.	(a)	66.	(c)								

Hints & Solution (व्याख्या)

1. As per the English dictionary/ अंग्रेजी शब्दकोश के अनुसार-
Dead ⇒ Deal ⇒ Dean ⇒ Dear ⇒ Death

2. As per the English dictionary/ अंग्रेजी शब्दकोश के अनुसार-
Lest ⇒ Let ⇒ Lethal ⇒ Lethargy ⇒ Letter

3. As per the English dictionary/ अंग्रेजी शब्दकोश के अनुसार-
Linament ⇒ Line ⇒ Linear ⇒ Linger ⇒ Linguist

4. As per the English dictionary/ अंग्रेजी शब्दकोश के अनुसार-
Might ⇒ Missed ⇒ Missing ⇒ Mission ⇒ Mist

5. As per the English dictionary/ अंग्रेजी शब्दकोश के अनुसार-
Debar ⇒ Debark ⇒ Debate ⇒ Debauch ⇒ Debenture

6. As per the English dictionary/ अंग्रेजी शब्दकोश के अनुसार-
Clad ⇒ Clag ⇒ Claim ⇒ Clam ⇒ Clamber

7. As per the English dictionary/ अंग्रेजी शब्दकोश के अनुसार-
Exact ⇒ Exactly ⇒ Examination ⇒ Examine ⇒ Example

8. As per the English dictionary/ अंग्रेजी शब्दकोश के अनुसार-
Conductor ⇒ Confidence ⇒ Confirm ⇒ Conflict ⇒ Confusion

9. As per the English dictionary/ अंग्रेजी शब्दकोश के अनुसार-
Chance ⇒ Chancellor ⇒ Change ⇒ Channel ⇒ Chant

10. As per the English dictionary/ अंग्रेजी शब्दकोश के अनुसार-
Hate ⇒ Height ⇒ Hinge ⇒ Horse ⇒ Hustle

11. As per the English dictionary/ अंग्रेजी शब्दकोश के अनुसार-
Technical ⇒ Technician ⇒ Technique ⇒ Technology ⇒ Technophobia

12. As per the English dictionary/ अंग्रेजी शब्दकोश के अनुसार-
Lend ⇒ Length ⇒ Lenient ⇒ Lens ⇒ Lent

13. As per the English dictionary/ अंग्रेजी शब्दकोश के अनुसार-
Life ⇒ Lift ⇒ Light ⇒ Lignite ⇒ Like

14. As per the English dictionary/ अंग्रेजी शब्दकोश के अनुसार-
Tablespoon ⇒ Tactful ⇒ Tasty ⇒ Tender ⇒ Thankful

15. As per the English dictionary/ अंग्रेजी शब्दकोश के अनुसार-
Book ⇒ Cook ⇒ Look ⇒ Shook ⇒ Took

16. As per the English dictionary/ अंग्रेजी शब्दकोश के अनुसार-
Pick ⇒ Ping ⇒ Pink ⇒ Pull ⇒ Push

17. As per the English dictionary/ अंग्रेजी शब्दकोश के अनुसार-
Consult ⇒ Consume ⇒ Consumer ⇒ Contact ⇒ Contain

18. As per the English dictionary/ अंग्रेजी शब्दकोश के अनुसार-
Celebrate ⇒ Celebrity ⇒ Celestial ⇒ Cello ⇒ Celluloid

19. As per the English dictionary/ अंग्रेजी शब्दकोश के अनुसार-
Reaction ⇒ Registration ⇒ Relevant ⇒ Reporter ⇒ Response

20. As per the English dictionary/ अंग्रेजी शब्दकोश के अनुसार-
Tatters ⇒ Tatting ⇒ Tattle ⇒ Tattoo ⇒ Taut

21. As per the English dictionary/ अंग्रेजी शब्दकोश के अनुसार-
Fragrance ⇒ Frighten ⇒ Frosty ⇒ Frugal ⇒ Fruitful

22. As per the English dictionary/ अंग्रेजी शब्दकोश के अनुसार-
Await ⇒ Awake ⇒ Award ⇒ Aware ⇒ Away

23. As per the English dictionary/ अंग्रेजी शब्दकोश के अनुसार-
Noble ⇒ Noise ⇒ Noisy ⇒ Nosey ⇒ Notch

24. As per the English dictionary/ अंग्रेजी शब्दकोश के अनुसार-
Mysterious ⇒ Mystery ⇒ Mystical ⇒ Mythical ⇒ Mythology

25. As per the English dictionary/ अंग्रेजी शब्दकोश के अनुसार-
Lick ⇒ Lid ⇒ Lie ⇒ Lien ⇒ Lieu

26. As per the English dictionary/ अंग्रेजी शब्दकोश के अनुसार-
Liability ⇒ Libel ⇒ Liberal ⇒ Libra ⇒ Library

27. As per the English dictionary/ अंग्रेजी शब्दकोश के अनुसार-
Paradise ⇒ Paragraph ⇒ Parallel ⇒ Parallelism ⇒ Parasite

28. As per the English dictionary/ अंग्रेजी शब्दकोश के अनुसार-
Decade ⇒ Decagon ⇒ Decamp ⇒ Decant ⇒ Decay

29. As per the English dictionary/ अंग्रेजी शब्दकोश के अनुसार-
Birth ⇒ Bit ⇒ Bitcoin ⇒ Bite ⇒ Biter

30. As per the English dictionary/ अंग्रेजी शब्दकोश के अनुसार-
Cider ⇒ Cigar ⇒ Cinema ⇒ Cinnabar ⇒ Cipher

31. As per the English dictionary/ अंग्रेजी शब्दकोश के अनुसार-
Purely ⇒ Purple ⇒ Purse ⇒ Purvey ⇒ Pustule ⇒ Putter

32. As per the English dictionary/ अंग्रेजी शब्दकोश के अनुसार-
Glob ⇒ Global ⇒ Globe ⇒ Globule ⇒ Gloom

33. As per the English dictionary/ अंग्रेजी शब्दकोश के अनुसार-
Filter ⇒ Fletcher ⇒ Fleur ⇒ Florist ⇒ Flower

34. As per the English dictionary/ अंग्रेजी शब्दकोश के अनुसार-
Breathe ⇒ Breather ⇒ Breech ⇒ Breed ⇒ Breeze

35. As per the English dictionary/ अंग्रेजी शब्दकोश के अनुसार-
Spike ⇒ Spinach ⇒ Spine ⇒ Spinney ⇒ Spiny ⇒ Spirit

36. As per the English dictionary/ अंग्रेजी शब्दकोश के अनुसार-
Magic ⇒ Manage ⇒ Manner ⇒ Masculine ⇒ Matter

37. As per the English dictionary/ अंग्रेजी शब्दकोश के अनुसार-
Cult ⇒ Cultivate ⇒ Culture ⇒ Cumin ⇒ Cupid

38. As per the English dictionary/ अंग्रेजी शब्दकोश के अनुसार-
Nagging ⇒ Napping ⇒ National ⇒ Natural ⇒ Naughty

39. As per the English dictionary/ अंग्रेजी शब्दकोश के अनुसार-
Vegan ⇒ Vehicle ⇒ Vein ⇒ Venom ⇒ Verify

40. As per the English dictionary/ अंग्रेजी शब्दकोश के अनुसार-
Different ⇒ Discipline ⇒ Disregard ⇒ Distinct ⇒ Distinguish

41. As per the English dictionary/ अंग्रेजी शब्दकोश के अनुसार-
Healed ⇒ Heaped ⇒ Heated ⇒ Hedge ⇒ Helmet

42. As per the English dictionary/ अंग्रेजी शब्दकोश के अनुसार-
Chain ⇒ Chair ⇒ Change ⇒ Charm ⇒ Chauffer

43. As per the English dictionary/ अंग्रेजी शब्दकोश के अनुसार-
Ladle ⇒ Laminate ⇒ Large ⇒ Lastly ⇒ Latex

44. As per the English dictionary/ अंग्रेजी शब्दकोश के अनुसार-
Drain ⇒ Dreamt ⇒ Dried ⇒ Drown ⇒ Drunk

45. As per the English dictionary/ अंग्रेजी शब्दकोश के अनुसार-
Naughty ⇒ Nautical ⇒ Navigate ⇒ Navy ⇒ Nuptial

46. As per the English dictionary/ अंग्रेजी शब्दकोश के अनुसार-
Tamable ⇒ Tamagotchi ⇒ Tamale ⇒ Tamarack ⇒ Tamarind

47. As per the English dictionary/ अंग्रेजी शब्दकोश के अनुसार-
Facet ⇒ Facile ⇒ Facility ⇒ Fact ⇒ Faculty

48. As per the English dictionary/ अंग्रेजी शब्दकोश के अनुसार-
Elegant ⇒ Elegy ⇒ Eleven ⇒ Elite

49. As per the English dictionary/ अंग्रेजी शब्दकोश के अनुसार-
Log ⇒ Logic ⇒ Logotype ⇒ Loiter ⇒ Loiterer

50. As per the English dictionary/ अंग्रेजी शब्दकोश के अनुसार-
Parade ⇒ Parallel ⇒ Peach ⇒ Peanut ⇒ Pearl

51. Whale ⇒ Wheat ⇒ Wheel ⇒ When ⇒ Whet

52. Smack ⇒ Small ⇒ Smart ⇒ Smash ⇒ Smatter

53. Prison ⇒ Privacy ⇒ Private ⇒ Privilege ⇒ Privy

54. Whiff ⇒ While ⇒ Whip ⇒ Whisk ⇒ White

55. Recall ⇒ Recant ⇒ Receive ⇒ Recent ⇒ Recess

56. Rebate ⇒ Rebeck ⇒ Rebel ⇒ Rebind ⇒ Rebirth

57. Slobber ⇒ Slouch ⇒ Slough ⇒ Sloven ⇒ Slow

58. Prince ⇒ Princely ⇒ Princess ⇒ Principal ⇒ Principle

59. Shred ⇒ Shriek ⇒ Shrimp ⇒ Shrink ⇒ Shrug

60. Slug ⇒ Slump ⇒ Slung ⇒ Slur ⇒ Suit

61. Weed ⇒ Week ⇒ Ween ⇒ Weep ⇒ Weight

62. गेहूँ → पिसना → लोई → सेंकना → रोटी

63. महाद्वीप → देश → राज्य → शहर → मोहल्ला

64. बालवाड़ी → प्राथमिक → निम्न माध्यमिक → उच्च माध्यमिक → विश्वविद्यालय

65. पैर की अंगुली → घुटना → जाँघ → कमर → गर्दन → सिर

66. यहाँ, आविष्कार का समय माना जाता है। शब्दों का सही पैटर्न –
मिट्टी का दीपक → लालटेन → बल्ब → सीएफल (CFL) बल्ब → एलईडी (LED) बल्ब

5 शृंखला (Series)

Type 1

Directions (Q. No. 1 to 40): From the given alternatives, select the number which will come in place of the question mark (?) in the following series.

निर्देश (प्रश्न संख्या 1 से 40): दिए गए विकल्पों में से उस संख्या का चयन कीजिए जो निम्न श्रेणी में प्रश्नवाचक चिन्ह (?) के स्थान पर आएगी।

1. 0, 1, 5, 14, 30, ?
(SSC GD 21/02/2024 Shift III)
(a) 57 (b) 66
(c) 55 (d) 69

2. 1, 3, 7, 13, ?, 31
(SSC GD 23/02/2024 Shift I)
(a) 21 (b) 24
(c) 29 (d) 20

3. 3, 14, ?, 16, –1, 18, –3
(SSC GD 29/02/2024 Shift IV)
(a) 1 (b) 0
(c) 2 (d) 3

4. 8, 13, 21, 34, 55, ?
(SSC GD 07/03/2024 Shift II)
(a) 68 (b) 72
(c) 89 (d) 74

5. 2, 5, 11, 23, 47, ?, 191
(SSC GD 26/02/2024 Shift III)
(a) 80 (b) 95
(c) 90 (d) 85

6. 5, 37, 70, 104, ?, 175
(SSC GD 28/02/2024 Shift III)
(a) 144 (b) 139
(c) 140 (d) 148

7. 7, 9, 13, 21, 37, ?
(SSC GD 29/02/2024 Shift III)
(a) 55 (b) 67
(c) 69 (d) 42

8. 6, 12, 24, 48, ?, 192
(SSC GD 29/02/2024 Shift IV)
(a) 81 (b) 96
(c) 72 (d) 64

9. 5, 48, 7, 44, 13, ?
(SSC GD 29/02/2024 Shift III)
(a) 36 (b) 41
(c) 44 (d) 48

10. 8, 27, 46, 65, ?, 103
(SSC GD 22/02/2024 Shift II)
(a) 84 (b) 81
(c) 88 (d) 80

11. 1, 16, 31, 46, 61, ?
(SSC GD 21/02/2024 Shift 3)
(a) 76 (b) 70
(c) 78 (d) 80

12. 18, 23, 32, 37, 46, ?
(SSC GD 23/02/2024 Shift IV)
(a) 51 (b) 49
(c) 57 (d) 61

13. 52, 49, 45, 40, 34, 27, ?
(SSC GD 23/02/2024 Shift II)
(a) 18 (b) 19
(c) 17 (d) 15

14. 15, 31, 63, 127, 255, ?
(SSC GD 23/02/2024 Shift IV)
(a) 629 (b) 511
(c) 482 (d) 358

15. 64, 72, 45, 109, –16, ?
(SSC GD 23/02/2024 Shift I)
(a) 205 (b) 200
(c) 208 (d) 180

16. 49, 54, 41, 62, 33, 70, ?
(SSC GD 23/02/2024 Shift II)
(a) 27 (b) 26
(c) 25 (d) 29

17. 33, 34, 38, 47, 63, ?
(SSC GD 22/02/2024 Shift IV)
(a) 79 (b) 96
(c) 88 (d) 72

18. 84, 55, 86, 49, 90, ?
(SSC GD 05/03/2024 Shift II)
(a) 13 (b) 50
(c) 47 (d) 54

19. 14, 13, 15, 12, 16, 11, ?
(SSC GD 27/02/2024 Shift II)
(a) 15 (b) 18
(c) 17 (d) 16

20. 64, 32, 16, 8, 4, ?, 1
(SSC GD 06/03/2024 Shift I)
(a) 2 (b) 4
(c) 6 (d) 3

21. 12, 24, 48, 96, 192, ?
(SSC GD 30/03/2024 Shift I)
(a) 318 (b) 280
(c) 384 (d) 222

22. 11, 33, 99, 297, ?, 2673
(SSC GD 07/03/2024 Shift III)
(a) 9021 (b) 9001
(c) 811 (d) 891

23. 71, ?, 80, 85, 89, 94
(SSC GD 06/03/2024 Shift I)
(a) 79 (b) 74
(c) 78 (d) 76

24. 54, 55, ?, 90, 154, 279
(SSC GD 06/03/2024 Shift III)
(a) 70 (b) 60
(c) 58 (d) 63

25. 15, 17, 21, 29, 45, ?
(SSC GD 07/03/2024 Shift I)
(a) 77 (b) 58
(c) 64 (d) 84

26. 30, 28, 24, 16, 0, ?
(SSC GD 24/02/2024 Shift IV)
(a) –30 (b) –35
(c) –32 (d) –40

27. 85, 95, ?, 96, 83, 97

(SSC GD 27/02/2024 Shift IV)

(a) 93 (b) 86
(c) 84 (d) 94

28. 24, 12, 36, 18, ?, 27
(SSC GD 27/02/2024 Shift IV)

(a) 68 (b) 42
(c) 54 (d) 48

29. 41, 63, 85, 107, 129, ?
(SSC GD 21/02/2024 Shift IV)

(a) 150 (b) 170
(c) 154 (d) 151

30. 40, 21, 22, 34, 69, ?
(SSC GD 24/02/2024 Shift III)

(a) 173.5 (b) 180
(c) 173 (d) 145.5

31. 44, 13, 50, 9, 52, ?
(SSC GD 28/02/2024 Shift I)

(a) 4 (b) 6
(c) 7 (d) 9

32. 10, 28, 46, 64, ?, 100
(SSC GD 22/02/2024 Shift II)

(a) 82 (b) 85
(c) 80 (d) 90

33. 74, 61, 82, 53, 90, ?
(SSC GD 21/02/2024 Shift III)

(a) 44 (b) 43
(c) 40 (d) 45

34. 85, 84, 92, 83, 147, ?
(SSC GD 22/02/2024 Shift I)

(a) 122 (b) 130
(c) 131 (d) 120

35. 33, ?, 32, 44, 31, 45
(SSC GD 24/02/2024 Shift IV)

(a) 43 (b) 31
(c) 42 (d) 34

36. 21, 66, 204, 621, 1875, ?
(SSC GD 01/03/2024 Shift II)

(a) 6008 (b) 5640
(c) 6005 (d) 5700

37. 68, 69, 77, 104, 168, ?
(SSC GD 29/02/2024 Shift II)

(a) 308 (b) 280
(c) 300 (d) 293

38. 27, 28, 32, ?, 57, 82
(SSC GD 28/02/2024)

(a) 50 (b) 36
(c) 41 (d) 54

39. 44, 46, 54, 86, 214, ?
(SSC GD 26/02/2024 Shift IV)

(a) 716 (b) 719
(c) 726 (d) 720

40. 111, 122, 133, ?, 155, 166
(SSC GD 26/02/2024 Shift IV)

(a) 145 (b) 148
(c) 144 (d) 143

41. 23, 24, 50, 153, ?
(SSC GD, 11/01/2023, Shift-IV)

(a) 512 (b) 204
(c) 616 (d) 516

42. 5, 9, 25, 97, 481, ?
(SSC GD, 23/01/2023, Shift-II)

(a) 2788 (b) 2885
(c) 2684 (d) 2881

43. 946, 721, 552, ?, 350, 301
(SSC GD, 27/01/2023, Shift-I)

(a) 445 (b) 442
(c) 431 (d) 439

44. 1, 3, 4, 7, ?, ?, 29
(SSC GD, 31/01/2023, Shift-I)

(a) 12, 20 (b) 10, 20
(c) 14, 24 (d) 11, 18

45. 9, 35, 91, 189, 341, ?
(SSC GD, 31/01/2023, Shift-II)

(a) 1210 (b) 559
(c) 497 (d) 713

46. 89, 214, ?, 773, 1285, 2014
(SSC GD, 2/02/2023, Shift-III)

(a) 342 (b) 430
(c) 422 (d) 446

47. 18, 20, ?, 128, 514, 2572
(SSC GD, 6/02/2023, Shift-I)

(a) 42 (b) 40
(c) 22 (d) 60

48. 600, 120, 30, 10, ?
(SSC GD, 8/02/2023, Shift-I)

(a) 1 (b) 15
(c) 5 (d) 12

49. 125, 120, 130, ?, 135, 110
(SSC GD, 8/02/2023, Shift-III)

(a) 150 (b) 110
(c) 115 (d) 140

50. 5, 11, 35, 143, ?
(SSC GD, 8/02/2023, Shift-IV)

(a) 316 (b) 719
(c) 639 (d) 512

51. 56, 59, 68, ?, 176
(SSC GD, 9/02/2023, Shift-II)

(a) 102 (b) 89
(c) 138 (d) 95

52. 6, 8, 13, 15, 27, 29, 55, 57, ?
(SSC GD, 9/02/2023, Shift-I)

(a) 110 (b) 102
(c) 111 (d) 101

53. 10, 20, 11, 22, 14, 26, 19, 32, ?
(SSC GD, 9/02/2023, Shift-III)

(a) 32 (b) 29
(c) 26 (d) 28

54. 198, 194, 185, ?, 144, 108
(SSC GD, 13/02/2023, Shift-II)

(a) 182 (b) 169
(c) 172 (d) 175

55. 14, 16, 21, 32, 49, 72, ?
(SSC GD, 13/02/2023, Shift-IV)

(a) 103 (b) 98
(c) 105 (d) 101

56. 3, 9, 21, 45, ?
(SSC GD, 13/02/2023, Shift-IV)

(a) 134 (b) 178
(c) 156 (d) 93

57. 2, 3, 10, 39, 172, ? , 5346
(SSC GD, 1/12/2021, Shift-III)

(a) 693 (b) 885
(c) 756 (d) 743

58. 7, 7, 10.5, 21, 52.5, ?
(SSC GD, 1/12/2021, Shift-I)

(a) 163.5 (b) 145
(c) 157.5 (d) 105

59. 11, 14, 26, 53, 101, ?
(SSC GD, 1/12/2021, Shift-II)

(a) 162 (b) 176
(c) 168 (d) 154

60. 13, 17, 26, 51, ?, 221
(SSC GD, 2/12/2021, Shift-III)

(a) 98 (b) 100
(c) 95 (d) 87

61. 67, 70, 76, 85, ?
(SSC GD, 2/12/2021, Shift-III)

(a) 96 (b) 89
(c) 97 (d) 98

62. 89, 84, 82, 79, 75, 74, 68, ?
(SSC GD, 2/12/2021, Shift-I)
(a) 68 (b) 69
(c) 65 (d) 71

63. 3, 5, 8, 11, ?, 19, 24
(SSC GD, 2/12/2021, Shift-I)
(a) 15 (b) 19
(c) 21 (d) 16

64. 11, 9, 15, 41, ?
(SSC GD, 2/12/2021, Shift-II)
(a) 110 (b) 159
(c) 135 (d) 167

65. 13, 29, 62, 129, 264, ?
(SSC GD, 3/12/2021, Shift-III)
(a) 535 (b) 395
(c) 470 (d) 505

66. 66, 77, 90, 107, 126, ?, 178
(SSC GD, 3/12/2021, Shift-II)
(a) 168 (b) 154
(c) 136 (d) 149

67. 13, 27, 56, 115, 234, ?
(SSC GD, 6/12/2021, Shift-III)
(a) 702 (b) 455
(c) 468 (d) 473

68. 23, 28, 38, 55, 81, ?
(SSC GD, 6/12/2021, Shift-III)
(a) 118 (b) 104
(c) 136 (d) 99

69. 192, 179, 162, ?, 120, 91, 60
(SSC GD, 6/12/2021, Shift-I)
(a) 143 (b) 81
(c) 136 (d) 150

70. 1, 9, 36, 100, ?
(SSC GD, 6/12/2021, Shift-II)
(a) 196 (b) 169
(c) 144 (d) 225

71. 23, 36, 51, 68, ?
(SSC GD, 7/12/2021, Shift-III)
(a) 87 (b) 92
(c) 73 (d) 78

72. 1, 2, 3, 8, 15, ?, 105, 384
(SSC GD, 7/12/2021, Shift-II)
(a) 54 (b) 68
(c) 72 (d) 48

73. 10, 11, 19, 46, 110, ?
(SSC GD, 8/12/2021, Shift-III)
(a) 235 (b) 240
(c) 225 (d) 234

74. 7, 14, 25, 45, 81, ?, 239
(SSC GD, 8/12/2021, Shift-II)
(a) 142 (b) 205
(c) 95 (d) 111

75. 2, 6, 12, ?, 30
(SSC GD, 9/12/2021, Shift-III)
(a) 20 (b) 24
(c) 18 (d) 26

76. 2.5, 3.5, 7.5, 23.5, ?, 343.5
(SSC GD, 10/12/2021, Shift-III)
(a) 108.5 (b) 87.5
(c) 154.5 (d) 129.5

Type 2

Directions (Q. No. 77 to 95): Select the combination of letters that when sequentially placed in the blanks of the given series will complete the series.

निर्देश (प्रश्न संख्या 77 से 95): अक्षरों के उस संयोजन का चयन कीजिए, जिसे दी गई शृंखला के रिक्त स्थानों में क्रमबद्ध रूप से रखने पर शृंखला पूर्ण हो जाएगी।

77. w_xxyywwx_yywwxxyyww_ xyywwxx_y
(SSC GD 22/02/2024 Shift II)
(a) wwxx (b) wwxy
(c) wxxy (d) wxwx

78. _n_mn_m_wmnw
(SSC GD 01/03/2024 Shift IV)
(a) mnwn (b) mwwn
(c) wmnw (d) mmwn

79. cd_fc_efcdefcde_cdefcde_cdef
(SSC GD 22/02/2024 Shift IV)
(a) efdf (b) edff
(c) fcde (d) cddf

80. uuvvwwuuv_wwuu_vww_ _ vvww
(SSC GD 05/03/20204 Shift I)
(a) vvww (b) uvwv
(c) vvuu (d) wvwv

81. opq _ stopqrsto _ qrstopqrs _ opqr _ t
(SSC GD 20/02/2024 Shift III)
(a) qpqr (b) rpts
(c) rptp (d) opqr

82. b_ccddeeffbbccddeef_ bbccddeef_ bbccdde_f_
(SSC GD 21/02/2024 Shift II)
(a) eeffe (b) bfefe
(c) bffef (d) fefef

83. V_MR_V_M_D_KM_D
(SSC GD, 1/12/2021, Shift-III)
(a) KDKRDR (b) KDKRVR
(c) KDRRVR (d) KDKRVK

84. K_ HA_ A KO _ AR _ _ OH _ RA
(SSC GD, 2/12/2021, Shift-I)
(a) OAHRKA (b) OHRAKA
(c) AOHRAK (d) ORHAKA

85. H_MT_HO_TCHOM_C_O_TC
(SSC GD, 6/12/2021, Shift-III)
(a) MCMTHC (b) HCMTOM
(c) OCTMCM (d) OCMTHM

86. K_TQ_KPT_R_PTQ_KP_QR
(SSC GD, 6/12/2021, Shift-II)
(a) PRTPKQ (b) PKRQRT
(c) PKQRTR (d) PRQKRT

87. a_b_ _c_ _bbac_ _b_ac aabbac
(SSC GD, 7/12/2021, Shift-III)
(a) abaabbab (b) acbbabca
(c) bcaabbcc (d) abaaaaab

88. Q_TJ_QR_JC_RT_CQ_T_C
(SSC GD, 8/12/2021, Shift-III)
(a) CRTQJRJ (b) RCJQJRR
(c) RCTQJRJ (d) RCQTJRJ

89. c_ _wzc _ n_zcj_w_ _jn_z
(SSC GD, 8/12/2021, Shift-III)
(a) jnjwnzcw (b) njnwnzcw
(c) njjwnczw (d) jnjwzncw

90. Y_DP_A_PYAD_YA_P
(SSC GD, 9/12/2021, Shift-III)
(a) PYDPD (b) AYPDY
(c) AYDPD (d) AYDPY

91. Q_P_M_A_T_QA_TM
(SSC GD, 2/12/2021, Shift-II)
(a) AQTPMP (b) ATQPQP
(c) ATQPMQ (d) ATQPMP

92. D_CT_O_TDOC_DO_T
(SSC GD, 9/12/2021, Shift-I)
(a) ODCTC (b) ODCTD
(c) ODTTC (d) TDCTC

93. K_T_KR_C_RT_K_TC
(SSC GD, 10/12/2021, Shift-III)
(a) RCTKCR (b) CRTLCR
(c) TCTKCR (d) RCTKTR

94. PR _ _UC _ _ RODU_ _ PROD _ _ T
(SSC GD, 13/12/2021, Shift-III)
(a) ODTCTPUC
(b) ODCPTCUT
(c) ODTPCTUC
(d) ODPTUTCC

95. Z_T_V_XTD_Z_ _DV
(SSC GD, 13/12/2021, Shift-I)
(a) XDZVXT (b) XDXVXT
(c) ZDZVXT (d) XDZVDT

Type 3

Directions (Q. No. 96 to 150): From the given alternatives, select the letter/number which will come in place of the question mark (?) in the following series.

निर्देश (प्रश्न संख्या 96 से 150): दिए गए विकल्पों में से उस अक्षर/संख्या का चयन कीजिए जो निम्न श्रेणी में प्रश्नवाचक चिह्न (?) के स्थान पर आएगी।

96. ZX, WU, TR, QO, ?
(SSC GD, 2/02/2019, Shift-II)
(a) NL (b) PR
(c) ML (d) NK

97. MR, VA, EJ, NS, ?
(SSC GD 21/02/2024 Shift IV)
(a) PR (b) WB
(c) NQ (d) WX

98. NR, UQ, TX, AW, ?
(SSC GD 27/03/2024 Shift II)
(a) ZD (b) ZQ
(c) ZT (d) ZM

99. YT, ?, AR, BQ, CP, DO
(SSC GD 28/02/2024 Shift I)
(a) XU (b) ZU
(c) ZS (d) XS

100. MQ, SO, QU, WS, ?
(SSC GD 21/02/2024 Shift I)
(a) UX (b) XT
(c) UY (d) MH

101. RQ, NO, LK, HI, ?
(SSC GD 26/02/2024 Shift III)
(a) TQ (b) FE
(c) FX (d) FH

102. SW, UQ, OS, QM, ?
(SSC GD 26/02/2024 Shift I)
(a) RS (b) KR
(c) KM (d) KO

103. LCT, QIB, VOJ, AUR, ?
(SSC GD 28/02/2024 Shift IV)
(a) YAB (b) BAE
(c) FAQ (d) FAZ

104. NRT, OSU, PTV, QUW, ?
(SSC GD 29/02/2024 Shift III)
(a) RXM (b) RVX
(c) PQR (d) MHD

105. ?, Y, V, S, P, M
(SSC GD 21/02/2024 Shift III)
(a) A (b) C
(c) Z (d) B

106. J, E, A, X, V, ?
(SSC GD 24/02/2024 Shift III)
(a) R (b) U
(c) S (d) T

107. Y, T, P, M, K, ?
(SSC GD 23/02/2024 Shift II)
(a) J (b) I
(c) L (d) H

108. NMR, SSZ, XYH, CEP, ?
(SSC GD 06/02/2024 Shift I)
(a) RQM (b) HXE
(c) HKX (d) YMR

109. TRS, UST, VTU, WUV, ?
(SSC GD 05/03/2024 Shift IV)
(a) XVW (b) XYN
(c) NRC (d) XMR

110. IDG, ..., EZC, CXA, AVY, YTW
(SSC GD 24/02/2024 Shift II)
(a) GCF (b) GBF
(c) GBE (d) FBE

111. BMM, DOO, ..., HSS, JUU
(SSC GD 04/03/2024 Shift II)
(a) FQQ (b) EQM
(c) EQQ (d) FQP

112. NRTS, JNPO, FJLK, BFHG, ?
(SSC GD 28/02/2024 Shift III)
(a) YMRF (b) XMRF
(c) XTRS (d) XBDC

113. RMJE, VQNI, ZURM, DYVQ, ?
(SSC GD 20/02/2024 Shift IV)
(a) HMCZ (b) HMNR
(c) HNRM (d) HCZU

114. MQRT, JNOQ, GKLN, DHIK, ?
(SSC GD 23/02/2024 Shift I)
(a) ANRS (b) AEFH
(c) ANTS (d) AMRQ

115. PQMN, STPQ, VWST, YZVW, ?
(SSC GD 21/02/2024 Shift III)
(a) MCTQ (b) BMPQ
(c) BTPQ (d) BCYZ

116. BGR, CIV, ELZ, HPD, LUH, ?
(SSC GD, 16/01/2023, Shift-I)
(a) QBK (b) QBL
(c) QAL (d) QAK

117. XERJ, THPK, ?, LNLM, HQJN
(SSC GD, 17/01/2023, Shift-I)
(a) RKNM (b) QKLN
(c) PKNL (d) SLKM

118. KDN, JEO, GHQ, ?, UTX, LCC
(SSC GD, 23/01/2023, Shift-Ii)
(a) BNN (b) BNT
(c) BMS (d) BMT

119. JRY, GOV, DLS, AIP, ?
(SSC GD, 24/01/2023, Shift-I)
(a) YEN (b) YEF
(c) ZEN (d) XFM

120. EE, GF, JH, OK, VO, ?
(SSC GD, 24/01/2023, Shift-II)
(a) FU (b) GT
(c) FT (d) GS

121. SFJW, QHLU, ?, MLPQ, KNRO
(SSC GD, 27/01/2023, Shift-II)
(a) OKNR (b) PJNR
(c) PJNS (d) OJNS

122. MKLJ, NLMK, OMNL, ?, QOPN
(SSC GD, 30/01/2023, Shift-I)
(a) PONM (b) PNOM
(c) PNLM (d) MNOP

123. WGVJ, CCBP, IYHV, ?, UQTH
(SSC GD, 30/01/2023, Shift-IV)

(a) UMBR (b) OMNB
(c) OUNB (d) UOME

124. PBXJ, TFJX, ?, BNJX, FRXJ
(SSC GD, 31/01/2023, Shift-IV)
(a) VKJX (b) VLXJ
(c) WKJX (d) XJXJ

125. GSLC, AMOF, UGRI, ?, IUXO
(SSC GD, 1/02/2023, Shift-III)
(a) DSTN (b) OULC
(c) OAUL (d) DPGE

126. BWLS, FTPW, JQTA, ?, RKBI
(SSC GD, 2/02/2023, Shift-IV)
(a) NXCR (b) LJPR
(c) LKPE (d) NNXE

127. WGVQ, CWHY, ?, OCFO, USRW
(SSC GD, 6/02/2023, Shift-II)
(a) HWBT (b) IMTG
(c) OSXG (d) TDGT

128. NUZD, LSXB, ?, HOTX, FMRV
(SSC GD, 7/02/2023, Shift-I)
(a) JQVA (b) JQVZ
(c) JQWZ (d) JRVZ

129. DVH, FWM, JZR, LAW, PDB, ?
(SSC GD, 7/02/2023, Shift-II)
(a) SFG (b) SHE
(c) RFH (d) REG

130. GTNS, OPVA, WLDI, ?, MDTY
(SSC GD, 7/02/2023, Shift-IV)
(a) EHLQ (b) EKWS
(c) JUFV (d) JKDF

131. RLMT, QNJX, PPGB, ORDF, ?
(SSC GD, 8/02/2023, Shift-I)
(a) UTNB (b) TNUA
(c) NTAJ (d) ATUN

132. CVRK, FYUN, ?, LEAT, OHDW
(SSC GD, 8/02/2023, Shift-II)
(a) JBXQ (b) ICXQ
(c) IBXQ (d) JCXQ

133. YWTZ, UTRY, ?, MNNW, IKLV
(SSC GD, 8/02/2023, Shift-IV)
(a) QSRY (b) QRQX
(c) PSRY (d) QQPX

134. KPQZ, MNSX, OLUV, ?, SHYR
(SSC GD, 9/02/2023, Shift-II)
(a) QJVU (b) RJVX
(c) QJWT (d) QLWT

135. KMLN, PRQS, ?, ZBAC, EGFH
(SSC GD, 9/02/2023, Shift-II)
(a) UWXV (b) WUVX
(c) UVWX (d) UWVX

136. BTLW, YXIA, VBFE, SFCI, ?
(SSC GD, 9/02/2023, Shift-IV)
(a) PBZI (b) VJCN
(c) PJZM (d) VJCM

137. JDZW, NWDA, RPHE, ?, ZBPM
(SSC GD, 13/02/2023, Shift-I)
(a) VILI (b) TYID
(c) TVSG (d) VTHX

138. ZYXV, UTSQ, PONL, KJIG, ?
(SSC GD, 13/02/2023, Shift-II)
(a) FEBA (b) FEDC
(c) FEDB (d) FDCB

139. AHO, ELS, IPW, ?
(SSC GD, 2/12/2021, Shift-III)
(a) TMX (b) MTA
(c) MXT (d) MTY

140. AZK, EVN, IRQ, OLT, ?
(SSC GD, 2/12/2021, Shift-II)
(a) GKS (b) TFQ
(c) UFW (d) URD

141. PHMT, OGNU, NFOV, MEPW,?
(SSC GD, 3/12/2021, Shift-III)
(a) LDQX (b) NGQX
(c) NVKD (d) LDRY

142. SPMJ, WTQN, YVSP, ?
(SSC GD, 3/12/2021, Shift-I)
(a) QNKH (b) QNLH
(c) MJGE (d) URRL

143. NGP, OIS, PKV, ?
(SSC GD, 3/12/2021, Shift-II)
(a) QMX (b) QMY
(c) RMY (d) RNX

144. DNKB, GQNE, JTQH, MWTK,?
(SSC GD, 6/12/2021, Shift-I)
(a) PZWN (b) QZWM
(c) PAXN (d) PZXO

145. DMGU, AJDR, XGAO, ? , RAUI
(SSC GD, 7/12/2021, Shift-III)
(a) VDYE (b) VEYE
(c) UDXL (d) UEXE

146. KMC, LOF, MQI, NSL, ?
(SSC GD, 7/12/2021, Shift-I)
(a) OUO (b) UOW
(c) VOU (d) OOU

147. BMO, EOQ, HQS, KSU, ?
(a) OPQ (b) NUW
(c) UPW (d) WNO

148. CADI, EAFI, GAHI, ..., KALI
(SSC GD 01/03/2024 Shift II)
(a) IAJI (b) HAII
(c) AAII (d) JAKI

149. UHI, ..., WLM, XNO, YPQ, ZRS
(SSC GD 01/03/2024 Shift II)
(a) VJK (b) VHI
(c) WHI (d) WJK

150. UDF6, VFI9, ?, XJO15, YLR18, ZNU21
(SSC GD 21/02/2024 Shift II)
(a) XHL12 (b) WHL12
(c) VGK11 (d) WIK11

उत्तरमाला

1.	(c)	2.	(a)	3.	(a)	4.	(c)	5.	(b)	6.	(b)	7.	(c)	8.	(b)	9.	(a)	10.	(a)
11.	(a)	12.	(a)	13.	(b)	14.	(b)	15.	(b)	16.	(c)	17.	(c)	18.	(c)	19.	(c)	20.	(a)
21.	(c)	22.	(d)	23.	(d)	24.	(d)	25.	(a)	26.	(c)	27.	(c)	28.	(c)	29.	(d)	30.	(a)
31.	(d)	32.	(a)	33.	(d)	34.	(a)	35.	(a)	36.	(b)	37.	(d)	38.	(c)	39.	(c)	40.	(c)
41.	(c)	42.	(d)	43.	(c)	44.	(d)	45.	(b)	46.	(b)	47.	(a)	48.	(c)	49.	(c)	50.	(b)
51.	(d)	52.	(c)	53.	(c)	54.	(b)	55.	(a)	56.	(d)	57.	(b)	58.	(c)	59.	(b)	60.	(b)
61.	(c)	62.	(b)	63.	(d)	64.	(b)	65.	(a)	66.	(d)	67.	(d)	68.	(a)	69.	(a)	70.	(d)

71.	(a)	72.	(d)	73.	(a)	74.	(a)	75.	(a)	76.	(b)	77.	(c)	78.	(b)	79.	(b)	80.	(c)
81.	(b)	82.	(c)	83.	(b)	84.	(d)	85.	(d)	86.	(d)	87.	(d)	88.	(c)	89.	(a)	90.	(c)
91.	(d)	92.	(a)	93.	(a)	94.	(c)	95.	(a)	96.	(a)	97.	(b)	98.	(a)	99.	(c)	100.	(c)
101.	(b)	102.	(d)	103.	(d)	104.	(b)	105.	(d)	106.	(b)	107.	(a)	108.	(c)	109.	(a)	110.	(c)
111.	(a)	112.	(d)	113.	(d)	114.	(b)	115.	(d)	116.	(c)	117.	(c)	118.	(d)	119.	(d)	120.	(b)
121.	(d)	122.	(b)	123.	(c)	124.	(d)	125.	(c)	126.	(d)	127.	(b)	128.	(b)	129.	(d)	130.	(a)
131.	(c)	132.	(c)	133.	(d)	134.	(c)	135.	(d)	136.	(c)	137.	(a)	138.	(c)	139.	(b)	140.	(c)
141.	(a)	142.	(a)	143.	(b)	144.	(a)	145.	(c)	146.	(a)	147.	(b)	148.	(a)	149.	(a)	150.	(b)

Hints & Solution (व्याख्या)

1. 0 1 5 14 30 [55]
+1 +4 +9 +16 +25
$(1)^2$ $(2)^2$ $(3)^2$ $(4)^2$ $(5)^2$

2. 1 3 7 13 [21] 31
+2 +4 +6 +8 +10
+2 +2 +2 +2

3. 3 14 [1] 16 −1 18 −3
+2 +2
−2 −2 −2

4. 8 13 21 34 55 [89]
+5 +8 +13 +21 +34

5. 2 5 11 23 47 [95] 191
+3 +6 +12 +24 +48 +96
×2 ×2 ×2 ×2 ×2

6. 5 37 70 104 [139] 175
+32 +33 +34 +35 +36
+1 +1 +1 +1

7. 7 9 13 21 37 [69]
+2 +4 +8 +16 +32
×2 ×2 ×2 ×2

8. 6 12 24 48 [96] 192
×2 ×2 ×2 ×2 ×2

9. 5 48 7 44 13 [36]
−4 −4 −8
+2 +6
+4

10. 8 27 46 65 [84] 103
+19 +19 +19 +19 +19

11. 1 16 31 46 61 [76]
+15 +15 +15 +15 +15

12. 18 23 32 37 46 [51]
+5 +9 +5 +9 +5
+4 −4 +4 −4

13. 52 49 45 40 34 27 [19]
−3 −4 −5 −6 −7 −8
−1 −1 −1 −1 −1

14. 15, 31, 63, 127, 255, 511
15 × 2 = 30 + 1 = 31
31 × 2 = 62 + 1 = 63
63 × 2 = 126 + 1 = 127
127 × 2 = 254 + 1 = 255
255 × 2 = 510 + 1 = 511

15. 64 72 45 109 −16 [200]
+8 −27 +64 −125 +216
$(2)^3$ $(3)^3$ $(4)^3$ $(5)^3$ $(6)^3$

16. 49 54 41 62 33 70 [25]
+5 −13 +21 −29 +37 −45
8 8 8 8 8

17. 33 34 38 47 63 [88]
+1 +4 +9 +16 +25
$(1)^2$ $(2)^2$ $(3)^2$ $(4)^2$ $(5)^2$

18. 84 55 86 49 90 [47]
−29 +31 −37 +41 −43

19. 14 13 15 12 16 11 [17]
−1 −1
+1 +1 +1

20. 64 32 16 8 4 [2] 1
÷2 ÷2 ÷2 ÷2 ÷2 ÷2

21. 12 24 48 96 192 [384]
×2 ×2 ×2 ×2 ×2

22. 11 33 99 297 [891] 2673
×3 ×3 ×3 ×3 ×3

23. 71 [76] 80 85 89 94
+5 +4 +5 +4 +5
−1 +1 −1 +1

24. 54 55 [63] 90 154 279
+1 +8 +27 +64 +125
$(1)^3$ $(2)^3$ $(3)^3$ $(4)^3$ $(5)^3$

25. 15 17 21 29 45 [77]
+2 +4 +8 +16 +32
×2 ×2 ×2 ×2

26. 30 28 24 16 0 [−32]
−2 −4 −8 −16 −32
×2 ×2 ×2 ×2

27. 85 95 [84] 96 83 97
+10 −11 +12 −13 +14

28. 24 12 36 18 [54] 27
÷2 ÷2 ÷2

29. 41 63 85 107 129 [151]
+22 +22 +22 +22 +22

30. 40, 21, 22, 34, 69, 173.5
40 × 0.5 + 1 = 21
21 × 1 + 1 = 22
22 × 1.5 + 1 = 34
34 × 2 + 1 = 69
69 × 2.5 + 1 = 173.5

31. 44 13 50 9 52 [9]
−31 +37 −41 +43 −43
−6 +4 −2 0

32. 10 28 46 64 [82] 100
+18 +18 +18 +18 +18

33. 74 61 82 53 90 [45]

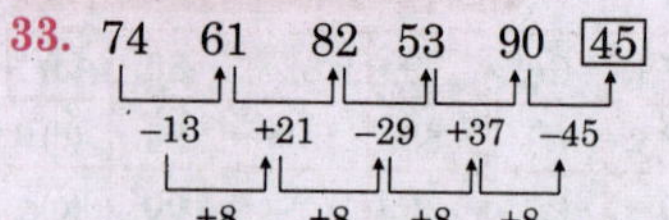

–13 +21 –29 +37 –45

+8 +8 +8 +8

34. 85 84 92 83 147 [122]

–1 +8 –9 +64 –25

$(1)^2$ $(2)^3$ $(3)^2$ $(4)^3$ $(5)^2$

35. 33 [43] 32 44 31 45

+1 +1

–1 –1

36. 21, 66, 204, 621, 1875, [5640]

21 × 3 = 63 + 3 = 66

66 × 3 = 198 + 6 = 204

204 × 3 = 612 + 9 = 621

621 × 3 = 1863 + 12 = 1875

1875 × 3 = 5625 + 15 = 5640

37. 68 69 77 104 168 [293]

+1 +8 +27 +64 +125

$(1)^3$ $(2)^3$ $(3)^3$ $(4)^3$ $(5)^3$

38. 27 28 32 [41] 57 82

+1 +4 +9 +16 +25

$(1)^2$ $(2)^2$ $(3)^2$ $(4)^2$ $(5)^2$

39. 44 46 54 86 214 [726]

+2 +8 +32 +128 +512

×4 ×4 ×4 ×4

40. 111 122 133 [144] 155 166

+11 +11 +11 +11 +11

41. 23, 24, 50, 153, ?

23 × 1 + 1 = 24

24 × 2 + 2 = 50

50 × 3 + 3 = 153

153 × 4 + 4 = [616]

42. 5, 9, 25, 97, 481, ?

5 × 2 – 1 = 9

9 × 3 – 2 = 25

25 × 4 – 3 = 97

97 × 5 – 4 = 481

481 × 6 – 5 = [2881]

43. 946 721 552 [431] 350 301

–225 –169 –121 –81 –49

$(15)^2$ $(13)^2$ $(11)^2$ $(9)^2$ $(7)^2$

44. 1, 3, 4, 7, ?, ?, 29

1 + 3 = 4

4 + 3 = 7

7 + 4 = [11]

11 + 7 = [18]

18 + 11 = 29

45. 9 35 91 189 341 [559]

+26 +56 +98 +152 +218

+30 +42 +54 +66

+12 +12 +12

46. 89 214 [430] 773 1285 2014

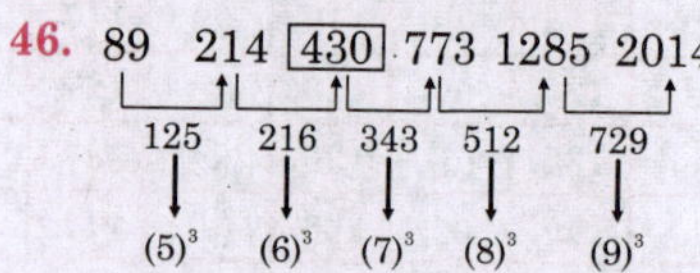

125 216 343 512 729

$(5)^3$ $(6)^3$ $(7)^3$ $(8)^3$ $(9)^3$

47. 18, 20, ?, 128, 514, 2572

18 × 1 + 2 = 20

20 × 2 + 2 = [42]

42 × 3 + 2 = 128

128 × 4 + 2 = 514

514 × 5 + 2 = 2572

48. 600 120 30 10 [5]

$\times\frac{1}{5}$ $\times\frac{1}{4}$ $\times\frac{1}{3}$ $\times\frac{1}{2}$

49. 125 120 130 [115] 135 110

+5 +5

–5 –5

50. 5, 11, 35, 143, ?

5 × 2 + 1 = 11

11 × 3 + 2 = 35

35 × 4 + 3 = 143

143 × 5 + 4 = [719]

51. 56 59 68 [95] 176

3 9 27 81

×3 ×3 ×3

52. 6 8 13 15 27 29 55 57 [111]

×2–1 ×2–1 ×2–1

+7 +14 +28 +56

53. 10 20 11 22 14 26 19 32 [26]

+1 +3 +5 +7

+2 +4 +6

54. 198 194 185 [169] 144 108

–4 –9 –16 –25 –36

$(2)^2$ $(3)^3$ $(4)^2$ $(5)^2$ $(6)^2$

55. 14 16 21 32 49 72 [103]

+2 +5 +11 +17 +23 +31

नोट : दी गई श्रृंखला में एक छोड़कर एक अभाज्य संख्या ली गई है।

In the given series alternate prime numbers have been taken.

56. 3 9 21 45 [93]

+6 +12 +24 +48

×2 ×2 ×2

57. $2 \times 1 + 1^2 = 3$

$3 \times 2 + 2^2 = 10$

$10 \times 3 + 3^2 = 39$

$39 \times 4 + 4^2 = 172$

$172 \times 5 + 5^2 =$ [885]

$885 \times 6 + 6^2 = 5346$

58. 7 × 1 = 7

7 × 1.5 = 10.5

10.5 × 2 = 21

21 × 2.5 = 52.5

52.5 × 3 = [157.5]

59. 11 14 26 53 101 [176]

+3 +12 +27 +48 +75

+3×3 +3×5 +3×7 +3×9

60. 13 17 26 51 **100** 221

+4 +9 +25 +49 +121

⇑ ⇑ ⇑ ⇑ ⇑

2^2 3^2 5^2 7^2 11^2

61. 67 70 76 85 **97**

+3×1 +3×2 +3×3 +3×4

62. 89 84 82 79 75 74 68 **69**

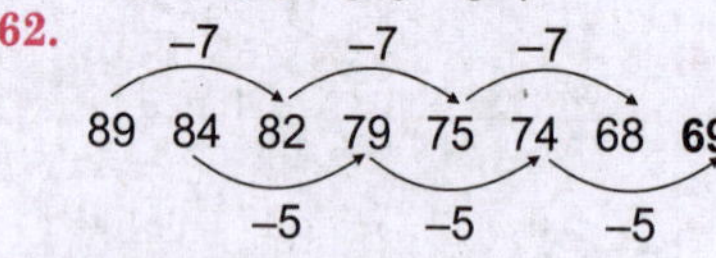

–7 –7 –7

–5 –5 –5

63. 3, 5, 8, 11, 16, 19, 24

Prime Numbers (अभाज्य संख्याएं)

2 + 1 = 3

3 + 2 = 5

5 + 3 = 8

7 + 4 = 11

11 + 5 = **16**

13 + 6 = 19

17 + 7 = 24

64. 11 9 15 41 **159**

×1–2 ×2–3 ×3–4 ×4–5

65. 13 29 62 129 264 [535]

×2+3 ×2+4 ×2+5 ×2+6 ×2+7

66. 66 77 90 107 126 **149** 178

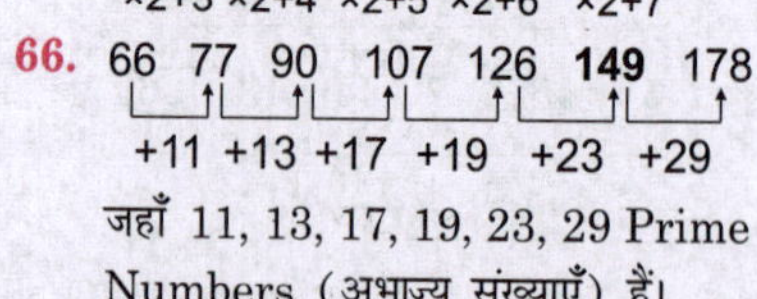

+11 +13 +17 +19 +23 +29

जहाँ 11, 13, 17, 19, 23, 29 Prime Numbers (अभाज्य संख्याएँ) हैं।

67. 13 27 56 115 234 **473**
+14 +29 +59 +119 +239
×2+1 ×2+1 ×2+1 ×2+1

68. 23 28 38 55 81 **118**
+5 +10 +17 +26 +37
+5 +7 +9 +11
+2 +2 +2

69. 192 179 162 [143] 120 91 60
−13 −17 −19 −23 −29 −31
जहाँ 13, 17, 19, 23, 29, 31 क्रमागत अभाज्य संख्याएँ (Continuous Prime Numbers) हैं।

70. 1 9 36 100 **225**
1^2 3^2 6^2 10^2 15^2
+2 +3 +4 +5

71. 23 36 51 68 **87**
+13 +15 +17 +19
+2 +2 +2

72. 1 2 3 8 15 [48] 105 384
×4 ×6 ×8
×3 ×5 ×7

73. 10 11 19 46 110 **235**
+1 +8 +27 +64 +125
1^3 2^3 3^3 4^3 5^3

74. 7 14 25 45 81 **142** 239
+7 +11 +20 +36 +61 +97
$+2^2$ $+3^2$ $+4^2$ $+5^2$ $+6^2$

75. 2 6 12 **20** 30
+4 +6 +8 +10
+2 +2 +2

76. 2.5 3.5 7.5 23.5 (87.5) 343.5
+1 +4 +16 +64 +256
2^0 2^2 2^4 2^6 2^8

77. w**w**xyy/ww**x**yy/wwxxyy/ww**x**xyy/wwxx**y**y

78. **m**n**w**/mn**w**/m**n**w/mnw

79. cd**e**f/c**d**ef/cdef/cde**f**/cdef/cde**f**/cdef

80. uuvvww/uuvvww/uuvvww/uuvvww

81. opqrst/opqrst/opqrst/opqrst/opqrst

82. bbccddeeff/bbccddeeff/bbccddeeff/bbccddeeff

83. VKMRD/VKMRD/VKMRD

84. KOHARA/KOHARA/KOHARA

85. HOMTC/HOMTC/HOMTC/HOMTC

86. KPTQR/KPTQR/KPTQR/KPTQR

87. aabbac/aabbac/aabbac/aabbac

88. QRTJC/QRTJC/QRTJC/QRTJC

89. cjnwz/cjnwz/cjnwz/cjnwz

90. YADP/YADP/YADP/YADP

91. QAPTM/QAPTM/QAPTM

92. DOCT/DOCT/DOCT/DOCT

93. KRTC/KRTC/KRTC/KRTC

94. PRODUCT/PRODUCT/PRODUCT

95. ZXTDV/ZXTDV/ZXTDV

96.
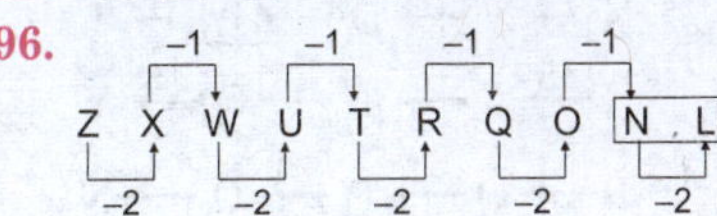

97. MR VA EJ NS [WB]
+9 +9 +9 +9
−17 +9 −17 +9

98. N —+7→ U —−1→ T —+7→ A —−1→ [Z]
R —−1→ Q —+7→ X —−1→ W —+7→ [D]

99. Y —+1→ [Z] —+1→ A —+1→ B —+1→ C —+1→ D
T —−1→ [S] —−1→ R —−1→ Q —−1→ P —−1→ O

100. M —+6→ S —−2→ Q —+6→ W —−2→ [U]
Q —−2→ O —+6→ U —−2→ S —+6→ [Y]

101. R —−4→ N —−2→ L —−4→ H —−2→ [F]
Q —−2→ O —−4→ K —−2→ I —−4→ [E]

102. S —+2→ U —−6→ O —+2→ Q —−6→ [K]
W —−6→ Q —+2→ S —−6→ M —+2→ [O]

103. L —+5→ Q —+5→ V —+5→ A —+5→ [F]
C —+6→ I —+6→ O —+6→ U —+6→ [A]
T —+8→ B —+8→ J —+8→ R —+8→ [Z]

104. N —+1→ O —+1→ P —+1→ Q —+1→ [R]
R —+1→ S —+1→ T —+1→ U —+1→ [V]
T —+1→ U —+1→ V —+1→ W —+1→ [X]

105. [B] Y V S P M
−3 −3 −3 −3 −3

106. J E A X V [U]
−5 −4 −3 −2 −1

107. Y T P M K [J]
−5 −4 −3 −2 −1

108. N —+5→ S —+5→ X —+5→ C —+5→ [H]
M —+6→ S —+6→ Y —+6→ E —+6→ [K]
R —+8→ Z —+8→ H —+8→ P —+8→ [X]

109. T —+1→ U —+1→ V —+1→ W —+1→ [X]
R —+1→ S —+1→ T —+1→ U —+1→ [V]
S —+1→ T —+1→ U —+1→ V —+1→ [W]

110. I —−2→ [G] —−2→ E —−2→ C —−2→ A —−2→ Y
D —−2→ [B] —−2→ Z —−2→ X —−2→ V —−2→ T
G —−2→ [E] —−2→ C —−2→ A —−2→ Y —−2→ W

111. B —+2→ D —+2→ [F] —+2→ H —+2→ J
M —+2→ O —+2→ [Q] —+2→ S —+2→ U
M —+2→ O —+2→ [Q] —+2→ S —+2→ U

112. N —−4→ J —−4→ F —−4→ B —−4→ [X]
R —−4→ N —−4→ J —−4→ F —−4→ [B]
T —−4→ P —−4→ L —−4→ H —−4→ [D]
S —−4→ O —−4→ K —−4→ G —−4→ [C]

113. R —+4→ V —+4→ Z —+4→ D —+4→ [H]
M —+4→ Q —+4→ U —+4→ Y —+4→ [C]
J —+4→ N —+4→ R —+4→ V —+4→ [Z]
E —+4→ I —+4→ M —+4→ Q —+4→ [U]

114. M —−3→ J —−3→ G —−3→ D —−3→ [A]
Q —−3→ N —−3→ K —−3→ H —−3→ [E]
R —−3→ O —−3→ L —−3→ I —−3→ [F]
T —−3→ Q —−3→ N —−3→ K —−3→ [H]

115. P —+3→ S —+3→ V —+3→ Y —+3→ [B]
Q —+3→ T —+3→ W —+3→ Z —+3→ [C]
M —+3→ P —+3→ S —+3→ V —+3→ [Y]
N —+3→ Q —+3→ T —+3→ W —+3→ [Z]

116. $B \xrightarrow{+1} C \xrightarrow{+2} E \xrightarrow{+3} H \xrightarrow{+4} L \xrightarrow{+5} \boxed{Q}$

$G \xrightarrow{+2} I \xrightarrow{+3} L \xrightarrow{+4} P \xrightarrow{+5} U \xrightarrow{+6} \boxed{A}$

$R \xrightarrow{+4} V \xrightarrow{+4} Z \xrightarrow{+4} D \xrightarrow{+4} H \xrightarrow{+4} \boxed{L}$

117. $X \xrightarrow{-4} T \xrightarrow{-4} \boxed{P} \xrightarrow{-4} L \xrightarrow{-4} H$

$E \xrightarrow{+3} H \xrightarrow{+3} \boxed{K} \xrightarrow{+3} N \xrightarrow{+3} Q$

$R \xrightarrow{-2} P \xrightarrow{-2} \boxed{N} \xrightarrow{-2} L \xrightarrow{-2} J$

$J \xrightarrow{+1} K \xrightarrow{+1} \boxed{L} \xrightarrow{+1} M \xrightarrow{+1} N$

118. $K \xrightarrow{-1} J \xrightarrow{-3} G \xrightarrow{-5} \boxed{B} \xrightarrow{-7} U \xrightarrow{-9} L$

$D \xrightarrow{+1} E \xrightarrow{+3} H \xrightarrow{+5} \boxed{M} \xrightarrow{+7} T \xrightarrow{+9} C$

$N \xrightarrow{+1} O \xrightarrow{+2} Q \xrightarrow{+3} \boxed{T} \xrightarrow{+4} X \xrightarrow{+5} C$

119. $J \xrightarrow{-3} G \xrightarrow{-3} D \xrightarrow{-3} A \xrightarrow{-3} \boxed{X}$

$R \xrightarrow{-3} O \xrightarrow{-3} L \xrightarrow{-3} I \xrightarrow{-3} \boxed{F}$

$Y \xrightarrow{-3} V \xrightarrow{-3} S \xrightarrow{-3} P \xrightarrow{-3} \boxed{M}$

120. $E \xrightarrow{+2} G \xrightarrow{+3} J \xrightarrow{+5} O \xrightarrow{+7} V \xrightarrow{+11} \boxed{G}$

$E \xrightarrow{+1} F \xrightarrow{+2} H \xrightarrow{+3} K \xrightarrow{+4} O \xrightarrow{+5} \boxed{T}$

121. $S \xrightarrow{-2} Q \xrightarrow{-2} \boxed{O} \xrightarrow{-2} M \xrightarrow{-2} K$

$F \xrightarrow{+2} H \xrightarrow{+2} \boxed{J} \xrightarrow{+2} L \xrightarrow{+2} N$

$J \xrightarrow{+2} L \xrightarrow{+2} \boxed{N} \xrightarrow{+2} P \xrightarrow{+2} R$

$W \xrightarrow{-2} U \xrightarrow{-2} \boxed{S} \xrightarrow{-2} Q \xrightarrow{-2} O$

122. $M \xrightarrow{+1} N \xrightarrow{+1} O \xrightarrow{+1} \boxed{P} \xrightarrow{+1} Q$

$K \xrightarrow{+1} L \xrightarrow{+1} M \xrightarrow{+1} \boxed{N} \xrightarrow{+1} O$

$L \xrightarrow{+1} M \xrightarrow{+1} N \xrightarrow{+1} \boxed{O} \xrightarrow{+1} P$

$J \xrightarrow{+1} K \xrightarrow{+1} L \xrightarrow{+1} \boxed{M} \xrightarrow{+1} N$

123. $W \xrightarrow{+6} C \xrightarrow{+6} I \xrightarrow{+6} \boxed{O} \xrightarrow{+6} U$

$G \xrightarrow{-4} C \xrightarrow{-4} Y \xrightarrow{-4} \boxed{U} \xrightarrow{-4} Q$

$V \xrightarrow{+6} B \xrightarrow{+6} H \xrightarrow{+6} \boxed{N} \xrightarrow{+6} T$

$J \xrightarrow{+6} P \xrightarrow{+6} V \xrightarrow{+6} \boxed{B} \xrightarrow{+6} H$

124. $P \xrightarrow{+4} T \xrightarrow{+4} \boxed{X} \xrightarrow{+4} B \xrightarrow{+4} F$

$B \xrightarrow{+4} F \xrightarrow{+4} \boxed{J} \xrightarrow{+4} N \xrightarrow{+4} R$

$X \xrightarrow{+12} J \xrightarrow{+14} \boxed{X} \xrightarrow{+12} J \xrightarrow{+14} X$

$J \xrightarrow{+14} X \xrightarrow{+12} \boxed{J} \xrightarrow{+14} X \xrightarrow{+12} J$

125. $G \xrightarrow{-6} A \xrightarrow{-6} U \xrightarrow{-6} \boxed{O} \xrightarrow{-6} I$

$S \xrightarrow{-6} M \xrightarrow{-6} G \xrightarrow{-6} \boxed{A} \xrightarrow{-6} U$

$L \xrightarrow{+3} O \xrightarrow{+3} R \xrightarrow{+3} \boxed{U} \xrightarrow{+3} X$

$C \xrightarrow{+3} F \xrightarrow{+3} I \xrightarrow{+3} \boxed{L} \xrightarrow{+3} O$

126. $B \xrightarrow{+4} F \xrightarrow{+4} J \xrightarrow{+4} \boxed{N} \xrightarrow{+4} R$

$W \xrightarrow{-3} T \xrightarrow{-3} Q \xrightarrow{-3} \boxed{N} \xrightarrow{-3} K$

$L \xrightarrow{+4} P \xrightarrow{+4} T \xrightarrow{+4} \boxed{X} \xrightarrow{+4} B$

$S \xrightarrow{+4} W \xrightarrow{+4} A \xrightarrow{+4} \boxed{E} \xrightarrow{+4} I$

127. $W \xrightarrow{+6} C \xrightarrow{+6} \boxed{I} \xrightarrow{+6} O \xrightarrow{+6} U$

$G \xrightarrow{-10} W \xrightarrow{-10} \boxed{M} \xrightarrow{-10} C \xrightarrow{-10} S$

$V \xrightarrow{+12} H \xrightarrow{+12} \boxed{T} \xrightarrow{+12} F \xrightarrow{+12} R$

$Q \xrightarrow{+8} Y \xrightarrow{+8} \boxed{G} \xrightarrow{+8} O \xrightarrow{+8} W$

128. $N \xrightarrow{-2} L \xrightarrow{-2} \boxed{J} \xrightarrow{-2} H \xrightarrow{-2} F$

$U \xrightarrow{-2} S \xrightarrow{-2} \boxed{Q} \xrightarrow{-2} O \xrightarrow{-2} M$

$Z \xrightarrow{-2} X \xrightarrow{-2} \boxed{V} \xrightarrow{-2} T \xrightarrow{-2} R$

$D \xrightarrow{-2} B \xrightarrow{-2} \boxed{Z} \xrightarrow{-2} X \xrightarrow{-2} V$

129. $D \xrightarrow{+2} F \xrightarrow{+4} J \xrightarrow{+2} L \xrightarrow{+4} P \xrightarrow{+2} \boxed{R}$

$V \xrightarrow{+1} W \xrightarrow{+3} Z \xrightarrow{+1} A \xrightarrow{+3} D \xrightarrow{+1} \boxed{E}$

$H \xrightarrow{+5} M \xrightarrow{+5} R \xrightarrow{+5} W \xrightarrow{+5} B \xrightarrow{+5} \boxed{G}$

130. $G \xrightarrow{+8} O \xrightarrow{+8} W \xrightarrow{+8} \boxed{E} \xrightarrow{+8} M$

$T \xrightarrow{-4} P \xrightarrow{-4} L \xrightarrow{-4} \boxed{H} \xrightarrow{-4} D$

$N \xrightarrow{+8} V \xrightarrow{+8} D \xrightarrow{+8} \boxed{L} \xrightarrow{+8} T$

$S \xrightarrow{+8} A \xrightarrow{+8} I \xrightarrow{+8} \boxed{Q} \xrightarrow{+8} Y$

131. $R \xrightarrow{-1} Q \xrightarrow{-1} P \xrightarrow{-1} O \xrightarrow{-1} \boxed{N}$

$L \xrightarrow{+2} N \xrightarrow{+2} P \xrightarrow{+2} R \xrightarrow{+2} \boxed{T}$

$M \xrightarrow{-3} J \xrightarrow{-3} G \xrightarrow{-3} D \xrightarrow{-3} \boxed{A}$

$T \xrightarrow{+4} X \xrightarrow{+4} B \xrightarrow{+4} F \xrightarrow{+4} \boxed{J}$

132. $C \xrightarrow{+3} F \xrightarrow{+3} \boxed{I} \xrightarrow{+3} L \xrightarrow{+3} O$

$V \xrightarrow{+3} Y \xrightarrow{+3} \boxed{B} \xrightarrow{+3} E \xrightarrow{+3} H$

$R \xrightarrow{+3} U \xrightarrow{+3} \boxed{X} \xrightarrow{+3} A \xrightarrow{+3} D$

$K \xrightarrow{+3} N \xrightarrow{+3} \boxed{Q} \xrightarrow{+3} T \xrightarrow{+3} W$

133. $Y \xrightarrow{-4} U \xrightarrow{-4} \boxed{Q} \xrightarrow{-4} M \xrightarrow{-4} I$

$W \xrightarrow{-3} T \xrightarrow{-3} \boxed{Q} \xrightarrow{-3} N \xrightarrow{-3} K$

$T \xrightarrow{-2} R \xrightarrow{-2} \boxed{P} \xrightarrow{-2} N \xrightarrow{-2} L$

$Z \xrightarrow{-1} Y \xrightarrow{-1} \boxed{X} \xrightarrow{-1} W \xrightarrow{-1} V$

= QQPX

134. $K \xrightarrow{+2} M \xrightarrow{+2} O \xrightarrow{+2} \boxed{Q} \xrightarrow{+2} S$

$P \xrightarrow{-2} N \xrightarrow{-2} L \xrightarrow{-2} \boxed{J} \xrightarrow{-2} H$

$Q \xrightarrow{+2} S \xrightarrow{+2} U \xrightarrow{+2} \boxed{W} \xrightarrow{+2} Y$

$Z \xrightarrow{-2} X \xrightarrow{-2} V \xrightarrow{-2} \boxed{T} \xrightarrow{-2} R$

135. $K \xrightarrow{+5} P \xrightarrow{+5} \boxed{U} \xrightarrow{+5} Z \xrightarrow{+5} E$

$M \xrightarrow{+5} R \xrightarrow{+5} \boxed{W} \xrightarrow{+5} B \xrightarrow{+5} G$

$L \xrightarrow{+5} Q \xrightarrow{+5} \boxed{V} \xrightarrow{+5} A \xrightarrow{+5} F$

$N \xrightarrow{+5} S \xrightarrow{+5} \boxed{X} \xrightarrow{+5} C \xrightarrow{+5} H$

136. $B \xrightarrow{-3} Y \xrightarrow{-3} V \xrightarrow{-3} S \xrightarrow{-3} \boxed{P}$

$T \xrightarrow{+4} X \xrightarrow{+4} B \xrightarrow{+4} F \xrightarrow{+4} \boxed{J}$

$L \xrightarrow{-3} I \xrightarrow{-3} F \xrightarrow{-3} C \xrightarrow{-3} \boxed{Z}$

$W \xrightarrow{+4} A \xrightarrow{+4} E \xrightarrow{+4} I \xrightarrow{+4} \boxed{M}$

137. $J \xrightarrow{+4} N \xrightarrow{+4} R \xrightarrow{+4} \boxed{V} \xrightarrow{+4} Z$

$D \xrightarrow{-7} W \xrightarrow{-7} P \xrightarrow{-7} \boxed{I} \xrightarrow{-7} B$

$Z \xrightarrow{+4} D \xrightarrow{+4} H \xrightarrow{+4} \boxed{L} \xrightarrow{+4} P$

$W \xrightarrow{+4} A \xrightarrow{+4} E \xrightarrow{+4} \boxed{I} \xrightarrow{+4} M$

138. $Z \xrightarrow{-5} U \xrightarrow{-5} P \xrightarrow{-5} K \xrightarrow{-5} \boxed{F}$

$Y \xrightarrow{-5} T \xrightarrow{-5} O \xrightarrow{-5} J \xrightarrow{-5} \boxed{E}$

$X \xrightarrow{-5} S \xrightarrow{-5} N \xrightarrow{-5} I \xrightarrow{-5} \boxed{D}$

$V \xrightarrow{-5} Q \xrightarrow{-5} L \xrightarrow{-5} G \xrightarrow{-5} \boxed{B}$

139. $A \xrightarrow{+4} E \xrightarrow{+4} I \xrightarrow{+4} \boxed{M}$

$H \xrightarrow{+4} L \xrightarrow{+4} P \xrightarrow{+4} \boxed{T}$

$O \xrightarrow{+4} S \xrightarrow{+4} W \xrightarrow{+4} \boxed{A}$

140. $A \xrightarrow{+4} E \xrightarrow{+4} I \xrightarrow{+6} O \xrightarrow{+6} \boxed{U}$

$Z \xrightarrow{-4} V \xrightarrow{-4} R \xrightarrow{-6} L \xrightarrow{-6} \boxed{F}$

$K \xrightarrow{+3} N \xrightarrow{+3} Q \xrightarrow{+3} T \xrightarrow{+3} \boxed{W}$

141. $P \xrightarrow{-1} O \xrightarrow{-1} N \xrightarrow{-1} M \xrightarrow{-1} \boxed{L}$

$H \xrightarrow{-1} G \xrightarrow{-1} F \xrightarrow{-1} E \xrightarrow{-1} \boxed{D}$

$M \xrightarrow{+1} N \xrightarrow{+1} O \xrightarrow{+1} P \xrightarrow{+1} \boxed{Q}$

$T \xrightarrow{+1} U \xrightarrow{+1} V \xrightarrow{+1} W \xrightarrow{+1} \boxed{X}$

142. $S \xrightarrow{+4} W \xrightarrow{+2} Y \xrightarrow{-8} \boxed{Q}$

$P \xrightarrow{+4} T \xrightarrow{+2} V \xrightarrow{-8} \boxed{N}$

$M \xrightarrow{+4} Q \xrightarrow{+2} S \xrightarrow{-8} \boxed{K}$

$J \xrightarrow{+4} N \xrightarrow{+2} P \xrightarrow{-8} \boxed{H}$

143. $N \xrightarrow{+1} O \xrightarrow{+1} P \xrightarrow{+1} \boxed{Q}$

$G \xrightarrow{+2} I \xrightarrow{+2} K \xrightarrow{+2} \boxed{M}$

$P \xrightarrow{+3} S \xrightarrow{+3} V \xrightarrow{+3} \boxed{Y}$

144.
$D \xrightarrow{+3} G \xrightarrow{+3} J \xrightarrow{+3} M \xrightarrow{+3} \boxed{P}$
$N \xrightarrow{+3} Q \xrightarrow{+3} T \xrightarrow{+3} W \xrightarrow{+3} \boxed{Z}$
$K \xrightarrow{+3} N \xrightarrow{+3} Q \xrightarrow{+3} T \xrightarrow{+3} \boxed{W}$
$B \xrightarrow{+3} E \xrightarrow{+3} H \xrightarrow{+3} K \xrightarrow{+3} \boxed{N}$

145.
$D \xrightarrow{-3} A \xrightarrow{-3} X \xrightarrow{-3} \boxed{U} \xrightarrow{-3} R$
$M \xrightarrow{-3} J \xrightarrow{-3} G \xrightarrow{-3} \boxed{D} \xrightarrow{-3} A$
$G \xrightarrow{-3} D \xrightarrow{-3} A \xrightarrow{-3} \boxed{X} \xrightarrow{-3} U$
$U \xrightarrow{-3} R \xrightarrow{-3} O \xrightarrow{-3} \boxed{L} \xrightarrow{-3} I$

146.
$K \xrightarrow{+1} L \xrightarrow{+1} M \xrightarrow{+1} N \xrightarrow{+1} \boxed{O}$
$M \xrightarrow{+2} O \xrightarrow{+2} Q \xrightarrow{+2} S \xrightarrow{+2} \boxed{U}$
$C \xrightarrow{+3} F \xrightarrow{+3} I \xrightarrow{+3} L \xrightarrow{+3} \boxed{O}$

147.
$B \xrightarrow{+3} E \xrightarrow{+3} H \xrightarrow{+3} K \xrightarrow{+3} \boxed{N}$
$M \xrightarrow{+2} O \xrightarrow{+2} Q \xrightarrow{+2} S \xrightarrow{+2} \boxed{U}$
$O \xrightarrow{+2} Q \xrightarrow{+2} S \xrightarrow{+2} U \xrightarrow{+2} \boxed{W}$

148.
$C \xrightarrow{+2} E \xrightarrow{+2} G \xrightarrow{+2} \boxed{I} \xrightarrow{+2} K$
$A \longrightarrow A \longrightarrow A \longrightarrow \boxed{A} \longrightarrow A$
$D \xrightarrow{+2} F \xrightarrow{+2} H \xrightarrow{+2} \boxed{J} \xrightarrow{+2} L$
$I \longrightarrow I \longrightarrow I \longrightarrow \boxed{I} \longrightarrow I$

149.
$U \xrightarrow{+1} \boxed{V} \xrightarrow{+1} W \xrightarrow{+1} X \xrightarrow{+1} Y \xrightarrow{+1} Z$
$H \xrightarrow{+2} \boxed{J} \xrightarrow{+2} L \xrightarrow{+2} N \xrightarrow{+2} P \xrightarrow{+2} R$
$I \xrightarrow{+2} \boxed{K} \xrightarrow{+2} M \xrightarrow{+2} O \xrightarrow{+2} Q \xrightarrow{+2} S$

150.
$U \xrightarrow{+1} V \xrightarrow{+1} \boxed{W} \xrightarrow{+1} X \xrightarrow{+1} Y \xrightarrow{+1} Z$
$D \xrightarrow{+2} F \xrightarrow{+2} \boxed{H} \xrightarrow{+2} J \xrightarrow{+2} L \xrightarrow{+2} N$
$F \xrightarrow{+3} I \xrightarrow{+3} \boxed{L} \xrightarrow{+3} O \xrightarrow{+3} R \xrightarrow{+3} U$
$6 \xrightarrow{+3} 9 \xrightarrow{+3} \boxed{12} \xrightarrow{+3} 15 \xrightarrow{+3} 18 \xrightarrow{+3} 21$

6 लुप्त पदों का भरना (Inserting the Missing Character)

1. Find the missing character from the given alternatives.

दिए गए विकल्पों में से लुप्त पद ज्ञात कीजिए।

5	6	7
8	7	9
189	265	?

(SSC GD, 1/12/2021, Shift-I)

(a) 395 (b) 409
(c) 341 (d) 424

2.

C	F	I
R	O	?
U	X	A

(SSC GD, 1/12/2021, Shift-II)

(a) L (b) R
(c) M (d) U

3.

11	9	7
8	12	14
440	540	?

(SSC GD, 1/12/2021, Shift-II)

(a) 710 (b) 640
(c) 560 (d) 490

4.

9	12	3
12	14	17
?	50	26

(SSC GD, 2/12/2021, Shift-III)

(a) 39 (b) 48
(c) 33 (d) 17

5. Study the given pattern and select the number which can come in place of question mark?

दिए गए पैटर्न का ध्यानपूर्वक अध्ययन करें, और उस संख्या का चयन करें जो प्रश्नवाचक चिह्न (?) के स्थान पर आ सकती है।

49	8	73
11	6	29
?	12	58

(SSC GD, 3/12/2021, Shift-II)

(a) 24 (b) 16
(c) 6 (d) 22

6.

3	13	4
4	27	11
6	?	31

(SSC GD, 6/12/2021, Shift-III)

(a) 76 (b) 67
(c) 56 (d) 65

7.

7	8	9
4	2	?
407	520	756

(SSC GD, 7/12/2021, Shift-I)

(a) 1 (b) 4
(c) 2 (d) 3

8.

16	14	18
58	44	?
13	8	4

(SSC GD, 8/12/2021, Shift-III)

(a) 24 (b) 36
(c) 40 (d) 44

9.

?	23	17
74	95	62
44	49	28

(SSC GD, 8/12/2021, Shift-I)

(a) 36 (b) 16
(c) 15 (d) 32

10.

25	49	144
36	64	196
121	225	?

(SSC GD, 8/12/2021, Shift-II)

(a) 676 (b) 346
(c) 652 (d) 576

11.

14	10	38
15	20	50
16	30	?

(SSC GD, 9/12/2021, Shift-III)

(a) 64 (b) 60
(c) 58 (d) 62

12.

125	5	3
128	?	7
121	11	2

(SSC GD, 9/12/2021, Shift-I)

(a) 8 (b) 2
(c) 4 (d) 6

13.

10	5	20
20	10	40
40	20	?

(SSC GD, 10/12/2021, Shift-I)

(a) 60 (b) 80
(c) 70 (d) 90

14.

5	17	61
6	21	75
8	?	103

(SSC GD, 10/12/2021, Shift-II)

(a) 27 (b) 29
(c) 23 (d) 21

15.

11	33	?
27	101	4
60	200	160

(SSC GD, 13/12/2021, Shift-I)

(a) 57 (b) 51
(c) 52 (d) 45

16.

9	7	12
12	24	?
15	25	37

(SSC GD, 13/12/2021, Shift-II)

(a) 35 (b) 36
(c) 42 (d) 40

17.

9	10	13
8	12	14
43	54	?

(SSC GD, 14/12/2021, Shift-I)

(a) 65 (b) 67
(c) 59 (d) 78

18.

14	12	15
11	17	16
180	234	?

(SSC GD, 15/12/2021, Shift-I)

(a) 298 (b) 369
(c) 425 (d) 272

19.

26	19	12
32	?	16
23	20	17

(SSC GD, 15/12/2021, Shift-II)

(a) 24 (b) 28
(c) 32 (d) 15

20.

13	26	39
30	42	?
17	16	15

(SSC GD, 16/11/2021, Shift-I)

(a) 40 (b) 54
(c) 45 (d) 60

21.

15	30	33
16	26	19
62	112	?

(SSC GD, 17/11/2021, Shift-III)

(a) 104 (b) 124
(c) 128 (d) 117

22.

57	28	29
68	?	33
72	37	35

(SSC GD, 17/11/2021, Shift-I)

(a) 34 (b) 35
(c) 33 (d) 29

23.

81	33	56
3	6	4
54	11	?

(SSC GD, 17/11/2021, Shift-II)

(a) 27 (b) 28
(c) 9 (d) 14

24.

64	12	27
216	?	343
512	40	125

(SSC GD, 8/11/2021, Shift-III)

(a) 64 (b) 95
(c) 42 (d) 72

25.

7	343	3
5	?	4
2	256	8

(SSC GD, 18/11/2021, Shift-I)

(a) 625 (b) 225
(c) 250 (d) 525

26.

9	18	?
18	32	79
27	58	46

(SSC GD, 18/11/2021, Shift-II)

(a) 21 (b) 25
(c) 26 (d) 22

27.

10	13	17
12	11	?
160	185	235

(SSC GD, 22/11/2021, Shift-III)

(a) 15 (b) 13
(c) 10 (d) 17

28. Select the alternative which will come in place of question mark (?) in the given pattern?

उस विकल्प का चयन करें जो दिए गए पैटर्न में प्रश्न चिह्न (?) के स्थान पर आएगा?

13	22	12
117	?	132
9	7	11

(SSC GD, 13/02/2019, Shift-I)

(a) 117 (b) 154
(c) 165 (d) 119

29. Select the alternative which will come in place of question mark (?) in the given pattern?

उस विकल्प का चयन करें जो दिए गए पैटर्न में प्रश्न चिह्न (?) के स्थान पर आएगा।

13	23	?
3	4	6
39	92	66

(SSC GD, 13/02/2019, Shift-II)

(a) 7 (b) 9
(c) 13 (d) 11

30. Select the alternative which will come in place of question mark (?) in the given pattern?

उस विकल्प का चयन करें जो दिए गए पैटर्न में प्रश्न चिह्न (?) के स्थान पर आएगा।

17	15	13
7	6	5
66	51	?

(SSC GD, 12/02/2019, Shift-II)

(a) 19 (b) 45
(c) 17 (d) 38

31. Select the alternative which will come in place of question mark (?) in the given pattern?

उस विकल्प का चयन करें जो दिए गए पैटर्न में प्रश्न चिह्न (?) के स्थान पर आएगा।

5	15	6
7	5	?
32	230	42

(SSC GD, 12/02/2019, Shift-III)

(a) 6 (b) 11
(c) 9 (d) 13

32. Fill the space of the question mark (?).

प्रश्न चिह्न (?) के स्थान को पूरा करें।

12	20	28
21	19	?
31	21	11

(SSC GD, 11/02/2019, Shift-III)

(a) 8 (b) 17
(c) 12 (d) 15

33. Out of the given alternatives, find the missing number?

दिए गए विकल्पों में से लुप्त संख्या ज्ञात करें।

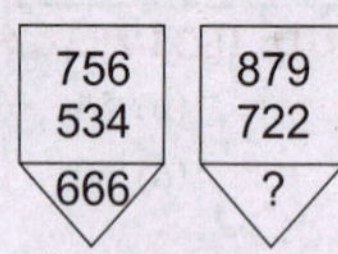

(SSC GD, 8/03/2019, Shift-II)

(a) 571 (b) 482
(c) 562 (d) 471

34. Out of the given alternatives, find the missing number?

दिए गए विकल्पों में से लुप्त संख्या ज्ञात करें।

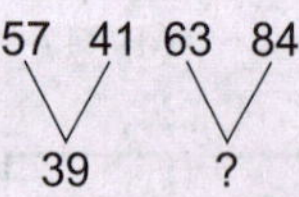

(SSC GD, 8/03/2019, Shift-III)

(a) 50 (b) 47
(c) 63 (d) 51

35. Out of the given alternatives, find the missing number?

दिए गए विकल्पों में से लुप्त संख्या ज्ञात करें।

27 64 343 729

7 ?

(SSC GD, 9/03/2019, Shift-II)

(a) 8 (b) 25
(c) 16 (d) 9

36. Out of the given alternatives, find the missing number?

दिए गए विकल्पों में से लुप्त संख्या ज्ञात करें।

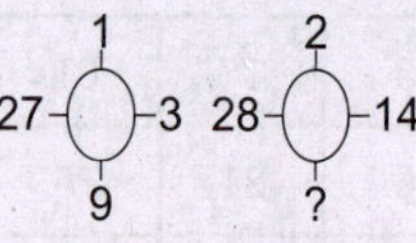

(SSC GD, 3/03/2019, Shift-II)

(a) 6 (b) 5
(c) 3 (d) 4

37. Out of the given alternatives, find the missing number?

दिए गए विकल्पों में से लुप्त संख्या ज्ञात करें।

	4				5	
5	14	3		4	?	7
	2				6	

(SSC GD, 3/03/2019,.Shift-III)

(a) 7 (b) 6
(c) 3 (d) 4

38. Out of the given alternatives, find the missing number?

दिए गए विकल्पों में से लुप्त संख्या ज्ञात करें।

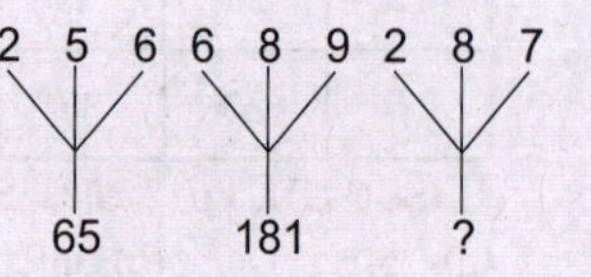

(SSC GD, 05/03/2021, Shift-I)

(a) 78 (b) 110
(c) 117 (d) 108

39. Out of the given alternatives, find the missing number?

दिए गए विकल्पों में से लुप्त संख्या ज्ञात करें।

72 / 54	18	64 / 38	?

(SSC GD, 6/03/2021, Shift-II)

(a) 26 (b) 22
(c) 24 (d) 18

40. Out of the given alternatives, find the missing number?

दिए गए विकल्पों में से लुप्त संख्या ज्ञात करें।

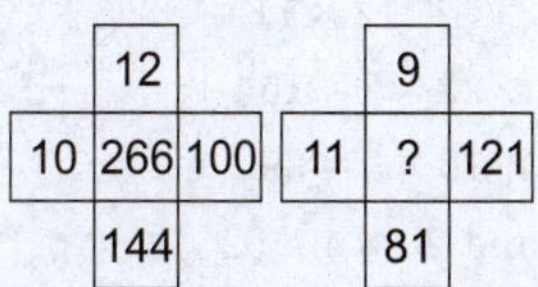

(SSC GD, 7/03/2019, Shift-II)

(a) 242 (b) 264

(c) 287 (d) 222

41. Out of the given alternatives, find the missing number?

दिए गए विकल्पों में से लुप्त संख्या ज्ञात करें।

(SSC GD, 7/03/2019, Shift-III)

(a) 210 (b) 250

(c) 230 (d) 240

42. Out of the given alternatives, find the missing number?

दिए गए विकल्पों में से लुप्त संख्या ज्ञात करें।

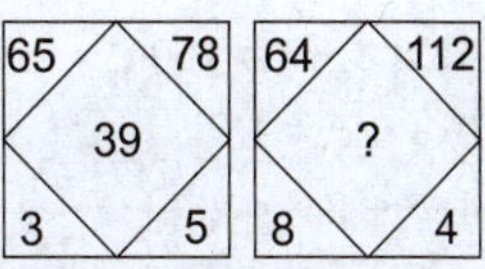

(SSC GD, 8/03/2019, Shift-I)

(a) 32 (b) 30

(c) 40 (d) 42

43. Out of the given alternatives, find the missing number?

दिए गए विकल्पों में से लुप्त संख्या ज्ञात करें।

36	13	31
28	10	24
18	23	?

(SSC GD, 2/03/2019, Shift-II)

(a) 36 (b) 32

(c) 20 (d) 27

44. Out of the given alternatives, find the missing number?

दिए गए विकल्पों में से लुप्त संख्या ज्ञात करें।

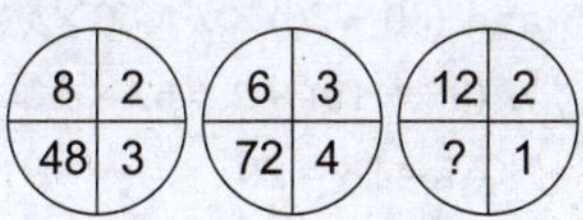

(SSC GD, 3/03/2019, Shift-I)

(a) 24 (b) 48

(c) 56 (d) 12

45. Out of the given alternatives, find the missing number?

दिए गए विकल्पों में से लुप्त संख्या ज्ञात करें।

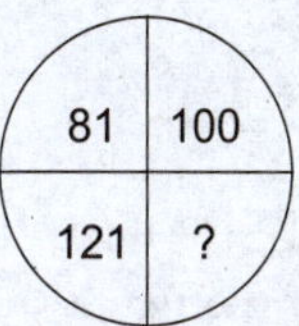

(SSC GD, 11/03/2019, Shift-III)

(a) 256

(b) 225

(c) 169

(d) 144

46. Out of the given alternatives, find the missing number?

दिए गए विकल्पों में से लुप्त संख्या ज्ञात करें।

72		18
	49	
24		17

42		36
	?	
29		31

(SSC GD, 5/03/2019, Shift-II)

(a) 20

(b) 18

(c) 36

(d) 24

उत्तरमाला

1.	(d)	**2.**	(a)	**3.**	(d)	**4.**	(a)	**5.**	(d)	**6.**	(b)	**7.**	(d)	**8.**	(d)	**9.**	(c)	**10.**	(a)
11.	(d)	**12.**	(b)	**13.**	(b)	**14.**	(b)	**15.**	(c)	**16.**	(a)	**17.**	(b)	**18.**	(d)	**19.**	(a)	**20.**	(b)
21.	(a)	**22.**	(b)	**23.**	(b)	**24.**	(c)	**25.**	(a)	**26.**	(b)	**27.**	(b)	**28.**	(b)	**29.**	(d)	**30.**	(d)
31.	(a)	**32.**	(b)	**33.**	(d)	**34.**	(a)	**35.**	(c)	**36.**	(d)	**37.**	(d)	**38.**	(c)	**39.**	(a)	**40.**	(d)
41.	(d)	**42.**	(b)	**43.**	(b)	**44.**	(a)	**45.**	(d)	**46.**	(b)								

Hints & Solution (व्याख्या)

1. $\because 5^3 + 8^2 = 125 + 64 = 189$

and $6^3 + 7^2 = 216 + 49 = 265$

$\therefore 7^3 + 9^2 = 343 + 81 = \mathbf{424}$

2.
```
3   6   9
C   F   I

18  15  12
R   O   L
21  24  27
U   X   A
```

3. $\because (11 \times 8) \times \frac{10}{2} = \frac{880}{2} = 440$

and $(9 \times 12) \times \frac{10}{2} = \frac{1080}{2} = 540$

$\therefore \quad (7 \times 14) \times \frac{10}{2} = \frac{980}{2} = \mathbf{490}$

4. $\because \frac{26-17}{3} = \frac{9}{3} = 3$

and $\frac{50-14}{3}=\frac{36}{3}=12$

$\therefore \frac{\mathbf{39}-12}{3}=\frac{27}{3}=9$

5. $\because 6 \times 2 = 12$

तथा $29 \times 2 = 58$

$\therefore 11 \times 2 = \mathbf{22}$

6. $\because 3 \times (3-1) + (3+4)$

$= 6 + 7 = 13$

and $4 \times (4-1) + (4+11)$

$= 12 + 15 = 27$

$\therefore 6 \times (6-1) + (6+31)$

$= 30 + 37 = \mathbf{67}$

7. $7^3 + 4^3 = 343 + 64 = 407$

तथा $8^3 + 2^3 = 512 + 8 = 520$

$\therefore 9^3 + \mathbf{3}^3 = 729 + 27 = 756$

8. $\because (16+13) \times 2 = 58$

and $(14+8) \times 2 = 44$

$\therefore (18+4) \times 2 = \mathbf{44}$

9. $\because 17 \times 2 + 28 = 34 + 28 = 62$

and $23 \times 2 + 49 = 46 + 49 = 95$

$\therefore \mathbf{15} \times 2 + 44 = 30 + 44 = 74$

10. $\because \left(\sqrt{25}+\sqrt{49}\right)^2 = 12^2 = 144$

and $\left(\sqrt{36}+\sqrt{64}\right)^2 = 14^2 = 196$

$\therefore \left(\sqrt{121}+\sqrt{225}\right)^2$

$= (11+15)^2 = 26^2 = \mathbf{676}$

11. $\because 14 \times 2 + 10 = 38$

तथा $15 \times 2 + 20 = 50$

$\therefore 16 \times 2 + 30 = 62$

12. $\because 5^3 = 125$

and $11^2 = 121$

$\therefore 2^7 = 128$

13. $\because 5 \times 2 \Rightarrow 10 \times 2 = 20$

and $10 \times 2 \Rightarrow 20 \times 2 = 40$

$\therefore 20 \times 2 \Rightarrow 40 \times 2 = \mathbf{80}$

14. $\because 2 \times 5 + 3 \times 17 = 61$

and $2 \times 6 + 3 \times 21 = 75$

$\therefore 2 \times 8 + 3 \times \mathbf{29} = 103$

15. $\because 11 \times 3 + 27 = 60$

तथा $33 \times 3 + 101 = 200$

$\therefore \mathbf{52} \times 3 + 4 = 160$

16. $\because 9^2 + 12^2 = 15^2$

and $7^2 + 24^2 = 25^2$

$\therefore 12^2 + 35^2 = 37^2$

17. $\because (9+8) \times 2 + 9 = 34 + 9 = 43$

and $(10+12) \times 2 + 10$

$= 44 + 10 = 54$

$\therefore (13+14) \times 2 + 13$

$= 54 + 13 = \mathbf{67}$

18. $\because (14 \times 11) + 14 + 11 + 1 = 180$

and $(12 \times 17) + 12 + 17 + 1$

$= 234$

$\therefore (15 \times 16) + 15 + 16 + 1 = \mathbf{272}$

19. $\because 19 \times 2 - 12 = 26$

and $20 \times 2 - 17 = 23$

$\therefore \mathbf{24} \times 2 - 16 = 32$

20. $\because 13 + 17 = 30$

and $26 + 16 = 42$

$\therefore 39 + 15 = \mathbf{54}$

21. $\because (15+16) \times 2 = 31 \times 2 = 62$

and $(30+26) \times 2 = 56 \times 2 = 112$

$\therefore (33+19) \times 2 = 52 \times 2 = \mathbf{104}$

22. $\because 57 - 28 = 29$

and $72 - 37 = 35$

$\therefore 68 - \mathbf{35} = 33$

23. $\because \frac{54\times3}{2}=\frac{162}{2}=81$

and $\frac{11\times6}{2}=\frac{66}{2}=33$

$\therefore \frac{\mathbf{28}\times4}{2}=\frac{112}{2}=56$

24. $\because \sqrt[3]{64}\times\sqrt[3]{27}=4\times3=12$

तथा $\sqrt[3]{512}\times\sqrt[3]{125}=8\times5=40$

$\therefore \sqrt[3]{216}\times\sqrt[3]{343}=6\times7=\mathbf{42}$

25. $\because 7^3 = 343$; $2^8 = 256$

$\therefore 5^4 = \mathbf{625}$

26. $\because 9 \times 5 = 18 + 27$

and $18 \times 5 = 32 + 58$

$\therefore 25 \times 5 = 79 + 46$

27. $\because 10 \times 10 + 12 \times 5 = 160$

and $13 \times 10 + 11 \times 5 = 185$

$\therefore 17 \times 10 + \mathbf{13} \times 5 = 235$

28. $\because 13 \times 9 = 117$

तथा $12 \times 11 = 132$

$\therefore 22 \times 7 = \mathbf{154}$

29. $\because 13 \times 3 = 39$

and $23 \times 4 = 92$

$\therefore \mathbf{11} \times 6 = 66$

30. $\because 17 + (7)^2 = 66$

तथा $15 + (6)^2 = 51$

$\therefore 13 + (5)^2 = \mathbf{38}$

31. $\because 5^2 + 7 = 32$

$15^2 + 5 = 230$

$\therefore 6^2 + \mathbf{6} = 42$

32. $\frac{12+28}{2}=\frac{40}{2}=20$

तथा $\frac{31+11}{2}=\frac{42}{2}=21$

$\therefore \frac{21+?}{2}=19$

$? = 38 - 21 = 17$

33. जिस प्रकार,

$(756 - 534) \times 3 = 222 \times 3 = 666$

उसी प्रकार,

$(879 - 722) \times 3 = 157 \times 3 = 471$

34. $5 \times 7 + 4 \times 1 = 35 + 4 = 39$

$6 \times 3 + 8 \times 4 = 18 + 32 = 50$

अत: $? = 50$

35. $\because 27 = (3)^3 = 3$

$64 = (4)^3 = 4$

$3 + 4 = 7$

$\therefore 343 = (7)^3 = 7$

$729 = (9)^3 = 9$

$7 + 9 = 16$

36. जिस प्रकार,

$27 \times 1 = 9 \times 3 = 27$

उसी प्रकार,

$28 \times 2 = 14 \times ? = 56$

$? = \frac{56}{14} = 4$

37. जिस प्रकार,

$5 \times 3 - 4 \times 2 = 15 - 8 = 7$

$= 7 \times 2 = 14$

उसी प्रकार,

$\Rightarrow 5 \times 6 - 4 \times 7 = 30 - 28 = 2$

$\Rightarrow 2 \times 2 = 4$

अत: ? = 4

38. $\because 2^2 + 5^2 + 6^2 = 4 + 25 + 36 = 65$

$6^2 + 8^2 + 9^2 = 36 + 64 + 81 = 181$

$\therefore 2^2 + 8^2 + 7^2 = 4 + 64 + 49 = 117$

39. जिस प्रकार,

$72 - 54 = 18$

उसी प्रकार,

$64 - 38 = 26$

40. जिस प्रकार,

$10 + 12 + 100 + 144 = 266$

उसी प्रकार,

$11 + 9 + 121 + 81 = 222$

41. जिस प्रकार,

$\frac{180}{12} = 15 \Rightarrow 15 \times 15 = 225$

उसी प्रकार,

$\frac{210}{14} = 15 \Rightarrow 15 \times 16 = 240$

42. $\because \frac{65}{5} + \frac{78}{3} = 13 + 26 = 39$

$\therefore \frac{64}{4} + \frac{112}{8} = 16 + 14 = 30$

43. जिस प्रकार,

$\frac{36}{2} + 13 = 18 + 13 = 31$

तथा $\frac{28}{2} + 10 = 14 + 10 = 24$

उसी प्रकार,

$\frac{18}{2} + 23 = 9 + 23 = \mathbf{32}$

44. जिस प्रकार,

$8 \times 2 \times 3 = 48$

$6 \times 3 \times 4 = 72$

उसी प्रकार,

$12 \times 2 \times 1 = \mathbf{24}$

अत: ? = 24

45. जिस प्रकार,

$(9)^2 = 81$

$(9 + 1)^2 = (10)^2 = 100$

उसी प्रकार,

$(11)^2 = 121$

$(11 + 1)^2 = (12)^2 = \mathbf{144}$

46. जिस प्रकार,

$(72 - 24) + (18 - 17) = 49$

उसी प्रकार,

$(42 - 29) + (36 - 31) = \mathbf{18}$

रक्त संबंध (Blood Relation)

Type 1

1. Pointing to a picture of a girl, Rakhi said, "She is my husband's wife's daughter". How is the girl related to Rakhi?

एक लड़की की तस्वीर की ओर इशारा करते हुए, राखी ने कहा, ''वह मेरे पति की पत्नी की बेटी है।'' लड़की का राखी से क्या संबंध है?

(SSC GD 21/02/2024 Shift III)

(a) बेटी/Daughter
(b) माँ/Mother
(c) पिता की माँ/Father's mother
(d) बहन/Sister

2. Pointing to a photograph of a man, Rimi said, "He is the brother of my father's son". How is that man related to Rimi?

एक आदमी की तस्वीर की ओर इशारा करते हुए, रिमी ने कहा, ''वह मेरे पिता के बेटे का भाई है।'' उस आदमी का रिमी से क्या संबंध है?

(SSC GD 23/02/2024 Shift III)

(a) माँ/Mother (b) पिता/Father
(c) बहन/Sister (d) भाई/Brother

3. Pointing to a girl's photograph, Rekha said, "She is my brother's father's daughter". How is that girl related to Rekha?

एक लड़की की तस्वीर की ओर इशारा करते हुए, रेखा ने कहा, ''वह मेरे भाई के पिता की बेटी है।'' उस लड़की का रेखा से क्या संबंध है?

(SSC GD 24/02/2024 Shift IV)

(a) बहन/Sister
(b) भाभी/Sister-in-law
(c) माँ/Mother
(d) दादी/Grand Mother

4. Pointing to a photograph of a man, Ram said, "He is the father of my mother's husband". How is that man related to Ram?

एक आदमी की तस्वीर की ओर इशारा करते हुए, राम ने कहा, ''वह मेरी माँ के पति का पिता है।'' उस आदमी का राम से क्या संबंध है?

(SSC GD 26/02/2024 Shift I)

(a) पिता के पिता/Father's father
(b) चाचा/Uncle
(c) पिता/Father
(d) भाई/Brother

5. Pointing towards a picture of a man, Rakhi said, "He is the brother of my son's mother". What's that man's relationship with Rakhi?

एक आदमी की तस्वीर की ओर इशारा करते हुए, राखी ने कहा, ''वह मेरे बेटे की माँ का भाई है।'' उस आदमी का राखी से क्या संबंध है?

(SSC GD 26/02/2024 Shift II)

(a) भाई/Brother
(b) पिता का भाई/Father's brother
(c) पिता/ Father
(d) बेटा/Son

6. Pointing to a photograph of a woman, Ram said, "She is the sister of my mother's daughter". How is that woman related to Ram?

एक महिला की तस्वीर की ओर इशारा करते हुए, राम ने कहा, ''वह मेरी माँ की बेटी की बहन है।'' वह महिला राम से किस प्रकार संबंधित है?

(SSC GD 27/02/2024 Shift III)

(a) बहन/Sister
(b) माँ/Mother
(c) पत्नी/Wife
(d) बेटी/Daughter

7. Pointing to a photograph of a man, Ram said, "He is the brother of my son's grandfather". How is that man related to Ram?

एक आदमी की तस्वीर की ओर इशारा करते हुए, राम ने कहा, ''वह मेरे बेटे के दादा का भाई है।'' वह आदमी राम से किस प्रकार संबंधित है?

(SSC GD, 29/02/2024 Shift II)

(a) भाई/Brother
(b) पिता का भाई/Father's brother
(c) पिता/Father
(d) बेटा/Son

8. Pointing to a photograph of a man, Raman says, "He is the only son of the only daughter-in-law of my only son's father." How is that man related to Raman?

एक आदमी की तस्वीर की ओर इशारा करते हुए रमन कहता है, ''वह मेरे इकलौते बेटे के पिता की इकलौती बहू का इकलौता बेटा है।'' उस आदमी का रमन से क्या संबंध है?

(SSC GD 01/03/2024 Shift II)

(a) पिता/Father
(b) बेटे का बेटा/Son's son
(c) पिता का पिता/Father's father
(d) बेटा/Son

9. Looking at a photo Anjali said "He is my father's only son". How is the person seen in the photo related to Anjali?

एक फोटो को देखते हुए अंजलि ने कहा, ''वह मेरे पिता का इकलौता बेटा है'' फोटो में दिख रहे व्यक्ति का अंजलि से क्या संबंध है?

(SSC GD, 16/01/2023, Shift-I)

(a) बेटा/Son

(b) भाई/Brother
(c) दादा/Grandfather
(d) नाना/Maternal grandfather

10. A man introduced a woman as the daughter of his father's sister. How is the woman related to the man?

एक व्यक्ति ने एक महिला का परिचय अपने पिता की बहन की बेटी के रूप में दिया। महिला उस व्यक्ति से किस प्रकार संबंधित है?

(SSC GD, 2 Dec 2021, Shift-III)

(a) बेटी/Daughter
(b) फुफेरी बहन/Cousin
(c) भाँजी/Niece
(d) पोती/Grand-daughter

11. Pointing towards Manish, Ajay said to a woman, "He is the son of the father of my daughter's mother." How Ajay is related to Manish?

मनीष की ओर संकेत करते हुए अजय ने एक महिला से कहा, ''वह मेरी बेटी की माँ के पिता का बेटा है।'' अजय का मनीष से क्या रिश्ता है?

(SSC GD, 6 Dec 2021, Shift-I)

(a) जीजा/ Brother-in-law
(b) चाचा/ Uncle
(c) ससुर/ Father-in-law
(d) भाई/ Brother

12. Rohit said to Ruchi, "Your mother's father is my son's father-in-law." How Ruchi is related to Rohit?

रोहित ने रुचि से कहा, ''तुम्हारी माँ के पिता मेरे बेटे के ससुर हैं।'' रुचि का रोहित से क्या संबंध है?

(SSC GD, 8 Dec 2021, Shift-I)

(a) बेटी/ Daughter
(b) पोती/ Grand daughter
(c) बहन/ Sister
(d) चाची/ Aunt

13. Pointing to a boy's picture, Madhavi said, "His father is my sister's husband's daughter's maternal grand father's son." How is that boy related to Madhavi's father?

एक लड़के की तस्वीर की ओर इशारा करते हुए, माधवी ने कहा, ''उसके पिता मेरी बहन के पति की बेटी के नाना/दादा के बेटे हैं। उस लड़के का माधवी के पिता से क्या संबंध है?

(SSC GD, 10 Dec 2021, Shift-I)

(a) भाई/ Brother
(b) बेटा/ Son
(c) पोता/ Grandson
(d) नाती/ Maternal Grandson

14. Pointing to Kraph's picture, Purvi said, "He is the son of the grand father of the only daughter of my brother wife." How is Purvi related to Kraph?

कृप के चित्र की ओर इंगित करते हुए पूर्वी ने कहा, ''वह मेरे भाई की पत्नी की इकलौती बेटी के दादा का बेटा है।'' पूर्वी का कृप से क्या संबंध है?

(SSC GD, 13 Dec 2021, Shift-III)

(a) बहन/ Sister
(b) बेटी/ Daughter
(c) माँ/ Mother
(d) दादी/ Grand mother

15. Neeraj pointed to the picture of a woman and said, "She is the daughter of my grand father's only son." How is Neeraj related to the woman in the picture?

नीरज ने एक महिला की तस्वीर की ओर इशारा किया और कहा, ''वह मेरे दादाजी के इकलौते पुत्र की पुत्री है। तस्वीर में दिखने वाली महिला के साथ नीरज का क्या संबंध है?

(SSC GD, 14 Dec 2021, Shift-II)

(a) भाई/ Brother
(b) ससुर/ Father-in-law
(c) पिता/ Father
(d) चाचा/ Uncle

16. Pointing to Kiran, Rohan said, "She is the daughter of my grand father's only son." How is Kiran related to Rohan?

किरन की ओर इशारा करते हुए रोहन कहता है कि, ''वह मेरे दादा के इकलौते पुत्र की पुत्री है।'' किरन का रोहन से क्या संबंध है?

(SSC GD, 15 Dec 2021, Shift-I)

(a) बहन/ Sister
(b) माँ/ Mother
(c) पुत्र-वधु/ Daughter-in-law
(d) पत्नी/ Wife

17. Pointing to the photograph of a boy, Aditya said, "He is the only son of my mother-in-law's only daughter." How is that boy related to Aditya?

एक लड़के के फोटोग्राफ की ओर इशारा करते हुए आदित्य ने कहा, ''वह मेरी सास की इकलौती पुत्री का इकलौता पुत्र है।'' उस लड़के का आदित्य से क्या संबंध है?

(SSC GD, 15 Dec 2021, Shift-II)

(a) भतीजा/ Nephew
(b) साला/ Brother-in-law
(c) पुत्र/ Son
(d) ससुर/ Father-in-law

18. Seema pointing to a photograph, said to me, "He is the son of your father." How am I related to the person in the photograph?

सीमा ने एक फोटो की ओर इशारा करते हुए मुझसे कहा, ''वह तुम्हारे पिता का पुत्र है।'' फोटो में मौजूद व्यक्ति का मेरे साथ क्या संबंध है?

(SSC GD, 16 Nov 2021, Shift-III)

(a) पिता/ Father
(b) भाई/ Brother
(c) चाचा/ताऊ/फूफा/मामा/मौसा/ Uncle
(d) दादा/नाना / Grand Father

Type 2

19. A is the father of B. B is brother of C. C is husband of D. D is sister of E. E is mother of F. F is wife of G. How many men are there in total in the family?

A, B का पिता है। B, C का भाई है। C, D का पति है। D, E की बहन है। E, F की माँ है। F, G की पत्नी है। परिवार में कुल कितने पुरुष हैं?

(SSC GD 20/02/2024 Shift II)

(a) 1 (b) 3
(c) 4 (d) 2

20. A is the father of B. B is brother of C. C is husband of D. E is mother of F. F is daughter of G. How is D related to F?

A, B का पिता है। B, C का भाई है। C, D का पति है। D, E की बहन है। E, F की माँ है। F, G की बेटी है। D का

F से क्या संबंध है?

(SSC GD 27/02/2024 Shift I)

(a) माँ/Mother
(b) बहन/Sister
(c) पिता/Father
(d) माँ की बहन/Mother's sister

21. A is the husband of B. B is the sister of C. C is the mother of D. D is the brother of E. E is the wife of F. F is the father of G. How is the D related to F?

A, B का पति है। B, C की बहन है। C, D की माँ है। D, E का भाई है। E, F की पत्नी है। F, G का पिता है। D का F से क्या संबंध है

(SSC GD 27/02/2024 Shift IV)

(a) माँ/Mother
(b) भाई/Brother
(c) पिता/Father
(d) पत्नी का भाई/Wife's brother

22. A is brother of B. B is sister of C. C is mother of D. D is wife of E. E is father of F. F is brother of G. How is C related to E?

A, B का भाई है। B, C की बहन है। C, D की माँ है। D, E की पत्नी है। E, F का पिता है। F, G का भाई है। C का E से क्या संबंध है?

(SSC GD 28/02/2024 Shift III)

(a) पत्नी के पिता/Wife's father
(b) भाई/Brother
(c) माँ/Mother
(d) पत्नी की माँ/Wife's mother

23. P is the mother of Q. Q is sister of R. R is brother of S. S is husband of T. T is sister of U. U is wife of V. How many total female members are there in the family?

P, Q की माँ है। Q, R की बहन है। R, S का भाई है। S, T का पति है। T, U की बहन है। U, V की पत्नी है। परिवार में कुल कितनी महिला सदस्य हैं?

(SSC GD 29/02/2024 Shift I)

(a) 4 (b) 2
(c) 3 (d) 1

24. A is the mother of B. B is sister of C. C is father of D. D is brother of E. E is husband of F. F is sister of G. How is C related to F?

A, B की माँ है। B, C की बहन है। C, D का पिता है। D, E का भाई है। E, F का पति है। F, G की बहन है। C का F से क्या संबंध है?

(SSC GD 06/03/2024 Shift II)

(a) पति के पिता/Husband's father
(b) पिता/Father
(c) बहन/Sister
(d) माँ/Mother

25. A is the mother of B. B is sister of C. C is father of D. D is brother of E. E is husband of F. F is sister of G. How is C related to E?

A, B की माँ है। B, C की बहन है। C, D का पिता है। D, E का भाई है। E, F का पति है। F, G की बहन है। C का E से क्या संबंध है?

(SSC GD 06/03/2024 Shift IV)

(a) पति/Husband
(b) पिता/Father
(c) बहन/Sister
(d) माँ/Mother

26. A is the mother of B. B is sister of C. C is the wife of D. D is son of E. E is wife of F. F is brother of G. How is E related to C?

A, B की माँ है। B, C की बहन है। C, D की पत्नी है। D, E का बेटा है। E, F की पत्नी है। F, G का भाई है। E का C से क्या संबंध है?

(SSC GD 07/03/2024 Shift IV)

(a) पिता/Father
(b) पति की माँ/Husband's mother
(c) माँ/Mother
(d) पति के पिता/Husband's father

27. There are six members A, B, C, D, E and F in a family. D has 3 sons A, B and C. D is not the father of the children. B has one son E. C has one daughter F. How is B related to F?

एक परिवार में छ: सदस्य A, B, C, D, E और F हैं। D के 3 बेटे A, B और C हैं। D बच्चों का पिता नहीं है। B का एक बेटा E है। C की एक बेटी F है। B, F से किस प्रकार संबंधित है?

(SSC GD, 13/02/2023, Shift-III)

(a) दादा/Grandfather
(b) बेटा/Son
(c) चाचा/ताऊ/Uncle
(d) पिता/Father

28. T has two sons named N and L. S is the only son of N. R and S are grandsons of T. P is wife of L. R is the son of P. M is mother of S. How is N related to R?

T के N और L नामक दो बेटे हैं। S, N का इकलौता बेटा है। R और S, T के पौत्र हैं। P, L की पत्नी है। R, P का पुत्र है। M, S की माँ है। N, R से किस प्रकार संबंधित है?

(SSC GD, 1 Dec 2021, Shift-II)

(a) भतीजा/Nephew
(b) चाचा/Uncle
(c) पिता/Father
(d) बेटा/ Son

29. If 'N is wife of M', 'A is sister of R', 'S is mother of N', 'K is brother of M', and 'R is son of N', then how is K related to A?

यदि 'N, M की पत्नी है, 'A, R की बहन है, 'S, N की माँ है', 'K, M का भाई है, और 'R, N का बेटा है', तो K का A से क्या संबंध है?

(SSC GD, 2 Dec 2021, Shift-II)

(a) चाचा/ Uncle
(b) मामा/ Maternal Uncle
(c) पिता/ Father
(d) भाई/ Brother

30. L has two children and is the only son of G, who is father-in-law of T. T has only one son. T is mother of P. Q is not the grand daughter of G. P and Q are siblings. How is T related to Q?

L की दो संतान हैं और वह एकमात्र बेटा है G का, जो T का ससुर है। T का केवल एक बेटा है। T, P की माँ है। Q, G की पोती नहीं है। P और Q सहोदर हैं। T, Q से किस प्रकार संबंधित है?

(SSC GD, 3 Dec 2021, Shift-II)

(a) भाई/ Brother
(b) माँ/ Mother
(c) पिता/ Father
(d) बहन/ Sister

31. Nine members of a joint family

are C, D, E, F, G, H, I, J and K. There are three married couples in the family. D is a teacher and brother of E and F. G is mother of I. J is wife of C, and C is grand father of I. E is the only daughter of C. K is the daughter of F and H. Who is the wife of teacher?

एक संयुक्त परिवार में 9 सदस्य C, D, E, F, G, H, I, J और K हैं। परिवार में तीन विवाहित जोड़े हैं। D शिक्षक है तथा E और F का भाई हैं G, I की माँ है। J, C की पत्नी है और C, I के दादा हैं। E, C की इकलौती पुत्री है। K, F और H की पुत्री है। शिक्षक की पत्नी कौन है?

(a) E (b) J
(c) G (d) H

32. Jeeva is daughter of Kamal. Kamal has two sons. Ada is daughter of Maanvita, who is wife of Kamal's son. Veenu is mother of Prem. Prem is brother of Ashok, who is father of Ada. How Ada is related to Veenu?

जीवा, कमल की पुत्री है। कमल के दो पुत्र हैं। अदा, मानविता की पुत्री है, जो कि कमल के पुत्र की पत्नी है। वीनू, प्रेम की माँ है। प्रेम, अशोक का भाई है, जो कि अदा का पिता है। अदा का वीनू से क्या संबंध है?

(SSC GD, 7 Dec 2021, Shift-I)

(a) बहन/ Sister
(b) पुत्री/ Daughter
(c) पोती/नातिन / Grand-daughter
(d) माँ/ Mother

33. There are seven members in a family. Abhay is son of Monu. Nikunj is son of Anjali. Megha and Shreya are daughters of Rakesh, Rakesh is married with Anjali. Monu is married with Shreya. How is Abhay related to Rakesh?

एक परिवार में सात व्यक्ति हैं। अभय, मोनू का पुत्र है। निकुंज, अंजलि का पुत्र है। मेघा और श्रेया, राकेश की पुत्रियाँ हैं। राकेश की शादी अंजलि से हुई है। मोनू की शादी श्रेया से हुई है। अभय का राकेश से क्या संबंध है?

(SSC GD, 8 Dec 2021, Shift-III)

(a) बहनोई/ Brother-in-law
(b) नाती/ Grandson
(c) पुत्र/ Son
(d) दामाद/ Son-in-law

34. K is son of R. V is wife of J's son. H is son of K. M is daughter of J. K is brother of M. How is H related to R?

K, R का पुत्र हैं V, J के पुत्र की पत्नी है। H, K का पुत्र है। M, J की पुत्री है। K, M का भाई है। H का R से क्या संबंध है?

(SSC GD,81 Dec 2021, Shift-II)

(a) भतीजा/भांजा/ Nephew
(b) पोता/ Grandson
(c) नाती/ Maternal Grandson
(d) पुत्र/ Son

35. M is the only son of S. F is the daughter of Y and the only niece of P. P is the only daughter of S. How is Y related to M?

M, S का इकलौता बेटा है। F, Y की बेटी है और P की इकलौती भतीजी/भांजी हैं। P, S की इकलौती बेटी है। Y का M के साथ क्या संबंध है?

(SSC GD, 9 Dec 2021, Shift-III)

(a) ममेरी बहन/ Cousin
(b) बहन/ Sister
(c) पत्नी/ Wife
(d) चाची/ Aunt

36. A is brother of B. C is husband of B. C is son of E. S is wife of E. How is S related to B?

A, B का भाई है। C, B का पति है। C, E का बेटा है। S, E की पत्नी है। S, B से किस प्रकार संबंधित है?

(SSC GD, 9 Dec 2021, Shift-II)

(a) सास/ Mother-in-law
(b) मामी/ Aunt
(c) बहू/ Daughter-in-law
(d) भतीजी/ Niece

37. C is son of A, but A is not mother of C. D and C are married couple. E is brother of C. F is daughter of D. G is brother of A. How is E related to F?

C, A का पुत्र है लेकिन A, C की माँ नहीं है। D और C विवाहित युगल हैं। E, C का भाई है। F, D की पुत्री है। G, A का भाई है। E का F से क्या संबंध है?

(SSC GD, 10 Dec 2021, Shift-III)

(a) भाई/ Brother
(b) चाचा/ Uncle
(c) पिता/ Father
(d) साली/ Sister-in-law

38. Pooja is Gulab's only sister. Keshav and Sumer are brothers. Gulab is Keshav's only nephew. Sumer is Sonu's (male) father-in-law. How is Pooja related to Sonu?

पूजा, गुलाब की इकलौती बहन है। केशव और सुमेर भाई हैं। गुलाब, केशव का इकलौता भतीजा है। सुमेर, सोनू (पुरुष) का ससुर है। पूजा का सोनू से क्या संबंध है?

(SSC GD, 13 Dec 2021, Shift-II)

(a) बहन/ Sister
(b) पत्नी/ Wife
(c) साली/ Sister-in-law
(d) माँ/ Mother

39. J and K are siblings. M is J's maternal uncle. S is K's granny. A is only daughter of S. How is A related to M?

J और K सहोदर हैं। M, J का मामा है S, K की नानी है। A, S की इकलौती बेटी है। A का M से क्या संबंध है?

(SSC GD, 14 Dec 2021, Shift-III)

(a) भाई/ Brother
(b) चचेरे/ममेरे /फुफेरे / मौसेरे भाई-बहन/ Cousin
(c) बहन/ Sister
(d) भाभी/साली/ Sister-in-law

40. Dheeraj is Santosh's only son, and Santosh is only daughter of my mother. How is my mother related to Dheeraj?

धीरज संतोष का इकलौता पुत्र है और संतोष मेरी माँ की इकलौती पुत्री है। मेरी माँ का धीरज से क्या संबंध है?

(SSC GD, 14 Dec 2021, Shift-I)

(a) माँ/ Mother
(b) बहन/ Sister
(c) नानी/ Maternal grandmother
(d) चाची/बुआ/मौसी/ Aunt

Type 3

41. I × J means, I is the mother of J.
I + J means, I is the husband of J.
I ÷ J means, I is the sister of J.
I – J means, I is the brother of J.
In the expression 'Q ÷ X + Y × Z', what is the relation of Q to Z?
I × J का अर्थ है, I, J की माँ है।
I + J का अर्थ है I, J का पति है।
I ÷ J का अर्थ है I, J की बहन है।
I – J का अर्थ है I, J का भाई है।
व्यंजक Q ÷ X + Y × Z में, Q का Z से क्या संबंध है?
(SSC GD 20/02/2024 Shift I)
(a) पत्नी की बहन/Wife's sister
(b) बेटी/Daughter
(c) पत्नी/Wife
(d) पिता की बहन/Father's sister

42. Q × R means, 'Q is the wife of R'
Q + R means, 'Q is the husband of R'
Q ÷ R means, 'Q is the daughter of R
Q – R means, 'Q is the mother of R'
In the expression 'W ÷ E + F – G', what is the relation of W to G?
Q × R का अर्थ है Q, R की पत्नी है।
Q + R का अर्थ है Q, R का पति है।
Q ÷ R का अर्थ है Q, R की बेटी है।
Q – R का अर्थ है Q, R की माँ है।
व्यंजक 'W ÷ E + F – G' में, W का G से क्या संबंध है?
(SSC GD 21/02/2024 Shift II)
(a) माँ/Mother
(b) पत्नी/Wife
(c) बेटी/Daughter
(d) बहन/Sister

43. 'E × F' means 'E is the wife of F'
'E + F' means 'E is brother of F'
'E ÷ F' means 'E is sister of F'
'E – F' means 'E is the son of F'
In the expression 'I + J ÷ K – L', what is the relation of J to L?
E × F का अर्थ है E, F की पत्नी है।
E + F का अर्थ है E, F का भाई है।
E ÷ F का अर्थ है E, F की बहन है।
E – F का अर्थ है E, F का बेटा है।
व्यंजक I + J ÷ K – L में, J का L से क्या संबंध है?
(SSC GD 22/02/2024 Shift I)
(a) बहन/Sister
(b) माँ/Mother
(c) पत्नी/Wife
(d) बेटी/Daughter

44. 'M × N' means 'M is the mother of N'
'M + N' means 'M is the father of N'
'M ÷ N' means 'M is the sister of N'
'M – N' means 'M is the brother of N'
In the expression 'X ÷ Z – A × Y', how is X related to Y?
M × N का अर्थ है M, N की माँ है।
M + N का अर्थ है M, N का पिता है।
M ÷ N का अर्थ है M, N की बहन है।
M – N का अर्थ है M, N का भाई है।
व्यंजक X ÷ Z – A × Y में, X का Y से क्या संबंध है?
(SC GD 22/02/2024 Shift II)
(a) पिता की बहन/Father's sister
(b) बहन/Sister
(c) माँ की बहन/Mother's sister
(d) पति की बहन/Husband's sister

45. If P + Q means, P is the brother of Q, P × Q means, P is the mother of Q, P ÷ Q means, P is the father of Q and P – Q means, P is the sister of Q. . If A × B ÷ C – D + E – F, then how is A related to E?
यदि P + Q का अर्थ है, P, Q का भाई है, P × Q का अर्थ है P, Q की माँ है, P ÷ Q का अर्थ है P, Q का पिता है और P – Q का अर्थ है P, Q की बहन है। यदि A × B ÷ C – D + E – F, तो A का E से क्या संबंध है?
(SSC GD 22/02/2024 shift IV)
(a) पिता की माँ/Father's mother
(b) माँ/Mother
(c) पिता की बहन/Father's sister
(d) पिता/Father

46. 'E × F' means 'E is the wife of F'
'E + F' means 'E is brother of F'
'E ÷ F' means 'E is the husband of F'
'E – F' means 'E is the son of F'
In the expression 'G × H + I – J ÷ K', what is the relation of J to H?
E × F का अर्थ है E, F की पत्नी है।
E + F का अर्थ है E, F का भाई है।
E ÷ F का अर्थ है E, F का पति है।
E – F का अर्थ है E, F का बेटा है।
व्यंजक G × H + I – J ÷ K में, J का H से क्या संबंध है?
(SSC GD 24/02/2024 Sshift III)
(a) पिता के पिता/Father's father
(b) पिता/Father
(c) पति/Husband
(d) बेटा/Son

47. If 'K × L' means 'K is the son of L'.
If 'K + L' means 'K is the daughter of L'.
If 'K ÷ L' means 'K is the sister of L'.
If 'K – L' means 'K is the wife of L'.
How is P related to M in the expression 'M ÷ N × O – P'?
यदि K × L का अर्थ है K, L का बेटा है।
यदि K + L का अर्थ है K, L की बेटी है।
यदि K ÷ L का अर्थ है K, L की बहन है।
यदि K – L का अर्थ है K, L की पत्नी है।
व्यंजक M ÷ N × O – P में P का M से क्या संबंध है?
(SSC GD 26/02/2024 Shift IV)
(a) पति/Husband
(b) बेटा/Son
(c) पिता/Father
(d) भाई/Brother

48. If P + Q means, P is the brother of Q, P × Q means, P is the mother of Q, P ÷ Q means, P is the father of Q and P – Q means, P is the sister of Q. If A × B ÷ C – D + E – F, then how is A related to E?

यदि P + Q का अर्थ है P, Q का भाई है, P × Q का अर्थ है P, Q की माँ है, P ÷ Q का अर्थ है P, Q का पिता है और P – Q का अर्थ है P, Q की बहन है। यदि A × B ÷ C – D + E – F, तो A का E से क्या संबंध है?

(SSC GD 22/02/2024 Shift III)

(a) पिता की माँ/Father's mother
(b) माँ/Mother
(c) पिता की बहन/Father's sister
(d) पिता/Father

49. 'T × U' means 'T is the mother of U'
'T + U' means 'T is the sister of U'
'T ÷ U' means 'T is the daughter of U'
'T – U' means 'T is the wife of U'
In the expression 'A × B + C ÷ D', how is D related to A?
T × U का अर्थ है T, U की माँ है।
T + U का अर्थ है T, U की बहन है।
T ÷ U का अर्थ है T, U की बेटी है।
T – U का अर्थ है T, U की पत्नी है।
व्यंजक A × B + C ÷ D में D का A से क्या संबंध है?

(SSC GD 27/02/2024 Shift II)

(a) पिता/Father
(b) बेटा/Son
(c) पति/Husband
(d) भाई/Brother

50. If 'R × S' means 'R is the mother of S'.
If 'R + S' means 'R is the son of S'.
If 'R ÷ S' means 'R is the daughter of S'.
If 'R – S' means 'R is the husband of S'.
How is A related to B in the expression 'A + D – C × B'?
यदि R × S का अर्थ है R, S की माँ है।
यदि R + S का अर्थ है R, S का बेटा है।
यदि R ÷ S का अर्थ है R, S की बेटी है।
यदि R – S का अर्थ है R, S का पति है।
व्यंजक A + D – C × B में A का B से क्या संबंध है?

(SSC GD 28/02/2024 Shift I)

(a) पति/Husband
(b) बेटा/Son
(c) पिता/Father
(d) भाई/Brother

51. 'E × F' means 'E is the wife of F'
'E + F' means 'E is brother of F'
'E ÷ F' means 'E is the husband of F'
'E – F' means 'E is the son of F'
Expression P × Q + I – R ÷ S, How is P related to R?
E × F का अर्थ है E, F की पत्नी है।
E + F का अर्थ है E, F का भाई है।
E ÷ F का अर्थ है E, F का पति है।
E – F का अर्थ है E, F का बेटा है।
व्यंजक P × Q + I – R ÷ S में, P का R से क्या संबंध है?

(SSC GD 28/02/2024 Shift II)

(a) बहन/Sister
(b) पत्नी की बहन/Wife's sister
(c) पत्नी/Wife
(d) बेटे की पत्नी/Son's wife

52. If A + B means, A is the wife of B, A × B means, A is the father of B, A ÷ B means, A is the mother of B. A $ B means A is the brother of B and A – B means A is the sister of B.
If P ÷ D $ B + H × T – M, then how is D related to H?
यदि A + B का अर्थ है, A, B की पत्नी है, A × B का अर्थ है A, B का पिता है, A ÷ B का अर्थ है A, B की माँ है, A $ B का अर्थ है, A, B का भाई है और A – B का अर्थ है A, B की बहन है।
यदि P ÷ D $ B + H × T – M है, तो D का H से क्या संबंध है?

(SSC GD 28/02/2024 Shift IV)

(a) पत्नी का भाई/Wife's brother
(b) बहन/Sister
(c) भाई/Brother
(d) पति का भाई / Husband's brother

53. If A + B means, A is the wife of B, A × B means, A is the father of B, A ÷ B means, A is the mother of B, A $ B means A is the brother of B and A – B means A is the sister of B.
If P ÷ D $ B + H × T – M, then how is H related to D?
यदि A + B का अर्थ है A, B की पत्नी है, A × B का अर्थ है A, B का पिता है, A ÷ B का अर्थ है A, B की माँ है, A $ B का अर्थ है A, B का भाई है और A – B का अर्थ है A, B की बहन है।
यदि P ÷ D $ B + H × T – M है, तो H का D से क्या संबंध है?

(SSC GD 29/02/2024 Shift III)

(a) बहन का पति/Sister's husband
(b) बहन/Sister
(c) पिता/Father
(d) भाई/Brother

54. A + B means that A is the wife of B, A × B means that A is the father of B, A ÷ B means that A is the mother of B, A $ B means that A is the brother of B and A – B means A is the sister of B.
If P ÷ D $ B + H × T – M then what is the relation of P to H?
A + B का अर्थ है कि A, B की पत्नी है, A × B का अर्थ है कि A, B का पिता है, A ÷ B का अर्थ है कि A, B की माँ है, A $ B का अर्थ है कि A, B का भाई है और A – B का अर्थ है A, B की बहन है।
यदि P ÷ D $ B + H × T – M है, तो P का H से क्या संबंध है?

(SSC GD 29/02/2024 Shift IV)

(a) माँ/Mother
(b) पत्नी की बहन/Wife's sister
(c) पत्नी की माँ/Wife's mother
(d) बहन/Sister

55. 'A × B' means 'A is the husband of B' 'A + B' means 'A is the brother of B' 'A ÷ B' means 'A is the son of B' 'A – B' means 'A is the father of B'
In the expression 'T ÷ R + S – M', how is T related to S?

A × B का अर्थ है A, B का पति है।
A + B का अर्थ है A, B का भाई है।
A ÷ B का अर्थ है A, B का बेटा है।
A – B का अर्थ है A, B का पिता है।
व्यंजक T ÷ R + S – M में T का S से क्या संबंध है?

(SSC GD 01/03/2024 Shift I)

(a) पति/Husband
(b) पिता/Father
(c) बेटा/Son
(d) भाई का बेटा/Brother's son

56. 'A + B' means 'B is the father of A', A # B' means 'B is the sister of A', 'A @ B means 'B is the brother of A'. If A @ B # C + D + E, then how is E related to A?

'A + B' का अर्थ है 'B, A का पिता है', 'A # B' का अर्थ है, 'B, A की बहन है', 'A @ B' का अर्थ है 'B, A का भाई है'।

यदि A @ B # C + D + E है, तो E, A से किस प्रकार संबंधित है?

(SSC GD, 10/01/2023, Shift-I)

(a) दादा/Grandfather
(b) पिता/Father
(c) चाचा/ताऊ/Uncle
(d) पुत्र/Son

57. 'P % Q' means 'P is the brother of Q'.
'P + Q' means 'P is the daughter of Q'.
'P = Q' means 'P is the son of Q'.
P # Q' means 'P is the wife of Q'.
If A + B % C = D # F, then how is F related to A?

'P % Q' का अर्थ है P, Q का भाई है।'
'P + Q' का अर्थ है 'P, Q की बेटी है।'
'P = Q' का अर्थ है 'P, Q का बेटा है।'
'P # Q' का अर्थ है 'P, Q की पत्नी है।'
यदि A + B % C = D # F है, तो F, A से किस प्रकार संबंधित है?

(SSC GD, 11/01/2023, Shift-II)

(a) ताई/चाची/Tai/Aunty
(b) नानी/Maternal grandmother
(c) दादा/Grandfather
(d) ताऊ/चाचा/Tau/Uncle

58. In a certain code language, 'A + B' means 'A is sister of B', 'A – B' means 'A is father of B', 'A × B' means 'A is the brother of B' and 'A & B' means 'A is the son of B'. If T + Q – R × H & G then, how is T related to G?

एक निश्चित कूट भाषा में, 'A + B' का अर्थ है कि 'A, B की बहन है', 'A – B' का अर्थ है कि 'A, B का पिता है', 'A × B' का अर्थ है कि 'A, B का भाई है' और 'A & B' का अर्थ है कि 'A, B का पुत्र है।

यदि T + Q – R × H & G है, तो T का G से क्या संबंध है?

(SSC GD, 13/01/2023, Shift-IV)

(a) ननद/Sister-in-law
(b) मौसी/Aunt
(c) बेटी/Daughter
(d) बहन/Sister

59. 'A + B' means 'A is the daughter of B'.
'A – B' means 'A is the husband of B'.
'A × B' means 'A is the mother of B'.
'A ÷ B' means 'A is brother of B'.
If D + E + F – G × H ÷ I – J, then which of the following statements is not correct?

'A + B' का अर्थ है 'A, B की पुत्री है'
'A – B' का अर्थ है 'A, B का पति है'
'A × B' का अर्थ है 'A, B की माता है'
'A ÷ B' का अर्थ है 'A, B का भाई है'
यदि D + E + F – G × H ÷ I – J है, तो निम्न में से कौन-सा कथन सही नहीं है?**(SSC GD, 17/01/2023, Shift-II)**

(a) D, I की बहन है/D is sister of I
(b) E, I की बहन है/E is the sister of I
(c) E, H की बहन है/E is the sister of H
(d) E, G की पुत्री है/E is daughter of G

60. 'A + B' means A is the father of B'
'A – B' means 'A is the wife of B'
'A × B' means 'A is brother of B'
'A ÷ B' means 'A is the daughter of B'
If P – R × Q + S', then which of the following statements is true?

'A + B' का अर्थ है कि 'A, B का पिता है'
'A – B' का अर्थ है कि 'A, B की पत्नी है'
'A × B' का अर्थ है कि 'A, B का भाई है'
'A ÷ B' का अर्थ है कि 'A, B की पुत्री है'
यदि 'P – R × Q + S' है, तो निम्नलिखित में से कौन-सा कथन सत्य है?

(SSC GD, 23/01/2023, Shift-III)

(a) P, Q की भाभी है/P is sister-in-law of Q.
(b) Q, P की भाभी है/Q is sister-in-law of P.
(c) P, S की भाभी है/P is sister-in-law of S.
(d) P, R की भाभी है/P is sister-in-law of R

61. 'A + B' means 'B is the father of A'
'A – B' means 'B is the mother of A'
'A # B' means 'B is sister of A'
'A & B' means 'B is the wife of A'
If A # B +C & D – E, then how is E related to A?

'A + B' का अर्थ है 'B, A का पिता है'
'A – B' का अर्थ है 'B, A की माता है'
'A # B' का अर्थ है 'B, A की बहन है'
'A & B' का अर्थ है 'B, A की पत्नी है'
यदि A # B + C & D – E है, तो E, A से किस प्रकार संबंधित है?

(SSC GD, 24/01/2023, Shift-IV)

(a) नानी/Grand mother
(b) पत्नी/Wife
(c) माता/Mother
(d) मौसी/Aunt

62. 'A @ B' means 'A is the son of B'
'A & B' means 'A is the mother of B'
'A # B' means 'A is the daughter of B'
Which of the given options means that R is the sister of P?
'A @ B' का अर्थ है कि 'A, B का पुत्र

है।

'A & B' का अर्थ है कि 'A, B की माता है।'

'A # B' का अर्थ है कि 'A, B की पुत्री है।'

दिए गए विकल्पों में से किसका अर्थ है कि 'R, P की बहन है'?

(SSC GD, 25/01/2023, Shift-I)

(a) R @ S & Q # P
(b) R @ S @ Q # P
(c) P @ Q & R # S
(d) P # Q @ R # S

63. If 'A + B' means 'A is father of B', 'A @ B' means 'A is brother of B', and 'A & B' means 'A is daughter of B', then how is P related to V according to the following expression?

S + P + R @ Q & T & V

यदि 'A + B' का अर्थ है 'A, B का पिता है', 'A @ B' का अर्थ है 'A, B का भाई है' और 'A & B' का अर्थ है 'A, B की पुत्री है', तो निम्नलिखित व्यंजक के अनुसार P का V से क्या संबंध है?

S + P + R @ Q & T & V

(SSC GD, 1 Dec 2021, Shift-I)

(a) पुत्रवधू /Daughter-in-law
(b) पुत्र/Son
(c) ससुर/Father-in-law
(d) दामाद/Son-in-law

64. If 'A$B' means 'A is mother of B', 'A@B' means 'A is brother of B', and 'A+B' means 'A is husband of B', then how is E related to K in the expression 'E $ G $ Y @ K + W'?

यदि 'A$B' का अर्थ है 'A, B की माँ है', 'A@B' का अर्थ है 'A, B का भाई है, और 'A+B' का अर्थ है 'A, B का पति है', तो व्यंजक 'E $ G $ Y @ K + W' में E का K से क्या संबंध है?

(SSC GD, 2 Dec 2021, Shift-I)

(a) दादी/Grand-mother
(b) चाची/ताई/बुआ/Aunt
(c) नानी/Maternal grandmother
(d) मामी/मौसी/Maternal Aunt

65. If 'A%B' means 'A is father of B', 'A # B' means 'A is brother of B', and 'A $ B' means 'A is wife of B', then how is K related to R according to the following expression?

K $ H % Y # M # R

यदि 'A%B' का अर्थ है कि 'A, B का पिता है', 'A # B' का अर्थ है कि 'A, B का भाई है, और 'A $ B' का अर्थ है कि 'A, B की पत्नी है', तो दिए गए व्यंजक में K का R से क्या संबंध है?

K $ H % Y # M # R

(SSC GD, 3 Dec 2021, Shift-I)

(a) माँ/ Mother
(b) दादी/ Grand mother
(c) पिता/ Father
(d) बुआ/ Aunt

66. 'K%L' means 'K is brother of L', 'K$L' means 'K is husband of L', 'K@L'means 'K is sister of L', K#L' means 'K is mother of L'. In the expression 'X@P%T#M$Y#J@H' how is H related to M?

'K%L' का अर्थ है कि 'K, L का भाई है', 'K$L' का अर्थ है कि 'K, L का पति है', 'K@L' का अर्थ है कि 'K, L की बहन है, 'K#L' का अर्थ है कि 'K, L की माँ है'। व्यंजक 'X@P%T#M$Y#J@H' में H, M से किस प्रकार संबंधित है?

(SSC GD, 7 Dec 2021, Shift-III)

(a) भाई या बहन/ Brother or Sister
(b) पिता/ Father
(c) चाचा/ Uncle
(d) बेटा या बेटी/ Son or Daughter

67. If 'A%B' means 'A is daughter of B', 'A&B' means 'A is wife of B', and 'A#B' means 'A is son of B', then in the expression V%G &H#L&Z how is G related to Z?

यदि 'A%B' का अर्थ है 'A, B की पुत्री है', 'A & B' का अर्थ है 'A, B की पत्नी है, और 'A # B' का अर्थ है 'A, B का पुत्र है', तो व्यंजक V%G&H#L&Z में G का Z से क्या संबंध है?

(SSC GD, 10 Dec 2021, Shift-II)

(a) भाभी / ननद / साली / देवरानी / जेठानी / Sister-in-law
(b) पुत्रवधू/ Daughter-in-law
(c) मामी/मौसी/ Aunt
(d) पुत्री/ Daughter

68. 'R + S' means, 'R is daughter of S', 'R – S' means, 'R is husband of S', 'R × S' means 'R is brother of S'. According to the expression 'T×V+Z', which of the following option is correct.

'R+S' का अर्थ है 'R, S की पुत्री है', 'R – S' का अर्थ है 'R, S का पति है', 'R×S' का अर्थ है 'R, S का भाई है'। व्यंजक 'T×V+Z' के अनुसार कौन-सा विकल्प सत्य है?

(SSC GD, 16 Nov 2021, Shift-I)

(a) T, Z का पिता है/ T is father of Z.
(b) T, Z का पुत्र है/ T is son of Z
(c) T, Z का चाचा/ताऊ/मामा/मौसा/फूफा है/ T is uncle of Z
(d) T, Z का भाई है/ T is brother of Z.

69. 'P×Q' means 'P is the wife of Q'. 'P+Q' means 'P is father of Q'. 'P÷Q' means 'P is daughter of Q'. 'P–Q' means 'P is the son of Q'. How is E related to I in the expression 'E÷F+G–H÷I'?

P×Q' का अर्थ है 'P, Q की पत्नी है', 'P+Q' का अर्थ है 'P, Q के पिता हैं, 'P÷Q' का अर्थ है 'P, Q की पुत्री है। 'P – Q' का अर्थ है 'P, Q का पुत्र है'। व्यंजक 'E ÷ F + G – H ÷ I' में E का संबंध I से किस प्रकार है?

(SSC GD, 17 Nov 2021, Shift-III)

(a) बहन/ Sister
(b) पोता या नाती/ Grandson
(c) पुत्रवधु/ Daughter-in-law
(d) पोती या नातिन/ Grand daughter

70. R8S means R is the father of S.
R7S means R is the sister of S.
R6S means R is the brother of S.
R2S means R is the wife of S.
Which of the following expressions represents X is the mother of Y?

R8S का अर्थ है R, S का पिता है।
R7S का अर्थ है R, S की बहन है।
R6S का अर्थ है R, S का भाई है।
R2S का अर्थ है R, S की पत्नी है।

निम्नलिखित में से कौन-सा व्यंजक X, Y

की माँ को दर्शाता है।

(a) X8M2Y (b) X2M8O2Y

(c) X2M8Y (d) X7M6O2Y

71. A @ B, means A is the husband of B.

A & B means A is the mother of B.

A # B means A is the wife of B.

Which of the following options would mean P is the father-in law of S?

A @ B का अर्थ है A, B का पति है।

A & B का अर्थ है A, B की माँ है।

A # B का अर्थ है A, B की पत्नी है।

निम्नलिखित में से किस विकल्प का अर्थ होगा P, S का ससुर है?

(a) Q @ P & R # S

(b) P @ Q & S # R

(c) P @ Q & R & S

(d) P @ Q & R # S

उत्तरमाला

1.	(a)	2.	(d)	3.	(a)	4.	(a)	5.	(a)	6.	(a)	7.	(b)	8.	(b)	9.	(b)	10.	(b)
11.	(a)	12.	(b)	13.	(c)	14.	(a)	15.	(a)	16.	(a)	17.	(c)	18.	(b)	19.	(c)	20.	(d)
21.	(d)	22.	(d)	23.	(a)	24.	(a)	25.	(b)	26.	(b)	27.	(c)	28.	(b)	29.	(a)	30.	(b)
31.	(c)	32.	(c)	33.	(b)	34.	(b)	35.	(c)	36.	(a)	37.	(b)	38.	(b)	39.	(c)	40.	(c)
41.	(d)	42.	(d)	43.	(d)	44.	(c)	45.	(a)	46.	(b)	47.	(c)	48.	(a)	49.	(c)	50.	(d)
51.	(d)	52.	(a)	53.	(a)	54.	(c)	55.	(d)	56.	(a)	57.	(c)	58.	(a)	59.	(a)	60.	(a)
61.	(a)	62.	(c)	63.	(d)	64.	(c)	65.	(a)	66.	(d)	67.	(b)	68.	(b)	69.	(d)	70.	(c)
71.	(d)																		

Hints & Solution (व्याख्या)

1.

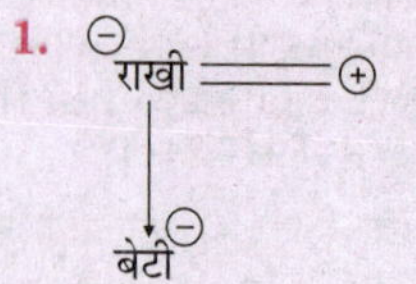

2.

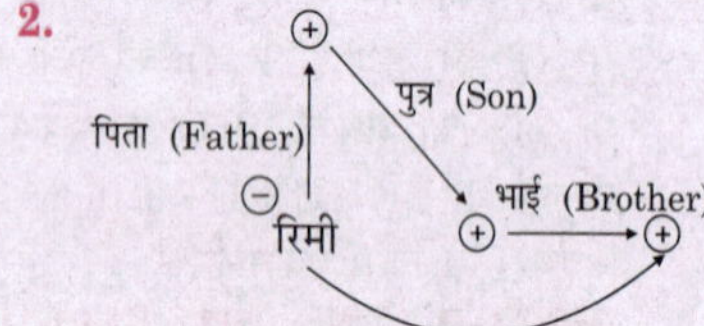

3.

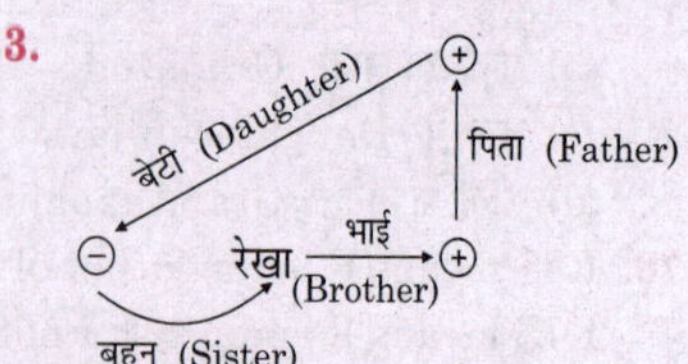

4.

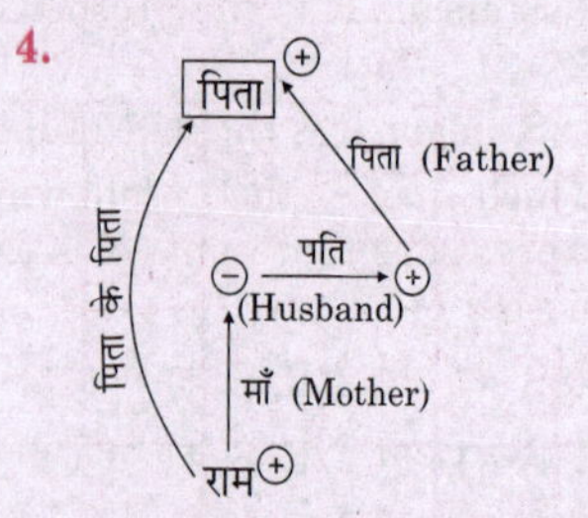

5.

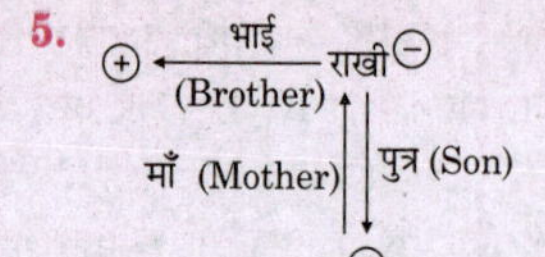

6.

माँ (Mother)

बेटी (Daughter)

राम

बहन (Sister)

बहन (Sister)

7.

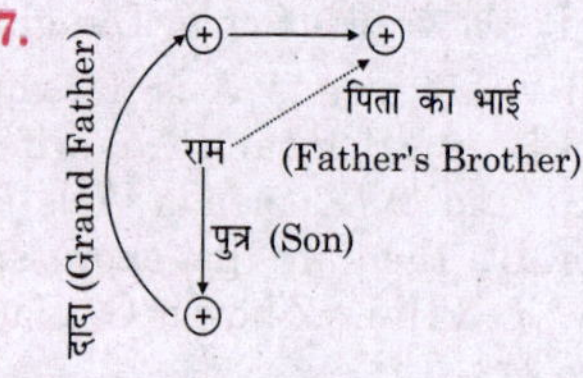

8.

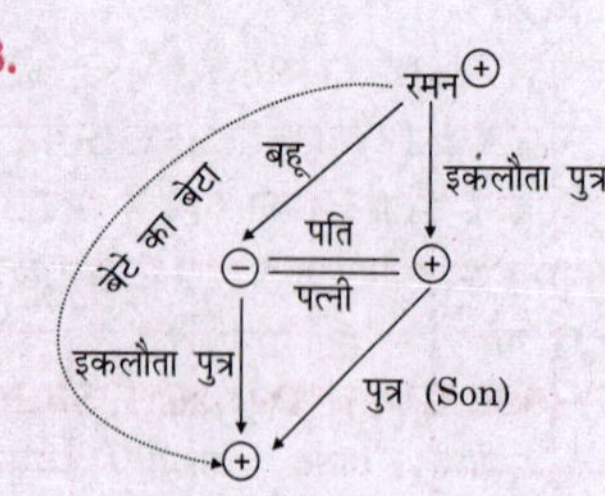

9.

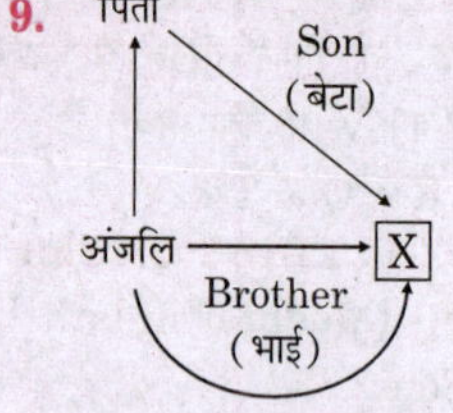

10.

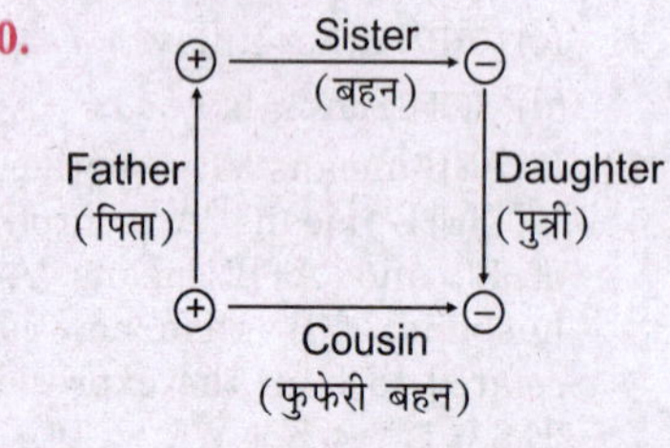

11.

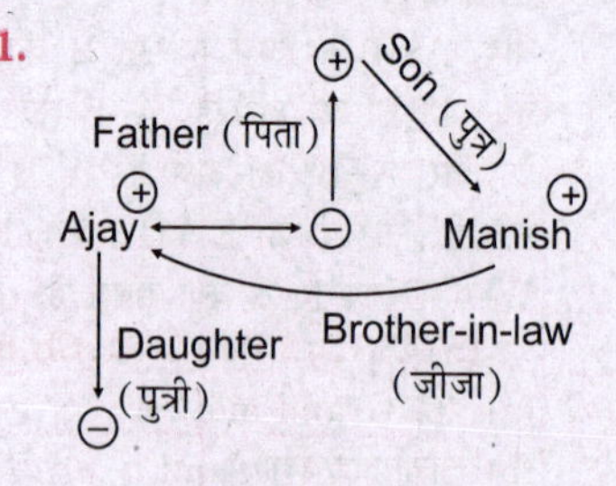

12.

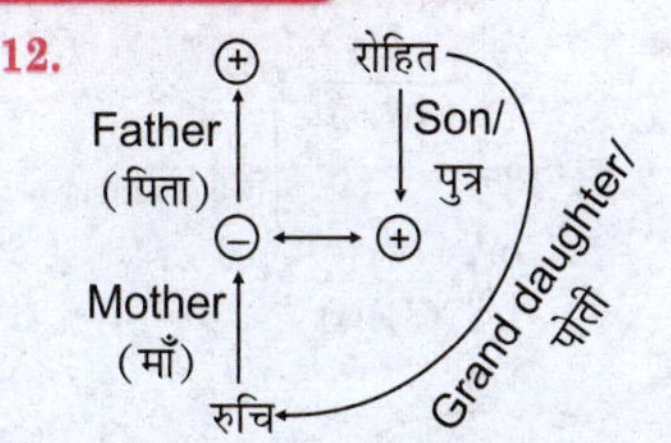

13.

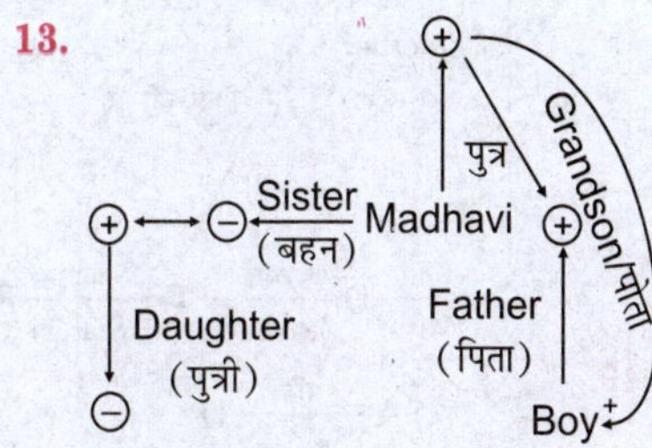

14.

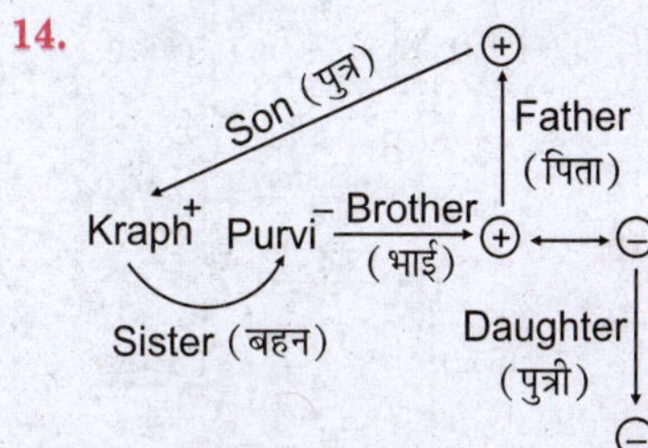

15.

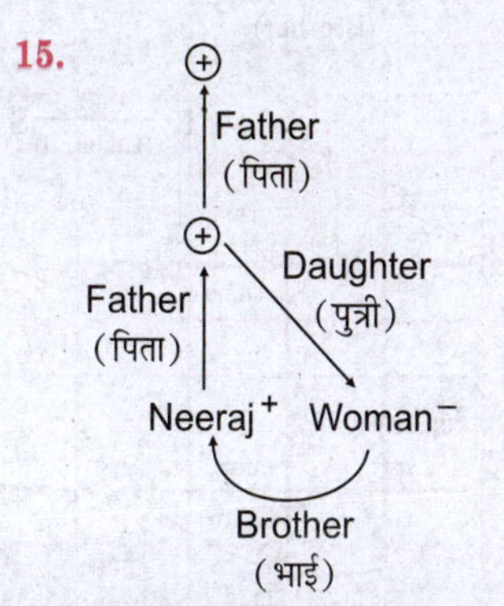

16.

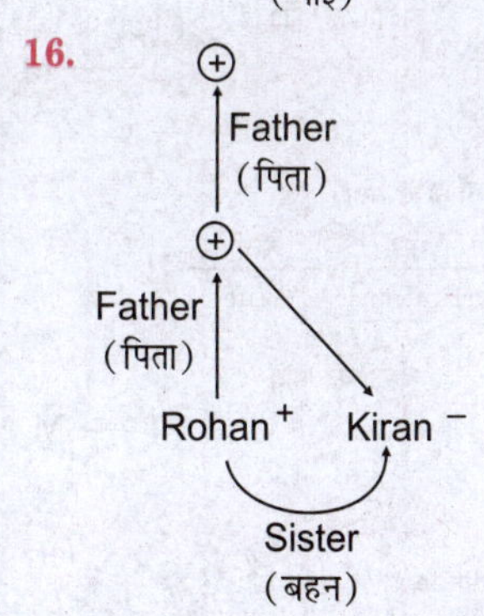

17.

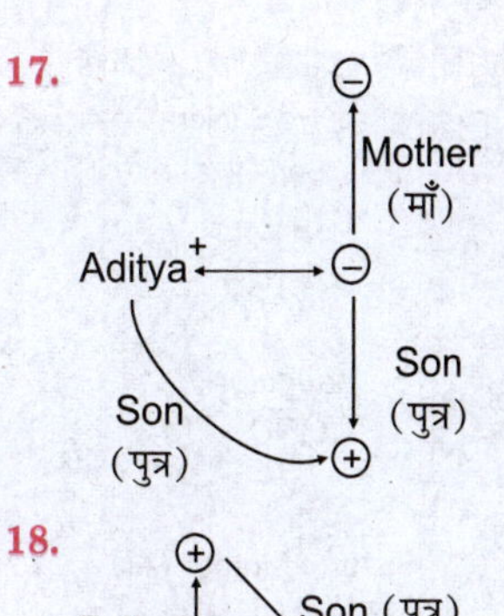

18.

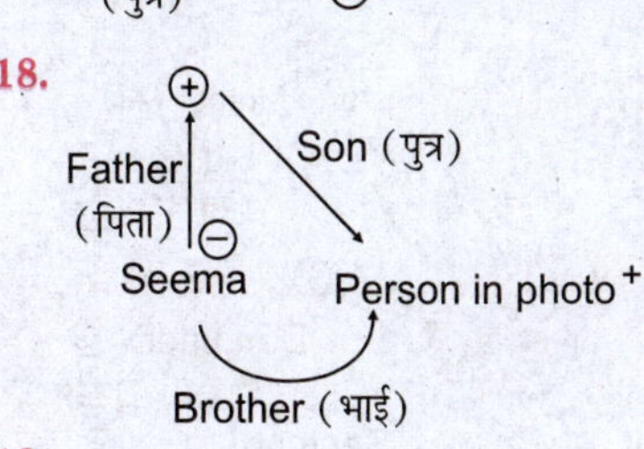

19.

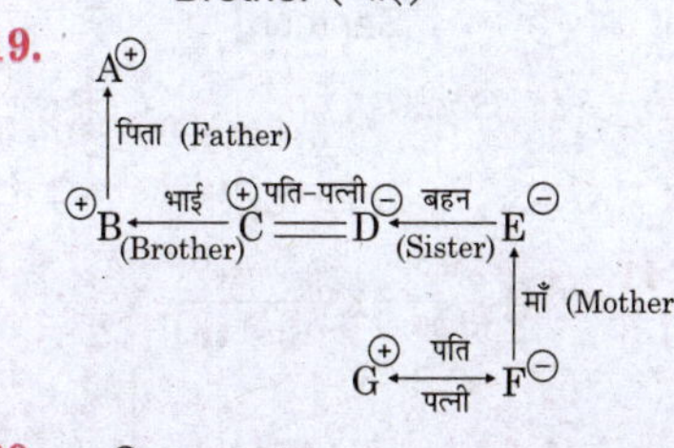

20.

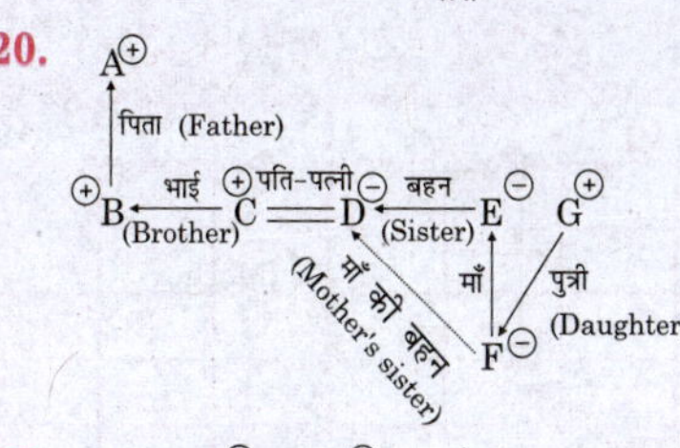

21.

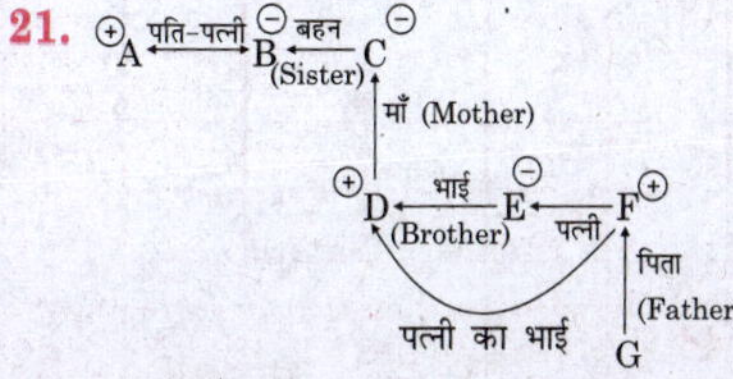

22.

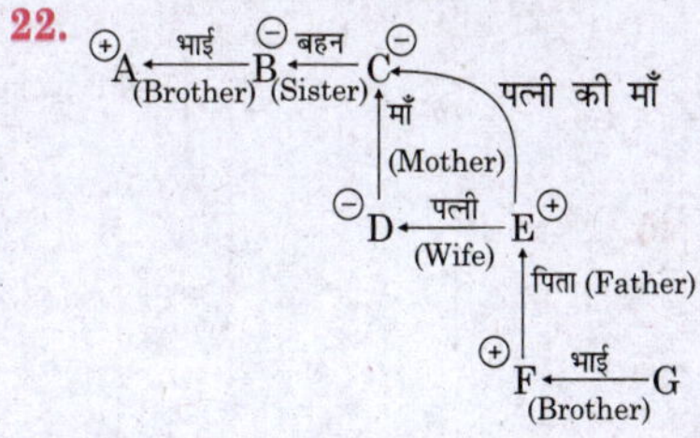

23.

24.

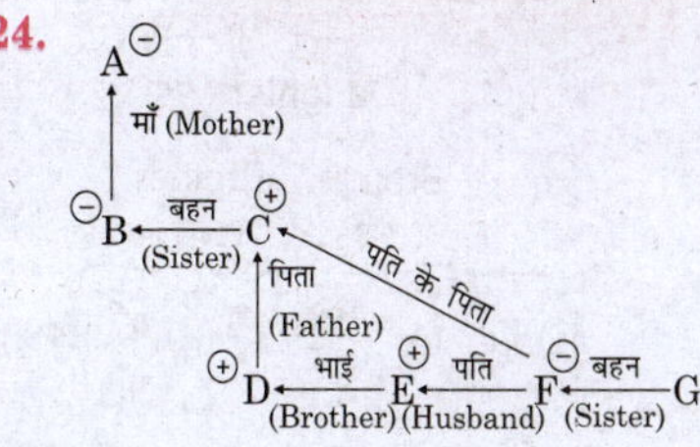

25.

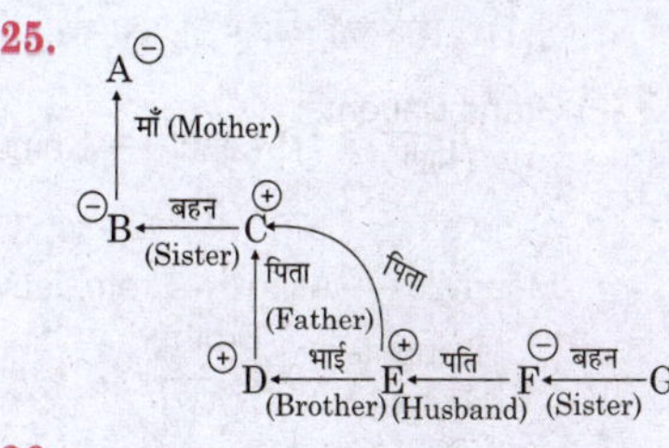

26.

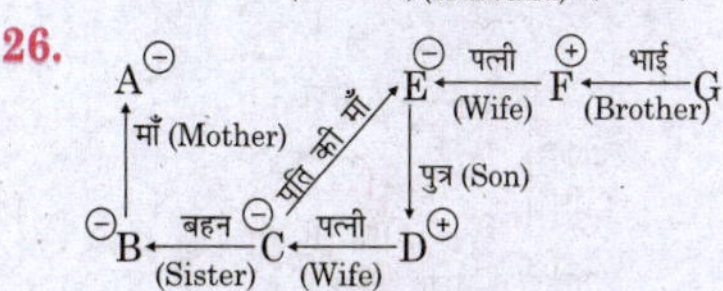

27.

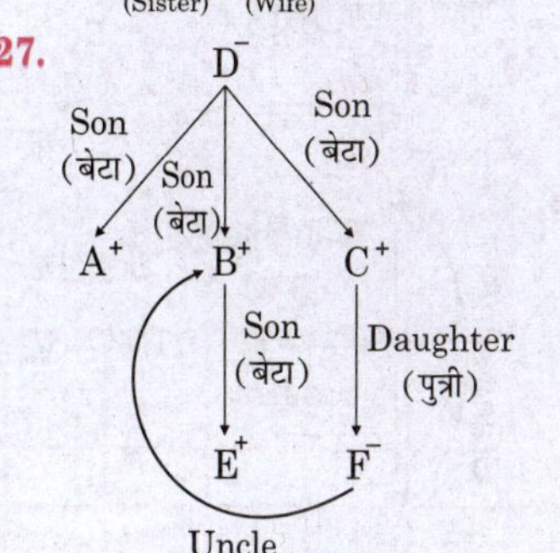

अत: B, F का चाचा/ताऊ है।

28.

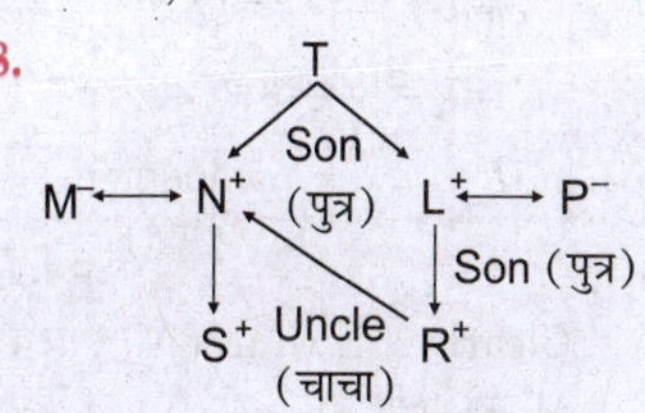

29.

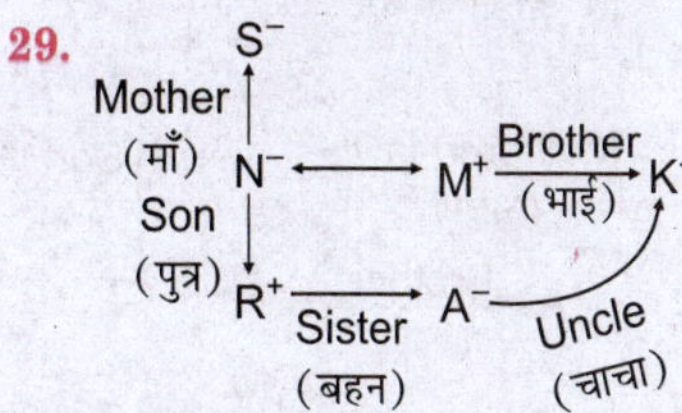

30.

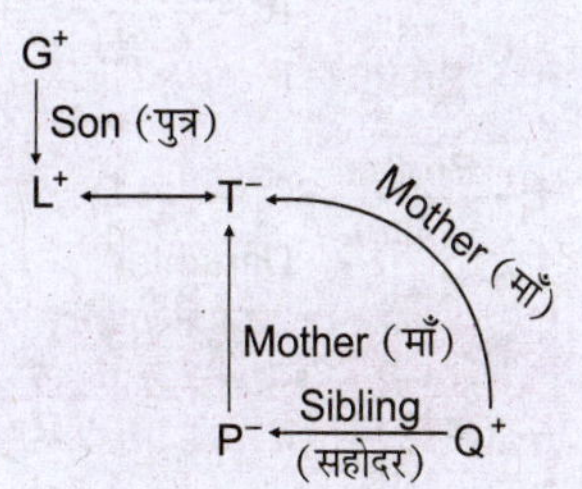

31.
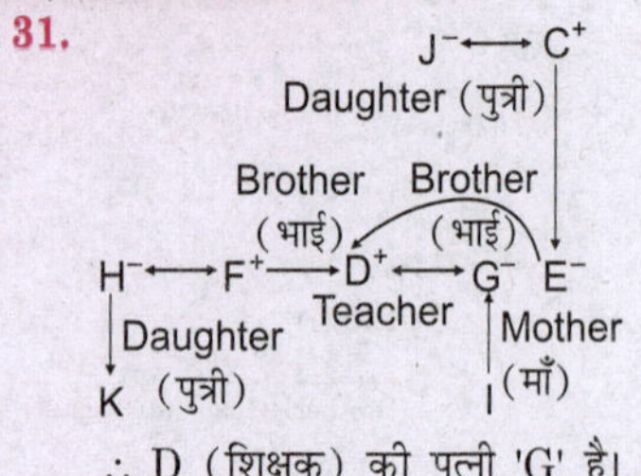

∴ D (शिक्षक) की पत्नी 'G' है।

32.
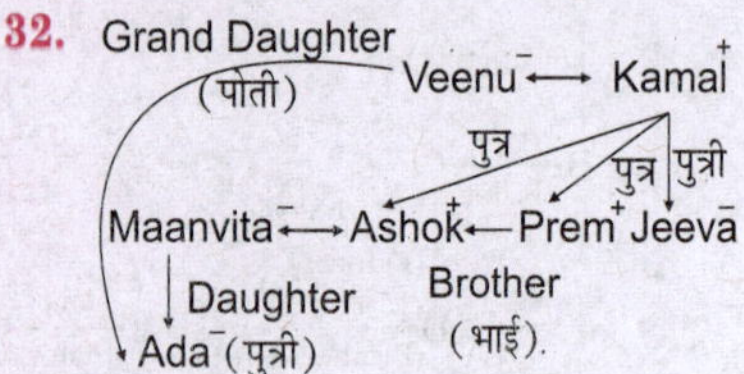

33.
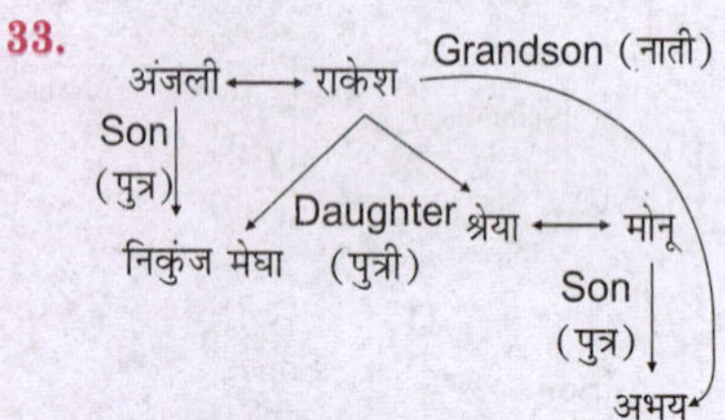

34.
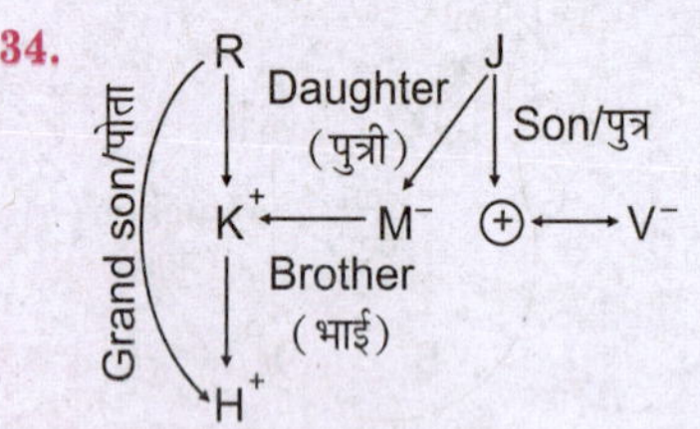

35.
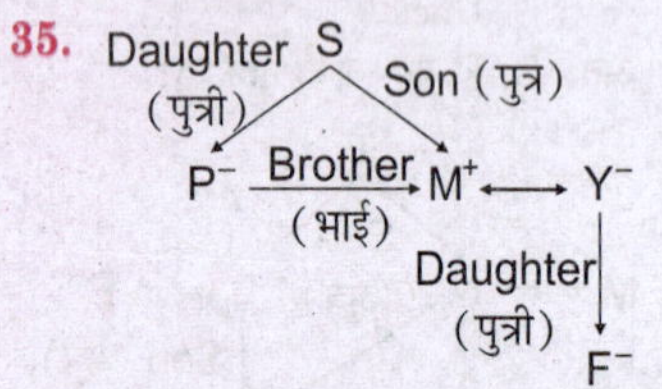

Clearly Y is wife of M/ स्पष्टत: Y, M की पत्नी है।

36.
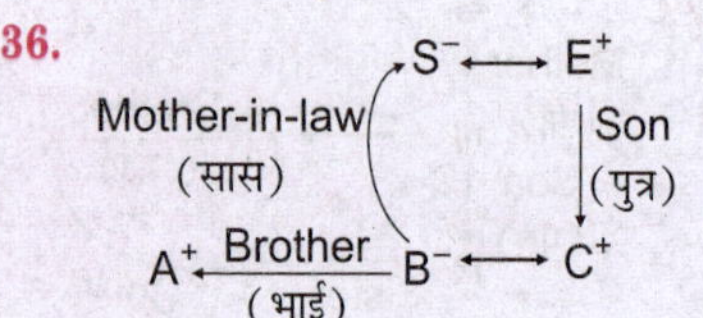

37.
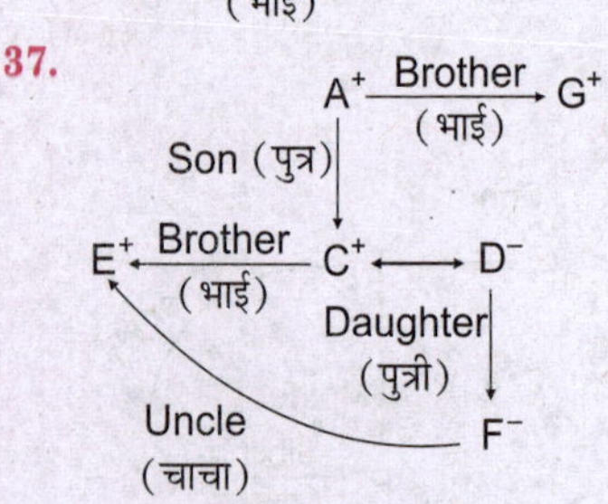

38.
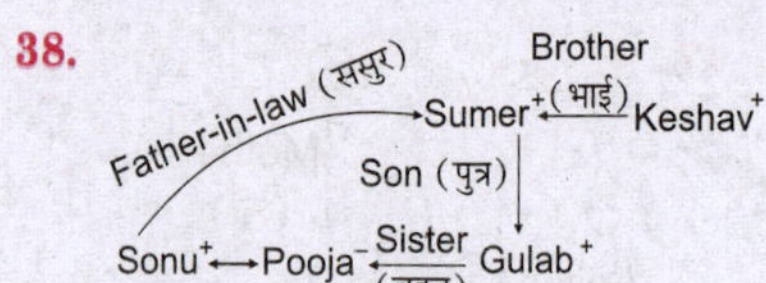

39.
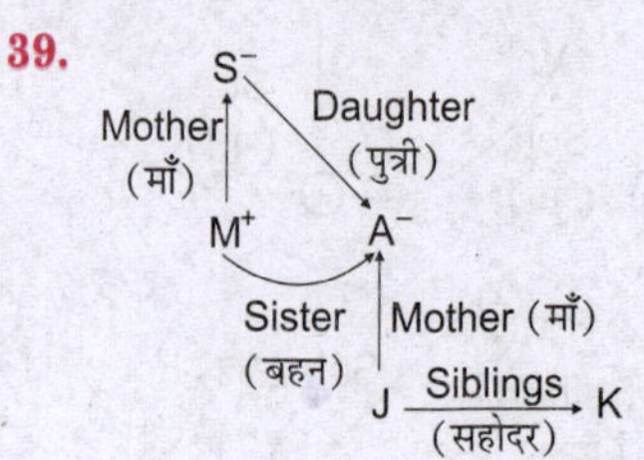

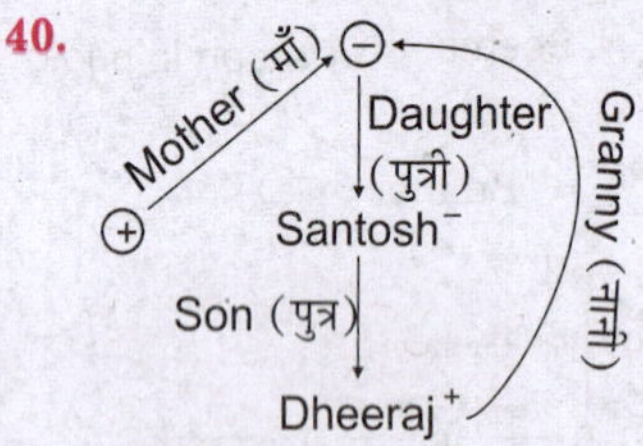

40.
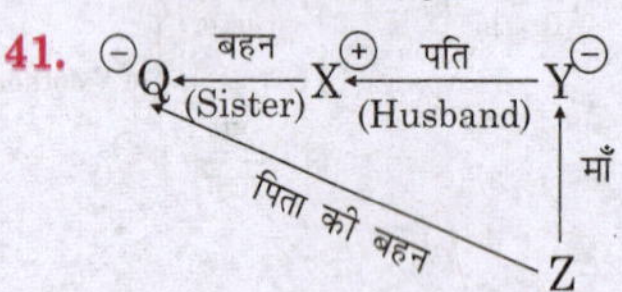

41.
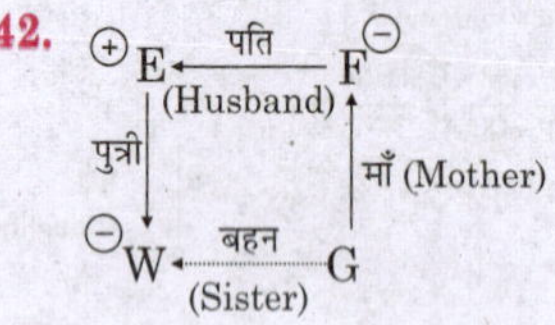

42.
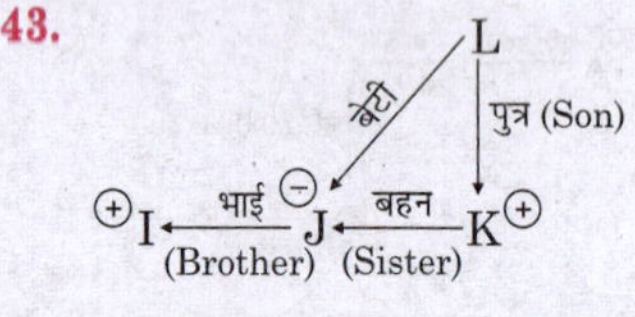

43.
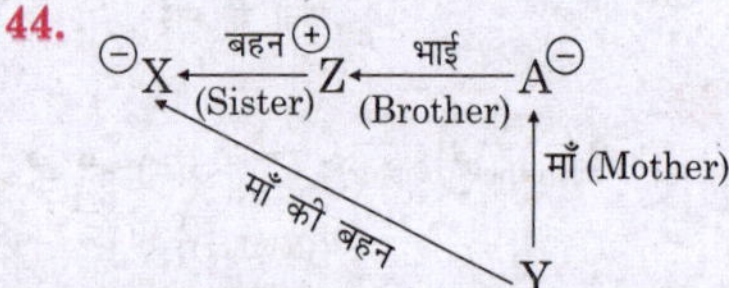

44.
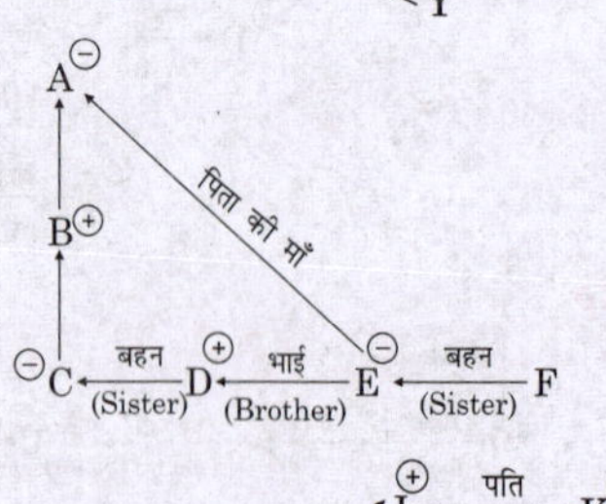

45.

46.
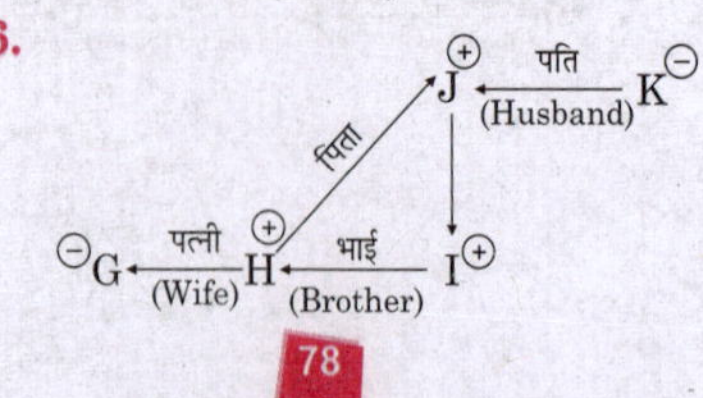

47.
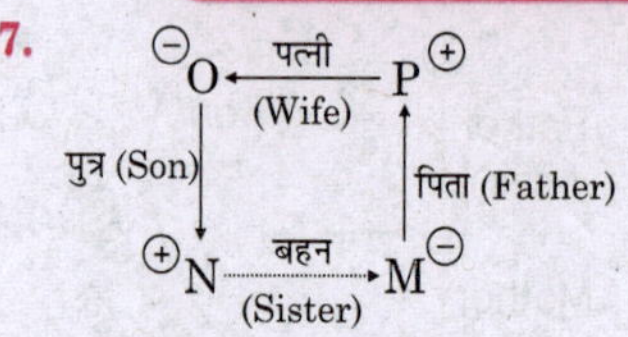

48.
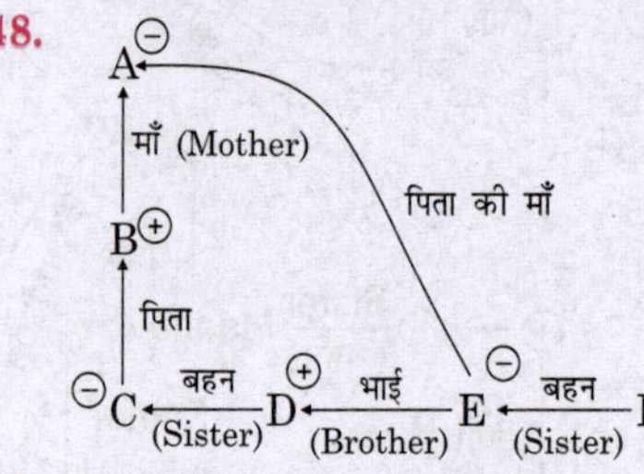

49.
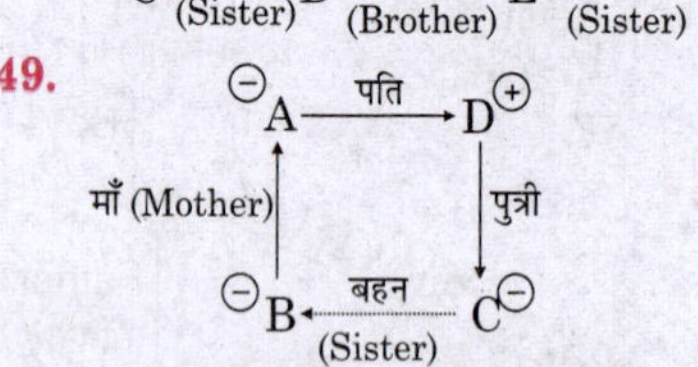

50.
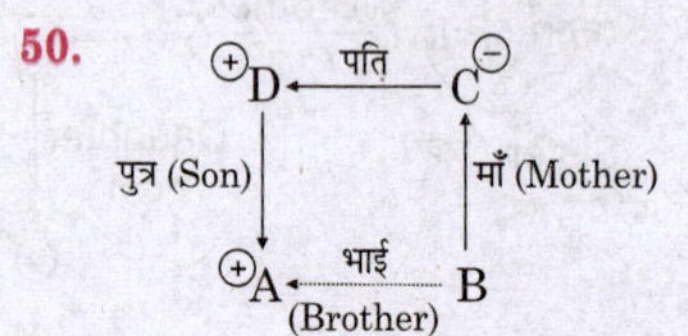

51.
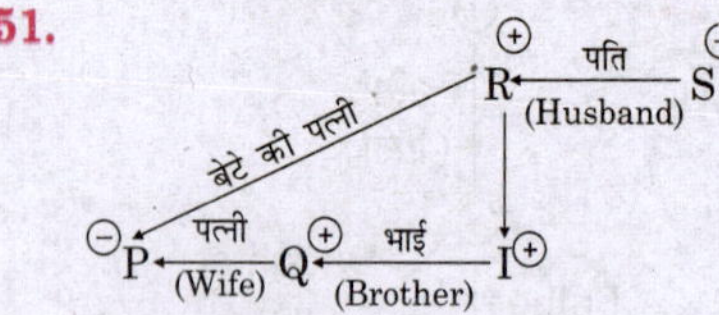

52.
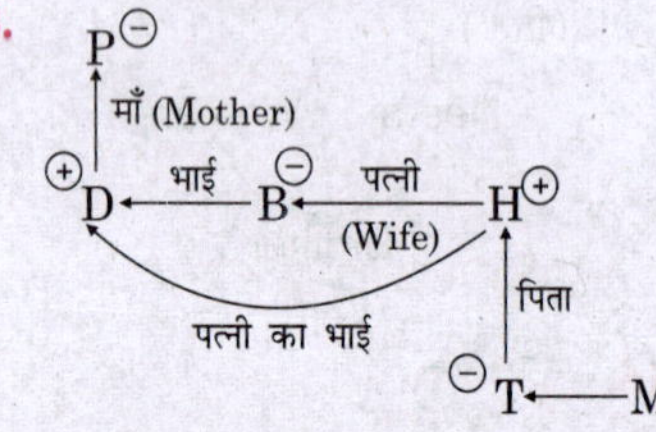

53.
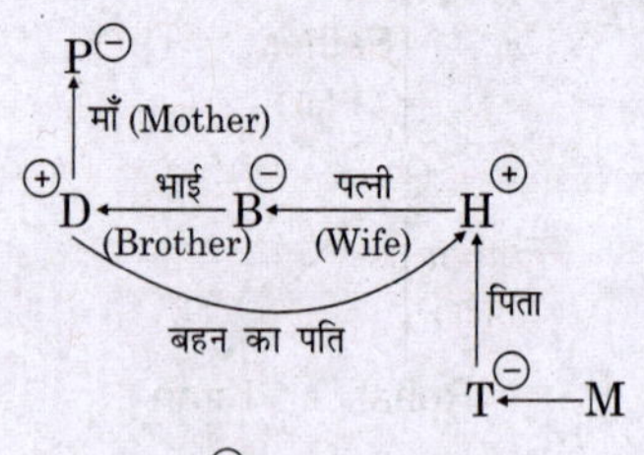

54.
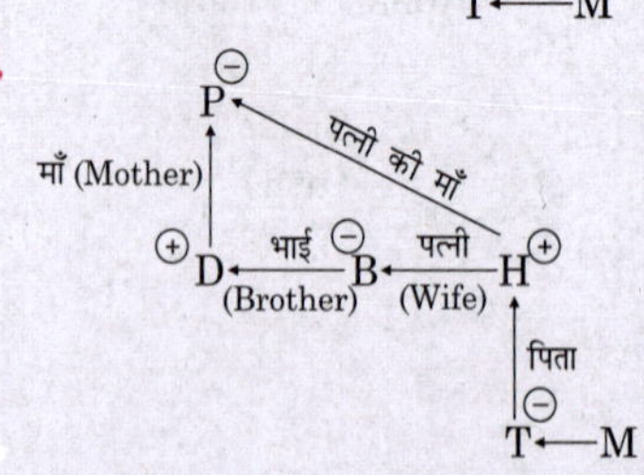

55.

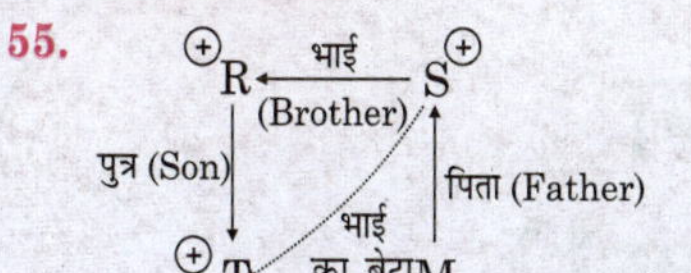

56.

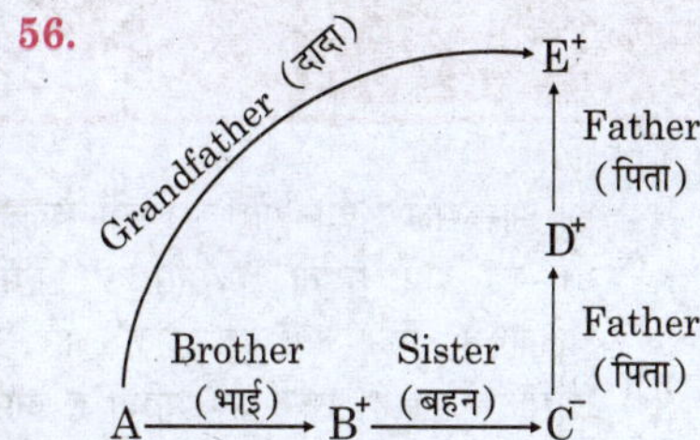

57.

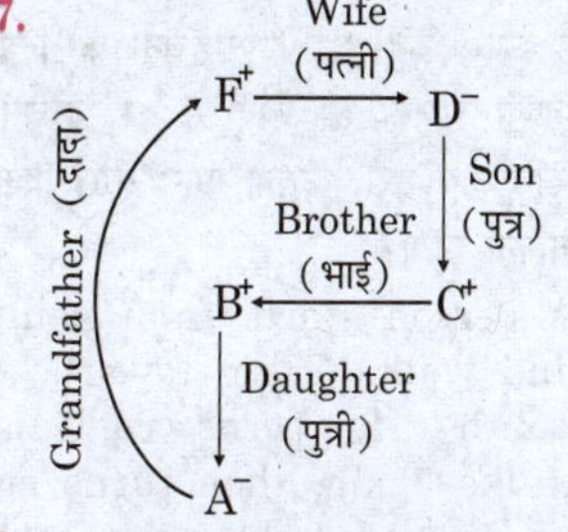

58.

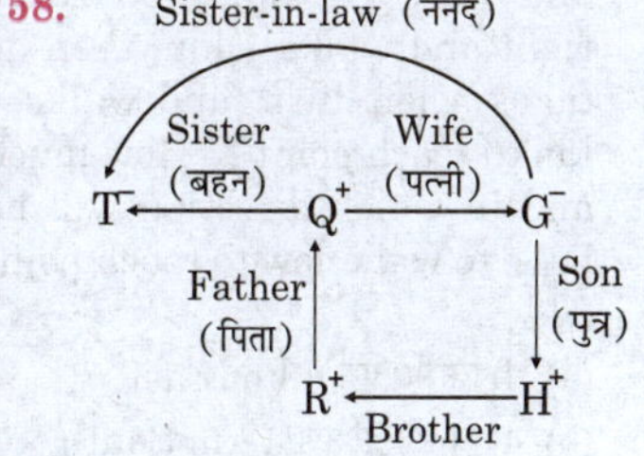

59.

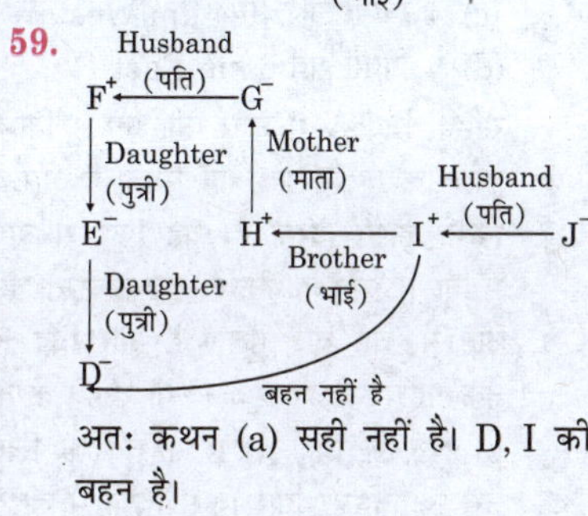

अत: कथन (a) सही नहीं है। D, I की बहन है।

60.

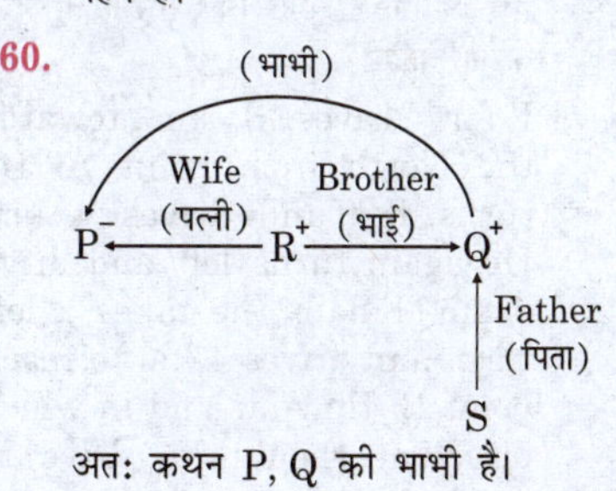

अत: कथन P, Q की भाभी है।

61.

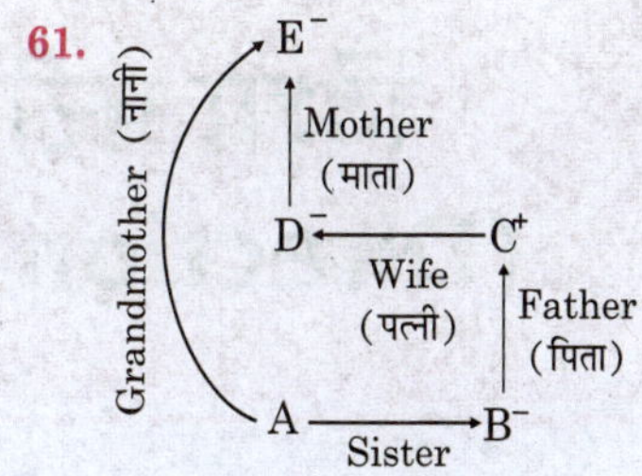

62.

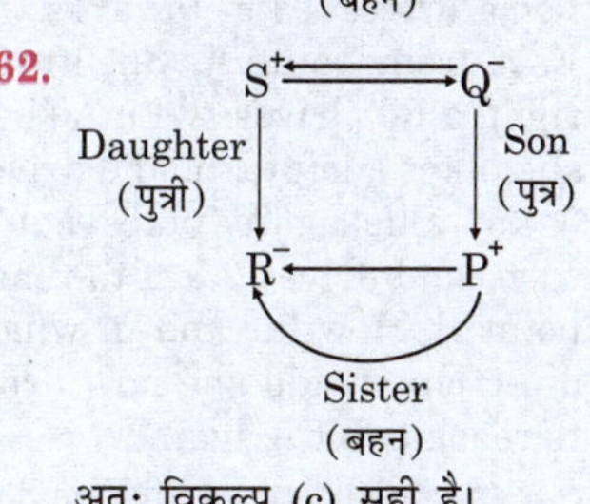

अत: विकल्प (c) सही है।

63.

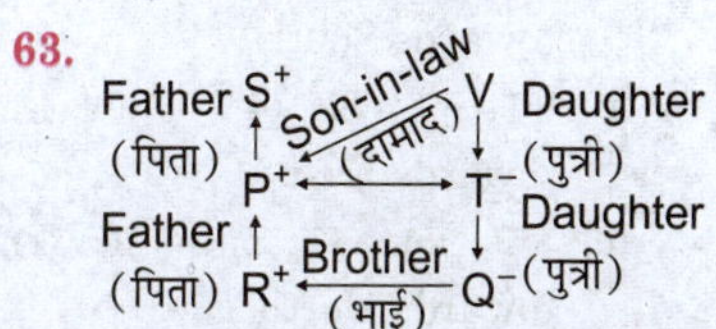

64.

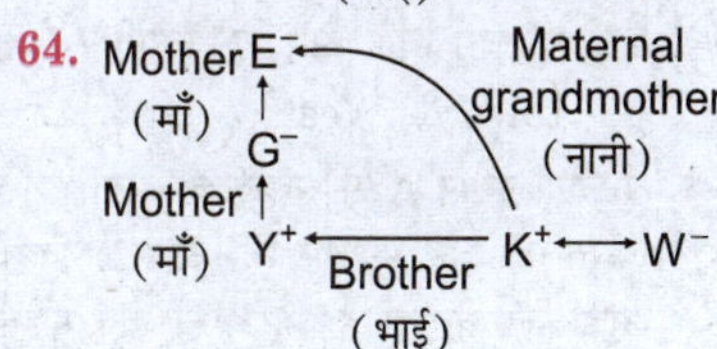

65.

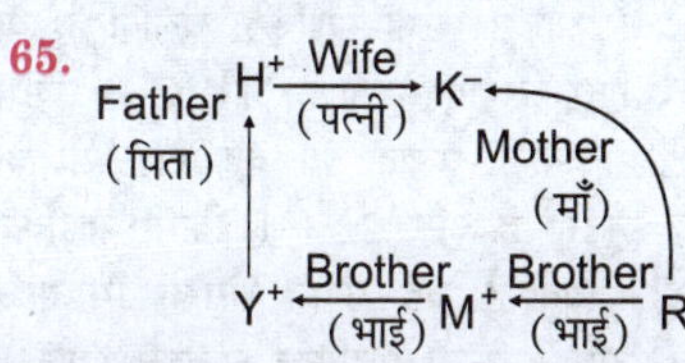

66.

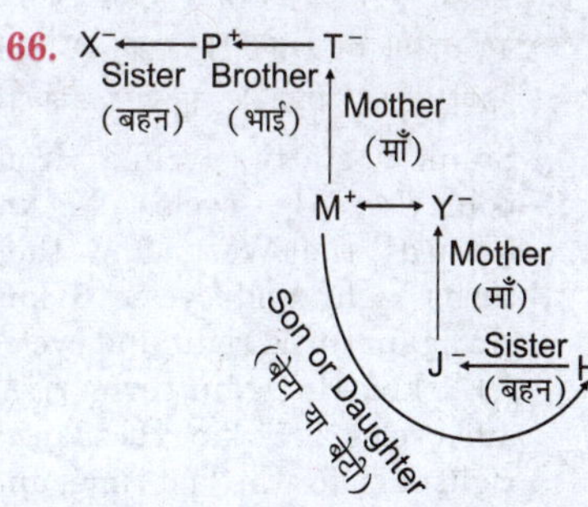

67.

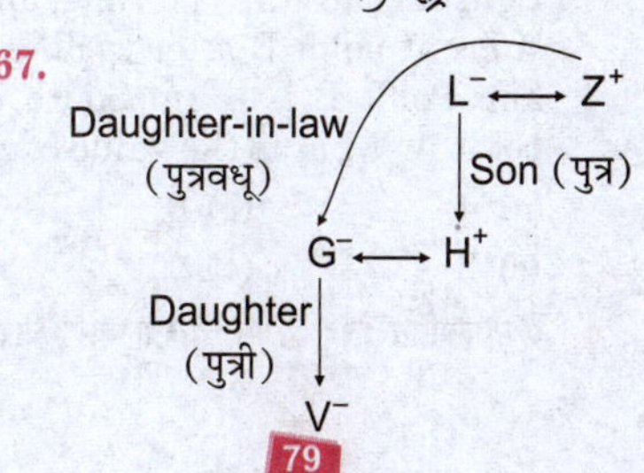

68.

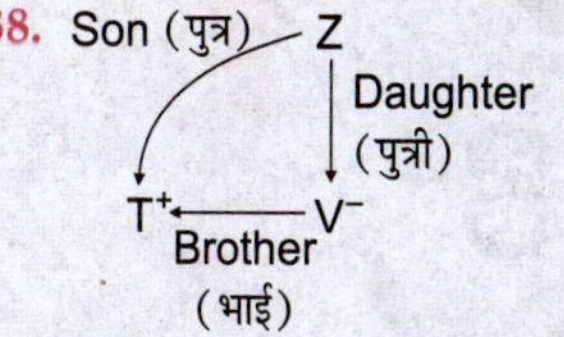

Clearly T is son of Z/स्पष्टत: T, Z का पुत्र है।

69.

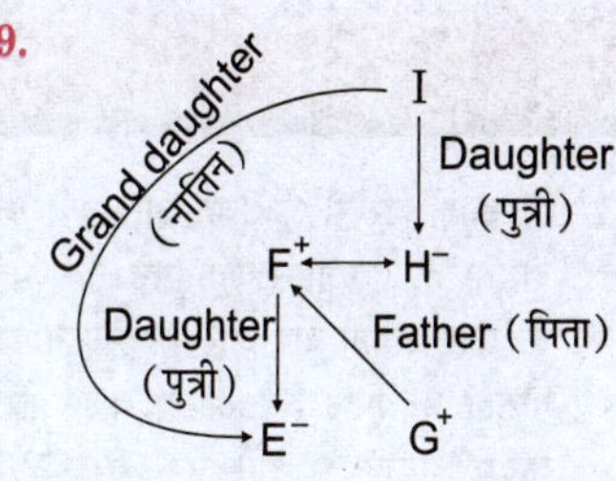

70.

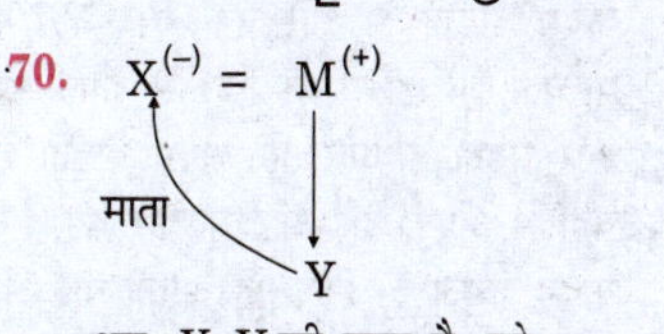

अत: X, Y की माता है, को X2M8Y दर्शाता है

71.

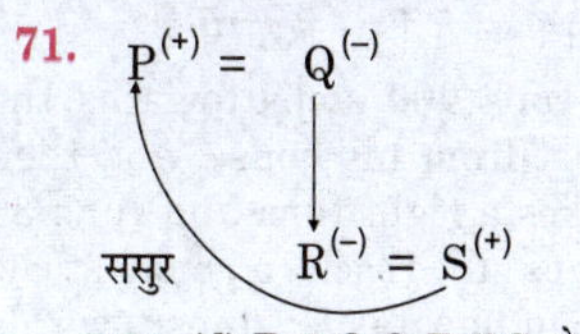

अत: (d) P @ Q & R # S से P, S का ससुर है।

दिशा परीक्षण (Direction Test)

Type 1

1. X अपने घर से पूर्व की ओर 200 कदम दौड़ता है और फिर एक मठ तक पहुँचने के लिए अपनी दाईं ओर मुड़कर 30 कदम दौड़ता है। फिर वह अपनी दाईं ओर 30 कदम दौड़ता है और एक बिंदु W पर पहुँचता है। वहाँ से वह फिर से अपनी दाईं ओर मुड़ता है और 30 कदम दौड़ता है। वहाँ से अपनी दाईं ओर मुड़कर वह 130 कदम दौड़ता है। फिर वह अपनी बाईं ओर मुड़ता है और एक बेकरी तक पहुँचने के लिए 10 कदम दौड़ता है। X के घर के सापेक्ष बेकरी किस दिशा में है?

   X runs 200 steps towards the East from his house, and then takes a right turn and runs 30 steps to reach a monastery. Then he runs 30 steps towards his right, and reaches a point W. From there he again turns to his right and runs 30 steps. And then turning to his right, he runs 130 steps. Then he turns to his left, and runs 10 steps to reach a bakery. In which direction is the bakery with respect to X's house?

   (a) पूर्व/East
   (b) दक्षिण-पूर्व/South-East
   (c) उत्तर/North
   (d) उत्तर-पूर्व/North-East

2. पूजा बिंदु A से पूर्व की ओर 4 किमी ड्राइव करती है। वह दाएँ मुड़ती है और 2 किमी ड्राइव करती है। फिर वह बाएँ मुड़ती है और 3 किमी ड्राइव करती है। वह पुन: बाएँ मुड़ती है और बिंदु B तक पहुँचने के लिए 2 किमी ड्राइव करती है। बिंदु A पर पुन: पहुँचने के लिए अब उसे कितनी दूर और किस दिशा में ड्राइव करना चाहिए?

   Pooja drives 4 km towards the East from point A. She turns right, and drives 2 km. Then she takes a left turn, and drives 3 km. She again takes a left turn, and drives 2 km to reach point B. How far and in which direction should she now drive to reach point A again?

   (a) दक्षिण की ओर 4 किमी/4 km towards South
   (b) पूर्व की ओर 4 किमी/4 km towards East
   (c) उत्तर की ओर 5 किमी/5 km towards North
   (d) पश्चिम की ओर 7 किमी/7 km towards West

3. स्टेनली स्थान A से साइकिल चलाना शुरू करता है। वह पश्चिम की ओर X किमी साइकिल चलाता है और फिर दाएँ मुड़ता है और 3 किमी साइकिल चलाता है। वह फिर से दाएँ मुड़ता है और X + 1 किमी साइकिल चलाता है। वह फिर से दाएँ मुड़ता है और 2x + 1 किमी साइकिल चलाता है। वह अंतिम बार दाएँ मुड़ता है और 1 किमी साइकिल चलाकर स्थान B पर रूकता है। स्थान B, स्थान A से 6 किमी दक्षिण में है। X का मान क्या है?

   Stanley starts cycling from point A. He cycles X km towards the West, and then turns right and cycles 3 km. He again turns right and cycles X+ 1 km. He again turns right and cycles 2x+1 km. He takes a right turn for the last time, and stops at point B after cycling 1 km. Point B is 6 km South of point A. What is the value of X?

   (a) 4 (b) 5
   (c) 3 (d) 9

4. एक व्यक्ति बिंदु Z से चलना शुरू करता है, और दक्षिण की ओर 7 किमी चलता है। वह दाएँ मुड़ता है और 5 किमी चलता है, फिर दाएँ मुड़ता है और 3 किमी चलता है, फिर दाएँ मुड़ता है और 1 किमी चलता है। फिर वह बाएँ मुड़ता है और बिंदु X पर पहुँचने के लिए 4 किमी चलता है। बिंदु Z पर पहुँचने के लिए अब उसे कितना और किस दिशा में चलना होगा?

   A person starts from point Z and walks 7 km towards the South. He turns right and walks 5 km, then turns right and walks 3 km, then turns right and walks 1 km, then he takes a left turn, and walks 4 km to reach point X. How much and in which direction will he have to walk now to reach point Z?

   (a) 4 किमी पूर्व/4 km East
   (b) 4 किमी दक्षिण/4 km South
   (c) 4 किमी पश्चिम/4 km West
   (d) 6 किमी पूर्व/6 km East

5. रोहित, बिंदु A से उत्तर की ओर 3 किमी ड्राइव करता है। वह बाएँ मुड़ता है और 4 किमी ड्राइव करता है। वह फिर से बाएँ मुड़ता है और 6 किमी ड्राइव करता है। अंत में, वह बाएँ मुड़ता है और बिंदु B तक पहुँचने के लिए 4 किमी ड्राइव करता है। फिर से बिंदु A पर पहुँचने के लिए उसे कितनी दूर और किस दिशा में ड्राइव करना चाहिए?

   Rohit drives 3 km towards the North from point A. He turns left and drives 4 km. He again turns left and drive 6 km. Finally, he takes a left turn, and drives 4 km to reach point B. How far and in which direction should he drive to reach point A again?

(a) 4 किमी दक्षिण की ओर/4 km towards South
(b) 3 किमी पूर्व की ओर/3 km towards East
(c) 3 किमी उत्तर की ओर/3 km towards North
(d) 2 किमी पश्चिम की ओर/2 km towards West

6. गौरव अपने उत्तर की ओर मुख वाले घर के पिछले दरवाजे से बाहर निकलता है और 25 मीटर सीधा चलता है, फिर वह बाएँ मुड़ता है और 36 मीटर चलता है, फिर वह बाएँ मुड़ता है और 47 मीटर चलता है। वह फिर से बायें मुड़ता है और 36 मीटर चलता है। अब वह अपने घर से कितनी दूर और किस दिशा में है?

Gaurav comes out from the back door of his North facing house and walks 25 m straight, then he takes a left turn and walks 36 m, then he takes a left turn and walks 47 m. He again takes a left turn and walks 36 m. How far and in which direction is he from his home now?
(a) 22 मीटर, उत्तर/22 m, North
(b) 11 मीटर, उत्तर/11 m, North
(c) 22 मीटर, दक्षिण/22 m, South
(d) 11 मीटर, दक्षिण/11 m, South

7. श्वेता अपने कार्यालय से चलना शुरू करती है और दक्षिण की ओर 150 मीटर चलती है, फिर वह दाएँ मुड़ जाती है और 80 मीटर चलती है और फिर वह बाएँ मुड़ती है और 60 मीटर चलती है। वह अंत में बाएँ मुड़ती है और एक बैंक तक पहुँचने के लिए 280 मीटर चलती है। उसके कार्यालय और बैंक के बीच न्यूनतम दूरी कितनी है?

Shweta starts walking from her office and walks 150 m towards the South, then she turns right and walks 80 m and then she turns left and walks 60 m. She finally turns left and walks 280 m to reach a bank. What is the shortest distance between her office and bank?
(a) 280 मीटर (b) 290 मीटर
(c) 410 मीटर (d) 370 मीटर

8. विजेंद्र अपने घर से पश्चिम की ओर एक निश्चित दूरी X मीटर चलता है, फिर वह बाएँ मुड़ता है और 23 मीटर चलता है, उसके बाद वह बाएँ मुड़ता है और 36 मीटर चलता है। फिर वह 23 मीटर चलने के लिए फिर से बाएँ मुड़ता है। वह अंत में बाएँ मुड़ता है और घर पहुँचने के लिए 18 मीटर चलता है। X का मान ज्ञात कीजिए।

Vijendra walks a certain distance, X meters, from his home towards the West, then he turns left and walks 23 meters, after that, he turns left and walks 36 meters. Then he turns left again to walks 23 meters. He finally turns left and walks 18 meters to reach home. Find the value of X?
(a) 41 (b) 18
(c) 20 (d) 22

Type 2

9. Eight friends A, B, C, D, E, F, G and H are sitting around a round table at equal distance in counter-clockwise direction and in same order facing the center of the table. If H is sitting in the South direction, then in which direction is C sitting?

आठ मित्र, A, B, C, D, E, F, G और H एक गोल मेज के परितः वामावर्त रूप से एक दूसरे से समान दूरी पर इसी क्रम में केन्द्र की ओर अभिमुख होकर बैठे है। यदि H दक्षिण दिशा में बैठा है, तो C किस दिशा में बैठा है?
(a) दक्षिण-पूर्व/South-East
(b) उत्तर/North
(c) उत्तर-पूर्व/North-East
(d) उत्तर-पश्चिम/North-West

(SSC GD, 9 Dec. 2021, Shift III)

10. Eight friends A, B, C, D, E, F, G and H are sitting around a round table at equal distance in clockwise direction and in same order facing the centre of the table. If E is sitting in the North-West direction, then in which direction is G facing?

आठ मित्र A,B,C,D,E,F,G और H एक वृत्ताकार मेज के परितः एक दूसरे से समान दूरी पर इसी क्रम में केंद्र की ओर अभिमुख होकर दक्षिणावर्त क्रम में बैठे हुए है। यदि E उत्तर-पश्चिम दिशा में बैठा है, तो G का मुख किस दिशा में हैं?

(SSC GD, 13 Dec 2021, Shift II)
(a) उत्तर/North
(b) दक्षिण-पूर्व/South-East
(c) उत्तर-पश्चिम/North-West
(d) दक्षिण-पश्चिम/South-West

11. V, X, Y and Z are playing cards. X is to the left of Y and V is to the right of Z. If X is facing West, which direction is V facing?

V, X, Y और Z ताश खेल रहे हैं। X,Y के बाएँ है और V, Z के दाएँ है। अगर X पश्चिम की ओर मुँह करके बैठा है, तो V किस दिशा में मुँह करके बैठा है?

(SSC GD, 19 Feb. 2019, Shift I)
(a) पश्चिम/ West
(b) उत्तर/ North
(c) दक्षिण/ South
(d) पूर्व/ East

Type 3

12. एक सुबह चित्राशी और अयान एक-दूसरे के सामने बैठे हैं। यदि अयान की छाया चित्राशी के बाईं ओर पड़ती है, तो अयान का मुख किस दिशा में है?

One morning Chitrashi and Ayaan sit facing each other. If the shadow of Ayaan falls to the left of Chitrashi, then in which direction is Ayan facing?
(a) उत्तर/North
(b) पूर्व/East
(c) दक्षिण/South
(d) पश्चिम/West

13. जब मैं सुबह-सुबह अपने घर से ऑफिस जा रहा था तो मेरी परछाईं मेरे बायीं ओर बनी। मेरा घर ऑफिस से किस दिशा में है?

When I was going to the office from my house early in the morning, my shadow formed on my left hand side. In which direction is my house from the

office?
(a) उत्तर-पश्चिम/North-west
(b) उत्तर/North
(c) दक्षिण/South
(d) पूर्व/East

14. एक शाम दीपक और रोहित एक-दूसरे से बात कर रहे थे। यदि इस समय दीपक की परछाई ठीक उसके आगे हो, तब दीपक का मुख किस दिशा में होगा?
One evening Deepak and Rohit were talking to each other. If at this time the shadow of the Deepak is right in front of him, then in which direction will Deepak be facing?
(a) पूर्व/East
(b) पश्चिम/West
(c) उत्तर/North
(d) दक्षिण/South

15. सुबह सूर्योदय के बाद, अर्जेंटीना के फुटबॉल कोच, मेसी के साथ मैदान में ऐसी स्थिति में खड़े होकर अगले मैच के लिए रणनीति पर चर्चा करते हैं कि कोच की छाया मेसी के ठीक सामने पड़ती है। मेसी किस दिशा की ओर अभिमुख है?
In the morning after sunrise, Argentina's football coach stands in position on the field with Messi and discusses strategy for the next match, that the coach's shadow falls right in front of Messi. Which direction is Messi facing?
(a) पूर्व/East (b) पश्चिम/West
(c) उत्तर/North (d) दक्षिण/South

16. One evening, before sunset, Mahesh and Vikrant are standing back towards each other in a field. If Vikrant's shadow turns to the right of Mahesh, then which direction is Mahesh facing?
एक शाम, सूर्यास्त से पहले एक मैदान में महेश और विक्रांत एक-दूसरे की ओर पीठ करके खड़े हैं। अगर विक्रांत की छाया महेश के बिल्कुल दाएँ बनती है, तो महेश किस दिशा की ओर मुँह किए हुए हैं?
(SSC GD, 19 Feb. 2019, Shift II)
(a) पश्चिम/ West
(b) दक्षिण/ South
(c) पूर्व/ East
(d) उत्तर/ North

17. A, B, C and D are playing carrom. A, C and B, D are partners. C is to the left of D who is facing South. Then A is facing towards.
A,B,C और D कैरम का खेल खेल रहे हैं। A, C और B, D पार्टनर है। C, D के बाईं ओर बैठा है, जिसका मुख दक्षिण की ओर हैं। तो A का मुख किस दिशा में होगा?
(SSC GD, 12 May 2013. Shift-I)
(a) उत्तर/ North
(b) दक्षिण/ South
(c) पूर्व/ East
(d) पश्चिम/ West

Type 4 : Miscellaneous

18. सुलोचना एक पार्क में पूर्व दिशा की ओर अभिमुख होकर खड़ी है। फिर वह 45 डिग्री दक्षिणावर्त मुड़ती है और उसके बाद 135 डिग्री वामावर्त मुड़ती है। वह अब किस दिशा की ओर अभिमुख है?
Sulochana is standing in a park facing to the East. Then she turns 45 degrees clockwise and then 135 degree anti-clockwise. In which direction is she facing now?
(a) उत्तर-पूर्व/North-east
(b) दक्षिण/South
(c) उत्तर/North
(d) उत्तर-पश्चिम/North-west

19. जैनब प्रारंभ में एक विशेष दिशा की ओर मुख करके खड़ी है। फिर वह 90° दक्षिणावर्त घूमती है, उसके बाद वह 180° वामावर्त घूमती है। फिर वह वामावर्त दिशा में 135° घूमती है। अंततः वह दक्षिणावर्त दिशा में 180° घूम जाती है। अब उसका मुख उत्तर-पूर्व की ओर है। मोड़ लेने से पहले जैनब का मुख किस दिशा में था?
Zainab is standing facing a particular direction initially. Then she turns 90° clockwise, after that she turn 180° anticlockwise, then she turns 135° anticlockwise. She finally turns 180° clockwise. Now she is facing the North-East direction. In which direction was Zainab facing initially before taking the turn?
(a) दक्षिण/South
(b) पूर्व/East
(c) पश्चिम/West
(d) उत्तर-पश्चिम/North-West

20. एक व्यक्ति पश्चिम की ओर मुँह करके खड़ा है और दक्षिणावर्त दिशा में 45 डिग्री और फिर पुन: दक्षिणावर्त दिशा में 180 डिग्री घूमता है, इसके बाद वामावर्त दिशा में 270 डिग्री घूमता है। वह अब किस दिशा में मुँह करके खड़ा होगा?
A person is standing facing to the West and rotates 45 degrees in clockwise direction and then again 180 degrees in clockwise direction, followed by 270 degrees in anti-clockwise direction. In which direction will he now stands facing?
(a) पश्चिम/West
(b) पूर्व/East
(c) दक्षिण/South
(d) दक्षिण-पश्चिम/South-west

21. आप पूर्व की ओर मुँह करके खड़े हैं। आप दक्षिणावर्त दिशा में 100° और फिर वामावर्त दिशा में 145° घूमते हैं। अब आप किस दिशा की ओर देख रहे हैं?
You are standing facing the East. You rotate 100° in a clockwise direction and then 145° in anti-clockwise direction. Which direction are you looking at now ?
(a) उत्तर / North
(b) पूर्व / East
(c) उत्तर-पूर्व / North-East
(d) दक्षिण-पूर्व / South-East

22. शहर A, शहर B के उत्तर में स्थित है। शहर D, शहर B के पूर्व में स्थित है। शहर C, शहर D के पश्चिम में स्थित है। शहर E, शहर C के दक्षिण में और शहर A के दक्षिण-पश्चिम में स्थित है। शहर C के संबंध में शहर B की स्थिति

क्या है?

City A is located to the North of city B. City D is located to the East of city B. City C is located to the West of city D. City E is located to the South of city C and to the South-West of city A. What is the position of city B with respect to city C?

(a) दक्षिण/South
(b) पश्चिम/West
(c) पूर्व/East
(d) उत्तर/North

23. Z का घर P के घर से 45 मीटर दक्षिण में है। J का घर H के घर से 50 मीटर दक्षिण में है। Q का घर Z के घर से 30 मीटर पश्चिम में है। M का घर P के घर से 50 मीटर उत्तर में है। H का घर M के घर से 30 मीटर पश्चिम में है। Q के घर के संदर्भ में J का घर किस दिशा में और कितनी दूरी पर है?

Z's house is 45 m South to P's house. J's house is 50 m South to H's house. Q's house is 30 m West to Z's house. M's house is 50 m North to P's house. H's house is 30 m West to M's house. In which direction and at what distance is J's house with reference to Q's house?

(a) दक्षिण, 50 मीटर/South, 50 m
(b) पश्चिम, 30 मीटर/West, 30 m
(c) उत्तर, 45 मीटर/North, 45 m
(d) दक्षिण, 45 मीटर/South, 45 m

24. रमन सुबह सूर्य की ओर चलना आरंभ करता है। कुछ समय बाद, वह बाएँ मुड़ता है। कुछ देर बाद वह पुन: अपने बाएँ मुड़ता है। अब रमन किस दिशा में जा रहा है?

Raman starts walking in the morning facing the Sun. After sometime, he turned to the left. Later again he turned to his left. At what direction is Raman moving now?

(a) पूर्व/East (b) पश्चिम/West
(c) दक्षिण/South (d) उत्तर/North

25. राहुल का विद्यालय उसके घर से उत्तर-पूर्व दिशा में है, तो उसका घर, उसके विद्यालय से किस दिशा में है?

Rahul's school is in the North-East direction from his house. In which direction, is his house from his school?

(a) उत्तर-पश्चिम/North-West
(b) दक्षिण-पश्चिम/South-West
(c) दक्षिण-पूर्व/South-East
(d) पश्चिम/West

26. श्याम उत्तर में 7 किमी. चलता है, फिर वह अपनी दाईं ओर मुड़ता है और 3 किमी. चलता है। वह फिर से अपनी दाईं ओर मुड़ता है और 7 किमी. चलता है। अब वह अपने प्रारंभिक बिंदु से किस दिशा में है?

Shyam travels 7 km towards the North, then he turns to his right and walks 3 km. He again turns to his right and walks 7 km. Now in which direction is he from his initial point?

(a) पश्चिम/West (b) दक्षिण/South
(c) पूर्व/East (d) उत्तर/North

27. कल्पना करें कि आपका मुख दक्षिण दिशा की ओर सम्मुख है। निम्नलिखित में से क्या होगा ?

Imagine you are facing to the South. Which of the following will happen?

(a) The sun is in front of me / सूरज मेरे सामने है।
(b) The sun rises on my right / सूरज मेरे दाईं ओर उगता है।
(c) The sun rises on my left / सूरज मेरे बाईं ओर उगता है।
(d) The sun is behind me / सूरज मेरे पीछे है।

28. एक शाम, श्रीनिवास और प्रभात एक दूसरे की ओर चल रहे थे। प्रभात की छाया श्रीनिवास के दाईं ओर पड़ी। श्रीनिवास का मुख किस ओर था?

One evening, Srinivas and Prabath were walking towards each other. Prabath's shadow fell to the right side of Srinivas. Which side was Srinivas facing?

(a) West / पश्चिम (b) North / उत्तर
(c) South / दक्षिण (d) East / पूर्व

29. यदि 'पूर्व' को 'पश्चिम', 'पश्चिम' को 'पूर्व', 'उत्तर' को 'दक्षिण' और 'दक्षिण' को 'उत्तर' माना जाता है, तो भारत में सूर्योदय किस दिशा में होता है?

If 'East' is considered as 'West', 'West' is considered as 'East', 'North' is considered as 'South' and 'South' is considered as 'North', then in which direction does the sunrise in India?

(SSC GD, 7/12/2021, Shift 3)

(a) उत्तर/North
(b) पूर्व/East
(c) पश्चिम/West
(d) दक्षिण/South

उत्तरमाला

1.	(d)	2.	(d)	3.	(a)	4.	(a)	5.	(c)	6.	(a)	7.	(b)	8.	(b)	9.	(c)	10.	(d)
11.	(b)	12.	(c)	13.	(c)	14.	(a)	15.	(a)	16.	(d)	17.	(c)	18.	(c)	19.	(b)	20.	(d)
21.	(c)	22.	(c)	23.	(c)	24.	(b)	25.	(b)	26.	(c)	27.	(c)	28.	(b)	29.	(c)		

Hints & Solution (व्याख्या)

1.

बेकरी
10
घर 200 100
30 30 30
W 30

अत: X के घर के सापेक्ष बेकरी उत्तर-पूर्व दिशा में है।

2.

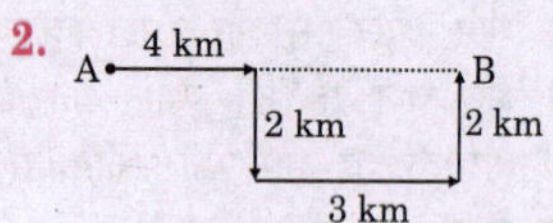

अत: बिंदु A तक पहुँचने के लिए उसे 7 किमी पश्चिम दिशा की ओर चलना होगा।

3.

(x+1) km
3 km
A
(2x+1) km
x km
6 km
B
1 km

$2x + 1 - 3 = 6$
$2x - 2 = 6$
$x = 4$ km

4.

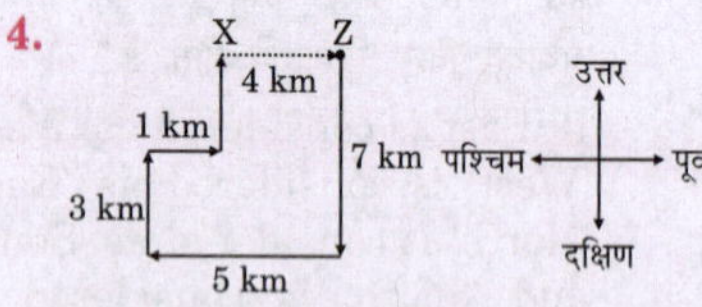

अत: Z तक पहुँचने के लिए उसे 4 किमी पूर्व दिशा में चलना होगा।

5.

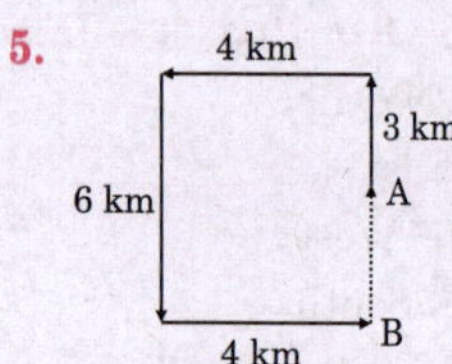

अत: बिंदु A पर पहुँचने के लिए 3 किमी उत्तर दिशा में चलना पड़ेगा।

6. उत्तर (North) की ओर मुख वाले घर के पिछले दरवाजे की दिशा = दक्षिण (South)

तब,

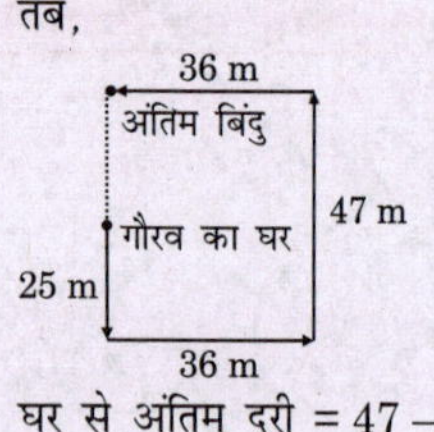

घर से अंतिम दूरी = 47 – 25

= 22 m North (उत्तर)

7.

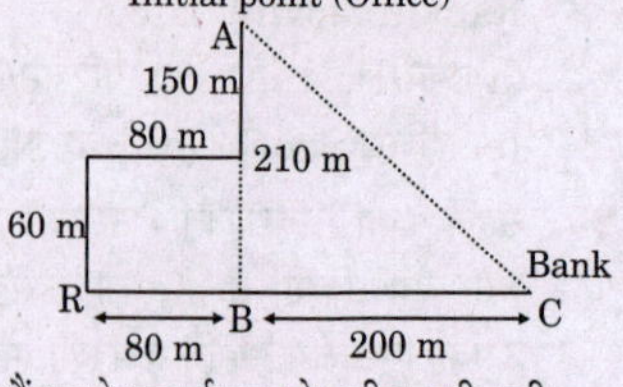

बैंक से कार्यालय के बीच की दूरी

$AC = \sqrt{(210)^2 + (200)^2}$

$AC = \sqrt{44100 + 40000}$

$AC = 290$ m

8.

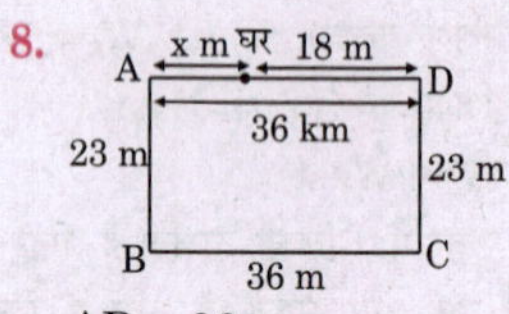

AD = 36 m

तब $x = 36 - 18 = 18$ m

9.

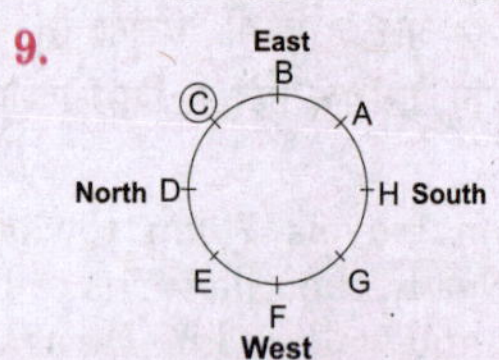

अत: C उत्तर-पश्चिम दिशा में बैठा है।

10.

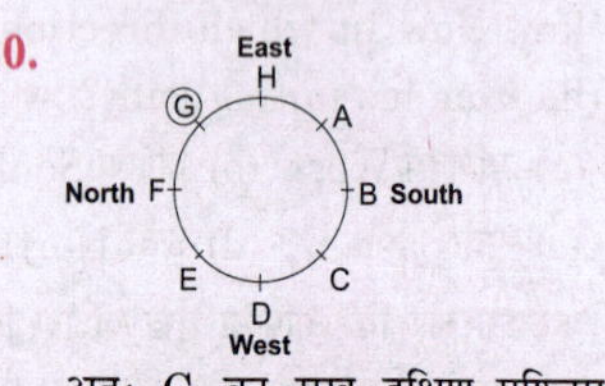

अत: G का मुख दक्षिण-पश्चिम दिशा की ओर है।

11. ताश खेलते हुए बैठने का क्रम

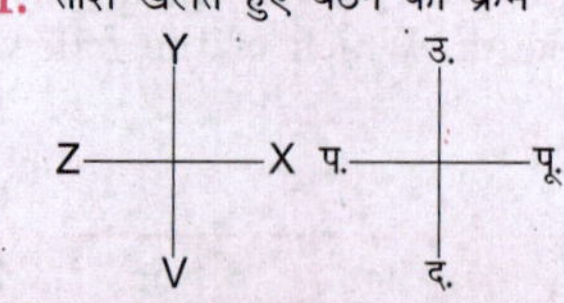

Clearly V is sitting facing to the North. (अत: स्पष्ट है कि V उत्तर दिशा की ओर मुँह करके बैठा है।)

12.

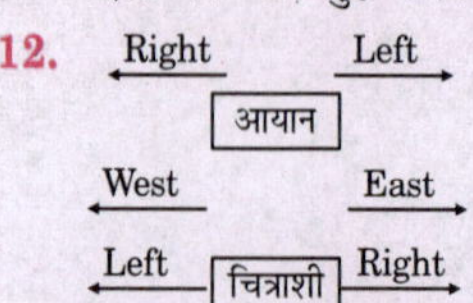

सुबह के समय परछाई पश्चिम (West) में बनेगी और आयान की परछाई चित्राशी के बाएँ बन रही है। उपरोक्त ग्राफ से स्पष्ट है कि आयान का मुख दक्षिण दिशा में है।

Shortcut Method:

चित्राशी + Left = West

चित्राशी का Left पश्चिम की तरफ है। अत: चित्राशी का मुख उत्तर व आयान का मुख दक्षिण की तरफ है।

13. Morning time $\xrightarrow[\text{(परछाई)}]{\text{Shadow}}$ West (पश्चिम)

मेरा बायाँ पश्चिम दिशा में है, अर्थात् मैं ऑफिस की ओर उत्तर दिशा में जा रहा हूँ अत: मेरा घर ऑफिस से दक्षिण दिशा में है।

14. शाम के समय सूरज पश्चिम दिशा में होता है। यहाँ दीपक की परछाई ठीक उसके सामने है अर्थात सूरज उसके पीछे है। अत: दीपक का मुख पूर्व की ओर है।

15. सूर्य पूर्व में उदय होता है और कोच की छाया मेसी के ठीक सामने पड़ती है। अत: कोच की पीठ पूर्व दिशा की ओर है और मैसी का मुख पूर्व दिशा की ओर है।

16.

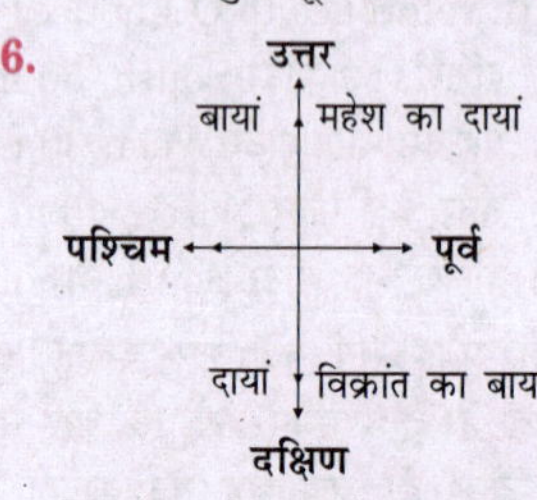

It is clear from the above diagram that Mahesh is facing to the North.

(उपरोक्त आरेख से स्पष्ट है कि महेश का 'मुँह' उत्तर दिशा की ओर है।)

17.

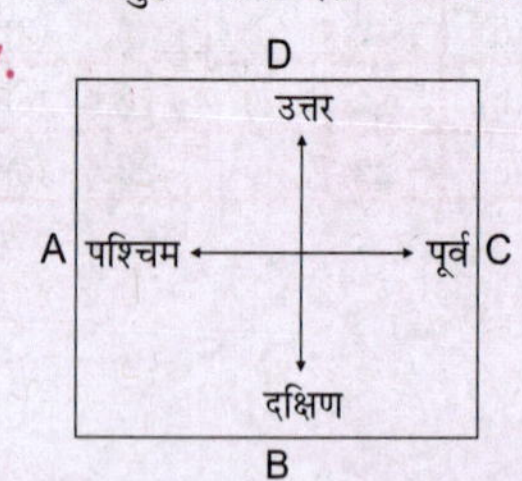

अत: A का मुख पूर्व की ओर होगा।

18. दक्षिणावर्त (Clockwise) वामावर्त (Anticlockwise)

45° 135°

90° वामावर्त

उत्तर

पश्चिम 90° पूर्व

दक्षिण

प्रारंभिक दिशा (Initial direction) = पूर्व (East)

90° वामावर्त घुमाने पर अंतिम दिशा = उत्तर (North)

19. दक्षिणावर्त (Clockwise)

= 90° + 180° = 270°

वामावर्त (Anticlockwise)

= 180 + 135 = 315°

Anticlockwise – Clockwise

⇒ 315 – 270 = 45° Anticlockwise (वामावर्त)

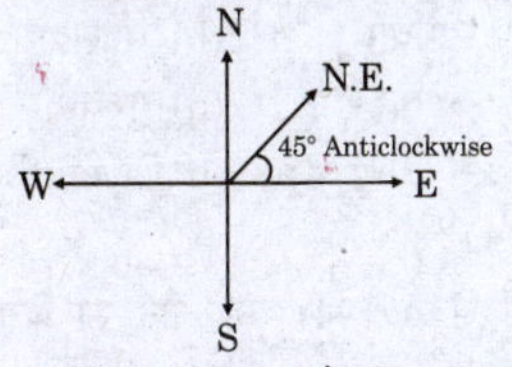

उपरोक्त से स्पष्ट है कि प्रारंभ में जैनब का मुख पूर्व दिशा में होगा।

20. Clockwise = 45 + 180 = 225°

Anticlockwise = 270°

Difference = 270 – 225

= 45° Anticlockwise

उत्तर

पश्चिम 45° पूर्व

दक्षिण

अत: अंत में वह दक्षिण-पश्चिम दिशा की ओर मुँह करके खड़ा होगा।

21. वामावर्त = वामावर्त - दक्षिणावर्त

= 145° – 100° = 45° वामावर्त

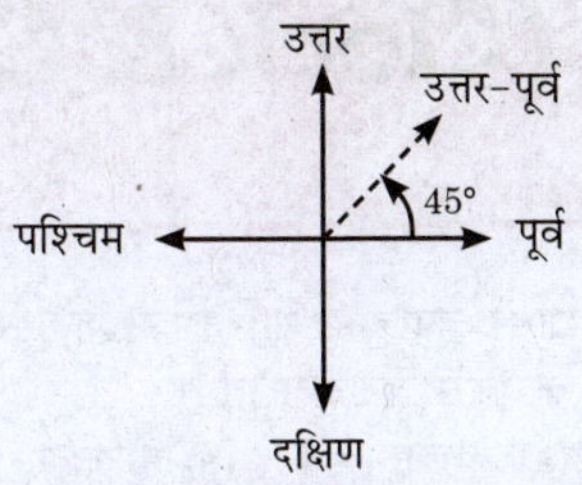

अत: स्पष्ट है कि आप अब उत्तर-पूर्व दिशा की ओर देख रहे होंगे।

22. A; C—B—D; E; N, W, E, S.W., S

अत: शहर C के संदर्भ में शहर B की दिशा East (पूर्व) है।

23. H 30 m M; 50 m; 50 m; J; P; 45 m; Q 30 m Z

Q से J तक की दूरी व दिशा

= 45 m North (उत्तर)

24. आरभिक बिंदु

अत: रमन पश्चिम दिशा में जा रहा है।

25.

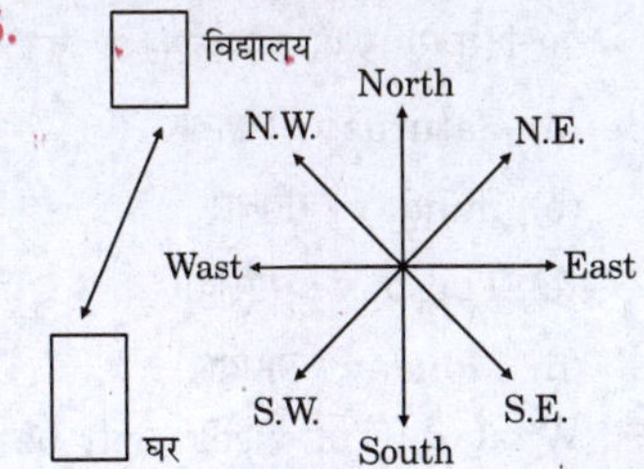

विद्यालय के संबंध में उसका घर दक्षिण-पश्चिम में है।

26. 3 km; 7 km; 7 km; प्रारंभिक स्थिति; पूर्व

उत्तर, पश्चिम, पूर्व, दक्षिण

श्याम अपने प्रारंभिक बिंदु से पूर्व दिशा की ओर हैं।

27. मुख दक्षिण की ओर

उत्तर, पश्चिम, पूर्व, दक्षिण

सूरज मेरे बाईं ओर उगता है।

28. R ↓ प्रभात L

L ↑ श्री निवास R

श्रीनिवास का मुख उत्तर की ओर होगा।

29. सूर्य, पूर्व में उगता है, परंतु यहाँ पूर्व को पश्चिम कहा गया है।

The sun rises in the 'East', but here 'East' is called 'West'.

घड़ी तथा कलैण्डर (Clock & Calendar)

Calendar

1. If 19th July 2000 was Wednesday then what day of the week will be 15th June 2012?

यदि 19 जुलाई 2000 को बुधवार था, तो 15 जून, 2012 को सप्ताह का कौन-सा दिन होगा?

(a) बुधवार (b) गुरुवार
(c) शनिवार (d) शुक्रवार

2. If it was Saturday on 30th January 2010 then what day of the week was it on 1st March 2011?

यदि 30 जनवरी, 2010 को शनिवार था, तो 1 मार्च, 2011 को सप्ताह का कौन-सा दिन था?

(a) रविवार (b) सोमवार
(c) मंगलवार (d) बुधवार

3. If it was Thursday on March 1, 2012, then what day of the week was February 1, 2016?

यदि 1 मार्च, 2012 को बृहस्पतिवार था, तो 1 फरवरी, 2016 को सप्ताह का कौन-सा दिन था?

(a) शुक्रवार (b) शनिवार
(c) रविवार (d) सोमवार

4. If March 2, 2022 was wednesday, then what day of the week was March 2, 2006?

यदि 2 मार्च 2022 को बुधवार था, तो 2 मार्च 2006 को सप्ताह का कौन-सा दिन था?

(a) शुक्रवार (b) मंगलवार
(c) गुरुवार (d) सोमवार

5. Amit's son was born on 10 January 2012. On which day of the week was he born?

अमित के पुत्र का जन्म 10 जनवरी, 2012 को हुआ था। उसका जन्म सप्ताह के किस दिन हुआ था?

(a) बुधवार (b) मंगलवार
(c) सोमवार (d) गुरुवार

6. 25th March, 2121 is Tuesday, what will be the day of the week on 25th March, 2120?

25 मार्च 2121 को मंगलवार है, तो 25 मार्च 2120 को सप्ताह का कौन-सा दिन होगा?

(a) बुधवार (b) शनिवार
(c) सोमवार (d) रविवार

7. If 27 May 2007 is Sunday, then what will be the day of the week on 25 May 2018?

यदि 27 मई 2007 को रविवार है तो 25 मई 2018 को सप्ताह का कौन सा दिन होगा?

(SSC GD, 14/12/2021, Shift-II)

(a) गुरुवार (b) रविवार
(c) शुक्रवार (d) शनिवार

8. If it was Thursday on 18th December 1986, then what was the day on 20th December 1988?

यदि 18 दिसंबर 1986 को गुरुवार था, तो 20 दिसंबर 1988 को कौन-सा दिन था?

(a) Saturday / शनिवार
(b) Sunday / रविवार
(c) Tuesday / मंगलवार
(d) Monday / सोमवार

9. What day of week will be on January 1, 2033?

1 जनवरी, 2033 को सप्ताह का कौन-सा दिन होगा?

(a) सोमवार (b) शनिवार
(c) रविवार (d) मंगलवार

10. What day of the week was August 15, 2021?

15 अगस्त 2021 को सप्ताह का कौन-सा दिन था?

(a) रविवार (b) बुधवार
(c) शनिवार (d) सोमवार

11. What day of week was on February 22, 2012?

22 फरवरी, 2012 को सप्ताह का कौन-सा दिन था?

(a) शुक्रवार (b) बुधवार
(c) मंगलवार (d) गुरुवार

12. What was the day of the week on 2nd July, 1984?

2 जुलाई, 1984 को सप्ताह का कौन-सा दिन था?

(a) सोमवार (b) मंगलवार
(c) बुधवार (d) गुरुवार

13. What day was on December 7, 1941?

7 दिसंबर, 1941 को कौन-सा दिन था?

(a) सोमवार (b) रविवार
(c) मंगलवार (d) शनिवार

14. What was the day of the week on 6th January 2010?

6 जनवरी 2010 को सप्ताह का कौन-सा दिन था?

(SSC GD, 2/12/2021, Shift-II)

(a) गुरुवार (b) मंगलवार
(c) शुक्रवार (d) बुधवार

15. What was the day of the week on 15th August 2013?

15 अगस्त 2013 को सप्ताह का कौन-सा दिन था?

(SSC GD, 11/07/2019, Shift-I)

(a) गुरुवार (b) सोमवार
(c) बुधवार (d) मंगलवार

16. What was the day of the week on 26th January 2012?

26 जनवरी 2012 को सप्ताह का कौन-सा

दिन था?

(SSC GD, 11/07/2019, Shift-II)

(a) रविवार (b) शनिवार
(c) गुरुवार (d) मंगलवार

17. If today is Friday then which day will be after 72 days?

यदि आज शुक्रवार है, तो 72 दिनों के बाद कौन-सा दिन होगा?

(a) गुरुवार (b) रविवार
(c) शुक्रवार (d) मंगलवार

18. Today is Tuesday. Before 86 days, it was?

आज मंगलवार है। 86 दिन पहले .... था।

(a) गुरुवार (b) शुक्रवार
(c) रविवार (d) शनिवार

19. If today is Sunday, then what day of the week was 79 days earlier ?

यदि आज रविवार है, तो 79 दिन पहले सप्ताह का कौन सा दिन था?

(a) Monday / सोमवार
(b) Sunday / रविवार
(c) Friday / शुक्रवार
(d) Wednesday / बुधवार

20. Today is Saturday; after 59 days, what day will it be?

आज शनिवार है; 59 दिन बाद कौन सा दिन होगा?

(a) Thursday / गुरुवार
(b) Sunday / रविवार
(c) Wednesday / बुधवार
(d) Tuesday / मंगलवार

21. If the day before yesterday was Saturday, what day will it be after tomorrow?

यदि परसो शनिवार था तो कल के बाद कौन-सा दिन होगा?

(a) शुक्रवार (b) बृहस्पतिवार
(c) बुधवार (d) मंगलवार

22. If the day after tomorrow is Sunday, then which day held one day after tomorrow?

यदि आगामी परसों रविवार है, तो आगामी कल के गत परसों का दिन कौन-सा होगा?

(a) शुक्रवार (b) बृहस्पतिवार
(c) सोमवार (d) मंगलवार

23. The day after tomorrow is Christmas Day. If today is Monday then what day will be the New Year?

आने वाले कल से अगले दिन क्रिसमस दिवस है। यदि आज सोमवार है, तो नववर्ष किस दिन होगा?

(a) सोमवार (b) गुरुवार
(c) बुधवार (d) मंगलवार

24. If the 25th of August in a year is Thursday, the number of Mondays in that month is :

यदि किसी वर्ष में 25 अगस्त को गुरुवार है, तो उसी महीने में सोमवार की संख्या है:

(a) 3 (b) 4
(c) 5 (d) 6

25. A's 32nd birthday is on 20th February which falls on Wednesday of a leap year. What will be the day on his 34th birthday?

एक अधिवर्ष (लीप वर्ष) में A का 32वाँ जन्मदिन 20 फरवरी को आता है, जो बुधवार को है। उनके 34वें जन्मदिन पर कौन-सा दिन होगा?

(a) गुरुवार (b) शुक्रवार
(c) रविवार (d) शनिवार

26. A national leader was born on 29th February in a particular year and according to how many years his birthday will come once?

एक राष्ट्रीय नेता का जन्मदिन एक वर्ष विशेष में, 29 फरवरी को हुआ था। तद्नुसार उसका जन्मदिन कितने वर्षों में एक बार आएगा?

(a) 2 वर्ष (b) 4 वर्ष
(c) 1 वर्ष (d) 3 वर्ष

27. How many days are there in k weeks k days?

k सप्ताह k दिनों में कितने दिन होते हैं?

(a) 8+k दिन (b) 8/k
(c) 8k दिन (d) 2k

28. How many leap years were there in the first century?

पहली शताब्दी में कितने लीप वर्ष थे?

(a) 75 (b) 25
(c) 24 (d) 20

29. What is the maximum difference between two leap years?

दो लीप वर्ष के बीच में अधिकतम कितने वर्ष का अंतर हो सकता है?

(a) 6 (b) 8
(c) 5 (d) 4

30. How many times will February 29 come in 400 years?

400 वर्ष में कितनी बार 29 फरवरी आएगी?

(a) 100 (b) 96
(c) 97 (d) 95

31. निरंतर 300 वर्षों में महीने की 31 तारीख कितनी बार आएगी?

How many times will 31st of the month occur in 300 consecutive years?

(a) 4400 (b) 2110
(c) 2100 (d) 3300

32. Which of the following calendars will be similar to the calendar of the year 2003?

निम्नलिखित में से कौन-सा कैलेंडर वर्ष 2003 के कैलेंडर के समान होगा?

(a) 2014 (b) 2013
(c) 2012 (d) 2011

33. The calendar for the year 2453 will be the same for the year :

वर्ष 2453 का कैलेंडर वर्ष .... के कैलेंडर के समान होगा।

(a) 2454 (b) 2459
(c) 2456 (d) 2457

34. Monal remembers that her father's birthday is between 14th and 17th of June. Whereas her brother remembers that their father's birthday is between 15th and 19th of June. On which date does their father's birthday occur?

मोनल को याद है कि उसके पिता का जन्मदिन 14 से 17 जून के मध्य आता है। जबकि उसके भाई को लगता है कि उनके पिता का जन्मदिन 15 से 19 जून के मध्य

आता है। उनके पिता का जन्मदिन किस तारीख को आता है?

(a) 15th June / 15 जून

(b) 16th June / 16 जून

(c) 18th June / 18 जून

(d) 14th June / 14 जून

35. Harini correctly remembers that her mother's birthday is not on or after May 17th. Her brother correctly remembers that their mother's birthday is before 19th but after 14th of May. On which date in May was definitely their mother's birthday?

हरिनी को ठीक से याद है कि उसकी माँ का जन्मदिन 17 मई या उसके बाद नहीं है। उसके भाई को ठीक से याद है कि उनकी माँ का जन्मदिन 19 मई से पहले लेकिन 14 मई के बाद है। मई में किस तारीख को निश्चित रूप से उनकी माँ का जन्मदिन था?

(a) 16 or 17 / 16 या 17

(b) 13

(c) 12

(d) 15 or 16 / 15 या 16

Clock

36. If the water image of the clock shows time 11 hours 59 minutes, then what will be the actual time?

यदि घड़ी की जलीय छवि 11 घंटे 59 मिनट का समय दिखाती है, तो वास्तविक समय क्या होगा?

(a) 6:31 (b) 5:30
(c) 1:50 (d) 3:25

37. Looking in a mirror, it is found that the time is 1:30 o'clock in an analog clock, then what is the correct time?

एक दर्पण को देखने से पता चलता है कि एनालॉग घड़ी में 1:30 बजे का समय है तो बताओ कि सही समय क्या है?

(a) 10:30 (b) 6:10
(c) 4:30 (d) 5:10

38. An accurate clock shows 8 o'clock in the morning. Through how many degrees will the hour hand rotate, when the clock shows 2 o'clock in the afternoon?

एक सटीक घड़ी में सुबह के 8 बजे हैं। जब घड़ी में दोपहर के 2 बजेंगे, तो घंटे की सुई कितने डिग्री घूमेगी?

(a) 144° (b) 150°
(c) 168° (d) 180°

39. A clock is started from noon. What angle will the hour hand be rotate by 5:10 o'clock?

एक घड़ी द्वारा मध्याह्न से चलना शुरू किया गया है। 5 बजकर 10 मिनट तक घंटे की सुई कितना कोण घूम चुकी होगी?

(a) 160° (b) 145°
(c) 150° (d) 155°

40. An accurate clock shows 9 o'clock in the morning. through how many degrees will the hour hand rotate when the clock shows 3 o'clock in the afternoon on the same day?

एक सटीक घड़ी सुबह के 9 बजे का समय दिखाती है। जब घड़ी उसी दिन दोपहर के 3 बजे का समय दिखाती है तो घंटे की सूई कितने डिग्री तक घूमेगी?

(a) 165° (b) 170°
(c) 175° (d) 180°

41. A clock is started at noon. By 20 minutes past 5, the hour hand has turned through.

एक घड़ी दोपहर (noon) के समय शुरू की जाती है। 5 बजकर 20 मिनट पर, घंटे की सूई घूम चुकी होती है।

(a) 160° (b) 150°
(c) 155° (d) 145°

42. If it is 7:30 in a clock, then what is the angle between the hour and minute hands at that time?

यदि किसी घड़ी में 7 बजकर 30 मिनट हो रहे हों, तो उस समय घंटे एवं मिनट की सुईयों के बीच कितने अंश (डिग्री) का कोण बनेगा?

(a) 120° (b) 95°
(c) 75° (d) 45°

43. How many times will the hands of a clock coincide with each other in 36 hours?

36 घंटों में एक घड़ी की सुइयाँ कितनी बार मिलती हैं?

(a) 22 (b) 11
(c) 36 (d) 33

44. If the minute hand of a clock points towards the South at 12:00 am, then in which direction will the minute hand point at 3:00 am in the same clock?

यदि किसी घड़ी की मिनट की सुई दक्षिण की ओर प्रातः 12:00 बजे इंगित करती है, तो उसी घड़ी में मिनट की सुई प्रातः 3:00 बजे किस दिशा में होगी?

(a) पश्चिम (b) उत्तर
(c) पूर्व (d) दक्षिण

45. Minute hand of a clock is first rotated by 194° in clockwise direction. Then, it is rotated by 263° in anti-clockwise direction. Now, it is rotated by 342° in anti-clockwise direction. It is finally rotated by 612° in clockwise direction. Now, minute hand is facing towards south direction. In which direction it was facing initially?

घड़ी की मिनट की सुई को सबसे पहले दक्षिणावर्त दिशा में 194° घुमाया जाता है। फिर, इसे वामावर्त दिशा में 263° घुमाया जाता है। अब इसे वामावर्त दिशा में 342° घुमाया जाता है। अंत में इसे दक्षिणावर्त दिशा में 612° घुमाया जाता है। अब, मिनट की सुई दक्षिण दिशा के सम्मुख है। तो प्रारंभ में यह किस दिशा के सम्मुख थी?

(a) दक्षिण-पूर्व (b) दक्षिण-पश्चिम
(c) उत्तर-पूर्व (d) उत्तर-पश्चिम

46. A bus from Delhi leaves the bus terminal every half an hour. An inquiry clerk told a passenger that the bus had left ten minutes ago and the next bus will leave at 9:25 a.m At what time did the inquiry clerk give this information to the passenger?

दिल्ली से प्रत्येक आधे घंटे में बस टर्मिनल से एक बस निकलती है। एक समीक्षा लिपिक ने एक यात्री को बताया कि बस दस मिनट पहले ही निकली है और अगली बस पूर्वाह्न 9:25 पर निकलेगी। समीक्षा लिपिक ने यात्री को यह जानकारी कब दी?

(a) 9:10 am (b) 9:15 am
(c) 8:55 am (d) 9:05 am

उत्तरमाला

1.	(d)	**2.**	(c)	**3.**	(d)	**4.**	(c)	**5.**	(b)	**6.**	(c)	**7.**	(c)	**8.**	(c)	**9.**	(b)	**10.**	(a)
11.	(b)	**12.**	(a)	**13.**	(b)	**14.**	(d)	**15.**	(a)	**16.**	(c)	**17.**	(b)	**18.**	(c)	**19.**	(c)	**20.**	(d)
21.	(c)	**22.**	(b)	**23.**	(c)	**24.**	(c)	**25.**	(d)	**26.**	(b)	**27.**	(c)	**28.**	(c)	**29.**	(b)	**30.**	(c)
31.	(c)	**32.**	(a)	**33.**	(b)	**34.**	(b)	**35.**	(d)	**36.**	(a)	**37.**	(a)	**38.**	(d)	**39.**	(d)	**40.**	(d)
41.	(a)	**42.**	(d)	**43.**	(d)	**44.**	(d)	**45.**	(d)	**46.**	(d)								

Hints & Solution (व्याख्या)

साधारण वर्ष : जो वर्ष 4 से विभाजित ना हो; जैसे-2021, 2022, 2027 आदि।

साधारण वर्ष में = 365 दिन (52 सप्ताह + 1 दिन)

नोट : (I) साधारण वर्ष में 1 जनवरी को जो दिन होगा वही दिन 31 दिसंबर को होगा।

(II) साधारण वर्ष का प्रथम दिन एवं उससे अगले वर्ष के प्रथम दिन में एक दिन का अंतर होता है।

जैसे- 1 जनवरी 2009 = सोमवार, तो
1 जनवरी 2010 = मंगलवार होगा।

लीप वर्ष : जो वर्ष 4 से विभाजित हो; जैसे 2024, 2016, 2008 आदि।

(I) लीप वर्ष में 1 जनवरी को जो दिन होगा उससे अगला दिन 31 दिसंबर को होगा।

(II) किसी लीप वर्ष का प्रथम दिन एवं उससे अगले वर्ष के प्रथम दिन में दो दिन का अंतर होता है।

लीप वर्ष में : 366 दिन (52 सप्ताह + 2 दिन)

शताब्दी वर्ष : साधारण शताब्दी वर्ष : जो वर्ष 400 से पूर्ण विभाजित न हो; जैसे 2100, 2300 आदि।

लीप शताब्दी वर्ष : जो वर्ष 400 से पूर्ण विभाजित हो; जैसे 400, 800, 1600, 2000 आदि।

महीने : 12 महीने

31 दिन वाले महीने = 7 महीने

30 दिन वाले महीने = 4 महीने

28/29 दिन के महीने = 1 (फरवरी)

सप्ताह : 7 दिन

सप्ताह के कोड

रविवार	1
सोमवार	2
मंगलवार	3
बुधवार	4
बृहस्पतिवार/गुरुवार	5
शुक्रवार	6
शनिवार	0

महीने के कोड

जनवरी	1
फरवरी	4
मार्च	4
अप्रैल	0
मई	2
जून	5
जुलाई	0
अगस्त	3
सितंबर	6
अक्टूबर	1
नवंबर	4
दिसंबर	6

अगर लीप वर्ष है तो जनवरी व फरवरी के कोड बदल जाते हैं।

जनवरी	0
फरवरी	3

शताब्दी कोड : अगर 400 से भाग देने पर शेषफल

1 शेष बचे तो = 4 का प्रयोग

2 शेष बचे तो = 2 का प्रयोग

3 शेष बचे तो = 0 प्रयोग

पूर्ण विभाजित हो तो = 6 का प्रयोग

दिवस निकालने के लिए नियम

$$\frac{\text{तारीख + माह कोड + शताब्दी कोड + वर्ष + लीप वर्ष}}{7}$$

Hints & Solution (व्याख्या)

1. 19 जुलाई 2000 का दिन

$= \frac{19+0+6+0+0}{7} = \frac{25}{7}$

= 4 शेषफल = बुधवार

प्रश्न में भी बुधवार दिया है।

तब 15 जून 2012 का दिन

$= \frac{15+5+6+12+3}{7} = \frac{41}{7} = 6$

6 शेषफल = शुक्रवार

2. 30 जनवरी 2010 का दिन

$= \frac{30+1+6+10+2}{7} = \frac{49}{7}$

= 0 शेषफल = शनिवार

प्रश्न में भी शनिवार दिया है।

तब, 1 मार्च 2011 का दिन

$= \frac{1+4+6+11+2}{7} = \frac{24}{7}$

= 3 शेषफल

3 शेषफल = मंगलवार

3. 1 मार्च 2012 का दिन

$= \frac{1+4+6+12+3}{7} = \frac{26}{7}$

= 5 शेषफल = बृहस्पतिवार

प्रश्न में भी बृहस्पतिवार दिया गया है।

1 फरवरी 2016

$= \frac{1+3+6+16+4}{7} = \frac{30}{7}$

= 2 शेषफल = सोमवार

4. $\frac{\text{वर्ष का अंतर + लीप वर्ष}}{7}$ = विषम दिन

$= \frac{16+4}{7} = 6$ (विषम दिन)

बुधवार – 6 = गुरुवार

5. 10 जनवरी 2012 का दिन

$= \frac{10+0+6+12+3}{7} = \frac{31}{7}$

= 3 शेषफल

3 शेषफल = मंगलवार

6. 25 मार्च 2121 और 25 मार्च 2120 में अंतर = 1 साल

हम कैलेंडर में पीछे जाएँगे तो

25 मार्च 2120 को = मंगलवार –1

⇒ सोमवार

7. 27 मई 2007 से 27 मई 2018 तक अतिरिक्त दिनों की संख्या

= 2 + 1 + 1 + 1 + 2 + 1 + 1 + 1 + 2 + 1 +1

$= \frac{14}{7} = 0$ विषम दिन

27 मई 2018 का दिन = रविवार
25 मई 2018 का दिन = शुक्रवार) –2

8. 18 Dec 1986) 1 विषम दिन
18 Dec 1987) 2 विषम दिन
18 Dec 1988) 2 विषम दिन
20 Dec 1988

= गुरूवार + 5 विषम दिन

= मंगलवार

9. 1 जनवरी 2033 को दिन

$= \frac{1+1+6+33+8}{7} = \frac{49}{7}$

= 0 शेषफल

0 शेषफल = शनिवार

10. 15 अगस्त 2021 का दिन

$= \frac{15+3+6+21+5}{7} = \frac{50}{7}$

= 1 शेषफल

1 शेषफल = रविवार

11. 22 फरवरी 2012 का दिन

$= \frac{22+3+6+12+3}{7} = \frac{46}{7}$

= 4 शेषफल

4 शेषफल = बुधवार

12. 2 जुलाई 1984 का दिन

$= \frac{2+0+0+84+21}{7} = \frac{107}{7}$

= 2 शेष

∴ 2 शेषफल = सोमवार

13. 7 दिसंबर 1941 को दिन

$= \frac{7+6+0+41+10}{7} = \frac{64}{7}$

= 1 शेष

1 शेषफल = रविवार

14. 6 जनवरी 2010 का दिन

$= \frac{6+1+6+10+2}{7}$

$= \frac{25}{7} = 4$ शेषफल = बुधवार

15. सूत्र द्वारा

$\frac{\text{तारीख + महीने का कोड + वर्ष + पूर्ण अधिवर्ष + शताब्दी का कोड}}{7}$

$= \frac{15+3+13+3+6}{7} \Rightarrow \frac{40}{7}$

= 5 शेष दिन

5 शेष पर दिन गुरुवार होगा।

16. सूत्र द्वारा

$= \frac{26+0+12+3+6}{7} \Rightarrow \frac{47}{7}$

⇒ 5 शेष

5 शेष पर दिन गुरुवार होगा।

17. 72 दिनों में विषम दिनों की संख्या

$= \frac{72}{7} = 2$ विषम दिन

आवश्यक दिन = शुक्रवार + 2 दिन

= रविवार

18. आज मंगलवार है तो 86 दिन पहले

विषम दिन $= \frac{86}{7} = 2$ दिन

= मंगलवार – 2 दिन = रविवार

19. $\frac{79}{7} = 2$ विषम दिन

रविवार – 2 = शुक्रवार

20. $\frac{59}{7} = 3$ विषम दिन

शनिवार + 3 = मंगलवार

21. ← बीते हुए दिन   आगामी →

परसो ←	कल ←	आज →	कल
शनिवार	रविवार	सोमवार	मंगलवार

के बाद → बुधवार

22. आगामी कल से गत परसो

बृहस्पतिवार ← [आज] → [कल] → परसो

शुक्रवार शनिवार रविवार

आगामी परसो = रविवार

आगामी कल = शनिवार

आगामी कल से गत परसो = बृहस्पतिवार

23. आगामी कल से अगला दिन = क्रिसमस

क्रिसमस के दिन तारीख = 25 दिसंबर

अगर परसो 25 दिसंबर है तो आज तारीख

= 23 दिसंबर

23 दिसंबर को दिन = सोमवार

23 दिसंबर को सोमवार है तो 1 जनवरी को दिन

= 23 दिसंबर (सोमवार) + 9 day

= बुधवार

24. 25 अगस्त को गुरुवार है तो

29 अगस्त को सोमवार होगा

29 – 7 = 22 अगस्त सोमवार

22 – 7 = 15 अगस्त सोमवार

15 – 7 = 8 अगस्त सोमवार

8 – 7 = 1 अगस्त सोमवार

तो सोमवार अगस्त माह में 5 बार आएगा।

25. अधिवर्ष से जन्मदिन = 20 फरवरी बुधवार को है तो 2 साल बाद किस दिन मनाया जाएगा।

विषम दिन ⇒ 2 (2 साल बाद इसलिए) + 1 लीप वर्ष (जिस वर्ष जन्मदिन है)

⇒ 3 दिन

तो बुधवार + 3 दिन = शनिवार

26. लीप वर्ष में फरवरी 29 दिन की होती है। अत: राष्ट्रीय नेता का जन्मदिन हर 4 साल बाद आएगा।

27. 1 सप्ताह = 7 दिन

k सप्ताह = 7k दिन

कुल दिन = k सप्ताह + k दिन

= 7k + k

= 8k दिन

28. एक शताब्दी में वर्ष = 100

तो लीप वर्ष = $\frac{100}{4} = 25 - 1$

(क्योंकि 100वाँ शताब्दी वर्ष एक साधारण वर्ष है)

= 24

29. दो लीपवर्ष में अधिकतम अंतर 8 वर्ष हो सकता है। जैसे

1896 ——— 1904

अंतर = 8 वर्ष

जो 1900 ईस्वी एक सामान्य शताब्दी वर्ष है।

30. 400 वर्ष में 29 फरवरी आएगी।

100 वर्ष में 29 फरवरी आती है

= 24 बार

400 वर्ष में 29 फरवरी आएगी

= 24 × 4 = 96

96 + 1 (400 ईस्वी भी लीप वर्ष है)

= 97

31. 1 साल में 7 महीने ऐसे होते हैं जिनमें 31 दिन का महीना होता है।

तो 300 वर्षों में = 300 × 7 = 2100

32. 2003 + 11 = 2014

Note : जब लीप वर्ष + 1 वर्ष शेष हो = 6 जोड़कर निकालते हैं।

लीप वर्ष + 2 वर्ष शेष हो = 11

लीप वर्ष + 3 वर्ष शेष हो = 11

33. लीप वर्ष के अगले वर्ष के कैलेंडर के बारे में पूछा जाये तो +6 करते हैं।

2453 + 6 = 2459

34. मोनल के अनुसार उसके पिता का जन्मदिन = जून 14, 15, [16] 17

मोनल के भाई के अनुसार उसके पिता का जन्मदिन =15, [16] 17, 18, 19

अत: उभयनिष्ठ दिन = 16 जून

तब मोनल के पिता का जन्मदिन 16 जून को आयेगा।

35. हरिनी के अनुसार उसकी माँ का जन्मदिन = ... 15, 16, 17,

उसके भाई के अनुसार उसकी माँ का जन्मदिन

=14, [15, 16] 17, 18

अत: उभयनिष्ठ दिन = 15/16 मई

तब निश्चित रूप से उसकी माँ का जन्मदिन 15 या 16 मई को होगा।

36. 11:59 जलीय प्रतिबिंब

वास्तविक समय

= 17:90 – 11:59 = 6:31

37. एनालॉग घड़ी में समय 1:30 है तो दर्पण प्रतिबिंब समय

= 11:60 – 1:30 = 10:30

38. घंटे की सुईं 12 घंटे में घूमती है

= 360°

1 घंटे में = $\frac{360°}{12} = 30°$

सुबह 8 से दोपहर 2 बजे तक समय अंतराल = 6 घंटे

तब 6 × 30 = 180°

39. समय अंतराल = 5 घंटे 10 मिनट

1 घंटे में घंटे की सुईं = 30°

1 मिनट में = $\frac{30}{60} = \frac{1}{2}^{\circ}$

तब, 5 घंटे 10 मिनट में कोण

$= 5 \times 30 + 10 \times \frac{1}{2}$

= 150° + 5° = 155°

40. घंटे की सुई 1 घंटे में = 30° घूमती हैं।

तब समय अंतराल सुबह 9 बजे से दोपहर 3 बजें तक = 6 घंटे

= 6 × 30°

= 180°

41. दोपहर 12 बजे से 5 बजकर 20 मिनट तक समय अंतराल = 5 घंटे 20 मिनट

घंटे की सुई 60 मिनट में = 30° घूमती है।

तो 1 मिनट में = $\frac{30}{60} = \frac{1°}{2}$

तब (5 घंटे 20 मिनट) 320 मिनट में = $320 \times \frac{1}{2}$ = 160° घूमेगी।

42. दो सुईं के बीच कोण ज्ञात करने का सूत्र

$\theta = 30 \times \text{Hours} - \frac{11}{2} \times \text{Minute}$

7:30 बजे कोण

Hours = 30 × 7 = 210

Minute = $\frac{11}{2} \times 30 = 165$

सूत्र अनुसार,

θ = 210 – 165 = 45°

43. 12 घंटे में सुईंया मिलती हैं

= 11 बार

तो 36 घंटे में सुईयाँ मिलेंगी

= 11 × 3 = 33 बार

44.

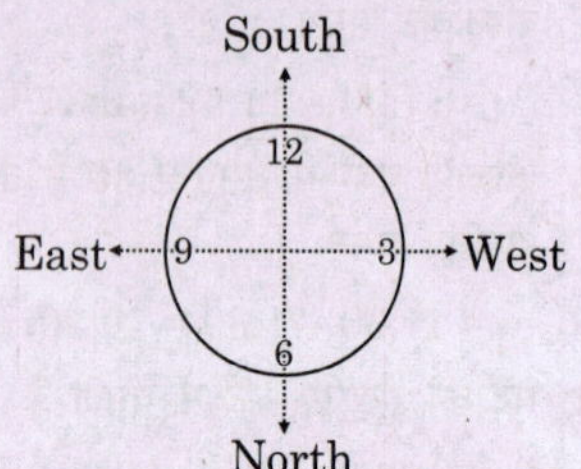

3:00 बजे मिनट की सुई 12 पर होगी और 12 दक्षिण दिशा में इंगित करता है।

45.

दक्षिणावर्त (Clockwise)	वामावर्त (anticlock wise)
194°	263°
612°	342°
806°	605°

अंतर = 806° – 605°

= 201° दक्षिणावर्त

Note : विपरीत चलने पर दिशाएँ बदल जाती हैं।

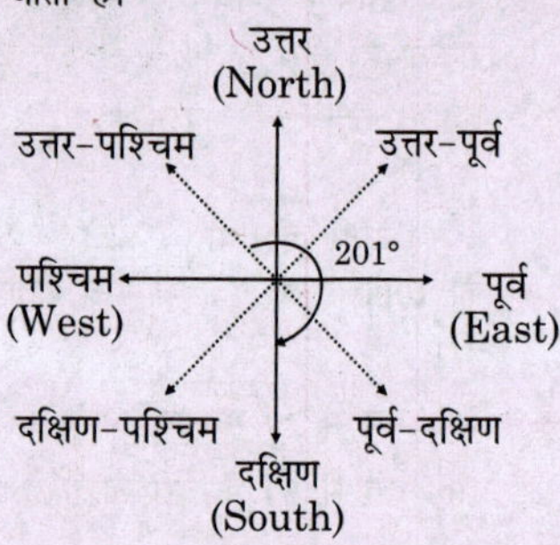

प्रारंभ में उसका मुख उत्तर-पश्चिम दिशा की तरफ है क्योंकि उत्तर-पश्चिम से 201° दक्षिणावर्त दिशा में चलते हैं, तभी दक्षिण दिशा आएगी।

46. प्रत्येक बस निकलती है = 30 मिनट

अगली बस आएगी = 9:25

अगर 9:25 पर बस आयी तो इससे पहली बस आयी होगी

= 9:25 – 30 मिनट = 8:55

यात्री के आने से पहले बस कितनी देर पहले निकली = 10 मिनट

तो समीक्षा लिपिक ने जानकारी दी

= 8:55 + 10 मिनट

= 9:05

10 पासा (Dice)

Type 1

1. Which of the following Dice is a Standard Dice
निम्नलिखित में से कौन-सा पासा मानक पासा है।

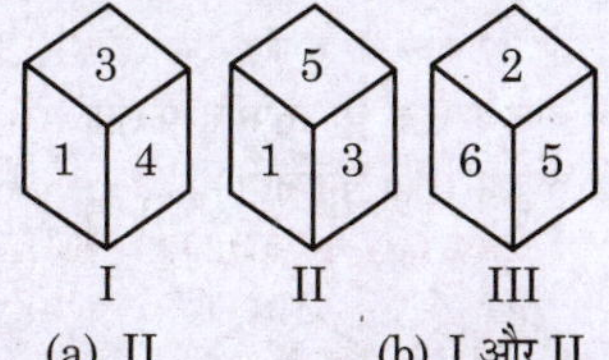

(a) II (b) I और II
(c) III (d) I और III

2. Which of the following Dice is not a Standard Dice.
निम्नलिखित में से कौन-सा पासा मानक पासा नहीं है।

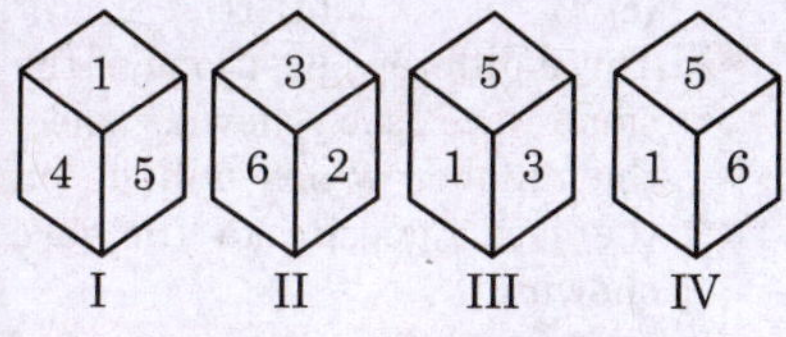

(a) I (b) II
(c) IV (d) I और IV

3. Which of the following Dice is simple Dice.
निम्नलिखित में से कौन-सा पासा साधारण पासा है।

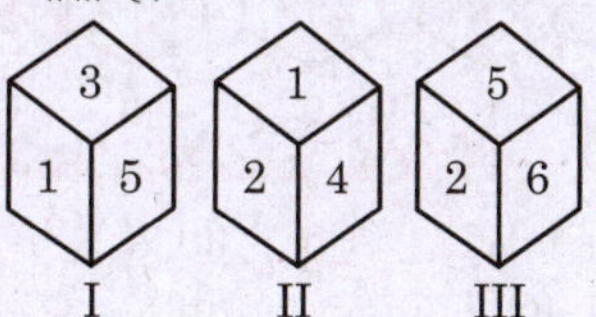

(a) I (b) II
(c) III (d) I और III

4. What will come opposite to the number 3 in Standard Dice.
मानक पासा में संख्या 3 के विपरीत क्या आएगा।
(a) 4 (b) 2
(c) 1 (d) 6

5. What will come opposite to the number 5 in Standard Dice.
मानक पासा में संख्या 5 के विपरीत फलक पर क्या आएगा।
(a) 3 (b) 4
(c) 2 (d) 1

Type 2

6. Given below are three positions of a dice. Which of the following options will appear on the face opposite to the face marked 'F'?
नीचे एक पासे की तीन स्थितियां दी गई है 'F' वाले फलक के विपरीत फलक पर निम्नलिखित विकल्पों में से क्या आएगा?
(SSC GD, 22/02/2024, Shift-III)

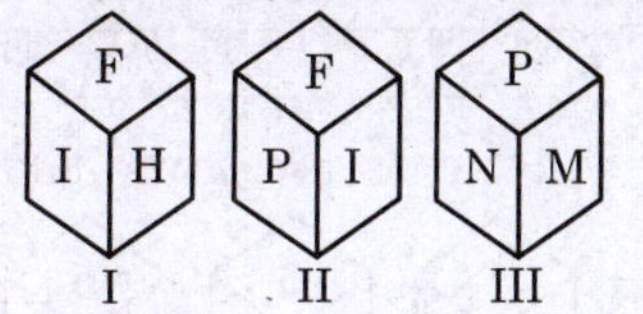

(a) M (b) I
(c) N (d) P

7. Given below are two positions of the same dice. Which of the following options will come on the face opposite to 'K'?
नीचे एक पासे की दो स्थितियां दी गई है 'K' वाले फलक के विपरीत फलक पर निम्नलिखित विकल्पों में से क्या आएगा?
(SSC GD, 23/02/2024, Shift-III)

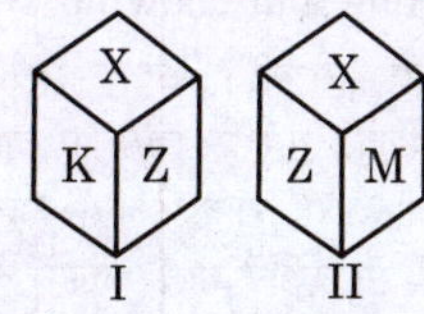

(a) N (b) M
(c) Z (d) X

8. Given below are two positions of a dice. What will come on the face opposite to the face with '3'?
नीचे एक पासे की दो स्थितियां दी गई है '3' वाले फलक के विपरीत फलक पर क्या आएगा?
(SSC GD, 26/02/2024, Shift-II)

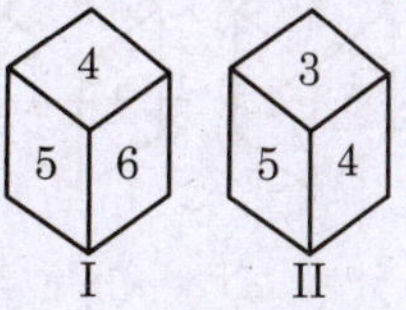

(a) 2 (b) 4
(c) 6 (d) 1

9. Given below are three positions of a dice. Which of the following options will appear on the face opposite to the face marked 'B'?
नीचे एक पासे की तीन स्थितियां दी गई है 'B' वाले फलक के विपरीत फलक पर निम्नलिखित विकल्पों में से क्या आएगा?
(SSC GD, 27/02/2024, Shift-IV)

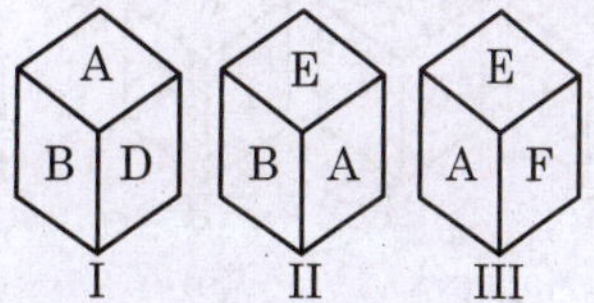

(a) A (b) E
(c) F (d) D

10. Given below are three different positions of the same dice. What will appear on the face opposite to the face with number '2'?
नीचे एक पासे की तीन स्थितियां दी गई है संख्या '2' वाले फलक के विपरीत फलक पर निम्नलिखित विकल्पों में से क्या आएगा?
(SSC GD, 29/02/2024, Shift-III)

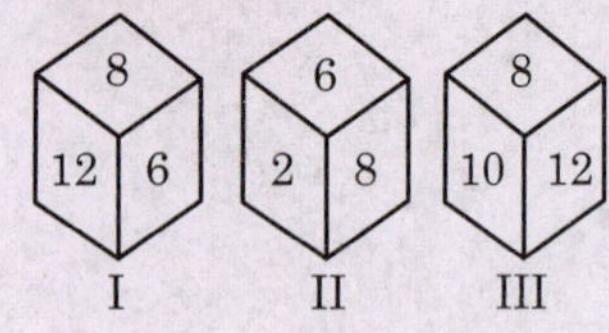

(a) 8 (b) 6
(c) 12 (d) 10

11. Given below are two positions of a dice. Which of the following options will come on the face opposite to the face with '5'?

नीचे एक पासे की दो स्थितियां दी गई है '5' वाले फलक के विपरीत फलक पर निम्नलिखित विकल्पों में से क्या आएगा?

(SSC GD, 05/03/2024, Shift-III)

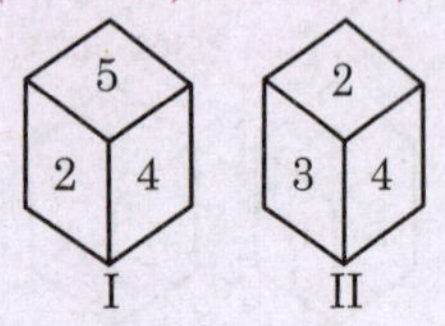

(a) 6 (b) 1
(c) 2 (d) 3

12. Given below are four different positions of the same dice. Which letter will be opposite to the letter 'C'?

नीचे एक पासे की चार अलग-अलग स्थितियां दी गई है अक्षर 'C' के विपरीत कौन-सा अक्षर होगा?

(SSC GD, 30/03/2024, Shift-I)

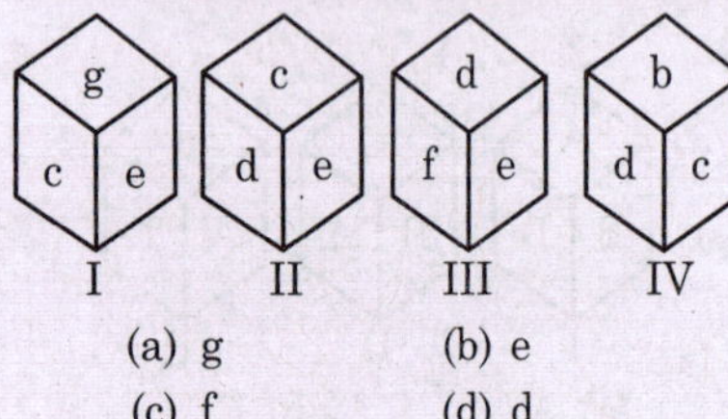

(a) g (b) e
(c) f (d) d

13. Given below are four different positions of the same dice. What will appear on the face opposite to the face with 'C'?

नीचे एक पासे की चार अलग-अलग स्थितियां दी गई है '51' के विपरीत कौन-सा अक्षर होगा?

(SSC GD, 27/02/2024, Shift-I)

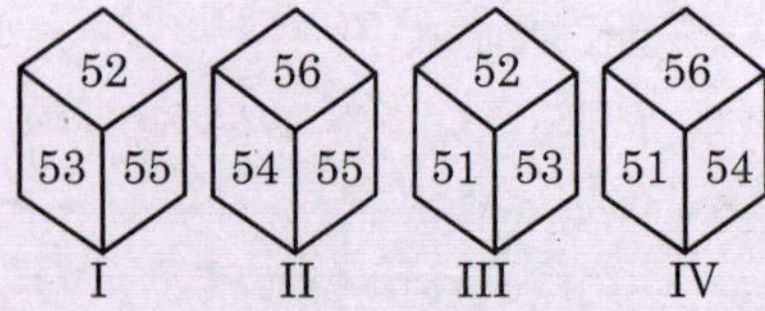

(a) 53 (b) 54
(c) 55 (d) 52

14. Two different positions of the same dice are shown on which the letters P to U are formed. Find the letter on the face opposite to the face showing 'U'.

एक ही पासे की दो अलग-अलग स्थितियों को दर्शाया गया है जिस पर P से U अक्षर बने हैं। 'U' दर्शाने वाले फलक के विपरीत फलक पर बना अक्षर ज्ञात कीजिए।

(SSC GD, 10/01/2023, Shift-I)

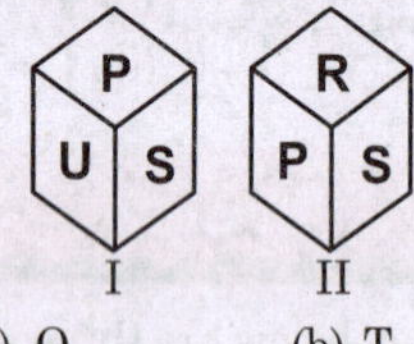

(a) Q (b) T
(c) S (d) R

15. Three different positions of the same dice are shown here. Find the number on the face opposite to the face showing '4'.

एक ही पासे की तीन अलग-अलग स्थितियाँ यहाँ दर्शायी गई हैं। '4' दर्शाने वाले फलक के विपरीत वाले फलक पर आने वाली संख्या ज्ञात कीजिए।

(SSC GD, 13/01/2023, Shift-II)

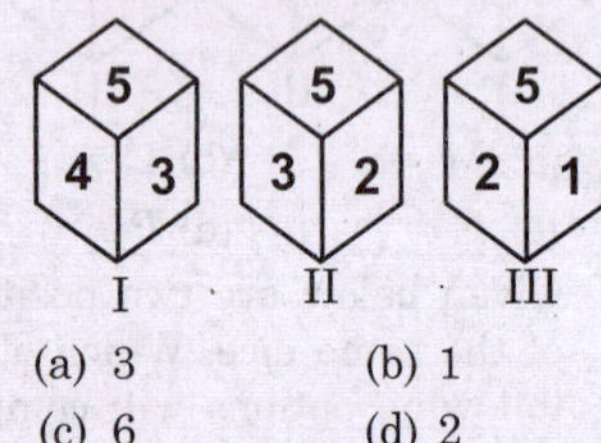

(a) 3 (b) 1
(c) 6 (d) 2

16. Two different positions of the same dice are shown on which there is red, blue, pink, green, white and black. Find the colour on the face opposite to the one that showing 'Green'.

एक ही पासे की दो अलग-अलग स्थितियों को दर्शाया गया है जिस पर लाल, नीला, गुलाबी, हरा, सफेद और काला रंग है। 'हरा' रंग दर्शाने वाले फलक के विपरीत फलक पर स्थित रंग ज्ञात कीजिए।

(SSC GD, 13/01/2023, Shift-I)

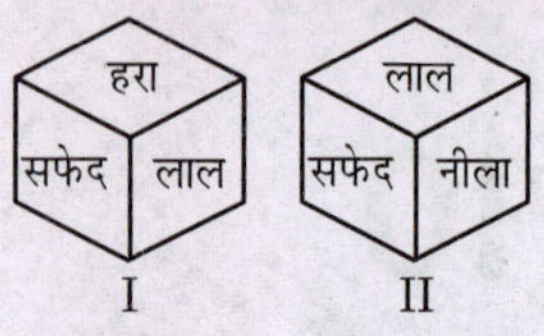

(a) काला (b) नीला
(c) गुलाबी (d) सफेद

17. Two different positions of the same dice are shown on which the alphabets from 'G' to 'L' are written. Find the alphabet on the face opposite to the face showing 'K'.

एक ही पासे की दो अलग-अलग स्थितियों को दर्शाया गया है जिस पर 'G' से 'L' तक के वर्णाक्षर बने हैं। 'K' दर्शाने वाले फलक के विपरीत फलक पर स्थित वर्णाक्षर ज्ञात कीजिए।

(SSC GD, 17/01/2023, Shift-III)

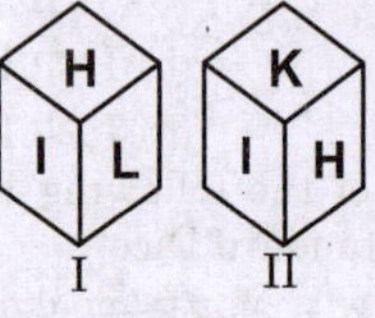

(a) G (b) J
(c) L (d) H

18. Three different positions of the same dice are shown, select the number which will be on the face opposite to the face showing '3'?

एक पासे की तीन अलग-अलग स्थितियाँ दर्शाई गई हैं। उस संख्या का चयन कीजिए जो '3' दर्शाने वाले फलक के विपरीत फलक पर होगी?

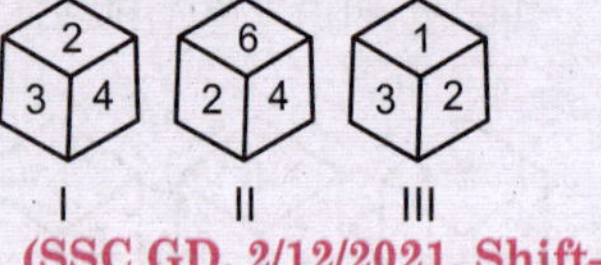

(SSC GD, 2/12/2021, Shift-I)

(a) 5 (b) 2
(c) 4 (d) 6

Type 3

19. Given below are three positions of the same dice. What will come on the face opposite to the face showing '7'?

नीचे एक पासे की तीन स्थितियां दी गई है '7' वाले फलक के विपरीत फलक पर क्या आएगा?

(SSC GD, 21/02/2024, Shift-I)

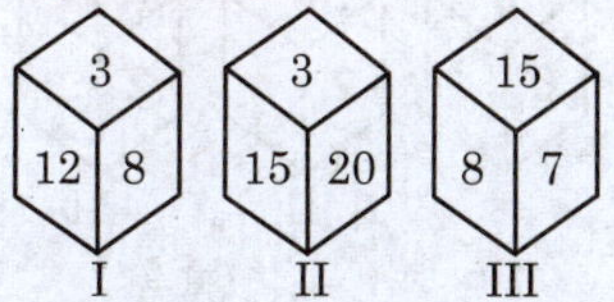

(a) 3 (b) 12
(c) 15 (d) 20

20. Given below are two different positions of the same dice. Which letter will appear on the face opposite to the face with 'M'?

नीचे एक पासे की दो अलग-अलग स्थितियां दी गई है 'M' वाले फलक के विपरीत फलक पर कौन-सा अक्षर आएगा?

(SSC GD, 23/02/2024, Shift-I)

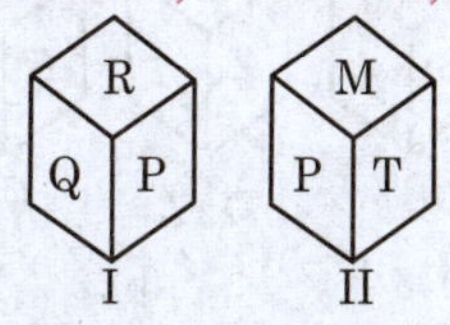

(a) Q (b) T
(c) R (d) P

21. Given below are two positions of a dice. Which of the following options will appear on the face opposite to the face marked '1'?

नीचे एक पासे की दो स्थितियां दी गई है '1' वाले फलक के विपरीत फलक पर निम्नलिखित में से क्या आएगा?

(SSC GD, 23/02/2024, Shift-II)

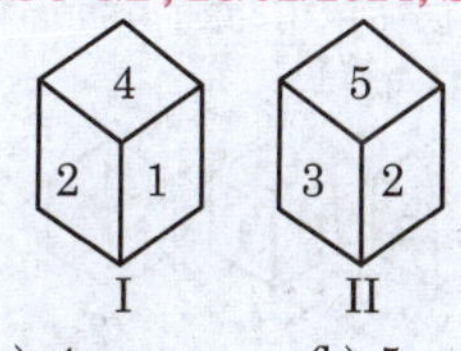

(a) 4 (b) 5
(c) 3 (d) 6

22. Given below are two different positions of the same dice. What will come on the face opposite to the face showing the letter 's'?

नीचे एक पासे की दो अलग-अलग स्थितियां दी गई है 's' वाले फलक के विपरीत फलक पर क्या आएगा?

(SSC GD, 27/02/2024, Shift-I)

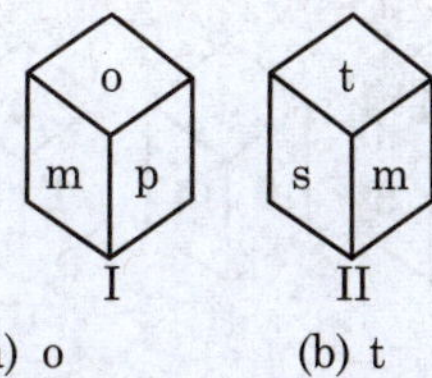

(a) o (b) t
(c) m (d) p

23. Given below are three positions of a dice. Which of the following options will appear on the face opposite to the face marked '6'?

नीचे एक पासे की तीन स्थितियां दी गई है '6' वाले फलक के विपरीत फलक पर निम्नलिखित विकल्पों में से क्या आएगा?

(SSC GD, 28/02/2024, Shift-III)

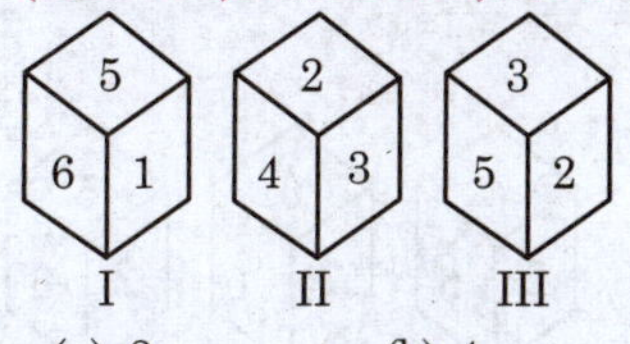

(a) 3 (b) 4
(c) 5 (d) 2

24. Given below are two positions of same dice. Which of the following options will appear on the face opposite to the face marked '8'?

नीचे एक पासे की दो स्थितियां दी गई है '8' वाले फलक के विपरीत फलक पर निम्नलिखित में से क्या आएगा?

(SSC GD, 28/02/2024, Shift-IV)

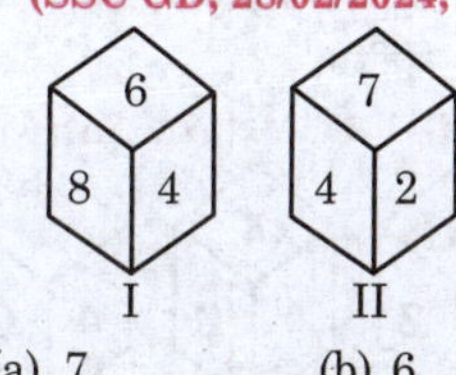

(a) 7 (b) 6
(c) 5 (d) 2

25. Given below are two positions of a dice. Which of the following options will appear on the face opposite to the face marked '5'?

नीचे एक पासे की दो स्थितियां दी गई है '5' वाले फलक के विपरीत फलक पर निम्नलिखित में से क्या आएगा?

(SSC GD, 29/02/2024, Shift-II)

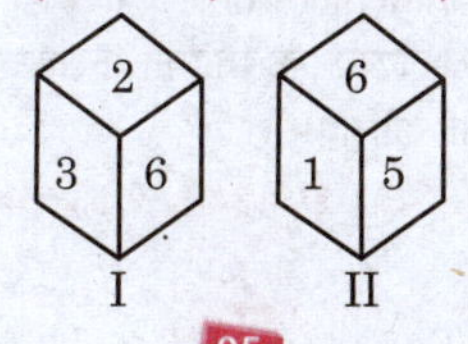

(a) 1 (b) 2
(c) 3 (d) 4

26. Given below are three positions of a dice. Which of the following options will appear on the face opposite to the face marked 'X'?

नीचे एक पासे की तीन स्थितियां दी गई है 'X' वाले फलक के विपरीत फलक पर निम्नलिखित में से क्या आएगा?

(SSC GD, 29/02/2024, Shift-IV)

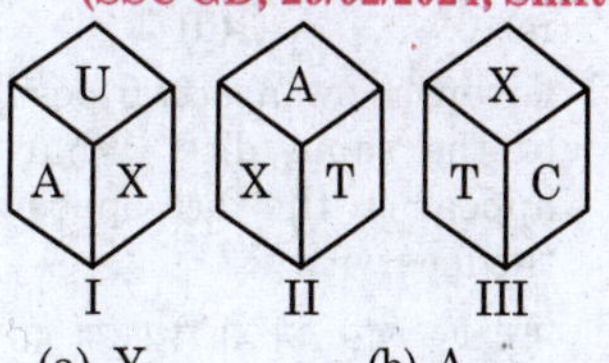

(a) Y (b) A
(c) C (d) U

27. Given below are two positions of a dice. What will come on the face opposite to the face with '1'?

नीचे एक पासे की दो स्थितियां दी गई है '1' वाले फलक के विपरीत फलक पर क्या आएगा?

(SSC GD, 01/03/2024, Shift-IV)

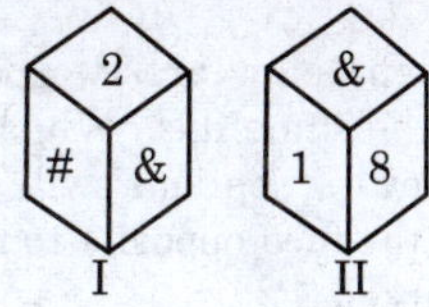

(a) 8 (b) &
(c) 2 (d) #

28. Given below are two positions of a dice. Which of the following options will appear on the face opposite to the face marked '6'?

नीचे एक पासे की दो स्थितियां दी गई है '6' वाले फलक के विपरीत फलक पर निम्नलिखित में से क्या आएगा?

(SSC GD, 05/03/2024, Shift-II)

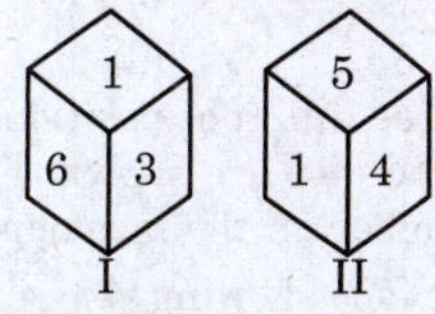

(a) 5 (b) 1
(c) 4 (d) 3

29. Given below are two positions of the same dice. What will appear on the face opposite to the face with '2'?

नीचे एक पासे की दो स्थितियां दी गई है '2' वाले फलक के विपरीत फलक पर क्या आएगा?

(SSC GD, 07/03/2024, Shift-I)

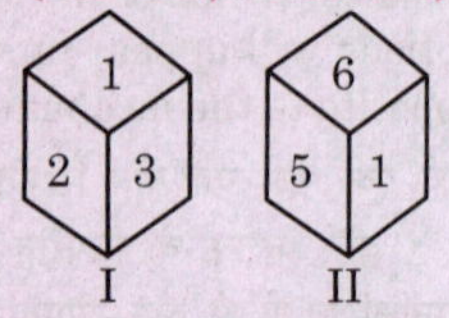

(a) 1 (b) 5
(c) 6 (d) 3

30. Given below are two positions of the same dice. What will appear on the face opposite to the face with '2'?

नीचे एक पासे की दो स्थितियां दी गई है '2' वाले फलक के विपरीत फलक पर निम्नलिखित में से क्या आएगा?

(SSC GD, 07/03/2024, Shift-III)

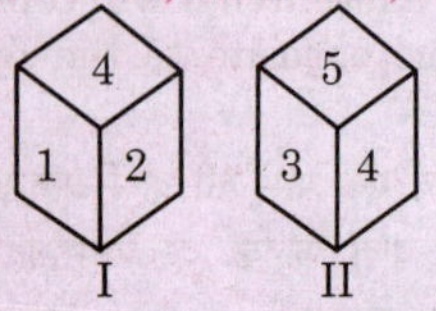

(a) 1 (b) 3
(c) 5 (d) 6

31. Given below are two positions of the same dice. Which of the following options will appear on the face opposite to the face marked '1'?

नीचे एक पासे की दो स्थितियां दी गई है '1' वाले फलक के विपरीत फलक पर निम्नलिखित में से क्या आएगा?

(SSC GD, 07/03/2024, Shift-IV)

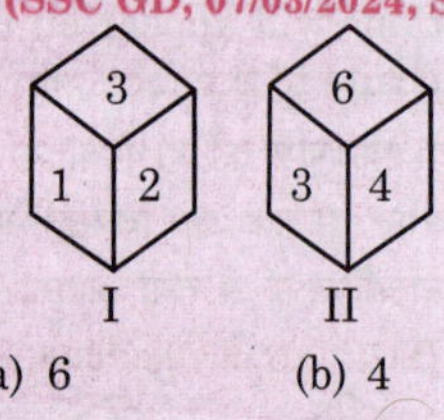

(a) 6 (b) 4
(c) 3 (d) 5

32. Three different positions of the same dice are shown. Find the number on the face opposite to the face showing '4'.

एक ही पासे की तीन अलग-अलग स्थितियों को दर्शाया गया है। '4' दर्शाने वाले फलक के विपरीत फलक पर मौजूद संख्या ज्ञात कीजिए।

(SSC GD, 10/01/2023, Shift-III)

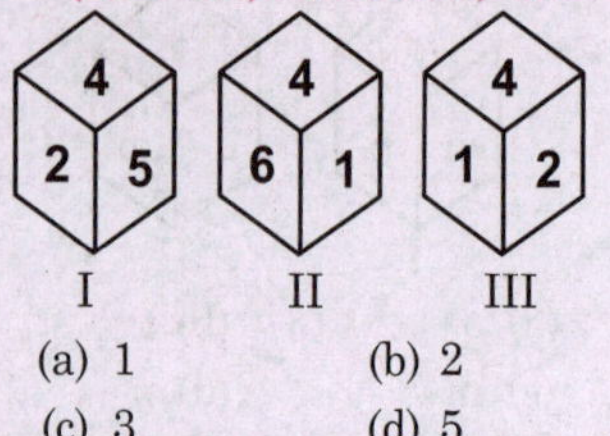

(a) 1 (b) 2
(c) 3 (d) 5

33. Three different positions of the same dice are depicted. Find the number on the face opposite to the one that represents '2'.

एक ही पासे की तीन अलग-अलग स्थितियों को दर्शाया गया है। '2' दर्शाने वाले फलक के विपरीत फलक की संख्या ज्ञात कीजिए।

(SSC GD, 11/01/2023, Shift-I)

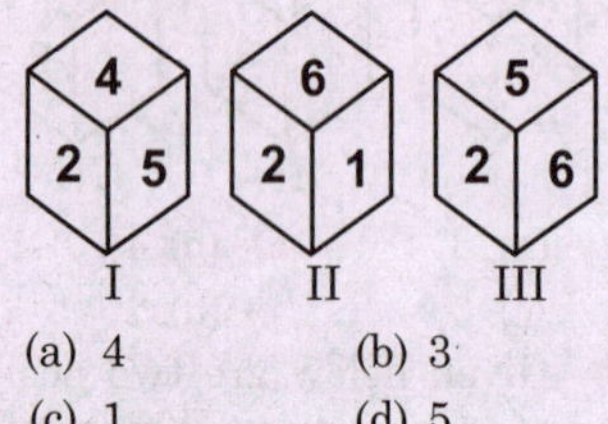

(a) 4 (b) 3
(c) 1 (d) 5

34. Three different positions of the same dice are depicted. Find the number on the face opposite to the face that represents '4'.

एक ही पासे की तीन अलग-अलग स्थितियों को दर्शाया गया है। '4' दर्शाने वाले फलक के विपरीत फलक की संख्या ज्ञात कीजिए।

(SSC GD, 11/01/2023, Shift-III)

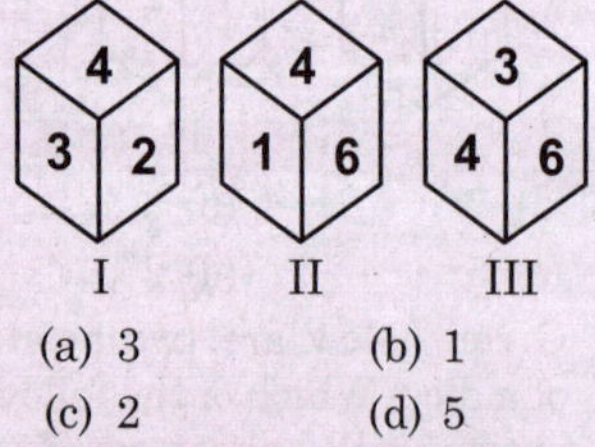

(a) 3 (b) 1
(c) 2 (d) 5

35. Three different positions of the same dice are depicted. Find the number on the face opposite to the one that represents '1'.

एक ही पासे की तीन अलग-अलग स्थितियों को दर्शाया गया है। '1' दर्शाने वाले फलक के विपरीत फलक की संख्या ज्ञात कीजिए।

(SSC GD, 13/01/2023, Shift-III)

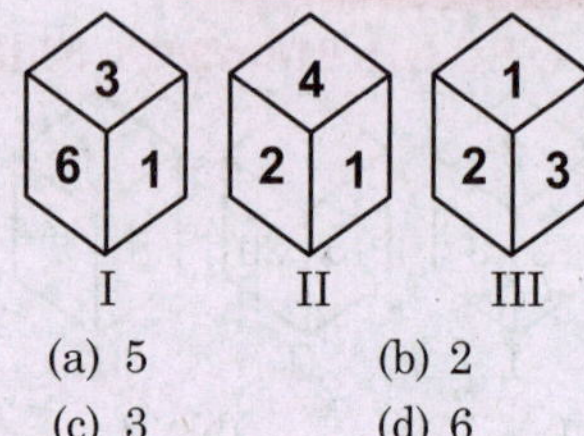

(a) 5 (b) 2
(c) 3 (d) 6

36. Three different positions of the same Dice are depicted. Find the number on the face opposite to the one that represents '5'.

एक ही पासे की तीन अलग-अलग स्थितियों को दर्शाया गया है। '5' दर्शाने वाले फलक के विपरीत फलक की संख्या ज्ञात कीजिए।

(SSC GD, 16/01/2023, Shift-III)

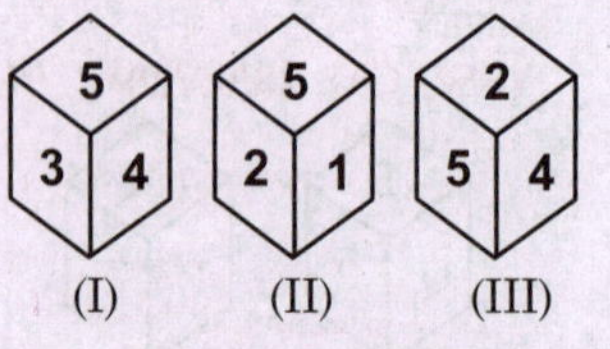

(a) 6 (b) 3
(c) 2 (d) 4

37. A dice (X) is rolled three times in the same order. Its two positions (X1 and X2) are given. Choose the next possible position from the following options.

एक पासे (X) को तीन बार एक ही क्रम में घुमाया जाता है। उसकी दो स्थितियाँ (X1 और X2) दी गई है। निम्नलिखित विकल्पों में से अगली संभावित स्थिति का चयन करें।

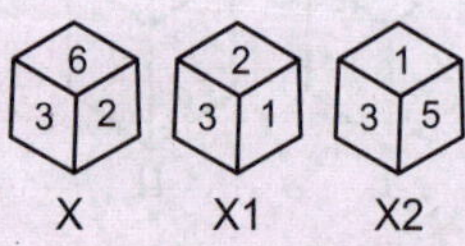

(SSC GD, 2/12/2021, Shift-II)

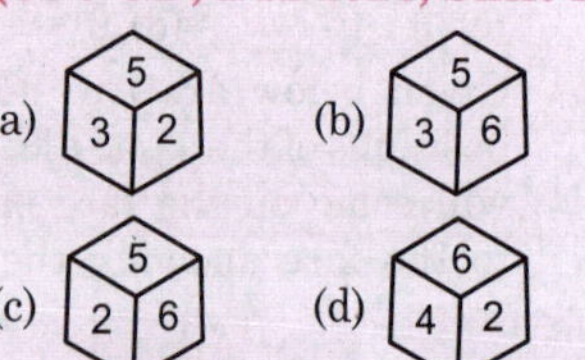

38. Two different positions of the same dice are shown, marked with the letters a, b, c, d, e and f. Select the letter that will be opposite the face containing the letter 'a'?

अक्षर a, b, c, d, e और f से अंकित, एक ही पासे की दो अलग-अलग स्थितियाँ दर्शाई गई हैं। उस अक्षर का चयन करें जो अक्षर 'a' वाले फलक के विपरीत फलक पर होगा?

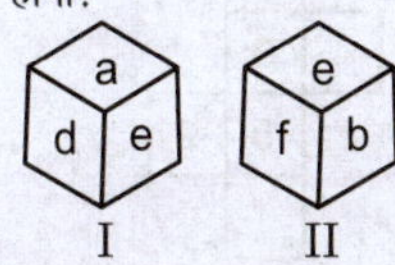

(SSC GD, 7/12/2021, Shift-I)

(a) b (b) f
(c) d (d) e

39. Three different positions of the same dice are shown. Select the position of the dice next time it is rolled.

एक ही पासे की तीन विभिन्न स्थितियाँ दर्शाई गई हैं। इस पासे को अगली बार घुमाने पर इसकी आने वाली स्थिति का चयन करें।

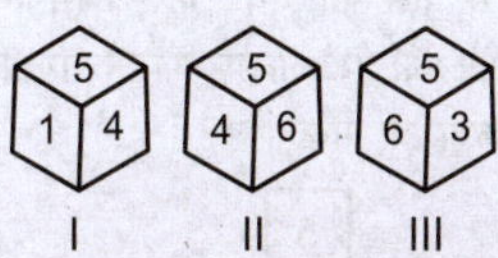

(SSC GD, 9/12/2021, Shift-III)

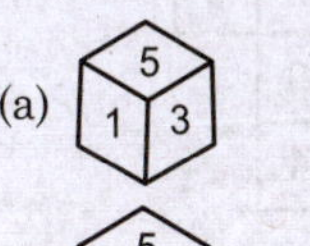

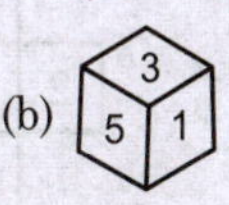

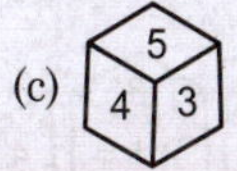

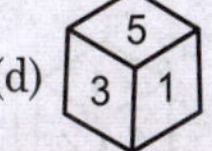

Type 4

40. Select the cube from the following options which cannot be formed by folding the given sheet.

निम्नलिखित विकल्पों में से उस घन का चयन कीजिए जो दी गई शीट को मोड़ने पर नहीं बन सकता है।

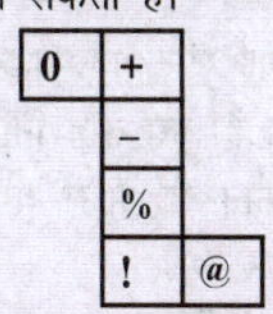

(SSC GD, 20/02/2024, Shift-I)

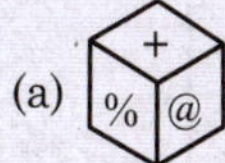

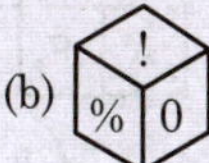

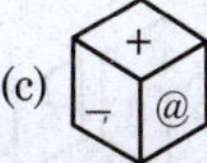

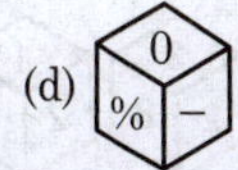

41. From the following options, select the dice which cannot be formed by folding the given sheet.

निम्नलिखित विकल्पों में से उस पासे का चयन कीजिए, जो दी गई शीट को मोड़ने पर नहीं बनाया जा सकता।

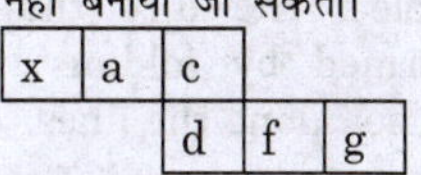

(SSC GD, 22/02/2024, Shift-IV)

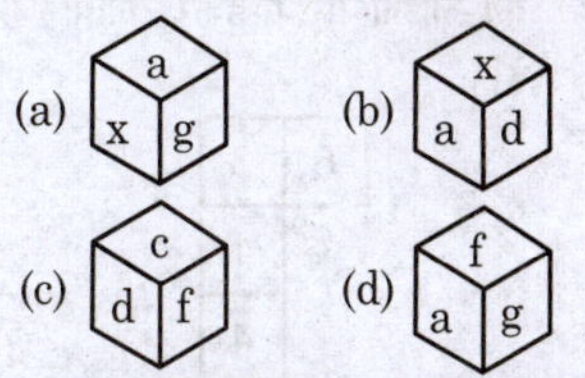

42. From the given options, select the dice which can be formed by folding the sheet given below.

दिए गए विकल्पों में से उस पासे का चयन कीजिए, जो नीचे दी गई शीट को मोड़ने पर बन सकता है।

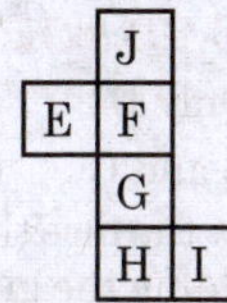

(SSC GD, 28/02/2024, Shift-II)

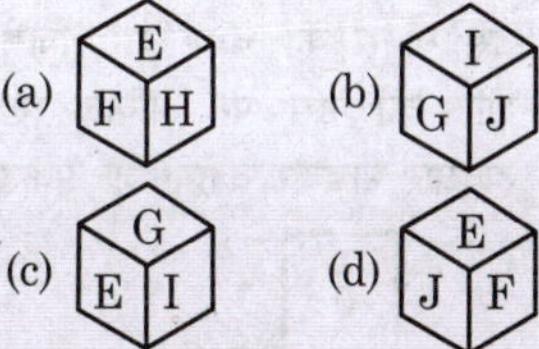

43. Select the dice that can be made by folding the given sheet along the lines given on it?

उस पासे का चयन करें जिन्हें/जिसे दिए गए पत्रक को उस पर बनी रेखाओं पर मोड़ कर बनाया जा सकता है?

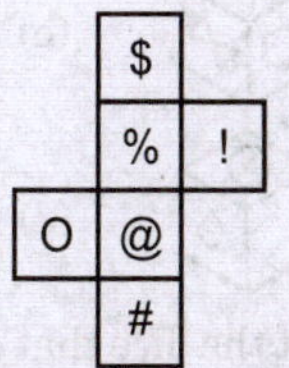

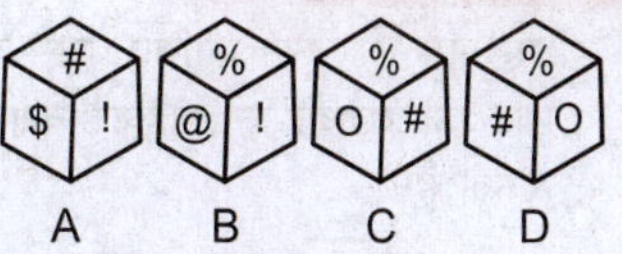

(SSC GD, 1/12/2021, Shift-II)

(a) A, B, C and D
(b) Only D
(c) A and B
(d) C and D

44. Which of the following box cannot be made by folding the given sheet of paper?

कागज की दी गई शीट को मोड़कर निम्न में से कौन-सा बॉक्स नहीं बनाया जा सकता है?

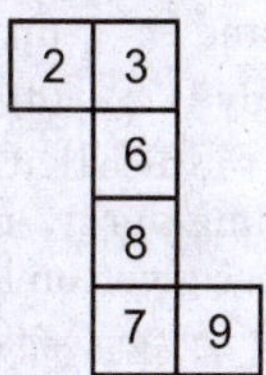

(SSC GD, 2/12/2021, Shift-III)

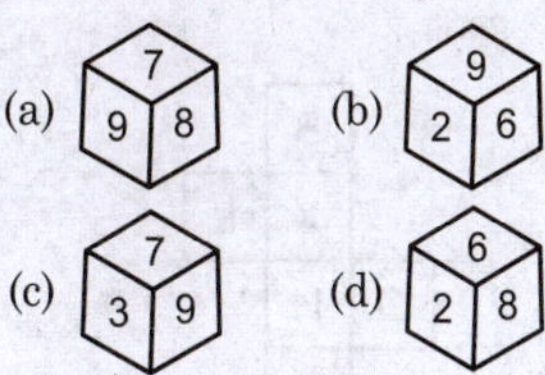

45. Select the dice that can be made by folding the given sheet along the lines given on it?

उस/उन पासे/पासों का चयन करें, जिसे दी गई शीट को लाइनों पर मोड़कर बनाया जा सकता है?

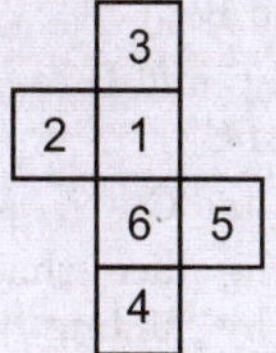

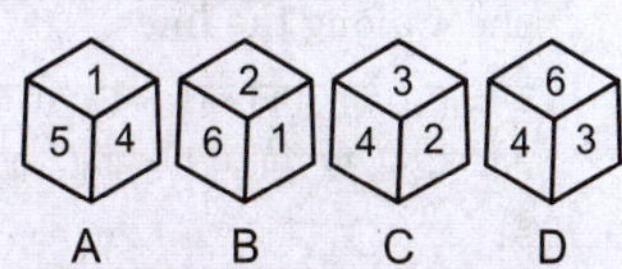

(SSC GD, 3/12/2021, Shift-II)

(a) A and D (b) Only B
(c) Only A (d) B and C

46. Select the dice that can be made by folding the given sheet along the lines given on it?

उस पासे का चयन कीजिए, जिसे दी गई शीट को रेखाओं पर मोड़कर बनाया जा सकता है।

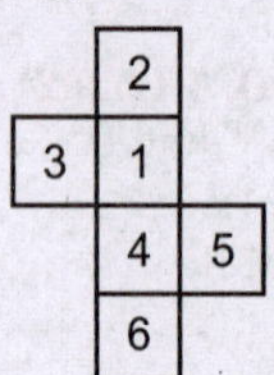

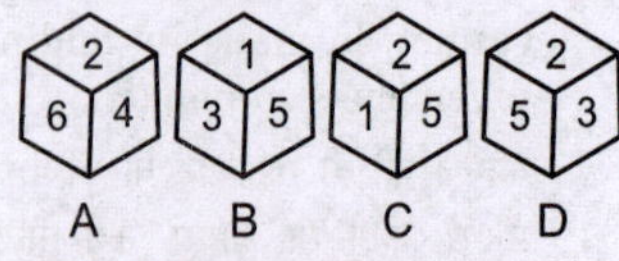

(SSC GD, 6/12/2021, Shift-III)

(a) A and D (b) Only C
(c) Only D (d) B and C

47. Select the dice that can be made by folding the given sheet along the lines given on it?

उस पासे का चयन कीजिए, जिसे दी गई शीट को रेखाओं पर मोड़कर बनाया जा सकता है?

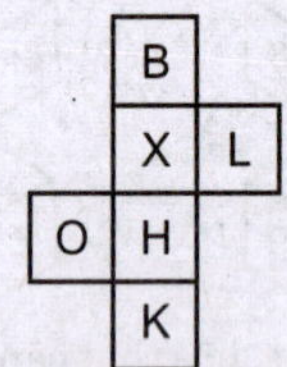

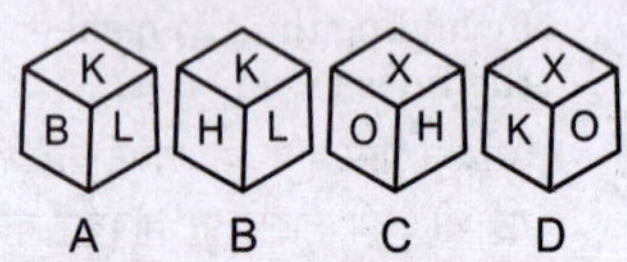

(SSC GD, 6/12/2021, Shift-I)

(a) A and B
(b) A, B, C and D
(c) A and C
(d) A, B and C

48. Select the dice that can be formed by folding the given sheet along the lines.

उन पासों का चयन करें, जिसे दी गई शीट को लाइनों पर मोड़कर बनाया जा सकता है।

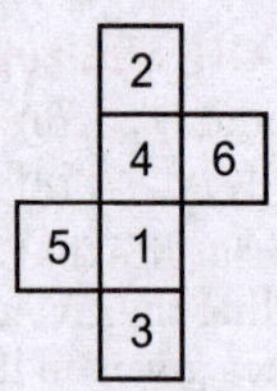

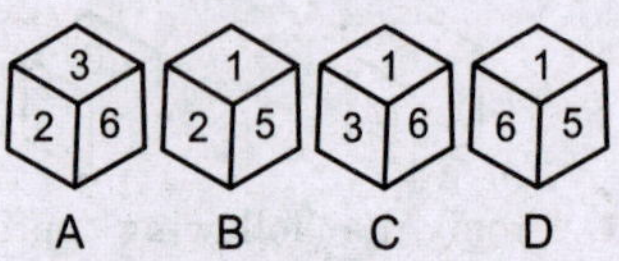

(SSC GD, 8/12/2021, Shift-I)

(a) Only D
(b) Only B
(c) Only A and B
(d) Only A and C

49. Select the dice that can be formed by folding the given sheet along the lines.

उन पासों का चयन करें, जिसे दी गई शीट को लाइनों पर मोड़कर बनाया जा सकता है।

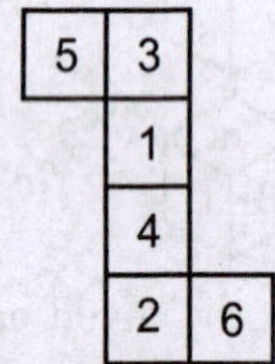

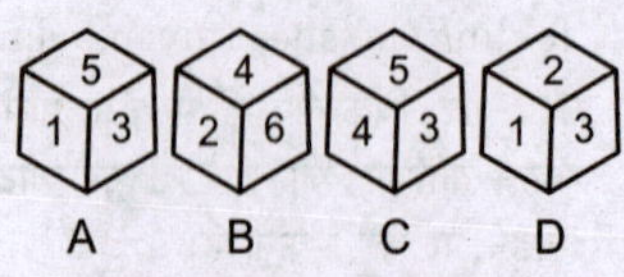

(SSC GD, 8/12/2021, Shift-II)

(a) Only D (b) A and D
(c) B and C (d) A and B

50. Select the dice that can be made by folding the given sheet along the lines given on it?

उस बॉक्स का चयन करें, जिसे दी गई शीट को उस पर अंकित रेखाओं के अनुसार मोड़कर बनाया जा सकता है?

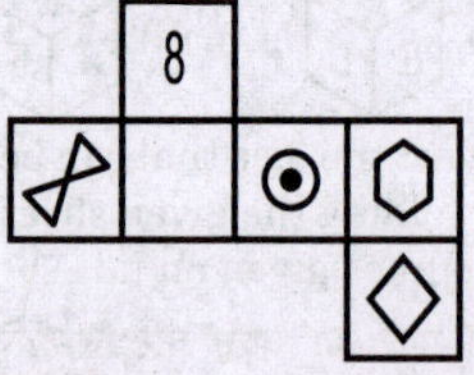

(SSC GD, 14/12/2021, Shift-III)

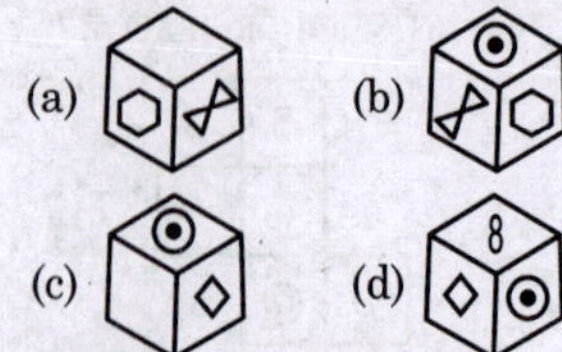

51. Select the dice that can be made by folding the given sheet along the lines given on it.

उस बॉक्स का चयन करें, जिसे दी गई शीट को उस पर अंकित रेखाओं के अनुसार मोड़कर बनाया जा सकता है?

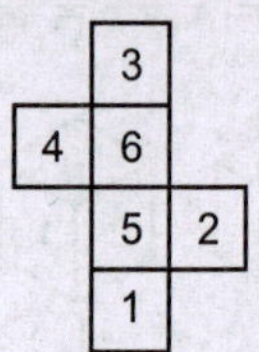

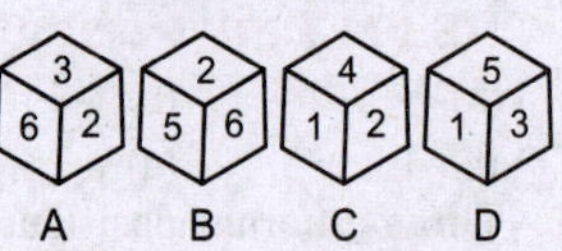

(SSC GD, 14/12/2021, Shift-I)

(a) A and C (b) A and B
(c) Only D (d) Only A

52. Select the dice that can be made by folding the given sheet along the lines given on it.

उस पासे का चयन करें, जिसे निम्नांकित शीट को रेखाओं पर मोड़ने पर प्राप्त नही किया जा सकता है?

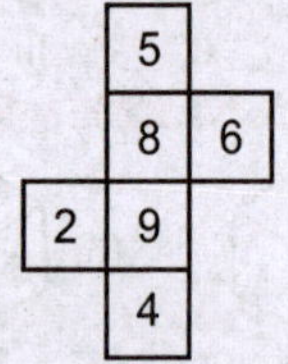

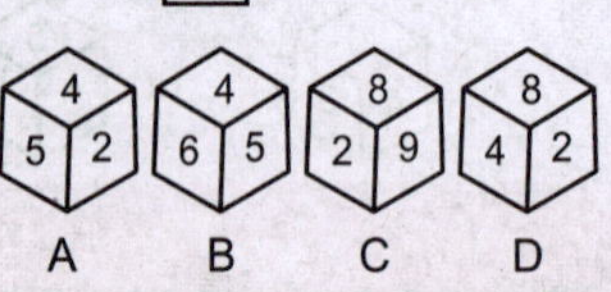

(SSC GD, 14/12/2021, Shift-II)

(a) C and D (b) Only C
(c) B, C and D (d) Only D

53. The given sheet is folded to form a cube. In the cube so formed, which of the following letter pair will be on the opposite faces?

दी गई शीट को मोड़कर एक घन बनाया जाता है। इस तरह निर्मित घन में, निम्न में से कौन-सा अक्षर-युग्म विपरीत पृष्ठों पर होगा?

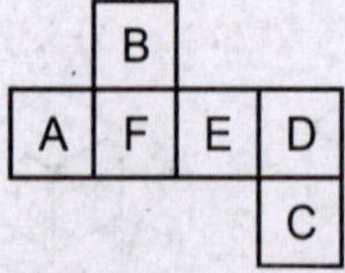

(SSC GD, 1/12/2021, Shift-III)

(a) D & F (b) B & E
(c) F & E (d) C & F

54. The given sheet is folded to form a cube. In the cube so formed, which number will be on the face opposite to the face with the number '3'?

दी गई शीट को मोड़कर एक घन बनाया जाता है। इस प्रकार निर्मित घन में, संख्या '3' वाले फलक के विपरीत फलक पर कौन सी संख्या मौजूद होगी?

			1
6	2	5	3
4			

(SSC GD, 3/12/2021, Shift-III)

(a) 4 (b) 1
(c) 2 (d) 6

55. The given sheet is folded to make a cube. In the cube/dice so formed, which sign will be on the face opposite to the surface showing '&'?

दी गई शीट को मोड़कर एक घन बनाया गया है। इस प्रकार बने घन में '&' दिखाने वाले फलक के विपरीत फलक पर कौन-सा चिन्ह होगा?

			&
@	+	%	#
$			

(SSC GD, 3/12/2021, Shift-I)

(a) + (b) $
(c) @ (d) #

56. The given sheet is folded to form a dice. In the dice so formed, which number will be on the face opposite to the face with the number '5'?

दी गई शीट को मोड़कर एक पासा बनाया गया है। इस प्रकार बने पासे में, उस संख्या का चयन करें, जो संख्या '5' दर्शाने वाले फलक के विपरीत फलक पर होगी?

	2	7
	5	
	4	
6	9	

(SSC GD, 7/12/2021, Shift-III)

(a) 9 (b) 4
(c) 7 (d) 6

57. When the following figure is folded to form a box, which face cannot be adjacent to face R?

जब निम्नांकित आकृति को मोड़कर एक बॉक्स बनाया जाता है, तो कौन-सा फलक, फलक R से सटा हुआ नहीं हो सकता है?

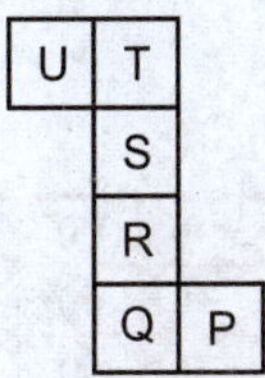

(SSC GD, 8/12/2021, Shift-III)

(a) P (b) T
(c) U (d) S

58. The given sheet is folded to form a dice. In the dice so formed, which alphabet/symbol will be on the face opposite to the face with the symbol '&'?

दिए गए शीट को मोड़कर एक घन बनाया गया है। इस प्रकार बने घन में, '&' प्रतीक दर्शाने वाले फलक के विपरीत फलक पर कौन-सा अक्षर/प्रतीक होगा?

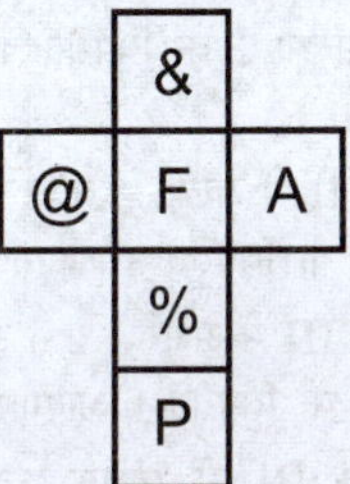

(SSC GD, 9/12/2021, Shift-II)

(a) @ (b) A
(c) % (d) P

59. The given sheet is folded to form a dice. In the dice so formed, which number/symbol will be on the face opposite to the face with the symbol '$'?

दी गई शीट को मोड़कर एक घन बनाया गया है। इस प्रकार बने घन में, '$' दिखाने वाले पृष्ठ के विपरीत पृष्ठ पर कौन-सी संख्या अथवा चिह्न होगा?

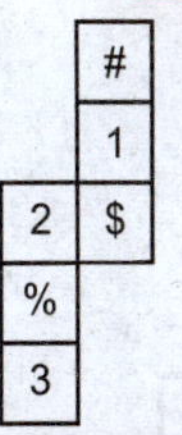

(SSC GD, 10/12/2021, Shift-III)

(a) 2 (b) #
(c) 3 (d) %

60. The given sheet is folded to form a dice. Then which pair of letters will not be on the opposite faces?

जब दी गई शीट को मोड़कर एक घन बनाया जाता है, तो अक्षरों का कौन-सा युग्म विपरीत फलकों पर नहीं होगा?

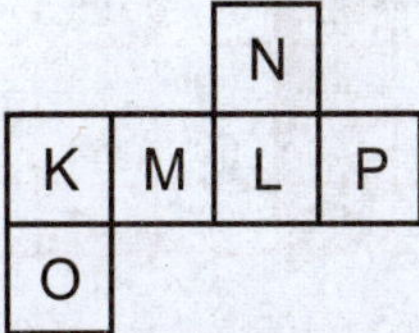

(SSC GD, 10/12/2021, Shift-I)

(a) M and P (b) L and O
(c) N and O (d) K and L

61. The given sheet is folded to form a dice. In the closed dice so formed, which of the following letter/symbol pair will be on the opposite faces?

दी गई शीट को मोड़कर एक घन बनाया जाता है। इस तरह निर्मित घन में, निम्न में से कौन-सा प्रतीक युग्म विपरीत पृष्ठों/फलकों पर होगा?

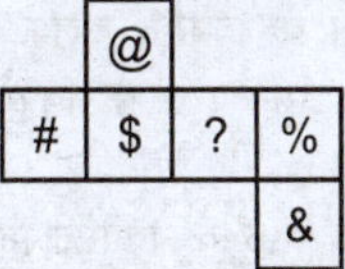

(SSC GD, 13/12/2021, Shift-I)

(a) $ and & (b) ? and &
(c) @ and ? (d) $ and %

62. The given sheet is folded to form a dice. Then which pair of letters will be on the opposite faces?

जब दी गई शीट को मोड़कर एक घन बनाया जाता है, तो अक्षरों का कौन-सा युग्म विपरीत फलकों पर होगा?

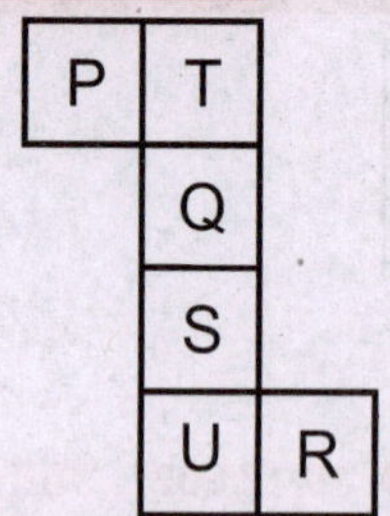

(SSC GD, 13/12/2021, Shift-II)

(a) S and R (b) P and Q
(c) Q and U (d) U and T

उत्तरमाला

1.	(a)	2.	(c)	3.	(c)	4.	(a)	5.	(c)	6.	(a)	7.	(b)	8.	(c)	9.	(c)	10.	(c)
11.	(d)	12.	(c)	13.	(c)	14.	(d)	15.	(d)	16.	(b)	17.	(c)	18.	(d)	19.	(a)	20.	(a)
21.	(b)	22.	(a)	23.	(d)	24.	(a)	25.	(c)	26.	(a)	27.	(c)	28.	(c)	29.	(c)	30.	(b)
31.	(b)	32.	(c)	33.	(b)	34.	(d)	35.	(a)	36.	(a)	37.	(b)	38.	(b)	39.	(d)	40.	(a)
41.	(d)	42.	(d)	43.	(c)	44.	(b)	45.	(d)	46.	(b)	47.	(c)	48.	(d)	49.	(d)	50.	(c)
51.	(d)	52.	(d)	53.	(a)	54.	(c)	55.	(b)	56.	(a)	57.	(b)	58.	(c)	59.	(b)	60.	(b)
61.	(d)	62.	(c)																

Hints & Solution

1. मानक पासा में विपरीत फलकों का योग 7 होता है।
अत: विकल्प (a) सही उत्तर होगा।

2. पासा I, II, III मानक पासा है परन्तु पासा IV मानक पासा नही है। क्योंकि इसकी संलग्न फलको का योग 7 है।

3. जिस पासा की संलग्न फलको का योग 7 होता है। उसे साधारण पासा कहते है।
अत: पासा III एक साधारण पासा है।

4. मानक पासा के विपरीत फलक का योग 7 होता है। इसलिए 3 के विपरीत सतह पर 4 होगा।

5. मानक पासा में 5 के विपरीत फलक पर 2 आएगा।

6. पासा- II व III से

$P \rightarrow \boxed{F} \rightarrow I$

$P \rightarrow \boxed{M} \rightarrow N$

अत: F के विपरीत फलक पर M होगा।

7. पासा I व II में फलक X व Z उभयनिष्ठ है। तब K के विपरीत फलक पर M होगा।

8. पासा I व II में फलक 4 व 5 उभयनिष्ठ है। अत: फलक 3 के विपरीत 6 होगा।

9. पासा II व III में A व E फलक उभयनिष्ठ है। अत: B के विपरीत फलक पर F होगा।

10. पासा I व II में फलक 8 व 6 उभयनिष्ठ है। अत: संख्या 2 के विपरीत फलक पर 12 आएगा।

11. पासा I व II में संख्या 2 व 4 उभयनिष्ठ है अत: 5 के विपरीत 3 आएगा।

12. पासा II व III में अक्षर d व e उभयनिष्ठ है अत: c के विपरीत f आएगा।

13. पासा I व III से फलक 52 व 53 उभयनिष्ठ है। अत: फलक 51 के विपरीत 55 होगा।

14. पासा (I) व (II) से
अक्षर P एवं S उभयनिष्ठ हैं।
अत: U के विपरीत फलक पर R होगा।

15. पासा (I) व (II) में 5 व 3 उभयनिष्ठ है।
अत: 4 के विपरीत फलक पर 2 होगा।

16. पासा (I) व (II) में
लाल व सफेद उभयनिष्ठ है। अत: हरा रंग के विपरीत फलक पर नीला रंग होगा।

17. पासा (I) व (II) में H व I उभयनिष्ठ हैं। अत: K के विपरीत फलक पर L होगा।

18. पासा I व II से संख्या 2 व 4 उभयनिष्ठ है अत: 3 के विपरीत 6 होगा।

19. पासा II व III से

$15 \rightarrow \boxed{3} \rightarrow 20$

$15 \rightarrow \boxed{7} \rightarrow 8$

अत: 7 के विपरीत फलक पर 3 होगा।

20. पासा I व II से

$P \rightarrow \boxed{Q} \rightarrow R$

$P \rightarrow \boxed{M} \rightarrow T$

अत: M के विपरीत फलक पर Q होगा।

21. पासा I व II से

$2 \rightarrow 4 \rightarrow \boxed{1}$

$2 \rightarrow 3 \rightarrow \boxed{5}$

अत: 1 फलक के विपरीत फलक पर 5 होगा।

22. पासा I व II से

$m \rightarrow \boxed{o} \rightarrow p$

$m \rightarrow \boxed{s} \rightarrow t$

अत: फलक s के विपरीत फलक पर o होगा।

23. पासा I व III से

5 → 1 → 6

5 → 3 → 2

अत: फलक 6 के विपरीत फलक पर 2 होगा।

24. पासा I व II से

4 → 8 → 6

4 → 7 → 2

अत: फलक 8 के विपरीत फलक पर 7 होगा।

25. पासा I व II से

6 → 3 → 2

6 → 5 → 1

अत: फलक 5 के विपरीत फलक पर 3 होगा।

26. पासा I व III से

X → A → U

~~X~~ Y → C → T

अत: X के विपरीत Y होगा।

27. पासा I व II से

& → # → 2

& → 8 → 1

अत: फलक 1 के विपरीत फलक पर 2 होगा।

28. पासा I व II से

1 → 3 → 6

1 → 5 → 4

अत: फलक 6 के विपरीत फलक पर 4 होगा।

29. पासा I व II से

1 → 3 → 2

1 → 5 → 6

अत: फलक 2 के विपरीत फलक पर 6 होगा।

30. (b) पासा I व II से

4 → 2 → 1

4 → 3 → 5

अत: 2 के विपरीत फलक पर 3 होगा।

31. पासा I व II से

3 → 2 → 1

3 → 6 → 4

अत: फलक 1 के विपरीत फलक पर 4 होगा।

32.

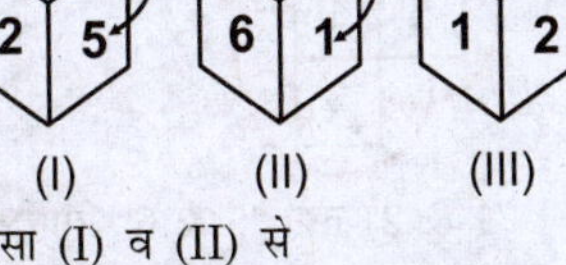

(I) (II) (III)

पासा (I) व (II) से

4 5 2

~~4~~ 3 1 6

अत: फलक 4 के विपरीत फलक पर 3 होगा।

33.

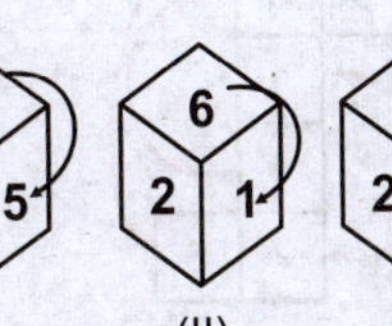

(I) (II) (III)

पासा (I) व (II) से

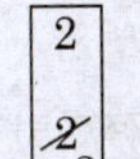

2 4 5

~~2~~ 3 6 1

अत: फलक 2 के विपरीत फलक पर 3 होगा।

34.

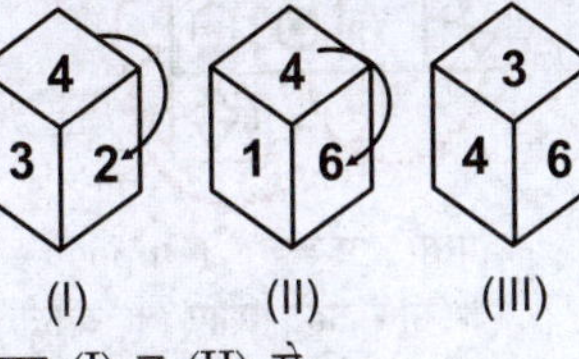

(I) (II) (III)

पासा (I) व (II) से

4 → 2 → 3

~~4~~ 5 → 6 → 1

अत: फलक 4 के विपरीत फलक पर 5 होगा।

35. पासा (I) व (II) से

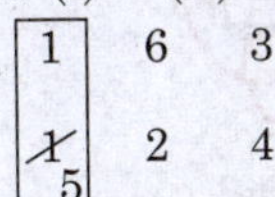

1 6 3

~~1~~ 5 2 4

अत: फलक 1 के विपरीत फलक पर 5 होगा।

36. पासा (I) व (II) से

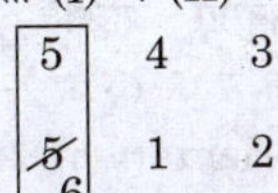

5 4 3

~~5~~ 6 1 2

अत: फलक 5 के विपरीत फलक पर 6 होगा।

37. X व X1 से '1' व '6' विपरीत फलक (opposite faces) पर हैं। अत: अगली स्थिति

होगी।

38.

e → d → a

e → b → f

अत: फलक a के विपरीत फलक पर f होगा।

39. पासा (i) व (ii) से 6 के विपरीत 1 है। अत: (iii) को घुमाने पर

40.

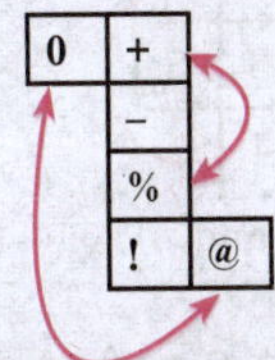

% के विपरीत + होगा तो विकल्प A नही बनाया जा सकता।

41.

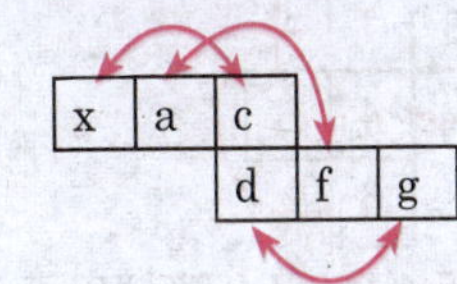

f फलक के विपरीत फलक पर a होगा। इसलिए विकल्प (d) नही बनाया जा सकता है।

42.

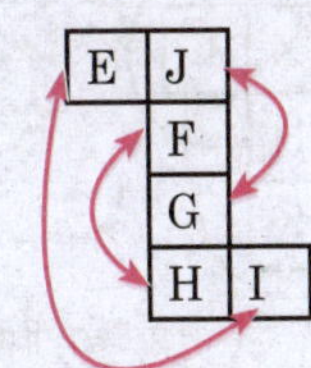

विकल्प (d) नही बनाई जा सकती है।

43.

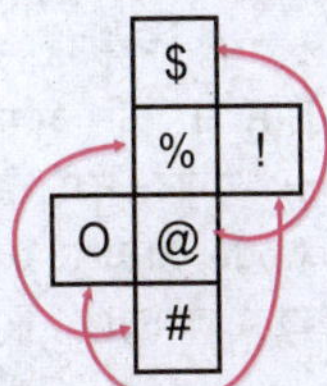

C और D में दो विपरीत फलक एक साथ दर्शाए गए हैं जोकि संभव नहीं हैं।

अत: A और B दोनों बनाये जा सकते है।

44.

9 and 2 are on opposite faces. They can't come together.
(9 और 2 विपरीत फलकों पर हैं। ये एक साथ नहीं आ सकते)
अत: विकल्प (b) सही है।

45.

∵ A(1 and 4) और D(3 and 6) संभव नही है।
अत: B व C बनाये जा सकते है।

46.

2 और 4, 3 और 5 एक-दूसरे के विपरीत फलकों (Opposite faces) पर हैं। अत: केवल C संभव है।

47.

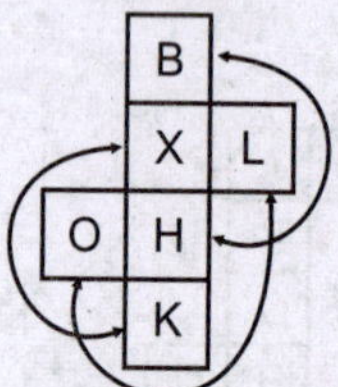

'K & X' एक-दूसरे के विपरीत फलक (Opposite faces) पर होंगे। अत: Dice - 'D' संभव नहीं है। SSC के अनुसार B संभव नहीं है क्योंकि K-H-L व L-K-H की अभिमुखता (Orientation) समान नहीं है। या किसी भी एक Code को ऊपर रखने पर अभिमुखता स्पष्ट हो जायेगी।

48.

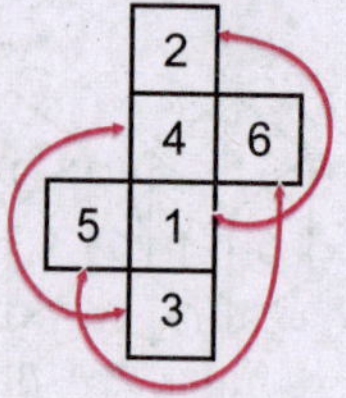

'1 & 2' तथा '5 & 6' विपरीत फलकों (opposite faces) पर होंगे। अत: पासा (Dice) B तथा D संभव नहीं है।
पासा A व C बनाये जा सकते है।

49.

'4 & 3' तथा '1 & 2' विपरीत फलकों (opposite faces) पर हैं। अत: पासा (Dice) C व D संभव नहीं है।
पासा A व B बनाये जा सकते है।

50.

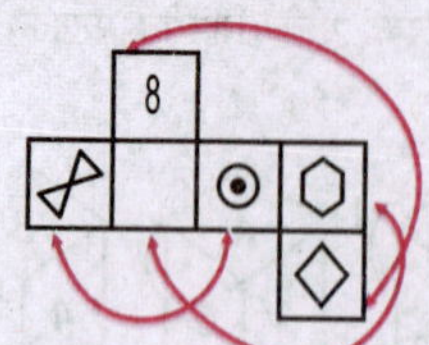

विपरीत फलक (Opposite faces) एक साथ नहीं दर्शाए जा सकते हैं। अत: केवल [cube figure] संभव है।

51.

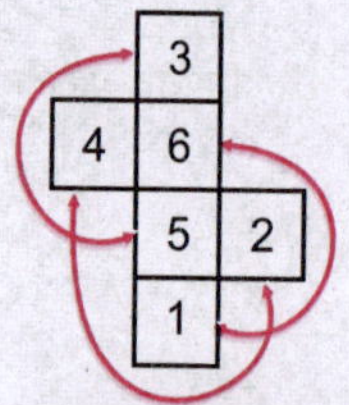

विपरीत फलक (Opposite faces) एक साथ नहीं दर्शाए जा सकते हैं। अत: केवल विकल्प (d) संभव है।
SSC के अनुसार आकृति B संभव नहीं है क्योंकि 2-5-6 व 2-6-5 की अभिमुखता (orientation) समान नहीं है।

52.

4 व 8 एक-दूसरे के विपरीत हैं। अत: विकल्प D संभव नहीं है। इसलिए विकल्प (d) सही उत्तर होगा।

53.

अत: D, F के विपरीत है।

54.

अत: 3 के विपरीत फलक पर 2 होगा।

55.

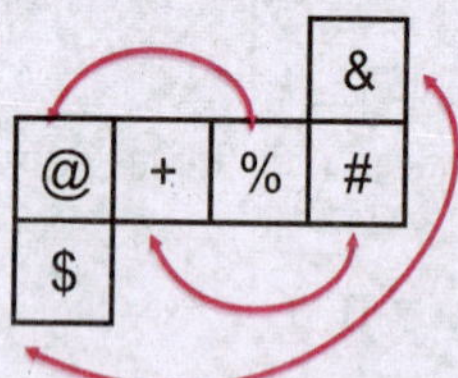

अत: & के विपरीत फलक पर $ होगा।

56.

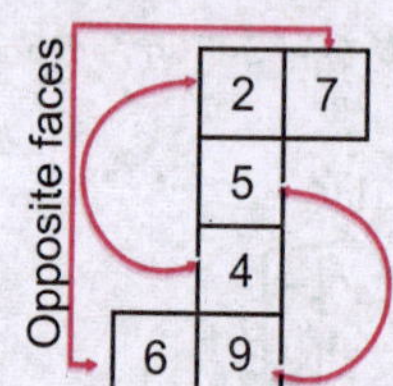

Clearly 9 will be opposite to 5
स्पष्टत: 5 के विपरीत 9 होगा।

57.

Ans: T

58.

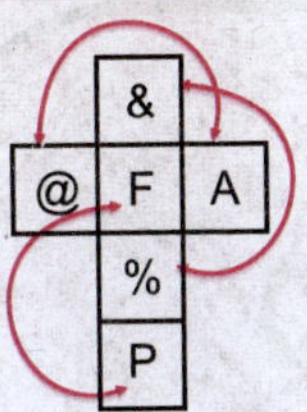

Clearly '%' is opposite to '&'.

स्पष्टत: '&' के विपरीत '%' है।

59.

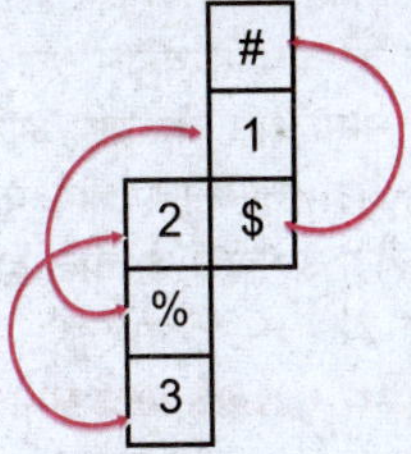

अत: $ के विपरीत फलक पर # होगा

60.

L & O are not on opposite faces.

L & O विपरीत फलकों पर नहीं हैं।

61.

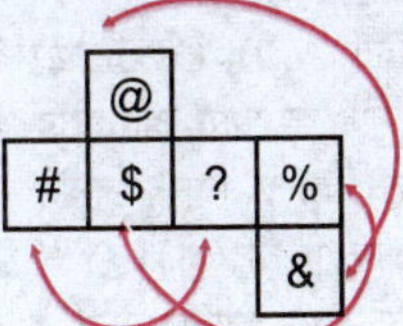

अत: $ के विपरीत फलक पर % होगा।

62.

अत: Q के विपरीत फलक पर U होगा।

11 बैठक व्यवस्था (Sitting Arrangement)

Type 1

1. Five friends London, Madrid, Paris, Rome and Vienna are arranged in a circle facing the centre. Madrid is to the immediate left of Paris. Rome is exactly between London and Vienna. Vienna is to the immediate right of Paris. Which friend is to the immediate left of Madrid?

पाँच मित्र लंदन, मैड्रिड, पेरिस, रोम और विएना को एक वृत्त में, केंद्र की ओर मुख करके व्यवस्थित किया गया है। मैड्रिड, पेरिस के ठीक बाईं ओर है। लंदन और विएना के ठीक बीच में रोम है। विएना, पेरिस के ठीक दाईं ओर है। मैड्रिड के ठीक बाईं ओर कौन-सा मित्र है?

(SSC GD 20/10/2024 Shift III)

(a) विएना (b) रोम
(c) लंदन (d) पेरिस

2. Eight athletes Sunil, Abhishek, Mohit, Chinu, Rahul, Tanu, Koyal and Ankit are sitting around a circular table facing away from the center (but not necessarily in the same order). Koyal is sitting third to the left of Rahul. Tanu is sitting third to the right of Chinu. Mohit is sitting second to the right of Sunil. Abishek is sitting second to the left of Chinu. Tanu is sitting second to the left of Sunil. Who is sitting second to the left of Koyal?

आठ एथलीट सुनील, अभिषेक, मोहित, चीनू, राहुल, तनु, कोयल और अंकित एक वृत्ताकार मेज के चारों ओर केंद्र से बाहर की ओर मुख करके बैठे हैं (परंतु जरूरी नहीं कि वे इसी क्रम में बैठे हों)। कोयल, राहुल के बाईं ओर से तीसरे स्थान पर बैठी है। तनु, चीनू के दाईं ओर से तीसरे स्थान पर बैठी है। मोहित, सुनील के दाईं ओर से दूसरे स्थान पर बैठा है। अभिषेक, चीनू के बाईं ओर से दूसरे स्थान पर बैठा है। तनु, सुनील के बाईं ओर से दूसरे स्थान पर बैठी है। कोयल के बाईं ओर से दूसरे स्थान पर कौन बैठा/बैठी है?

(SSC GD 20/02/2024 Shift IV)

(a) राहुल (b) तनु
(c) मोहित (d) सुनील

3. Five boys G, K, P, R and T are sitting around a circular table facing towards the centre (not necessarily in the same order). R is third to the left of K. P and G are the immediate neighbours of K. T is to the immediate left of P. Who is sitting second to the right of P?

पाँच लड़के G, K, P, R और T एक वृत्ताकार मेज के चारों तरफ केंद्र की ओर मुख करके बैठे हैं, लेकिन जरूरी नहीं कि इसी क्रम में। R, K के बाएँ को तीसरे स्थान पर है। P और G, K के निकट पड़ोसी हैं। T, P के तुरंत बाएँ को है। P के दायें को दूसरे स्थान पर कौन बैठा है?

(a) G (b) K
(c) T (d) R

4. Five persons Anuj, Bheem, Chetan, Dheer and Imran are sitting around a circular table facing the centre (but not necessarily in the same order). Only one person sits between Chetan and Dheer. Bheem sits second to the left of Dheer. Anuj is sitting to the immediate right of Bheem. Who is sitting to the immediate right of Chetan?

पाँच व्यक्ति अनुज, भीम, चेतन, धीर और इमरान एक वृत्ताकार मेज के चारों ओर केंद्र की ओर मुख करके बैठे हैं (परंतु जरूरी नहीं कि वे इसी क्रम में हो)। चेतन और धीर के बीच में केवल एक व्यक्ति बैठा है। भीम, धीर के बाईं ओर दूसरे स्थान पर बैठा है। अनुज, भीम के ठीक दाईं ओर बैठा है। चेतन के ठीक दाईं ओर कौन बैठा है?

(SSC GD 21/02/2024 Shift IV)

(a) अनुज (b) इमरान
(c) भीम (d) धीर

5. Five persons A, B, C, D and E are sitting around a circular table facing the centre (but not necessarily in the same order). Only one person sits between C and D (counting from one side only). B sits second to the left of D. A is sitting to the immediate right of B. Who sits immediate left of B?

पाँच व्यक्ति A, B, C, D और E एक वृत्ताकार मेज के चारों ओर केंद्र की ओर मुख करके बैठे हैं (परंतु जरूरी नहीं कि वे इसी क्रम में बैठे हों)। C और D के बीच केवल एक व्यक्ति बैठा है (केवल एक ओर से गिनने पर)। B, D के बाईं ओर से दूसरे स्थान पर बैठा है। A, B के ठीक दाईं ओर बैठा है। B के ठीक बाईं ओर कौन बैठा है?

(SSC GD 21/02/2024 Shift II)

(a) C (b) D
(c) E (d) A

6. Six houses blue, green, red, yellow, orange and purple are arranged in a circle facing towards the centre. The blue house is second to the right of the green house and opposite to the orange house. The yellow house is situated exactly between the red house and the orange house. The purple house is situated opposite to the yellow house. Which house is

situated to the immediate right of the blue house?

छः घर नीला, हरा, लाल, पीला, नारंगी और बैंगनी एक घेरे में, केंद्र की ओर मुख करके व्यवस्थित हैं। नीला घर, हरे घर के दाईं ओर से दूसरे स्थान पर और नारंगी घर के विपरीत स्थित है। पीला घर, लाल घर और नारंगी घर के ठीक बीच में स्थित है। बैंगनी घर पीले घर के विपरीत स्थित है। नीले घर के ठीक दाईं ओर कौन-सा घर स्थित है?

(SSC GD 21/02/2024 Shift IV)

(a) पीला (b) हरा
(c) बैंगनी (d) लाल

7. Five friends Priya, Rahul, Suresh, Tina and Varun are sitting around a circular table facing the centre. Varun, who sits immediate left of Rahul, also sits second to the right of Tina. Suresh is not sitting next to Varun. Who sits second to the left of Rahul?

पाँच मित्र प्रिया, राहुल, सुरेश, टीना और वरुण एक वृत्ताकार मेज पर केंद्र की ओर मुख करके बैठे हैं। वरुण, जो राहुल के ठीक बाईं ओर बैठा है, टीना के दाईं ओर से दूसरे स्थान पर भी बैठा है। सुरेश, वरुण के बगल में नहीं बैठा है। राहुल के बाईं ओर से दूसरे स्थान पर कौन बैठा/बैठी है? **(SSC GD 22/02/2024 Shift II)**

(a) प्रिया (b) टीना
(c) सुरेश (d) वरुण

8. Six friends Lisa, Mark, Nicole, Owen, Pam and Kevin are sitting around a circular table facing outside the centre. Lisa is sitting to the immediate right of Mark. Kevin is sitting exactly between Nicole and Owen. Owen is sitting to the immediate left of Pam. Who sits to the immediate right of Pam?

छः दोस्त लिसा, मार्क, निकोल, ओवेन, पाम और केविन एक वृत्ताकार मेज के चारों ओर केंद्र से बाहर की ओर मुख करके बैठे हैं। लिसा, मार्क के ठीक दाईं ओर बैठी है। केविन, निकोल और ओवेन के ठीक बीच में बैठा है। ओवेन, पाम के ठीक बाईं ओर बैठा है। पाम के ठीक दाईं ओर कौन बैठा/बैठी है?

(SSC GD 22/02/2024 Shift III)

(a) मार्क (b) लिसा
(c) केविन (d) ओवेन

9. Six boys Sumit, Gopal, Honey, Ishaan, Jatin and Lalit are sitting around a circular table facing towards the centre. Ishaan is sitting third to the left of Sumit. Jatin and Honey are immediate neighbours of Ishaan. Lalit is sitting to the immediate right of Jatin. Who is sitting to the immediate left of Ishaan?

छः लड़के सुमित, गोपाल, हनी, ईशान, जतिन और ललित एक वृत्ताकार मेज के चारों ओर केंद्र की ओर मुख करके बैठे हैं। ईशान, सुमित के बाईं ओर से तीसरे स्थान पर बैठा है। जतिन और हनी, ईशान के निकटतम पड़ोसी हैं। ललित, जतिन के ठीक दाईं ओर बैठा है। ईशान के ठीक बाईं ओर कौन बैठा है?

(SSC GD 22/02/2024 Shift III)

(a) ललित (b) जतिन
(c) गोपाल (d) हनी

10. Seven girls A, B, C, X, Y, W and Z are sitting around a circular table facing outside the centre (but not necessarily in the same order). W is sitting second to the left of X. The immediate neighbour of both B and C is W. Z is sitting fourth to the left of B. Y is not an immediate neighbour of C. Who is sitting to the immediate left of X?

सात लड़कियाँ A, B, C, X, Y, W और Z एक वृत्ताकार मेज के चारों ओर केंद्र से बाहर की ओर मुख करके बैठी हैं (परंतु जरूरी नहीं कि वे इसी क्रम में बैठी हों। W, X के बाईं ओर से दूसरे स्थान पर बैठी है। B और C दोनों की निकटतम पड़ोसी W है। Z, B के बाईं ओर से चौथे स्थान पर बैठी है। Y, C की निकटतम पड़ोसी नहीं है। X के ठीक बाईं ओर कौन बैठी है?

(SSC GD 22/02/2024 Shift IV)

(a) Z (b) A
(c) B (d) Y

11. Six boys Sumit, Gopal, Honey, Ishaan, Jatin and Lalit are sitting around a circular table facing towards the centre. Ishaan is sitting third to the left of Sumit. Jatin and Honey are immediate neighbours of Ishaan. Lalit is sitting to the immediate right of Jatin. Who is sitting to the immediate left of Honey?

छः लड़के सुमित, गोपाल, हनी, ईशान, जतिन और ललित एक वृत्ताकार मेज के चारों ओर केंद्र की ओर मुख करके बैठे हैं। ईशान, सुमित के बाईं ओर से तीसरे स्थान पर बैठा है। जतिन और हनी, ईशान के निकटतम पड़ोसी हैं। ललित, जतिन के ठीक दाईं ओर बैठा है। हनी के ठीक बाईं ओर कौन बैठा है?

(SSC GD 22/02/2024 Shift IV)

(a) सुमित (b) गोपाल
(c) जतिन (d) ईशान

12. Six persons P1, P2, P3, P4, P5 and P6 are sitting around a circular table facing towards the centre (but not necessarily in the same order). Only two persons sit between P2 and P6 from either side. Only one person sits between P2 and P4. P5 sits immediate right of P3. P1 sits second to the right of P6. Who sits immediate right of P1?

छः व्यक्ति P1, P2, P3, P4, P5 और P6 एक वृत्ताकार मेज के चारों ओर केंद्र की ओर मुख करके बैठे हैं (परंतु जरूरी नहीं कि वे इसी क्रम में बैठे हों)। P2 और P6 के बीच में किसी भी तरफ से केवल दो ही व्यक्ति बैठे हैं। P2 और P4 के बीच में केवल एक व्यक्ति बैठा है। P5, P3 के ठीक दाईं ओर बैठा है। P1, P6 के दाईं ओर से दूसरे स्थान पर बैठा है। P1 के ठीक दाईं ओर कौन बैठा है? **(SSC GD 23/02/2024 Shift I)**

(a) P4 (b) P2
(c) P5 (d) P6

13. Five friends P, B, C, G and H are sitting around a circular table facing towards the centre. H is sitting to the immediate right of C. B sits third to the left of H. P is not an immediate neighbour of C. Who is sitting to the immediate right of H?

पाँच मित्र P, B, C, G और H एक वृत्ताकार मेज के चारों ओर केंद्र की ओर मुख करके बैठे हैं। H, C के ठीक दाईं ओर बैठा है। B, H के बाईं ओर से तीसरे स्थान पर बैठा है। P, C का निकटतम पड़ोसी नहीं है। H के ठीक दाईं ओर कौन बैठा है?

(SSC GD 23/02/2024 Shift II)

(a) B (b) G
(c) C (d) P

14. Five friends P, B, C, G and H are sitting around a circular table facing towards the centre. B sits immediate left of C. G and H are not immediate neighbour of C. H sits second to the right of P. Who sits immediate left of C?

पाँच मित्र P, B, C, G और H एक वृत्ताकार मेज के चारों ओर केंद्र की ओर मुख करके बैठे हैं। B, C के ठीक बाईं ओर बैठा है। G और H, C के निकटतम पड़ोसी नहीं है। H, P के दाईं ओर से दूसरे स्थान पर बैठा है। C के ठीक बाईं ओर कौन बैठा है?

(SSC GD 23/02/2024 Shift III)

(a) P (b) G
(c) H (d) B

15. Five persons A, B, C, D and E are sitting around a circular table facing towards the centre (but not necessarily in the same order). B sits second to the right of D. A sits second to the right of B. C is not an immediate neighbour of A. Who sits immediate right of D?

पाँच व्यक्ति A, B, C, D और E एक वृत्ताकार मेज के चारों ओर केंद्र की ओर मुख करके बैठे हैं (परंतु जरूरी नहीं कि वे इसी क्रम में बैठे हों)। B, D के दाईं ओर से दूसरे स्थान पर बैठा है। A, B के दाईं ओर से दूसरे स्थान पर बैठा है। C, A का निकटतम पड़ोसी नहीं है। D के ठीक दाईं ओर कौन बैठा है?

(SSC GD 23/02/2024 Shift IV)

(a) E (b) B
(c) C (d) A

16. Six people Alice, Bob, Carol, David, Emily and Frank are sitting around a circular table facing the centre. David is sitting between Alice and Emily. Carol is sitting to the immediate right of Bob. Frank and Alice are not neighbours. Carol is the immediate neighbour of Frank. Who sits to the immediate right of Emily?

छः लोग ऐलिस, बॉब, कैरोल, डेविड, एमिली और फ्रैंक एक वृत्ताकार मेज पर केंद्र की ओर मुख करके बैठे हैं। ऐलिस और एमिली के बीच में डेविड बैठा है। कैरोल, बॉब के ठीक दाईं ओर बैठी है। फ्रैंक और ऐलिस पड़ोसी नहीं हैं। कैरोल, फ्रैंक की निकटतम पड़ोसी है। एमिली के ठीक दाईं ओर कौन बैठा है?

(SSC GD 24/02/2024 Shift II)

(a) कैरोल (b) डेविड
(c) बॉब (d) फ्रैंक

17. Five friends Pooja, Bhavna, Charu, Geeta and Hema are sitting around a circular table facing the centre. Charu is not an immediate neighbour of Bhavna. Bhavna is sitting second to the left of Hema. Geeta is an immediate neighbour of Bhavna and Hema. Who is sitting to the immediate left of Charu?

पाँच सहेलियाँ पूजा, भावना, चारू, गीता और हेमा एक वृत्ताकार मेज के चारों ओर केंद्र की ओर मुख करके बैठी हैं। चारु, भावना की निकटतम पड़ोसी नहीं है। भावना, हेमा के बाईं ओर से दूसरे स्थान पर बैठी है। गीता, भावना और हेमा की निकटतम पड़ोसी है। चारु के ठीक बाईं ओर कौन बैठा है?

(SSC GD 24/02/2024 Shift II)

(a) पूजा (b) गीता
(c) भावना (d) हेमा

18. Six students Aarav, Bhavya, Chetan, Diya, Isha and Farhan are sitting in a circle facing the centre. Bhavya is sitting to the immediate right of Aarav. Diya is not sitting next to Aarav or Farhan. Isha who is sitting to the immediate left of Farhan, is also sitting to the immediate right of Chetan. Who is the immediate neighbour of both Diya and Isha?

छः विद्यार्थी आरव, भव्या, चेतन, दीया, ईशा और फरहान एक घेरे में केंद्र की ओर मुख करके बैठे हैं। भव्या, आरव के ठीक दाईं ओर बैठी है। दीया, आरव या फरहान के बगल में नहीं बैठी है। ईशा, जो फरहान के ठीक बाईं ओर बैठी है, चेतन के ठीक दाईं ओर भी बैठी है। दीया और ईशा दोनों का निकटतम पड़ोसी कौन है?

(SSC GD 24/02/2024 Shift III)

(a) फरहान (b) भव्या
(c) चेतन (d) आरव

19. Five friends P, B, C, G and H are sitting around a circular table facing the centre. B sits immediate left of C. G is not an immediate neighbour of C. H sits second to the right of P. Who sits immediate right of P?

पाँच मित्र P, B, C, G और H एक वृत्ताकार मेज के चारों ओर केंद्र की ओर मुख करके बैठे हैं। B, C के ठीक बाईं ओर बैठा है। G, C का निकटतम पड़ोसी नहीं है। H, P के दाईं ओर से दूसरे स्थान पर बैठा है। P के ठीक दाईं ओर कौन बैठा है?

(SSC GD 24/02/2024 Shift IV)

(a) G (b) C
(c) B (d) H

20. Five colleagues Emma, Ethan, Grace, Hannah and Isaac are sitting around a circular table facing the centre. Hannah is sitting between Emma and Grace. Isaac is sitting to the right of Ethan. Ethan and Emma are not neighbours. Who is sitting to the immediate left of Grace?

पाँच सहकर्मी एमा, एथन, ग्रेस, हन्ना और इसाक एक वृत्ताकार मेज पर केंद्र की ओर मुख करके बैठे हैं। हन्ना, एमा और ग्रेस के बीच में बैठी है। इसाक, एथन के दाईं ओर बैठा है। एथन और एमा पड़ोसी नहीं

हैं। ग्रेस के ठीक बाईं ओर कौन बैठा/बैठी है? **(SSC GD 24/02/2024 Shift IV)**

(a) इसाक (b) हन्ना

(c) एथन (d) एमा

21. Five friends P, B, C, G and H are sitting around a circular table facing the centre. H is sitting immediate right of C. B sits third to the left of H. P is not an immediate neighbour of C. Who is sitting immediate right of G?

पाँच मित्र P, B, C, G और H एक वृत्ताकार मेज के चारों ओर केंद्र की ओर मुख करके बैठे हैं। H, C के ठीक दाईं ओर बैठा है। B, H के बाईं ओर से तीसरे स्थान पर बैठा है। P, C का निकटतम पड़ोसी नहीं है। G के ठीक दाईं ओर कौन बैठा है?

(SSC GD 26/02/2024 Shift I)

(a) B (b) P

(c) H (d) C

22. Six friends Aarav, Bhavya, Charul, Devansh, Ekta and Faizan are sitting around a circular table facing each other. Bhavya is sitting to the immediate left of Faizan and Aarav is sitting second to the left of Bhavya. Charul is sitting second to the left of Devansh. Who is the immediate neighbour of both Bhavya and Aarav?

छः मित्र आरव, भव्या, चारुल, देवांश, एकता और फैजान एक वृत्ताकार मेज पर एक-दूसरे की ओर मुख करके बैठे हैं। भव्या, फैजान के ठीक बाईं ओर बैठी है और आरव, भव्या के बाईं ओर से दूसरे स्थान पर बैठा है। चारुल, देवांश के बाईं ओर से दूसरे स्थान पर बैठी है। भव्या और आरव दोनों का निकटतम पड़ोसी कौन है?

(SSC GD 26/02/2024 Shift IV)

(a) देवांश (b) आरव

(c) फैजान (d) भव्या

23. Eight boys A, B, C, D, E, F, G and H are sitting around a circular table facing outside the centre (but not necessarily in the same order). B sits fourth to the left of H. Only two people sit between F and B. E sits second to the left of D. F sits second to the left of C. C is an immediate neighbour of G. C is not an immediate neighbour of B. Who is sitting to the immediate left of E?

आठ लड़के A, B, C, D, E, F, G और H एक वृत्ताकार मेज के चारों ओर केंद्र से बाहर की ओर मुख करके बैठे हैं (परंतु जरूरी नहीं कि वे इसी क्रम में हों।) B, H के बाईं ओर से चौथे स्थान पर बैठा है। F और B के बीच में केवल दो लड़के बैठे हैं। E, D की बाईं ओर से दूसरे स्थान पर बैठा है। F, C की बाईं ओर से दूसरे स्थान पर बैठा है। C, G का निकटतम पड़ोसी है। C, B का निकटतम पड़ोसी नहीं है। E के ठीक बाईं ओर कौन बैठा है?

(SSC GD 27/02/2024 Shift II)

(a) G (b) B

(c) H (d) A

24. Five friends P, Q, R, S and T are sitting around a circular table facing outside the centre. S is sitting to the immediate right of R. P sits exactly between Q and T. Q is sitting immediate left of R. Who is sitting to the immediate right of P?

पाँच मित्र P, Q, R, S, और T एक वृत्ताकार मेज के चारों ओर केंद्र से बाहर की ओर मुख करके बैठे हैं। S, R के ठीक दाईं ओर बैठा है। Q और T के ठीक बीच में P बैठा है। Q, R के ठीक बाईं ओर बैठा है। P के ठीक दाईं ओर कौन बैठा है?

(SSC GD 27/02/2024 Shift II)

(a) R (b) S

(c) Q (d) T

25. Five friends P, B, C, G and H are sitting around a circular table facing the centre. H is sitting to the immediate right of C. B sits third to the left of H. P is not an immediate neighbour of C. Who sits immediate left of C?

पाँच मित्र P, B, C, G और H एक वृत्ताकार मेज के चारों ओर केंद्र की ओर मुख करके बैठे हैं। H, C के ठीक दाईं ओर बैठा है। B, H के बाईं ओर से तीसरे स्थान पर बैठा है। P, C का निकटतम पड़ोसी नहीं है। C के ठीक बाईं ओर कौन बैठा है?

(SSC GD 27/02/2024 Shift III)

(a) H (b) G

(c) B (d) P

26. Seven friends M, N, O, P, Q, R and S are sitting around a circular table facing the centre. S and O are not sitting adjacent to each other. R sits immediate left of M. M is sitting second to the left of S. Q is sitting between N and O. N is the neighbour of S. Who is sitting to the immediate left of N?

सात मित्र M, N, O, P, Q, R और S एक वृत्ताकार मेज के चारों ओर केंद्र की ओर मुख करके बैठे हैं। S और O एक-दूसरे के बगल में नहीं बैठे हैं। R, M के ठीक बाईं ओर बैठा है। M, S के बाईं ओर से दूसरे स्थान पर बैठा है। N और O के बीच में Q बैठा है। N, S का पड़ोसी है। N के ठीक बाईं ओर कौन बैठा है?

(SSC GD 29/02/2024 Shift I)

(a) O (b) S

(c) M (d) Q

27. Eight boys A, B, C, D, E, F, G and H are sitting around a circular table facing away from the centre (but not necessarily in the same order). H is sitting immediate right of A. H is an immediate neighbour of neither E nor D. F sits immediate left of B. G is an immediate neighbour of E. The immediate neighbour of both E and F is C. Who sits to the immediate right of C?

आठ लड़के A, B, C, D, E, F, G और H एक वृत्ताकार मेज के चारों ओर केंद्र से बाहर की ओर मुख करके बैठे हैं (परंतु जरूरी नहीं कि वे इसी क्रम में बैठे हों)। H, A के ठीक दाईं ओर बैठा है। H न तो E और न ही D का निकटतम पड़ोसी है। F, B के ठीक बाईं ओर बैठा है। G, E का निकटतम पड़ोसी है। E और F दोनों का निकटतम पड़ोसी C है। C के ठीक दाईं ओर कौन बैठा है?

(SSC GD 29/02/2024 Shift I)

(a) G (b) H
(c) F (d) E

28. Five persons A, B, C, D and E are sitting around a circular table facing the centre (but not necessarily in the same order). The immediate neighbour of D and A is not C. B sits second to the right of E. A sits second to the left of E. Who sits immediate right of C?

पाँच व्यक्ति A, B, C, D और E एक वृत्ताकार मेज के चारों ओर केंद्र की ओर मुख करके बैठे हैं (परंतु जरूरी नहीं कि वे इसी क्रम में बैठे हों)। D और A का निकटतम पड़ोसी C नहीं है। B, E के दाईं ओर से दूसरे स्थान पर बैठा है। A, E के बाईं ओर से दूसरे स्थान पर बैठा है। C के ठीक दाईं ओर कौन बैठा है?

(SSC GD 29/02/2024 Shift II)

(a) A (b) D
(c) E (d) B

29. Six girls D, K, M, P, R and S are sitting around a circular table facing the center of the table. S is sitting third to the left of R. P is sitting immediate right to R, and immediate left to D. M is sitting immediate left of R. K sits immediate right of S, and immediate left of M. Who is sitting immediately next to K and D?

छः लड़कियाँ D, K, M, P, R और S एक वृत्ताकार मेज के परित: मेज के केंद्र की ओर मुख करके बैठी हैं। S, R के बाईं ओर तीसरे स्थान पर बैठी है। P, R के दाईं ओर ठीक बगल में, और D के बाईं ओर ठीक बगल में बैठी है। M, R के बाईं ओर ठीक बगल में बैठी है। K, S के दाईं ओर ठीक बगल में, और M के बाईं ओर ठीक बगल में बैठी है। K और D के ठीक बगल में कौन बैठी है?

(SSC GD, 10/01/2023, Shift-I)

(a) S (b) M
(c) P (d) R

30. Six friends are sitting around a circular table facing the center of the table. T sits immediately adjacent to K and U. S is sitting immediate right of K. W is immediate next to U and M. Who is sitting third to the left of K.

छः मित्र एक वृत्ताकार मेज के परित: मेज के केंद्र की ओर मुख करके बैठे हैं। T, K और U के ठीक बगल में बैठा है। S, K के दाईं ओर ठीक बगल में बैठा है। W, U और M के ठीक बगल में है। K के बाईं ओर तीसरे स्थान पर कौन बैठा है?

(SSC GD, 11/01/2023, Shift-I)

(a) M (b) W
(c) T (d) U

31. 6 persons A, B, C, D, E and F are sitting around a circular table facing away from the centre. B sits immediate left of A. F sits immediate right of A. E sits immediate neighbour of F and D. C sits immediate right of D. Who among the following sits immediate next to A and C?

6 व्यक्ति A, B, C, D, E और F एक वृत्ताकार मेज के परित: केंद्र के विपरीत मुख करके बैठे हैं। B, A के बाईं ओर ठीक बगल में बैठा है। F, A के दाईं ओर ठीक बगल में बैठा है। E, F और D के ठीक बगल में बैठा है। C, D के दाईं ओर ठीक बगल में बैठा है। इनमें से कौन A और C के ठीक बगल में बैठा है?

(SSC GD, 2/01/2023, Shift-I)

(a) D (b) E
(c) F (d) B

32. Six girls D, K, M, P, R and S are sitting around a circular table facing the center of the table. S sits third to the left of R. P sits immediate right to R, and immediate left of D. M is sitting immediate left of R. K sits immediate right of S and immediate left of M. Who sits third to the left to D?

छः लड़कियाँ D, K, M, P, R और S एक वृत्ताकार मेज के परित: मेज के केंद्र की ओर मुख करके बैठी हैं। S, R के बाईं ओर तीसरे स्थान पर बैठी है। P, R के दाईं ओर ठीक बगल में और D के बाईं ओर ठीक बगल में बैठी है। M, R के बाईं ओर ठीक बगल में बैठी है। K, S के दाईं ओर ठीक बगल में, और M के बाईं ओर ठीक बगल में बैठी है। D के बाईं ओर तीसरे स्थान पर कौन बैठी है?(SSC GD, 12/01/2023, Shift-II)

(a) R (b) P
(c) S (d) M

33. Six students are sitting around a circular table facing towards the center of the table. Marshall is sitting second to the left of Sandra. Kerala is sitting second to the right of Sandra. Shashi is right next to Sandra and Kerala. Sahil is sitting third to the left of Sandra. Zed sits third to the left of Kerala. Who is sitting between Marshall and Kerala?

छः विद्यार्थी एक वृत्ताकार मेज के परित: मेज के केंद्र की ओर मुख करके बैठे हैं। मार्शल, सैंड्रा के बाईं ओर दूसरे स्थान पर बैठा है। केरल, सैंड्रा के दाईं ओर दूसरे स्थान पर बैठी है। शशि, सैंड्रा और केरल के ठीक बगल में है। साहिल, सैंड्रा के बाईं ओर तीसरे स्थान पर बैठा है। जेड, केरल के बाईं ओर तीसरे स्थान पर बैठा है। मार्शल और केरल के बीच में कौन बैठा है?

(SSC GD, 13/01/2023, Shift-I)

(a) जेड (b) शशि
(c) साहिल (d) सैंड्रा

34. Six friends A, B, C, D, E and F are sitting around a circular table facing the center of the table. B sits immediately adjacent to C and E. A is sitting immediately adjacent to F and D. F is sitting immediate left of C. Who is sitting between A and E.

छः मित्र A, B, C, D, E और F एक वृत्ताकार मेज के परित: मेज के केंद्र की ओर मुख करके बैठे हैं। B, C और E के ठीक बगल में बैठा है। A, F और D के ठीक बगल में बैठा है। F, C के बाईं ओर ठीक बगल में बैठा है। A और E के बीच में कौन बैठा है?

(SSC GD, 30/01/2023, Shift-I)

(a) B (b) D

(c) C (d) F

35. Six students Lucy, Loren, Simran, Dolly, Vikas and Francis are sitting around a circular table facing the center of the table. Lucy sits second to the left of Francis. Loren is sitting second to the left of Lucy. Vikas is sitting immediate right of Lorraine. Simran is sitting second to the left of Vikas. Dolly is immediate next to Lucy. Who sits between Francis and Loren?

छः विद्यार्थी लूसी, लोरेन, सिमरन, डॉली, विकास और फ्रांसिस एक वृत्ताकार मेज के परित: मेज के केंद्र की ओर मुख करके बैठे हैं। लूसी, फ्रांसिस के बाईं ओर दूसरे स्थान पर बैठी है। लोरेन, लूसी के बाईं ओर दूसरे स्थान पर बैठा है। विकास, लोरेन के दाईं ओर ठीक बगल में बैठा है। सिमरन, विकास के बाईं ओर दूसरे स्थान पर बैठी है। डॉली, लूसी के ठीक बगल में है। फ्रांसिस और लोरेन के बीच में कौन बैठा/बैठी है?

(SSC GD, 31/01/2023, Shift-I)

(a) डॉली (b) सिमरन
(c) विकास (d) लूसी

36. Six friends are sitting in a circular position. All of them are facing towards the center of the circle. Palak is sitting immediate next to Kumud. Jhalak is sitting third to the left of Mehak. Rahat is sitting fourth to the right of Jhalak. Kumud sits second to the right of Chahak. Who is sitting third to the right of Rahat?

छः मित्र एक वृत्ताकार स्थिति में बैठे हैं। उन सभी का मुख वृत्त के केंद्र की ओर है। पलक, कुमुद के ठीक बगल में बैठी है। झलक, महक के बाईं ओर तीसरे स्थान पर बैठी है। राहत, झलक के दाईं ओर चौथे स्थान पर बैठा है। कुमुद, चहक के दाईं ओर दूसरे स्थान पर बैठी है। राहत के दाईं ओर तीसरे स्थान पर कौन बैठा/बैठी है?

(SSC GD, 30/01/2023, Shift-I)

(a) कुमुद (b) चहक
(c) महक (d) पलक

37. Five persons L, M, N, O and P are sitting around a circular table facing outside, P is sitting immediate right of L. M sits second to the right of P. N is sitting immediately adjacent to P and M. Who is sitting immediate left of L.

पाँच व्यक्ति L, M, N, O और P एक वृत्ताकार मेज के परित: बाहर की ओर मुख करके बैठे हैं। P, L के दाईं ओर ठीक बगल में बैठा है। M, P के दाईं ओर दूसरे स्थान पर बैठा है। N, P और M के ठीक बगल में बैठा है। L के बाईं ओर ठीक बगल में कौन बैठा है?

(SSC GD, 6/02/2023, Shift-III)

(a) M (b) N
(c) O (d) P

38. Six students Lovely, Johnson, Will, Mary, Samantha and Joyal are sitting around a circular table and facing towards the center of the table. Lovely sits second to the left of Johnson. Will sits second to the right of Johnson. Samantha sits third to the left of Will. Joel sits third to the right of Johnson. Mary is immediate next to will and johnson. Who is sitting between Lovely and Johnson?

छः विद्यार्थी लवली, जॉनसन, विल, मैरी, सामंथा और जोएल एक वृत्ताकार मेज के परित: मेज के केंद्र की ओर मुख करके बैठे हैं। लवली जॉनसन के बाईं ओर दूसरे स्थान पर बैठी है। विल, जॉनसन के दाईं ओर दूसरे स्थान पर बैठा है। सामंथा, विल के बाईं ओर तीसरे स्थान पर बैठी है। जोएल, जॉनसन के दाईं ओर तीसरे स्थान पर बैठा है। मैरी, विल और जॉनसन के ठीक बगल में है। लवली और जॉनसन के बीच में कौन बैठा/बैठी है?

(SSC GD, 13/02/2023, Shift-IV)

(a) मैरी (b) जोएल
(c) सामंथा (d) विल

39. Six friends K, L, M, N, O and P are sitting around a circular table facing opposite directions to the centre. M sits immediate left of O and immediate right of K. K sits immediate right of N. L sits immediate left of N. P sits between L and O. Who is sitting immediate right of P?

छः मित्र K, L, M, N, O और P एक वृत्ताकार मेज के परित: केंद्र के विपरीत दिशा की ओर मुख करके बैठे हैं। M, O के बाईं ओर ठीक बगल में और K के दाईं ओर ठीक बगल में बैठा है। K, N के दाईं ओर ठीक बगल में बैठा है। L, N के बाईं ओर ठीक बगल में बैठा है। P, L और O के बीच में बैठा है। P के दाईं ओर ठीक बगल में कौन बैठा है?

(SSC GD, 9/02/2023, Shift-I)

(a) M (b) O
(c) K (d) L

40. Eight boys P, Q, R, S, T, U, V and W are seated around a round table, not necessarily in same order, but with equal spacing between them and all facing towards the centre of the table. S is seated exactly opposite to P, who has U and R as his immediate neighbours. T is seated immediately next to V, who is immediat right of S. Q is exactly opposite to T and does not have R as his immediate neighbour. With this information, which of the following statement is correct?

आठ लड़के P, Q, R, S, T, U, V और W एक वृत्ताकार मेज के परित एक-दूसरे से समान दूरी पर मेज के केंद्र की ओर मुख करके बैठे हैं, लेकिन उनका इसी क्रम में होना अनिवार्य नहीं है। S, P के ठीक सामने बैठा है, जिसके बगल में U और R बैठे हैं। T, V के ठीक बगल में बैठा है, जो S के दाईं ओर ठीक बगल में बैठा है। Q, T के ठीक सामने बैठा है, और R उसके ठीक बगल में नहीं बैठा है। इस जानकारी के आधार पर निम्नलिखित में से कौन-सा कथन सही है?

(SSC GD, 02/12/2021/Shift-I)

(a) R is seated exactly opposite to W
R, W के ठीक सामने बैठा है।
(b) Q and U are not neighbour of each other
Q और U एक-दूसरे के पड़ोसी

नहीं है।

(c) T is seated immediately next to V but not next to R
T, V के ठीक बगल में बैठा है, लेकिन R के बगल में नहीं बैठा है।

(d) S and U are the immediate neighbour of W.
S और U, W के ठीक बगल में बैठे हैं।

41. Five persons are sitting around a circular table facing the centre of the table. Shweta is to the immediate left of Kartik. Mahi is second to the right of Jenny. Jenny is between Suvarna and Kartik. Who is sitting second to the right of Suvarna?

पाँच व्यक्ति एक वृत्ताकार मेज के परित केंद्र की ओर मुख करके बैठे हुए हैं। श्वेता, कार्तिक के बाईं ओर बगल में बैठी है। माही, जेनी के दाईं ओर दूसरे स्थान पर बैठी है। जेनी, सुवर्णा और कार्तिक के बीच में बैठी है। सुवर्णा के दाईं ओर दूसरे स्थान पर कौन बैठा/बैठी है?

(SSC GD, 06/12/2021/Shift-I)

(a) Sweta/श्वेता
(b) Kartik/कार्तिक
(c) Jenny/जेनी
(d) Mahi/माही

42. P, Q, R, S, T, U and V are sitting in a row facing the North. U sits immediate right of T. T is sitting fourth to the right of V. The neighbour of Q and S is R who sits third to the left of S who sits at one of the extreme ends. Who sits immediate right of R?

P, Q, R, S, T, U और V एक पंक्ति में उत्तर की ओर मुख करके बैठे हैं। U, T के ठीक दाईं ओर बैठा है। T, V के दाईं ओर से चौथे स्थान पर बैठा है। Q और S का पड़ोसी R है, जो व्यक्ति S के बाईं ओर से तीसरे स्थान पर बैठा है, वह किसी एक छोर पर बैठा है। R के ठीक दाईं ओर कौन बैठा है?

(SSC GD 21/02/2024 Shift I)

(a) S (b) U
(c) P (d) Q

43. Eight Boys B1, B2, B3, B4, B5, B6, B7 and B8 are sitting in a row facing north (but not necessarily in the same order). B6 is sitting fifth to the right of B1, B4 is sitting fifth to the right of B5. B5 is sitting to the immediate right of B1. B8 is sitting third to the left of B4. B2 sits third to the right of B7. B7 is on immediate neighbour of B1. Who sits immediate right of B2?

आठ लड़के B1, B2, B3, B4, B5, B6, B7 और B8 एक पंक्ति में उत्तर की ओर मुख करके बैठे हैं (परंतु जरूरी नहीं कि वे इसी क्रम में बैठे हों)। B6, B1 के दाईं ओर से पाँचवें स्थान पर बैठा है। B4, B5 के दाईं ओर से पाँचवें स्थान पर बैठा है। B5, B1 के ठीक दाईं ओर बैठा है। B8, B4 के बाईं ओर से तीसरे स्थान पर बैठा है। B2, B7 के दाईं ओर से तीसरे स्थान पर बैठा है। B7, B1 का निकटतम पड़ोसी है। B2 के ठीक दाईं ओर कौन बैठा है?

(SSC GD 22/02/2024 Shift I)

(a) B8 (b) B7
(c) B6 (d) B5

44. Eight boys A, B, C, D, E, F, G and H are sitting in a straight line, facing south (but not necessarily in the same order). A and H sit at the extreme ends of the row. B is an immediate neighbour of F and E. C sits fourth to the left of B. F sits immediate left of A. D is not an immediate neighbour of C. Who is sitting to the immediate right of C?

आठ लड़के A, B, C, D, E, F, G और H एक सीधी पंक्ति में, दक्षिण की ओर मुख करके बैठे हैं (परंतु जरूरी नहीं कि वे इसी क्रम में बैठे हों)। A और H पंक्ति के अंतिम छोरों पर बैठे हैं। E और F, B के निकटतम पड़ोसी हैं। C, B के बाईं ओर से चौथे स्थान पर बैठा है। F, A के ठीक बाईं ओर बैठा है। D, C का निकटतम पड़ोसी नहीं है। C के ठीक दाईं ओर कौन बैठा है?

(SSC GD 23/02/2024 Shift IV)

(a) D (b) H
(c) E (d) G

45. Seven persons A, H, D, F, T, E and G are sitting in a straight line facing north. Only three persons sit to the left of E. G and H are immediate neighbours of E. A sits at the right end of the line. D is immediate next to A. F sits second to the left of E. Who is sitting at the left end of the row?

सात व्यक्ति A, H, D, F, T, E और G एक सीधी पंक्ति में उत्तर की ओर मुख करके बैठे हैं। E के बाईं ओर केवल तीन व्यक्ति बैठे हैं। G और H, E के ठीक बगल में है। A पंक्ति के दाएँ सिरे पर बैठा है। D, A के ठीक बगल में है। F, E के बाईं ओर दूसरे स्थान पर बैठा है। पंक्ति के बाएँ सिरे पर कौन बैठा है?

(SSC GD, 10/01/2023, Shift-III)

(a) T (b) A
(c) F (d) D

46. Eight persons A, B, C, D, E, F, G and H are sitting in a straight line facing north. Only three persons are sitting to the left of A. B sits third to the right of A. Only four persons are sitting between B and D. F is sitting immediate right of G. C does not sit at any end of the row. E sits at one of the places to the right of H. How many persons sit between H and A?

आठ व्यक्ति A, B, C, D, E, F, G और H एक सीधी पंक्ति में उत्तर की ओर मुख करके बैठे हैं। A के बाईं ओर केवल तीन व्यक्ति बैठे हैं। B, A के दाईं ओर तीसरे स्थान पर बैठा है। B और D के बीच केवल चार व्यक्ति बैठे हैं। F, G के दाईं ओर ठीक बगल में बैठा है। C, पंक्ति के किसी भी सिरे पर नहीं बैठा है। E, H के दाईं ओर किसी एक स्थान पर बैठा है। H और A के बीच कितने व्यक्ति बैठे हैं?

(SSC GD, 11/01/2023, Shift-II)

(a) एक (b) तीन
(c) दो (d) कोई नहीं

47. Six boys M, G, V, A, R and D are standing in a straight line facing north. Only three boys are standing to the left of G. M is standing second from the left end. Only D stands between G and A. Who is standing second from the right end?

छः लड़के M, G, V, A, R और D एक सीधी पंक्ति में उत्तर की ओर मुख करके खड़े हैं। G के बाईं ओर केवल तीन लड़के खड़े हैं। M बाएँ सिरे से दूसरे स्थान पर खड़ा है। G और A के बीच में केवल D खड़ा है। दाएँ सिरे से दूसरे स्थान पर कौन खड़ा है?

(SSC GD, 12/01/2023, Shift-II)

(a) R (b) V
(c) D (d) A

48. Six persons J, K, L, M, N and O are sitting in a straight line facing north. O and N sit at the extreme ends of the row. There are only three persons to the right of K and only three persons to the left of J. O Sits second to the left of K. M sits between J and N. Who is sitting between O and K?

छः व्यक्ति J, K, L, M, N और O एक सीधी पंक्ति में उत्तर की ओर मुख करके बैठे हैं। O और N पंक्ति के अंतिम सिरों पर बैठे हैं। K के दाईं ओर केवल तीन व्यक्ति हैं और J के बाईं ओर केवल तीन व्यक्ति हैं। O, K के बाईं ओर दूसरे स्थान पर बैठा है। M, J और N के मध्य में बैठा है। O और K के मध्य में कौन बैठा है?

(SSC GD, 13/01/2023, Shift-I)

(a) L (b) M
(c) N (d) J

49. Seven persons A, B, C, D, E, F and G are sitting in a straight line facing north. A sits second to the left end. Only two persons sit between A and C. Only three persons sit between D and F, and D is immediate next to A. B is immediate next to D, and E is not immediate next to C. Who is sitting at the extreme left end?

सात व्यक्ति A, B, C, D, E, F और G एक सीधी पंक्ति में उत्तर की ओर मुख करके बैठे हैं। A बाईं ओर से दूसरे स्थान पर बैठा है। A और C के बीच केवल दो व्यक्ति बैठे हैं। D और F के बीच केवल तीन व्यक्ति बैठे हैं और D, A के ठीक बगल में हैं। B, D के ठीक बगल में है और E, C के ठीक बगल में नहीं है। बाएँ सिरे पर कौन बैठा है?

(SSC GD, 16/01/2023, Shift-I)

(a) E (b) F
(c) D (d) G

50. Five persons A, B, C, D and E are sitting in a straight line facing north. A is sitting immediate left of C. Only C sits between A and E. B sits to the right of E. D is sitting right side of B. Who is sitting at the extreme left end of the row?

पाँच व्यक्ति A, B, C, D और E एक सीधी पंक्ति में उत्तर की ओर मुख करके बैठे हैं। A, C के बाईं ओर ठीक बगल में बैठा है। A और E के बीच में केवल C बैठा है। B, E के दाईं ओर बैठा है। D, B के दाईं ओर बैठा है। पंक्ति के अंतिम बाएँ सिरे पर कौन बैठा है?

(SSC GD, 16/01/2023, Shift-III)

(a) D (b) A
(c) C (d) B

51. Seven persons P, Q, R, S, T, U and V are sitting next to each other in a straight line facing north (but not necessarily in the same order). U is sitting immediate left of V. R sits fifth to the left of V. R is sitting adjacent to P and T. S sits third to the right of R. Who is sitting immediate right of Q?

सात व्यक्ति P, Q, R, S, T, U और V एक-दूसरे के बगल में एक सीधी पंक्ति में उत्तर की ओर मुख करके बैठे हैं। (किंतु उनका इसी क्रम में होना अनिवार्य नहीं है)। U, V के बाईं ओर ठीक बगल में बैठा है। R, V के बाईं ओर पाँचवें स्थान पर बैठा है। R, P और T के ठीक बगल में बैठा है। S, R के दाईं ओर तीसरे स्थान पर बैठा है। Q के दाईं ओर ठीक बगल में कौन बैठा है?

(SSC GD, 16/01/2023, Shift-IV)

(a) U (b) T
(c) S (d) V

52. Eight persons D, E, M, P, T, W, Y and Z are sitting in a straight line facing north. D sits third from the left end of the row. Only one person sits between D and Z. P Sits third to the right of Z. Only two persons sit between P and W. E sits immediate right of Y. M does not sit at any end of the row. What is the position of T from the right end of the row?

आठ व्यक्ति D, E, M, P, T, W, Y और Z एक सीधी पंक्ति में उत्तर की ओर मुख करके बैठे हैं। D पंक्ति के बाएँ सिरे से तीसरे स्थान पर बैठता है। D और Z के बीच केवल एक व्यक्ति बैठता है। P, Z के दाईं ओर तीसरे स्थान पर बैठता है। P और W के बीच केवल दो व्यक्ति बैठते हैं। E, Y के दाईं ओर ठीक बगल में बैठता है। M पंक्ति के किसी भी सिरे पर नहीं बैठता है। पंक्ति के दाएँ सिरे से T का स्थान क्या है?

(SSC GD, 23/01/2023, Shift-I)

(a) पहला (b) दूसरा
(c) तीसरा (d) चौथा

53. Seven persons A, B, C, D, E, F and G are sitting in a straight line facing north. Only two persons sit to the right of E. Only two persons sit between E and A. B sits second to the right of A. D is sitting immediate right of F. C sits at one of the left of G. Who is sitting at the left end of the row?

सात व्यक्ति A, B, C, D, E, F और G एक सीधी पंक्ति में उत्तर की ओर मुख करके बैठे हैं। E के दाईं ओर केवल दो व्यक्ति बैठे हैं। E और A के बीच में केवल दो व्यक्ति बैठे हैं। B, A के दाईं ओर दूसरे स्थान पर बैठा है। D, F के दाईं ओर ठीक बगल में बैठा है। C, G के बाईं ओर किसी एक स्थान पर बैठा है। पंक्ति के बाएँ सिरे पर कौन बैठा है?

(SSC GD, 8/02/2023, Shift-I)

(a) F (b) A
(c) C (d) B

54. Six delivery boys U, V, W, X, Y and Z are sitting in a row next to each other to collect their goods from the stock room. Z is to the immediate left of W. Z and Y are at the extreme ends of the row. W is exact between Z and V. U is immediate left of X. Y is to the immediate right of X. Which delivery boy is at the fourth position from the right?

छः डिलीवरी बॉय U, V, W, X, Y तथा Z एक स्टॉक रूप में अपना सामान लेने के लिए एक पंक्ति में एक के बाद एक खड़े हुए हैं। Z, W के बाएँ ठीक बगल में है। पंक्ति में दोनों छोरों पर Z और Y खड़े हैं। W, Z और V के बीच में है। U, X के बाएँ ठीक बगल में है। Y, X के दाएँ ठीक बगल में है। निम्न में से कौन-सा डिलीवरी बॉय दाईं ओर से चौथे स्थान पर खड़ा है?

(SSC GD, 01/12/2021/Shift-III)

(a) U (b) V
(c) X (d) W

55. Seven person P, Q, R, S, T, U and V are sitting in a straight horizontal line facing the north. U is second to the left of R. Q is second to the left of V. T is third to the left of R. S is third to the right of P. If T is at one of the corner, who is sitting at the other corner?

सात व्यक्ति P, Q, R, S, T, U और V एक सीधी क्षैतिज पंक्ति में उत्तर की ओर मुख करके बैठे हैं। U, R के बाईं ओर दूसरे स्थान पर बैठा है। Q, V के बाईं ओर दूसरे स्थान पर बैठा है। T, R के बाईं ओर तीसरे स्थान पर बैठा है। S, P के दाईं ओर तीसरे स्थान पर बैठा है। यदि T किसी एक कोने पर बैठा है, तो दूसरे कोने पर कौन बैठा है?

(SSC GD, 03/12/2021/Shift-III)

(a) Q (b) S
(c) P (d) V

56. Eight boys B1, B2, B3, B4, B5, B6, B7 and B8 are sitting in a row facing north (but not necessarily in the same order). B6 is sitting fifth to the right of B1. B4 is sitting fifth to the right of B5. B5 sits immediate right of B1. B8 is sitting third to the left of B4. B2 sits third to the right of B7. B7 is on immediate neighbour of B1. Who sits immediate left of B1?

आठ लड़के B1, B2, B3, B4, B5, B6, B7 और B8 एक पंक्ति में उत्तर की ओर मुख करके बैठे हैं (परंतु जरूरी नहीं कि वे इसी क्रम में बैठे हों)। B6, B1 के दाईं ओर से पाँचवें स्थान पर बैठा है। B4, B5 के दाईं ओर से पाँचवें स्थान पर बैठा है। B5, B1 के ठीक दाईं ओर बैठा है। B8, B4 के बाईं ओर से तीसरे स्थान पर बैठा है। B2, B7 के दाईं ओर से तीसरे स्थान पर बैठा है। B7, B1 का निकटतम पड़ोसी है। B1 के ठीक बाईं ओर कौन बैठा है?

(SSC GD 20/02/2024 Shift II)

(a) B7 (b) B8
(c) B2 (d) B6

57. Eight Boys A, B, C, D, E, F, G and H are sitting in a row facing south (but not necessarily in the same order). A and H are sitting at the ends of the row. E and F is immediate neighbour of B. C sits fourth to the left of B. F sits immediate the left of A. D is not an immediate neighbour of C. Who sits immediate left of F?

आठ लड़के A, B, C, D, E, F, G और H एक पंक्ति में दक्षिण की ओर मुख करके बैठे हैं (परंतु जरूरी नहीं कि वे इसी क्रम में बैठे हो)। A और H पंक्ति के छोरों पर बैठे हैं। E और F, B के निकटतम पड़ोसी हैं। C, B के बाईं ओर से चौथे स्थान पर बैठा है। F, A के ठीक बाईं ओर बैठा है। D, C का निकटतम पड़ोसी नहीं है। F के ठीक बाईं ओर कौन बैठा है?

(SSC GD 27/02/2024 Shift III)

(a) C (b) E
(c) B (d) A

58. Five friends P, Q, R, S and T are travelling in a bus. All are sitting in five different row one after the other facing the same direction. P is sitting just ahead of S. T is after Q. Equal number of person, are sitting before and after R. T is sitting before R. Who is sitting at the end?

पाँच मित्र P, Q, R, S और T एक बस में यात्रा कर रहे हैं। सभी एक के बाद एक, पाँच अलग-अलग पंक्तियों में एक ही दिशा की ओर मुख करके बैठे हैं। P, S के ठीक आगे बैठा है। T, Q के पीछे बैठा है। R के पहले और बाद में बैठे व्यक्तियों की संख्या समान है। T, R के आगे बैठा है। इनमें से कौन सा अंत में बैठा है?

(SSC GD, 08/12/2021/Shift-I)

(a) T (b) Q
(c) S (d) P

59. Eight friends are sitting in 2 rows facing each other. A is sitting opposite to D and is a neighbour of B and E. H and C are sitting at the right-most corners E and F are sitting at the left most corners of their respective rows. If G is sitting next to F, then who is sitting opposite to B?

आठ मित्र 2 पंक्तियों में एक-दूसरे की ओर मुँह करके बैठे हुए हैं। A, D के सामने बैठा है और B और E का पड़ोसी है। अपनी-अपनी पंक्तियों में, H और C सबसे दाएँ कोनों पर तथा E और F सबसे बाएँ कोनों पर बैठे हैं। यदि G, F के बगल में बैठा है, तो B के सामने कौन बैठा है?

(SSC GD, 01/12/2021/Shift-III)

(a) C (b) F
(c) G (d) H

60. Ten friends went to a restaurant for lunch and set in two parallel rows facing each other in such a way that five members sit in each row. K, L, M, N, O are seated in row 1 facing north while persons F, G, H, I, J are seated in row 2 facing south. N faces the person sitting next to J. Two persons sit between J and H. I sits exactly in the middle of the row. G does not sit on any edge; G neither faces M nor K. K sits to the left of M but not immediately next to him. J is immediate next to the one who sits at the edge. N does not sit at any of the ends. L sits second to the left of N.

How many persons are sitting between J and G.

दस मित्र दोपहर का भोजन करने के लिए एक रेस्टोरेंट में गए और दो समानांतर पंक्तियों में एक-दूसरे की ओर मुख करके इस प्रकार बैठे हैं कि प्रत्येक पंक्ति में पाँच सदस्य बैठते हैं। K, L, M, N, O उत्तर की ओर मुख करके पंक्ति 1 में बैठे हैं, जबकि व्यक्ति F, G, H, I, J दक्षिण की ओर मुख करके पंक्ति 2 में बैठे हैं। N का मुख J के बगल में बैठे व्यक्ति की ओर है। J और H के बीच में दो व्यक्ति बैठे हैं। I पंक्ति के ठीक मध्य में बैठता है। G किसी भी किनारे पर नहीं बैठता है, G का मुख न तो M की ओर है, और न ही K की ओर है। K, M के बाईं ओर बैठा है, लेकिन उसके ठीक बगल में नहीं बैठा है। J किनारे पर बैठे व्यक्ति के ठीक बगल में है। N किसी भी किनारे पर नहीं बैठता है। L, N के बाईं ओर दूसरे स्थान पर बैठा है। J और G के बीच में कितने व्यक्ति बैठे हैं?

(SSC GD, 13/01/2023, Shift-II)

(a) दो (b) तीन
(c) शून्य (d) एक

61. Pankaj, Alpesh, Srikumar, Dinesh, Neeraj and Maninder are sitting in six different rows with one person in each row, exactly one after another. Pankaj is just before Alpesh. Dinesh is sitting in the last row. There are four rows before Alpesh's rows. Srikumar is just after Neeraj. Maninder is not in the first row. Who is sitting just after Maninder's row?

पंकज, अल्पेश, श्रीकुमार, दिनेश, नीरज और मनिंदर छः अलग-अलग पंक्तियों में एक के बाद एक के क्रम में बैठे हुए हैं। पंकज, अल्पेश से ठीक आगे वाली पंक्ति में बैठा है। दिनेश, अंतिम पंक्ति में बैठा है। अल्पेश वाली पंक्ति से पहले चार पंक्तियाँ हैं। श्रीकुमार, नीरज के ठीक बाद वाली पंक्ति में है। मनिंदर पहली पंक्ति में नहीं है। मनिंदर के ठीक बाद वाली पंक्ति में कौन बैठा है?

(SSC GD, 03/12/2021 ,Shift-III)

(a) Pankaj/पंकज
(b) Dinesh/दिनेश
(c) Neeraj/नीरज
(d) Alpesh/अल्पेश

62. Six girls P, Q, R, S, T and U are sitting in two lines, one line behind the other line. All the girls are facing north. In the front line there are three girls. The remaining girls are sitting in the second line. T is just behind P. R is sitting to the immediate left of U. S is between T and Q. S is sitting to the immediate left of Q. Who is sitting just behind of R?

छः लड़कियाँ P, Q, R, S, T और U दो पंक्तियों में बैठी हैं। एक पंक्ति दूसरी पंक्ति के पीछे है। सभी लड़कियाँ उत्तर दिशा की ओर अभिमुख हैं। आगे की पंक्ति में तीन लड़कियाँ हैं। शेष लड़कियाँ दूसरी पंक्ति में बैठी हैं। T ठीक P के पीछे बैठी है। R ठीक U के बाएँ बैठी है। S, T और Q के बीच में है। S ठीक Q के बाएँ बैठी है। R के ठीक पीछे कौन-सी लड़की बैठी है?

(SSC GD, 09/12/2021, Shift-III)

(a) Cannot be determined/ज्ञात नहीं किया जा सकता
(b) P
(c) Q
(d) S

63. F, G, H, I and J are sitting in a row facing south and R, S, T, U and V are sitting to another row facing north, which is parallel to the first row. I is second to the right of F. F is infront of S. H and S are diagonally opposite to each other and at extreme ends of the row. G is infront of V, who is to the immediate left of S. T, who is second to the left of V, is infront of J. R is at one extreme end of row. Which of the following pairs are infront of each other?

F, G, H, I और J एक पंक्ति में दक्षिण की ओर मुँह करके बैठे हैं तथा R, S, T, U और V एक दूसरी पंक्ति में उत्तर की ओर मुँह करके बैठे हैं, जो पहली पंक्ति के समानांतर है। I, F के दाएँ दूसरा है। F, S के सामने हैं H और S विकर्णतः एक दूसरे के सामने हैं और पंक्ति के अंतिम छोरों पर हैं। G, V के सामने है जो S के ठीक बाएँ है। T, जो V के बाएँ दूसरा है, J के सामने है। R पंक्ति के एक छोर पर है। निम्नलिखित में से कौन से युग्म एक-दूसरे के सामने है?

(SSC GD, 09/12/2021, Shift-I)

(a) HJ, IV (b) GS, FR
(c) JR, IT (d) HR, IU

Type 3

64. Kirti, Suman, Shubh, Kanak, Pari, Charu, Shlok and Shivi are sitting around a square table facing the center of the table. Some of them sit at the corners, while some sit exactly in the middle of the sides. Kirti is sitting third to the left of Shubh. Kirti is sitting at one of the corners. Kanak sits second to the right of Pari. Pari does not sit at any corner. Pari does not sit immediate next to Kirti. Suman is sitting immediate next to Charu. Suman does not sit exactly in the middle of any of the sides. Only three persons sit between Suman and Shlok from either side. Who among the following does not sit at any corner?

कीर्ति, सुमन, शुभ, कनक, परी, चारु, श्लोक और शिवी एक वर्गाकार मेज के चारों ओर मेज के केंद्र की ओर मुख करके बैठे हैं। उनमें से कुछ कोनों पर बैठे हैं, जबकि कुछ भुजाओं के ठीक मध्य में बैठे हैं। कीर्ति, शुभ के बाईं ओर तीसरे स्थान पर बैठी है। कीर्ति किसी एक कोने में बैठी है। कनक, परी के दाईं ओर दूसरे स्थान पर बैठी है। परी किसी भी कोने पर नहीं बैठी है। परी, कीर्ति के ठीक बगल में नहीं बैठी है। सुमन, चारु के ठीक बगल में बैठी है। सुमन किसी भी भुजा के ठीक मध्य में नहीं बैठी है। सुमन और श्लोक के बीच किसी भी ओर से केवल तीन व्यक्ति बैठे हैं। इनमें से कौन किसी भी कोने पर नहीं बैठा/बैठी है?

(SSC GD, 17/01/2023, Shift-I)

(a) कीर्ति (b) शिवी

(c) चारु (d) श्लोक

65. Kirti, Suman, Shubh, Kanak, Pari, Charu, Shlok and Shivi are sitting around a square table facing towards the center of the table. Some of them are sitting at the corners, while some are sitting right in the middle of the sides. Kirti sits third to the left of Shubh. Kirti is sitting at one of the corners. Kanak is sitting second to the right of Pari. Pari does not sit at any corner. Pari does not sit immediate next to Kirti. Suman is sitting immediate next to Charu. Suman does not sit exactly in the middle of any of the sides. Only three persons sit between Suman and Shlok. Who is sitting second to the right of Shivi?

कीर्ति, सुमन, शुभ, कनक, परी, चारु, श्लोक और शिवी एक वर्गाकार मेज के चारों ओर मेज के केंद्र की ओर मुख करके बैठे हैं। उनमें से कुछ कोनों पर बैठे हैं, जबकि कुछ भुजाओं के ठीक मध्य में बैठे हैं। कीर्ति, शुभ के बाईं ओर तीसरे स्थान पर बैठी है। कीर्ति किसी एक कोने पर बैठी है। कनक, परी के दाईं ओर दूसरे स्थान पर बैठी है। परी किसी भी कोने पर नहीं बैठी है। परी, कीर्ति के ठीक बगल में नहीं बैठी है। सुमन, चारु के ठीक बगल में बैठी है। सुमन किसी भी भुजा के ठीक मध्य में नहीं बैठी है। सुमन और श्लोक के बीच केवल तीन व्यक्ति बैठे हैं। शिवी के दाईं ओर दूसरे स्थान पर कौन बैठा/बैठी है?

(SSC GD, 2/02/2023, Shift-II)

(a) सुमन (b) चारु
(c) श्लोक (d) शुभ

66. Aamir, Bunty, Leslie, Pradeep, Ishaan, Faiz, Gaurav and Harish are sitting around a square table facing towards the center of the table. Some of them sit at the corners, while some sit exactly in the middle of the sides. Pradeep sits third to the right of Gaurav. Pradeep is sitting at one of the corners. Bunty is sitting second to the right of Faiz. Faiz is not sitting at any corner. Bunty is not sitting immediate next to Pradeep. Harish is sitting immediately next to Aamir. Harish is not sitting exactly in the middle of any side. Only one person sits between Harish and Leslie. Who is sitting third to the right of Aamir?

आमिर, बंटी, लेस्ली, प्रदीप, ईशान, फैज, गौरव और हरीश एक वर्गाकार मेज के चारों ओर मेज के केंद्र की ओर मुख करके बैठे हैं। उनमें से कुछ कोनों पर बैठे हैं। जबकि कुछ भुजाओं के ठीक मध्य में बैठे हैं। प्रदीप, गौरव के दाईं ओर तीसरे स्थान पर बैठा है। प्रदीप किसी एक कोने पर बैठा है। बंटी, फैज के दाईं ओर दूसरे स्थान पर बैठा है। फैज किसी भी कोने पर नहीं बैठा है। बंटी, प्रदीप के ठीक बगल में नहीं बैठा है। हरीश, आमिर के ठीक बगल में बैठा है। हरीश किसी भी भुजा के ठीक मध्य में नहीं बैठा है। हरीश और लेस्ली के बीच केवल एक व्यक्ति बैठा है। आमिर के दाईं ओर तीसरे स्थान पर कौन बैठा/बैठी है?

(SSC GD, 6/02/2023, Shift-I)

(a) लेस्ली (b) बंटी
(c) गौरव (d) ईशान

67. Five friends Alex, Ben, Krish, David and Emma are sitting around a circular table facing towards the centre. Alex is sitting to the immediate right of Ben. Alex is not sitting next to Krish or David. David is sitting to the immediate right of Emma. Who sits to the immediate right of Krish?

पाँच मित्र एलेक्स, बेन, क्रिस, डेविड और एमा एक वृत्ताकार मेज के चारों ओर केंद्र की ओर मुख करके बैठे हैं। एलेक्स, बेन के ठीक दाईं ओर बैठा है। क्रिस या डेविड के बगल में एलेक्स नहीं बैठा है। डेविड, एमा के ठीक दाईं ओर बैठा है। क्रिस के ठीक दाईं ओर कौन बैठा/बैठी है? **(SSC GD 20/02/2024 Shift I)**

(a) डेविड (b) एलेक्स
(c) बेन (d) एमा

68. Eight persons Reena, Kavita, Raman, Umesh, Rohit, Vikas, Monika and Priya are sitting around a square table in such a way that two persons are sitting on each side. All the persons are sitting facing the centre of the table. Reena is sitting to the immediate right of Rohit and they both are sitting on the same side. Monika is sitting facing the person who is sitting second to the left of Kavita. Monika is sitting fourth to the right of Reena. Two persons are sitting between Vikas and Umesh (when counted from one side only) and Umesh is sitting adjacent to Rohit. Only one person is sitting between Monika and Raman (when counted from one side only). Who is sitting second to the left of Raman?

आठ व्यक्ति रीना, कविता, रमन, उमेश, रोहित, विकास, मोनिका और प्रिया, एक वर्गाकार मेज के चारों ओर इस प्रकार बैठे हैं कि दो व्यक्ति प्रत्येक भुजाओं पर बैठे हैं। सभी व्यक्ति मेज के केंद्र की ओर मुख करके बैठे हैं। रीना रोहित के ठीक दाईं ओर बैठी है और वे दोनों एक ही तरफ बैठे हैं। मोनिका उस व्यक्ति की ओर मुख करके बैठी है जो कविता के बाईं ओर से दूसरे स्थान पर बैठा/बैठी है। मोनिका, रीना के दाईं ओर से चौथे स्थान पर बैठी है। विकास और उमेश के बीच में दो व्यक्ति बैठे हैं (जब केवल एक तरफ से गिना जाता है) और उमेश, रोहित के आसन्न बैठा है। मोनिका और रमन के बीच में केवल एक व्यक्ति बैठा है (जब केवल एक तरफ से गिना जाता है)। रमन के बाईं ओर से दूसरे स्थान पर कौन बैठा/बैठी है?

(a) मोनिका (b) रोहित
(c) रीना (d) प्रिया

69. Eight persons Reena, Kiran, Rahul, Deepak, Amit, Vikas, Preeti and Priya are sitting around a square in such a way that two persons sit on each side. All the persons are sitting facing the centre of the table. Reena is sitting immediate right of Amit and both of them are sitting on the same side. Preeti is sitting facing the person who is far away from Kiran's left. Preeti is sitting fourth to the right of Reena. Two persons are sitting between Vikas and Deepak (counting from one side only) and Deepak is sitting next to Amit. Only one person sits between Preeti and Rahul (Only counting from one side). Who is sitting to the immediate left of Deepak?

आठ व्यक्ति रीना, किरण, राहुल, दीपक, अमित, विकास, प्रीति और प्रिया एक वर्गाकार मेज के चारों ओर इस प्रकार बैठे हैं कि दो व्यक्ति प्रत्येक भुजाओं पर बैठे हैं। सभी व्यक्ति मेज के केंद्र की ओर मुख करके बैठे हैं। रीना, अमित के ठीक दाईं ओर बैठी है और वे दोनों एक तरफ बैठे हैं। प्रीति उस व्यक्ति की तरफ मुख करके बैठी है जो किरण के बाईं ओर से दूसरे स्थान पर है। प्रीति, रीना के दाईं ओर से चौथे स्थान पर बैठी है। विकास और दीपक के बीच में दो व्यक्ति बैठे हैं (केवल एक तरफ से गिनने पर) और दीपक, अमित के बगल में बैठा है। प्रीति और राहुल के बीच में केवल एक व्यक्ति बैठा है (केवल एक तरफ से गिनने पर। दीपक के ठीक बाईं ओर कौन बैठा/बैठी है? **(SSC GD 23/02/2024 Shift I)**

(a) विकास (b) प्रिया
(c) किरण (d) राहुल

70. Akram, Nagesh, Girish, Vikram and Satpal are sitting at the five corners of a pentagon shaped table, all are facing centre of the table. Girish is third to the left of Vikram. Satpal is to the immediate left of Nagesh. Akram is second to the left of Satpal. Who is sitting second to the right of Nagesh?

अकरम, नागेश, गिरीश, विक्रम और सतपाल किसी पंचभुजाकार मेज के पाँच कोनों पर बैठे हैं, सभी मेज के केन्द्र की ओर अभिमुख होकर बैठे हैं। गिरीश, विक्रम के बाएँ तीसरे स्थान पर बैठा है। सतपाल, नागेश के बाईं ओर बगल में बैठा है। अकरम, सतपाल के बाएँ दूसरे स्थान पर बैठा है। नागेश के दाएँ दूसरे स्थान पर कौन बैठा है?

(SSC GD, 02/12/2021/Shift-II)

(a) Akram/अकरम
(b) Vikaram/विक्रम
(c) Satpal/सतपाल
(d) Girish/गिरीश

71. Six friends K, L, M, N, O and P are sitting around a hexagonal shaped table at equal distance between them. K is facing towards P. O is second to the right of N. N is sitting between K and L. M is to the immediate left of P. Who is sitting to the immediate right of O?

छः दोस्त K, L, M, N, O, और P एक षट्भुजाकार मेज पर समान दूरी पर बैठे हैं। K, P के सामने है। O, N के दायें से दूसरा है। N, K और L के बीच में बैठा है। M, P के ठीक बायें है। कौन O के ठीक दाएँ बैठा है?

(SSC GD, 03/12/2021, Shift-I)

(a) P (b) N
(c) L (d) M

72. Six professional interior designers, Pawan, Nayan, Ratan, Shiva, Tanuja and Urmila are sitting around a hexagonal table, each at one corner and are facing the centre of the hexagonal table. Pawan is second to the left of Urmila. Nayan is the neighbour of Ratan and Shiva. Tanuja is second to the left of Shiva. Who among the following are the neighbours of Pawan?

छः पेशेवर इंटीरियर डिजाइनर पवन, नयन, रतन, शिवा, तनुजा और उर्मिला एक षट्भुजाकार मेज के प्रत्येक कोनों पर केंद्र की तरफ मुँह करके बैठे हैं। पवन, उर्मिला के बायें से दूसरा है। नयन, रतन और शिवा का पड़ोसी है। तनुजा, शिवा के बाएँ से दूसरा है। निम्नलिखित में से कौन पवन के पड़ोसी हैं?

(SSC GD, 10/12/2021, Shift-II)

(a) Urmila and Ratan/उर्मिला और रतन
(b) Shiva and Nayan/शिवा और नयन
(c) Tanuja and Ratan/तनुजा और रतन
(d) Urmila and Tanuja/उर्मिला और तनुजा

उत्तरमाला

1.	(c)	2.	(c)	3.	(a)	4.	(c)	5.	(a)	6.	(d)	7.	(a)	8.	(a)	9.	(d)	10.	(c)
11.	(b)	12.	(b)	13.	(d)	14.	(d)	15.	(c)	16.	(b)	17.	(d)	18.	(c)	19.	(a)	20.	(b)
21.	(d)	22.	(a)	23.	(a)	24.	(c)	25.	(b)	26.	(b)	27.	(c)	28.	(d)	29.	(a)	30.	(b)
31.	(d)	32.	(d)	33.	(c)	34.	(b)	35.	(b)	36.	(a)	37.	(c)	38.	(c)	39.	(d)	40.	(a)
41.	(a)	42.	(a)	43.	(a)	44.	(d)	45.	(a)	46.	(c)	47.	(c)	48.	(a)	49.	(a)	50.	(b)
51.	(c)	52.	(a)	53.	(c)	54.	(b)	55.	(d)	56.	(a)	57.	(c)	58.	(c)	59.	(c)	60.	(d)
61.	(a)	62.	(d)	63.	(d)	64.	(c)	65.	(c)	66.	(d)	67.	(c)	68.	(c)	69.	(b)	70.	(a)
71.	(d)	72.	(c)																

Hints & Solution (व्याख्या)

1.
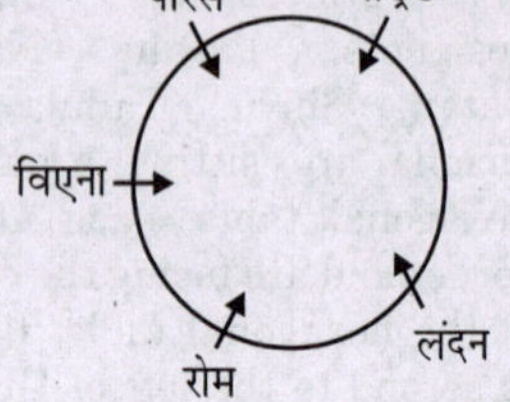

अतः मैड्रिड के ठीक बाएँ ओर लंदन बैठा है।

2.
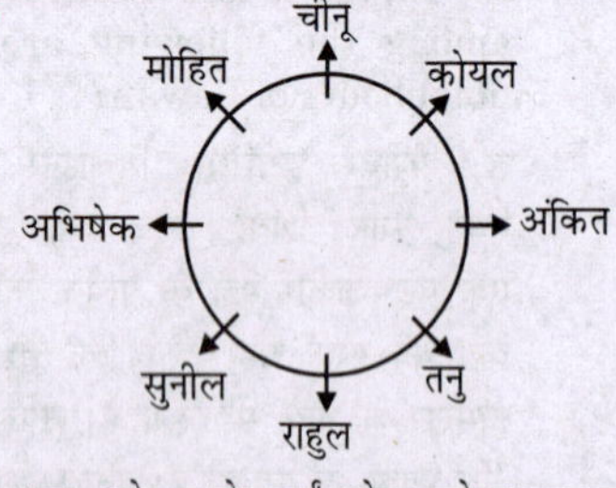

अतः कोमल के बाईं ओर दूसरे स्थान पर मोहित बैठा है।

3.
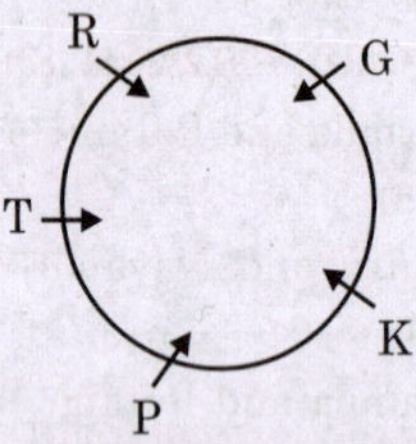

Hence G is sitting second to the right of P./इसलिए G, P के दाएँ दूसरे स्थान पर बैठा है।

4.
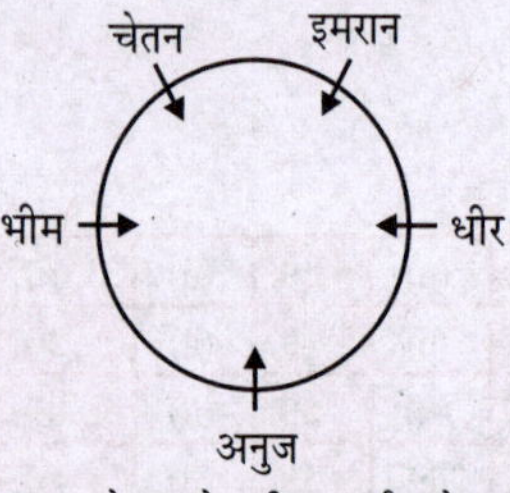

अतः चेतन के ठीक दाईं ओर भीम बैठा है।

5.
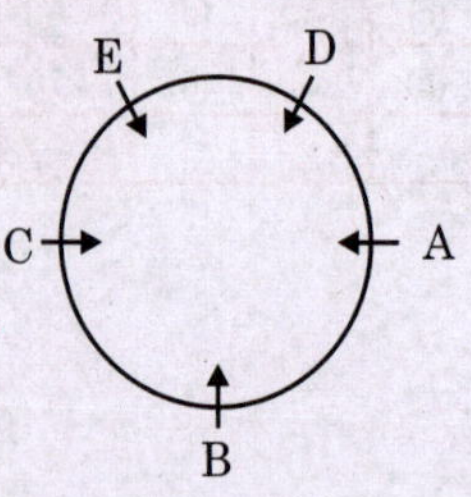

अतः B के बाईं ओर C बैठा है।

6.

लाल
पीला
नीला
बैंगनी
नारंगी
हरा

अतः नीले घर के ठीक दाईं ओर लाल रंग है।

7.
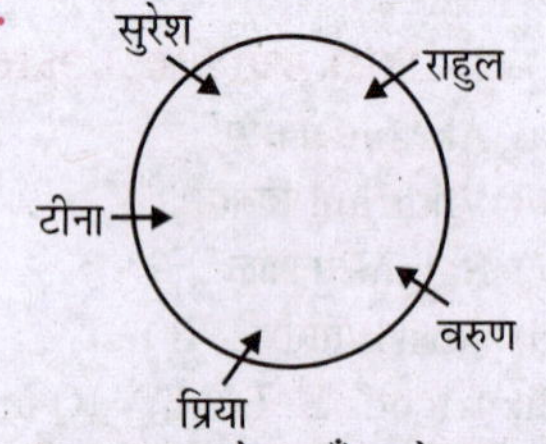

अतः राहुल के बाएँ दूसरे स्थान पर प्रिया बैठी है।

8.
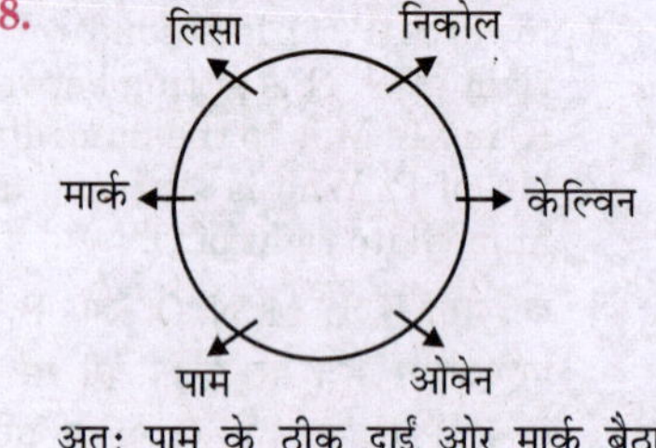

अतः पाम के ठीक दाईं ओर मार्क बैठा है।

9.
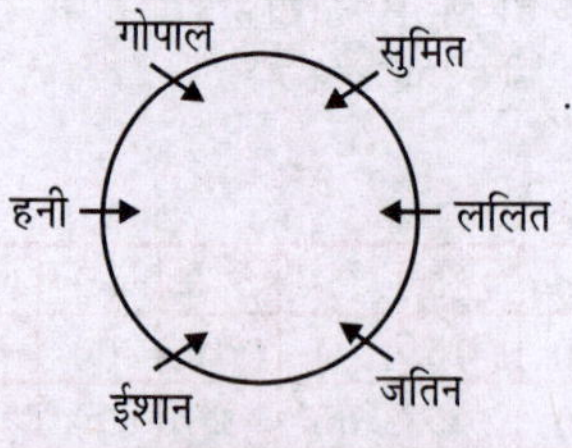

अतः ईशान के ठीक बाईं ओर हनी बैठा है।

10.
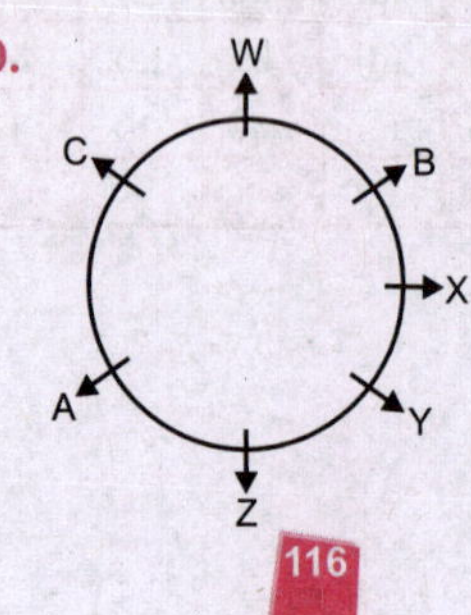

अतः X के ठीक बाईं ओर B बैठा है।

11.
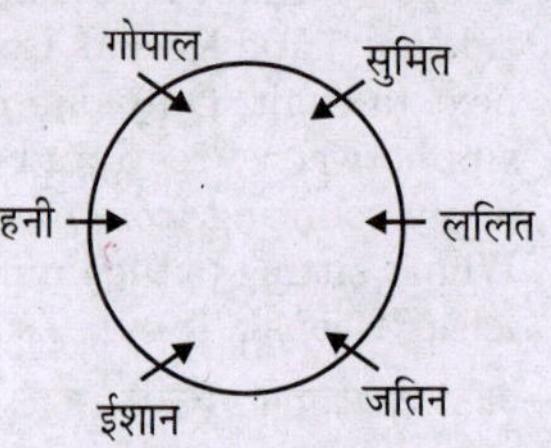

अतः हनी के ठीक बाईं ओर गोपाल बैठा है।

12.
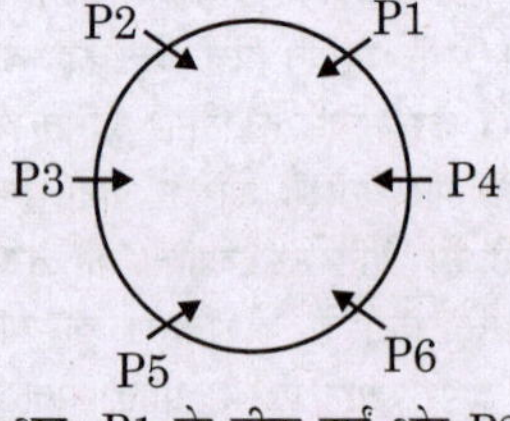

अतः P1 के ठीक दाईं ओर P2 बैठा है

13.
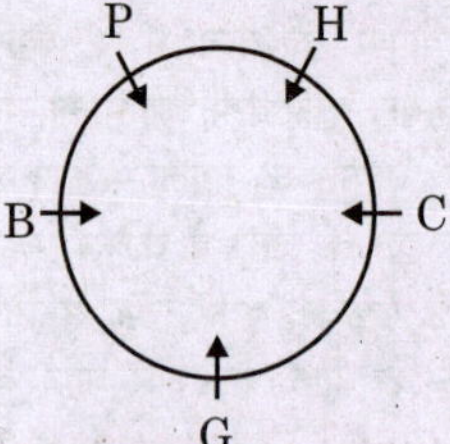

अतः H के ठीक दाईं ओर P बैठा है।

14.
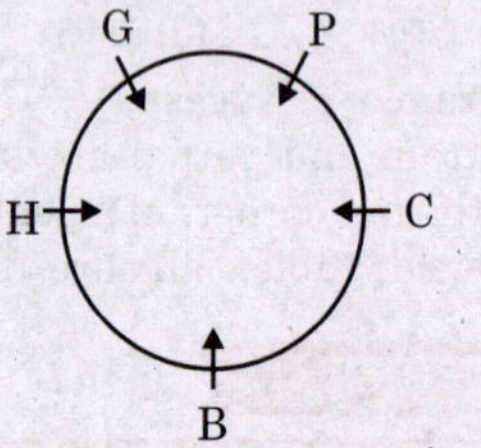

अतः C के बाईं ओर B बैठा है।

15.
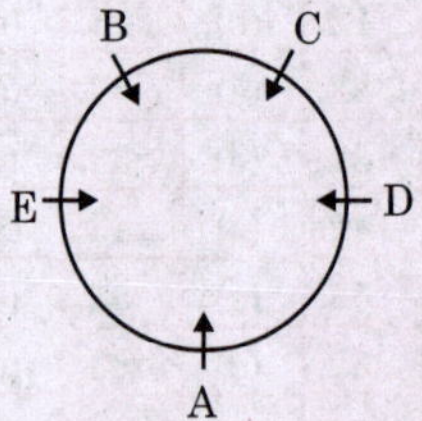

अतः D के ठीक दाईं ओर C बैठा है।

16.
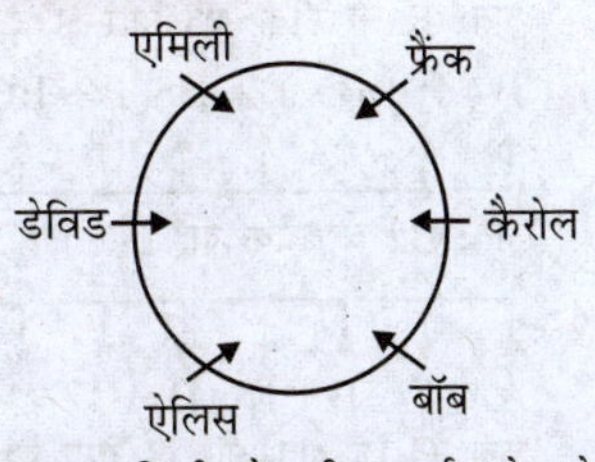

अत: एमिली के ठीक दाईं ओर डेविड बैठा है।

17.
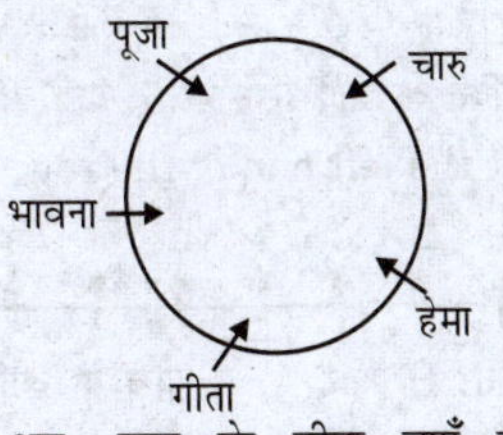

अत: चारु के ठीक बाएँ हेमा बैठी है।

18.
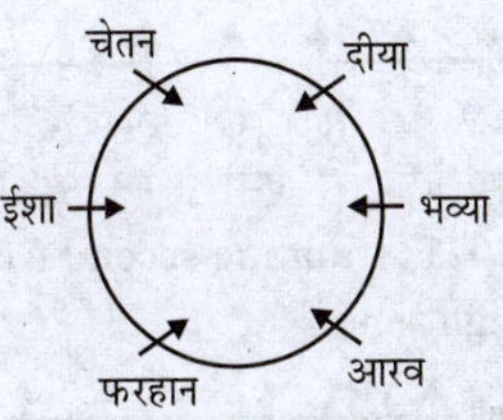

अत: दीया और ईशा दोनों का निकटतम पड़ोसी चेतन है।

19.
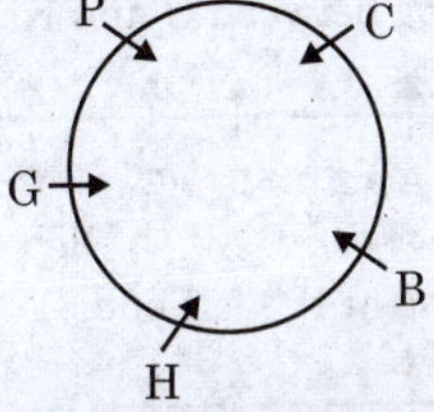

अत: P के ठीक दाई ओर G बैठा है।

20.
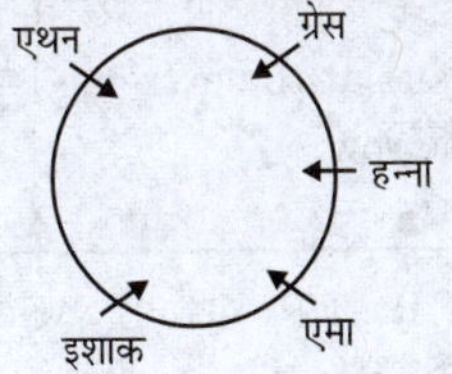

अत: ग्रेस के ठीक बाईं ओर हन्ना बैठी है।

21.
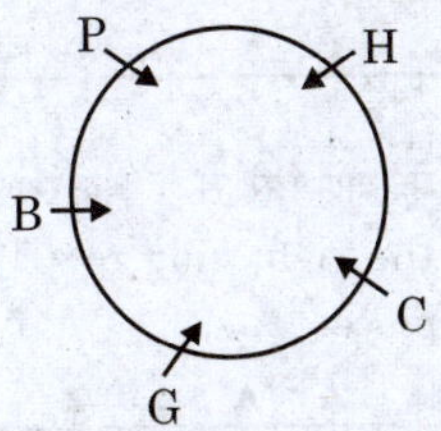

अत: G के ठीक दाईं ओर C बैठा है।

22.
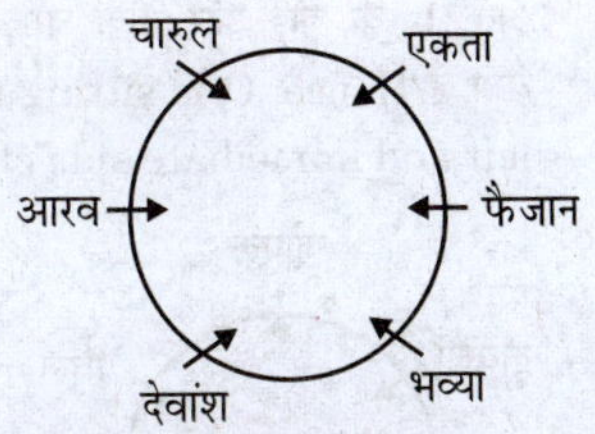

अत: भव्या और आरव का निकटतम पड़ोसी देवांश है।

23.
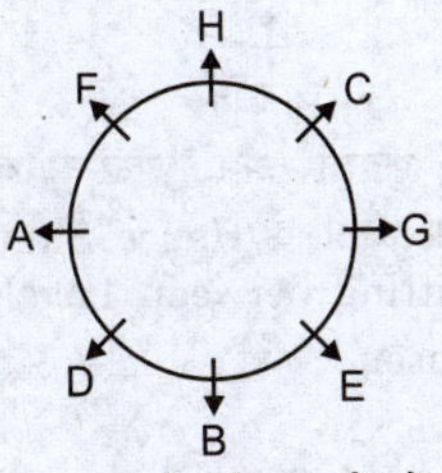

अत: E के ठीक बाईं ओर G बैठा है।

24.
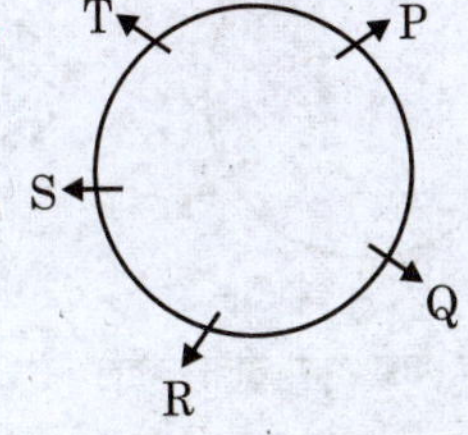

अत: P के ठीक दाईं ओर Q बैठा है।

25.
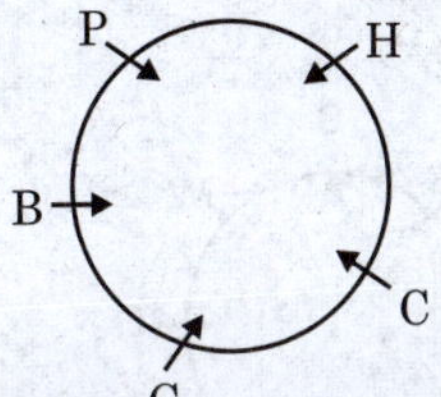

अत: C के ठीक बाईं ओर G बैठा है।

26.
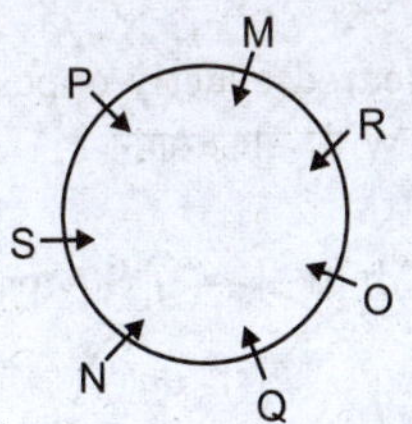

अत: N के ठीक बाईं ओर S बैठा है।

27.
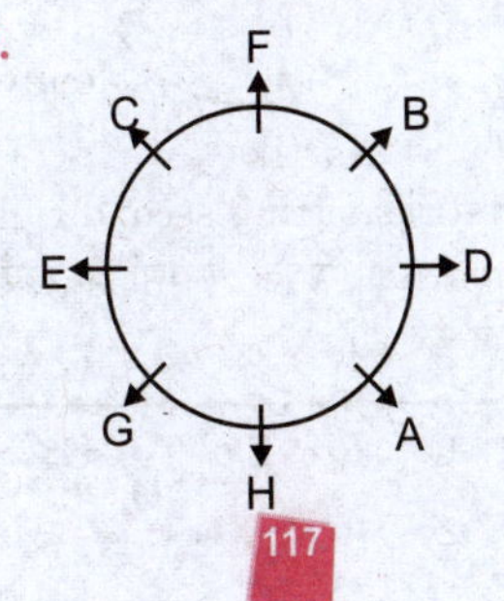

अत: C के ठीक दाईं ओर F बैठा है।

28.
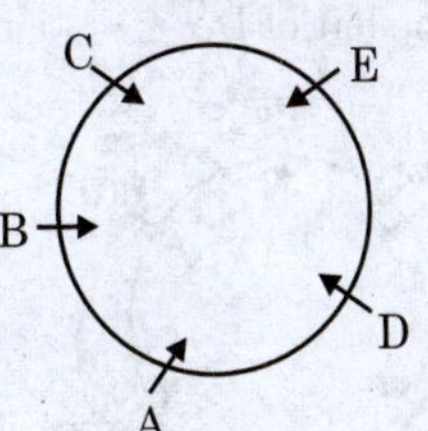

अत: C के ठीक दाईं ओर B बैठा है।

29. ATQ
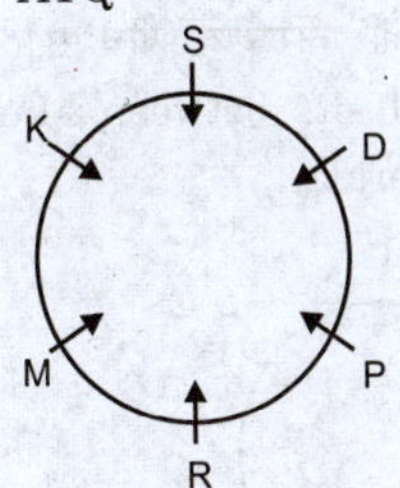

इस प्रकार S, K और D के ठीक बगल में बैठा है/ Thus S is sitting next to K and D.

30.
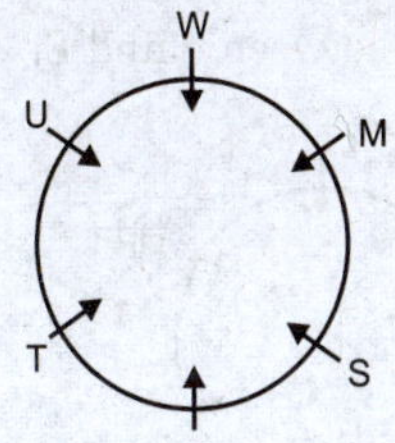

इसलिए W, K के बाएँ तीसरे स्थान पर बैठा है/So W is sitting third to the left of K.

31.
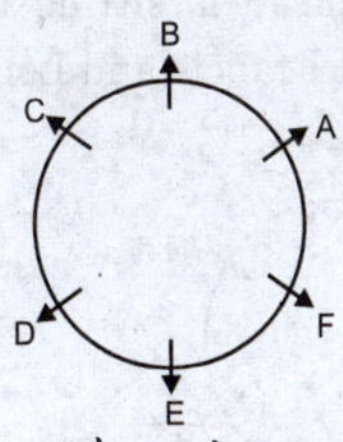

A और C के बगल में B बैठा है/B is sitting next to A and C.

32.
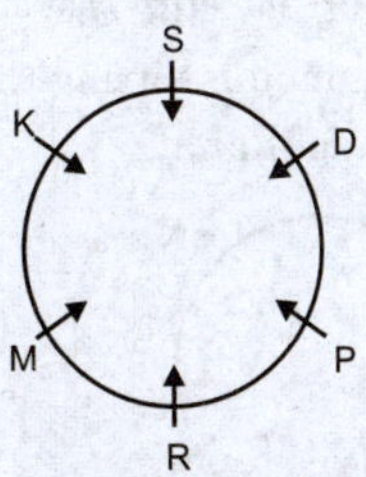

इस प्रकार M, D के बाएँ से तीसरे स्थान

पर बैठी है/Thus M is sitting third to the left of D.

33.

केरल
साहिल
शशि
मार्शल
सैंड्रा
जैड

मार्शल और केरल के बीच साहिल बैठा है/Sahil sits between Marshall and Kerala.

34.

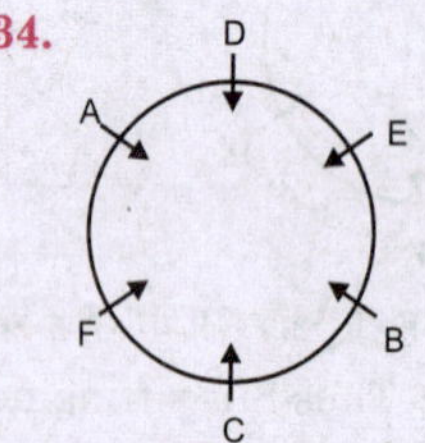

A और E के बीच D बैठा है/D is sitting between A and E.

35.

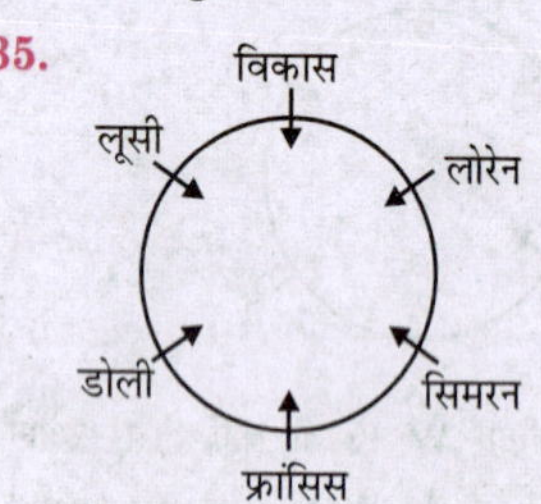

फ्रांसिस व लोरेन के बीच से सिमरन बैठी है/Simran is sitting in the middle of Francis and Loren.

36.

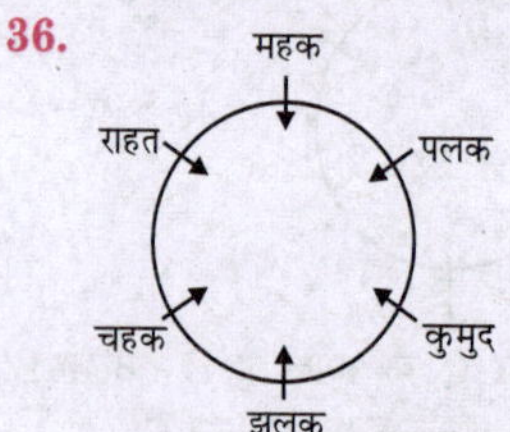

राहत के दाईं ओर तीसरे स्थान पर कुमुद बैठी है/Kumud is sitting third to the right of Rahat.

37.

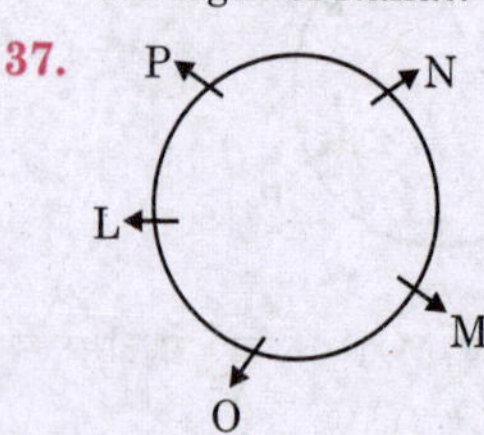

अत: L के बाईं ओर ठीक बगल में O बैठा है/Hence, O is sitting to the left and immediate side of L.

38.

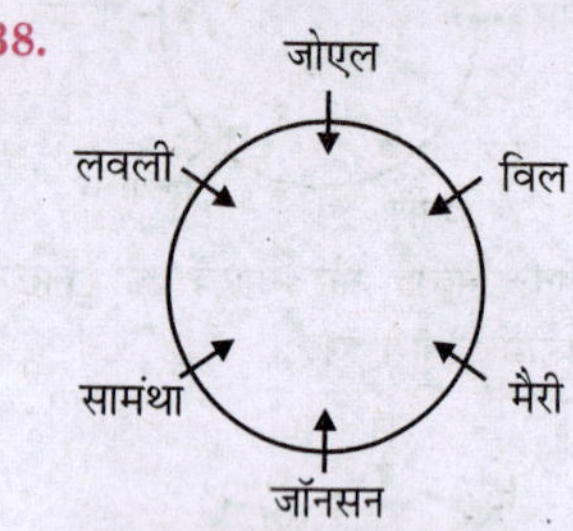

अत: लवली और जॉनसन के बीच सामंथा बैठी है/Hence Samantha is sitting between Lovely and Johnson.

39.

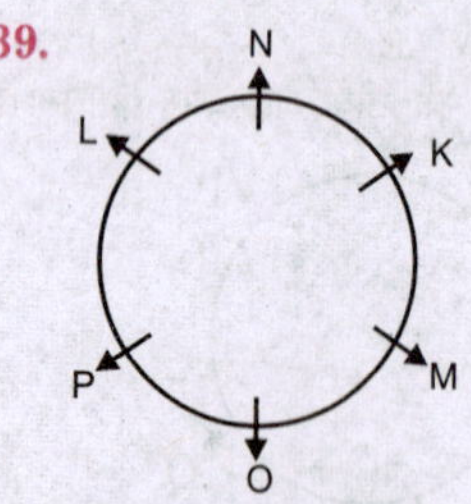

P के दाईं ओर ठीक बगल में L बैठा है/L is sitting to the right and immediate side of P.

40. ATQ,

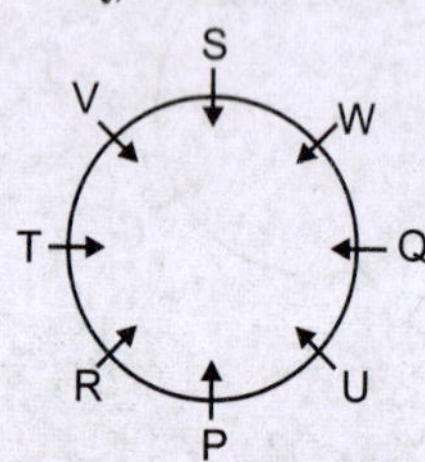

R is seated exactly opposite to W./R, W के ठीक सामने है।

41. ATQ,

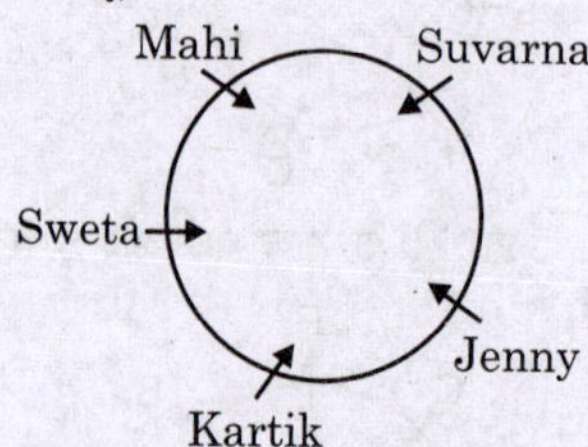

Sweta is sitting second right of Suvarna. (श्वेता, सुवर्णा के दाएँ दूसरे स्थान पर है)

42. V Q R S T U P

अत: R के ठीक दाईं ओर S बैठा है।

43. B7 B1 B5 B2 B8 B3 B6 B4

अत: B2 के ठीक दाईं ओर B8 बैठा है

44. A F B E D G C H

अत: C के दाईं ओर G बैठा है।

45. T F G E H D A

पंक्ति के बाएँ सिरे पर T बैठा है/T sits at the left end of the row.

46. H D C A G F B E

अत: H और A के बीच दो व्यक्ति बैठे हैं/Hence two people sit between H and A.

47. R/V M R/V G D A

दाएँ सिरे से दूसरे स्थान पर D खड़ा है/D is standing second from the right end.

48. Left O L K J M N Right

L, O और K के बीच बैठा है/L is sitting between O and K.

49. E A D B C G F

अंतिम बाएँ सिरे पर E बैठा है/E is sitting at the left end.

50. A C E B D

पंक्ति के अंतिम बाएँ सिरे पर A बैठा है/A sits at the extreme left end of the row.

51. P/T R T/P Q S U V

Q के दाईं ओर S बैठा है/S sits immediate right of Q.

52. Z M D P Y E W T

पंक्ति के दाएँ सिरे से T का स्थान प्रथम है/In the right side row T is in first place.

53.

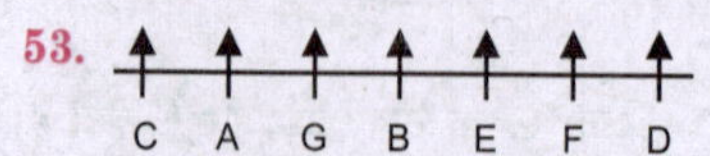

पंक्ति के बाएँ सिरे पर C है/C sits at the left end of the row.

54. ATQ

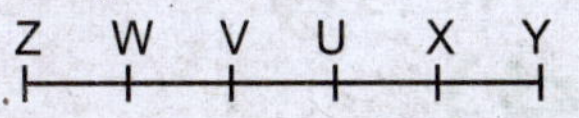

Delivery boy is at the fourth position from the right. (डिलीवरी बॉय दाईं ओर से चौथे स्थान पर है) = V

55. ATQ

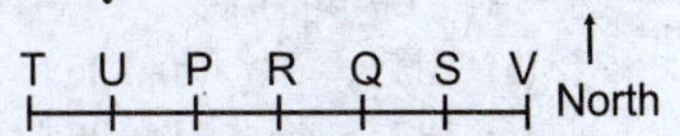

V is sitting at the other corner. (अन्य कोने पर V बैठा हुआ है।)

56. B7 B1 B5 B2 B8 B3 B6 B4

अत: B1 के ठीक बाएँ B7 है।

57. A F B E D G C H

अत: F के ठीक बाएँ B बैठा है।

58. ATQ,

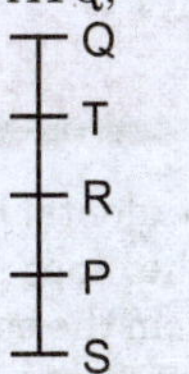

S is sitting at the end. (S अंत में बैठा है।)

59. ATQ,

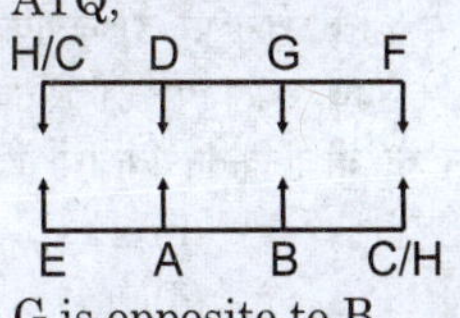

G is opposite to B

60.

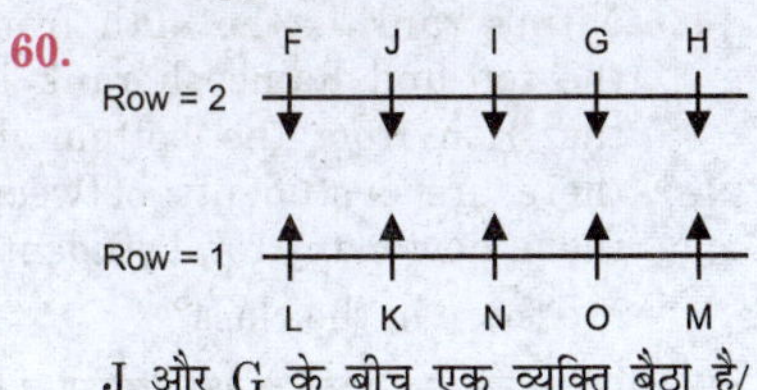

J और G के बीच एक व्यक्ति बैठा है/ One person are sitting between J and G.

61. ATQ

Neeraj
Srikumar
Maninder
Pankaj
Alpesh
Dinesh

Pankaj is sitting just after Maninder. (मनिंदर के ठीक बाद पंकज बैठा है)

62.

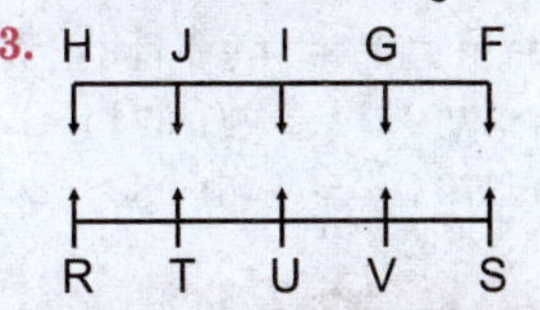

S is sitting just behind of R. (R के ठीक पीछे S बैठी हुई है)

63.

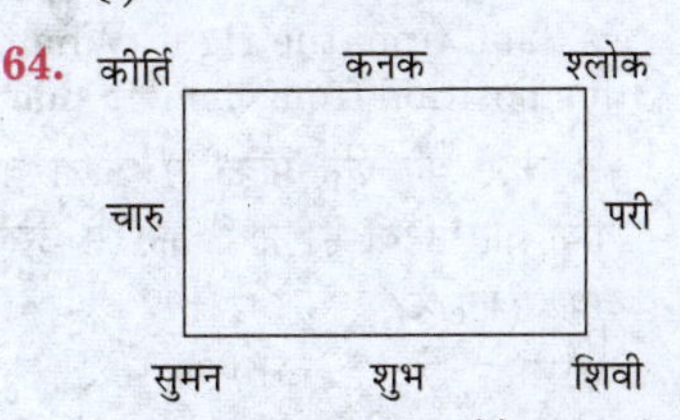

HR, IU are infront of each other. (HR, IU एक-दूसरे के सामने हैं)

64. कीर्ति कनक श्लोक

चारु परी

सुमन शुभ शिवी

अत: चारु किसी भी कोने पर नहीं बैठी है/Hence, Charu is not sitting at any corner.

65. कीर्ति कनक श्लोक

चारु परी

सुमन शुभ शिवी

शिवी के दाईं ओर दूसरे स्थान पर श्लोक बैठा है/Shlok is sitting to the second right of Shivi.

66. लेस्ली बंटी ईशान

गौरव फैज

हरीश आमिर प्रदीप

आमिर के दाईं ओर तीसरे स्थान पर ईशान बैठा है/Ishaan is sitting third to the right of Aamir.

67. एमा एलेक्स

डेविड बेन

क्रिस

अत: क्रिस के ठीक दाईं बेन है।

68. मोनिका विकास

प्रिया रमन

उमेश कविता

रोहित रीना

अत: रमन के बाईं ओर दूसरे स्थान पर रीना बैठी है।

69. प्रीति विकास

प्रिया राहुल

दीपक किरण

अमित रीना

अत: दीपक के ठीक बायीं ओर प्रिया बैठी है।

70. ATQ,

Satpal Girish

Nagesh Akram

Vikram

Akram is sitting second to the right of Nagesh. (अकरम, नागेश के दाएँ दूसरे स्थान पर बैठा है।)

71. ATQ,

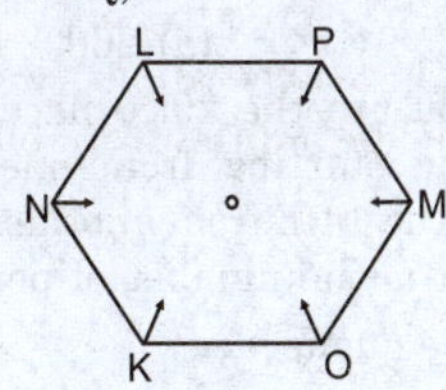

M is sitting immediate right of O.

72.

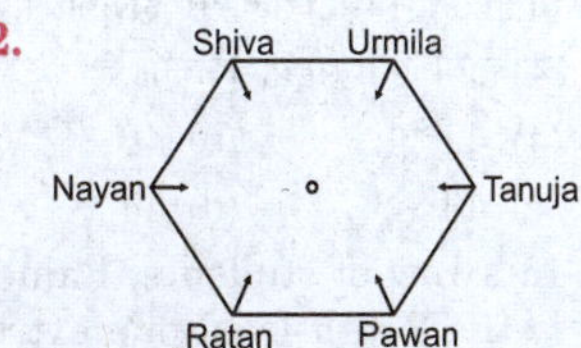

Tanuja & Ratan are neighbours of Pawan. (तनुजा और रतन, पवन के पड़ोसी हैं)

12 क्रम व्यवस्था परीक्षण (Ranking Test)

Type 1

1. In a row of students, Ganesh is ranked 7th from the one end and 11th from the second side. Find the total number of students in the row.

छात्रों की एक पंक्ति में गणेश अंतिम ओर से 7वें स्थान पर है जबकि दूसरे छोर से 11वें स्थान पर है। पंक्ति में छात्रों की कुल संख्या ज्ञात करें।

(SSC GD, 7/03/2019, Shift-II)

(a) 17 (b) 18
(c) 19 (d) 20

2. Parvindra's rank is the 107th from the top and 150th from the bottom. How many students are there in that class?

परविन्दर ऊपर से 107वाँ तथा नीचे से 150वाँ है, तो उस कक्षा में कितने छात्र हैं?

(a) 257 (b) 256
(c) 258 (d) 260

3. If you are the 29th place in a queue starting from one end and the 14th from another end, what is the number of persons in the queue?

यदि एक सिरे से गिनने पर पंक्ति में आपका स्थान 29वाँ है तथा दूसरे सिरे से गिनने पर 14वें स्थान पर हों, तो पंक्ति में व्यक्तियों की संख्या कितनी है?

(a) 42 (b) 40
(c) 43 (d) 44

4. In a row of students, Rajneesh is the 225th from one extreme end and 150th from the other end. Find the total numbers of students in the row.

छात्रों की एक पंक्ति में रजनीश एक छोर से 225वाँ है तथा दूसरे छोर से 150वाँ है। पंक्ति में छात्रों की संख्या कितनी है?

(a) 375 (b) 374
(c) 370 (d) 380

Type 2

5. In a row of 63 cars, the black car is 32nd from the right. What is it's position from the left side?

63 कारों की एक पंक्ति में काली कार दायीं ओर 32वीं है। बायीं ओर से उसका क्या स्थान है?

(a) 32 (b) 31
(c) 33 (d) 34

6. There are 40 vehicles in a row. White car is 13th from the left. What is its position from the right?

एक पंक्ति में 40 गाड़ियाँ हैं। सफेद गाड़ी बाईं ओर से 13वीं है। उसका स्थान दाईं ओर से क्या होगा?

(a) 29 (b) 28
(c) 27 (d) 26

7. There are total 60 students in a class. The rank of student 'B' is 41st from the bottom in order of merit. What is the rank of student 'B' from top?

एक कक्षा में 60 छात्र हैं। छात्र 'B' की रैंक, योग्यता क्रम में नीचे की ओर से 41वाँ है। ऊपर की ओर से छात्र 'B' का रैक क्या है?

(SSC GD, 29/11/2021, Shift-II)

(a) 20th (b) 21st
(c) 22nd (d) 23rd

8. In a class of 250 students, Reena's rank is the 115th from start. What is her rank from the last?

250 छात्रों की एक कक्षा में, रीना की रैंक प्रारंभ से 115वीं है, तो अंतिम छोर से उसकी रैंक क्या है?

(a) 134 (b) 135
(c) 137 (d) 136

9. Out of 460 Students if Chhama's rank is the 220th from start. What is her rank from the last?

यदि 460 विद्यार्थियों में प्रारंभ से क्षमा की रैंक 220वी है, तो अंतिम छोर से उसकी रैंक क्या है?

(a) 241 (b) 240
(c) 239 (d) 242

Type 3

10. In a class of 42 students, Ritika is 13th from the top, while Sheetal is 34th from the bottom. How many students are there between Ritik and Sheetal?

42 विद्यार्थियों की एक कक्षा में, रितिका शीर्ष से 13वें स्थान पर है। जबकि शीतल नीचे से 34वें स्थान पर है। रितिका और शीतल के बीच कितने विद्यार्थी हैं?

(a) 3 (b) 2
(c) 4 (d) 1

11. Nitin's rank is the 40th from the top and Rajneesh rank is the 31th from the bottom. If there are 3 students between them, how many total students are there in the class?

नितिन ऊपर से 40वाँ है तथा रजनीश नीचे से 31वाँ है। यदि इन दोनों के बीच 3 छात्र हैं तो कक्षा में कुल कितने छात्र हैं?

(a) 70 (b) 75
(c) 74 (d) 73

12. In a row of cars, Maruti is 20th from the left. Honda is 10th place to the right of Maruti and is exactly middle of the row. How many cars are there in the

row?

गाड़ियों की एक पंक्ति में मारुति बायीं ओर से 20वें स्थान पर है। होंडा, मारुति के 10 स्थान दायें हैं तथा पंक्ति के बिल्कुल मध्य में है। पंक्ति में कितनी गाड़ियाँ हैं?

(a) 54 (b) 59
(c) 57 (d) 56

13. In a class of 42 students, Swati ranked 19th from the bottom. Parushottam is 6 places below Swati. What is Purushottam rank from top?

42 छात्रों की एक कक्षा में, स्वाति नीचे से 19वें स्थान पर है। पुरुषोत्तम स्वाति से 6 स्थान नीचे है। पुरुषोत्तम का ऊपर से क्या स्थान है?

(a) 30th (b) 32th
(c) 33rd (d) 34th

14. In a class of 52 students, Bilal ranked 11th from the bottom. Salman is 9th ranked above from Bilal. What is Salman rank from above?

52 बच्चों की एक कक्षा में बिलाल का स्थान नीचे से 11वाँ है। सलमान बिलाल से 9 स्थान ऊपर है। ऊपर से सलमान का क्या स्थान है?

(a) 37th (b) 33rd
(c) 38th (d) 35th

Type 4

15. In a row, Manu is 14th from the left and Sam is 9th from the right. If they interchange their position, Sam become 12th from the right. Find the total number of persons persent in the row.

एक पंक्ति में मनु बाईं ओर से 14वें स्थान पर है और सैम दाईं ओर से 9वें स्थान पर है। यदि वे आपस में अपना स्थान बदल लेते हैं। तो सैम दाईं ओर से 12वें स्थान पर आ जाता है। पंक्ति में उपस्थित व्यक्तियों की कुल संख्या ज्ञात करें।

(SSC GD, 14/12/2021, Shift-III)

(a) 25 (b) 28
(c) 20 (d) 30

16. In the school morning prayer, Chanchal was 8th from the front, while Prince was 11th from the back in the same row. If they interchange their position, Chanchal moves up to 22nd position from the front. What is the number of students in the row?

स्कूल की सुबह की प्रार्थना में, चंचल सामने से 8वें स्थान पर है जबकि प्रिंस उसी पंक्ति में पीछे से 11वें स्थान पर था। यदि वे अपने-अपने स्थान बदल लेते हैं, तो चंचल सामने से 22वें पर पहुँच जाती है। पंक्ति में विद्यार्थियों की संख्या कितनी है?

(a) 33 (b) 30
(c) 32 (d) 31

17. In a row of 47 persons, X is 14th from the front and Y is 17th from the back. If they interchange their places, then Y comes 34th from the back. Then which will be the place of X from the front?

47 व्यक्तियों वाली पंक्ति में, X आगे से 14वें स्थान पर है, जबकि Y पीछे से 17वें स्थान पर है। यदि वे अपने स्थानों को एक-दूसरे से बदल लेते हैं। तो Y पीछे से 34वें स्थान पर आ जाता है। तो X आगे से किस स्थान पर रहेगा?

(a) 29 (b) 30
(c) 31 (d) 32

18. In a row of boys, Karun is 5th from the left and Panth is 6th from the right. If they interchange their position, Karun is 13th from the left. What will be the new position of Panth from right?

लड़कों की एक पंक्ति में करूण, बाईं ओर से 5वें स्थान पर है और पंत दाईं ओर से 6वें स्थान पर है। जब वे अपना स्थान आपस में बदल लेते हैं तो करुण बाईं ओर से 13वें स्थान पर हो जाता है। दाईं ओर से पंत की नई स्थिति क्या होगी?

(a) 18th (b) 7th
(c) 11th (d) 14th

19. In a row of students, Sam is the 100th from the left. Rinki is the 210th from right. If they interchange their positions, Sam's place will become the the 150th from the left. What is the total number of the student in the row?

छात्रों की एक पंक्ति में, सैम बाएँ से 100वें स्थान पर है। रिंकी दायें से 210वें स्थान पर है। यदि वे अपनी स्थिति बदल लेते हैं, तो सैम का स्थान बाएँ से 150वाँ हो जायेगा। पंक्ति में छात्रों की कुल संख्या ज्ञात करो।

(a) 359 (b) 360
(c) 358 (d) 361

Type 5

20. In a row, Nitin is the 51th from the right end and Rohan is the 21st from the left end. If there are 5 people between them, then what is the maximum number of people in the row?

एक पंक्ति में, नितिन दायें छोर से 51वाँ है। रोहन बायें छोर से 21वाँ है। यदि उनके बीच में 5 व्यक्ति हैं, तब पंक्ति में अधिकतम व्यक्तियों की संख्या बताइए।

(a) 75 (b) 76
(c) 78 (d) 77

21. In a row, Ram is the 125th from left and Shyam is the 119th from the right and there are 5 people between them, then what is the minimum number of people in queue?

किसी पंक्ति में राम बायें से 125वें स्थान पर है तथा श्याम दायें से 119वें स्थान पर है और उनके बीच 5 व्यक्ति हो, तो पंक्ति में कम से कम कितने व्यक्ति हैं?

(a) 238 (b) 237
(c) 236 (d) 239

22. In a row, Rita is the 75th from left and Madhu is the 81th from the right. If there are 12 girls between these two, then tell what is the minimum number of girls in the row?

एक पंक्ति में, रीता बायें से 75वें स्थान पर है तथा मधु दायें से 81वें स्थान पर है। यदि इन दोनों के बीच 12 लड़कियाँ

हो, तो बताएँ कि पंक्ति में कम से कम कितनी लड़कियाँ हैं?

(a) 141 (b) 142
(c) 143 (d) 140

Type 6

23. If Ankit is shifted by 6 places towards left. He will become 18th from right. What was position of Ankit from left before shifting? If total number of students is 51.

यदि अंकित को 6 स्थान बाईं ओर स्थानांतरित किया जाता है तो वह दाएँ से 18वाँ हो जाता है। स्थान बदलने से पहले अंकित का बाएँ से स्थान क्या था? यदि कुल 51 छात्र हैं।

(a) 35 (b) 38
(c) 40 (d) 42

24. In a row of ten boys, when Nitin was shifted two places to the left he became eighth from the left. What was his previous position from the right side of the row?

दस लड़कों की एक पंक्ति में, जब नितिन को बायीं ओर दो स्थान स्थानांतरित किया गया तो वह बायीं ओर से आठवाँ हो गया। पंक्ति में दायीं ओर से उसकी पूर्व स्थिति क्या थी?

(a) 2 (b) 1
(c) 4 (d) 3

25. E is the 20th from the left end. If E is shifted four places to the right then he will be at the extreme right. How many persons are there in the row?

E, बाएँ छोर से 20वें स्थान पर है। यदि E को चार स्थान दाएँ स्थानांतरित किया जाता है तो वह दाएँ छोर पर होगा। पंक्ति में कितने व्यक्ति हैं?

(a) 24 (b) 22
(c) 27 (d) 26

26. B is the 8th from the right end. If B is shifted five places to the left, then B will be at the extreme left. How many persons are there in the row?

B, दाएँ छोर से 8वें स्थान पर है। यदि B को पाँच स्थान बाएँ स्थानांतरित किया जाता है, तो B बाएँ छोर पर होगा। पंक्ति में कितने व्यक्ति हैं?

(a) 14 (b) 13
(c) 12 (d) 11

27. H is in the middle of a row where he is the 23rd from the left. What is the total number of persons in the row?

H एक पंक्ति के मध्य में है जहाँ वह बाएँ से 23वें स्थान पर है। पंक्ति में व्यक्तियों की कुल संख्या क्या है?

(a) 44 (b) 43
(c) 45 (d) 42

28. In a class of 40 students, a boy is ranked 12th from the top. When 10 more are boys joined, his rank was get's reduced by more are one. What is his new rank from the last?

40 विद्यार्थियों की एक कक्षा में, एक लड़के का स्थान शीर्ष से 12वाँ है। जब कक्षा में 10 लड़के और जुड़ते हैं तो उसका स्थान एक कम हो जाता है। आखिर से उसका नया स्थान कौन-सा है?

(a) 38 (b) 32
(c) 24 (d) 30

29. In a class of 80 students, a boy is ranked 40th from the top. When 5 boys joined, his rank was dropped by one. What is his new rank from the last?

80 विद्यार्थियों की एक कक्षा में एक लड़के का स्थान शीर्ष से 40वाँ है। जब 5 लड़के शामिल हुए, तो उसका स्थान एक कम हो गया। अंतिम से उसका नया स्थान क्या है?

(a) 45 (b) 47
(c) 43 (d) 42

Type 7

30. There are five books A, B, C, D and E. Book C is above book D, book E is below book A, book D is above book A, book B is below book E. Which book is at the bottom?

पाँच किताबें A, B, C, D और E है। किताब C ऊपर है किताब D के। किताब E नीचे है किताब A के। किताब D ऊपर है A के। किताब B नीचे है किताब E के। कौन सी किताब सबसे नीचे है?

(SSC GD, 05/03/2019, Shift-I

(a) A (b) D
(c) B (d) C

31. Out of the seven friends A, B, C, D, E, F and G, B is taller than only four friends. C is taller than D. A is taller than F. E is taller than only one person G, who has the shortest height among all these friends. B is taller than A. Who is the tallest among them all?

सात मित्रों A, B, C, D, E, F और G में से B केवल अन्य चार मित्रों से लंबा है C, D से लंबा है। A, F से लंबा है। E केवल एक व्यक्ति G से लंबा है। जिसकी लंबाई इन सब मित्रों में सबसे कम है B, A से लंबा है। इन सब में सबसे लंबा कौन है?

(SSC GD, 8/12/2021, Shift-I)

(a) B (b) A
(c) C (d) E

32. There are five objects A, B, C, D, and E each having a different weight. B's weight is twice that weight of E. C's weight is thrice that of A. D's weight is four times that of C. B's weight is half that of D. Choose the highest weight among them?

पाँच वस्तुएँ A, B, C, D, और E जिनके वजन भिन्न-भिन्न हैं। B का वजन E से 2 गुना है। C का वजन A से तीन गुना है। D का वजन C से चार गुना है। B का वजन D का आधा है। इन सब में किसका वजन सबसे ज्यादा है?

(a) C (b) E
(c) B (d) D

33. 5 People participated in a race. Kartik finished the race just behind Probhjot. Faraj finished the race just before Lakshya. Anil completed the race just before Faraj. Anil came third. Who among them finished second in the race?

5 लोगों ने एक दौड़ में भाग लिया। कार्तिक ने प्रभजोत के एक कदम पीछे

ही दौड़ पूरी करी। फराज ने लक्ष्य से एक कदम पहले दौड़ पूरी की। अनिल ने फराज से एक कदम पहले दौड़ पूरी की। अनिल तीसरे स्थान पर आया। इनमें से कौन दौड़ में दूसरे स्थान पर रहा?

(a) कार्तिक (b) फराज
(c) लक्ष्य (d) प्रभजोत

34. Five object bat, ball, fan, table and chair are placed one above the other. (not necessarily in same order). The bat is four places above the fan. Between the ball and the chair is the table. There is a chair three places below the bat. Which object is second from the top?

5 वस्तुएँ बल्ला, गेंद, पंखा, मेज तथा कुर्सी को एक के ऊपर एक करके रखा गया है। (आवश्यक नहीं इसी क्रम में हो)। पंखे से चार स्थान ऊपर बल्ला रखा गया है। गेंद और कुर्सी के बीच मेज है। बल्ले के तीन स्थान नीचे कुर्सी है। ऊपर से दूसरे स्थान पर कौन सी वस्तु है?

(a) पंखा (b) मेज
(c) गेंद (d) कुर्सी

35. Sourav, Mohit, Mukesh, Sumit and Bhim are arranged in the decreasing order of their height from top to bottom. Sourav is in third place. Bhima is in the middle of Sumit and Sourav. While Sumit is not at the upper end. Who is at the second place?

सौरव, मोहित, मुकेश, सुमित तथा भीम को ऊपर से नीचे तक ऊँचाई के घटते हुए क्रम में व्यवस्थित किया गया है। सौरव तीसरे स्थान पर है। भीम, सुमित तथा सौरव के मध्य में है। जबकि सुमित ऊपरी छोर पर नहीं है। ऊपर से दूसरे स्थान पर कौन है?

(a) मोहित
(b) मुकेश
(c) भीम
(d) ज्ञात नहीं किया जा सकता

36. Five phone H, M, R, T and V are placed one above the other. The number of phone placed above T is equal to the number of phone placed below V. R is immediately above H. V is at the bottom. There are two phone between M and V. Which of the following phone is above R?

5 फोन H, M, R, T तथा V एक के ऊपर एक करके रखे गए हैं। T के ऊपर रखे गये फोनों की संख्या, V के नीचे रखे गये फोनों के बराबर है। H के ठीक ऊपर R है। V सबसे नीचे है। M तथा V के बीच दो फोन हैं। कौन से फोन R के ऊपर हैं?

(a) M and T (b) H and T
(c) M and V (d) M and H

37. 6 students Anima, Rohit, Kiran, Seema, jaya and Manish are top rank holders in a school. The rank of Rohit is between the ranks of Kiran and Seema. Rohit is at the Fourth rank. There are two student between the ranks of Jaya and Seema. Jaya is the lowest rank holder among all the six students. The rank of Manish is immediately above the rank of Anima.

Who is at the fifth rank?

6 विद्यार्थी अनिमा, रोहित, किरण, सीमा, जया और मनीष, एक विद्यालय में शीर्ष 6 रैंक धारक हैं। रोहित की रैंक किरण और सीमा की रैंक के बीच है। रोहित चौथी रैंक पर है। जया और सीमा की रैंक के बीच दो विद्यार्थी हैं। सभी 6 विद्यार्थियों के बीच जया सबसे निचली रैंक पर है। मनीष की रैंक अनिमा की रैंक के ठीक ऊपर है। पाँचवी रैंक पर कौन हैं?

(SSC GD, 8/12/2021, Shift-I)

(a) Manish (b) Anima
(c) Seema (d) Kiran

38. Six friends Neha, Kavya, Geeta, Varun, Pooja and Kapil has different age. Geeta is elder than Pooja but younger than Varun. Three friends are elder than Geeta. The age of Kapil falls between Varun and Kavya. Pooja is elder than just one friend. Who is the youngest?

6 मित्र नेहा, काव्या, गीता, वरुण, पूजा और कपिल की आयु अलग-अलग है। गीता, पूजा से बड़ी है। लेकिन वरुण से छोटी है। तीन मित्र गीता से बड़े हैं। कपिल की आयु वरुण और काव्या की आयु के मध्य आती है। पूजा केवल एक मित्र से बड़ी है। सबसे छोटा कौन है?

(SSC GD, 7/12/2021, Shift-I)

(a) पूजा (b) कपिल
(c) नेहा (d) काव्या

39. Pankaj, Alpesh, Sree Kumar, Dinesh, Neeraj and Maninder are sitting in different rows one after the other. Pankaj is sitting immediate ahead of Alpesh. Dinesh is sitting in the last row. There are four lines before the row containing the Alpesh. Shree Kumar is in the row immediately after Neeraj. Maninder is not in the first row. Who is sitting in the row immediately after Maninder?

पंकज, अल्पेश, श्रीकुमार, दिनेश, नीरज और मनिंदर छः अलग-अलग पंक्तियों में एक के बाद एक के क्रम में बैठे हुए हैं। पंकज, अल्पेश से ठीक आगे वाली पंक्ति में बैठा है। दिनेश अंतिम पंक्ति में बैठा है। अल्पेश वाली पंक्ति से पहले चार पंक्तियाँ हैं। श्रीकुमार, नीरज के ठीक बाद वाली पंक्ति में है। मनिंदर पहली पंक्ति में नहीं है। मनिंदर के ठीक बाद वाली पंक्ति में कौन बैठा है?

(SSC GD, 3/12/2021, Shift-III)

(a) पंकज (b) दिनेश
(c) नीरज (d) अल्पेश

40. Seven persons A, B, C, D, E, F and G are living on different floors in a building having seven floor. There are four floors between the floors of B and D, and B lives on the floor above D. There are two floor between the floor of E and A, and A lives on the floor below E. C lives on the ground floor. G and F live on the neighbouring floors. There are two floor between the floor C and F, and F lives on the floor above C.

Who is living on the topmost floor?

सात व्यक्ति A, B, C, D, E, F और G सात तलों वाले एक भवन में विभिन्न तलों पर रहते हैं। B और D के तलों के बीच

चार तल हैं। और B, D से ऊपर वाले तल पर रहता है। E और A के तलों के बीच दो तल हैं। और A, E से नीचे वाले तल पर रहता है। C भूतल पर रहता है। G और F पड़ोसी तल पर रहते हैं। C और F के तलों के बीच दो तल हैं और F, C से ऊपर वाले तल पर रहता है। सबसे ऊपर वाले तल पर कौन रह रहा है?

(SSC GD, 9/12/2021, Shift-II)

(a) G (b) D
(c) A (d) B

उत्तरमाला

1.	(a)	**2.**	(b)	**3.**	(a)	**4.**	(b)	**5.**	(a)	**6.**	(b)	**7.**	(a)	**8.**	(d)	**9.**	(a)	**10.**	(a)
11.	(c)	**12.**	(b)	**13.**	(a)	**14.**	(b)	**15.**	(a)	**16.**	(c)	**17.**	(c)	**18.**	(d)	**19.**	(a)	**20.**	(d)
21.	(b)	**22.**	(b)	**23.**	(c)	**24.**	(b)	**25.**	(a)	**26.**	(b)	**27.**	(c)	**28.**	(a)	**29.**	(a)	**30.**	(c)
31.	(c)	**32.**	(d)	**33.**	(a)	**34.**	(c)	**35.**	(d)	**36.**	(a)	**37.**	(d)	**38.**	(c)	**39.**	(a)	**40.**	(d)

Hints & Solution (व्याख्या)

1. पंक्ति में कुल छात्रों की संख्या
$= 7 + 11 - 1 = 17$

2. कक्षा में छात्रों की संख्या
$\Rightarrow 107 + 150 - 1$
$\Rightarrow 256$

3. पंक्ति में व्यक्तियों की संख्या
$\Rightarrow 29 + 14 - 1$
$\Rightarrow 42$

4. पंक्ति में छात्रों की संख्या
$\Rightarrow 225 + 150 - 1$
$\Rightarrow 374$

5. बायी ओर से स्थान
$= 63 - 32 + 1 =$ 32वां

6.
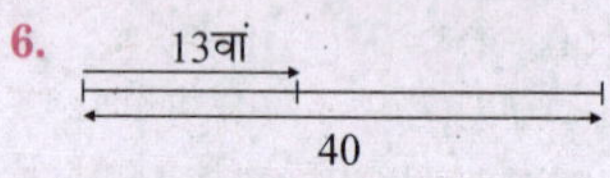

पंक्ति में कुल कार = 40
दायीं ओर से सफेद कार का स्थान
$\Rightarrow 40 - 13 + 1 = 28$

7. कुल छात्र = 60
ऊपर से रैंक = कुल छात्र – नीचे से छात्र की रैंक + 1
$\Rightarrow 60 - 41 + 1 = 20$

8. अंतिम छोर से रीना की रैंक
$\Rightarrow (250 - 115) + 1$
$\Rightarrow 136$

9. क्षमा की अंतिम छोर से रैंक
$\Rightarrow (460 - 220) + 1$
$\Rightarrow 241$

10.
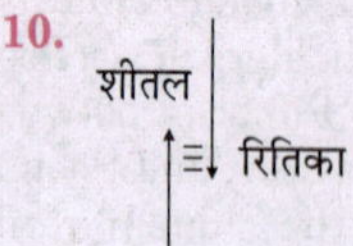

रितिका और शीतल के बीच छात्र
$\Rightarrow (34 + 13) - 42 - 2 = 3$

11. कुल छात्र
= Top + Bottom + Middle
$= 40 + 31 + 3$
$= 74$

12. बायीं ओर से होंडा = 20 + 10 = 30वां
30वां स्थान पंक्ति के मध्य में है।
अत: पंक्ति में कुल कारों की संख्या
$\Rightarrow 30 + 30 - 1 = 59$

13. नीचे से स्वाति का स्थान = 19वां
ऊपर से स्वाति का स्थान
$\Rightarrow 42 - 19 + 1 =$ 24वां
ऊपर से पुरुषोत्तम का स्थान
$= 24 + 6 =$ 30वां

14. नीचे से सलमान का स्थान
$\Rightarrow 11 + 9 =$ 20वां
ऊपर से सलमान का स्थान
$\Rightarrow 52 - 20 + 1 =$ 33वां

15.
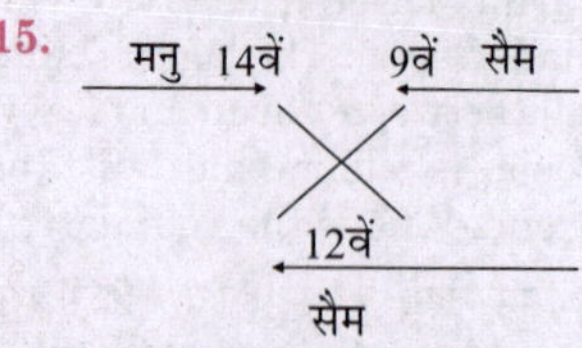

कुल विद्यार्थी $\Rightarrow 12 + 14 - 1 = 25$

16.
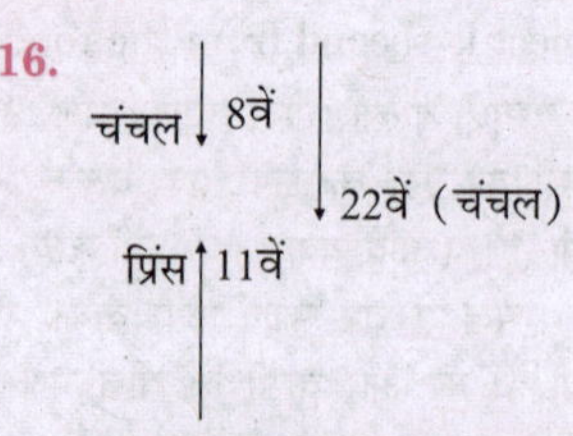

कुल विद्यार्थियों की संख्या
$\Rightarrow 22 + 11 - 1 = 32$

17.
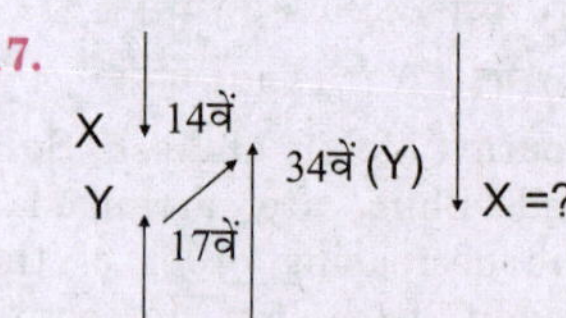

X और Y के बीच व्यक्ति
$= 47 - 14 - 17 = 16$
X का आगे से स्थान
$\Rightarrow 14 + 16 + 1 = 31$

18.
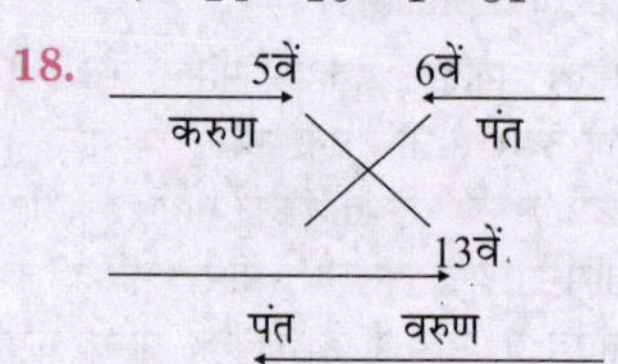

कुल लड़के $= 13 + 6 - 1 = 18$
पंत दायें ओर से $= 18 - 5 + 1$
= 14 वें स्थान पर है।

19. पंक्ति में छात्रों की कुल संख्या
$\Rightarrow (150 + 210) - 1$
$\Rightarrow 359$

20. पंक्ति में maximum व्यक्तियों के लिए overlap नहीं करना है।
तब पंक्ति में maximum व्यक्तियों की संख्या

= 51 + 21 + 5

= 77

21. पंक्ति में Minimum व्यक्तियों के लिए overlap करना है।

तब

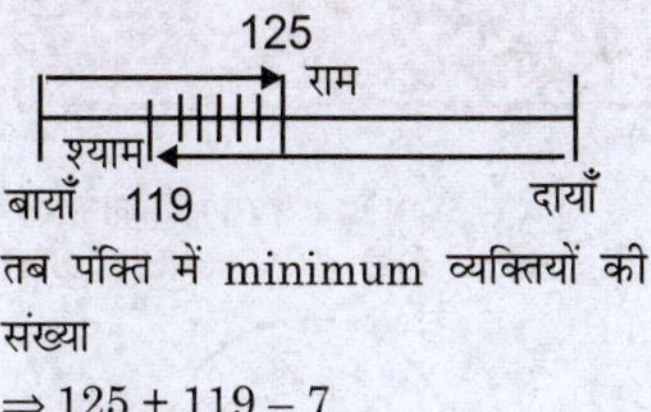

तब पंक्ति में minimum व्यक्तियों की संख्या

⇒ 125 + 119 – 7

⇒ 237

22. पंक्ति में minimum लड़कियों की संख्या

⇒ (75 + 81) – (12 + रीता + मधु)

⇒ 156 – 14

⇒ 142

23.

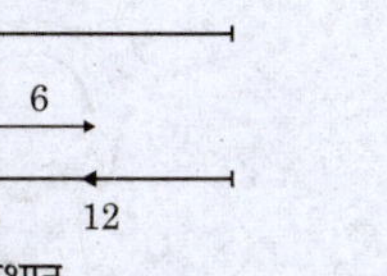

अंकित का बायें से स्थान

⇒ L + R – 1 = 51

⇒ L + 12 – 1 = 51

⇒ L = 40

24.

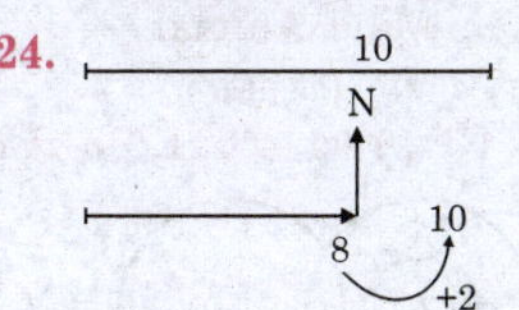

पंक्ति में दायीं ओर से नितिन की पूर्व स्थिति

⇒ (10 + 1) – 10

⇒ 1

25. पंक्ति में कुल व्यक्ति

= 20 + 4 = 24

26.

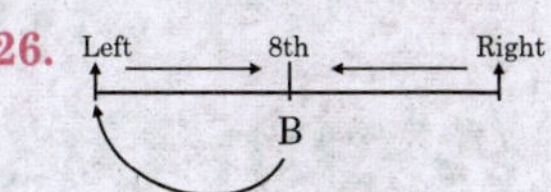

∴ कुल व्यक्तियों की संख्या

= 8 + 5 = 13

27. ∴ पंक्ति में व्यक्तियों की कुल संख्या

= 23 + 23 – 1= 45

28. First 12th 13th Last

Before After

∴ अंत से उसका नया स्थान

= 50 – 13 + 1 = 38th

29. First 40 41 Last

Before After

अंतिम से उसका नया स्थान

= [85 – 41] + 1 = 45th

30.

C
D
A
E
B

अत: किताब B सबसे नीचे है।

31. C > D > B > A > F > E > G

अत: C सबसे लंबा व्यक्ति है।

32. माना A का वजन X kg है।

तो C का वजन = 3X kg

D का वजन = 12X kg

B का वजन = 6X kg

E का वजन = 3X kg

सबसे ज्यादा वजन D का है।

33. प्रभजोत > कार्तिक ..... (1)

फराज > लक्ष्य ..... (2)

अनिल > फराज ..... (3)

प्रभजोत > कार्तिक > अनिल > फराज > लक्ष्य

34.

बल्ला
गेंद
मेज
कुर्सी
पंखा

अत: ऊपर से दूसरे स्थान पर गेंद होगी।

35.

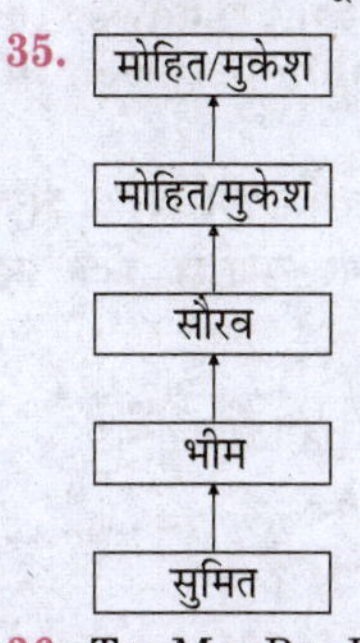

36. T > M > R > H > V

(Top to Bottom)

फोन R के ऊपर T तथा M फोन हैं।

37. मनीष > अनिमा > सीमा > रोहित > किरण > जया

अत: पाँचवी रैंक किरण की है।

38. काव्या > कपिल > वरुण > गीता > पूजा > नेहा

अत: नेहा सबसे छोटी है।

39. नीरज > श्रीकुमार > मनिंदर > पंकज > अल्पेश > दिनेश

अत: मनिंदर के बाद पंकज बैठा है।

40. B > E > G > F > A > D > C

अत: सबसे ऊपर B रहता है।

वेन आरेख
(Venn Diagram)

Type 1

Directions (1 to 40): Select the venn diagram that shows the correct relationship between the given classes.

निर्देश (1 से 40): उस वेन आरेख का चयन कीजिए जो कि दिए गए वर्गों के बीच सही संबंध को दर्शाता है।

1. Pen, Pencil and Rubber
पेन, पेंसिल और रबर

(a) 

(b) 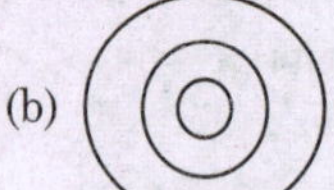

(c) 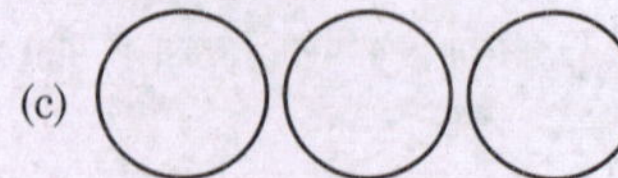

(d) 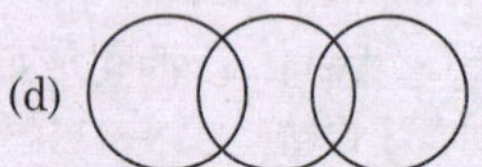

2. Indian, Brain Specialist, Surgeon
भारतीय, मस्तिष्क विशेषज्ञ, सर्जन

(a) 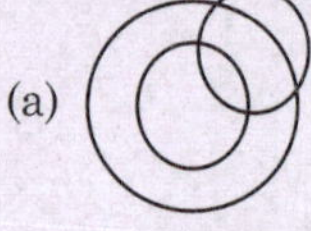

(b) 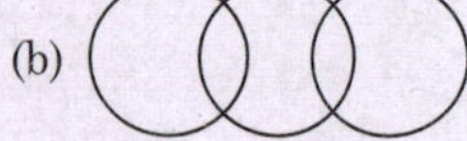

(c) 

(d) 

3. School, Teacher, Employee
(स्कूल), (शिक्षक), (कर्मचारी)
(SSC GD, 16/11/2021, Shift-II)

(a) 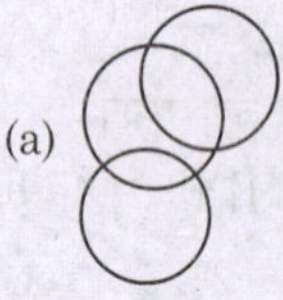

(b) 

(c) 

(d) 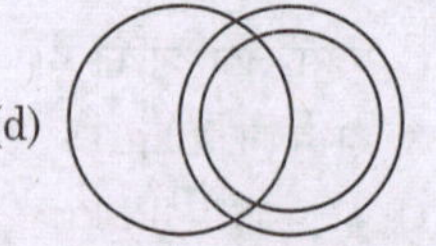

4. Mother, Father, Men
(माँ), (पिता), (आदमी)
(SSC GD, 17/11/2021, Shift-I)

(a) 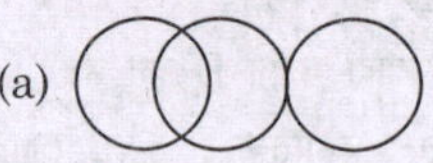

(b) 

(c) 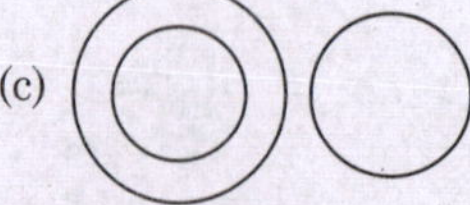

(d) 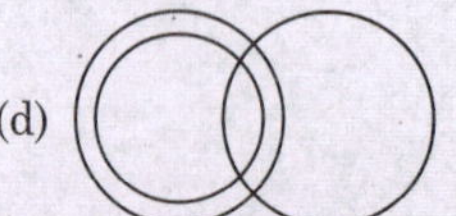

5. Mammals, Zebra, Animals
(स्तनधारी), (जेबरा), (जानवर)
(SSC GD, 17/11/2021, Shift-II)

(a) 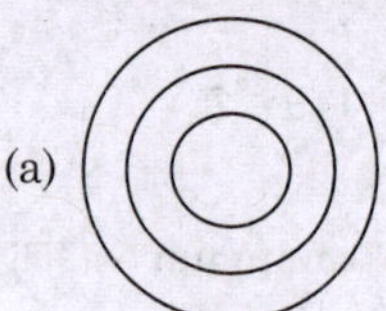

(b) 

(c) 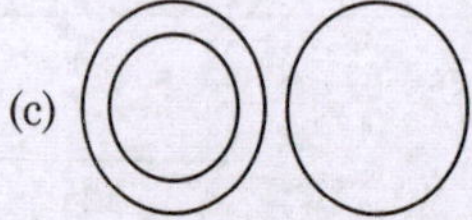

(d) 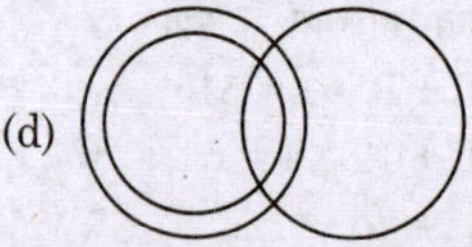

6. Human, Male, Animal
(मानव), (नर), (जानवर)
(SSC GD, 18/11/2021, Shift-I)

(a) 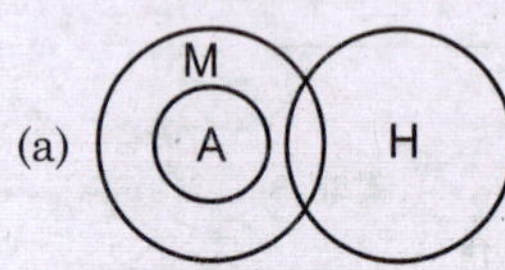

(b) 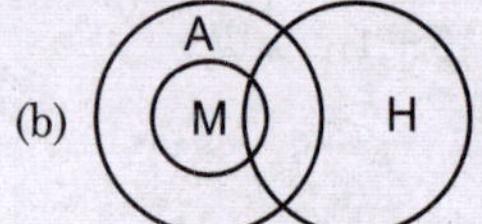

(c) 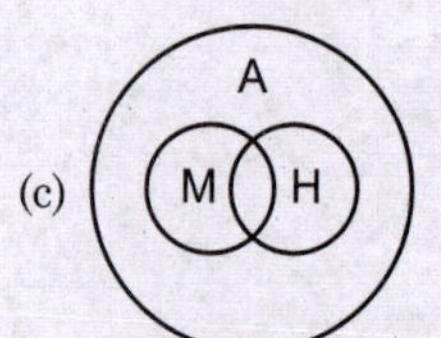

(d) 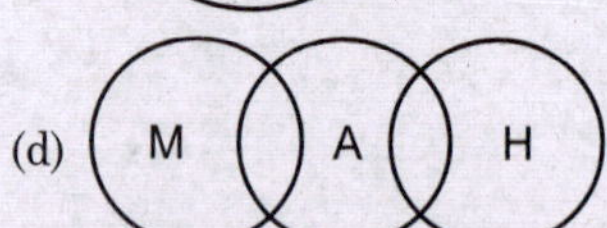

7. Passengers, Flight, Train
(यात्री), (उड़ान), (रेलगाड़ी)
(SSC GD, 18/11/2021, Shift-II)

(a) (b) (c) (d)

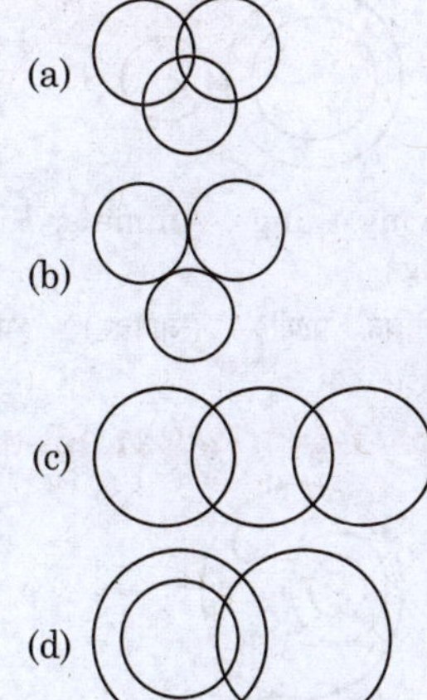

8. Earth, Forest, Trees
(धरती), (जंगल), (पेड़)
(SSC GD, 18/11/2021, Shift-III)

(a) 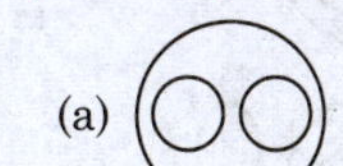

(b) 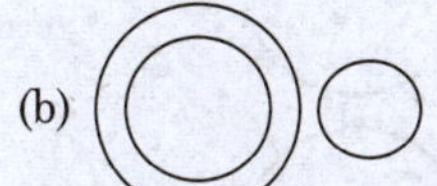

(c) 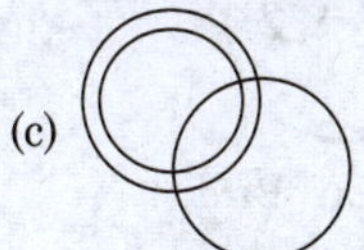

(d) 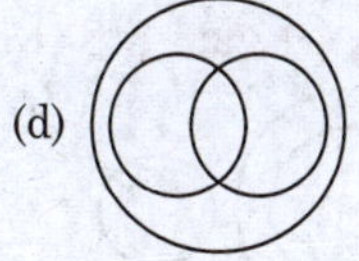

9. Cardamom, Spices, Coriander Seeds
(इलायची), (मसाले), (धनिया के बीज)
(SSC GD, 22/11/2021, Shift-II)

(a) 

(b) 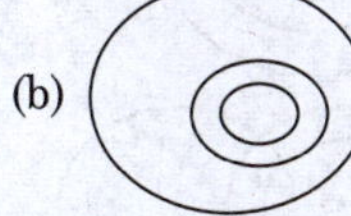

(c) 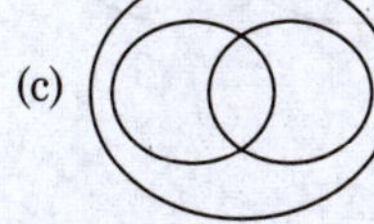

(d) 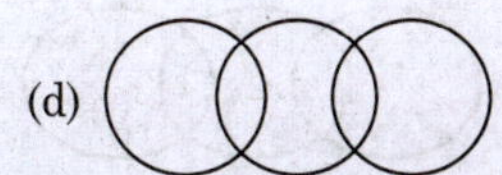

10. Police, Males, Husbands
(पुलिस), (नर), (पति)
(SSC GD, 22/11/2021, Shift-III)

(a) 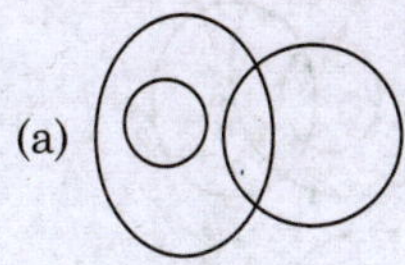

(b) 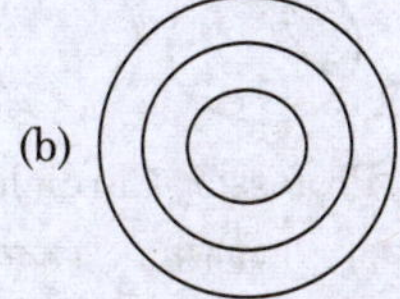

(c) 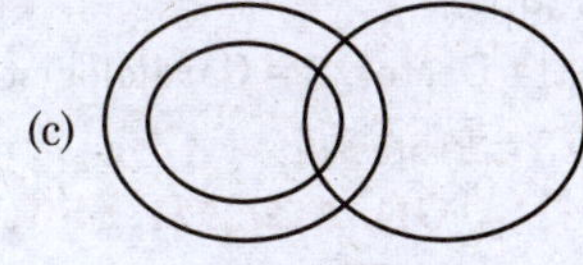

(d) 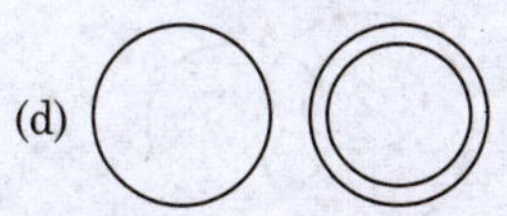

11. Entrance examination, Question, Practice examination
(प्रवेश परीक्षा), (प्रश्न), (अभ्यास परीक्षा)
(SSC GD, 23/11/2021, Shift-I)

(a) 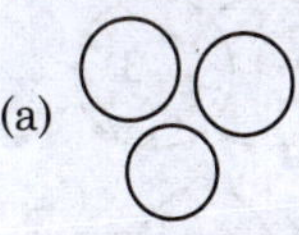

(b) 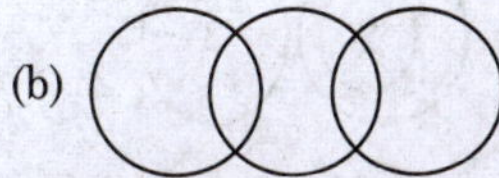

(c) 

(d) 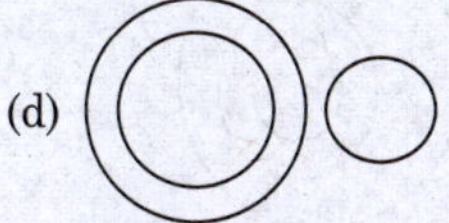

12. Niece, Beautician, Ladies
(भतीजी), (ब्यूटीशियन), (महिलाएँ)
(SSC GD, 24/11/2021, Shift-I)

(a) 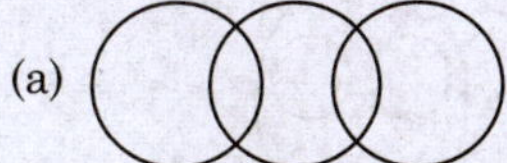

(b) 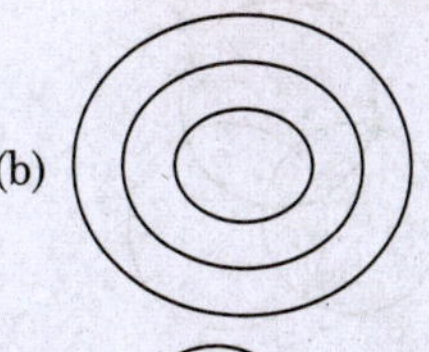

(c) 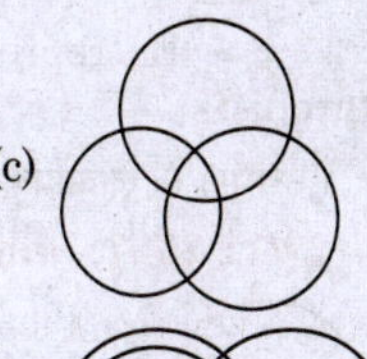

(d) 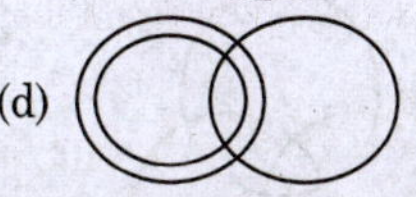

13. Grain, Beetroot, Kiwi
(अनाज), (चुकंदर), (कीवी)
(SSC GD, 26/11/2021, Shift-III)

(a) 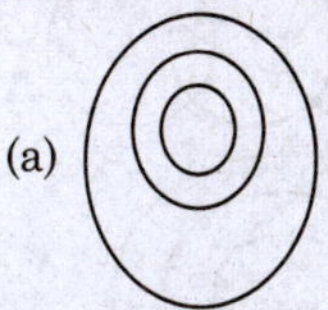

(b) 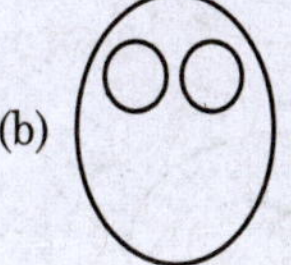

(c) 

(d) 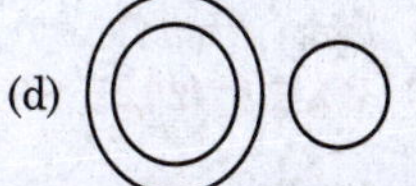

14. Students, Players, Cricket Players
(छात्र), (खिलाड़ियों), (क्रिकेट खिलाड़ियों)
(SSC GD, 29/11/2021, Shift-II)

(a) 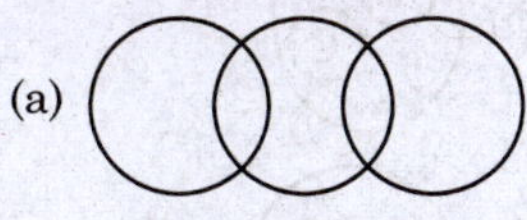

(b) 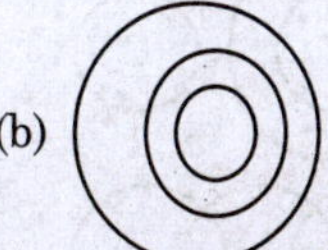

(c) 

(d) 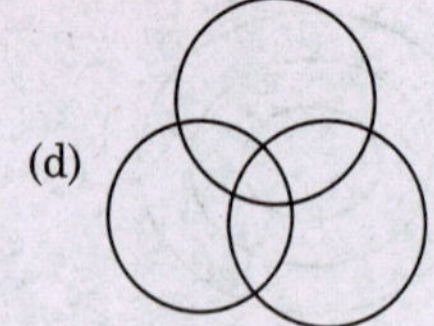

15. Men, Entrepreneurs, Philanthropists
(आदमी), (उद्यमी), (लोकोपकारक)
(SSC GD, 29/11/2021, Shift-III)

(a)
(b)
(c)
(d)
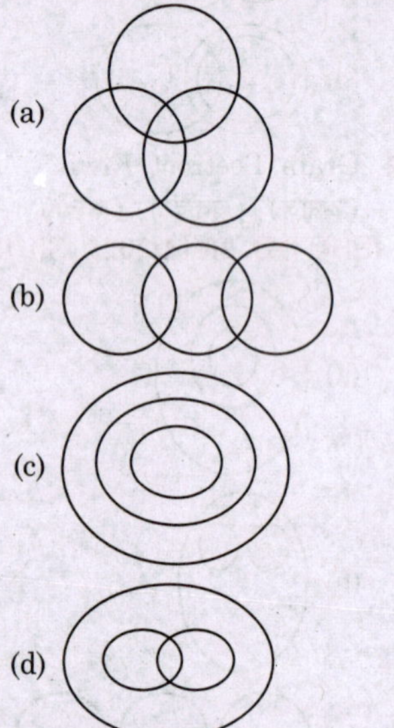

16. Vehicles, Truck, Car
(वाहन), (ट्रक), (कार)
(SSC GD, 1/12/2021, Shift-I)

(a) 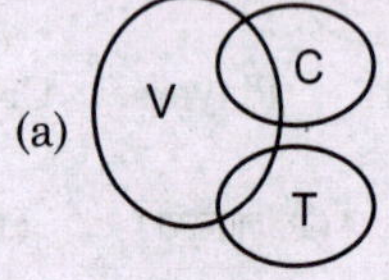

(b) 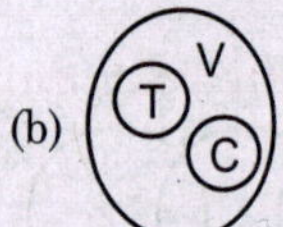

(c) 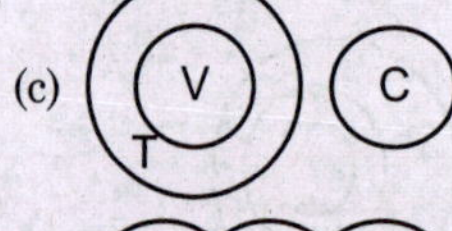

(d) 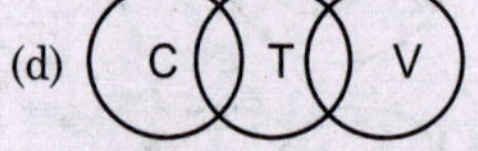

17. Teachers, Mothers, Females
(शिक्षक), (माँ), (महिला)
(SSC GD, 1/12/2021, Shift-II)

(a) 

(b) 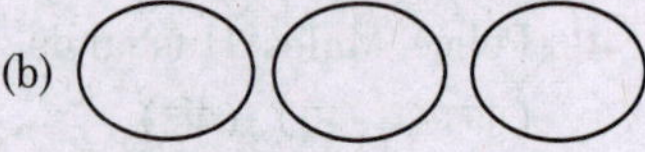

(c) 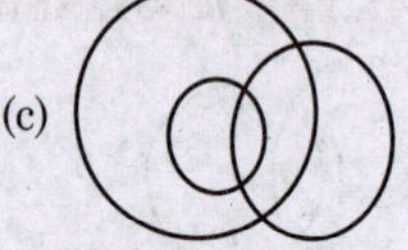

(d) 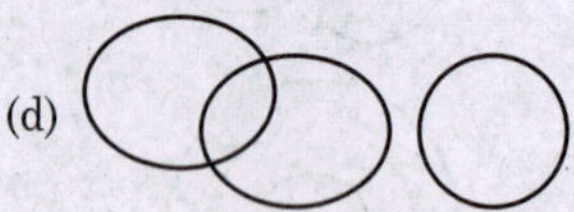

18. Doctor, Professor, Cardiologist
(चिकित्सक), (प्रोफेसर), (हृदय रोग विशेषज्ञ)
1= Doctor, 2 = Cardiologist,
3 = Professor
(SSC GD, 2/12/2021, Shift-III)

(a) 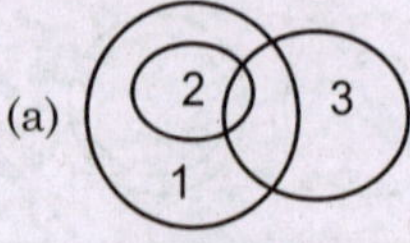

(b) 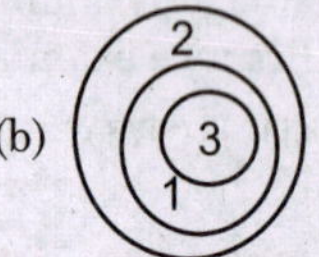

(c) 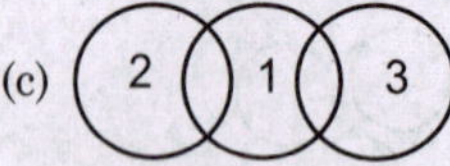

(d) 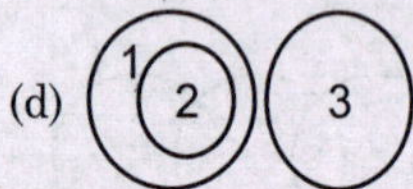

19. State, District, Colony
(राज्य), (जिला), (कालोनी)
(SSC GD, 3/12/2021, Shift-I)

(a) 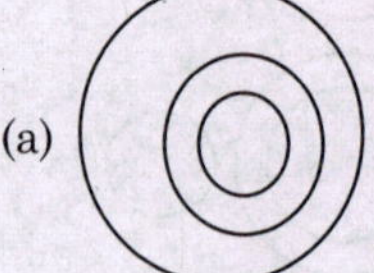

(b) 

(c) 

(d) 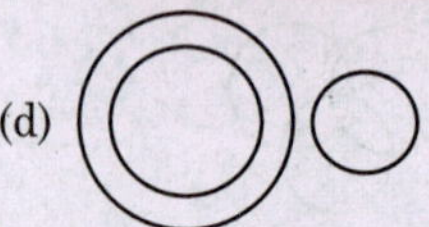

20. Living things, Animals, Birds Dogs
(जीवित प्राणी), (जानवर), (पक्षी) (कुत्ते)
(SSC GD, 3/12/2021, Shift-II)

(a) 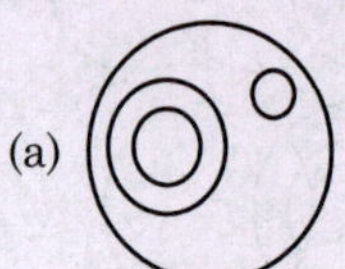

(b) 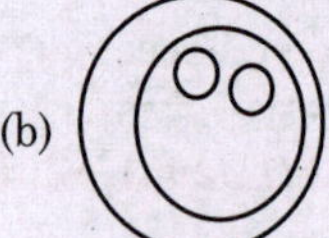

(c) 

(d) 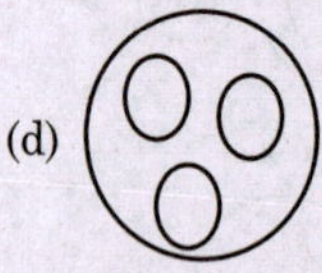

21. Dove, Bear, Bird
(कबूतर), (भालू), (पक्षी)
(SSC GD, 6/12/2021, Shift-III)

(a) 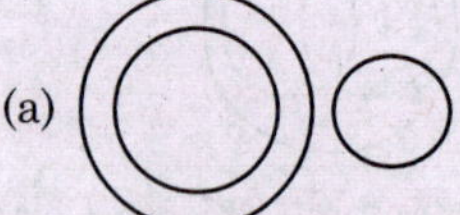

(b) 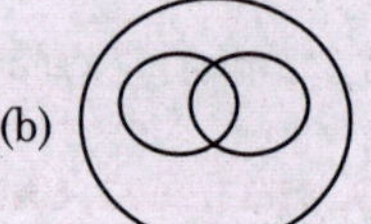

(c) 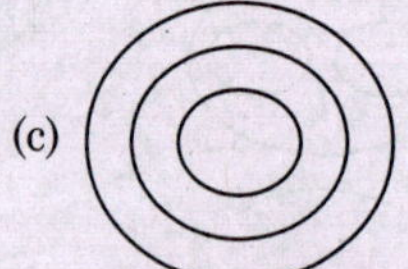

(d) 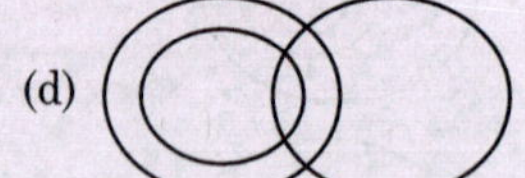

22. Belt, Cap, Glove
(बेल्ट), (टोपी), (दस्ताने)
(SSC GD, 7/12/2021, Shift-III)

(a) 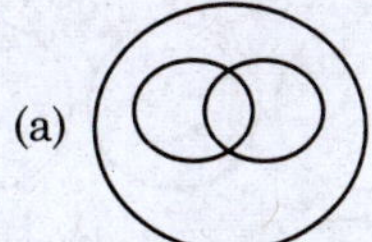

(b) 

(c) 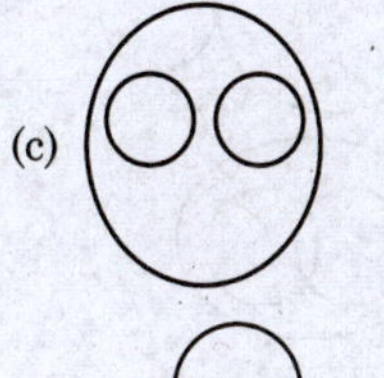

(d) 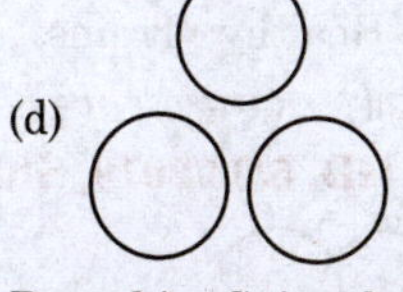

23. Pumpkin, Spinach, Potato
(कद्दू), (पालक), (आलू)
(SSC GD, 8/12/2021, Shift-II)

(a) 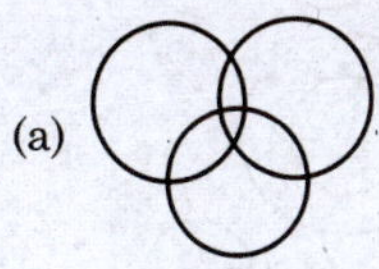

(b) 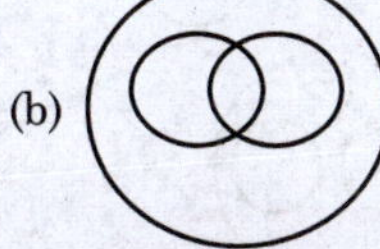

(c) 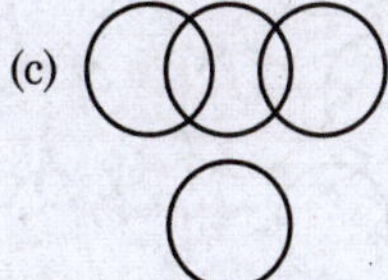

(d)

24. Men, Fathers, Doctors
(पुरुष), (पिता), (डॉक्टरों)
(SSC GD, 8/12/2021, Shift-III)

(a) 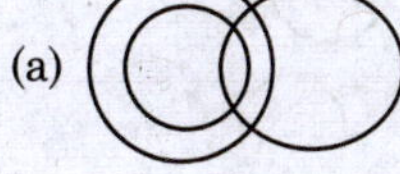

(b) 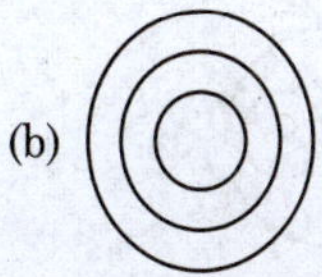

(c) 

(d)

25. Yamuna, River, Narmada
(यमुना), (नदी), (नर्मदा)
(SSC GD, 9/12/2021, Shift-II)

(a) 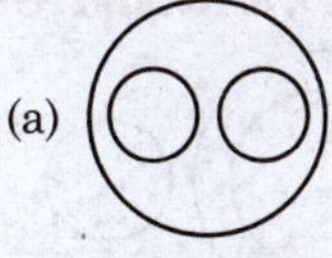

(b) 

(c) 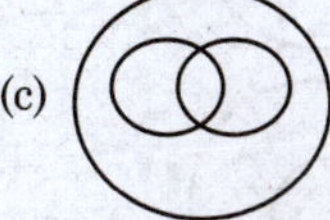

(d) 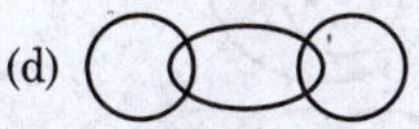

26. Civics, Subject, Chemistry
(नागरिक शास्त्र), (विषय), (रसायन विज्ञान)
(SSC GD, 10/12/2021, Shift-II)

(a) 

(b) 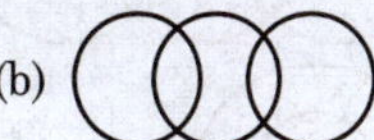

(c) 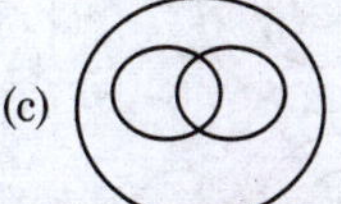

(d) 

27. Singers, Males, Brothers
(गायक), (पुरुष), (भाई)
(SSC GD, 13/12/2021, Shift-I)

(a) 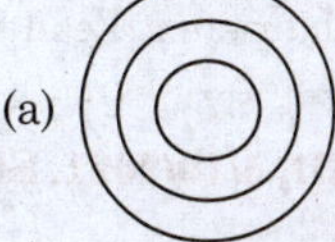

(b) 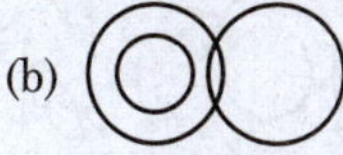

(c) 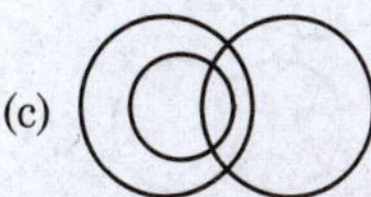

(d) 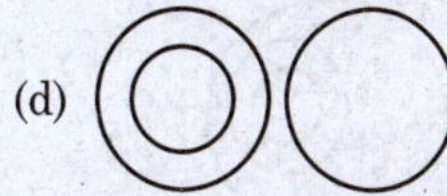

28. Sea animals, Shrimp, Walrus
(समुद्री जानवर), (झींगा), (वालरस)
(SSC GD, 14/12/2021, Shift-I)

(a) 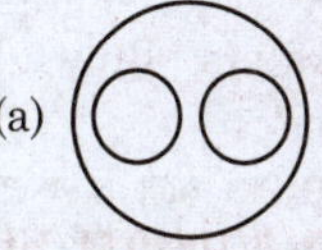

(b) 

(c) 

(d) 

29. Mothers, Daughters, Females
(माताएँ), (बेटियाँ), (महिलाएँ)
(SSC GD, 15/12/2021, Shift-II)

(a) 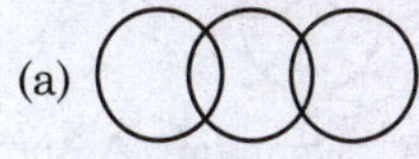

(b) 

(c) 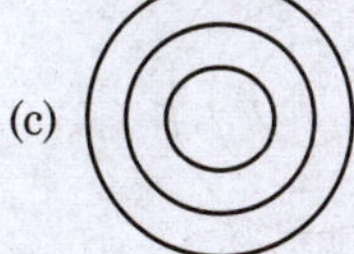

(d) 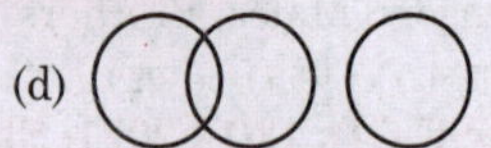

30. Pencil, Sharpener, Lead
पेंसिल, शार्पनर, लेड
(SSC GD, 5/10/2021, Shift-I)

(a) 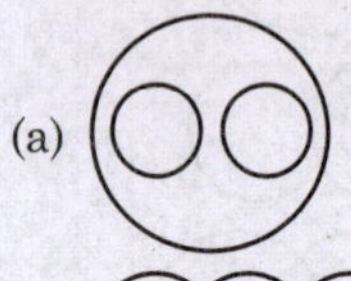

(b) 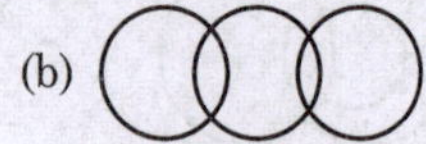

(c) 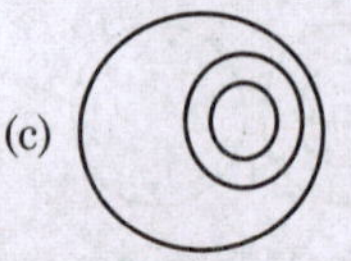

(d) 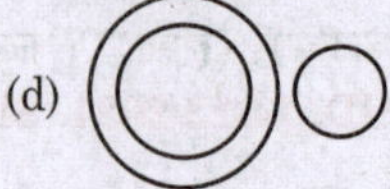

31. Male, Skaters, Brown-Haired people
पुरुष, स्केटर्स, भूरे बाल वाले लोग
(SSC GD, 5/10/2021, Shift-II)

(a) 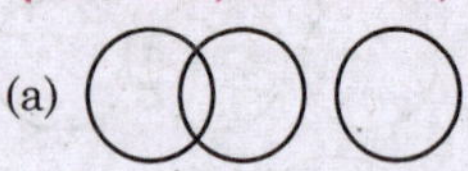

(b) 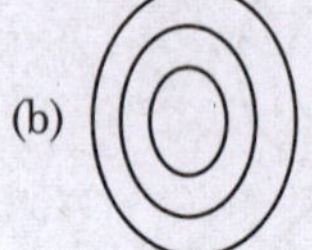

(c) 

(d) 

32. Words , Synonyms, Antonyms
(शब्द), (समानार्थी शब्द), (विलोम शब्द)
(SSC GD, 15/02/2019, Shift-I)

(a) 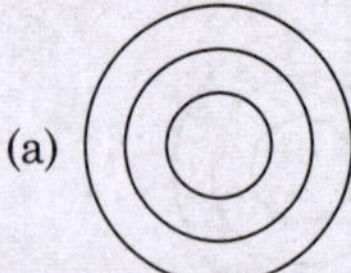

(b) 

(c) 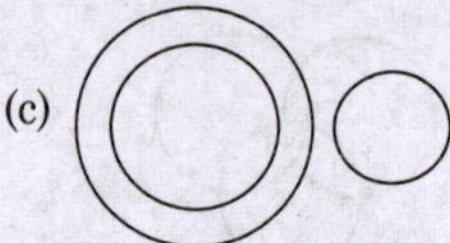

(d) 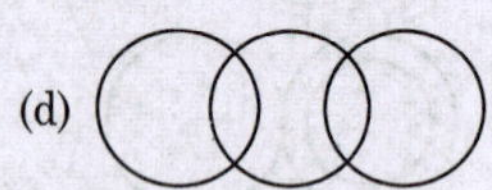

33. Playground, Stadium, Goal post
खेल का मैदान, स्टेडियम, गोल पोस्ट
(SSC GD, 6/10/2021, Shift-I)

(a) 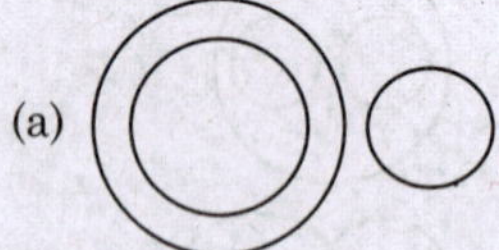

(b) 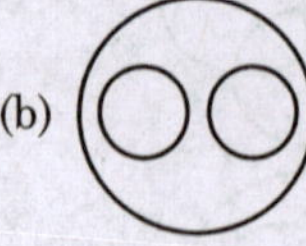

(c) 

(d) 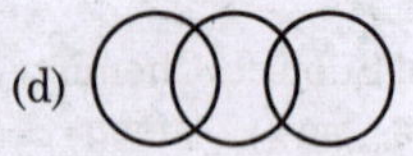

34. Flowers, Red, Clothes
फूल, लाल, कपड़े
(SSC GD, 1/03/2019, Shift-I)

(a) 

(b) 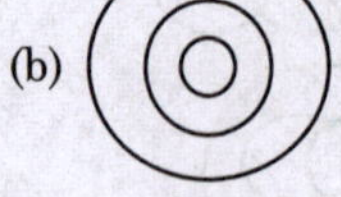

(c) 

(d) 

35. Males, Fathers, Brothers
(पुरुष) , (पिता), (भाई)
(SSC GD, 5/03/2019, Shift-II)

(a) 

(b) 

(c) 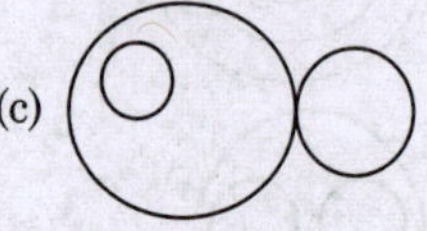

(d) 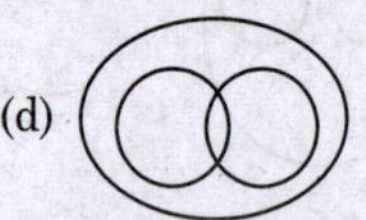

36. Girls, Healthy, Trains
(लड़कियाँ), (स्वस्थ), (ट्रेनें)
(SSC GD, 5/03/2019, Shift-II)

(a) 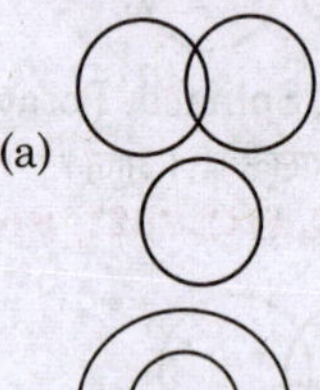

(b) 

(c)

(d) 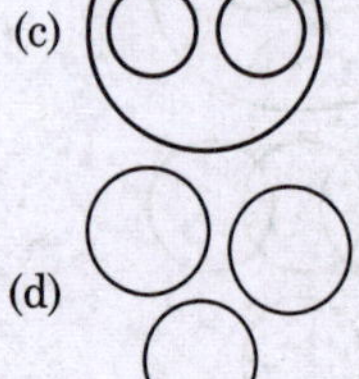

37. Bricks, House, Bridge
(ईंटें) , (घर), (पुल)
(SSC GD, 1/03/2019, Shift-III)

(a) 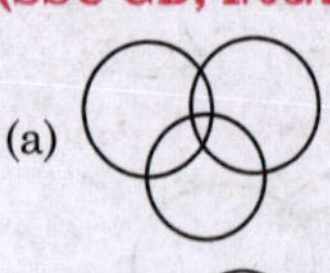

(b) 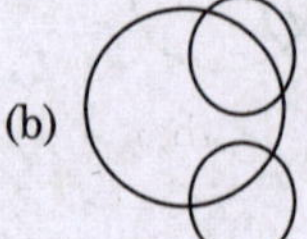

(c) 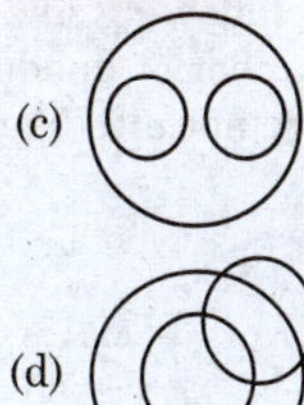

(d)

38. Language, Hindi, Malayalam
(भाषा), (हिन्दी), (मलयालम)
(SSC GD, 11/02/2019, Shift-II)

(a) 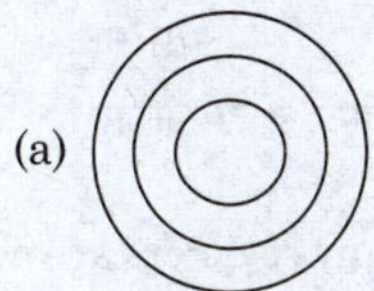

(b) 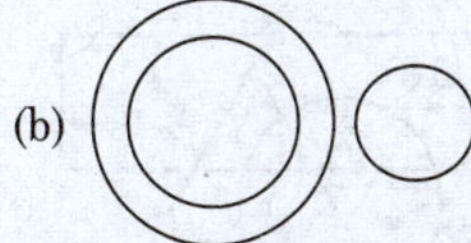

(c) 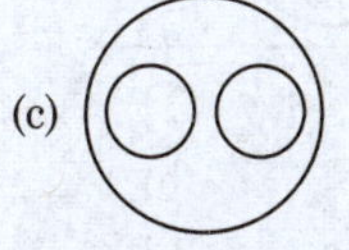

(d) 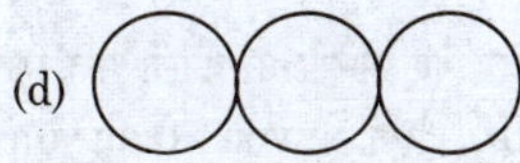

39. Nepal, Asia, Kathmandu
(नेपाल), (एशिया), (काठमांडू)
(SSC GD, 12/02/2019, Shift-III)

(a) 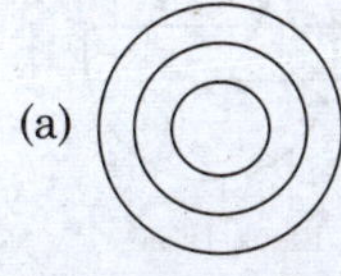

(b) 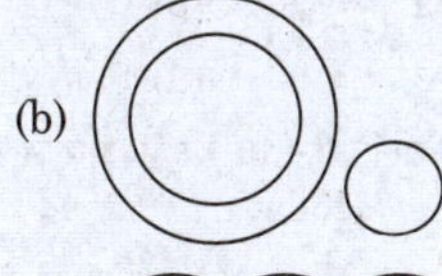

(c) 

(d) 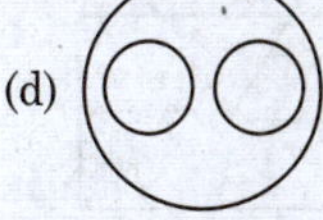

40. Udaipur, Rajasthan, India
(उदयपुर), (राजस्थान), (भारत)
(SSC GD, 13/02/2019, Shift-I)

(a) 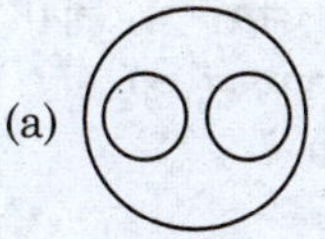

(b) 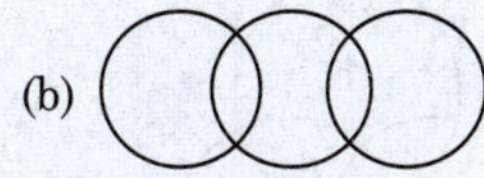

(c) 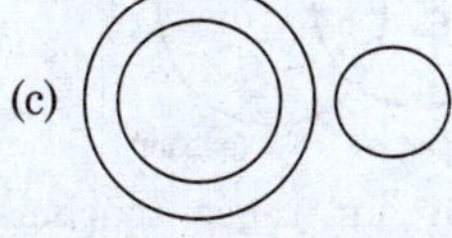

(d) 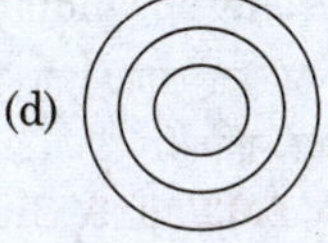

41. Which of the following diagrams indicates the best relationship among females, girls and brides?
निम्न में से कौन-सा आरेख महिलाएँ, लड़कियाँ और वधुओं के बीच सही संबंध को दर्शाता है?
(SSC GD, 5/10/2021, Shift-III)

(a) (b) 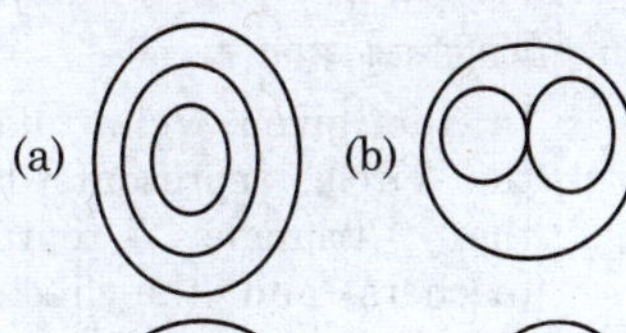

(c) (d) 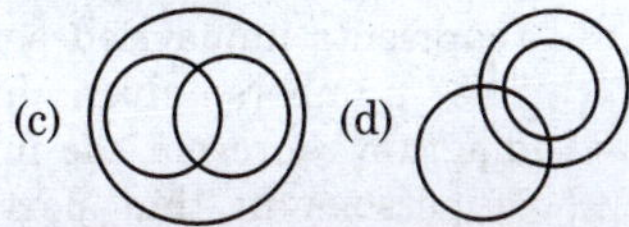

Type 2

42. What is the total number of buses in the given figure?
दिए गए आरेख में, बसों की कुल संख्या कितनी है?

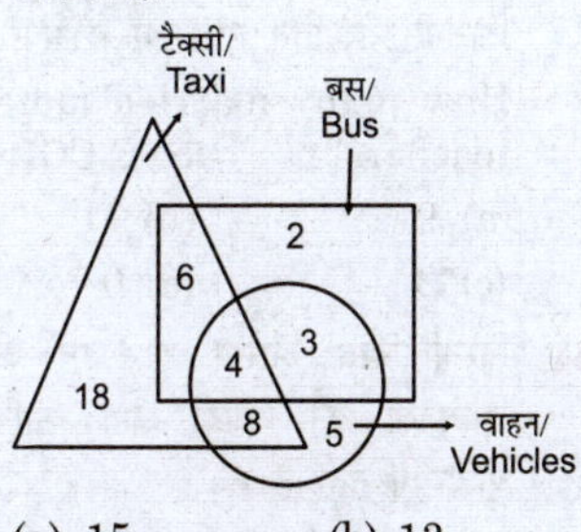

(a) 15 (b) 13
(c) 7 (d) 14

43. How many glasses are both phones and pens?
कितने काँच, फोन और कलम दोनों हैं?

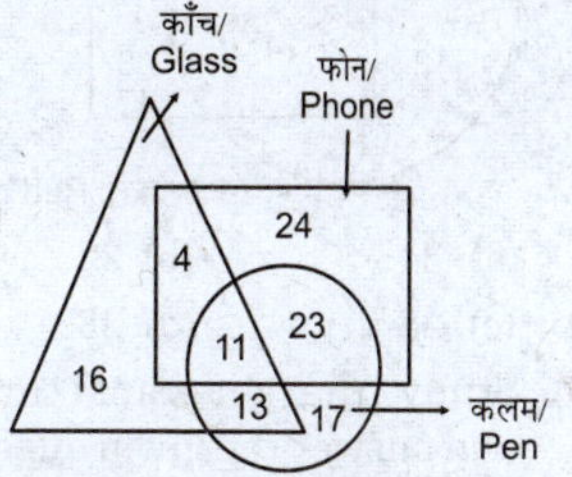

(a) 24 (b) 11
(c) 15 (d) 13

44. How many balls are there in the given figure neither bat nor tire?
दिए गए आरेख में, कितने गेंदे न तो बैट हैं और न ही टायर हैं?

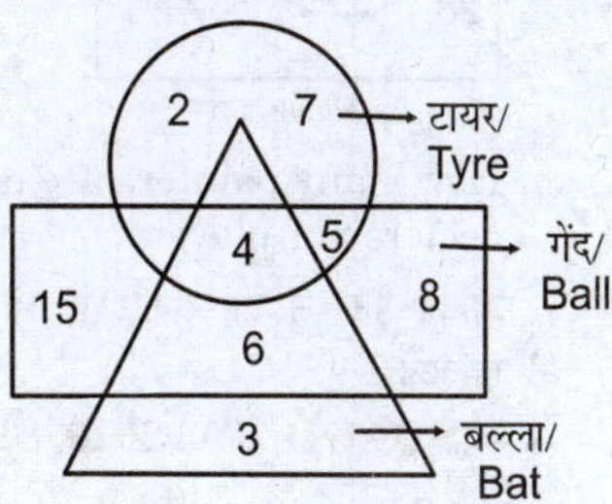

(a) 23 (b) 8
(c) 15 (d) 21

45. How many reptiles in the given diagram are neither mammals nor amphibians.
दिए गए आरेख में, कितने सरीसृप न तो स्तनपायी हैं और न ही उभयचर हैं?

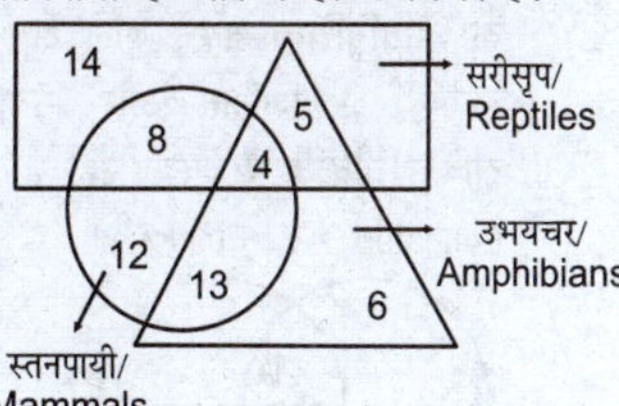

(a) 9 (b) 12
(c) 13 (d) 14

46. How many red cars are there in the given figure?
दिए गए आरेख में, कितनी लाल कारें हैं?

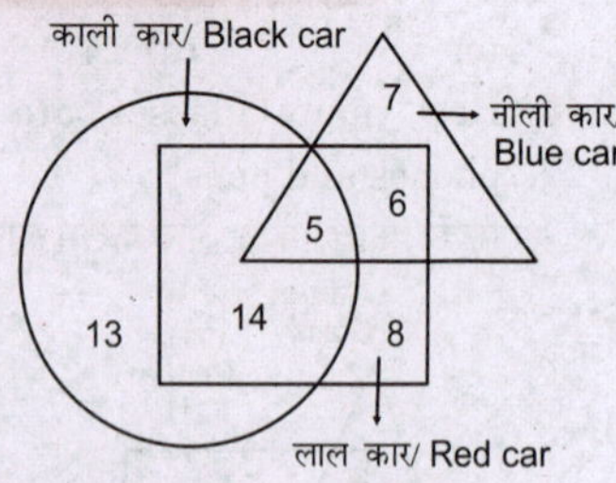

(a) 31 (b) 22
(c) 28 (d) 33

47. Study the diagram carefully and answer the given questions.

आरेख का ध्यानपूर्वक अध्ययन करें और दिए गए प्रश्न का उत्तर दें।

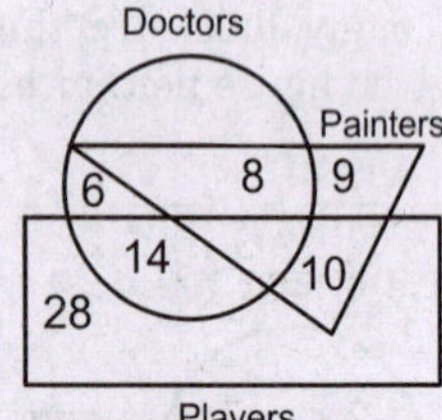

How many painters are neither doctors nor players?

कितने पेंटर न तो डॉक्टर हैं और न ही खिलाड़ी?

(SSC GD, 6/03/2019, Shift-I)

(a) 6 (b) 9
(c) 10 (d) 8

48. Read the given figure and find the region representing persons who are educated and employed but not confirmed in job?

दिए गए आंकड़ों को पढ़ें और उन लोगों का प्रतिनिधित्व करने वाले क्षेत्र का पता लगाएँ जो शिक्षित और नियोजित हैं, लेकिन नौकरी में पक्के नहीं हैं?

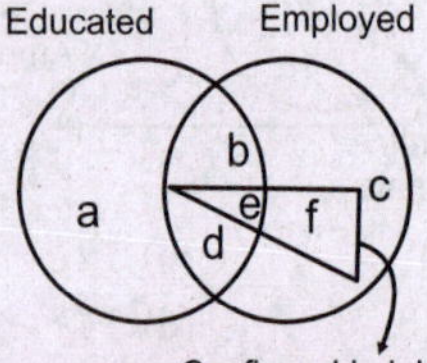

(SSC GD, 6/03/2019, Shift-II)

(a) ac (b) abc
(c) bd (d) adc

49. In the following diagram, there are three circles, study the diagram and answer the given question.

निम्नलिखित आरेख में, तीन वृत्त हैं। आरेख का अध्ययन करें और दिए गए प्रश्न का उत्तर दें।

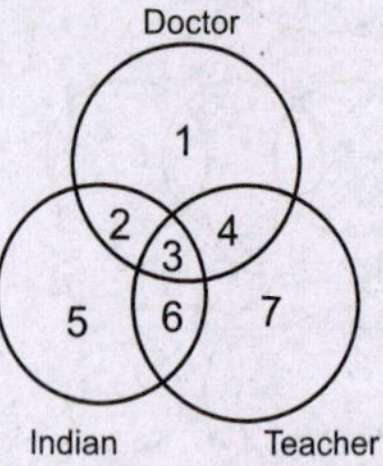

Find out those teachers who are doctors but not Indians.

उन शिक्षकों का पता लगाएँ, जो डॉक्टर हैं लेकिन भारतीय नहीं हैं।

(SSC GD, 8/03/2019, Shift-II)

(a) 2 (b) 5
(c) 4 (d) 7

50. दिए गए वेन आरेख में 'वृत्त महिलाओं का प्रतिनिधित्व करता है, 'त्रिकोण' शिक्षकों का प्रतिनिधित्व करता है और 'आयत' अविवाहित व्यक्तियों का प्रतिनिधित्व करता है आरेख में दी गई संख्याएँ उस विशेष श्रेणी में व्यक्तियों की संख्या का प्रतिनिधित्व करती हैं।

In the given Venn diagram the 'circle' represents ladies, the 'triangle' represents teachers and the 'rectangle' represents unmarried persons. The numbers given in the diagram represent the number of persons in that particular category.

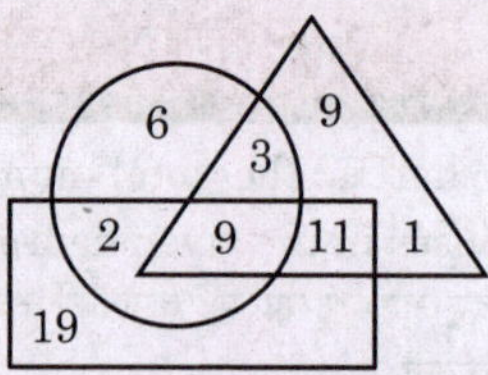

कितनी विवाहित महिलाएँ शिक्षक हैं?

How many married ladies are teachers? **(SSC CGL 2019)**

(a) 9 (b) 11
(c) 3 (d) 6

51. निम्नलिखित आरेख से, उन अशिक्षित व्यक्तियों की संख्या ज्ञात कीजिए जो बुद्धिमान नहीं हैं।

From the following diagram, find the number of uneducated men who are not intelligent?

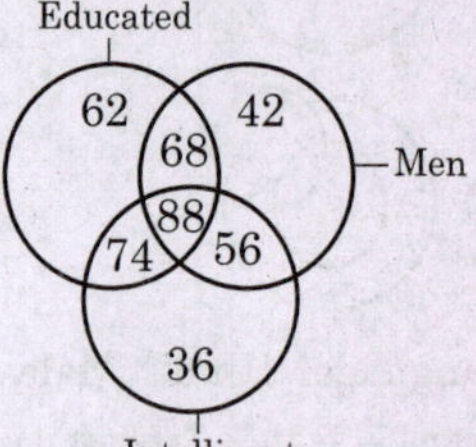

(a) 42 (b) 62
(c) 88 (d) 68

52. कितने रजिस्टर न तो औजार हैं और न ही तलवार हैं?

How many registers are neither tools nor swords?

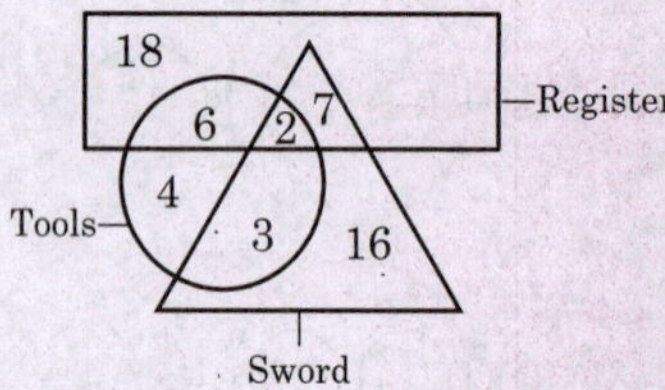

(a) 24 (b) 18
(c) 15 (d) 25

53. दिए गए आरेख में, काली मेज कितनी हैं?

In this given diagram how many black tables are there?

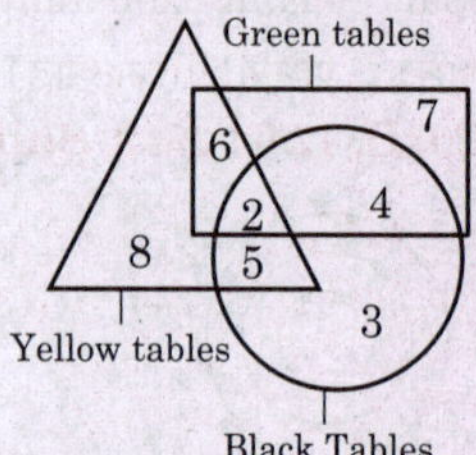

(a) 14 (b) 9
(c) 7 (d) 8

54. कितने गुलाबी न तो हरे हैं और न ही पीले हैं?

How many pinks are neither green nor yellow?

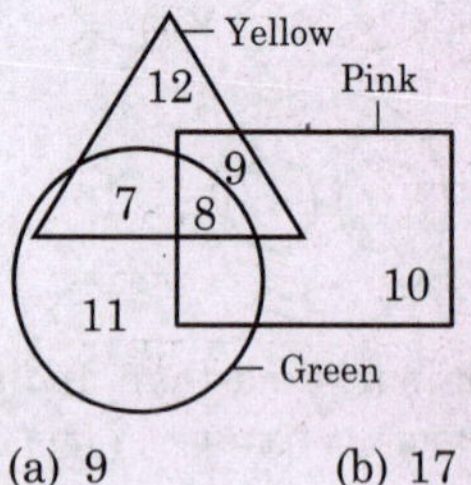

(a) 9 (b) 17

(c) 8 (d) 10

55. कितने भूरे सफेद नहीं हैं?
How many browns are not white?

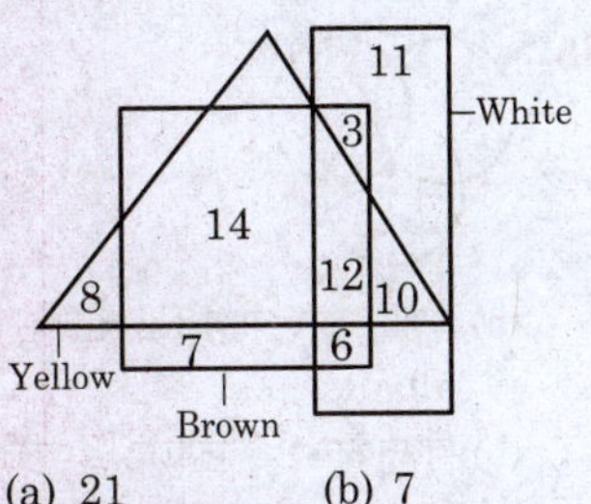

(a) 21 (b) 7
(c) 26 (d) 15

Type 3

Direction (56-68) : Select the set of classes the relationship among which is best illustrated by the given venn diagram.

निर्देश (56-68) : वर्गों के उस समुच्चय का चयन करें, जिसके बीच का संबंध दिए गए वेन आरेख द्वारा सर्वोत्तम रूप से दर्शाया गया है।

56. 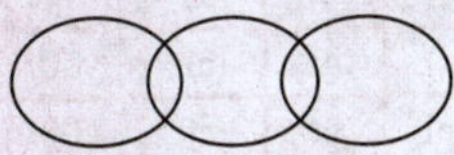

(SSC GD, 25/11/2021, Shift-I)

(a) Mercury, Planets, Venus/ बुध, गुरु, शुक्र
(b) Businessmen, Scientists, Singers/व्यवसायी, वैज्ञानिक, गायक
(c) Spinach, Vegetables, Peach/ पालक, सब्जी, आड़ू
(d) Women, Swimmers, Men/ महिला, तैराक, पुरुष

57. 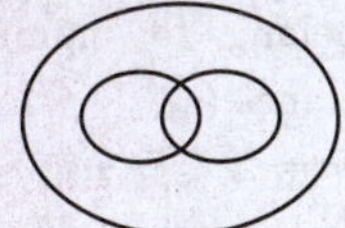

(SSC GD, 25/11/2021, Shift-III)

(a) India, Asia, Bangladesh/ भारत, एशिया, बांग्लादेश
(b) Corn, Rice, Carrot/ मक्का, चावल, गाजर
(c) Natural numbers, Integers, Rational/ प्राकृतिक संख्याएँ, पूर्णांक, परिमेय संख्याएँ
(d) Human, Male, Politician/ मानव, पुरुष, राजनेता

58. 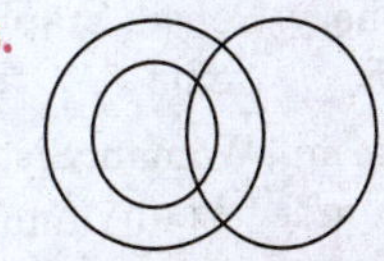

(SSC GD, 30/11/2021, Shift-III)

(a) दादा, माता, फार्मासिस्ट
(b) कार्डियोलॉजिस्ट, वकील, प्रोफेसर
(c) माताएँ, महिलाएँ, वकील
(d) पुत्रियाँ, भाई, इंजीनियर

59. 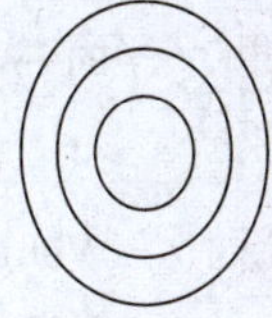

(SSC GD, 1/12/2021, Shift-III)

(a) Engineers, Graduates, Uneducated/इंजीनियर, स्नातक, अशिक्षित
(b) Doctors, Nurses, Human Beings/ डॉक्टर, नर्स, मानव
(c) Females, Mothers, Daughters/ महिलाएँ, माताएँ, बेटी
(d) Farmers, Villagers, Literates/ किसान, ग्रामीण, साक्षर

60. 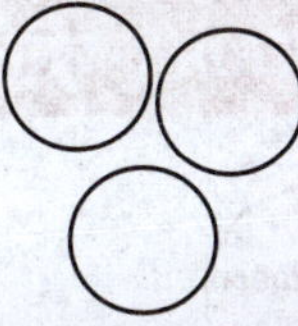

(SSC GD, 3/12/2021, Shift-III)

(a) Women, Drivers, Architects/ महिलाएँ, ड्राइवर, आर्किटेक्ट
(b) Cars, Vehicles, Scooters/ कारें, वाहन, स्कूटर
(c) Doctors, Tax payers, Nurses/ डॉक्टर, करदाता, नर्सें
(d) Printers, Televisions, Washing machines/ प्रिंटर, टेलीविजन, वाशिंग मशीन

61. 

(SSC GD, 13/12/2021, Shift-II)

(a) Jasmine, Flowers, Eggs/ चमेली, फूल, अंडे
(b) Water, Liquid, Juice/ पानी, तरल, रस
(c) Roses, Lilies, Flowers/ गुलाब, लिली, फूल
(d) Maize, Rice, Food/ मक्का, चावल, भोजन

62. 

(SSC GD, 13/12/2021, Shift-III)

(a) Students, Part time workers, Girls/ छात्र, अंशकालिक कार्यकर्त्ता, लड़कियाँ
(b) Engineers, Illiterates, Urban residents/ इंजीनियर, निरक्षर, शहरी निवासी
(c) Females, Mothers, Sisters/ महिलाएँ, माताएँ, बहनें
(d) Mammals, Human beings, Reptiles/ स्तनधारी, मनुष्य, सरीसृप

63. 

(SSC GD, 15/12/2021, Shift-I)

(a) Citizen, Uneducated, Advocates/ नागरिक, अशिक्षित, अधिवक्ता
(b) Btothers, Cricketers, Men/ भाई, क्रिकेटर, पुरुष
(c) Sofa, Furniture, Books/ सोफा, फर्नीचर, किताब
(d) Sharks, Whales, Toads/ शार्क, व्हेल, टोड

64. 

(a) Shoes, Clock, Black goggles/ जूते, घड़ियाँ, काले चश्मे (गोगल्स)
(b) Goggles, Pens, Diaries/ चश्मे, कलमें, डायरियाँ
(c) Reptiles, Snake, Lizards/ सरीसृप, साँप, छिपकलियाँ
(d) Daughter, Son, Brother/ बेटी, बेटा, भाई

65.

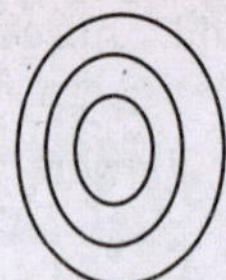

(a) India, Bihar, Patna/ इंडिया, बिहार, पटना

(b) Mango, Apple, Fruit/ आम, सेब, फल

(c) Women, Mother, Sister/ महिला, माता, बहन

(d) Domestic animal, dog, cat/ पालूत जानवर, कुत्ता, बिल्ली

66.

(a) लड़की, बुद्धिमान, लड़का / Girls, Intelligent, Boys

(b) लेखन सामग्री, पेंसिल, स्टेपलर/ Stationery, Pencil, Stapler

(c) शाकाहारी, औरत, बहन/ Vegetarian, Woman, Sisters

(d) यमुना, नदी, कावेरी/Yamuna, rivers, Kaveri

67.

(a) मसाले, जीरा, धातु/Spices, Cumin, Metal

(b) मोटरसाइकिल, वाहन, स्कूटर/ Motorcycles, Vehicles, Scooters

(c) कार, बस, साइकिल/Cars, Buses, Cycles

(d) गन्ना, फल, दूध/Sugarcane, Fruits, Milk

68.

(a) ईंजन, कार, पौधे/Engines, Cars, Plants

(b) वास्तुकार, लड़के, लड़कियाँ/ Architects, Boys, Girls

(c) इलायची, मेथी, मसाले/ Cardamom, Fenugreek, Spices

(d) वकील, माताएँ, बहनें/Lawyer, Mothers, Sisters

उत्तरमाला

1.	(c)	2.	(d)	3.	(d)	4.	(c)	5.	(a)	6.	(c)	7.	(c)	8.	(d)	9.	(a)	10.	(c)
11.	(b)	12.	(d)	13.	(c)	14.	(c)	15.	(a)	16.	(b)	17.	(c)	18.	(a)	19.	(a)	20.	(a)
21.	(a)	22.	(d)	23.	(d)	24.	(a)	25.	(a)	26.	(a)	27.	(c)	28.	(a)	29.	(c)	30.	(d)
31.	(d)	32.	(b)	33.	(c)	34.	(a)	35.	(d)	36.	(a)	37.	(b)	38.	(c)	39.	(a)	40.	(d)
41.	(a)	42.	(a)	43.	(b)	44.	(a)	45.	(d)	46.	(d)	47.	(b)	48.	(c)	49.	(c)	50.	(c)
51.	(a)	52.	(b)	53.	(a)	54.	(d)	55.	(a)	56.	(d)	57.	(d)	58.	(c)	59.	(c)	60.	(d)
61.	(a)	62.	(a)	63.	(a)	64.	(c)	65.	(a)	66.	(a)	67.	(b)	68.	(d)				

Hints & Solution (व्याख्या)

1. There is no relation among pen, pencil and rubber. Option (c) will be the correct answer.

पेन, पेसिंल तथा रबर में आपस में कोई संबंध नहीं है। विकल्प (c) सही उत्तर होगा।

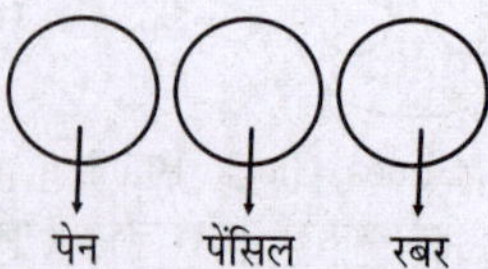

2. Some Indians can be both brain specialist and surgeons. Option (d) will be the correct answer.

कुछ भारतीय, मस्तिष्क विशेषज्ञ व सर्जन दोनों हो सकते हैं। विकल्प (d) सही उत्तर होगा।

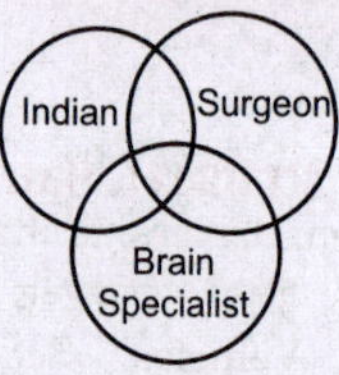

3. Teachers belong to school. But some Employee can be teachers and vice-versa. Hence (d).

अध्यापक, स्कूल से संबंधित है, परंतु कुछ कर्मचारी अध्यापक होते हैं और नहीं भी होते हैं। उत्तर (d)

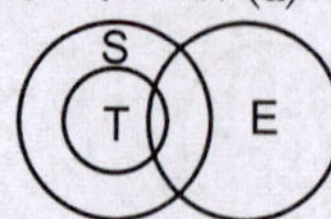

4. All fathers are men. But mother is entirely different from these.

सभी पिता आदमी हैं, लेकिन माँ इन सबसे बिल्कुल अलग है। तब उत्तर (c)

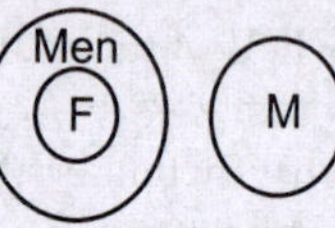

5. Zebra is an animal and all the animals belong to mammals category. Hence (a).

जेबरा एक जानवर है और सभी जानवर स्तनधारी वाली श्रेणी में आते हैं। उत्तर (a)

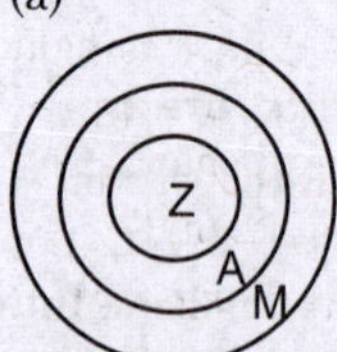

6. Some males are human and both are animals. Hence (c)

कुछ नर मानव हैं और ये दोनों एक जानवर भी हैं। उत्तर (c)

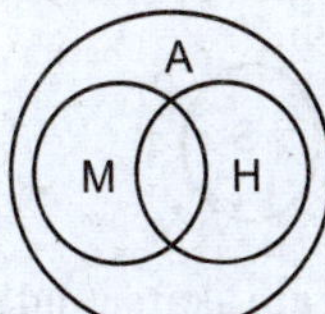

7. Some passengers belong to flight and some belong to train, but train and flight are entirely different from each other. Hence (c).

कुछ यात्री जहाज (उड़ान) से संबंधित है और कुछ रेलगाड़ी से, परंतु रेलगाड़ी और जहाज पूर्णतया अलग श्रेणी के वाहन हैं। तब उत्तर (c)

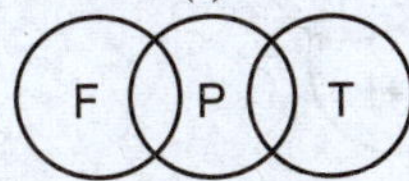

8. Some tree are in forest and some are in residential area. So both are partially connected, but tree and forest are present on the earth. Hence (d).

कुछ पेड़ जंगलों में हैं तो कुछ निवास वाली जगह पर हैं, परंतु पेड़ और जंगल दोनों ही पृथ्वी पर पाए जाते हैं। उत्तर (d)

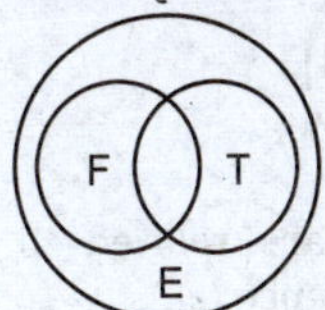

9. 'Cardamom' and 'coriander seeds' both belongs to the group of 'spice'. Hence (a)

इलायची और धनिया के बीज मसालों से संबंधित हैं। तब उत्तर (a)

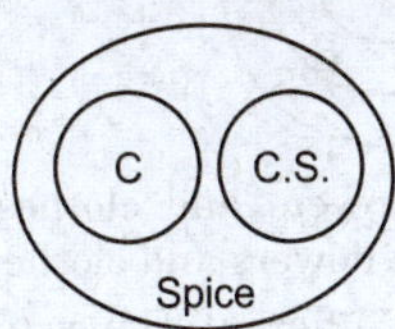

10. All husbands are male some police are husband and also some police are male. Hence (c).

सभी पति नर हैं। कुछ पुलिस, पति भी होते हैं और कुछ पुलिस नर भी होते हैं। उत्तर (c)

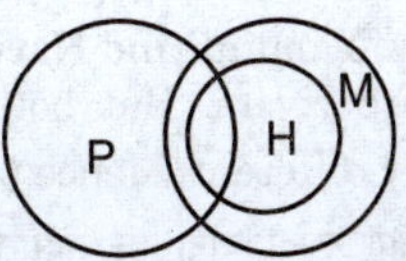

11. 'Entrance exam' and 'practice exam' are entirely different from each-other. But some question belongs to 'entrance exam' as well as 'practice exam'. Hence (b)

'प्रवेश परीक्षा' और 'अभ्यास परीक्षा' पूर्णतया अलग है, परंतु कुछ प्रश्न 'प्रवेश' और 'अभ्यास' परीक्षा से संबंधित है। उत्तर (b)

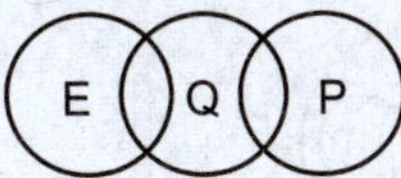

12. All niece are females. Some females are beautician and also some niece are beautician. Hence (d).

सभी भतीजी, औरत श्रेणी में आती है। कुछ औरत ब्यूटिशियन होती हैं और कुछ भतीजी, ब्यूटीशियन हो सकती हैं। उत्तर (d)

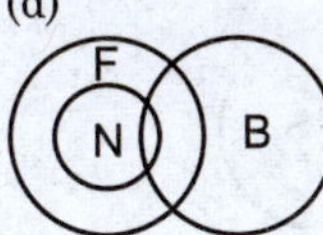

13. All the three are entirely different from one-another. Hence (c).

तीनों वस्तु पूर्णतया अलग हैं। उत्तर (c)

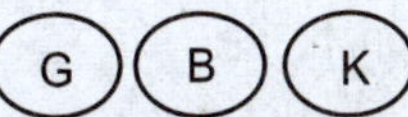

14. Cricket players belongs to the class of player and student is partially related to these two. Hence (c)

क्रिकेट खिलाड़ी, खिलाड़ी की श्रेणी में आते हैं और छात्र इन दोनों से आंशिक रूप से संबंधित हैं।

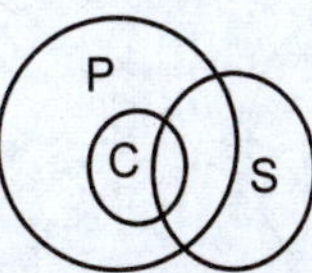

15. Some 'men' are 'entrepreneurs' as well as 'philanthropists', but some 'entrepreneurs' are 'philanthropists' and vice-versa. Hence (a).

कुछ 'पुरुष' 'उद्यमी' और 'लोकोपकारक' हैं, परंतु कुछ उद्यमी, लोकोपकारक हो सकते हैं और नहीं भी। उत्तर (a)

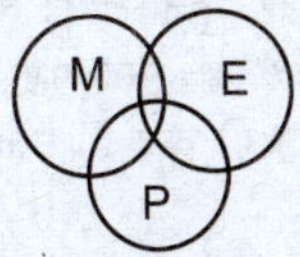

16. Truck and car both belong to the group of 'vehicles'. Hence (b).

ट्रक और कार, वाहन की श्रेणी में आते हैं। अत: उत्तर (b)

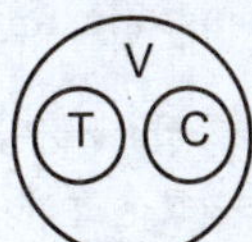

17. All the mothers are female. Some teachers are female and also some mothers are teachers. Hence (c).

सभी माता, औरत हैं। कुछ शिक्षक औरत हैं और कुछ माताएँ, शिक्षक हो सकती हैं।

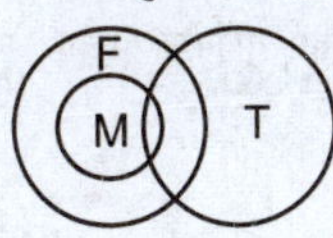

18. All 'cardiologists' are 'doctors' but professors is partially related to doctors and cardiologists.

सभी हृदय रोग विशेषज्ञ, 'डॉक्टर श्रेणी में आते हैं परंतु 'प्रोफेसर' इन दोनों से आंशिक रूप से संबंधित हैं।

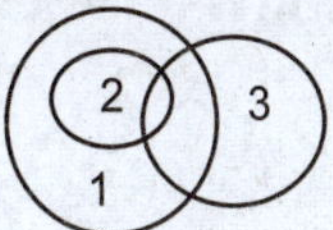

19. Colony belongs to district and district belongs to state. Hence (a)

कॉलोनी, जिले से संबंधित है और जिले राज्य से संबंधित है। उत्तर (a)

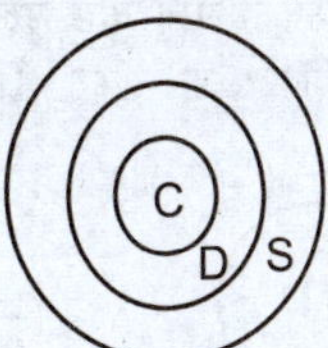

20. All animals, birds and dogs are living things, all dogs are animals but birds are neither animal nor a dog. Hence (a)
सभी जानवर, पक्षी, कुत्ते जीवित वस्तु हैं। सभी कुत्ते जानवर हैं, परंतु पक्षी न तो जानवर है और न ही कुत्ते हैं। उत्तर (a)

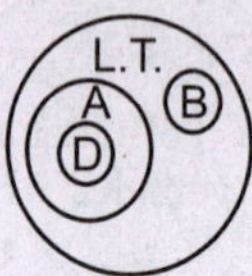

21. All dove are a bird, but all bear neither a bird nor a dove. Because bear is an animal. Hence (a)
सभी कबूतर पक्षी हैं, परंतु सभी भालू न तो पक्षी हैं न ही कबूतर हैं क्योंकि भालू एक जानवर है। उत्तर (a)

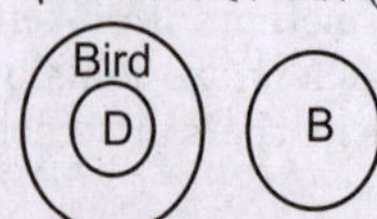

22. All three items are entirely different. Hence (d)
सभी तीनों वस्तुएँ पूर्णतया अलग श्रेणी की हैं।

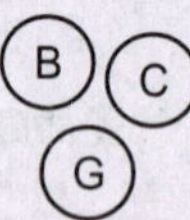

23. Pumpkin, Spinach and Potato are vegitable, but they are entirely different. Hence (d).
कद्दू, पालक और आलू तीनों ही सब्जियाँ हैं, परंतु तीनों ही अलग किस्म की सब्जी हैं। उत्तर (d)

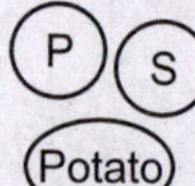

24. Clearly, all fathers are males. But some males and some fathers can be doctors. Hence (a).
सभी पिता, पुरुष हैं परंतु कुछ पुरुष और कुछ पिता, डॉक्टर हो सकते हैं। अत: उत्तर (a)

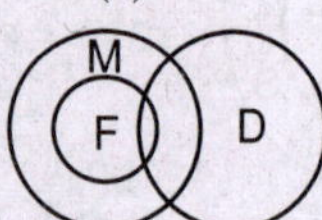

25. Clearly, Yamuna and Narmada both are rivers. But both are entirely different. Hence (a).
यमुना और नर्मदा दोनों ही नदी हैं परंतु दोनों पूर्णतया अलग हैं। अत: उत्तर (a)

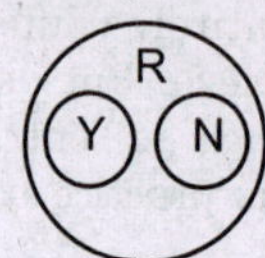

26. Clearly, Civics and Chemistry are separate subject. Hence (a).
नागरिक शास्त्र और रसायन विज्ञान दोनों ही पूर्णतया: अलग विषय हैं। उत्तर (a)

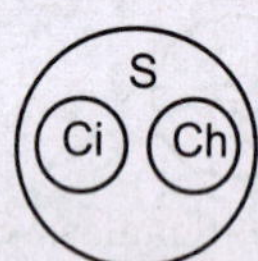

27. Clearly, all brothers are males. But some males and some brothers can be singers. Hence (c).
सभी भाई, पुरुष हैं परंतु कुछ पुरुष और कुछ भाई गायक हो सकते हैं। उत्तर (c)

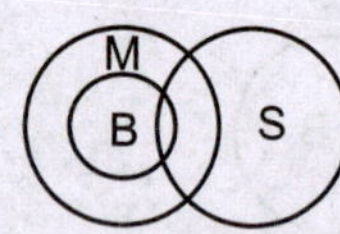

28. Shrimp and walrus are sea animals. Hence (a).
झींगा और वालरस दोनों ही समुद्री जानवर हैं। उत्तर (a)

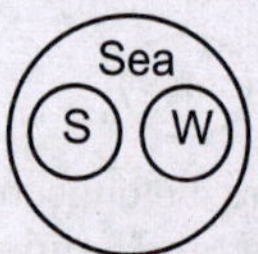

29. All daughters and mothers are females and a mother should be daughter. Hence (c).
सभी बेटी और माता औरत हैं और एक माँ बेटी भी है। उत्तर (c)

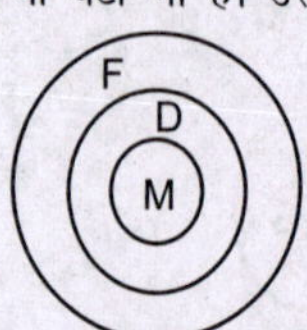

30. Pencil is made from lead and sharpener is entirely different from them. Hence (d).
पेंसिल, लेड की बनी होती है और शार्पनर इनसे पूर्णतया अलग है। अत: उत्तर (d)

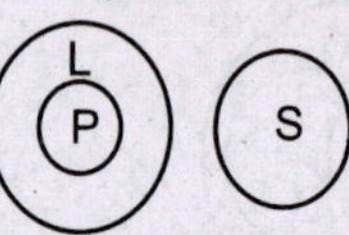

31. Some male are skater and some are brown-haired and also some skaters are brown haired people and vice-versa. Hence (d)
कुछ पुरुष स्केटर हैं और कुछ भूरे बालों वाले लोग हैं। कुछ स्केटर भी भूरे बालों वाले हैं। अत: उत्तर (d)

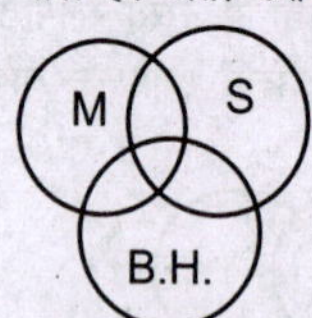

32. Synonyms and Antonyms both are words, but they are entirely different from each-other. Hence (b)
समानार्थी और विलोम शब्द दोनों शब्दों की श्रेणी में आते हैं, परंतु दोनों की विशेषता अलग है, तब उत्तर (b)

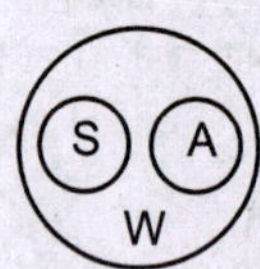

33. All three are related to one-another. Hence (e).
तीनों एक-दूसरे से संबंधित हैं। अत: उत्तर (c)

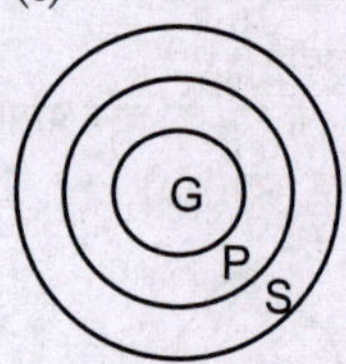

34. Some flowers and clothes are red, but flowers and clothes are entirely different, Hence (a).
कुछ फूल और कपड़े लाल रंग के होते हैं, परंतु फूल और कपड़े दोनों ही अलग श्रेणी के हैं। अत: उत्तर (a)

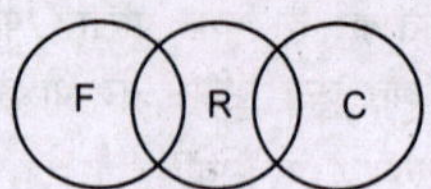

35. Some fathers are brothers. But all fathers and brothers are male. Hence (d).

कुछ पिता, भाई हो सकते हैं परंतु सभी पिता और भाई पुरुष होते हैं। अत: उत्तर (d)

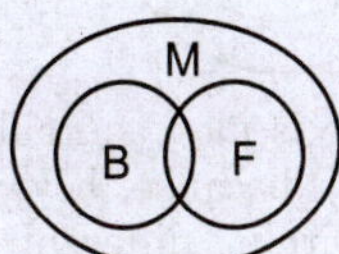

36. Some girls are healthy. But Trains is entirely different from these. Hence (a)

कुछ लड़कियाँ स्वस्थ हो सकती हैं। परन्तु रेलगाड़ी इनसे बिल्कुल अलग है। तब उत्तर (a)

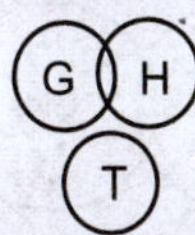

37. House and bridge are entirely different from each other. But both are made from bricks as well as stone. Hence (b)

घर और पुल दोनों अलग श्रेणी के हैं। परन्तु दोनों ईंटों और पत्थरों से बनाए जाते हैं। तब उत्तर (b)

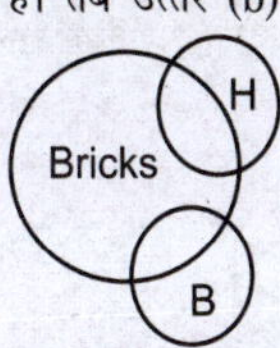

38. Hindi and Malayalam are languages. But both are entirely different from each other. Hence (c).

हिंदी और मलयालम दोनों भाषाएँ है, परंतु दोनों पूर्णतया अलग भाषा है। तब उत्तर (c)

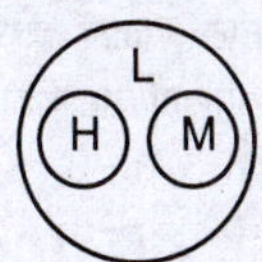

39. Kathmandu belongs to Nepal and Nepal belongs to Asia. Hence (a).

काठमांडू, नेपाल से संबंधित है और नेपाल, एशिया से संबंधित है तब उत्तर (a)

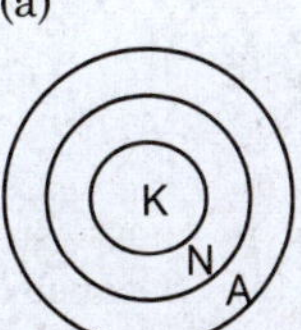

40. Udaipur belongs to Rajasthan and Rajsthan belongs to India. Hence (d)

उदयपुर, राजस्थान से संबंधित है और राजस्थान भारत से संबंधित है, तब उत्तर (d)

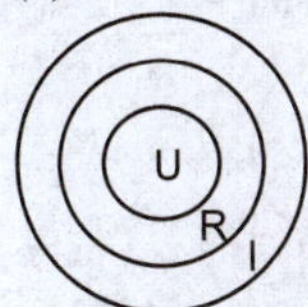

41. All brides are girls and all brides and all girls are females. Hence (a).

सभी दुल्हन लड़की हैं और सभी दुल्हन और सभी लड़कियाँ औरत हैं। उत्तर (a)

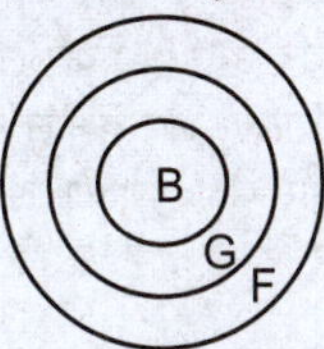

42. According to the given diagram there are 6 + 4 + 2 + 3 = 15 bus. Thus option (a) will be the correct answer.

दिए गए आरेख अनुसार 6 + 4 + 2 + 3 = 15 बस है।

अत: विकल्प (a) सही उत्तर होगा।

43. The number of such glasses is 11, which is both a phone and a pen hence option (b) will be the correct answer.

ऐसे काँच की संख्या 11 है जो फोन और कलम दोनों हैं। अत: विकल्प (b) सही उत्तर होगा।

44. Number of balls which are neither bat nor tire.

ऐसी गेंदों की संख्या जो न तो बैट हैं और न ही टायर हैं

= 15 + 8 = 23

अत: विकल्प (a) सही उत्तर होगा।

45. According to the diagram, there are 14 reptiles which are neither mammals nor amphibians,hence option (d) will be the correct answer.

आरेख के अनुसार 14 ऐसे सरीसृप हैं जो न तो स्तनपायी हैं न ही उभयचर। अत: विकल्प (d) सही उत्तर होगा।

46. आरेख अनुसार लाल कार की संख्या Number of red car as per diagram

= 14 + 8 + 6 + 5 = 33 है।

अत: विकल्प (d) सही उत्तर होगा।

47. The number 9 represens such a painters, who is neither a doctor nor a player.

संख्या 9 ऐसे पेंटर को दर्शाती है जो न तो डॉक्टर हैं और न ही खिलाड़ी हैं।

48. (b) and (d) are only two numbers, which are educated and employed but not confirmed in job. Hence (c).

b और d केवल शिक्षित और कार्यरत हैं परंतु पक्की नौकरी में नहीं हैं। उत्तर (c)

49. There is only number 4 which is doctor as well as teacher but not Indian. Hence (c).

यहाँ केवल संख्या 4 है, जो डाक्टर और अध्यापक हैं, परंतु भारतीय नहीं हैं। उत्तर (c)

50. अंक 3 पूछे गए प्रश्न का सही प्रतिनिधित्व करता है।

51. संख्या 42 पूछे गए प्रश्न का सही प्रतिनिधित्व करती है।

52. कुल Register (जो न तो औजार और न ही तलवार है) = 18

53. कुल काली मेज (Black Table)

= 5 + 2 + 4 + 3 = 14

54. कुल गुलाबी (Pink) (जो न तो हरा न ही पीला) = 10

55. अभीष्ट मान = 7 + 14 = 21

56. Venn diagram shows the relationship between man, woman and swimmer.

वेन आरेख महिला, पुरुष व तैराक के बीच के संबंध को दर्शाता है।

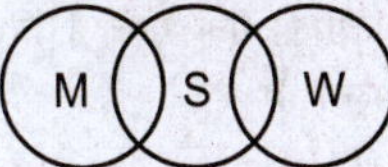

57. The figure is most suitable for the human, men, politician. Because some men are politician and all 'men' and 'politician' are human, hence (d).

वेन चित्र पूर्णतया मानव, पुरुष, राजनेता के लिए बना है क्योंकि कुछ पुरुष राजनेता होते हैं और सभी पुरुष और राजनेता मानव होते हैं।

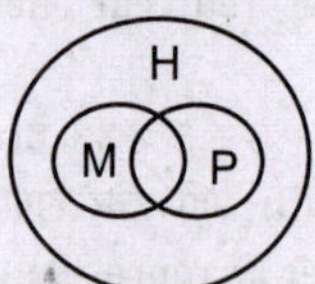

58. Above figure is most suitable for the mother, female, lawyer. Hence (c).

वेन आकृति माता, महिलाएँ, वकील को दर्शाती है।

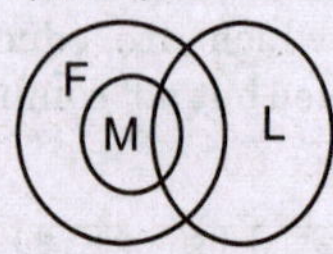

59. Figure, is most suitable for females, mothers, daughters. Hence (c)..

वेन आरेख औरत, माता, बेटी से संबंधित है।

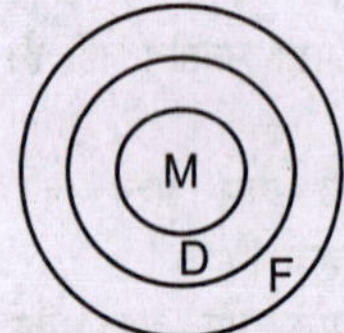

60. Hence the figure is most suitable for the Printer, T.V., Washing machine.

इसलिए यह आँकड़ा प्रिंटर, टीवी, वॉशिंग मशीन के लिए सबसे उपयुक्त है।

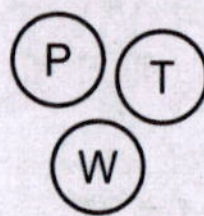

61. The figure is most suitable for option (a). Because Jasmine is a flower and Egg is entirely different.

यह वेन आकृति उत्तर (a) के लिए बनी है क्योंकि चमेली एक फूल है परंतु अंडा पूर्णतया अलग है।

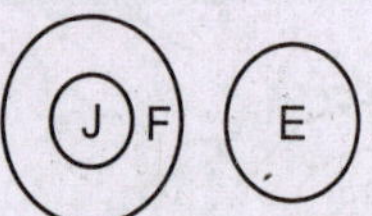

62. The figure is most suitable for option (a). Because some students can be girls and some part-time workers can be students or girls.

यह वेन आकृति उत्तर (a) के लिए सही है क्योंकि कुछ छात्र लड़कियाँ हो सकती हैं और कुछ अंशकालिक श्रमिक, छात्र या लड़कियाँ हो सकते हैं।

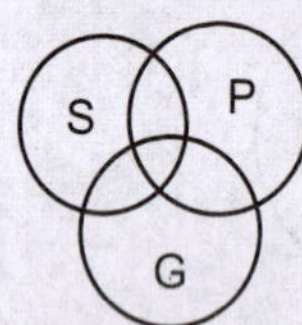

63. The figure is most suitable for option (a). Because uneducated and advocates both are citizen and they are entirely different from each-other.

यह वेन आकृति उत्तर (a) के लिए सही है, क्योंकि अशिक्षित और वकील दोनों ही नागरिक हैं और दोनों पूर्णतया अलग भी हैं।

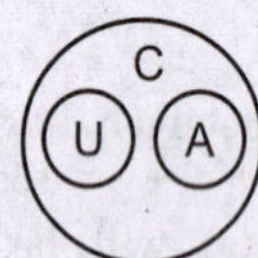

64. The figure is most suitable for option (c) because snake and lizards both are reptiles and they are entirely different from each-other.

यह वेन आकृति उत्तर (c) के लिए सही है, क्योंकि साँप और छिपकलियाँ दोनों ही सरीसृप हैं और दोनों पूर्णतया अलग भी हैं।

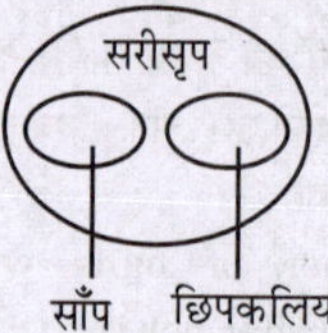

65. The figure is most suitable for option (a) because Patna belongs to Bihar and Bihar belongs to India.

यह वेन आकृति उत्तर (a) के लिए सही है क्योंकि पटना, बिहार से संबंधित है और बिहार, इंडिया से संबंधित है।

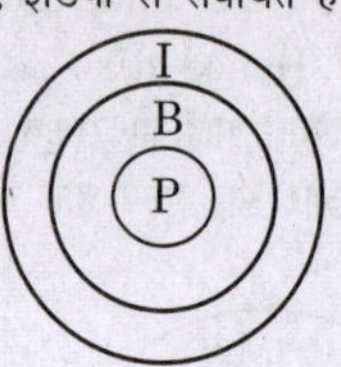

66. The figure is most suitable for option (a) because boys and girls entirely different but boys and girls both belongs to intelligent.

यह वेन आकृति उत्तर (a) के लिए सही है क्योंकि लड़के और लड़कियाँ पूर्णतया अलग है, परंतु ये दोनों आरंभिक रूप से बुद्धिमान से संबंधित है।

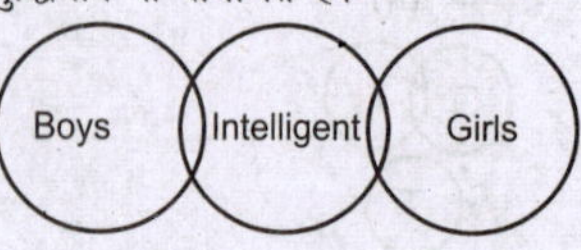

67. The figure is most suitable for option (b) because motorcycles and scooters both are vehicles but they are entirely different from each-other.

यह वेन आकृति उत्तर (b) के लिए सही है क्योंकि मोटरसाइकिल और स्कूटर दोनों वाहन हैं लेकिन दोनों पूर्णतया अलग भी हैं।

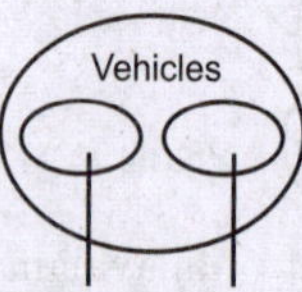

68. The figure is most suitable for option (d) because some lawyer can be mother and some sisters can be mother or lawyer.

यह वेन आकृति उत्तर (d) के लिए सही है क्योंकि कुछ वकील, माताएँ हो सकती हैं और कुछ बहनें माताएँ या वकील हो सकती हैं।

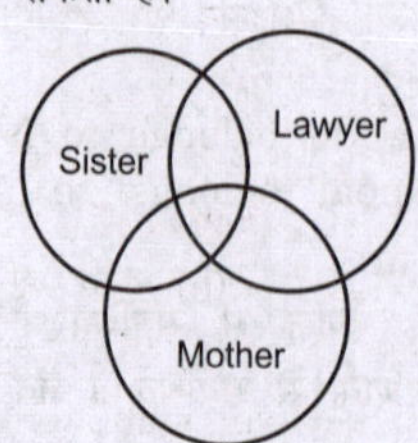

14 गणितीय संक्रियाएँ (Mathematical Operations)

Type 1

1. By interchanging which two signs from the given option, the following equation will be correct?

दिए गए विकल्पों में से किन दो चिन्हों को आपस में बदलने पर निम्नलिखित समीकरण सही होगा?

$28 + 12 - 21 \div 7 \times 4 = 60$

(SSC GD 20/02/2024 Shift I)

(a) × और –   (b) × और ÷
(c) + और ÷   (d) × और +

2. If which two signs and two numbers are interchanged in the equation given below, the following equation will be correct?

नीचे दिए गए समीकरण में कौन-से दो चिन्हों और दो संख्याओं को आपस में बदलने पर निम्नलिखित समीकरण सही होगा?

$8 \div 4 \times 6 + 3 - 9 = 1$

(SSC GD 20/02/2024 Shift II)

(a) + और ×, 4 और 6
(b) + और –, 6 और 9
(c) × और ÷, 8 और 9
(d) × और +, 4 और 9

3. By interchanging which two numbers from the given options, the following equation will be correct?

दिए गए विकल्पों में से किन दो संख्याओं को आपस में बदलने पर निम्नलिखित समीकरण सही होगा?

$5 - 3 \times 0 + 1 = 2$

(SSC GD 20/02/2024 Shift IV)

(a) 5 और 3   (b) 5 और 2
(c) 1 और 3   (d) 2 और 0

4. Of which two symbols and two number (not digits) as interchanged, the equation will be correct?

किन दो चिन्हों और दो संख्याओं (न कि अंक) को आपस में बदलने पर समीकरण सही होगा?

$8 + 6 \times 4 - 3 \div 1 = 2$

(SSC GD 20/02/2024 Shift IV)

(a) + और –, 6 और 3
(b) + और ÷, 1 और 8
(c) × और ÷, 8 और 3
(d) × और ÷, 6 और 3

5. By interchanging which two signs from the given options, the following equation will be correct?

दिए गए विकल्पों में से किन दो चिन्हों को आपस में बदलने पर निम्नलिखित समीकरण सही होगा?

$10 - 3 + 2 \times 12 \div 6 = 6$

(SSC GD 21/02/2024 Shift II)

(a) = और +   (b) – और =
(c) + और –   (d) × और +

6. By interchanging which two signs from the given options, the following equation will be correct?

दिए गए विकल्पों में से किन दो चिन्हों को आपस में बदलने पर निम्नलिखित समीकरण सही होगा?

$15 \div 9 \times 8 + 12 - 4 = 17$

(SSC GD 21/02/2024 Shift III)

(a) × और ÷   (b) + और ÷
(c) × और –   (d) × और +

7. By interchanging which two signs and two number (not digits) will make the equation correct?

किन दो चिन्हों और दो संख्याओं (न कि अंक) को आपस में बदलने से समीकरण सही होगा?

$8 - 4 \times 9 + 6 \div 3 .= 29$

(SSC GD, 22/02/2024 Shift I)

(a) – और ×, 6 और 9
(b) × और ÷, 8 और 4
(c) – और ×, 9 और 3
(d) + और ×, 4 और 6

8. By interchanging which two signs from the given options, the following equation will be corret?

दिए गए विकल्पों में से किन दो चिन्हों को आपस में बदलने पर निम्नलिखित समीकरण सही होगा?

$62 + 12 - 42 \div 7 \times 44 = 90$

(SSC GD 22/02/2024 Shift II)

(a) × और ÷   (b) × और +
(c) × और –   (d) + और ÷

9. By interchanging which two signs from the given options, the following equation will be correct?

दिए गए विकल्पों में से किन दो चिन्हों को आपस में बदलने पर निम्नलिखित समीकरण सही होगा?

$26 + 2 \div 4 - 8 \times 25 = 30$

(SSC GD 22/02/2024 Shift III)

(a) × और +   (b) × और –
(c) × और ÷   (d) + और ÷

10. By interchanging which two signs from the given options, the following equation will be correct?

दिए गए विकल्पों में से किन दो चिन्हों को आपस में बदलने पर निम्नलिखित समीकरण सही होगा?

$14 - 21 \times 7 + 3 \div 6 = 29$

(SSC GD 22/02/2024 Shift IV)

(a) × और –   (b) × और ÷
(c) + और –   (d) = और ×

11. By interchanging which two signs from the given options, the following equation will be correct?

दिए गए विकल्पों में से किन दो चिन्हों को आपस में बदलने पर निम्नलिखित समीकरण सही होगा?

5 – 2 ÷ 4 + 9 × 3 = 0

(SSC GD 23/02/2024 Shift II)

(a) = और × (b) + और –
(c) – और ÷ (d) × और ÷

12. By interchanging which two signs and two numbers (not digits) in the equation given below, the equation will be correct?

नीचे दिए गए समीकरण में किन दो चिन्हों और दो संख्याओं (न कि अंक) को आपस में बदलने से समीकरण सही होगा?

7 × 5 ÷ 6 + 2 – 4 = 16

(SSC GD 23/02/2024 Shift III)

(a) × और –, 5 और 6
(b) ÷ और +, 7 और 4
(c) + और –, 6 और 2
(d) × और ÷, 2 और 4

13. By interchanging which two numbers from the given options, the following equation will be correct?

दिए गए विकल्पों में से किन दो संख्याओं को आपस में बदलने पर निम्नलिखित समीकरण सही होगा?

8 + 7 × 9 ÷ 14 – 3 = 10

(SSC GD 23/03/2024 Shift III)

(a) 14 और 20 (b) 3 और 9
(c) 8 और 9 (d) 8 और 7

14. In which two signs are interchanged from the given options, the following equation will be correct?

दिए गए विकल्पों में से किन दो चिन्हों को आपस में बदलने पर निम्नलिखित समीकरण सही होगा?

12 + 6 × 2 – 24 ÷ 8 = 3

(SSC GD 23/02/2024 Shift IV)

(a) ÷ और – (b) × और –
(c) + और – (d) – और =

15. By interchanging which two signs from the given options, the folowing equation will be correct?

दिए गए विकल्पों में से किन दो चिन्हों को आपस में बदलने पर निम्नलिखित समीकरण सही होगा?

26 + 2 × 8 – 4 ÷ 1 = 14

(SSC GD 24/02/2024 Shift II)

(a) – और × (b) = और ×
(c) = और – (d) + और –

16. By interchanging which two signs and two numbers in the equation given below, the equation will be correct?

नीचे दिए गए समीकरण में किन दो चिन्हों और दो संख्याओं को आपस में बदलने से समीकरण सही होगा?

8 – 9 × 4 ÷ 6 + 7 = 5

(SSC GD 24/02/2024 Shift III)

(a) ÷ और +, 8 और 7
(b) × और ÷, 6 और 7
(c) + और –, 9 और 6
(d) + और –, 8 और 7

17. By interchanging which two signs from the given options, the following will be correct?

दिए गए विकल्पों में से किन दो चिन्हों को आपस में बदलने पर निम्नलिखित समीकरण सही होगा?

10 = 3 ÷ 2 – 5 + 1 × 11

(SSC GD 24/02/2024 Shift IV)

(a) × और = (b) × और ÷
(c) = और – (d) + और –

18. By interchanging which two signs from the given options, the following equation will be correct?

दिए गए विकल्पों में से किन दो चिन्हों को आपस में बदलने पर निम्नलिखित समीकरण सही होगा?

18 + 2 ÷ 6 – 8 × 24 = 22

(a) + और ÷ (b) × और +
(c) × और ÷ (d) × और –

19. By interchanging which two numbers from the given options, the following equation will be correct?

दिए गए विकल्पों में से किन दो संख्याओं को आपस में बदलने पर निम्नलिखित समकरण सही होगा?

36 × 11 ÷ 3 – 10 + 4 = 49

(SSC GD 26/02/2024 Shift II)

(a) 4 और 11 (b) 10 और 4
(c) 49 और 36 (d) 11 और 3

20. By interchanging which two numbers from the given options, the following equation will be correct?

दिए गए विकल्पों में से किन दो संख्याओं को आपस में बदलने पर निम्नलिखित समीकरण सही होगा?

18 × 3 ÷ 9 + 5 – 6 = 2

(SSC GD 26/02/2024 Shift III)

(a) 2 और 3 (b) 5 और 9
(c) 3 और 5 (d) 18 और 6

21. By interchanging which two numbers from the given options, the following equation will be correct?

दिए गए विकल्पों में से किन दो संख्याओं को आपस में बदलने पर निम्नलिखित समीकरण सही होगा?

18 × 3 – 2 ÷ 4 + 7 = 59

(SSC GD 26/02/2024 Shift IV)

(a) 7 और 3 (b) 2 और 4
(c) 18 और 4 (d) 3 और 2

22. By interchanging which two signs from the given options, the following equation will be correct?

दिए गए विकल्पों में से किन दो चिन्हों को आपस में बदलने पर निम्नलिखित समीकरण सही होगा?

18 × 3 + 15 ÷ 4 – 44 = 22

(SSC GD 26/02/2024 Shift IV)

(a) × और – (b) × और ÷
(c) + और ÷ (d) × और +

23. By interchanging which two numbers from the given options, the folowing equation will be correct?

दिए गए विकल्पों में से किन दो संख्याओं को आपस में बदलने पर निम्नलिखित समीकरण सही होगा?

8 × 4 – 18 ÷ 2 + 16 = 63

(SSC GD 27/02/2024 Shift II)

(a) 16 और 8 (b) 16 और 18
(c) 8 और 4 (d) 2 और 4

24. In which two signs are interchanged from the given options, the following equation will be correct?

दिए गए विकल्पों में से किन दो चिन्हों को आपस में बदलने पर निम्नलिखित

समीकरण सही होगा?

$12 \times 3 + 11 \div 4 - 32 = 16$

(SSC GD 28/02/2024 Shift I)

(a) + और ÷ (b) × और –
(c) × और ÷ (d) × और +

25. By interchanging which two numbers from the given options, the following equation will be correct?

दिए गए विकल्पों में से किन दो संख्याओं को आपस में बदलने पर निम्नलिखित समीकरण सही होगा?

$25 - 28 + 21 \times 10 \div 5 = 43$

(SSC GD 28/02/2024 Shift II)

(a) 21 और 28 (b) 10 और 43
(c) 21 और 25 (d) 5 और 28

26. By interchanging which two signs from the given options, the following equation will be correct?

दिए गए विकल्पों में से किन दो चिन्हों को आपस में बदलने पर निम्नलिखित समीकरण सही होगा?

$20 + 2 \div 4 - 8 \times 28 = 30$

(SSC GD 28/02/2024 Shift IV)

(a) + और ÷ (b) × और –
(c) × और + (d) ×और ÷

27. By interchanging which two signs from the given options, the following equation will be correct?

दिए गए विकल्पों में से किन दो चिन्हों को आपस में बदलने पर निम्नलिखित समीकरण सही होगा?

$29 + 12 - 4 \times 40 \div 5 = 49$

(SSC GD 29/02/2024 Shift II)

(a) × और – (b) + और –
(c) + और ÷ (d) × और +

28. By interchanging which two variables from the given options, the following equation will be correct?

दिए गए विकल्पों में से किन दो चिन्हों को आपस में बदलने पर निम्नलिखित समीकरण सही होगा?

$10 - 2 \div 4 + 6 \times 3 = 19$

(SSC GD 29/02/2024 Shift III)

(a) + और – (b) = और ×
(c) × और ÷ (d) – और ÷

29. By interchanging which two numbers from the given options, the following equation will be correct?

दिए गए विकल्पों में से किन दो संख्याओं को आपस में बदलने पर निम्नलिखित समीकरण सही होगा?

$9 \div 3 + 1 \times 7 - 4 = 0$

(SSC GD 29/02/2024 Shift III)

(a) 4 और 7 (b) 9 और 7
(c) 1 और 0 (d) 3 और 4

30. If which two signs and two numbers (not digits) are interchanged in the equation given below, the following equation will be correct?

नीचे दिए गए समीकरण में कौन-से दो चिन्हों और दो संख्याओं (न कि अंकों) को आपस में बदलने पर निम्नलिखित समीकरण सही होगा?

$5 - 7 \times 4 + 8 \div 2 = 17$

(SSC GD 01/03/2024 Shift I)

(a) + और –, 2 और 5
(b) ÷ और –, 7 और 8
(c) – और ÷, 5 और 4
(d) × और +, 4 और 5

31. If which two numbers (not digit) are interchanged from the given option, the following equation will be correct?

दिए गए विकल्पों में से किन दो संख्याओं (न कि अंक) को आपस में बदलने पर निम्नलिखित समीकरण सही होगा?

$12 \times 3 - 4 \div 2 + 41 = 7$

(SSC GD 01/03/2024 Shift I)

(a) 7 और 4 (b) 3 और 2
(c) 7 और 41 (d) 12 और41

32. By interchanging which two signs and two numbers from the given option, the following equation will be correct?

दिए गए विकल्पों में से किन दो चिन्हों और दो संख्याओं को आपस में बदलने पर निम्नलिखित समीकरण सही होगा?

$7 - 6 \div 4 \times 2 + 5 = 3$

(SSC GD 01/03/2024 Shift II)

(a) – और ÷, 4 और 2
(b) ÷ और ×, 6 और 5
(c) – और +, 7 और 5
(d) + और ×, 4 और 5

33. By interchanging which two number from the given options, the following equation will be correct?

दिए गए विकल्पों में से किन दो संख्याओं को आपस में बदलने पर निम्नलिखित समीकरण सही होगा?

$17 - 8 \times 2 + 6 \div 4 = 7$

(SSC GD 01/03/2024 Shift IV)

(a) 4 और 7 (b) 17 और 7
(c) 2 और 4 (d) 6 और 8

34. By interchanging which two signs and two numbers from the given options, the following equation will be correct?

किन दो चिन्हों और दो संख्याओं (न कि अंक) को आपस में बदलने से समीकरण सही होगा?

$5 + 9 - 3 \times 8 \div 2 = 10$

(SSC GD 05/03/2024 Shift I)

(a) + और –, 5 और 3
(b) ÷ और ×, 9 और 3
(c) × और +, 9 और 3
(d) × और ÷, 5 और 3

35. Which two symbols from the given options should be interchanged to make the following equation correct?

दिए गए विकल्पों में से किन दो चिन्हों को आपस में बदलने पर निम्नलिखित समीकरण सही होगा?

$14 \div 2 - 15 + 3 \times 6 = 4$

(SSC GD 05/03/2024 Shift II)

(a) = और + (b) × और +
(c) – और + (d) ÷ और ×

36. By interchanging which two numbers from the given options, the following equation will be correct?

दिए गए विकल्पों में से किन दो संख्याओं को आपस में बदलने पर निम्नलिखित समीकरण सही होगा?

$7 - 8 \times 0 + 9 = 2$

(SSC GD 05/03/2024 Shift II)

(a) 2 और 0 (b) 8 और 9
(c) 8 और 7 (d) 7 और 2

37. By interchanging which two numbers from the given options, the following equation will be correct?

दिए गए विकल्पों में से किन दो संख्याओं को आपस में बदलने पर निम्नलिखित समीकरण सही होगा?

$20 - 5 \times 2 + 10 \div 4 = 14$

(SSC GD 05/03/2024 Shift II)

(a) 4 और 5 (b) 4 और 2
(c) 10 और 5 (d) 20 और 14

38. By interchanging which two symbols and two numbers (not digits) from the given options, the following equation will be correct?

दिए गए विकल्पों में से किन दो चिन्हों और दो संख्याओं (न कि अंक) को आपस में बदलने पर निम्नलिखित समीकरण सही होगा?

$5 \times 4 + 8 \div 2 - 7 = 35$

(SSC GD 05/03/2024 Shift III)

(a) + और ÷, 5 और 7
(b) + और –, 4 और 7
(c) + और –, 4 और 2
(d) × और –, 4 और 2

39. By interchanging which two numbers from the given options, the following equation will be correct?

दिए गए विकल्पों में से किन दो संख्याओं को आपस में बदलने पर निम्नलिखित समीकरण सही होगा?

$10 \times 2 + 8 \div 5 - 4 = 14$

(SSC GD 06/03/2024 Shift I)

(a) 2 और 5 (b) 10 और 14
(c) 2 और 4 (d) 8 और 10

40. By interchanging which two numbers from the given options, the following equation will be correct?

दिए गए विकल्पों में से किन दो संख्याओं को आपस में बदलने पर निम्नलिखित समीकरण सही होगा?

$15 - 26 + 13 \times 22 \div 5 = 35$

(SSC GD 06/03/2024 Shift III)

(a) 15 और 22 (b) 22 और 26
(c) 35 और 5 (d) 15 और 13

41. By interchanging which two symbols and two numbers (not digits) will the expression be correct?

किन दो चिन्हों और दो संख्याओं (न कि अंकों) को आपस में बदलने से व्यंजक सही होगा?

$3 \div 1 + 5 \times 2 - 6 = 1$

(SSC GD 07/03/2024 Shift II)

(a) × और ÷, 5 और 2
(b) × और ÷, 6 और 5
(c) + और –, 3 और 6
(d) + और ×, 3 और 6

42. By interchanging which two signs from the given options, the following equation will be correct?

दिए गए विकल्पों में से किन दो चिन्हों को आपस में बदलने पर निम्नलिखित समीकरण सही होगा?

$10 \div 5 + 4 \times 3 - 2 = 0$

(SSC GD 07/03/2024 Shift III)

(a) = और + (b) × और –
(c) – और = (d) + और –

43. If which two signs are interchanged from the given options, the following equation will be correct?

दिए गए विकल्पों में से किन दो चिन्हों को आपस में बदलने पर निम्नलिखित समीकरण सही होगा?

$18 \div 3 - 5 = 10 \times 2 + 21$

(SSC GD 07/03/2024 Shift III)

(a) × और + (b) – और +
(c) ÷ और × (d) = और +

44. Which two signs if interchanged with each other will make the following equation correct?

कौन-से दो चिन्हों को अगर आपस में एक-दूसरे से बदल दिया जाएगा, तो निम्नलिखित समीकरण सही हो जाएगा?

$72 \times 6 + 18 \div 5 - 9 = 93$

(SSC GD, 10/01/2023, Shift-I)

(a) ÷ और – (b) × और +
(c) + और – (d) × और ÷

45. Which of the two symbols given in the alternatives should be interchanged to make the following equation correct?

निम्नलिखित समीकरण को सही करने के लिए विकल्पों में दिए गए किन दो चिन्हों को परस्पर बदला जाना चाहिए?

$42 + 16 \div 7 - 36 \times 16 = 76$

(SSC GD, 10/01/2023, Shift-I)

(a) + और – (b) ÷ और ×
(c) × और + (d) ÷ और +

46. Which two numbers (NOT digits) need to be interchanged to make the following equation correct?

दिए गए समीकरण को संतुलित करने के लिए इसकी किन दो संख्याओं (अंकों को नहीं) को परस्पर बदलना होगा?

$8 \times 15 \div 3 + 14 - 4 = 26$

(SSC GD, 10/01/2023, Shift-II)

(a) 14, 15 (b) 4, 8
(c) 3, 4 (d) 15, 26

47. Which two signs should be interchanged to make the following equation mathematically correct?

नीचे दिए गए समीकरण को गणितीय रूप से सही बनाने के लिए किन दो गणितीय चिन्हों को परस्पर बदलना चाहिए?

$144 - 12 + 18 \times 6 \div 24 = 96$

(SSC GD, 11/01/2023, Shift-I)

(a) – और × (b) – और +
(c) × और ÷ (d) – और ÷

48. Which two signs should be interchanged to make the following equation mathematically correct?

नीचे दिए गए समीकरण को गणितीय रूप से सही बनाने के लिए किन दो चिन्हों को परस्पर बदलना चाहिए?

$54 \times 8 - 48 \div 12 + 27 = 24$

(SSC GD, 11/01/2023, Shift-II)

(a) ÷ और – (b) + और ÷
(c) + और × (d) – और +

49. Which two signs should be interchanged to make the following equation mathematically correct?

नीचे दिए गए समीकरण को गणितीय रूप से सही बनाने के लिए किन दो चिन्हों को परस्पर बदलना चाहिए?

$24 + 36 - 81 \times 9 \div 2 = 42$

(SSC GD, 12/01/2023, Shift-I)

(a) ÷ और – (b) × और +
(c) ÷ और × (d) + और –

50. Which two signs should be interchanged to make the following equation mathematically correct?

नीचे दिए गए समीकरण को गणितीय रूप से सही बनाने के लिए किन दो चिन्हों को परस्पर बदलना चाहिए?

$48 + 36 - 81 \times 9 \div 2 = 66$

(SSC GD, 16/12/2023, Shift-I)

(a) + और – (b) × और +
(c) ÷ और – (d) ÷ और ×

Type 2

51. After interchanging the given two signs, what will be the value of equations (I) and (II) respectively?

दिए गए दो चिन्हों को आपस में बदलने के बाद समीकरण (I) और (II) का क्रमशः मान कितना होगा?

× और ÷

I. $16 \div 4 - 8 \times 2 + 7$
II. $8 \div 4 - 9 \times 3 + 8$

(SSC GD 07/03/2024 Shift I)

(a) 67 और 37 (b) 40 और 50
(c) 8 और 9 (d) 16 और 18

52. After interchanging the given two signs, what will be the respective values of equations (I) and (II)?

दिए गए दो चिन्हों को आपस में बदलने के बाद समीकरण (I) और (II) का क्रमशः मान कितना होगा?

× और ÷

I. $7 + 8 \div 2 \times 4 - 6$
II. $16 \times 4 + 13 \div 2 - 3$

(SSC GD 06/03/2024 Shift IV)

(a) 5 और 6 (b) 5 और 27
(c) 8 और 9 (d) 6 और 15

53. What will be the values of equation (I) and (II) respectively. If the given two signs are interchanged?

दिए गए दो चिन्हों को आपस में बदलने पर समीकरण (I) और (II) का क्रमशः मान कितना होगा?

× और ÷

I. $16 \times 4 - 8 \div 2 + 20$
II. $35 \div 7 \times 5 + 15 - 18$

(SSC GD 28/02/2024 Shift III)

(a) 10 और 46 (b) 8 और 46
(c) 15 और 20 (d) 17 और 41

54. What will be the values of expression (I) and (II) respectively after interchanging the given two signs?

दिए गए दो चिन्हों को आपस में बदलने के बाद व्यंजक (I) और (II) का क्रमशः मान कितना होगा?

× और ÷

I. $8 + 4 - 6 \times 3 \div 5$
II. $20 + 15 \times 30 \div 10$

(SSC GD 01/03/2024 Shift II)

(a) 2 और 25 (b) 2 और 30
(c) 18 और 14 (d) 6 और 17

55. Which of the following equation will be correct if the two symbols given below are interchanged?

नीचे दिए गए दो चिन्हों को आपस में बदलने पर निम्नलिखित में से कौन-सा समीकरण सही होगा?

× और ÷

I. $5 + 6 \times 2 - 4 \div 1 = 10$
II. $9 \times 3 - 4 \div 2 + 5 = 4$

(SSC GD 23/02/2024 Shift I)

(a) न तो I और न ही II
(b) I और II दोनों
(c) केवल II
(d) केवल I

56. After interchanging the given two signs, what will be the values of equation (I) and (II) respectively?

दिए गए दो चिन्हों को आपस में बदलने के बाद समीकरण (I) और (II) का क्रमशः मान कितना होगा?

× और ÷

I. $18 \div 3 - 4 \times 2 + 7$
II. $18 \times 3 \div 6 - 8 + 4$

(SSC GD 20/02/2024 Shift III)

(a) 40 और 80 (b) 9 और 7
(c) 59 और 32 (d) 16 और 30

57. What will be the values of equations (I) and (II) respectively after interchanging the given two signs?

दिए गए दो चिन्हों को आपस में बदलने के बाद समीकरण (I) और (II) का क्रमशः मान कितना होगा?

× और –

I. $7 \times 8 - 6 + 15 \div 3$
III. $8 - 9 \times 2 + 45 \div 5$

(SSC GD 30/03/2024 Shift I)

(a) –36 और 79 (b) –18 और 10
(c) 56 और 18 (d) 84 और 42

58. Which of the following equation will be correct if the two symbols given below are interchanged?

नीचे दिए गए दो चिन्हों को आपस में बदलने पर निम्नलिखित में से कौन-सा समीकरण सही होगा?

× और +

I. $4 \times 3 + 6 - 7 \div 1 = 15$
II. $7 + 5 \times 2 - 8 \div 4 = 33$

(SSC GD 27/02/2024 Shift II)

(a) केवल I
(b) केवल II
(c) न तो I और न ही II
(d) I और II दोनों

Type 3

59. Which of the following equation will not be correct by interchanging the two numbers (not digits) given below?

नीचे दी गई दो संख्याओं (न कि अंक) को आपस में बदलने से निम्नलिखित में से कौन-सा समीकरण सही नहीं होगा?

2 और 3

(SSC GD 23/02/04 Shift IV)

(a) $7 \times 3 - 9 \div 2 + 4 = 15$
(b) $5 - 3 \div 1 \times 2 + 7 = 6$
(c) $8 + 7 \times 3 - 6 \div 2 = 22$
(d) $7 + 8 - 6 \div 2 \times 3 = 11$

60. Which of the following equation will be correct if the two numbers given below are interchanged?

नीचे दी गई दो संख्याओं को आपस में बदलने पर निम्नलिखित में से कौन-सा समीकरण सही होगा?

5 और 9

(SSC GD 27/02/2024 Shift I)

(a) $5 + 3 \times 2 - 9 = 12$
(b) $5 + 9 \times 2 - 3 = 18$
(c) $5 - 9 + 6 = 10$

(d) $5 - 3 + 9 = 4$

61. Which of the following equations will not be correct if the two number (not digits) given below are interchanged?

नीचे दी गई दो संख्याओं (न कि अंक) को आपस में बदलने पर निम्नलिखित में से कौन-सा समीकरण सही नहीं होगा?

5 और 8

(SSC GD 27/02/2024 Shift IV)

(a) $5 + 8 \times 3 - 9 = 14$
(b) $5 \times 7 + 8 - 3 = 58$
(c) $5 - 8 + 7 = 10$
(d) $8 - 5 \times 2 + 6 = -3$

62. Which of the following equation will not be correct if the two number (not digits) given below are interchanged?

नीचे दी गई दो संख्याओं (न कि अंकों) को आपस में बदलने पर निम्नलिखित में से कौन-सा समीकरण सही नहीं होगा?

9 और 2

(SSC GD 28/02/2024 Shift II)

(a) $9 \div 3 + 2 - 4 = 6$
(b) $9 - 2 + 7 = 0$
(c) $2 + 9 \times 3 - 4 = 11$
(d) $9 + 4 \times 2 - 6 = 32$

63. Which of the following equation will not be correct if the two numbers given below are interchanged?

नीचे दी गई दो संख्याओं को आपस में बदलने पर निम्नलिखित में से कौन-सा समीकरण सही नहीं होगा?

4 और 6

(SSC GD 07/03/2024 Shift IV)

(a) $6 + 4 \times 2 - 5 = 11$
(b) $6 \div 2 + 4 \times 3 = 24$
(c) $4 - 6 + 8 = 10$
(d) $6 + 4 \times 8 - 7 = 45$

64. Which of the following equation will not be correct if the two numbers given below are interchanged?

नीचे दी गई दो संख्याओं को आपस में बदलने पर निम्नलिखित में से कौन-सा समीकरण सही नहीं होगा?

3 और 8

(SSC GD 21/02/2024 Shift I)

(a) $8 \times 2 - 3 \div 1 = -2$
(b) $9 + 8 - 3 \times 1 = 4$
(c) $3 - 8 + 6 = 12$
(d) $8 + 4 \times 3 - 6 = 29$

65. Which of the following equation will not be correct if the two numbers given below are interchanged?

नीचे दी गई दो संख्याओं को आपस में बदलने पर निम्नलिखित में से कौन-सा समीकरण सही नहीं होगा?

3 और 5

(SSC GD 26/02/2024 Shift III)

(a) $5 - 3 + 6 = 4$
(b) $5 \times 4 + 3 - 2 = 18$
(c) $5 + 3 \times 2 - 1 = 12$
(d) $7 \times 4 - 5 + 3 = 30$

66. Which of the following equations will not be correct if the two numbers given below are interchanged?

नीचे दी गई दो संख्याओं को आपस में बदलने पर निम्नलिखित में से कौन-सा समीकरण सही नहीं होगा?

3 और 7

(SSC GD 27/02/2024 Shift IV)

(a) $7 + 3 \times 4 - 6 = 25$
(b) $7 \times 2 + 3 - 4 = 11$
(c) $8 + 7 - 3 = 4$
(d) $7 \times 8 - 3 + 2 = 19$

67. Which of the following eqaution will not be correct if the two numbers given below are interchanged?

नीचे दी गई दो संख्याओं को आपस में बदलने पर निम्नलिखित में से कौन-सा समीकरण सही नहीं होगा?

4 और 7

(SSC GD 29/02/2024 Shift IV)

(a) $7 + 2 - 4 \times 3 = -15$
(b) $4 \div 2 + 3 + 7 = 6$
(c) $7 - 4 + 9 = 6$
(d) $4 \times 2 + 7 - 3 = 15$

68. Which of the following equation will be correct if the two symbols given below are interchanged?

नीचे दिए गए दो चिन्हों को आपस में बदलने पर निम्नलिखित में से कौन-सा समीकरण सही होगा?

÷ और ×

(a) $32 + 3 - 12 \div 18 \times 9 = 10$
(b) $23 - 20 + 35 \div 2 \times 10 = 10$
(c) $9 \times 3 + 8 \div 4 - 7 = 30$
(d) $11 \div 12 \times 6 + 8 - 10 = 25$

69. Which of the following equations will be correct if the two symbols given below are interchanged?

नीचे दिए गए दो चिन्हों को आपस में बदलने पर निम्नलिखित में से कौन-सा समीकरण सही होगा?

÷ और +

(SSC GD 06/03/2024 Shift II)

(a) $9 \times 18 + 27 \div 36 - 45 = -4$
(b) $76 \div 4 \times 2 - 90 + 3 = 54$
(c) $8 + 4 \times 5 \div 4 - 6 = 10$
(d) $8 + 4 \times 5 \div 2 - 6 = 18$

Type 4

70. Select the correct sequence of mathematical signs to sequentially replace the * signs so as to balance the given equation

गणितीय चिन्हों के उस सही संयोजन का चयन करें, जिसे क्रमिक रूप से * चिन्हों के स्थान पर रखे जाने पर दिया गया समीकरण संतुलित हो जाएगा।

89 * 5 * 15 * 32 * 8 * 18

(SSC GD, 10/01/2023, Shift-III)

(a) ÷, +, –, ×, =
(b) –, ×, +, ÷, =
(c) ×, +, ÷, –, =
(d) +, –, ÷, ×, =

71. Select the correct sequence of mathematical signs to sequentially replace the * signs so as to balance the given equation

गणितीय चिन्हों के सही संयोजन का चयन करें जिसे, क्रमिक रूप से * चिन्हों के स्थान पर रखने से दिया गया समीकरण संतुलित हो जाएगा।

10 * 18 * 19 * 2 * 1 * 217

(SSC GD, 11/01/2023, Shift-I)

(a) ×, +, ×, –. = (b) +, +, ×, –, =
(c) ×, +, ×, +, = (d) ×, +, –, –, =

72. To balance the given equation, which of the following combination of mathematical symbols will sequentially come in place of * signs in it?

दिए गए समीकरण को संतुलित करने के लिए गणितीय चिन्हों का निम्न में से कौन-सा संयोजन इसमें क्रमिक रूप से * चिन्हों के स्थान पर आएगा?

30 * 95 * 5 * 32 * 4 * 497

(SSC GD, 11/01/2023, Shift-III)

(a) +, ×, –, ÷, = (b) ×, +, –, ÷, =
(c) +, ×, ÷, –, = (d) +, ×, –, =, ÷

73. Select the correct combination of mathematical symbols from the following options to sequentially replace the % signs in the given equation and balance the equation.

दिए गए समीकरण में % चिन्हों को क्रमिक रूप से बदलने और समीकरण को संतुलित करने के लिए निम्नलिखित विकल्पों में से गणितीय चिन्हों के सही संयोजन का चयन कीजिए।

48 % 12 % 5 % 5 % 4

(SSC GD, 11/01/2023, Shift-IV)

(a) ÷, ×, =, × (b) ×, ÷, =, –
(c) ×, =, –, ÷ (d) ÷, ×, =, –

74. Select the correct combination of mathematical symbols from the following options to sequentially replace the % signs in the given equation and balance the equation.

दिए गए समीकरण में % चिन्हों को क्रमिक रूप से बदलने और समीकरण को संतुलित करने के लिए निम्नलिखित विकल्पों में से गणितीय चिन्हों के सही संयोजन का चयन कीजिए।

42 % 7 % 5 % 10 % 3

(SSC GD, 12/01/2023, Shift-II)

(a) ×, =, –, ÷ (b) ×, ÷, =, –
(c) ÷, ×, =, × (d) ÷, ×, =, –

75. Select the correct combination of mathematical symbols from the following options to sequentially replace the * signs in the given equation and balance the equation.

* चिन्हों को क्रमानुसार प्रतिस्थापित करने और दिए गए समीकरण को संतुलित करने के लिए गणितीय चिन्हों के सही संयोजन का चयन कीजिए।

$(120 * 15) * 9 * \sqrt[4]{81} * 17 * 28 * 95$

(SSC GD, 12/01/2023, Shift-III)

(a) ×, =, –, ÷, +, –
(b) ÷, –, =, –, ×, –
(c) ÷, ×, +, ×, –, =
(d) ÷, –, =, –, ÷, ×

Type 5

76. If '+' means '–', '–' means '÷', '÷' means '×', and '×' means '+', then what will be the value of the following expression?

यदि '+' का अर्थ है '–', '–' का अर्थ है '÷', '÷' का अर्थ है '×' और '×' का अर्थ '+' हो, तो निम्नलिखित में से कौन-सा अभिव्यक्ति का मान होगा?

117 – 13 ÷ 6 + 24 × 26

(SSC GD, 24/01/2023, Shift-I)

(a) 36 (b) 46
(c) 56 (d) 66

77. If '+' means '×', '÷' means '–', '–' means '+', and '×' means '÷', then what will be the value of the following expression?

यदि '+' का अर्थ है '×', '÷' का अर्थ है '–', '–' का अर्थ है '+' और '×' का अर्थ '÷' हो, तो निम्नलिखित में से कौन-सा अभिव्यक्ति का मान होगा?

12 + 5 – 24 × 3 ÷ 5

(SSC GD, 24/01/2023, Shift-II)

(a) 168 (b) 53
(c) 63 (d) 13

78. In the following equation, if '+' is interchanged with '–' and '14' is interchanged with '6', then which equation would be correct?

यदि चिन्ह '+' और '–' तथा संख्या 14 और 6 का एक-दूसरे के स्थान पर उपयोग किया जाता है, तो निम्नलिखित में से कौन-सा समीकरण सही होगा?

(SSC GD, 24/01/2023, Shift-III)

(a) 6 + 14 × 2 – 18 = 20
(b) 8 × 2 + 6 – 14 = 4
(c) 18 – 6 + 3 × 14 = 30
(d) 6 × 8 + 12 – 14 = 20

79. If 'A' denotes 'subtraction', 'B' denotes 'division', 'C' denotes 'multiplication' and 'D' denotes 'addition', then what will be the value of the following expression?

यदि 'A' का अर्थ है 'घटाव', 'B' का अर्थ है 'भाग', 'C' का अर्थ है 'गुणा' और 'D' का अर्थ है 'जोड़', तो निम्नलिखित अभिव्यक्ति का मान क्या होगा?

28 A 80 B 16 C 5 D 21

(SSC GD, 24/01/2023, Shift-IV)

(a) 4 (b) 34
(c) 24 (d) 14

80. If 'A' denotes 'subtraction', 'B' denotes 'division', 'C' denotes 'multiplication' and 'D' denotes 'addition', then what will be the value of the following expression?

यदि 'A' का अर्थ है 'घटाना', 'B' का अर्थ है 'भाग', 'C' का अर्थ है 'गुणा' और 'D' का अर्थ है 'जोड़', तो निम्नलिखित अभिव्यक्ति का मान क्या होगा?

8 A 80 B 16 C 90 D 21

(SSC GD, 25/01/2023, Shift-II)

(a) 421 (b) 463
(c) –463 (d) –421

81. If '$' means 'addition', '@' means 'subtraction' , '#' means 'multiplication' and '&' means 'division', then what will be the value of the following expression?

यदि '$' का अर्थ है 'जोड़', '@' का अर्थ है 'घटाव', '#' का अर्थ है 'गुणा' और '&' का अर्थ है 'भाग', तो निम्नलिखित अभिव्यक्ति का मान क्या होगा?

54 & 6 # 2 $ 8 @ 4

(SSC GD, 25/01/2023, Shift-IV)

(a) 22 (b) 30
(c) 23 (d) 29

82. If '+' means '÷', '–' means '+', '×' means '–' and '÷' means '×', then what will be the value of the following expression?

यदि '+' का अर्थ '÷', '–' का अर्थ '+', '×' का अर्थ '–' और '÷' का अर्थ '×' है, तो निम्नलिखित व्यंजक का मान क्या होगा?

$[\{(49 \times 12) - (6 \div 2)\} + (4 - 3)] \div 5$

(SSC GD, 31/01/2023, Shift-II)

(a) 2 (b) 1
(c) 35 (d) 10

83. If '+' means '–', '–' means '×', '×' means '÷' and '÷' means '+', then which of the following equation is correct?

यदि '+' का अर्थ है '–', '–' का अर्थ है '×', '×' का अर्थ है '÷' और '÷' का अर्थ है '+' , तो निम्नलिखित में से कौन-सा समीकरण सही होगा?

(SSC GD, 2/02/2023, Shift-II)

(a) $96 \div 3 + 56 \times 16 - 5 = 45$
(b) $20 + 44 \div 11 \times 3 - 9 = 30$
(c) $108 + 3 - 36 \times 6 \div 15 = 105$
(d) $15 - 6 \times 15 + 80 \div 2 = 25$

84. If '@' means '÷', '#' means 'x', '$' means '+' and '%' means '–', then what will be the value of the following expression?

यदि '@' का अर्थ '÷', '#' का अर्थ 'x', '$' का अर्थ '+' और '%' का अर्थ '–' है, तो निम्नलिखित समीकरण का मान क्या होगा?

10 # 25 @ 5 $ 20 % 10 = ?

(SSC GD, 2/02/2023, Shift-IV)

(a) 40 (b) 60
(c) 50 (d) 65

85. If '+' means '÷', '÷' means '–', '–' means '×' and '×' means '+', then what will be the value of the following expression?

यदि '+' का अर्थ है '÷', '÷' का अर्थ है '–', '–' का अर्थ है '×' और '×' का अर्थ है '+', तो निम्नलिखित में से कौन-सा अभिव्यक्ति का मान होगा?

$63 \div 84 + 7 - 6 \times 48$

(SSC GD, 7/02/2023, Shift-IV)

(a) 49 (b) 46
(c) 33 (d) 39

86. If 'q' stands for '+', 'y' stands for '–', 'z' stands for '÷' and 'p' stands for '×', then the value of:

यदि 'q' का अर्थ '+', 'y' का अर्थ '–', 'z' का अर्थ '÷' और 'p' का अर्थ '×' है, तो इसका मान-

20p 2q 6y 5

(SSC GD, 5/3/2019, Shift-II)

(a) 45 (b) 35
(c) 41 (d) 31

87. In an imaginary mathematical system, symbol '–' stands for addition, symbol '+' stands for division, symbol '×' stands for subtraction, and symbol '÷' stands for multiplication. All other rules of mathematics are the same as in the existing system. What is the value of the following expression?

एक काल्पनिक गणितीय प्रणाली में प्रतीक '–' जोड़ के लिए है, प्रतीक '+' विभाजन के लिए है, प्रतीक '×' घटाव के लिए है, और प्रतीक '÷' गुणा के लिए है। गणित के अन्य सभी नियम मौजूदा प्रणाली के समान ही हैं। निम्नलिखित अभिव्यक्ति का मान क्या है?

$240 \times 72 + 8 \div 24 - 6$

(SSC GD, 16/11/2021, Shift-I)

(a) 30 (b) 36
(c) 26 (d) 19

88. If 'A' denotes 'addition', 'B' denotes 'multiplication', 'C' denotes 'subtraction', and 'D' denotes 'division', then what will be the value of the following expression?

यदि 'A' का अर्थ 'जोड़' है, 'B' का अर्थ 'गुणा' है, 'C' का अर्थ 'घटाव' है और 'D' का अर्थ 'भाग' है, तो निम्नलिखित व्यंजक का मान क्या होगा?

60D 2A 3 B 6 C 5 C (4 B 3)

(SSC GD, 16/11/2021, Shift-III)

(a) 42 (b) 31
(c) 28 (d) 36

89. What will be the value of the given expression if 'A' means '+', 'B' means '–', 'C' means '×', and 'D' means '÷'?

दिए गए व्यंजक का मान क्या होगा यदि 'A' का अर्थ '+', 'B' का अर्थ '–', 'C' का अर्थ '×' और 'D' का अर्थ '÷' है?

27 D 3 A 5 A (9 C 6)
B 15 A (14 B 11) C 6 = ?

(SSC GD, 23/11/2021, Shift-III)

(a) 81 (b) 71
(c) 43 (d) 54

90. If '+' means 'subtraction', '÷' means 'addition', '<' means 'multiplication', '>' means 'division', then find the value of

यदि '+' का अर्थ 'घटाव', '÷' का अर्थ 'जोड़', '<' का अर्थ 'गुणा', '>' का अर्थ 'भाग' है, तो इसका मान ज्ञात कीजिए।

$79 \div 11 < 18 > (6 > 3) - 9$

(SSC GD, 29/11/2021, Shift-III)

(a) 81 (b) 169
(c) 109 (d) 121

उत्तरमाला

1.	(a)	2.	(c)	3.	(d)	4.	(a)	5.	(d)	6.	(b)	7.	(a)	8.	(c)	9.	(a)	10.	(b)
11.	(d)	12.	(b)	13.	(c)	14.	(c)	15.	(d)	16.	(d)	17.	(a)	18.	(b)	19.	(a)	20.	(a)
21.	(b)	22.	(b)	23.	(a)	24.	(c)	25.	(c)	26.	(c)	27.	(b)	28.	(d)	29.	(a)	30.	(d)
31.	(c)	32.	(b)	33.	(d)	34.	(c)	35.	(c)	36.	(a)	37.	(a)	38.	(b)	39.	(d)	40.	(a)
41.	(b)	42.	(b)	43.	(d)	44.	(d)	45.	(c)	46.	(b)	47.	(d)	48.	(a)	49.	(c)	50.	(d)
51.	(a)	52.	(b)	53.	(b)	54.	(a)	55.	(a)	56.	(c)	57.	(a)	58.	(a)	59.	(c)	60.	(c)
61.	(d)	62.	(a)	63.	(b)	64.	(c)	65.	(b)	66.	(b)	67.	(b)	68.	(b)	69.	(b)	70.	(b)

71.	(a)	72.	(a)	73.	(a)	74.	(c)	75.	(c)	76.	(c)	77.	(c)	78.	(a)	79.	(c)	80.	(d)
81.	(a)	82.	(c)	83.	(c)	84.	(b)	85.	(d)	86.	(c)	87.	(a)	88.	(b)	89.	(b)	90.	(b)

Hints & Solution (व्याख्या)

1. विकल्प (a) लेने पर
$\Rightarrow 28 + 12 \times 21 \div 7 - 4 = 60$
$\Rightarrow 28 + 36 - 4 = 60$
$\Rightarrow 60 = 60$
LHS = RHS

2. विकल्प (c) लेने पर
$\Rightarrow 9 \times 4 \div 6 + 3 - 8 = 1$
$\Rightarrow 9 \times 4 \times \frac{1}{6} + 3 - 8 = 1$
$\Rightarrow 6 + 3 - 8 = 1$
$\Rightarrow 1 = 1$

3. विकल्प (d) लेने पर
$\Rightarrow 5 - 3 \times 2 + 1 = 0$
$\Rightarrow 5 - 6 + 1 = 0$
$\Rightarrow -1 + 1 = 0$
$\Rightarrow 0 = 0$

4. विकल्प (a) लेने पर
$\Rightarrow 8 - 3 \times 4 + 6 \div 1 = 2$
$\Rightarrow 8 - 12 + 6 = 2$
$\Rightarrow -4 + 6 = 2$
$\Rightarrow 2 = 2$

5. विकल्प (d) लेने पर
$\Rightarrow 10 - 3 \times 2 + 12 \div 6 = 6$
$\Rightarrow 10 - 6 + 2 = 6$
$\Rightarrow 6 = 6$

6. विकल्प (b) लेने पर
$\Rightarrow 15 + 9 \times 8 \div 12 - 4 = 17$
$\Rightarrow 15 + 6 - 4 = 17$
$\Rightarrow 17 = 17$

7. विकल्प (a) लेने पर
$\Rightarrow 8 \times 4 - 6 + 9 \div 3 = 29$
$\Rightarrow 32 - 6 + 3 = 29$
$\Rightarrow 29 = 29$

8. विकल्प (c) लेने पर
$\Rightarrow 62 + 12 \times 42 \div 7 - 44 = 90$
$\Rightarrow 62 + 12 \times 6 - 44 = 90$
$\Rightarrow 62 + 72 - 44 = 90$
$\Rightarrow 90 = 90$

9. विकल्प (a) लेने पर
$\Rightarrow 26 \times 2 \div 4 - 8 + 25 = 30$
$\Rightarrow 13 - 8 + 25 = 30$
$\Rightarrow 30 = 30$

10. विकल्प (b) लेने पर
$\Rightarrow 14 - 21 \div 7 + 3 \times 6 = 29$
$\Rightarrow 14 - 3 + 18 = 29$
$\Rightarrow 29 = 29$

11. विकल्प (d) लेने पर
$\Rightarrow 5 - 2 \times 4 + 9 \div 3 = 0$
$\Rightarrow 5 - 8 + 3 = 0$
$\Rightarrow 0 = 0$

12. विकल्प (b) लेने पर
$\Rightarrow 4 \times 5 + 6 \div 2 - 7 = 16$
$\Rightarrow 20 + 3 - 7 = 16$
$\Rightarrow 16 = 16$

13. विकल्प (c) लेने पर
$\Rightarrow 9 + 7 \times 8 \div 14 - 3 = 10$
$\Rightarrow 9 + 4 - 3 = 10$
$\Rightarrow 10 = 10$

14. विकल्प (c) लेने पर
$\Rightarrow 12 - 6 \times 2 + 24 \div 8 = 3$
$\Rightarrow 12 - 12 + 3 = 3$
$\Rightarrow 3 = 3$

15. विकल्प (d) लेने पर
$\Rightarrow 26 - 2 \times 8 + 4 \div 1 = 14$
$\Rightarrow 26 - 16 + 4 = 14$
$\Rightarrow 10 + 4 = 14$
$\Rightarrow 14 = 14$

16. विकल्प (d) लेने पर
$\Rightarrow 7 + 9 \times 4 \div 6 - 8 = 5$
$\Rightarrow 7 + 6 - 8 = 5$
$\Rightarrow 5 = 5$

17. विकल्प (a) लेने पर
$\Rightarrow 10 \times 3 \div 2 - 5 + 1 = 11$
$\Rightarrow 15 - 5 + 1 = 11$
$\Rightarrow 11 = 11$

18. विकल्प (b) लेने पर
$\Rightarrow 18 \times 2 \div 6 - 8 + 24 = 22$
$\Rightarrow 6 - 8 + 24 = 22$
$\Rightarrow 22 = 22$

19. विकल्प (a) लेने पर
$\Rightarrow 36 \times 4 \div 3 - 10 + 11 = 49$
$\Rightarrow 48 - 10 + 11 = 49$
$\Rightarrow 49 = 49$

20. विकल्प (a) लेने पर
$\Rightarrow 18 \times 2 \div 9 + 5 - 6 = 3$
$\Rightarrow 4 + 5 - 6 = 3$
$\Rightarrow 3 = 3$

21. विकल्प (b) लेने पर
$\Rightarrow 18 \times 3 - 4 \div 2 + 7 = 59$
$\Rightarrow 54 - 2 + 7 = 59$
$\Rightarrow 59 = 59$

22. विकल्प (b) लेने पर
$\Rightarrow 18 \div 3 + 15 \times 4 - 44 = 22$
$\Rightarrow 6 + 60 - 44 = 22$
$\Rightarrow 22 = 22$

23. विकल्प (a) लेने पर
$\Rightarrow 16 \times 4 - 18 \div 2 + 8 = 63$
$\Rightarrow 64 - 9 + 8 = 63$
$\Rightarrow 63 = 63$

24. विकल्प (c) लेने पर
$\Rightarrow 12 \div 3 + 11 \times 4 - 32 = 16$
$\Rightarrow 4 + 44 - 32 = 16$
$\Rightarrow 16 = 16$

25. विकल्प (c) लेने पर
$\Rightarrow 21 - 28 + 25 \times 10 \div 5 = 43$
$\Rightarrow 21 - 28 + 50 = 43$
$\Rightarrow 43 = 43$

26. विकल्प (c) लेने पर
$\Rightarrow 20 \times 2 \div 4 - 8 + 28 = 30$
$\Rightarrow 10 - 8 + 28 = 30$
$\Rightarrow 30 = 30$

27. विकल्प (b) लेने पर
$\Rightarrow 29 - 12 + 4 \times 40 \div 5 = 49$
$\Rightarrow 29 - 12 + 32 = 49$
$\Rightarrow 49 = 49$

28. विकल्प (d) लेने पर
$\Rightarrow 10 \div 2 - 4 + 6 \times 3 = 19$

$\Rightarrow 5 - 4 + 18 = 19$

$\Rightarrow 19 = 19$

29. विकल्प (a) लेने पर

$\Rightarrow 9 \div 3 + 1 \times 4 - 7 = 0$

$\Rightarrow 3 + 4 - 7 = 0$

$\Rightarrow 7 - 7 = 0$

$\Rightarrow 0 = 0$

30. विकल्प (d) लेने पर

$\Rightarrow 4 - 7 + 5 \times 8 \div 2 = 17$

$\Rightarrow -3 + 20 = 17$

$\Rightarrow 17 = 17$

31. विकल्प (c) लेने पर

$\Rightarrow 12 \times 3 - 4 \div 2 + 7 = 41$

$\Rightarrow 36 - 2 + 7 = 41$

$\Rightarrow 41 = 41$

32. विकल्प (b) लेने पर

$\Rightarrow 7 - 5 \times 4 \div 2 + 6 = 3$

$\Rightarrow 7 - 10 + 6 = 3$

$\Rightarrow 3 = 3$

33. विकल्प (d) लेने पर

$\Rightarrow 17 - 6 \times 2 + 8 \div 4 = 7$

$\Rightarrow 17 - 12 + 2 = 7$

$\Rightarrow 7 = 7$

34. विकल्प (c) लेने पर

$\Rightarrow 5 \times 3 - 9 + 8 \div 2 = 10$

$\Rightarrow 15 - 9 + 4 = 10$

$\Rightarrow 10 = 10$

35. विकल्प (c) लेने पर

$\Rightarrow 14 \div 2 + 15 - 3 \times 6 = 4$

$\Rightarrow 7 + 15 - 18 = 4$

$\Rightarrow 4 = 4$

36. विकल्प (a) लेने पर

$\Rightarrow 7 - 8 \times 2 + 9 = 0$

$\Rightarrow 7 - 16 + 9 = 0$

$\Rightarrow 0 = 0$

37. विकल्प (a) लेने पर

$\Rightarrow 20 - 4 \times 2 + 10 \div 5 = 14$

$\Rightarrow 20 - 8 + 2 = 14$

$\Rightarrow 14 = 14$

38. विकल्प (b) लेने पर

$\Rightarrow 5 \times 7 - 8 \div 2 + 4 = 35$

$\Rightarrow 35 - 4 + 4 = 35$

$\Rightarrow 35 = 35$

39. विकल्प (d) लेने पर

$\Rightarrow 8 \times 2 + 10 \div 5 - 4 = 14$

$\Rightarrow 16 + 2 - 4 = 14$

$\Rightarrow 14 = 14$

40. विकल्प (a) लेने पर

$\Rightarrow 22 - 26 + 13 \times 15 \div 5 = 35$

$\Rightarrow 22 - 26 + 39 = 35$

$\Rightarrow 35 = 35$

41. विकल्प (b) लेने पर

$\Rightarrow 3 \times 1 + 6 \div 2 - 5 = 1$

$\Rightarrow 3 + 3 - 5 = 1$

$\Rightarrow 1 = 1$

42. विकल्प (b) लेने पर

$\Rightarrow 10 \div 5 + 4 - 3 \times 2 = 0$

$\Rightarrow 2 + 4 - 6 = 0$

$\Rightarrow 0 = 0$

43. विकल्प (d) लेने पर

$\Rightarrow 18 \div 3 - 5 + 10 \times 2 = 21$

$\Rightarrow 6 - 5 + 20 = 21$

$\Rightarrow 21 = 21$

44. Option (d)

After changing the sign, new equation will be (चिन्ह बदलने के बाद नई समीकरण होगी)-

$\Rightarrow 72 \div 6 + 18 \times 5 - 9 = 93$

$\Rightarrow 12 + 90 - 9 = 93$

$\Rightarrow 93 = 93$ (LHS = RHS)

45. Option (c)

After changing the sign, new equation will be (चिन्ह बदलने के बाद नई समीकरण होगी)-

$\Rightarrow 42 \times 16 \div 7 - 36 + 16 = 76$

$\Rightarrow \frac{42 \times 16}{7} - 36 + 16 = 76$

$\Rightarrow 96 - 36 + 16 = 76$

$\Rightarrow 76 = 76$ (LHS = RHS)

46. Option (b)

After changing the numbers, new equation will be (संख्याएँ बदलने के बाद नई समीकरण होगी)-

$\Rightarrow 4 \times 15 \div 3 + 14 - 8 = 26$

$\Rightarrow 4 \times 5 + 14 - 8 = 26$

$\Rightarrow 20 + 14 - 8 = 26$

$\Rightarrow 26 = 26$ (LHS = RHS)

47. Option (d)

After changing the sign, new equation will be (चिन्ह बदलने के बाद नई समीकरण होगी)-

$\Rightarrow 144 \div 12 + 18 \times 6 - 24 = 96$

$\Rightarrow 12 + 108 - 24 = 96$

$\Rightarrow 96 = 96$ (LHS = RHS)

48. Option (a)

After changing the sign, new equation will be (चिन्ह बदलने के बाद नई समीकरण होगी)-

$\Rightarrow 54 \times 8 \div 48 - 12 + 27 = 24$

$\Rightarrow \frac{54 \times 8}{48} - 12 + 27 = 24$

$\Rightarrow 9 - 12 + 27 = 24$

$\Rightarrow 24 = 24$ (LHS = RHS)

49. Option (c)

After changing the sign, new equation will be (चिन्ह बदलने के बाद नई समीकरण होगी)-

$\Rightarrow 24 + 36 - 81 \div 9 \times 2 = 42$

$\Rightarrow 24 + 36 - 9 \times 2 = 42$

$\Rightarrow 24 + 36 - 18 = 42$

$\Rightarrow 42 = 42$ (LHS = RHS)

50. Option (d)

After changing the sign, new equation will be (चिन्ह बदलने के बाद नई समीकरण होगी)-

$\Rightarrow 48 + 36 - 81 \div 9 \times 2 = 66$

$\Rightarrow 48 + 36 - 18 = 66$

$\Rightarrow 66 = 66$ (LHS = RHS)

51. समीकरण (I) लेने पर

$\Rightarrow 16 \times 4 - 8 \div 2 + 7$

$\Rightarrow 64 - 4 + 7$

$\Rightarrow 67$

समीकरण (II) लेने पर

$\Rightarrow 8 \times 4 - 9 \div 3 + 8$

$\Rightarrow 32 - 9 \div 3 + 8$

$\Rightarrow 32 - 3 + 8$

$\Rightarrow 37$

अत: विकल्प (a) सही है।

52. समीकरण (I)

$\Rightarrow 7 + 8 \times 2 \div 4 - 6$

$\Rightarrow 7 + 4 - 6$

$\Rightarrow 5$

समीकरा (II)

$\Rightarrow 16 \div 4 + 13 \times 2 - 3$

$\Rightarrow 4 + 26 - 3$

$\Rightarrow 27$

अत: विकल्प (b) सही है।

53. समीकरण (I)
$\Rightarrow 16 \div 4 - 8 \times 2 + 20$
$\Rightarrow 4 - 16 + 20$
$\Rightarrow 8$
समीकरण (II)
$\Rightarrow 35 \times 7 \div 5 + 15 - 18$
$\Rightarrow 49 + 15 - 18$
$\Rightarrow 46$
अत: विकल्प (b) सही उत्तर है।

54. समीकरण (I)
$\Rightarrow 8 + 4 - 6 \div 3 \times 5$
$\Rightarrow 8 + 4 - 2 \times 5$
$\Rightarrow 8 + 4 - 10$
$\Rightarrow 2$
समीकरण (II)
$\Rightarrow 20 + 15 \div 30 \times 10$
$\Rightarrow 20 + 5$
$\Rightarrow 25$
अत: विकल्प (a) सही उत्तर है।

55. समीकरण (I)
$\Rightarrow 5 + 6 \div 2 - 4 \times 1 = 10$
$\Rightarrow 5 + 3 - 4 = 10$
$\Rightarrow 4 \neq 10$
समीकरण (II)
$\Rightarrow 9 \div 3 - 4 \times 2 + 5 = 4$
$\Rightarrow 3 - 8 + 5 = 4$
$\Rightarrow 0 \neq 4$
अत: विकल्प (a) सही उत्तर है।

56. समीकरण (I)
$\Rightarrow 18 \times 3 - 4 \div 2 + 7$
$\Rightarrow 54 - 2 + 7$
$\Rightarrow 59$
समीकरण (II)
$\Rightarrow 18 \div 3 \times 6 - 8 + 4$
$\Rightarrow 6 \times 6 - 8 + 4$
$\Rightarrow 36 - 4$
$\Rightarrow 32$
अत: विकल्प (c) सही उत्तर है।

57. समीकरण (I) लेने पर
$\Rightarrow 7 - 8 \times 6 + 15 \div 3$
$\Rightarrow 7 - 48 + 15 \div 3$
$\Rightarrow 7 - 48 + 5$
$\Rightarrow -36$
समीकरण (II) लेने पर
$\Rightarrow 8 \times 9 - 2 + 45 \div 5$
$\Rightarrow 72 - 2 + 9$
$\Rightarrow 79$
अत: विकल्प (a) सही उत्तर है।

58. समीकरण (I) लेने पर
$\Rightarrow 4 + 3 \times 6 - 7 \div 1 = 15$
$\Rightarrow 4 + 18 - 7 = 15$
$\Rightarrow 15 = 15$
समीकरण (II) लेने पर
$\Rightarrow 7 \times 5 + 2 - 8 \div 4 = 33$
$\Rightarrow 35 + 2 - 2 = 33$
$\Rightarrow 35 \neq 33$
अत: विकल्प (a) सही उत्तर है।

59. विकल्प (c) लेने पर
$\Rightarrow 8 + 7 \times 2 - 6 \div 3 = 22$
$\Rightarrow 8 + 14 - 2 = 22$
$\Rightarrow 22 - 2 = 22$
$\Rightarrow 20 \neq 22$

60. विकल्प (c) लेने पर
$\Rightarrow 9 - 5 + 6 = 10$
$\Rightarrow 4 + 6 = 10$
$\Rightarrow 10 = 10$

61. विकल्प (d) लेने पर
$\Rightarrow 5 - 8 \times 2 + 6 = -3$
$\Rightarrow 5 - 16 + 6 = -3$
$\Rightarrow -5 \neq -3$

62. विकल्प (a) लेने पर
$\Rightarrow 2 \div 3 + 9 - 4 = 6$
$\Rightarrow \frac{2}{3} + 9 - 4 = 6$
$\Rightarrow \frac{2 + 27 - 12}{3} = 6$
$\Rightarrow \frac{17}{3} \neq 6$

63. विकल्प (b) लेने पर
$\Rightarrow 4 \div 2 + 6 \times 3 = 24$
$\Rightarrow 2 + 18 = 24$
$\Rightarrow 20 \neq 24$

64. विकल्प (c) लेने पर
$\Rightarrow 8 - 3 + 6 = 12$
$\Rightarrow 11 \neq 12$

65. विकल्प (b) लेने पर
$\Rightarrow 3 \times 4 + 5 - 2 = 18$
$\Rightarrow 12 + 5 - 2 = 18$
$\Rightarrow 15 \neq 18$

66. विकल्प (b) लेने पर
$\Rightarrow 3 \times 2 + 7 - 4 = 11$
$\Rightarrow 6 + 7 - 4 = 11$
$\Rightarrow 9 \neq 11$

67. विकल्प (b) लेने पर
$\Rightarrow 7 \div 2 + 3 + 4 = 6$
$\Rightarrow \frac{7}{2} + 3 + 4 = 6$
$\Rightarrow \frac{7 + 6 + 8}{2} = 6$
$\Rightarrow 10.5 \neq 6$

68. विकल्प (b) लेने पर
$\Rightarrow 23 - 20 + 35 \times 2 \div 10 = 10$
$\Rightarrow 23 - 20 + 7 = 10$
$\Rightarrow 10 = 10$

69. विकल्प (b) लेने पर
$\Rightarrow 76 + 4 \times 2 - 90 \div 3 = 54$
$\Rightarrow 76 + 8 - 30 = 54$
$\Rightarrow 54 = 54$

70. Taking option (b)/ विकल्प (b) लेने पर
$\Rightarrow 89 - 5 \times 15 + 32 \div 8 = 18$
$\Rightarrow 89 - 75 + 4 = 18$
$\Rightarrow 14 + 4 = 18$
$\Rightarrow 18 = 18$ (LHS = RHS)

71. Taking option (a)/ विकल्प (a) लेने पर
$\Rightarrow 10 \times 18 + 19 \times 2 - 1 = 217$
$\Rightarrow 180 + 38 - 1 = 217$
$\Rightarrow 217 = 217$ (LHS = RHS)

72. Taking option (a)/ विकल्प (a) लेने पर
$\Rightarrow 30 + 95 \times 5 - 32 \div 4 = 497$
$\Rightarrow 30 + 475 - 8 = 497$
$\Rightarrow 497 = 497$ (LHS = RHS)

73. Taking option (a)/ विकल्प (a) लेने पर
$\Rightarrow 48 \div 12 \times 5 = 5 \times 4$
$\Rightarrow 4 \times 5 = 5 \times 4$
$\Rightarrow 20 = 20$ (LHS = RHS)

74. Taking option (c)/ विकल्प (c) लेने पर
$\Rightarrow 42 \div 7 \times 5 = 10 \times 3$
$\Rightarrow 6 \times 5 = 10 \times 3$
$\Rightarrow 30 = 30$ (LHS = RHS)

75. Taking option (c)/ विकल्प (c) लेने पर

$\Rightarrow (120 \div 15) \times 9 + \sqrt[4]{81} \times 17 - 28 = 95$

$\Rightarrow 8 \times 9 + 3 \times 17 - 28 = 95$

$\Rightarrow 72 + 51 - 28 = 95$

$\Rightarrow 95 = 95$ (LHS = RHS)

76. Option (c)

After changing the sign, new equation will be (चिन्ह बदलने के बाद समीकरण होगी)-

$\Rightarrow 117 \div 13 \times 6 - 24 + 26$

$\Rightarrow 9 \times 6 - 24 + 26$

$\Rightarrow 56$

77. Option (c)

After changing the sign, new equation will be (चिन्ह बदलने के बाद समीकरण होगी)-

$\Rightarrow 12 \times 5 + 24 \div 3 - 5$

$\Rightarrow 60 + 8 - 5$

$\Rightarrow 63$

78. ATQ,

G.E. = $6 + 14 \times 2 - 18 = 20$

After changing the numbers and sign, new equation will be (चिन्ह व संख्याएँ बदलने पर समीकरण होगी)-

$\Rightarrow 14 - 6 \times 2 + 18 = 20$

$\Rightarrow 14 - 12 + 18 = 20$

$\Rightarrow 20 = 20$ (LHS = RHS)

अत: विकल्प (a) सही होगा।

79. Option (c)

After changing the sign, new equation will be (चिन्ह बदलने पर, नई समीकरण होगी)-

28 A 80 B 16 C 5 D 21

$\Rightarrow 28 - 80 \div 16 \times 5 + 21$

$\Rightarrow 28 - 25 + 21$

$\Rightarrow 24$

80. Option (d)

G.E. = 8 A 80 B 16 C 90 D 21

$\Rightarrow 8 - 80 \div 16 \times 90 + 21$

$\Rightarrow 8 - 5 \times 90 + 21$

$\Rightarrow 8 - 450 + 21$

$\Rightarrow -421$

81. Option (a)

G.E. = 54 & 6 # 2 $ 8 @ 4

$\Rightarrow 54 \div 6 \times 2 + 8 - 4$

$\Rightarrow 9 \times 2 + 8 - 4$

$\Rightarrow 18 + 8 - 4$

$\Rightarrow 22$

82. Option (c)

After changing the signs/ चिन्ह बदलने पर-

G.E. = $[\{(49 - 12) + (6 \times 2)\} \div (4 + 3)] \times 5$

$\Rightarrow [\{37 + 12\} \div 7] \times 5$

$\Rightarrow \frac{49}{7} \times 5 = 35$

83. Option (c)

G.E. = $108 + 3 - 36 \times 6 \div 15 = 105$

After changing the signs/चिन्ह बदलने पर-

$\Rightarrow 108 - 3 \times 36 \div 6 + 15 = 105$

$\Rightarrow 108 - 3 \times 6 + 15 = 105$

$\Rightarrow 108 - 18 + 15 = 105$

$\Rightarrow 105 = 105$ (LHS = RHS)

84. ATQ,

G.E. = 10 # 25 @ 5 $ 20 % 10

$\Rightarrow 10 \times 25 \div 5 + 20 - 10$

$\Rightarrow 10 \times 5 + 20 - 10$

$\Rightarrow 50 + 20 - 10 = 60$

अत: विकल्प (b) सही है।

85. Option (d)

After changing the signs/ चिन्ह बदलने पर-

$\Rightarrow 63 - 84 \div 7 \times 6 + 48$

$\Rightarrow 63 - 12 \times 6 + 48$

$\Rightarrow 63 - 72 + 48 = 39$

86. Option (c)

After changing the signs, the new equation will be

चिन्ह बदलने के बाद नया समीकरण होगा-

$20 \times 2 + 6 - 5$

$\Rightarrow 40 + 6 - 5 = 41$

87. After changing the sign, new equation will be (चिन्ह बदलने के बाद नई समीकरण होगी)-

$\Rightarrow 240 - 72 \div 8 \times 24 + 6$

$\Rightarrow 240 - \frac{72}{8} \times 24 + 6 = ?$

$\Rightarrow 240 - 9 \times 24 + 6$

$\Rightarrow 246 - 216 = 30$

Hence option (a) is correct.

88. Option (b)

After changing the sign, new equation will be (चिन्ह बदलने के बाद नई समीकरण होगी)-

$\Rightarrow 60 \div 2 + 3 \times 6 - 5 - (4 \times 3)$

$\Rightarrow \frac{60}{2} + 3 \times 6 - 5 - (4 \times 3) = ?$

$\Rightarrow 30 + 18 - 5 - 12$

$\Rightarrow 48 - 17 = 31$

89. After changing the signs, the new equation will be (चिन्ह बदलने पर नई समीकरण होगी)-

$\Rightarrow 27 \div 3 + 5 + (9 \times 6) - 15 + (14 - 11) \times 6$

$\Rightarrow 9 + 5 + 54 - 15 + 18$

$\Rightarrow 86 - 15 = 71$

Hence option (b) is correct.

90. After changing the signs, the new equation will be (चिन्ह बदलने पर नई समीकरण होगी)-

$\Rightarrow 79 + 11 \times 18 \div \left(\frac{6}{3}\right) - 9$

$\Rightarrow 79 + 11 \times \frac{18}{2} - 9$

$\Rightarrow 79 + 99 - 9 = 169$

15 कथन और निष्कर्ष (Statement and Conclusion)

Read the given statements and conclusion carefully and state which of the conclusions logically follows from the given statements.

दिए गए कथनों और निष्कर्षों को ध्यानपूर्वक पढें और बताएँ कि कौन-सा निष्कर्ष तार्किक रूप से कथनों का अनुसरण करता है।

a. Both conclusions II and IV follow.
b. Only conclusion II follows.
c. Only conclusion I follows.
d. Both conclusion III and IV follow.
e. Neither conclusion I nor conclusion II. follows.
f. Both conclusions I and II follow.

a. निष्कर्ष II और IV दोनों अनुसरण करते है।
b. केवल निष्कर्ष II अनुसरण करता है।
c. केवल निष्कर्ष I अनुसरण करता है।
d. निष्कर्ष III और IV दोनों अनुसरण करते हैं।
e. न निष्कर्ष I और न ही II अनुसरण करता है।
f. निष्कर्ष I और II दोनों अनुसरण करते हैं।

1. **कथन** : सेल के दौरान स्टोर में और ऑनलाइन सभी जगह कपड़ों पर '70% तक छूट' मिल रही है।

निष्कर्ष:

I. सेल अवधि के दौरान सभी कपड़ों पर 70% की छूट है।
II. कुछ कपड़े ऐसे हैं जिन पर छूट नहीं है।

Statement: During the sale, clothing is up to 70% off in store and online.

Conclusion:

I. All clothing is up to 70% off during the sale period.
II. There are some clothes which are not exempted.

2. **Statement:** Due to the shortage of onions and large scale hoarding by some traders, the prices of onions have increased significantly.

Conclusion:

I. The government should take strict legal action against the hoarders and strict penalty should be imposed on the hoarders.
II. People should stop eating onions and should eat potatoes instead.

कथन : प्याज की कमी और कुछ व्यापारियों द्वारा बड़े पैमाने पर जमाखोरी के कारण प्याज की कीमतों में काफी ज्यादा वृद्धि हुई है।

निष्कर्ष:

I. सरकार को जमाखोरों पर कड़ी कानूनी कार्यवाही करनी चाहिए, और जमाखोरी करने वालों पर कठोर जुर्माना लगाया जाना चाहिए।
II. लोगों को प्याज खाना बंद कर देना चाहिए, और उसके बजाय आलू खाना चाहिए।

3. **कथन** : हाल ही के एक अध्ययन में, यह देखा गया है कि सप्ताह में 5 दिन व्यायाम करने वाले लोग जीवन शैली की बीमारियों से कम प्रभावित होते हैं।

निष्कर्ष:

I. एक स्वस्थ जीवन के लिए शारीरिक दुरुस्ती महत्वपूर्ण है।
II. सप्ताह में 6 दिन व्यायाम करने से स्वास्थ्य समस्याएँ पैदा हो जायेगी।

Statement: In a recent study it is observed that people who exercise 5 days a week are less affected by lifestyle diseases.

Conclusion:

I. Physical vision is important for a healthy life.
II. Exercising 6 days a week causes health problems.

4. **Statement:** Ravi has 100 people working in his company.

Conclusion:

I. Ravi is an entrepreneur.
II. Ravi is a nice person.

कथन : रवि की अपनी कंपनी में 100 लोग काम करते हैं।

निष्कर्ष:

I. रवि एक उद्यमी है।
II. रवि एक अच्छा व्यक्ति है।

5. **कथन** : देश B अपनी ईंधन जरूरतें पूरी करने के लिए, कुछ दशकों से देश Y से 80% कच्चे तेल और पेट्रोलियम का आयात कर रहा है। हालांकि, देश में मौजूदा वित्तीय संकट के कारण, देश Y अन्य देशों को कच्चे तेल और पेट्रोलियम का निर्यात अब 30% अधिक कीमतों पर कर रहा है।

निष्कर्ष:

I. आने वाले महीनों में, देश B में कार पुनर्बिक्री उद्योग के पूरी तरह बंद होने की संभावना है।
II. देश B द्वारा ईंधन कर में 30% की वृद्धि की जाएगी।

Statement: Country B has been importing 80% of crude oil and petroleum from Country Y for some decades to meet its fuel needs. However, due to the current financial crisis in the country, the country Y is now exporting crude oil and petroleum to other countries at 30% higher prices.

Conclusion:

I. In the coming months, the car resale industry in

country B is likely to close down completely.

II. Country B will increase fuel tax by 30%.

6. Statements:

If he is intelligent, he will pass the examination.

कथन:

यदि वह बुद्धिमान है, तो वह परीक्षा में उत्तीर्ण हो जाएगा।

Conclusions:

I He must be intelligent to crack the exam.

II He will clear the exam.

निष्कर्ष:

I परीक्षा में उत्तीर्ण होने के लिए उसे बुद्धिमान होना चाहिए।

II वह परीक्षा उत्तीर्ण कर लेगा।

7. Statements:

People should work hard to achieve economic development.

कथन:

आर्थिक विकास प्राप्ति के लिए लोगों को कठिन परिश्रम करना चाहिए।

Conclusions:

1. Economic development is directly related to the hard work of the people.

II It is impossible for everyone to work hard.

निष्कर्ष:

I आर्थिक विकास लोगों के कठिन परिश्रम से सीधे संबंधित है।

II सभी लोगों द्वारा कठिन परिश्रम करना असंभव है।

8. Statements:

1. Irregularity is one of the reasons for failure in examinations.
2. Some regular students fail in the examinations.

कथन:

1. परीक्षाओं में असफलता का एक कारण अनियमितता है।
2. कुछ नियमित छात्र परीक्षाओं में असफल हो जाते हैं।

Conclusions:

I All the students who fail are regular.

II Not all successful students are regular.

निष्कर्ष:

I असफल होने वाले सभी छात्र नियमित होते हैं।

II सभी सफल छात्र नियमित नहीं होते हैं।

9. Statements:

1. Sachin is a good cricket player.
2. Sachin's sister sings well.

कथन:

1. सचिन बढ़िया क्रिकेट खिलाड़ी है।
2. सचिन की बहन अच्छा गाती है।

Conclusions:

I Sachin and his sister are good cricket players.

II Sachin and his sister are talented.

निष्कर्ष:

I सचिन और उसकी बहन अच्छे क्रिकेट खिलाड़ी हैं।

II सचिन और उसकी बहन प्रतिभाशाली हैं।

10. Statements:

1. Arun has three brothers and sisters. Arun's sister Karuna and his brother Tarun are younger than him.

कथन:

1. अरुण तीन भाई-बहन हैं। अरुण की बहन करुणा तथा उसका भाई तरुण दोनों ही उससे छोटे हैं।

Conclusions:

I Karuna is bigger than Tarun.

II Both Karuna and Tarun are of equal age.

निष्कर्ष:

I करुणा, तरुण से बड़ी है।

II करुणा और तरुण दोनों समान आयु के हैं।

11. Statements:

Development in urban and rural areas is not the same in India.

कथन:

भारत में शहरी एवं ग्रामीण क्षेत्र में विकास समान नहीं है।

Conclusions:

I Rural poverty is more than urban poverty.

II The unlimited size of family is the cause of poverty in India.

निष्कर्ष:

I ग्रामीण निर्धनता शहरी निर्धनता से ज्यादा है।

II परिवार का असीमित आकार भारत में निर्धनता का कारण है।

12. Statements:

25% of top households in India have 50% of national income.

कथन:

भारत में 25% शीर्ष गृहस्थों के पास राष्ट्रीय आय का 50% है।

Conclusions:

I When the economy grows rapidly only a few people have the resources to supply.

II The distribution of national income in India is uneven.

निष्कर्ष:

I जब अर्थव्यवस्था का विकास तेजी से होता है, तो कुछ ही लोगों के पास आपूर्ति के लिए संसाधन होते हैं।

II भारत में राष्ट्रीय आय का वितरण असमान है।

13. Statements:

In whichever state of the country there is development, inequality is automatically generated, which can not be stopped, but it can only be stopped at the cost of development.

कथन:

देश के जिस भी प्रांत में विकास होता है, वहाँ असमानता स्वत: उत्पन्न हो जाती है, जिसे रोकने का कोई भी उपाय नहीं है, बल्कि इसे केवल विकास की लागत पर

ही रोका जा सकता है।

Conclusions:

I Both inequality and development are not complementary to each other.

II Inequality and development are complementary to each other.

निष्कर्ष:

I असमानता एवं विकास दोनों एक-दूसरे के पूरक नहीं हैं।

II असमानता एवं विकास एक-दूसरे के पूरक हैं।

14. Statements:

All the girls in the class are hard working.

कथन:

कक्षा में सभी लड़कियाँ परिश्रमी हैं।

Conclusions:

I There is not a single boy in the class.

II The boys in the class are of retarded intelligence.

निष्कर्ष:

I कक्षा में एक भी लड़का नहीं है।

II कक्षा में लड़के मंद बुद्धि के हैं।

15. Statements:

1. Soldiers serve their country.
2. Students are not soldiers.

कथन:

1. सिपाही अपने देश की सेवा करते हैं।
2. छात्र सिपाही नहीं हैं।

Conclusions:

I Students do not serve their country.

II Only students serve their country.

निष्कर्ष:

I छात्र अपने देश की सेवा नहीं करते।

II केवल छात्र अपने देश की सेवा करते हैं।

16. Statements:

Nepal is a poor country.

कथन:

नेपाल एक गरीब देश है।

Conclusions:

I The people of Nepal are beggars.

II The people of Nepal do not work.

निष्कर्ष:

I नेपाल के रहने वाले भिखारी हैं।

II नेपाल के रहने वाले काम नहीं करते हैं।

17. Statements:

In the desert, it is not possible without a camel to move from one place to another.

कथन:

मरुस्थलों में एक स्थान से दूसरे स्थान पर जाने के लिए ऊँट के बिना काम नहीं चल सकता।

Conclusions:

I Camel is the easiest means of transportation in the deserts.

II Camels are found in large numbers in the deserts.

निष्कर्ष:

I मरुस्थलों में ऊँट ही आवागमन का सबसे सुगम साधन है।

II मरुस्थलों में ऊँट बहुत अधिक संख्या में मिलते हैं।

18. Statements:

It is faster to travel by plane from Bangalore to Mumbai.

कथन:

बैंगलोर से मुंबई के लिए वायुयान से यात्रा करना अधिक तेज है।

Conclusions:

I Bangalore and Mumbai are connected by air service.

II There is no other mode of transport between Bangalore and Mumbai.

निष्कर्ष:

I बैंगलोर और मुंबई हवाई सेवा से जुड़े हुए हैं।

II बैंगलोर और मुंबई के बीच यातायात का अन्य कोई साधन नहीं है।

19. Statements:

It is very easy to get a divorce in the Britain.

कथन:

ब्रिटेन में तलाक लेना बहुत सरल है।

Conclusions:

I British people often get divorced.

II Indian people should go to UK to get divorce.

निष्कर्ष:

I ब्रिटेन के लोग बहुधा तलाक लेते हैं।

II भारतीय लोगों को तलाक लेने के लिए ब्रिटेन जाना चाहिए।

20. Statements:

The sale of LG company television sets has increased a lot these day.

कथन:

LG कंपनी के टेलीविजन सेट्स की बिक्री इन दिनों काफी बढ़ गई है।

Conclusions:

I The sale of sets of another company has decreased.

II The sales of television sets of LG company were nil before.

निष्कर्ष:

I दूसरी कंपनी के सेट्स की बिक्री घट गई है।

II LG कंपनी के टेलीविजन सेट्स की बिक्री पहले नहीं के बराबर थी।

21. Statements:

1. The old system changes and the new system takes its place.

कथन:

1. प्राचीन व्यवस्था बदलती है और नयी व्यवस्था उसका स्थान ग्रहण करती है।

Conclusions:

I Change is the law of nature.

II Give up old ideas, because they have become obsolete.

निष्कर्ष:

I परिवर्तन प्रकृति का नियम है।

II पुराने विचारों को त्याग दें, क्योंकि वे जीर्ण हो गये हैं।

22. Statements:

1. Goodness is the enemy of the best of the best.

कथन:

1. अच्छाई, अच्छे से अच्छे शत्रु का शत्रु है।

Conclusions:

I You must do good to your best enemy.

II Best people do not like good.

निष्कर्ष:

I तुम्हें अपने सबसे अच्छे शत्रु के साथ भलाई करनी चाहिए।

II सर्वश्रेष्ठ व्यक्ति अच्छाई पसंद नहीं करते हैं।

23. Statements:

1. Sick people need medicine.

कथन:

1. बीमार लोगों को दवा की जरूरत होती है।

Conclusions:

I Healthy people do not need medicine.

II People keep medicines in their homes.

निष्कर्ष:

I स्वस्थ लोगों को दवा की जरूरत नहीं होती।

II लोग अपने घरों में दवा रखते हैं।

24. Statements:

1. All rich people are happy in life.

कथन:

1. सभी धनी व्यक्ति जीवन में खुश रहते हैं।

Conclusions:

I There is a direct relationship between wealth and happiness.

II Money brings happiness in life.

निष्कर्ष:

I धन और खुशी का सीधा संबंध है।

II धन से जीवन में खुशी आती है।

25. Statements:

To keep myself updated, I always listen to 9 o'clock news on the radio.

कथन:

स्वयं को अद्यतन रखने के लिए मैं सदा रेडियो पर 9 बजे के समाचार सुनता हूँ।

Conclusions:

I The person does not read the newspaper.

II Latest news is available only on radio.

निष्कर्ष:

I वह व्यक्ति समाचार पत्र नहीं पढ़ता है।

II ताजा समाचार केवल रेडियो पर उपलब्ध होते हैं।

26. Statements:

1. Ranjan said to Lata, "Maneka has a beautiful house".

कथन:

1. रंजन ने लता से कहा, ''मेनका का एक सुंदर घर है।''

Conclusions:

I Ranjan is a civil contractor.

II Lata is fond of houses.

निष्कर्ष:

I रंजन एक सिविल ठेकेदार है।

II लता को घरों का शौक है।

27. Statements:

1. After watching a film, Leela said, I would suggest all my friends to watch this film.

कथन:

1. एक फिल्म देखने के बाद, लीला ने कहा, ''मैं अपने सभी दोस्तों को इस फिल्म को देखने का सुझाव दूँगी।

Conclusions:

I Leela enjoyed watching the film.

II She wants her friends to watch the movie too.

निष्कर्ष:

I लीला ने फिल्म देखने का आनंद लिया।

II वह चाहती है कि उसके दोस्त भी फिल्म देखें।

28. Statements:

1. Beauty is in the eyes of the beholder.

कथन:

1. सुंदरता, देखने वाले की आँखों में होती है।

Conclusions:

I Some people find some people beautiful.

II Some people don't find some people beautiful.

निष्कर्ष:

I कुछ लोगों को कुछ लोग सुंदर दिखते हैं।

II कुछ लोगों को कुछ लोग सुंदर नहीं दिखते हैं।

29. Statements:

1. A small child said, "Of all the sweets, this is my favourite". Laddu.

कथन:

1. एक छोटे बच्चे ने कहा, ''सभी मिठाइयों में से, मेरी पसंदीदा है। लड्डू।

Conclusions:

I He does not like any other sweet.

II The only sweets available to them is laddu.

निष्कर्ष:

I उसे अन्य कोई भी मिठाई पसंद नहीं है।

II उनके लिए उपलब्ध एकमात्र मिठाई लड्डू ही है।

30. Statements:

1. Despite heavy rains, there was no interruption in railway service.

कथन:

1. भारी वर्षा होने के बावजूद भी रेल सेवाओं में कोई रूकावट नहीं है।

Conclusions:

I Rail services are interruped only in the rainy season.

II Heavy rain often obstructs rail services.

निष्कर्ष:

I केवल वर्षा ऋतु में ही रेल सेवाओं में रूकावट आती है।

II भारी वर्षा प्राय: रेल सेवाओं में बाधा डालती है।

31. Statements:

1. Fashion is so unbearable form of ugliness that we have to make changes in it after every six months.

कथन:

1. फैशन कुरूपता का इतना असहाय रूप है कि हमें उसमें प्रत्येक छ: महीने के बाद परिवर्तन करना होता है।

Conclusions:

I Fashion designers do not understand the mindset of the public well enough.

II Often the public is receptive to innovation.

निष्कर्ष:

I फैशन डिजाइनर जनता की मानसिकता को अच्छी तरह समझते ही नहीं है।

II प्राय: जनता नवाचार के प्रति ग्रहणशील होती है।

32. Statements:

1. The best way to escape from a problem is to solve it.

कथन:

1. किसी समस्या से बचने का सबसे अच्छा तरीका है। उसका समाधान करना।

Conclusions:

I Your life will be dull if you don't face the problems.

II To face a problem one should be ready with one's own solution.

निष्कर्ष:

I यदि आप किसी समस्या का सामना नहीं करते है तो आपका जीवन नीरस हो जाएगा।

II एक समस्या का सामना करने के लिए किसी को स्वयं के समाधान के साथ तैयार होना चाहिए।

33. Statements:

1. Any youngman who makes dowry as a condition for marriage, discredits, himself and dishonours, womenhood.

कथन:

1. कोई भी युवक, जो शादी के लिए दहेज लेता है, खुद को बदनाम करता है और नारीत्व को अपमानित करता है।

Conclusions:

I Those who take dowry in marriage should be condemned by society.

II Those who do not take dowry in marriage respect womanhood.

निष्कर्ष:

I विवाह में दहेज लेने वालों की समाज द्वारा निंदा की जानी चाहिए।

II विवाह में दहेज न लेने वाले लोग नारीत्व का सम्मान करते हैं।

34. Statements:

1. Fortune favours the brave.

कथन:

1. भाग्य बहादुरों का साथ देता है।

Conclusions:

I Risk is necessary for success.

II Cowards die many times before their death.

निष्कर्ष:

I सफलता के लिए जोखिम आवश्यक है।

II उनकी मृत्यु से पहले कई बार कायर मर जाते हैं।

35. Statements:

1. In a recent survey report, it has been stated that those who undertake physical exercise for at least half an hour a day are less prone to have any heart ailments.

कथन:

1. एक हालिया सर्वेक्षण रिपोर्ट में, यह कहा गया है कि जो लोग दिन में कम से कम आधे घंटे शारीरिक व्यायाम करते हैं, उन्हें दिल की बीमारी होने का खतरा कम होता है।

Conclusions:

I Moderate level of physical exercise is necessary for leading a healthy life.

II All people who do desk-bound job definitely suffer from heart ailments.

निष्कर्ष:

I स्वस्थ जीवन जीने के लिए शारीरिक व्यायाम का मध्यम स्तर आवश्यक है।

II डेस्क-बाउंड जॉब करने वाले सभी लोग निश्चित रूप से दिल की बीमारियों से पीड़ित हैं।

36. Statements:

1. Adversity makes a man wise.

कथन:

1. विपत्ति मनुष्य को बुद्धिमान बनाती है।

Conclusions:

I The poor are wise.

II Man learns from bitter experiences.

निष्कर्ष:

I गरीब समझदार है।

II मनुष्य कड़वे अनुभव से सीखता है।

37. Statements:

1. This world is neither good nor evil, each man creates a world for himself.

कथन:

1. यह दुनिया न तो अच्छी है और न ही बुरी, प्रत्येक आदमी अपने लिए एक दुनिया बनाता है।

Conclusions:

I Some people find this world quite good.

II Some people find this world quite bad.

निष्कर्ष:

I कुछ लोगों को यह दुनिया काफी अच्छी लगती है।

II कुछ लोगों को यह दुनिया काफी बुरी लगती है।

38. Statements:

1. People who speak too much against dowry are those who had taken it themselves.

कथन:

1. दहेज के खिलाफ बहुत ज्यादा बोलने वाले वो लोग हैं जिन्होंने स्वयं दहेज लिया था।

Conclusions:

I It is easier said than done.

II Peple have double standards.

निष्कर्ष:

I करने से कहना आसान है।

II लोगों के दोहरे मापदंड हैं।

39. Statements:

1. Quality comes with a price. India is spending a lot for education.

कथन:

1. गुणवत्ता कीमत के साथ आती है। भारत शिक्षा पर बहुत खर्च कर रहा है।

Conclusions:

I Soon improvement in the quality of education in India will happen.

II Only funding can improve the quality of education.

निष्कर्ष:

I जल्द ही भारत में शिक्षा की गुणवत्ता में सुधार होगा।

II केवल धन से ही शिक्षा की गुणवत्ता में सुधार हो सकता है।

40. Statements:

1. Money plays a vital role in politics.

कथन:

1. राजनीति में पैसे की अहम भूमिका होती है।

Conclusions:

I The poor can never become politicians.

II All the rich men take part in politics.

निष्कर्ष:

I गरीब कभी राजनेता नहीं बन सकते।

II सभी धनी लोग राजनीति में भाग लेते हैं।

41. Statements:

1. National Aluminium company has moved India from a position of shortage to self sufficiency in the metal.

कथन:

1. नेशनल एल्युमिनियम कंपनी ने भारत को धातु की कमी से लेकर आत्मनिर्भरता की स्थिति में ला दिया है।

Conclusions:

I Previously, India had to import aluminium.

II With this speed, it can soon become a foreign exchange earner.

निष्कर्ष:

I पहले, भारत को एल्मुनियम का आयात करना पड़ता था।

II इस गति के साथ, यह जल्द ही एक विदेशी मुद्रा अर्जक बन सकता है।

42. Statements:

1. A room with flowers looks beautiful.

कथन:

1. फूलों वाला कमरा सुंदर दिखता है।

Conclusions:

I Flowers are grown for decoration of rooms.

II Room without flowers looks ugly.

निष्कर्ष:

I कमरों की सजावट के लिए फूल उगाए जाते हैं।

II फूलों के बिना कमरा बदसूरत लगता है।

43. Statements:

1. After the outbreak of a global pandemic covid 19 there has been a severe economic crisis all across the globe.

कथन:

1. एक वैश्विक महामारी कोविड 19 के प्रकोप के बाद पूरी दुनिया में एक गंभीर आर्थिक संकट पैदा हो गया है।

Conclusions:

I May people might have lost their jobs.

II Share markets may have crashed due to a global economic crisis.

निष्कर्ष:

I बहुत से लोगों की नौकरी चली गई होगी।

II वैश्विक आर्थिक संकट के कारण शेयर बाजारों में गिरावट हो सकती है।

44. Statements:

1. The crop conditions continues to be critical even after the rains.

कथन:

1. बारिश के बाद भी फसल की स्थिति गंभीर बनी हुई है।

Conclusions:

I The crop condition was not critical before rains.

II The crop condition was expected to improve after the rains.

निष्कर्ष:

I बारिश से पहले फसल की स्थिति गंभीर नहीं थी।

II बारिश के बाद फसल की स्थिति में सुधार की उम्मीद थी।

45. Statements:

1. If all the players play to their full potential, we will win the match. We have won the match.

कथन:

1. अगर सभी खिलाड़ी अपनी पूरी क्षमता से खेलते हैं, तो हम मैच जीतेंगे। हमने मैच जीत लिया है।

Conclusions:

I All player played to their full potential.

II Some players did not play to their full potential.

निष्कर्ष:

I सभी खिलाड़ी अपनी पूरी क्षमता से खेले।

II कुछ खिलाड़ी अपनी पूरी क्षमता से नहीं खेले।

46. Statements:

1. The percentage of the national income shared by the top 10% of households in India is 35.

कथन:

1. भारत में शीर्ष 10 प्रतिशत परिवारों द्वारा साझा राष्ट्रीय आय का प्रतिशत 35 है।

Conclusions:

I When an economy grows fast, concentration of wealth in certain pockets of population takes place.

II The national income is unevenly distributed in India.

निष्कर्ष:

I जब कोई अर्थव्यवस्था तेजी से बढ़ती है, तो आबादी के कुछ हिस्सों में धन की एकाग्रता होती है।

II भारत में राष्ट्रीय आय असमान रूप से वितरित की जाती है।

47. Statements:

1. Until our country achieves economic equality, political freedom and democracy would be meaning less.

कथन:

1. जब तक हमारा देश आर्थिक समानता प्राप्त नहीं करता, तब तक राजनीतिक स्वतंत्रता और लोकतंत्र निरर्थक होगा।

Conclusions:

I Political freedom and democracy go hand in hand.

II Economic equality leads to real political freedom and democracy.

निष्कर्ष:

I राजनीतिक स्वतंत्रता और लोकतंत्र एक साथ चलते हैं।

II आर्थिक समानता वास्तविक राजनीतिक स्वतंत्रता और लोकतंत्र की ओर ले जाती है।

48. कथन :

I. सभी हिल स्टेशनों में एक प्रतिध्वनि-स्थान (echo-point) होता है।

II. P एक हिल स्टेशन है।

निष्कर्ष:

I. P में एक प्रतिध्वनि स्थान है।

II. हिल स्टेशनों के सिवाय अन्य स्थानों पर प्रतिध्वनि स्थान नहीं होते हैं।

Statements:

1. All hill stations have an echo point.
2. P is a hill station.

Conclusion:

I. There is one echo place in P.

II. There are no echo places at other places except hill stations.

49. कथन : उत्तम विज्ञान शिक्षा से धर्म का प्रभुत्व स्थाई रूप से नष्ट हो जाता है।

निष्कर्ष:

I. विज्ञान शिक्षा तथा धर्म में कोई संबंध नहीं है।

II. विज्ञान शिक्षा और धर्म के प्रभुत्व के बीच सीधा संबंध है।

Statement: Good science education destroys the dominance of religion permanently.

Conclusion:

I. There is no relation between science education and religion.

II. There is a direct relationship between the dominance of science education and religion.

50. Statements:

1. All the scientists working in Japan are brilliant.
2. Some Chinese scientists are working in Japan.

कथन:

1. जापान में काम करने वाले सभी वैज्ञानिक प्रतिभाशाली हैं।
2. जापान में कुछ चीनी वैज्ञानिक काम कर रहे हैं।

Conclusions:

I No Chinese scientist is genius.

II Some brilliant Chinese scientists are working in Japan.

III All brilliant scientists are Japanese.

IV Some Chinese scientists are genius.

निष्कर्ष:

I कोई भी चीनी वैज्ञानिक प्रतिभाशाली नहीं है।

II कुछ प्रतिभाशाली चीनी वैज्ञानिक जापान में काम कर रहे हैं।

III सभी प्रतिभाशाली वैज्ञानिक जापानी हैं।

IV कुछ चीनी वैज्ञानिक प्रतिभाशाली हैं।

(SSC GD, 11/03/2019, Shift-I)

51. कथन:

I. रवीन्द्रनाथ टैगोर ने अनेक कविताएँ लिखीं।

II. प्रत्येक कवि के पास सौन्दर्यात्मक ज्ञान होता है।

III. सौन्दर्यशास्त्र मूल्याश्रित अध्ययन का एक भाग है।

निष्कर्ष:

I. रवीन्द्रनाथ टैगोर ने विभिन्न मूल्याश्रित अध्ययन किए हैं।

II. उन्होंने तर्क और नैतिकता के आधार का पालन किया।

Statements:

I. Rabindranath Tagore wrote many poems.

II. Every poet has aesthetic knowledge.

III. Aesthetic is a part of axiological study.

Conclusions:

I. Rabindranath Tagore did different axiological study.

II. He followed the base of logic and ethics.

52. कथन :

I. X अच्छा नर्तक है।

II. नर्तक शक्तिशाली होते हैं।

निष्कर्ष:

I. सभी शक्तिशाली लोग नर्तक होते हैं।

II. X शक्तिशाली है।

Statements:

I. X is a good dancer.

II. Dancers are powerful.

Conclusion:

I. All powerful people are dancers.

II. X is powerful.

53. **कथन :**

I. दौड़ में केवल छात्र ही भाग ले सकते हैं।

II. दौड़ में भाग लेने वालों में कुछ बालिकाएँ हैं।

III. दौड़ में भाग लेने वाली सभी बालिका प्रतिभागियों को प्रशिक्षण हेतु बुलाया गया है।

निष्कर्ष:

I. दौड़ के सभी प्रतिभागियों को प्रशिक्षण हेतु बुलाया गया है।

II. दौड़ के सभी प्रतिभागी छात्र हैं।

Statements:

I. Only students can participate in the race,

II. Some of the participants in the race are girls.

III. All the girls who participating in the race have been called for training.

Conclusions:

I. All the participants of the race have been called for training.

II. All participants of the race are students

54. **कथन :**

आधुनिक युग में, विशेषकर गर्मी के समय में पानी की कमी एक बड़ी समस्या है।

निष्कर्ष:

I. गर्मी में कई पशुओं की मौत का मुख्य कारण पानी की कमी है।

II. सर्दियों में पानी की कमी नहीं होती है।

Statement:

In the modern era, water scarcity is a big problem, especially during summer.

Conclusion:

I. The main reason for the death of many animals in summer is lack of water.

II. There is no shortage of water in winter.

उत्तरमाला

1.	(e)	**2.**	(c)	**3.**	(c)	**4.**	(c)	**5.**	(e)	**6.**	(c)	**7.**	(c)	**8.**	(e)	**9.**	(b)	**10.**	(e)
11.	(e)	**12.**	(b)	**13.**	(b)	**14.**	(e)	**15.**	(e)	**16.**	(e)	**17.**	(c)	**18.**	(c)	**19.**	(c)	**20.**	(e)
21.	(c)	**22.**	(c)	**23.**	(e)	**24.**	(f)	**25.**	(e)	**26.**	(e)	**27.**	(f)	**28.**	(f)	**29.**	(e)	**30.**	(b)
31.	(b)	**32.**	(b)	**33.**	(f)	**34.**	(c)	**35.**	(c)	**36.**	(b)	**37.**	(f)	**38.**	(f)	**39.**	(c)	**40.**	(e)
41.	(f)	**42.**	(e)	**43.**	(f)	**44.**	(b)	**45.**	(c)	**46.**	(b)	**47.**	(b)	**48.**	(c)	**49.**	(b)	**50.**	(a)
51.	(c)	**52.**	(b)	**53.**	(b)	**54.**	(e)												

Hints & Solution (व्याख्या)

1. न तो निष्कर्ष I और न ही II पालन करता है, क्योंकि दोनों ही निष्कर्ष, कथन में स्पष्ट नहीं हैं।

2. केवल निष्कर्ष I पालन करता है।

3. केवल निष्कर्ष I अनुसरण करता है।

4. केवल निष्कर्ष I अनुसरण करता है।

5. दिए गए कथन के अनुसार न तो I और न ही II निष्कर्ष निकाले जा सकते हैं।

6. केवल निष्कर्ष I अनुसरण करता है।

7. केवल निष्कर्ष I अनुसरण करता है।

8. न निष्कर्ष I अनुसरण करता है ना ही II अनुसरण करता है।

9. केवल निष्कर्ष II अनुसरण करता है।

10. न निष्कर्ष I और न ही II अनुसरण करता है।

11. न तो निष्कर्ष I और न ही II अनुसरण करता है।

12. केवल निष्कर्ष II अनुसरण करता है।

13. केवल निष्कर्ष II अनुसरण करता है।

14. दोनों निष्कर्ष में से कोई भी कथन का अनुसरण नहीं कर रहा है।

15. न तो निष्कर्ष I न ही निष्कर्ष II अनुसरण करता है।

16. न तो निष्कर्ष I और न ही II अनुसरण करता हैं।

17. केवल निष्कर्ष I अनुसरण कर रहा है।

18. केवल निष्कर्ष I अनुसरण कर रहा है।

19. केवल निष्कर्ष I अनुसरण कर रहा है।

20. न तो निष्कर्ष I और न ही निष्कर्ष II अनुसरण कर रहा है।

21. केवल निष्कर्ष I अनुसरण कर रहा है।

22. केवल निष्कर्ष I अनुसरण कर रहा है।

23. न तो निष्कर्ष I और न ही निष्कर्ष II निकलता है।

24. निष्कर्ष I तथा II दोनों अनुसरण करते हैं।

25. न तो निष्कर्ष I न ही II अनुसरण करता है।

26. न तो I न ही II अनुसरण करता है।

27. दोनों निष्कर्ष I और II अनुसरण करते हैं।

28. दोनों निष्कर्ष I और II अनुसरण करते हैं।

29. न तो निष्कर्ष I और न ही II अनुसरण करता है।

30. केवल निष्कर्ष II अनुसरण करता है।

31. केवल निष्कर्ष II अनुसरण करता है।

32. केवल निष्कर्ष II अनुसरण करता है।

33. दोनों निष्कर्ष I और II अनुसरण करते हैं।

34. केवल निष्कर्ष I अनुसरण करता है।

35. केवल निष्कर्ष I अनुसरण करता है।

36. केवल निष्कर्ष II अनुसरण करता है।

37. निष्कर्ष I व निष्कर्ष II दोनों अनुसरण करते हैं।

38. निष्कर्ष I और निष्कर्ष II अनुसरण करते हैं।

39. केवल निष्कर्ष I अनुसरण करता है।

40. न तो निष्कर्ष I और न ही निष्कर्ष II अनुसरण करता है।

41. निष्कर्ष I व निष्कर्ष II दोनों अनुसरण करते हैं।

42. न तो निष्कर्ष I और न ही निष्कर्ष II अनुसरण करता है।

43. दोनों निष्कर्ष I और II अनुसरण करते हैं।

44. केवल निष्कर्ष II अनुसरण करता है।

45. केवल निष्कर्ष I अनुसरण करता है।

46. केवल निष्कर्ष II अनुसरण करता है।

47. केवल निष्कर्ष II अनुसरण करता है।

48. दोनों कथनों के निष्कर्ष से सिद्ध हो रहा है कि सभी हिल स्टेशनों में एक प्रतिध्वनि स्थान होता है। यदि P एक हिल स्टेशन है तो निश्चित ही वहाँ एक प्रतिध्वनि स्थान होगा। अत: निष्कर्ष I अनुसरण करता है जबकि कथन में अन्य स्थानों का कोई उल्लेख नहीं है। अत: निष्कर्ष II अनुपालन नहीं करता है।

49. केवल निष्कर्ष II अनुसरण करता है क्योंकि विज्ञान शिक्षा एवं धर्म का एक-दूसरे पर सीधा प्रभाव पड़ता है।

50. केवल निष्कर्ष II और IV अनुसरण करते हैं।

51. केवल निष्कर्ष I अनुसरण करता है। चूँकि तर्क और नैतिकता के बारे में कथन से कुछ भी स्पष्ट नहीं है इसीलिए निष्कर्ष II अनुसरण नहीं करता है।

52. कथनानुसार केवल निष्कर्ष II ही अनुसरण करेगा।

53. केवल निष्कर्ष II अनुसरण करता है।

54. अत: न तो निष्कर्ष I और न ही निष्कर्ष II पालन करता है।

16

न्याय संगतता (Syllogism)

Read the given statements and conclusions carefully. Assuming that the information given in the statements is true even if they seem to be at variance from commonly known facts, decide which of the conclusions logically follow(s) from the following statements.

दिए गए कथनों और निष्कर्षों को ध्यानपूर्वक पढ़ें। यह मानते हुए कि कथनों में दी गई जानकारी सही है। भले ही वह सामान्य रूप से ज्ञात तथ्यों से भिन्न प्रतीत होती हो। यह निर्धारित करें कि दिए गए निष्कर्षों में से कौन से निष्कर्ष कथनों का तार्किक रूप से अनुसरण करते हैं।

1. Neither conclusion I nor conclusion II follows.
2. Only conclusion II follows.
3. Both conclusion I and II follow.
4. Only conclusion I follows.
5. All follow.
6. Only conclusion III follows.
7. Conclusion II and IV follow.
8. Either conclusion I or conclusion II follow.
9. Both conclusion I and III follow.
10. Both conclusion II and III follow.
11. None of the conclusion I, II or III follows.

1. न तो निष्कर्ष I न ही निष्कर्ष II अनुसरण करता है।
2. केवल निष्कर्ष II अनुसरण करता है।
3. निष्कर्ष I और II दोनों अनुसरण करते हैं।
4. केवल निष्कर्ष I अनुसरण करता है।
5. सभी निष्कर्ष अनुसरण करते हैं।
6. केवल निष्कर्ष III अनुसरण करता है।
7. निष्कर्ष II और IV अनुसरण करते हैं।
8. या तो निष्कर्ष I या निष्कर्ष II अनुसरण करते हैं।
9. निष्कर्ष I और III दोनों अनुसरण करते हैं।
10. निष्कर्ष II और III दोनों अनुसरण करते हैं।
11. कोई भी निष्कर्ष I, II व III अनुसरण नहीं करते हैं।

1. Statements:
1. Some H are R.
2. No P is H.

कथन:
1. कुछ H, R हैं।
2. कोई P, H नहीं है।

Conclusions:
1. Some P is H.
2. Some R not P.

निष्कर्ष:
1. कुछ P, H हैं।
2. कुछ R, P नहीं हैं।

(SSC GD 20/02/2024 Shift II)

2. Statements:
1. Some namkeen is pizza.
2. No pizza is biscuit.

कथन:
1. कुछ नमकीन, पिज्जा हैं।
2. कोई पिज्जा, बिस्किट नहीं है।

Conclusions:
1. No biscuit is namkeen.
2. No biscuit is pizza.
3. Some pizza is not biscuit.

निष्कर्ष:
1. कोई बिस्किट, नमकीन नहीं है।
2. कोई बिस्किट, पिज्जा नहीं है।
3. कुछ पिज्जा, बिस्किट नहीं हैं।

(SSC GD 20/02/2024 Shift IV)

3. Statements:
1. Some U are C.
2. No L is U.

कथन:
1. कुछ U, C हैं।
2. कोई L, U नहीं है।

Conclusions:
1. Some L are U.
2. Some C is not L.

निष्कर्ष:
1. कुछ L, U हैं।
2. कुछ C, L नहीं हैं।

(SSC GD 21/02/2024 Shift I)

4. Statements:
1. All L are V.
2. No L is J.

कथन:
1. सभी L, V हैं।
2. कोई L, J नहीं हैं।

Conclusions:
1. All V are L.
2. All J are V.

निष्कर्ष:
1. सभी V, L हैं।
2. सभी J, V हैं।

(SSC GD 21/02/2024 Shift II)

5. Statements:
1. All W are C.
2. Some P are W.

कथन:
1. सभी W, C हैं।
2. कुछ P, W हैं।

Conclusions:
1. Some C is P.
2. No P is C.
3. Some C is W.

निष्कर्ष:
1. कुछ C, P हैं।
2. कोई P, C नहीं है।
3. कुछ C, W नहीं है।

6. Statements:
1. All lands are vacant.

2. No land is girl.

कथन:

1. सभी भूमि रिक्त हैं।
2. कोई भूमि लड़की नहीं है।

Conclusions:

1. All vacant is land.
2. All girl are vacant.

निष्कर्ष:

1. सभी रिक्त भूमि हैं।
2. सभी लड़की, रिक्त हैं।

7. Statements:

1. Some tables are white.
2. No road is white.

कथन:

1. कुछ मेज, सफेद हैं।
2. कोई सड़क, सफेद नहीं है।

Conclusions:

1. No white is road.
2. No road, is table
3. No white is table.

निष्कर्ष:

1. कोई सफेद, सड़क नहीं है।
2. कोई सड़क, मेज नहीं है।
3. कोई सफेद, मेज नहीं है।

(SSC GD 22/02/2024 Shift III)

8. Statements:

1. Some F are T.
2. All F are K.

कथन:

1. कुछ F, T हैं।
2. सभी F, K हैं।

Conclusions:

1. Some K is T.
2. All T are F.
3. All K are F.

निष्कर्ष:

1. कुछ K, T हैं।
2. सभी T, F हैं।
3. सभी K, F हैं।

(SSC GD 23/02/024 Shift IV)

9. Statements:

1. No A is B.
2. Some B are P.

कथन:

1. कोई A, B नहीं है।
2. कुछ B, P हैं।

Conclusions:

1. Some B is not A.
2. Some P is not A.

निष्कर्ष:

1. कुछ B, A नहीं हैं।
2. कुछ P, A नहीं हैं।

(SSC GD 24/02/2024 Shift I)

10. Statements:

1. No red is black.
2. No mouse is black.

कथन:

1. कोई लाल, काला नहीं है।
2. कोई चूहा, काला नहीं है।

Conclusions:

1. Some mice are not red.
2. Some red are black.

निष्कर्ष:

1. कुछ चूहे, लाल नहीं हैं।
2. कुछ लाल, काले हैं।

(SSC GD, 24/02/2024, Shift IV)

11. Statements:

1. No S is T.
2. Some U are S.

कथन:

1. कोई S, T नहीं है।
2. कुछ U, S हैं।

Conclusions:

1. Some U are not T.
2. All T are U.

निष्कर्ष:

1. कुछ U, T नहीं हैं।
2. सभी T, U हैं।

(SSC GD 26/02/2024 Shift I)

12. Statements:

1. All red are green.
2. Some pink are green.

कथन:

1. सभी लाल, हरे हैं।
2. कुछ गुलाबी, हरे हैं।

Conclusions:

1. Some pink are not red.
2. All green are red.
3. Some green are red.

निष्कर्ष:

1. कुछ गुलाबी, लाल नहीं हैं।
2. सभी हरे, लाल हैं।
3. कुछ हरे, लाल हैं।

(SSC GD 27/02/2024 Shift I)

13. Statements:

1. Some mobile are watch.
2. No watch is laptop.

कथन:

1. कुछ मोबाइल, घड़ी हैं।
2. कोई घड़ी, लैपटॉप नहीं हैं।

Conclusions:

1. No laptop is mobile.
2. Some laptops are not watches.

निष्कर्ष:

1. कोई लैपटॉप, मोबाइल नहीं हैं।
2. कुछ लैपटॉप, घड़ी नहीं हैं।

(SSC GD 27/02/2024 Shift III)

14. Statements:

1. No G is M.
2. Some A are M.

कथन:

1. कोई G, M नहीं है।
2. कुछ A, M हैं।

Conclusions:

1. Some M is A.
2. Some M are G.

निष्कर्ष:

1. कुछ M, A हैं।
2. कुछ M, G हैं।

(SSC GD 27/02/2024 Shift IV)

15. Statements:

1. Some T are S.
2. No R is S.

कथन:

1. कुछ T, S हैं।
2. कोई R, S नहीं हैं।

Conclusions:

1. No S is R.
2. No R is T.
3. No S is T.

निष्कर्ष:

1. कोई S, R नहीं हैं।
2. कोई R, T नहीं हैं।

3. कोई S, T नहीं है।

(SSC GD 28/02/2024 Shift II)

16. Statements:
1. All P is G.
2. Some B are G.

कथन:
1. सभी P, G हैं।
2. कुछ B, G हैं।

Conclusions:
1. Some B are not P.
2. All G are P.
3. Some G is P.

निष्कर्ष:
1. कुछ B, P नहीं हैं।
2. सभी G, P हैं।
3. कुछ G, P हैं।

(SSC GD 28/02/2024 Shift IV)

17. Statements:
1. No M is N.
2. Some O are N.

कथन:
1. कोई M, N नहीं है।
2. कुछ O, N हैं।

Conclusions:
1. All O are M.
2. No N is M.

निष्कर्ष:
1. सभी O, M हैं।
2. कोई N, M नहीं है।

(SSC GD 29/02/2024 Shift II)

18. Statements:
1. All wheels are bicycles.
2. Some bicycles are tubes.

कथन:
1. सभी पहिए, साइकिल हैं।
2. कुछ साइकिल, टब हैं।

Conclusions:
1. All tub are wheels.
2. All bicycles are tub.
3. All bicycles are wheels.

निष्कर्ष:
1. सभी टब, पहिए हैं।
2. सभी साइकिल, टब हैं।
3. सभी साइकिल, पहिए हैं।

(SSC GD 01/03/2024 Shift I)

19. Statements:
1. All F is S.
2. Some S are R.

कथन:
1. सभी F, S हैं।
2. कुछ S, R हैं।

Conclusions:
1. No S is F.
2. No S is F.
3. Some S is not R.

निष्कर्ष:
1. कुछ R, F नहीं हैं।
2. कोई S, F नहीं है।
3. कुछ R, S नहीं है।

(SSC GD 01/03/2024 Shift II)

20. Statements:
1. Some L are S.
2. All T are S.

कथन:
1. कुछ L, S हैं।
2. सभी T, S हैं।

Conclusions:
1. No T is L.
2. No S is T.

निष्कर्ष:
1. कोई T, L नहीं है।
2. कोई S, T नहीं है।

(SSC GD, 01/03/2024, Shift III)

21. Statements:
1. No flower is plant.
2. Some animals are flowers.

कथन:
1. कोई फूल, पौधा नहीं है।
2. कुछ जानवर, फूल हैं।

Conclusions:
1. Some animals are not plants.
2. All plants are animals.

निष्कर्ष:
1. कुछ जानवर, पौधा नहीं है।
2. सभी पौधा, जानवर है।

(SSC GD 01/03/2024 Shift IV)

22. Statements:
1. All R is T.
2. Some X is R.

कथन:
1. सभी R, T हैं।
2. कुछ X, R हैं।

Conclusions:
1. No T is R.
2. Some R are X.
3. No X is T.

निष्कर्ष:
1. कोई T, R नहीं है।
2. कुछ R, X हैं।
3. कोई X, T नहीं है।

(SSC GD 05/03/2024 Shift I)

23. Statements:
1. Some T are Y.
2. All Y is Z.

कथन:
1. कुछ T, Y हैं।
2. सभी Y, Z हैं।

Conclusions:
1. Some Z is not Y.
2. Some Z is T.

निष्कर्ष:
1. कुछ Z, Y नहीं हैं।
2. कुछ Z, T हैं।

(SSC GD 05/03/2024 Shift II)

24. Statements:
1. No brush is bed.
2. Some tables are brushes.

कथन:
1. कोई ब्रश, बेड नहीं है।
2. कुछ टेबल, ब्रश हैं।

Conclusions:
1. Some tables are not beds.
2. All beds are tables.

निष्कर्ष:
1. कुछ टेबल, बेड नहीं हैं।
2. सभी बेड, टेबल हैं।

(SSC GD 05/03/2024 Shift III)

25. Statements:
1. No X is W.
2. Some Y is X.

कथन:
1. कोई X, W नहीं है।
2. कुछ Y, X हैं।

Conclusions:
1. Some Y are not W.
2. All W are Y.

निष्कर्ष:
1. कुछ Y, W नहीं हैं।
2. सभी W, Y हैं।

(SSC GD 05/03/2024 Shift IV)

26. Statements:
1. All C are V.
2. No C is B.

कथन:
1. सभी C, V हैं।
2. कोई C, B नहीं है।

Conclusions:
1. All V are C.
2. All B are V.

निष्कर्ष:
1. सभी V, C हैं।
2. सभी B, V हैं।

(SSC GD 06/03/2024 Shift I)

27. Statements:
1. Some L are G.
2. All T are G.

कथन:
1. कुछ L, G हैं।
2. सभी T, G हैं।

Conclusions:
1. No T is L.
2. No G is T.

निष्कर्ष:
1. कोई T, L नहीं है।
2. कोई G, T नहीं है।

(SSC GD 06/03/2024 Shift II)

28. Statements:
1. Some fans are tables.
2. All fans are kites.

कथन:
1. कुछ पंखे, मेज हैं।
2. सभी पंखे, पतंग हैं।

Conclusions:
1. Some kites are tables.
2. All tables are fans.
3. All kites are fans.

निष्कर्ष:
1. कुछ पतंग, मेज हैं।
2. सभी मेज, पंखें हैं।
3. सभी पतंग, पंखे हैं।

(SSC GD 06/03/2024 Shift IV)

29. Statements:
1. Some musicians are guitarists.
2. All guitarists are artists.

कथन:
1. कुछ संगीतकार, गिटारवादक हैं।
2. सभी गिटारवादक, कलाकार हैं।

Conclusions:
1. Some artists are guitarists.
2. Some Musicians are not Artist.

निष्कर्ष:
1. कुछ कलाकार, गिटारवादक हैं।
2. कुछ संगीतकार, कलाकार नहीं हैं।

(SSC GD 07/03/2024 Shift I)

30. Statements:
1. Some yellow are green.
2. All white are green.

कथन:
1. कुछ पीले, हरे हैं।
2. सभी सफेद, हरे हैं।

Conclusions:
1. Some green are yellow.
2. Some green are white.

निष्कर्ष:
1. कुछ हरे, पीले हैं।
2. कुछ हरे, सफेद हैं।

(SSC GD, 07/03/2024, Shift III)

31. Statements:
1. All players are tall.
2. All tall are short.

कथन:
1. सभी खिलाड़ी, लंबे हैं।
2. सभी लंबे, छोटे हैं।

Conclusions:
1. Some players are small.
2. No small is player.

निष्कर्ष:
1. कुछ खिलाड़ी, छोटे हैं।
2. कोई छोटे, खिलाड़ी नहीं हैं।

(SSC GD 07/03/2024 Shift III)

32. Statements:
1. Some M are Z.
2. No Z is R.

कथन:
1. कुछ M, Z हैं।
2. कोई Z, R नहीं हैं।

Conclusions:
1. All M are R.
2. All R are Z.
3. Some M are not R.

निष्कर्ष:
1. सभी M, R हैं।
2. सभी R, Z हैं।
3. कुछ M, R नहीं हैं।

(SSC GD 07/03/2024 Shift IV)

33. Statements:
1. Some trees are flowers.
2. No flower is red.

कथन:
1. कुछ पेड़, फूल हैं।
2. कोई फूल, लाल नहीं है।

Conclusions:
1. All trees are red.
2. All red are flowers.
3. Some trees are not red.

निष्कर्ष:
1. सभी पेड़, लाल हैं।
2. सभी लाल, फूल हैं।
3. कुछ पेड़, लाल नहीं हैं।

(SSC GD 30/03/2024 Shift I)

34. Statements:
1. All bats are balls.
2. All balls are badminton.
3. All badminton are wickets.

कथन:
1. सभी बल्ले, गेंद हैं।
2. सभी गेंद, बैडमिंटन हैं।
3. सभी बैडमिंटन, विकेट हैं।

Conclusions:
1. All bats are wickets.
2. Some badminton are bat.

निष्कर्ष:
1. सभी बल्ले, विकेट हैं।
2. कुछ बैडमिंटन, बल्ले हैं।

(SSC GD 20/02/2024 Shift I)

35. Statements:
1. All pens are stationery items.
2. Some stationery items are rubber.
3. All markers are pen.

कथन:
1. सभी पेन, स्टेशनरी वस्तुएँ हैं।
2. कुछ स्टेशनरी वस्तुएँ रबर हैं।
3. सभी मार्कर, पेन हैं।

Conclusions:
1. Some stationary items are not rubber.
2. Some markers are not stationery items.

निष्कर्ष:
1. कुछ स्टेशनरी वस्तुएँ, रबर नहीं हैं।
2. कुछ मार्कर, स्टेशनरी वस्तुएँ नहीं है।

(SSC GD 20/02/2024 Shift III)

36. Statements:
1. No mountain is desert.
2. Some deserts are sandy places.
3. Some snady places are not mountains.

कथन:
1. कोई पहाड़, रेगिस्तान नहीं है।
2. कुछ रेगिस्तान, रेतीले स्थान हैं।
3. कुछ रेतीले स्थान, पहाड़ नहीं हैं।

Conclusions:
1. Some deserts are not mountains.
2. There are sandy places, mountains.

निष्कर्ष:
1. कुछ रेगिस्तान, पहाड़ नहीं हैं।
2. कुछ रेतीले स्थान, पहाड़ हैं।

(SSC GD 21/02/2024 Shift IV)

37. Statements:
1. All bicycles are wheels.
2. Some bicycles are vehicles.
3. Some vehicles are not on tyres.

कथन:
1. सभी साइकिल, पहिए हैं।
2. कुछ साइकिल, वाहन हैं।
3. कुछ वाहन, टायर नहीं हैं।

Conclusions:
1. Some bicycles are tyres.
2. Some wheels are not vehicles.

निष्कर्ष:
1. कुछ साइकिल, टायर हैं।
2. कुछ पहिए, वाहन नहीं हैं।

(SSC GD 22/02/2024 Shift II)

38. Statements:
1. Some engineers are doctors.
2. All doctors are lawyers.
3. Some lawyers are not teachers.

कथन:
1. कुछ इंजीनियर, डॉक्टर हैं।
2. सभी डॉक्टर, वकील हैं।
3. कुछ वकील, शिक्षक नहीं हैं।

Conclusions:
1. Some lawyers are teachers.
2. Some engineers are lawyers.

निष्कर्ष:
1. कुछ वकील, शिक्षक हैं।
2. कुछ इंजीनियर, वकील हैं।

(SSC GD 22/02/2024 Shift IV)

39. Statements:
1. All cats are mammals.
2. All mammals are animals.
3. All animals are living beings.

कथन:
1. सभी बिल्लियाँ, स्तनधारी हैं।
2. सभी स्तनधारी, जानवर हैं।
3. सभी जानवर, जीवित प्राणी हैं।

Conclusions:
1. Some cats are living beings.
2. All living beings are cats.

निष्कर्ष:
1. कुछ बिल्लियाँ, जीवित प्राणी हैं।
2. सभी जीवित प्राणी, बिल्लियाँ हैं।

(SSC GD 23/02/2024 Shift I)

40. Statements:
1. Some trains are cars.
2. Some cars are trucks.
3. Some trucks are ships.

कथन:
1. कुछ रेलगाड़ियाँ, कार हैं।
2. कुछ कार, ट्रक हैं।
3. कुछ ट्रक, जहाज हैं।

Conclusions:
1. Some trains are ships.
2. Some ships are not cars.

निष्कर्ष:
1. कुछ रेलगाड़ियाँ जहाज हैं।
2. कुछ जहाज, कार नहीं हैं।

(SSC GD, 23/02/2024, Shift II)

41. Statements:
1. All drums are guitars.
2. All guitars are flutes.
3. All flutes are sitar.

कथन:
1. सभी ड्रम, गिटार हैं।
2. सभी गिटार, बांसुरी हैं।
3. सभी बांसुरी, सितार हैं।

Conclusions:
1. Some drums are sitar.
2. All sitar are guitar.

निष्कर्ष:
1. कुछ ड्रम, सितार हैं।
2. सभी सितार, गिटार हैं।

(SSC GD 23/02/2024 Shift III)

42. Statements:
1. All curtains are beds.
2. Some beds are chairs.
3. Some chairs are not tables.

कथन:
1. सभी पर्दे, बिस्तर हैं।
2. कुछ बिस्तर, कुर्सियाँ हैं।
3. कुछ कुर्सियाँ, मेज नहीं हैं।

Conclusions:
1. Some chairs are tables.
2. Some chairs being curtains is a possibility.

निष्कर्ष:
1. कुछ कुर्सियाँ, मेज हैं।
2. कुछ कुर्सियों के पर्दे होने की संभावना है।

(SSC GD 24/02/2024 Shift II)

43. Statements:
1. All bicycles are wheels.
2. Some wheels are rubber.
3. No rubber is plastic.

कथन:
1. सभी साइकिल, पहिए हैं।
2. कुछ पहिए, रबर हैं।
3. कोई रबर, प्लास्टिक नहीं है।

Conclusions:
1. Some wheels are bicycles.
2. Some wheels are plastic.

निष्कर्ष:
1. कुछ पहिए, साइकिल हैं।
2. कुछ पहिए, प्लास्टिक हैं।

(SSC GD 24/02/2024 Shift III)

44. Statements:
1. No land is water.
2. No water is air.
3. No air is forest.

कथन:
1. कोई भूमि, जल नहीं है।
2. कोई जल, वायु नहीं है।
3. कोई वायु, वन नहीं है।

Conclusions:
1. No land is forest.
2. Some air is water.

निष्कर्ष:
1. कोई भूमि, वन नहीं है।
2. कुछ वायु, जल है।

(SSC GD 26/02/2024 Shift III)

45. Statements:
1. All reptiles are amphibians.
2. Some amphibians are frogs.
3. Some frogs are turtles.

कथन:
1. सभी सरीसृप, उभयचर हैं।
2. कुछ उभयचर, मेंढक हैं।
3. कुछ मेंढक, कछुए हैं।

Conclusions:
1. Some amphibians are not reptiles.
2. Some turtles are amphibians.

निष्कर्ष:
1. कुछ उभयचर, सरीसृप नहीं हैं।
2. कुछ कछुए, उभयचर हैं।

(SSC GD 26/02/2024 Shift IV)

46. Statements:
1. Some shirts are cotton.
2. All cotton are clothes.
3. Some clothes are not trousers.

कथन:
1. कुछ शर्ट, सूती हैं।
2. सभी सूती, कपड़े हैं।
3. कुछ कपड़े, पतलून नहीं हैं।

Conclusions:
1. Some shirts are trousers.
2. Some cotton is not shirt.

निष्कर्ष:
1. कुछ शर्ट, पतलून हैं।
2. कुछ सूती, शर्ट नहीं हैं।

(SSC GD 27/02/2024 Shift II)

47. Statements:
1. Some phones are laptops.
2. Some laptops are tablets.
3. Some tablets are desktops.

कथन:
1. कुछ फोन, लैपटॉप हैं।
2. कुछ लैपटॉप, टैबलेट हैं।
3. कुछ टैबलेट, डेस्कटॉप हैं।

Conclusions:
1. Some phones are desktops.
2. All tablets are phones.

निष्कर्ष:
1. कुछ फोन, डेस्कटॉप हैं।
2. सभी टैबलेट, फोन हैं।

(SSC GD 28/02/2024 Shift I)

48. Statements:
1. Some books are pens.
2. All pens are pencils.
3. No pencils is marker.

कथन:
1. कुछ किताबें, कलमें हैं।
2. सभी कलमें, पेंसिलें हैं।
3. कोई पेंसिल, मार्कर नहीं है।

Conclusions:
1. Some books are not pens.
2. No pen is a marker.

निष्कर्ष:
1. कुछ किताबें, कलमें नहीं हैं।
2. कोई कलम, मार्कर नहीं है।

(SSC GD 28/02/2024 Shift III)

49. Statements:
1. No bridge is mountain.
2. Some mountains are monuments.
3. All monuments are ports.

कथन:
1. कोई पुल, पहाड़ नहीं है।
2. कुछ पहाड़, स्मारक हैं।
3. सभी स्मारक, बंदरगाह हैं।

Conclusions:
1. Some ports are mountains.
2. No bridge is a monument.

निष्कर्ष:
1. कुछ बंदरगाह, पहाड़ हैं।
2. कोई पुल, स्मारक नहीं है।

(SSC GD 29/02/2024 Shift I)

50. Statements:
1. All mathematicians are logical thinkers.
2. Some logical thinkers are scientists.
3. Some scientists are fools.

कथन:
1. सभी गणितज्ञ, तार्किक विचारक हैं।
2. कुछ तार्किक विचारक, वैज्ञानिक हैं।
3. कुछ वैज्ञानिक, मूर्ख हैं।

Conclusions:
1. Some scientists are not fools.
2. Some logical thinkers are not scientists.

निष्कर्ष:
1. कुछ वैज्ञानिक मूर्ख नहीं हैं।
2. कुछ तार्किक विचारक, वैज्ञानिक नहीं हैं।

(SSC GD, 29/02/2024, Shift III)

51. Statements:
1. All bottles are bags.
2. Some bags are pencils.
3. Some pencils are sharpeners.

कथन:
1. सभी बोतलें बैग हैं।
2. कुछ बैग पेंसिलें हैं।
3. कुछ पेंसिलें शार्पनर हैं।

Conclusions:
1. Some sharpeners are bottles.
2. Some bottles are pencils.

निष्कर्ष:
1. कुछ शार्पनर बोतलें हैं।
2. कुछ बोतलें पेंसिलें हैं।

(SSC GD, 10/01/2023, Shift-I)

52. Statements:
1. Some cabbages are rocks.
2. All rocks are wheels.
3. No wheel is scissors.

कथन:
1. कुछ पत्तागोभी चट्टानें हैं।
2. सभी चट्टानें पहिए हैं।
3. कोई पहिया कैंची नहीं है।

Conclusions:
1. All cabbages are wheels.
2. Some rocks are wheels.
3. Some wheels are not scissors.

निष्कर्ष:
1. सभी पत्तागोभी पहिए हैं।
2. कुछ चट्टाने पहिए हैं।
3. कुछ पहिए कैंची नहीं हैं।

(SSC GD, 10/01/2023, Shift-II)

53. Statements:
1. All fans are bulbs.
2. All bulbs are tube lights.
3. Some tube lights are new.

कथन:
1. सभी पंखे बल्ब हैं।
2. सभी बल्ब ट्यूब लाइटें हैं।
3. कुछ ट्यूबलाइटें नए हैं।

Conclusions:
1. All fans are new.
2. All tube lights are fans.

निष्कर्ष:
I. सभी पंखें नए हैं।
2. सभी ट्यूब लाइटें पंखे हैं।

(SSC GD, 10/01/2023, Shift-III)

54. Statements:
1. Some computers are phones.
2. All phones are calculators.
3. All calculators are i-pads.

कथन:
1. कुछ कंप्यूटर फोन हैं।
2. सभी फोन कैलकुलेटर हैं।
3. सभी कैलकुलेटर आई-पैड हैं।

Conclusions:
1. Some i-pads are computers.
2. All calculators are phones.
3. Some i-pads are phones.

निष्कर्ष:
1. कुछ आई-पैड कंप्यूटर हैं।
2. सभी कैलकुलेटर फोन हैं।
3. कुछ आई-पैड फोन हैं।

(SSC GD, 10/01/2023, Shift-IV)

55. Statements:
1. All bags are rubber.
2. Some rubber are chairs.
3. All chairs are tables.

कथन:
1. सभी बैग रबर हैं।
2. कुछ रबर कुर्सियाँ हैं।
3. सभी कुर्सियाँ मेज हैं।

Conclusions:
1. Some rubber are bags.
2. Some chairs are rubber.
3. Some chairs are tables.

निष्कर्ष:
1. कुछ रबर बैग हैं।
2. कुछ कुर्सियाँ रबर हैं।
3. कुछ कुर्सियाँ मेज हैं।

(SSC GD, 11/01/2023, Shift-I)

56. Statements:
1. All boxes are dogs.
2. Some dogs are rats.
3. Some rats are apples.

कथन:
1. सभी डिब्बे कुत्ते हैं।
2. कुछ कुत्ते चूहे हैं।
3. कुछ चूहे सेब हैं।

Conclusions:
1. No box is a dog.
2. Some rats are not dogs.
3. Some apples are rats.

निष्कर्ष:
1. कोई डिब्बा कुत्ता नहीं है।
2. कुछ चूहे कुत्ते नहीं हैं।
3. कुछ सेब चूहे हैं।

(SSC GD, 11/01/2023, Shift-II)

57. Statements:
1. No coat is pant.
2. All pants are shirts.
3. Some shirts are coats.

कथन:
1. कोई कोट पैंट नहीं है।
2. सभी पैंट शर्ट हैं।
3. कुछ शर्ट कोट हैं।

Conclusions:
1. No coat is shirt.
2. Some shirts are pant.
3. Some pants are coats.

निष्कर्ष:
1. कोई कोट शर्ट नहीं है।
2. कुछ शर्ट पैंट हैं।
3. कुछ पैंट कोट हैं।

(SSC GD, 11/01/2023, Shift-III)

58. Statements:
1. All notebooks are pink.
2. All pink are shirts.
3. Some shirts are trouser.

कथन:
1. सभी नोटबुक गुलाबी हैं।
2. सभी गुलाबी शर्ट हैं।
3. कुछ शर्ट ट्राउजर हैं।

Conclusions:
1. All trousers are notebooks.
2. Some trousers are pink.

निष्कर्ष:
1. सभी ट्राउजर नोटबुक हैं।
2. कुछ ट्राउजर गुलाबी हैं।

(SSC GD, 11/01/2023, Shift-IV)

59. Statements:
1. Some trees are fish.
2. All fish are goats.

3. No goat is flower.

कथन:
1. कुछ पेड़ मछली हैं।
2. सभी मछलियाँ बकरियाँ हैं।
3. कोई बकरी फूल नहीं है।

Conclusions:
1. Some trees are goats.
2. Some fish are not flowers.
3. Some flowers are not goats.

निष्कर्ष:
1. कुछ पेड़ बकरियाँ हैं।
2. कुछ मछलियाँ फूल नहीं हैं।
3. कुछ फूल बकरियाँ नहीं हैं।

(SSC GD, 12/01/2023, Shift-I)

60. Statements:
1. All gloves are bat.
2. All stumps are bats.
3. All bats are balls.

कथन:
1. सभी ग्लव्स बैट हैं।
2. सभी स्टंप बैट हैं।
3. सभी बैट बॉल हैं।

Conclusions:
1. All stumps are balls.
2. Some balls are gloves.
3. Some gloves are stumps.

निष्कर्ष:
1. सभी स्टंप बॉल हैं।
2. कुछ बॉल ग्लव्स हैं।
3. कुछ ग्लव्स स्टंप हैं।

(SSC GD, 12/01/2023, Shift-II)

61. Statements:
1. Some shoes are slippers.
2. Some slippers are socks.
3. All socks are sandals.

कथन:
1. कुछ जूते चप्पल हैं।
2. कुछ चप्पल मोजे हैं।
3. सभी मोजे सैंडल हैं।

Conclusions:
1. Some sandals are shoes.
2. Some sandals are slippers.
3. Some socks are shoes.

निष्कर्ष:
1. कुछ सैंडल जूते हैं।
2. कुछ सैंडल चप्पल हैं।
3. कुछ मोजे जूते हैं।

(SSC GD, 12/01/2023, Shift-III)

62. Statements:
1. All doors are walls.
2. All walls are rooms.
3. All rooms are flat.

कथन:
1. सभी दरवाजे दीवारें हैं।
2. सभी दीवारें कमरे हैं।
3. सभी कमरे फ्लैट हैं।

Conclusions:
1. Some flats are doors.
2. All walls are flat.

निष्कर्ष:
1. कुछ फ्लैट दरवाजे हैं।
2. सभी दीवारें फ्लैट हैं।

(SSC GD, 12/01/2023, Shift-IV)

63. Statements:
1. All tubes are pipes.
2. All switches are pipes.
3. All pipes are boards.

कथन:
1. सभी ट्यूब पाइप हैं।
2. सभी स्विच पाइप हैं।
3. सभी पाइप बोर्ड हैं।

Conclusions:
1. All switches are boards.
2. All boards are tubes.
3. Some boards are switches.

निष्कर्ष:
1. सभी स्विच बोर्ड हैं।
2. सभी बोर्ड ट्यूब हैं।
3. कुछ बोर्ड स्विच हैं।

(SSC GD, 13/01/2023, Shift-I)

64. Statements:
1. All water is ink.
2. All glue are ink.
3. All ink are pen.

कथन:
1. सभी पानी स्याही हैं।
2. सभी गोंद स्याही हैं।
3. सभी स्याही पेन हैं।

Conclusions:
1. All glue is pen.
2. All pens are water.
3. Some pens are glue.

निष्कर्ष:
1. सभी गोंद पेन हैं।
2. सभी पेन पानी हैं।
3. कुछ पेन गोंद हैं।

(SSC GD, 13/01/2023, Shift-II)

65. Statements:
1. All pencils are woods.
2. Some woods are notes.
3. All diaries are notes.

कथन:
1. सभी पेंसिल लकड़ियाँ हैं।
2. कुछ लकड़ियाँ नोट्स हैं।
3. सभी डायरियाँ नोट्स हैं।

Conclusions:
1. Some notes are diaries.
2. Some woods are pencils.
3. Some diaries are woods.

निष्कर्ष:
1. कुछ नोट्स डायरियाँ हैं।
2. कुछ लकड़ियाँ पेंसिल हैं।
3. कुछ डायरियाँ लकड़ियाँ हैं।

(SSC GD, 13/01/2023, Shift-III)

66. Statements:
1. All beds are tables.
2. All cots are tables.
3. All tables are taps.

कथन:
1. सभी बिस्तर टेबल हैं।
2. सभी खाट टेबल हैं।
3. सभी टेबल नल हैं।

Conclusions:
1. All cots are taps.
2. Some taps are beds.
3. Some taps are cots.

निष्कर्ष:
1. सभी खाट नल हैं।
2. कुछ नल बिस्तर हैं।
3. कुछ नल खाट हैं।

(SSC GD, 13/01/2023, Shift-IV)

67. Statements:
1. All stems are leaves.
2. All fruits are leaves.
3. All leaves are trunk.

कथन:
1. सभी तने पत्ते हैं।
2. सभी फल पत्ते हैं।
3. सभी पत्ते ट्रंक हैं।

Conclusions:
1. All fruits are trunk.
2. All trunks are stems.
3. Some trunks are fruits.

निष्कर्ष:
1. सभी फल ट्रंक हैं।
2. सभी ट्रंक तने हैं।
3. कुछ ट्रंक फल हैं।

(SSC GD, 16/01/2023, Shift-I)

68. Statements:
1. All pencils are houses.
2. All houses are cars.
3. All cars are trucks.

कथन:
1. सभी पेंसिल घर हैं।
2. सभी घर कार हैं।
3. सभी कार ट्रक हैं।

Conclusions:
1. Some houses are pencils.
2. Some cars are houses.
3. Some trucks are cars.

निष्कर्ष:
1. कुछ घर पेंसिल हैं।
2. कुछ कार घर हैं।
3. कुछ ट्रक कार हैं।

(SSC GD, 16/01/2023, Shift-II)

69. Statements:
1. All birds are cows.
2. Some cows are chickens.
3. Some dogs are birds.

कथन:
1. सभी पक्षी गाय हैं।
2. कुछ गाय मुर्गियाँ हैं।
3. कुछ कुत्ते पक्षी हैं।

Conclusions:
1. Some dogs are chickens.
2. No chicken is a bird.
3. Some cows are dogs.

निष्कर्ष:
1. कुछ कुत्ते मुर्गियाँ हैं।
2. कोई मुर्गी पक्षी नहीं है।
3. कुछ गाय कुत्ते हैं।

(SSC GD, 16/01/2023, Shift-III)

70. Statements:
1. Some trains are buses.
2. No bus is car.
3. Some cars are bikes.

कथन:
1. कुछ ट्रेन बस हैं।
2. कोई भी बस कार नहीं है।
3. कुछ कार बाइक हैं।

Conclusions:
1. Some bikes are cars.
2. Some bikes are trains.

निष्कर्ष:
1. कुछ बाइक कार हैं।
2. कुछ बाइक ट्रेन हैं।

(SSC GD, 16/01/2023, Shift-IV)

71. Statements:
1. Some tapes are glue.
2. Some glue is paint.
3. All paints are computers.

कथन:
1. कुछ टेप ग्लू हैं।
2. कुछ ग्लू पेंट हैं।
3. सभी पेंट कंप्यूटर हैं।

Conclusions:
1. Some tapes are paints.
2. All glue is paint.
3. Some glue is computer.

निष्कर्ष:
1. कुछ टेप पेंट हैं।
2. सभी ग्लू पेंट हैं।
3. कुछ ग्लू कंप्यूटर हैं।

(SSC GD, 1/02/2023, Shift-II)

72. Statements:
1. All mobiles are computers.
2. Some computers are furniture.
3. Some furniture are tables.

कथन:
1. सभी मोबाइल कंप्यूटर हैं।
2. कुछ कंप्यूटर फर्नीचर हैं।
3. कुछ फर्नीचर टेबल हैं।

Conclusions:
1. Some tables are computers.
2. Some mobile are furniture.

निष्कर्ष:
1. कुछ टेबल कंप्यूटर हैं।
2. कुछ मोबाइल फर्नीचर हैं।

(SSC GD, 1/02/2023, Shift-III)

73. Statements:
1. All tables are wood.
2. All wood is paint.
3. No paint is steel.

कथन:
1. सभी मेज लकड़ी हैं।
2. सभी लकड़ी पेंट हैं।
3. कोई पेंट स्टील नहीं है।

Conclusions:
1. All steel can be wood.
2. Some paint is steel.

निष्कर्ष:
1. सभी स्टील लकड़ी हो सकते हैं।
2. कुछ पेंट स्टील हैं।

(SSC GD, 1/02/2023, Shift-IV)

74. Statements:
1. All pens are frogs.
2. All crows are frogs.

कथन:
1. सभी कलमें मेंढक हैं।
2. सभी कौवे मेंढक हैं।

Conclusions:
1. No pen is crow.
2. Some pens are crows.

निष्कर्ष:
1. कोई कलम कौवा नहीं है।
2. कुछ कलमें कौवे हैं।

(SSC GD, 14/02/2019, Shift-III)

75. Statements:
1. All apples are bananas.
2. All grapes are bananas.
3. All bananas are plums.

कथन:
1. सभी सेब केले हैं।
2. सभी अंगूर केले हैं।
3. सभी केले आलूबुखारे हैं।

Conclusions:
1. All apples are plums.
2. All grapes are plums.

3. Some grapes are bananas.

निष्कर्ष:
1. सभी सेब आलूबुखारे हैं।
2. सभी अंगूर आलूबुखारे हैं।
3. कुछ अंगूर केले हैं।

(SSC GD, 2/01/2023, Shift-II)

76. Statements:
1. All trees are walls.
2. No wall is a door.
3. Some doors are rooms.

कथन:
1. सभी पेड़ दीवारें हैं।
2. कोई दीवार दरवाजा नहीं है।
3. कुछ दरवाजे कमरे हैं।

Conclusions:
1. Some rooms are walls.
2. No trees are doors.
3. All walls are trees.

निष्कर्ष:
1. कुछ कमरे दीवारें हैं।
2. कोई पेड़ दरवाजे नहीं हैं।
3. सभी दीवारें पेड़ हैं।

(SSC GD, 2/01/2023, Shift-III)

77. Statements:
1. All boys are men.
2. Some men are girls.
3. All girls are women.

कथन:
1. सभी लड़के पुरुष हैं।
2. कुछ पुरुष लड़कियाँ हैं।
3. सभी लड़कियाँ महिलाएँ हैं।

Conclusions:
1. All boys are girls.
2. All men are women.
3. Some girls are men.

निष्कर्ष:
1. सभी लड़के लड़कियाँ हैं।
2. सभी पुरुष महिलाएँ हैं।
3. कुछ लड़कियाँ पुरुष हैं।

(SSC GD, 2/01/2023, Shift-IV)

78. Statements:
1. All apples are cakes.
2. All cakes are bananas.
3. Some bananas are fruits.

कथन:
1. सभी सेब केक हैं।
2. सभी केक केले हैं।
3. कुछ केले फल हैं।

Conclusions:
1. Some apples are cakes.
2. Some bananas are apples.
3. Some fruits are bananas.

निष्कर्ष:
1. कुछ सेब केक हैं।
2. कुछ केले सेब हैं।
3. कुछ फल केले हैं।

(SSC GD, 7/01/2023, Shift-III)

79. Statements:
1. All scooters are two wheelers.
2. All cycles are two wheelers.

कथन:
1. सभी स्कूटर दो पहिया वाहन हैं।
2. सभी साइकिल दो पहिया वाहन हैं।

Conclusions:
I. All scooters are cycles.
2. All cycles are scooters.

निष्कर्ष:
I. सभी स्कूटर साइकिल हैं।
2. सभी साइकिल स्कूटर हैं।

(SSC GD, 1/12/2021, Shift-III)

80. Statements:
I. Some tablets are smart phones.
2. All smartphones are mobile phones.

कथन:
I. कुछ टैबलेट स्मार्टफोन हैं।
2. सभी स्मार्टफोन मोबाइल फोन हैं।

Conclusions:
I. Some mobile phones are tablets.
2. Some mobile phones are smart phones.

निष्कर्ष:
I. कुछ मोबाइल फोन टैबलेट हैं।
2. कुछ मोबाइल फोन स्मार्टफोन हैं।

(SSC GD, 1/12/2021, Shift-I)

81. Statements:
1. All computers are desktops.
2. Some computers are laptops.

कथन:
1. सभी कंप्यूटर डेस्कटॉप हैं।
2. कुछ कंप्यूटर लैपटॉप हैं।

Conclusions:
I. Some laptops are desktops.
2. All desktops are laptops.

निष्कर्ष:
I. कुछ लैपटॉप डेस्कटॉप हैं।
2. सभी डेस्कटॉप लैपटॉप हैं।

(SSC GD, 1/12/2021, Shift-II)

82. Statements:
1. Some students are players.
2. All players are men.

कथन:
1. कुछ विद्यार्थी खिलाड़ी हैं।
2. सभी खिलाड़ी पुरुष हैं।

Conclusions:
I. All men are sportsmen.
2. Some men are students.

निष्कर्ष:
I. सभी पुरुष खिलाड़ी हैं।
2. कुछ पुरुष विद्यार्थी हैं।

(SSC GD, 2/12/2021, Shift-III)

83. Statements:
1. All burger are cake.
2. Some sweets are fruits.
3. All sweets are burger.

कथन:
1. सभी बर्गर केक हैं।
2. कुछ मिठाइयाँ फल हैं।
3. सभी मिठाइयाँ बर्गर हैं।

Conclusions:
I. Some fruits are burgers.
2. Some cakes are sweets.

निष्कर्ष:
I. कुछ फल बर्गर हैं।
2. कुछ केक मिठाइयाँ हैं।

(SSC GD, 2/12/2021, Shift-I)

84. Statements:
1. No speaker is phone.

2. All wires are phones.

कथन:
1. कोई भी स्पीकर फोन नहीं है।
2. सभी तार फोन हैं।

Conclusions:
1. Some phones are wires.
2. No wire is speaker.
3. No phone is speaker.

निष्कर्ष:
1. कुछ फोन तार हैं।
2. कोई भी तार स्पीकर नहीं है।
3. कोई भी फोन स्पीकर नहीं है।

(SSC GD, 3/12/2021, Shift-III)

85. Statements:
1. All students are doctorates.
2. All university teachers are doctorates.

कथन:
1. सभी विद्यार्थी डॉक्टरेट हैं।
2. सभी विश्वविद्यालय के शिक्षक डॉक्टरेट हैं।

Conclusions:
1. Some doctorates are students.
2. Some doctorates are university teachers.

निष्कर्ष:
1. कुछ डॉक्टरेट विद्यार्थी हैं।
2. कुछ डॉक्टरेट विश्वविद्यालय के शिक्षक हैं।

(SSC GD, 3/12/2021, Shift-II)

86. Statements:
1. Some lockers are keys.
2. Some keys are doors.

कथन:
1. कुछ लॉकर चाबियाँ हैं।
2. कुछ चाबियाँ दरवाजे हैं।

Conclusions:
1. Some lockers are doors.
2. All keys are doors.

निष्कर्ष:
1. कुछ लॉकर दरवाजे हैं।
2. सभी चाबियाँ दरवाजे हैं।

(SSC GD, 6/12/2021, Shift-III)

87. Statements:
1. All cats are dog.
2. All dogs are elephants.
3. No elephant is cow.

कथन:
1. सभी बिल्लियाँ कुत्ते हैं।
2. सभी कुत्ते हाथी हैं।
3. कोई भी हाथी गाय नहीं है।

Conclusions:
1. All cats are elephants.
2. All elephants are cats.

निष्कर्ष:
1. सभी बिल्लियाँ हाथी हैं।
2. सभी हाथी बिल्लियाँ हैं।

(SSC GD, 6/12/2021, Shift-I)

88. Statements:
1. No creative is an employer.
2. All experts are creative.
3. All employees are experts.

कथन:
1. कोई रचनात्मक नियोक्ता नहीं है।
2. सभी विशेषज्ञ रचनात्मक हैं।
3. सभी कर्मचारी विशेषज्ञ हैं।

Conclusions:
1. No employer is an expert.
2. No employee is employer.

निष्कर्ष:
1. कोई नियोक्ता विशेषज्ञ नहीं है।
2. कोई कर्मचारी नियोक्ता नहीं है।

(SSC GD, 6/12/2021, Shift-II)

89. Statements:
1. All threads are pins.
2. Some pins are cushions.

कथन:
1. सभी धागे पिन हैं।
2. कुछ पिन, कुशन हैं।

Conclusions:
1. Some cushions are pins.
2. Some pin are threads.

निष्कर्ष:
1. कुछ कुशन पिन हैं।
2. कुछ पिन धागे हैं।

(SSC GD, 7/12/2021, Shift-III)

90. Statements:
1. All tigers are lions.
2. All lions are animals.

कथन:
1. सभी बाघ शेर हैं।
2. सभी शेर जानवर हैं।

Conclusions:
1. All tigers are animals.
2. No tiger is bird.

निष्कर्ष:
1. सभी बाघ जानवर हैं।
2. कोई भी बाघ पक्षी नहीं है।

(SSC GD, 7/12/2021, Shift-I)

91. Statements:
1. All pens are pencils.
2. Some markers are pencils.

कथन:
1. सभी पेन पेंसिल हैं।
2. कुछ मार्कर, पेंसिल हैं।

Conclusions:
1. All pens are markers.
2. Some pens are markers.

निष्कर्ष:
1. सभी पेन मार्कर हैं।
2. कुछ पेन मार्कर हैं।

(SSC GD, 25/11/2021, Shift-I)

92. Statements:
1. All leaders are men.
2. Some students are leaders.

कथन:
1. सभी नेता पुरुष हैं।
2. कुछ विद्यार्थी नेता हैं।

Conclusions:
1. Some students are men.
2. All leaders are students.

निष्कर्ष:
1. कुछ विद्यार्थी पुरुष हैं।
2. सभी नेता विद्यार्थी हैं।

(SSC GD, 25/11/2021, Shift-II)

93. Statements:
1. Some kites are ships.
2. All ships are zeppelin.

कथन:
1. कुछ पतंग जहाज हैं।
2. सभी जहाज जैपेलिन हैं।

Conclusions:
1. Some kites are zeppelins.

2. All zeppelins are ships.

निष्कर्ष:

1. कुछ पतंग जेपेलिन हैं।
2. सभी जेपेलिन जहाज हैं।

(SSC GD, 26/11/2021, Shift-III)

94. Statements:

1. All woods are bottles.
2. All bottles are curtains.

कथन:

1. सभी लकड़ियाँ बोतले हैं।
2. सभी बोतले पर्दे हैं।

Conclusions:

1. All curtains are bottles.
2. Some bottles are woods.

निष्कर्ष:

1. सभी पर्दे बोतले हैं।
2. कुछ बोतले लकड़ियाँ हैं।

(SSC GD, 29/11/2021, Shift-III)

95. Statements:

1. All boys are graduates.
2. All graduates are married.

कथन:

1. सभी लड़के स्नातक हैं।
2. सभी स्नातक विवाहित हैं।

Conclusions:

1. All the boys are married.
2. All graduates are married.

निष्कर्ष:

1. सभी लड़के विवाहित हैं।
2. सभी स्नातक विवाहित हैं।

(SSC GD, 29/11/2021, Shift-II)

96. Statements:

1. All guava are pear.
2. Some kiwis are pears.

कथन:

1. सभी अमरुद नाशपातियाँ हैं।
2. कुछ कीवी नाशपातियाँ हैं।

Conclusions:

1. Some kiwi are guava.
2. Some pears are kiwis.

निष्कर्ष:

1. कुछ कीवी अमरुद हैं।
2. कुछ नाशपातियाँ कीवी हैं।

(SSC GD, 30/11/2021, Shift-I)

97. Statements:

1. All laptops are monitors.
2. All monitors are TV.

कथन:

1. सभी लैपटॉप मॉनिटर हैं।
2. सभी मॉनिटर टीवी हैं।

Conclusions:

1. All monitors are laptops.
2. Some TV are monitors.
3. No monitor is laptop.

निष्कर्ष:

1. सभी मॉनिटर लैपटॉप हैं।
2. कुछ टीवी मॉनिटर हैं।
3. कोई भी मॉनिटर लैपटॉप नहीं है।

(SSC GD, 30/11/2021, Shift-II)

98. Statements:

1. Some owls are horses.
2. Some horses are rabbits.

कथन:

1. कुछ उल्लू घोड़े हैं।
2. कुछ घोड़े खरगोश हैं।

Conclusions:

1. Some owls are rabbits.
2. Some rabbits are owls.

निष्कर्ष:

1. कुछ उल्लू खरगोश हैं।
2. कुछ खरगोश उल्लू हैं।

(SSC GD, 14/02/2019, Shift-III)

99. Statements:

1. All warriors are monks.
2. All monks are men.

कथन:

1. सभी शूरवीर संन्यासी हैं।
2. सभी संन्यासी पुरुष हैं।

Conclusions:

1. All men are worriors.
2. All worriors are mens.

निष्कर्ष:

1. सभी पुरुष शूरवीर हैं।
2. सभी शूरवीर पुरुष हैं।

(SSC GD, 14/02/2019, Shift-II)

100. Statements:

1. Some rats are whales.
2. All whales are dogs.

कथन:

1. कुछ चूहे व्हेल हैं।
2. सभी व्हेल कुत्ते हैं।

Conclusions:

1. Some rats are dogs.
2. No rat is dog.

निष्कर्ष:

1. कुछ चूहे कुत्ते हैं।
2. कोई चूहा कुत्ता नहीं है।

(SSC GD, 14/02/2019, Shift-II)

उत्तरमाला

1.	(2)	2.	(10)	3.	(2)	4.	(1)	5.	(3)	6.	(1)	7.	(4)	8.	(4)	9.	(4)	10.	(1)
11.	(4)	12.	(6)	13.	(2)	14.	(4)	15.	(4)	16.	(6)	17.	(2)	18.	(11)	19.	(11)	20.	(1)
21.	(4)	22.	(2)	23.	(2)	24.	(4)	25.	(4)	26.	(1)	27.	(1)	28.	(4)	29.	(4)	30.	(3)
31.	(4)	32.	(6)	33.	(6)	34.	(3)	35.	(1)	36.	(4)	37.	(1)	38.	(2)	39.	(4)	40.	(1)
41.	(4)	42.	(2)	43.	(4)	44.	(1)	45.	(1)	46.	(1)	47.	(1)	48.	(2)	49.	(4)	50.	(1)
51.	(1)	52.	(10)	53.	(1)	54.	(9)	55.	(5)	56.	(6)	57.	(2)	58.	(1)	59.	(5)	60.	(3)
61.	(2)	62.	(3)	63.	(9)	64.	(9)	65.	(3)	66.	(5)	67.	(9)	68.	(5)	69.	(6)	70.	(4)
71.	(6)	72.	(1)	73.	(1)	74.	(8)	75.	(5)	76.	(2)	77.	(6)	78.	(5)	79.	(1)	80.	(3)
81.	(4)	82.	(2)	83.	(3)	84.	(5)	85.	(5)	86.	(1)	87.	(4)	88.	(3)	89.	(3)	90.	(4)
91.	(1)	92.	(4)	93.	(4)	94.	(2)	95.	(3)	96.	(2)	97.	(2)	98.	(1)	99.	(2)	100.	(4)

Hints & Solution (व्याख्या)

1. अत: केवल निष्कर्ष II अनुसरण करेगा।

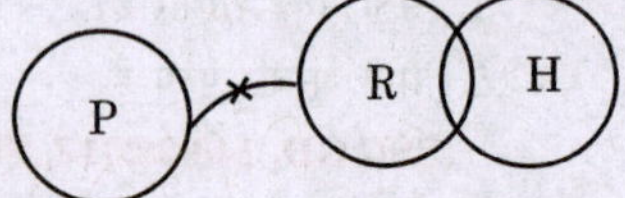

2. अत: निष्कर्ष II व III दोनों अनुसरण करते हैं।

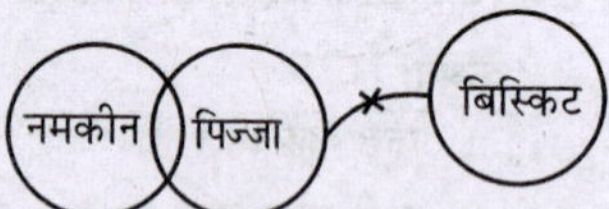

3. अत: केवल निष्कर्ष II अनुसरण करेगा।

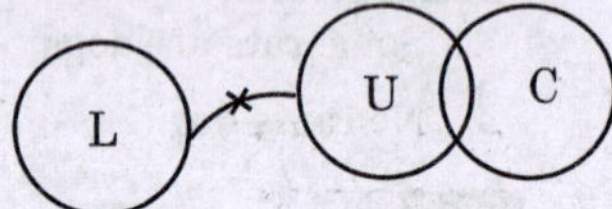

4. अत: न तो निष्कर्ष I और न ही II अनुसरण करते हैं।

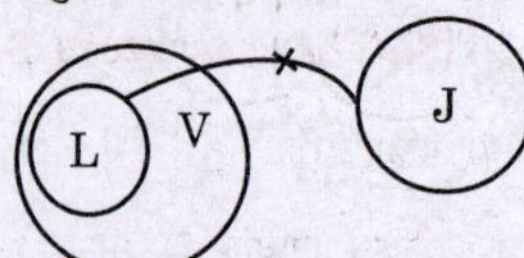

5. अत: निष्कर्ष I और निष्कर्ष II दोनों अनुसरण करते हैं।

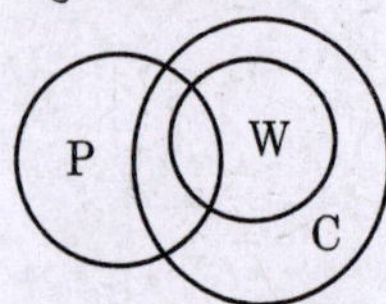

6. अत: न तो निष्कर्ष I और न ही निष्कर्ष II अनुसरण करता है।

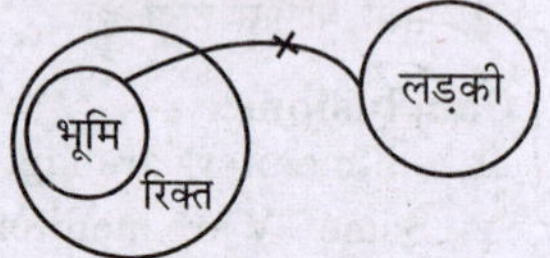

7. अत: केवल निष्कर्ष I अनुसरण करेगा।

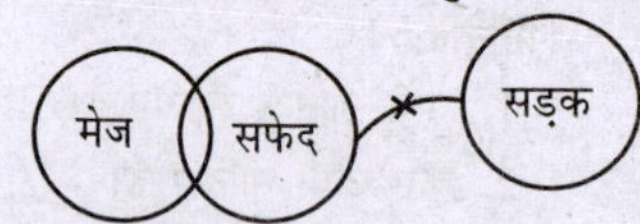

8. अत: केवल निष्कर्ष I अनुसरण करेगा।

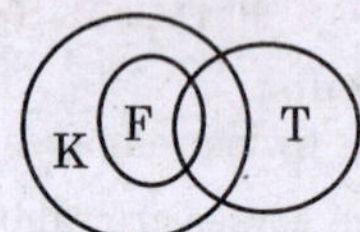

9. अत: केवल निष्कर्ष I अनुसरण करेगा।

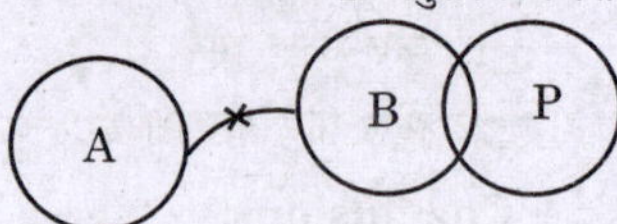

10. न तो निष्कर्ष I और न ही II अनुसरण करता है।

11. अत: केवल निष्कर्ष I अनुसरण करता है।

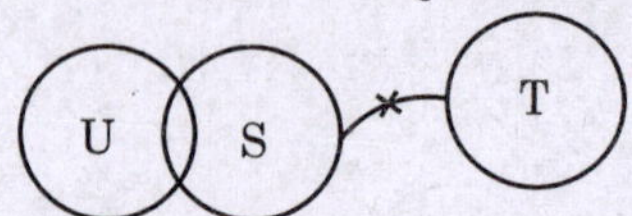

12. अत: केवल निष्कर्ष III अनुसरण करेगा।

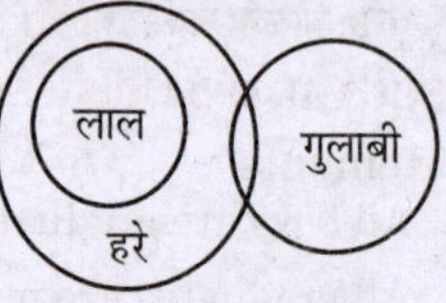

13. अत: केवल निष्कर्ष II अनुसरण करता है।

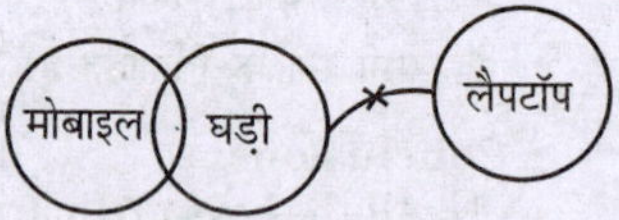

14. अत: केवल निष्कर्ष I अनुसरण करता है।

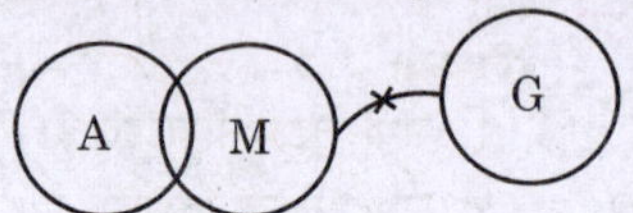

15. अत: केवल निष्कर्ष I अनुसरण करता है।

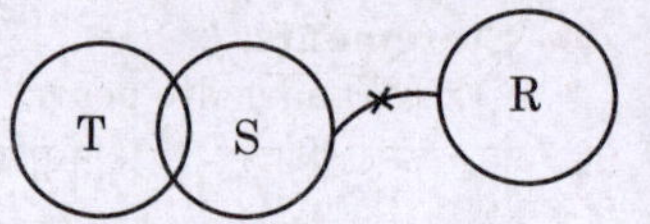

16. अत: केवल निष्कर्ष III अनुसरण करता है।

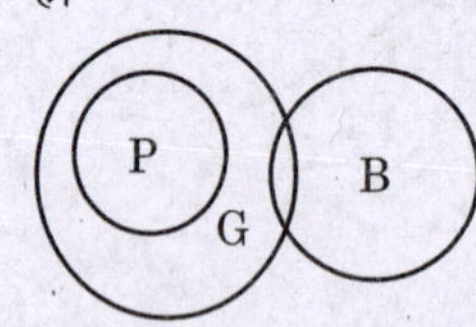

17. अत: केवल निष्कर्ष II अनुसरण करता है।

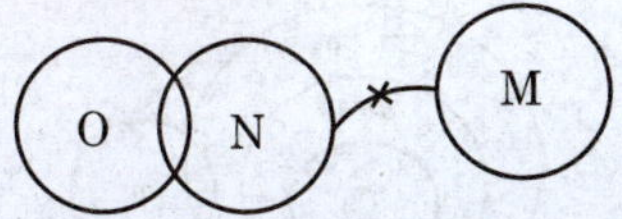

18. अत: कोई भी निष्कर्ष (I, II व III) अनुसरण नहीं करते हैं।

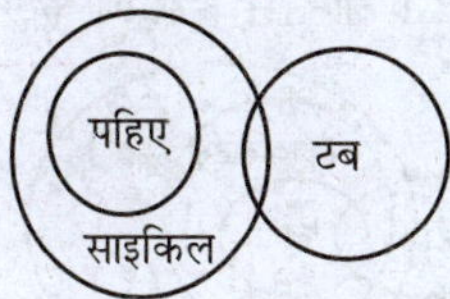

19. अत: कोई भी निष्कर्ष (I, II व III) अनुसरण नहीं करते हैं।

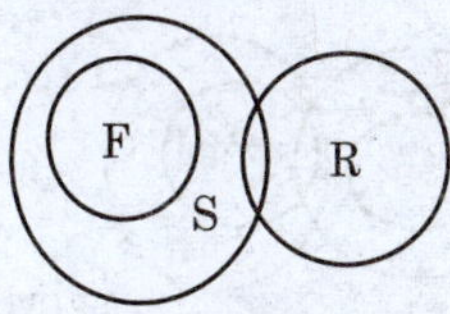

20. अत: न तो निष्कर्ष I और न ही निष्कर्ष II अनुसरण करता है।

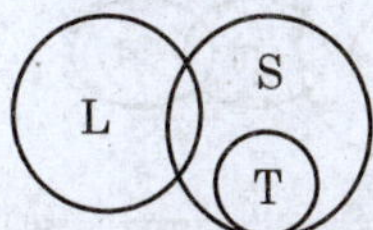

21. अत: केवल निष्कर्ष I अनुसरण करता है।

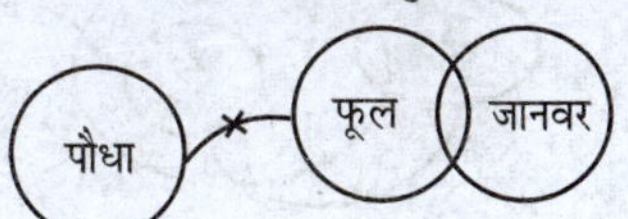

22. अत: केवल निष्कर्ष II अनुसरण करता है।

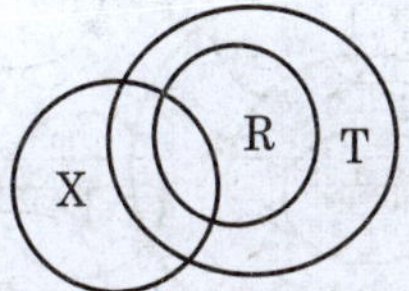

23. अत: केवल निष्कर्ष II अनुसरण करता है।

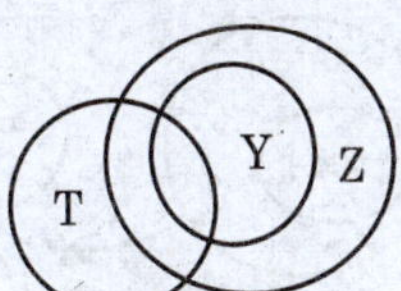

24. अत: केवल निष्कर्ष I अनुसरण करता है।

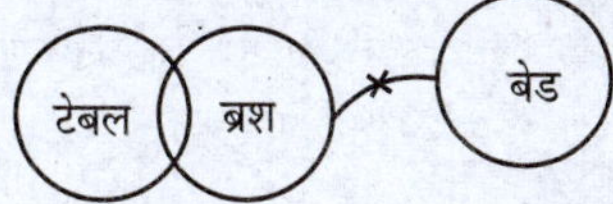

25. अत: केवल निष्कर्ष I अनुसरण करता है।

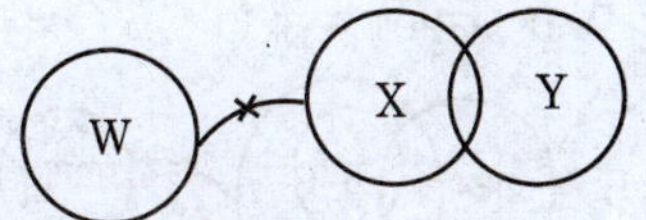

26. अत: न तो निष्कर्ष I और न ही निष्कर्ष II अनुसरण करता है।

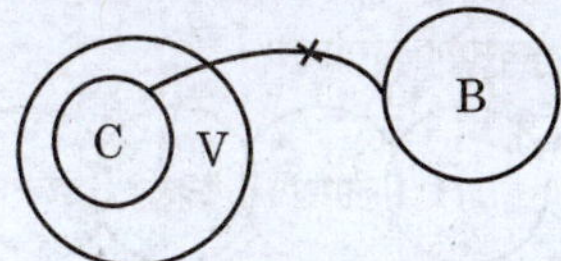

27. अत: न तो निष्कर्ष I और न ही II अनुसरण करता है।

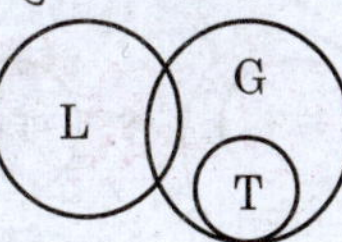

28. अत: केवल निष्कर्ष I अनुसरण करता है।

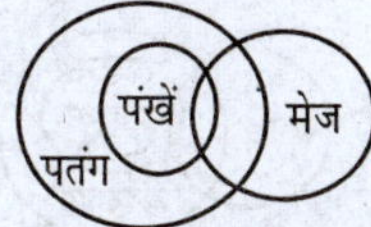

29. अत: केवल निष्कर्ष I अनुसरण करता है।

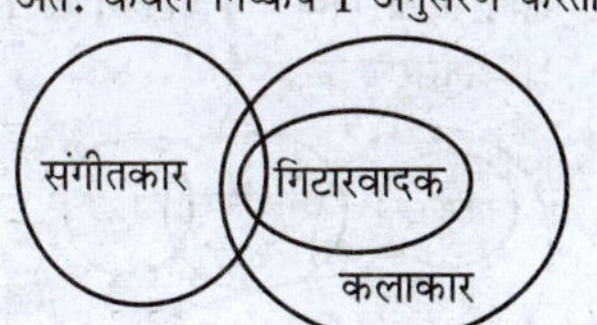

30. अत: निष्कर्ष I और II दोनों अनुसरण करते हैं।

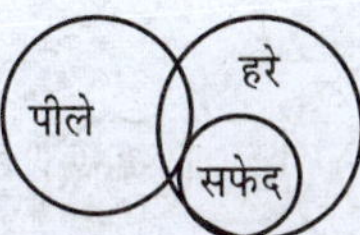

31. अत: केवल निष्कर्ष I अनुसरण करता है।

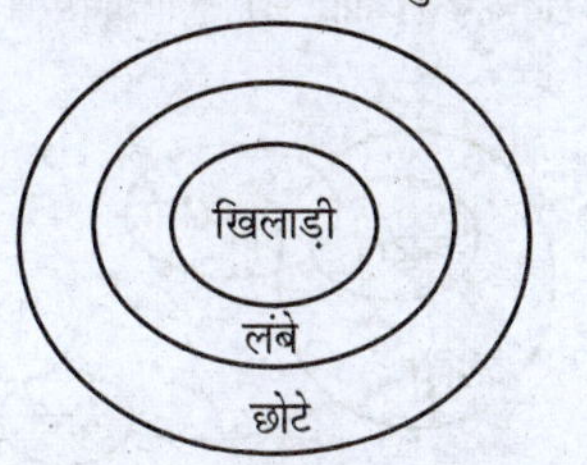

32. अत: केवल निष्कर्ष III अनुसरण करता है।

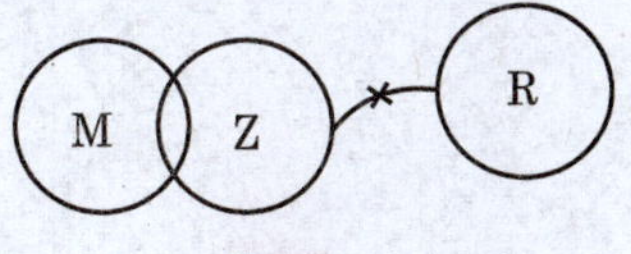

33. अत: केवल निष्कर्ष III अनुसरण करता है।

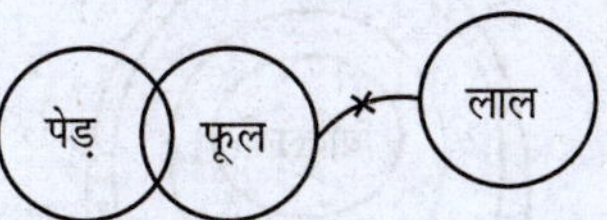

34. अत: निष्कर्ष I व II दोनों अनुसरण करते हैं।

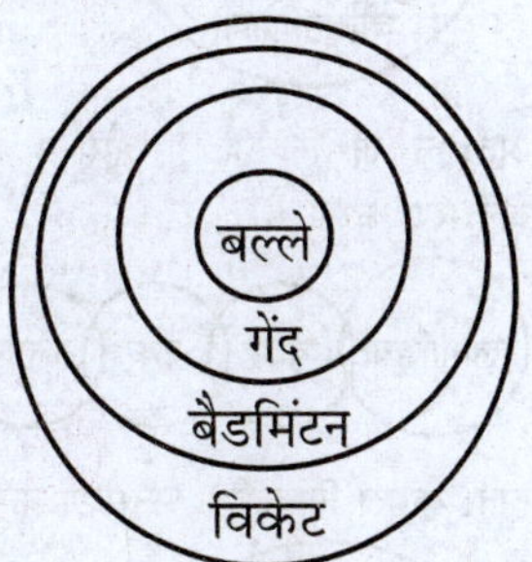

35. अत: न तो निष्कर्ष I और न ही II अनुसरण करते है।

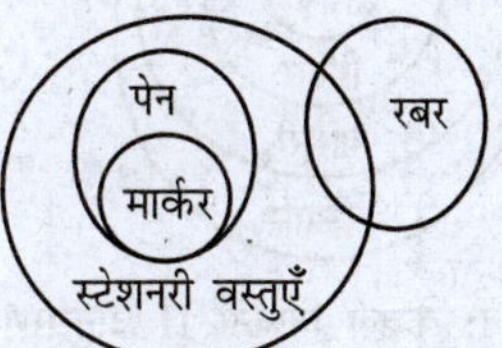

36. अत: केवल निष्कर्ष I अनुसरण करता है।

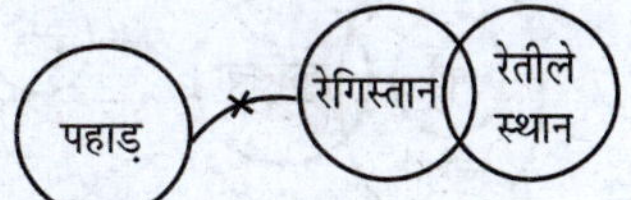

37. अत: न तो निष्कर्ष I और न ही II अनुसरण करते है।

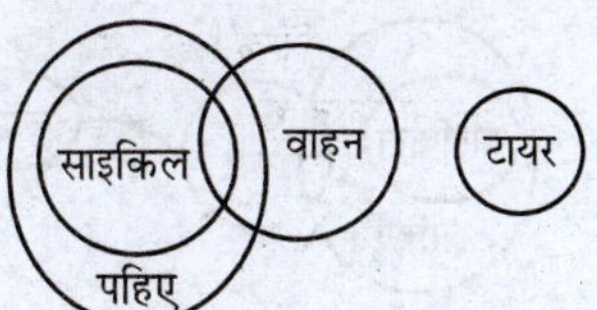

38. अत: केवल निष्कर्ष II अनुसरण करता है।

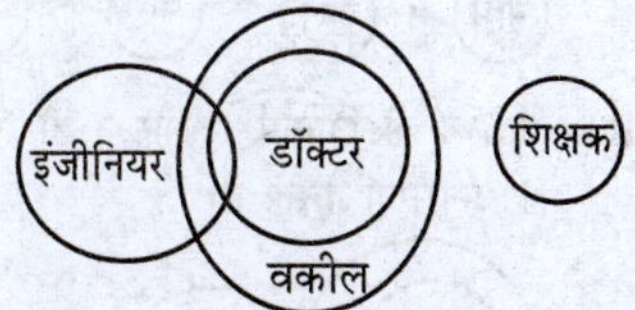

39. अत: केवल निष्कर्ष I अनुसरण करता है।

40. अत: न तो निष्कर्ष I और न ही II अनुसरण करता है।

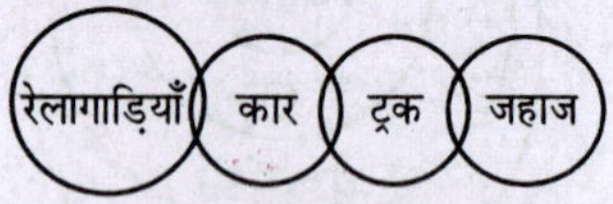

41. अत: केवल निष्कर्ष I अनुसरण करता है।

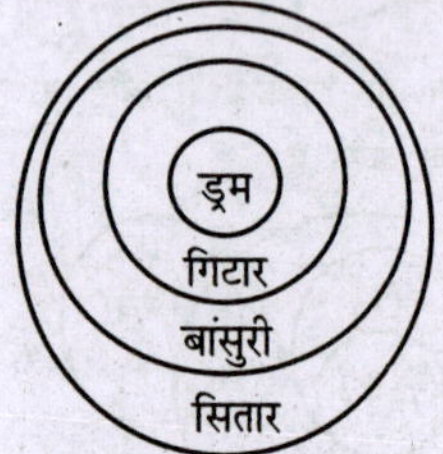

42. अत: केवल निष्कर्ष II अनुसरण करता है।

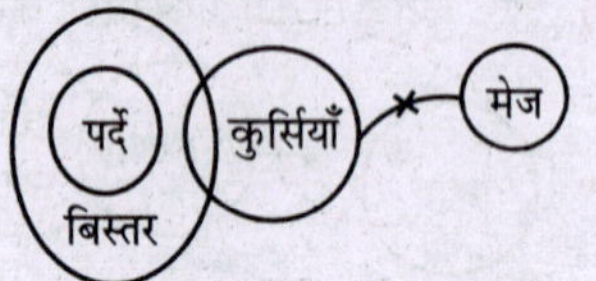

43. अत: केवल निष्कर्ष I अनुसरण करता है।

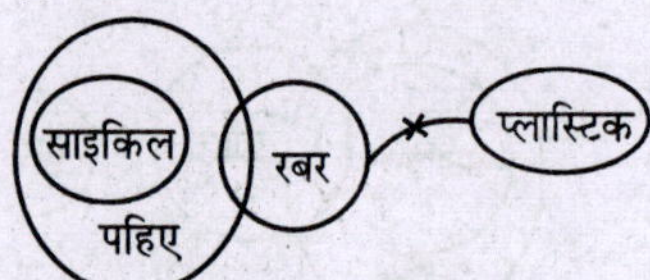

44. अत: न तो निष्कर्ष I और न ही निष्कर्ष II अनुसरण करता है।

45. अत: न तो निष्कर्ष I और न ही निष्कर्ष II अनुसरण करता है।

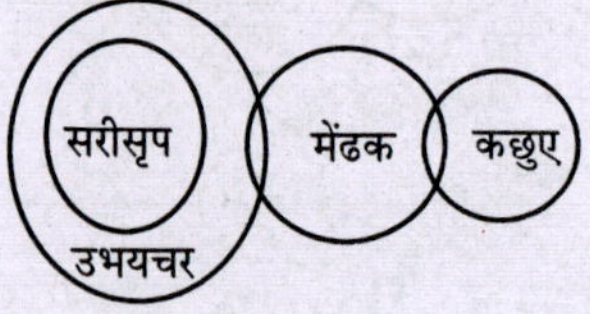

46. अत: न तो निष्कर्ष I और न ही निष्कर्ष II अनुसरण करता है।

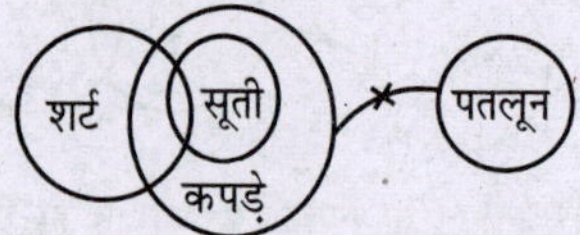

47. अत: न तो निष्कर्ष I और न ही II अनुसरण करता है।

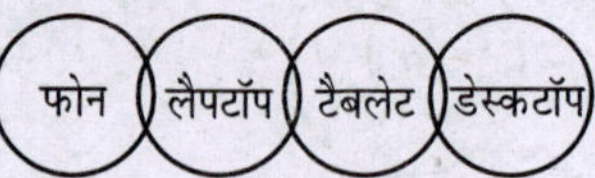

48. अत: केवल निष्कर्ष II अनुसरण करता है।

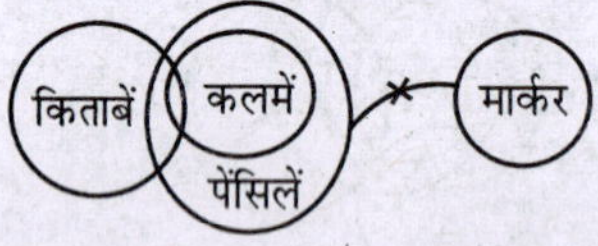

49. अत: केवल निष्कर्ष I अनुसरण करता है।

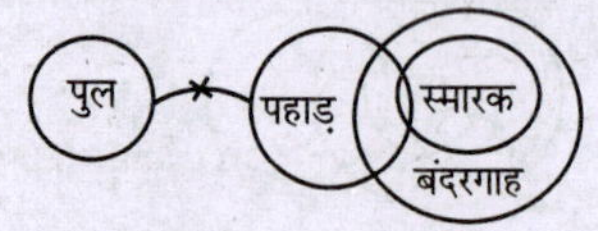

50. अत: न तो निष्कर्ष I और न ही निष्कर्ष II अनुसरण करता है।

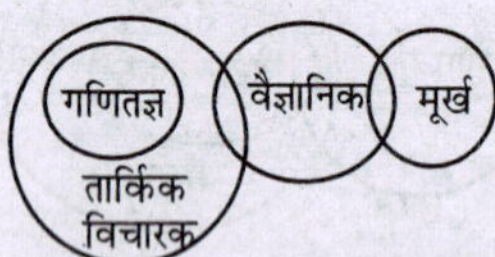

51. न तो निष्कर्ष I न ही निष्कर्ष II अनुसरण करता है।

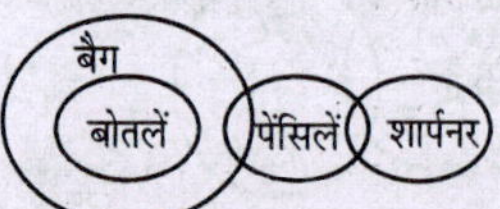

52. निष्कर्ष II और III दोनों अनुसरण करते हैं।

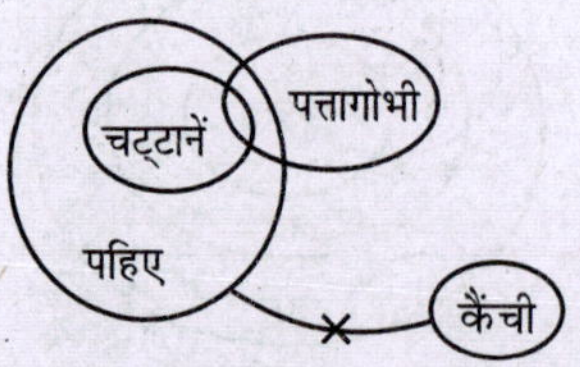

53. न तो निष्कर्ष I न ही निष्कर्ष II अनुसरण करता है।

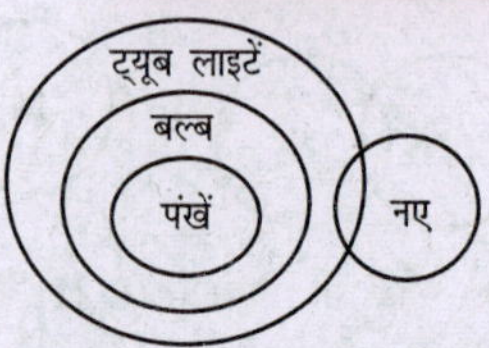

54. निष्कर्ष I और III अनुसरण करते हैं।

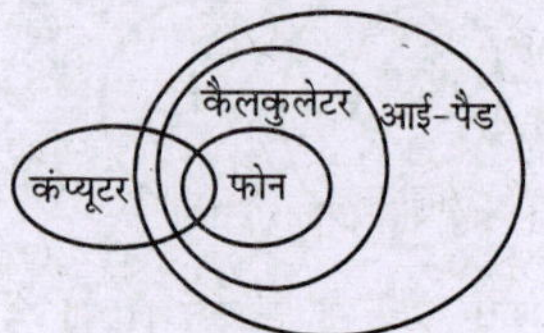

55. सभी निष्कर्ष अनुसरण करते हैं।

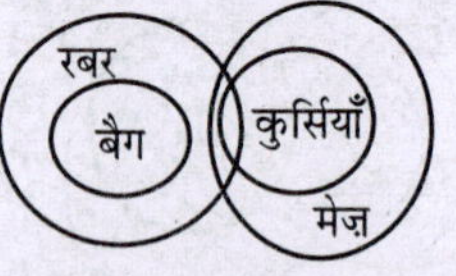

56. केवल निष्कर्ष III अनुसरण करता है।

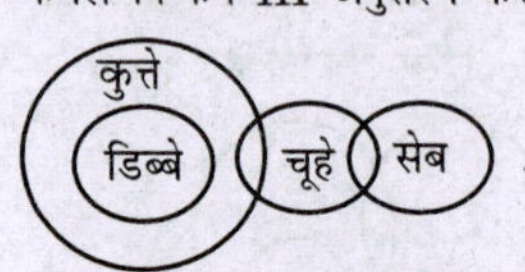

57. केवल निष्कर्ष II अनुसरण करता है।

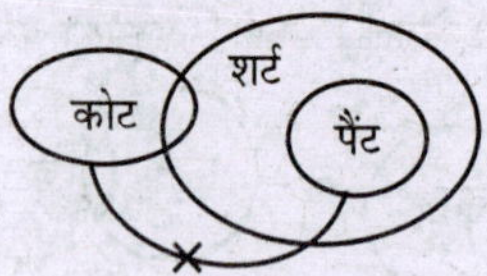

58. न तो निष्कर्ष I न ही निष्कर्ष II अनुसरण करता है।

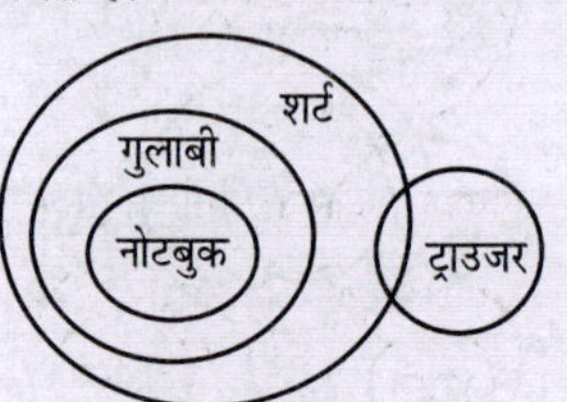

59. सभी निष्कर्ष अनुसरण करते हैं।

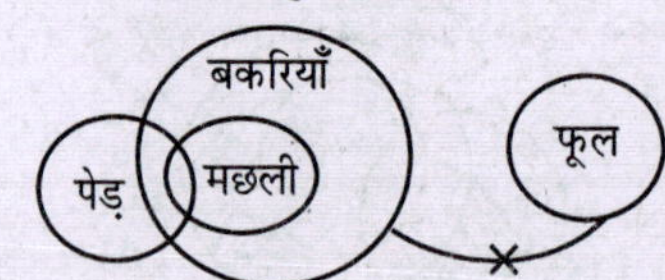

60. निष्कर्ष I और II दोनों अनुसरण करते हैं।

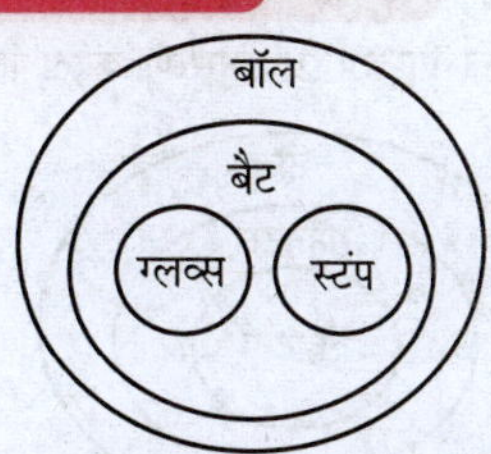

61. केवल निष्कर्ष II अनुसरण करता है।

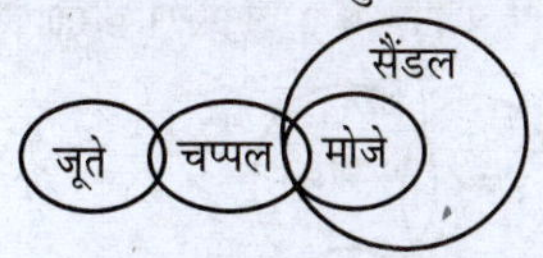

62. निष्कर्ष I और II दोनों अनुसरण करते हैं।

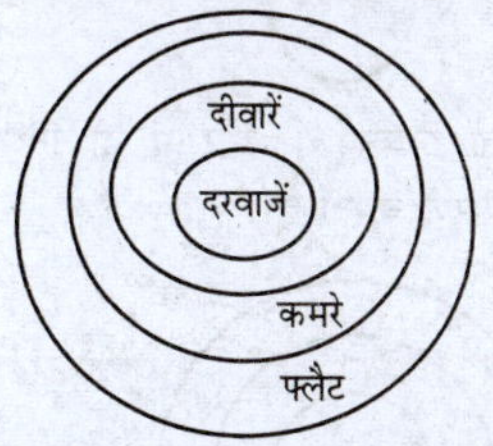

63. निष्कर्ष I और III अनुसरण करते हैं।

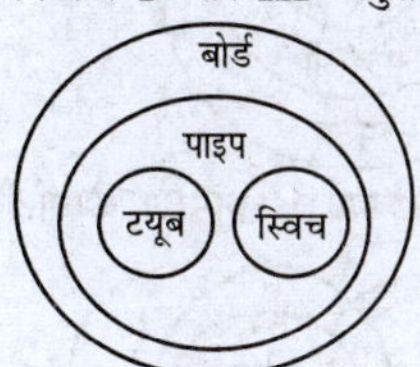

64. निष्कर्ष I और III अनुसरण करते हैं।

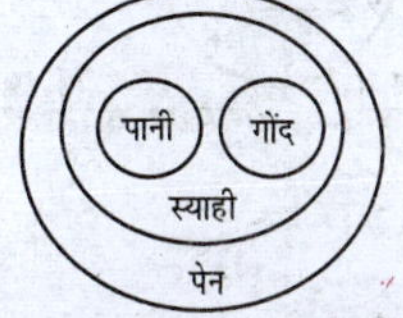

65. निष्कर्ष I और II दोनों अनुसरण करते हैं।

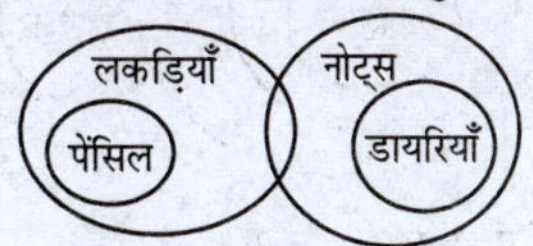

66. सभी निष्कर्ष अनुसरण करते हैं।

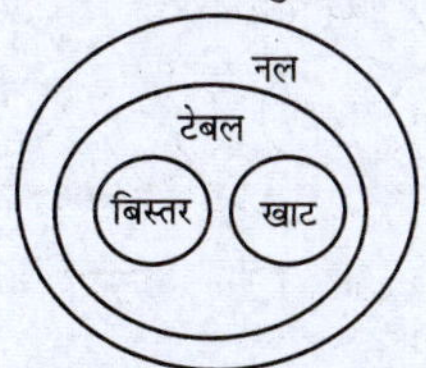

67. निष्कर्ष I और III दोनों अनुसरण करते हैं।

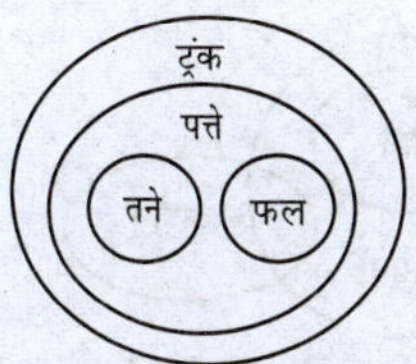

68. सभी निष्कर्ष अनुसरण करते हैं।

69. केवल निष्कर्ष III अनुसरण करते हैं।

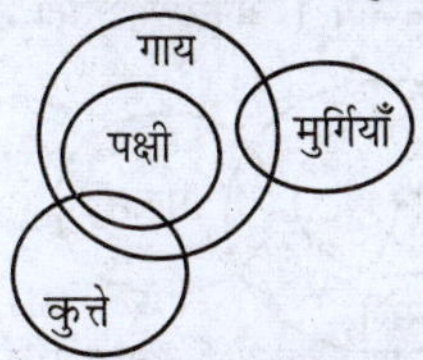

70. केवल निष्कर्ष I अनुसरण करता है।

71. केवल निष्कर्ष III अनुसरण करता है।

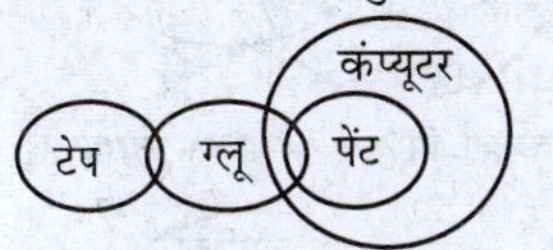

72. न तो निष्कर्ष I न ही निष्कर्ष II अनुसरण करता है।

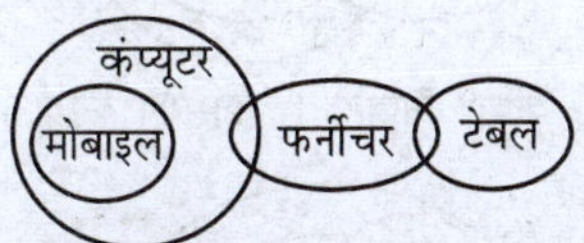

73. न तो निष्कर्ष I न ही निष्कर्ष II अनुसरण करता है।

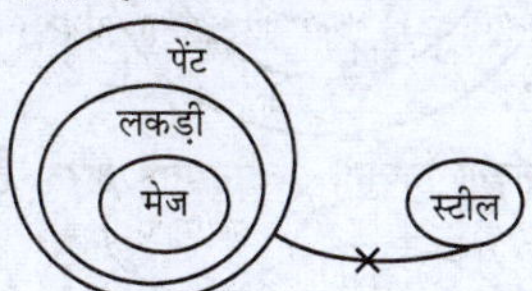

74.

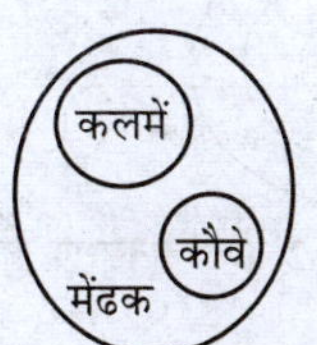

या तो निष्कर्ष 1 या निष्कर्ष 2 अनुसरण करता है।

75. सभी निष्कर्ष अनुसरण करते हैं।

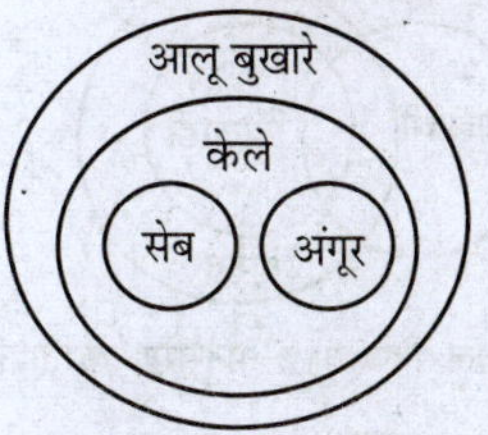

76. केवल निष्कर्ष II अनुसरण करता है।

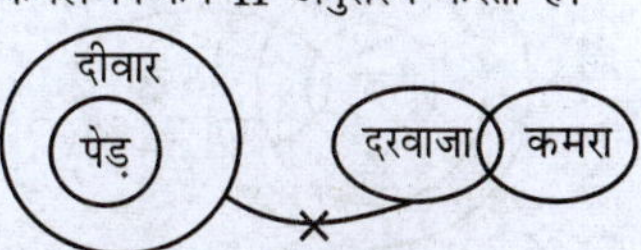

77. केवल निष्कर्ष III अनुसरण करता है।

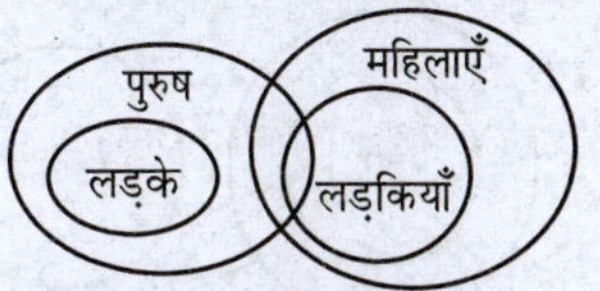

78. सभी निष्कर्ष अनुसरण करते हैं।

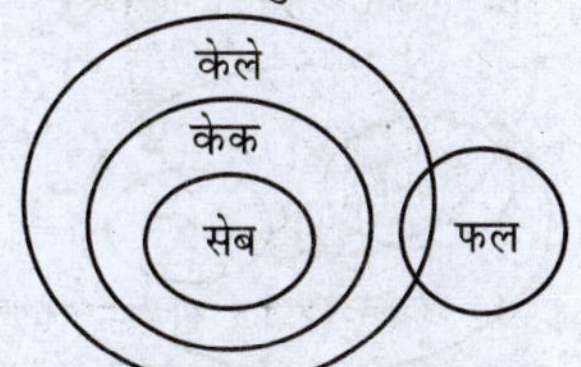

79.

स्कूटर
साइकिल
दो पहिया

न तो निष्कर्ष 1 ना निष्कर्ष 2 अनुसरण करता है।

80.

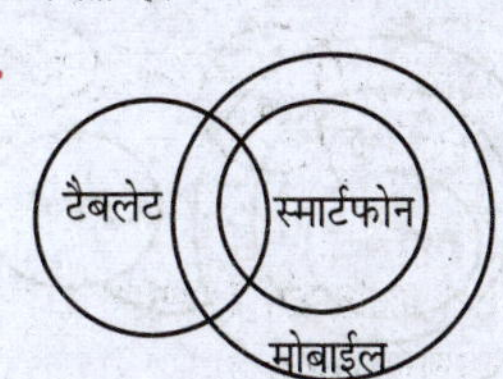

निष्कर्ष 1 और 2 दोनों अनुसरण करते हैं।

81.

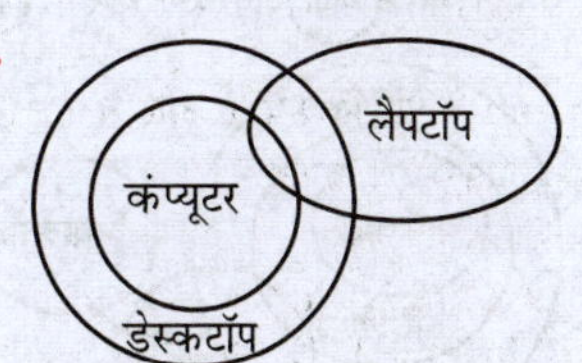

केवल निष्कर्ष 1 अनुसरण करता है।

82.

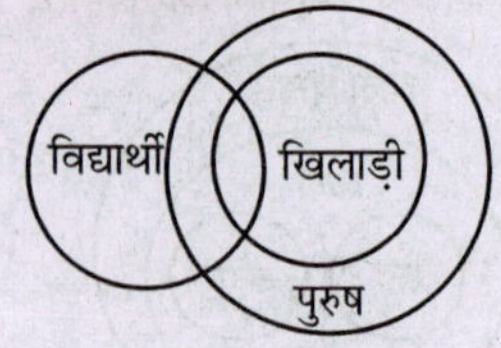

केवल निष्कर्ष 2 अनुसरण करता है।

83.

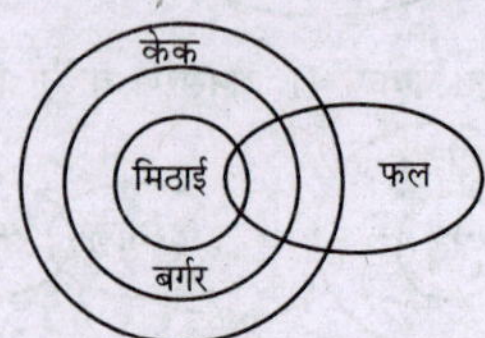

निष्कर्ष 1 और 2 दोनों अनुसरण करते हैं।

84.

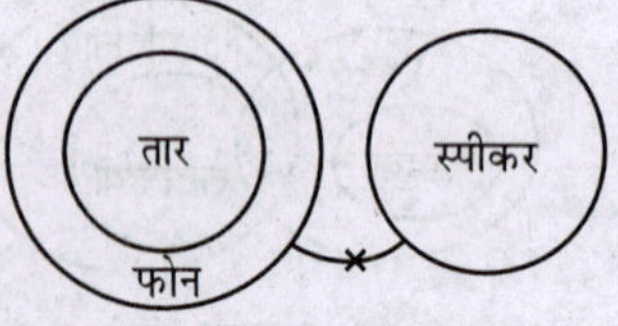

सभी निष्कर्ष अनुसरण करते हैं।

85.

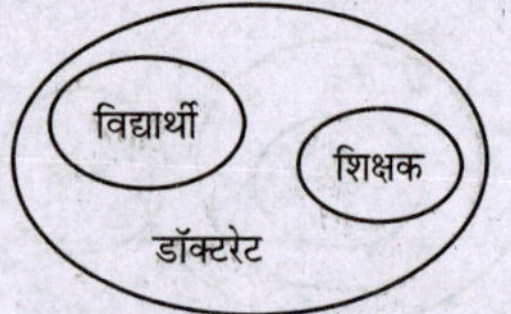

दोनों निष्कर्ष अनुसरण करते हैं।

86.

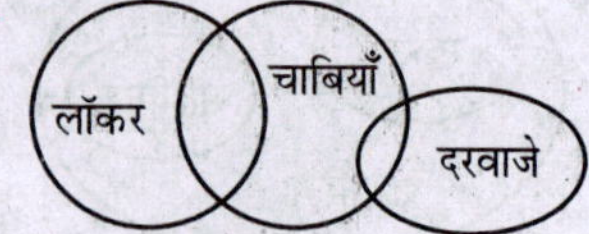

न तो निष्कर्ष 1 और न ही निष्कर्ष 2 अनुसरण करता है।

87.

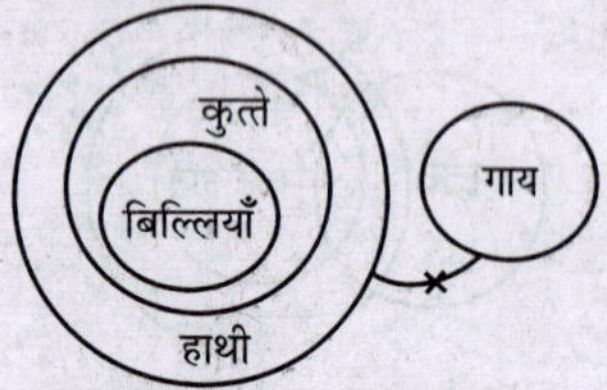

केवल निष्कर्ष 1 अनुसरण करता है।

88.

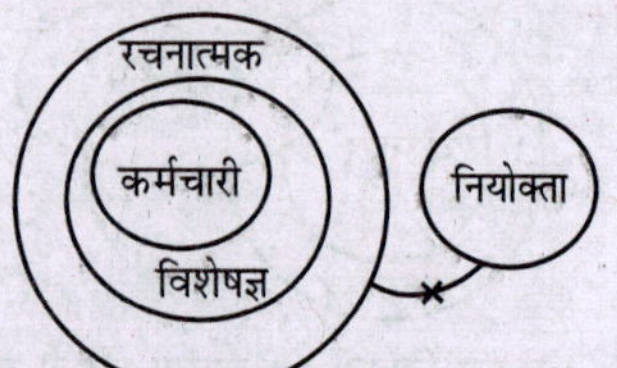

निष्कर्ष 1 और 2 दोनों अनुसरण करते हैं।

89.

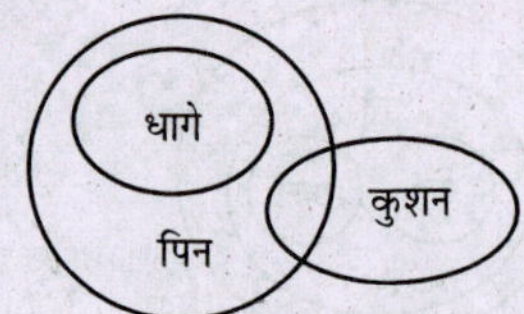

निष्कर्ष 1 और 2 दोनों अनुसरण करते हैं।

90.

केवल निष्कर्ष 1 अनुसरण करता है।

91.

पेन
मार्कर
पेंसिल

न तो निष्कर्ष 1 न ही निष्कर्ष 2 अनुसरण करता है।

92.

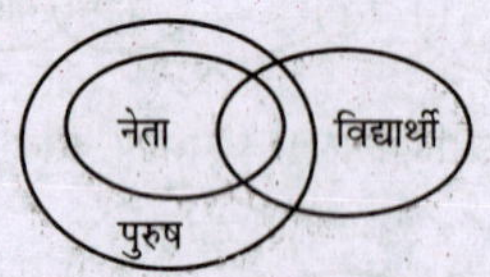

केवल निष्कर्ष 1 पालन करता है।

93.

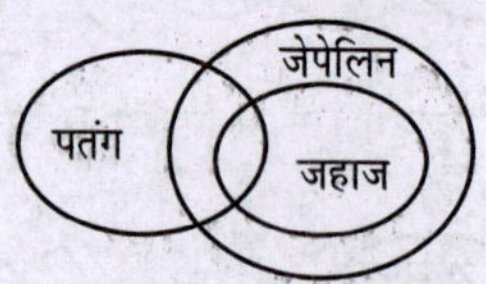

केवल निष्कर्ष 1 अनुसरण करता है।

94.

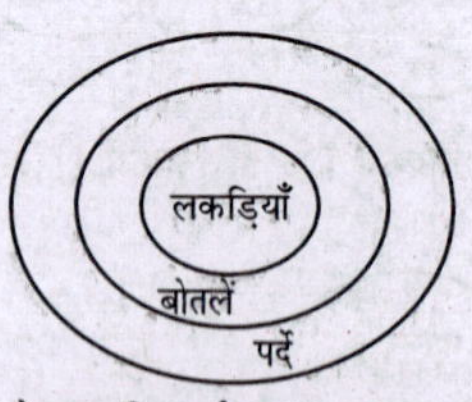

केवल निष्कर्ष 2 अनुसरण करता है।

95.

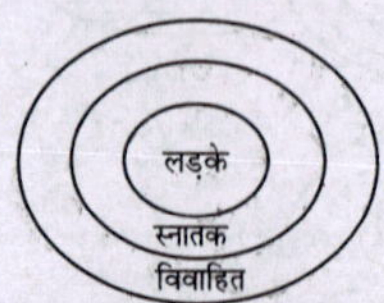

निष्कर्ष 1 और 2 दोनों अनुसरण करते हैं।

96.

केवल निष्कर्ष 2 अनुसरण करता है।

97.

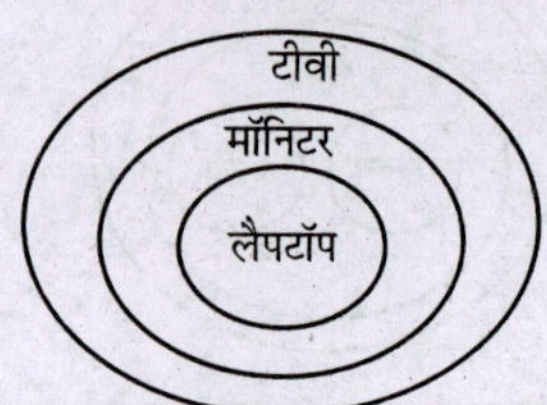

केवल निष्कर्ष 2 अनुसरण करता है।

98.

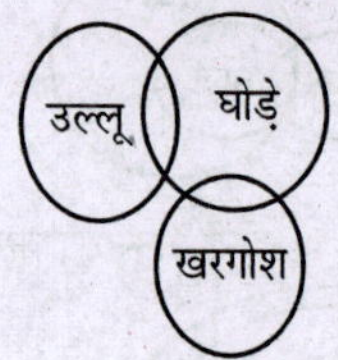

न तो निष्कर्ष 1 और न ही निष्कर्ष 2 अनुसरण करता है।

99.

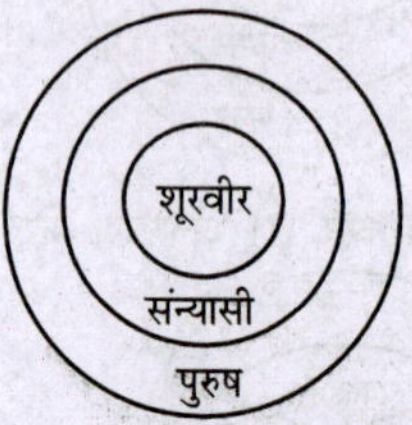

केवल निष्कर्ष 2 अनुसरण करता है।

100.

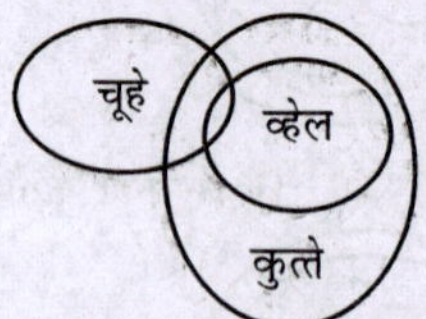

केवल निष्कर्ष 1 अनुसरण करता है।

दर्पण एवं जल प्रतिबिंब (Mirror and Water Images)

Type 1

Direction (Q.No. 1 to 46): If a mirror is placed on the line AB/MN/PQ, then which of the option figures would be the correct image of the question figure

निर्देश (प्रश्न संख्या 1 से 46) : यदि एक दर्पण को रेखा AB/MN/PQ, पर रखा जाए, तो विकल्प आकृति में से कौन सी आकृति प्रश्न आकृति का सही प्रतिबिंब होता

1.

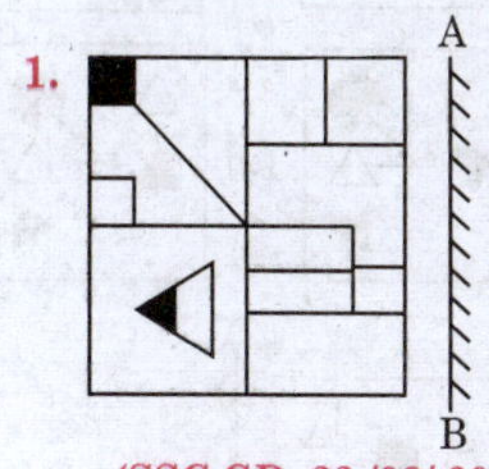

(SSC GD, 23 /02/ 2024, Shift-II)

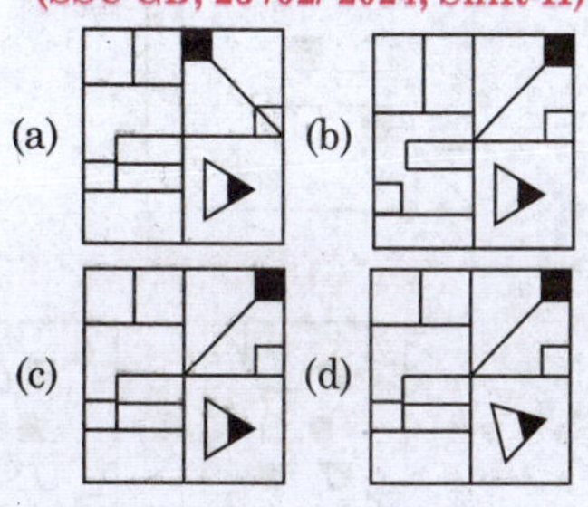

2.

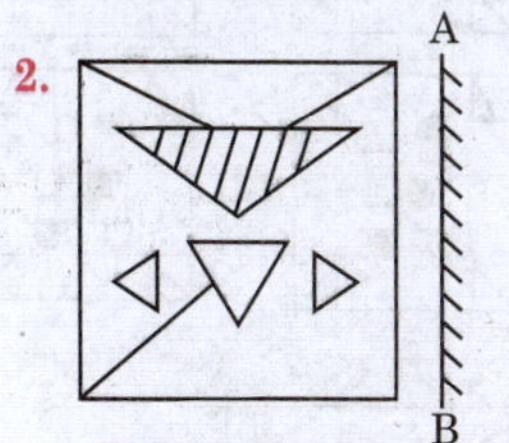

(SSC GD, 23 /02/ 2024, Shift-III)

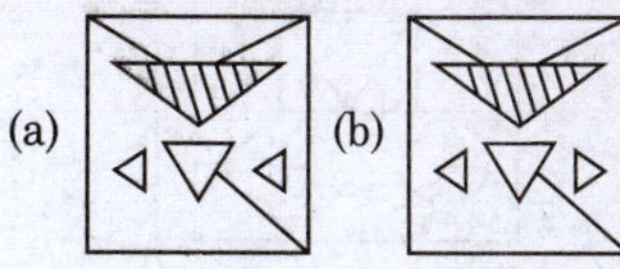

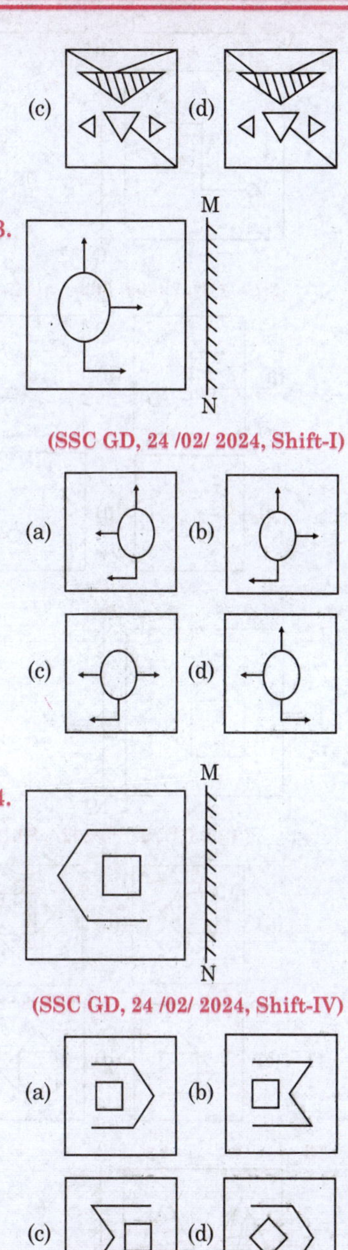

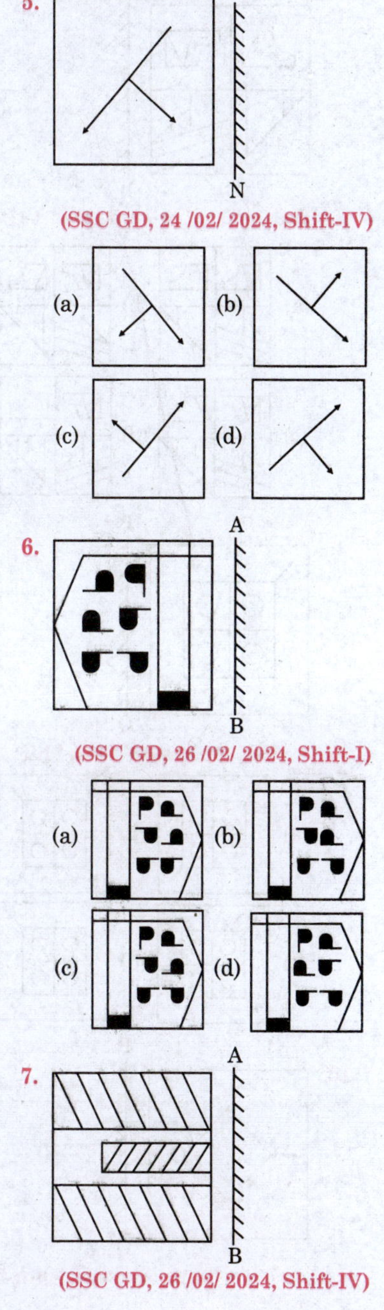

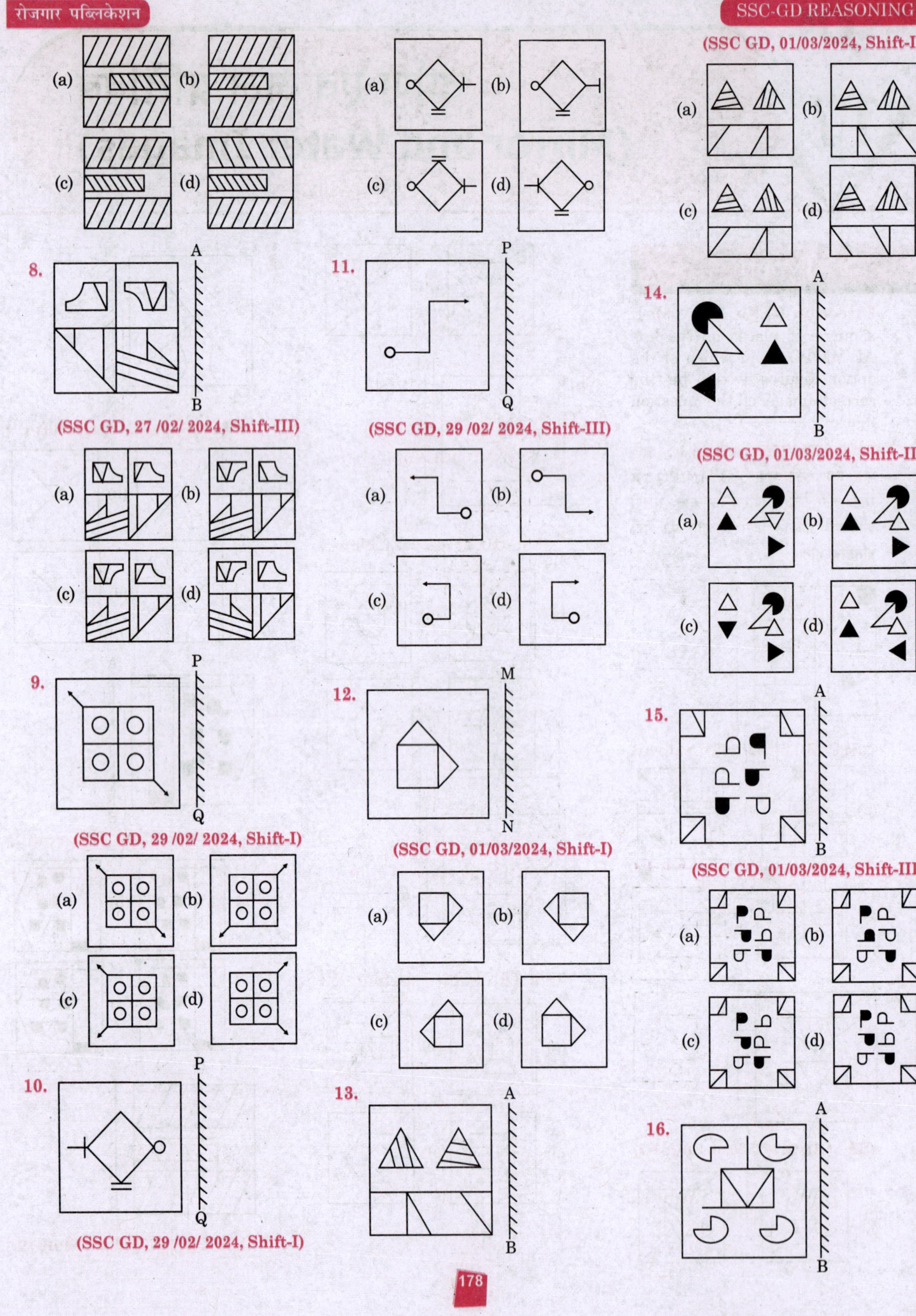
(a)
(b)
(c)
(d)
8.
A
B
(SSC GD, 27 /02/ 2024, Shift-III)
9.
P
Q
(SSC GD, 29 /02/ 2024, Shift-I)
10.
P
Q
(SSC GD, 29 /02/ 2024, Shift-I)
11.
P
Q
(SSC GD, 29 /02/ 2024, Shift-III)
12.
M
N
(SSC GD, 01/03/2024, Shift-I)
13.
A
B
(SSC GD, 01/03/2024, Shift-I)
14.
A
B
(SSC GD, 01/03/2024, Shift-II)
15.
A
B
(SSC GD, 01/03/2024, Shift-III)
16.
A
B

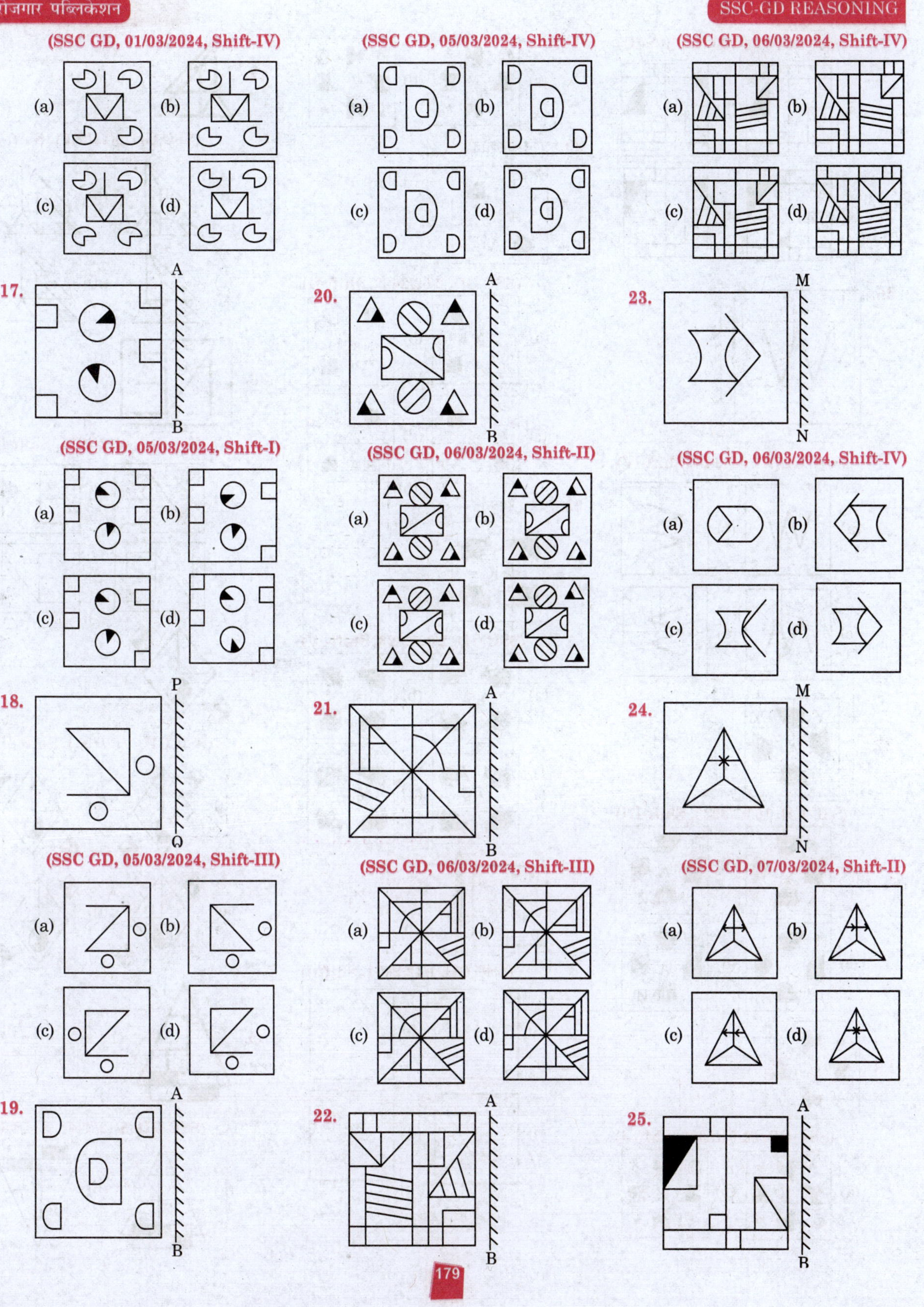
(SSC GD, 01/03/2024, Shift-IV)
(SSC GD, 05/03/2024, Shift-IV)
(SSC GD, 06/03/2024, Shift-IV)
17.
20.
23.
(SSC GD, 05/03/2024, Shift-I)
(SSC GD, 06/03/2024, Shift-II)
(SSC GD, 06/03/2024, Shift-IV)
18.
21.
24.
(SSC GD, 05/03/2024, Shift-III)
(SSC GD, 06/03/2024, Shift-III)
(SSC GD, 07/03/2024, Shift-II)
19.
22.
25.

(SSC GD, 07/03/2024, Shift-III)

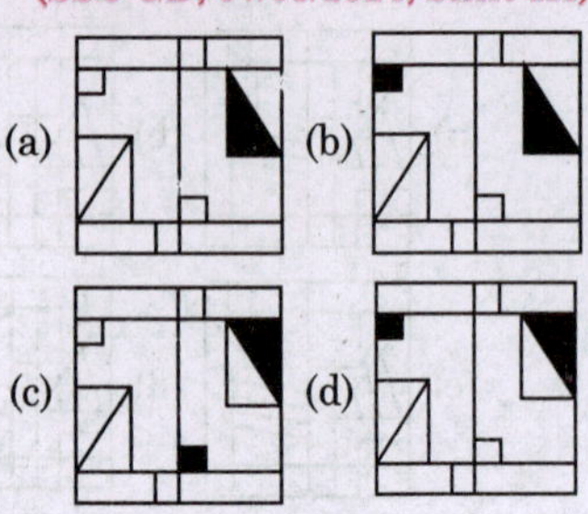

(a) (b)

(c) (d)

26.

A

B

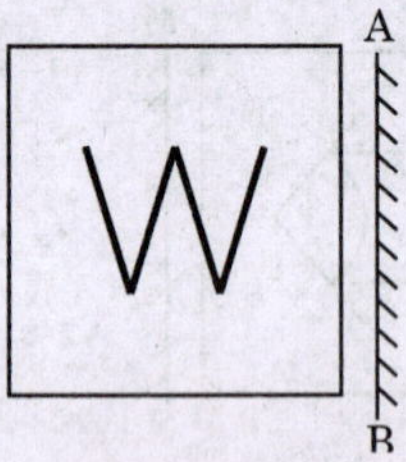

(SSC GD, 07/03/2024, Shift-IV)

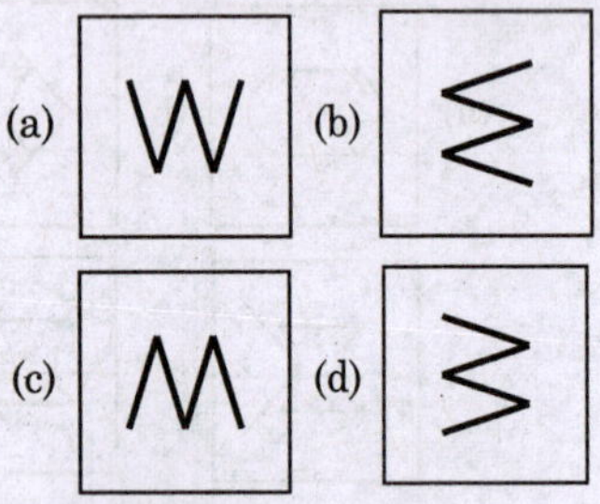

(a) (b)

(c) (d)

27.

Y % A N 1

(SSC GD, 16/01/2023, Shift-III)

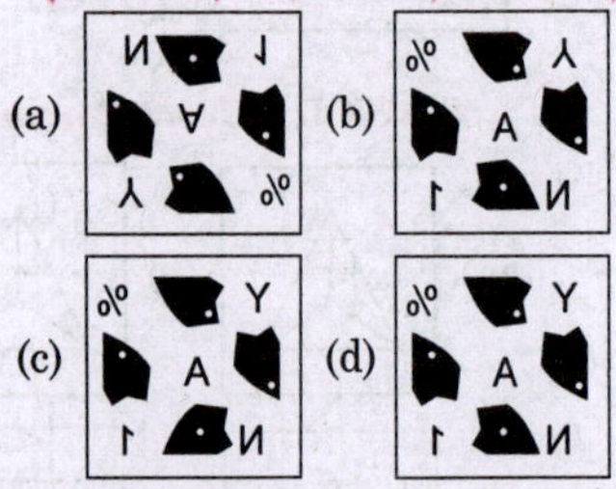

(a) (b)

(c) (d)

28.

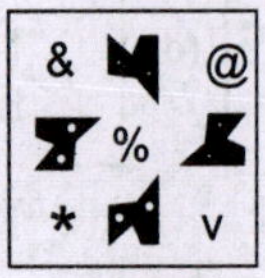

& @ % * v

(SSC GD, 31/01/2023, Shift-I)

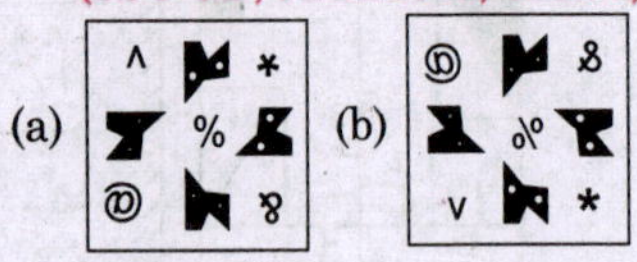

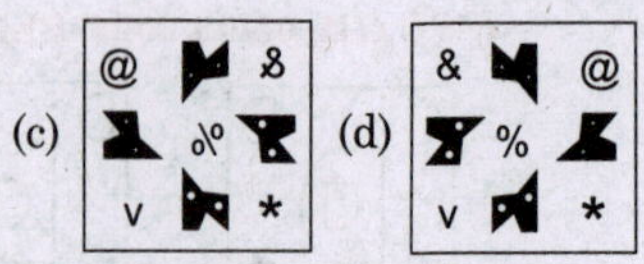

(a) (b)

(c) (d)

29. प्रश्न आकृति

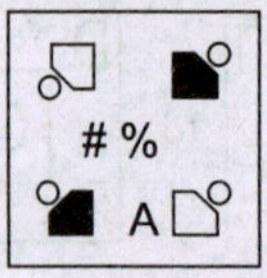

% A

(SSC GD, 2/02/2023, Shift-II)

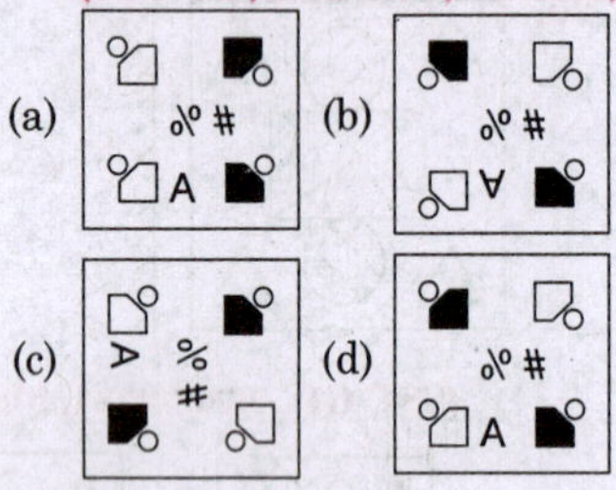

(a) (b)

(c) (d)

30. प्रश्न आकृति

A K

(SSC GD, 2/02/2023, Shift-IV)

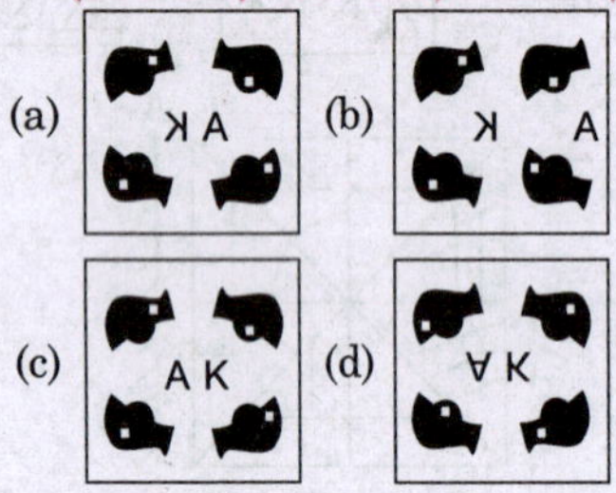

(a) (b)

(c) (d)

31.

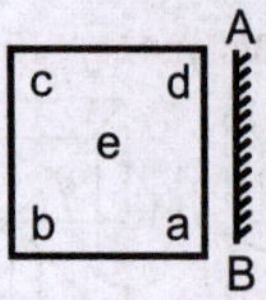

c d e b a

A B

(SSC GD, 1/12/2021, Shift-I)

(a) (b)

(c) (d)

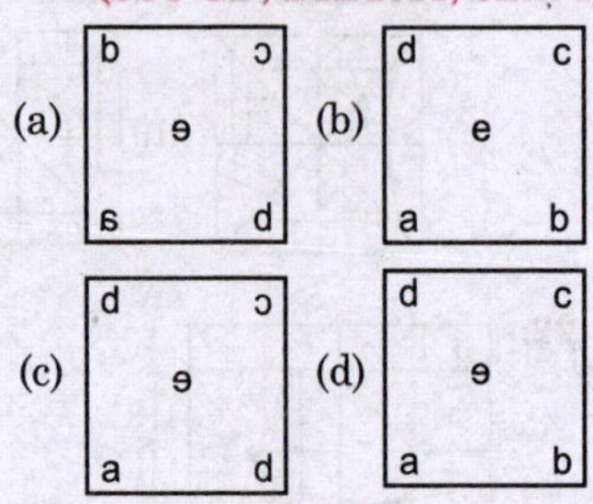

32.

(SSC GD, 3/12/2021, Shift-I)

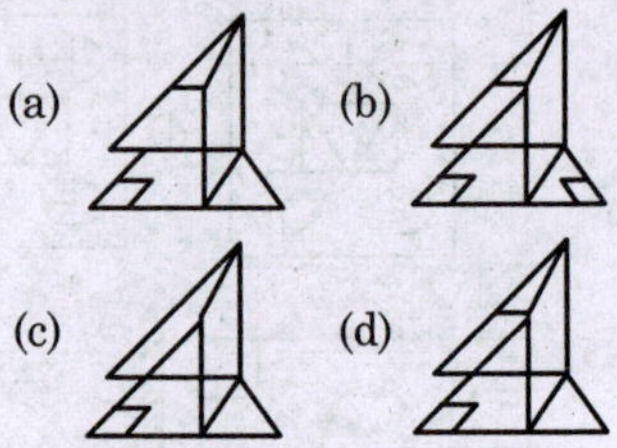

(a) (b)

(c) (d)

33.

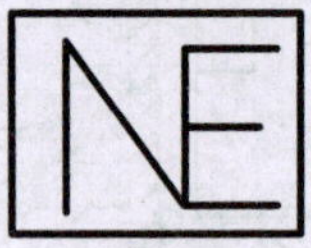

(SSC GD, 6/12/2021, Shift-II)

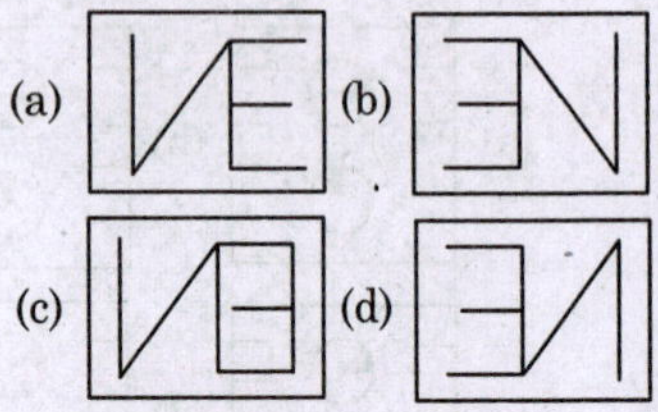

(a) (b)

(c) (d)

34.

(SSC GD, 7/12/2021, Shift-III)

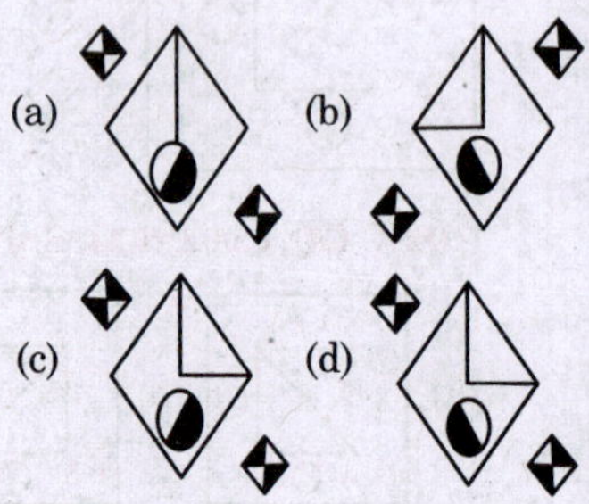

(a) (b)

(c) (d)

35.

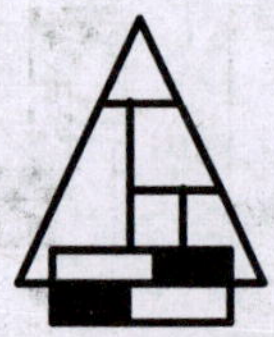

(SSC GD, 8/12/2021, Shift-II)

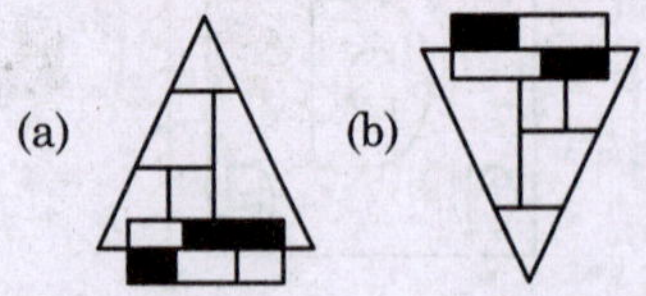

(a) (b)

(c) (d)

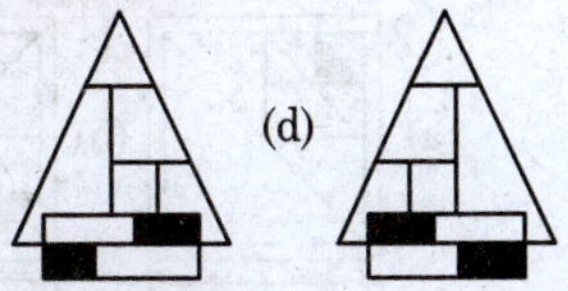

36.

1
2 3

(SSC GD, 9/12/2021, Shift-III)

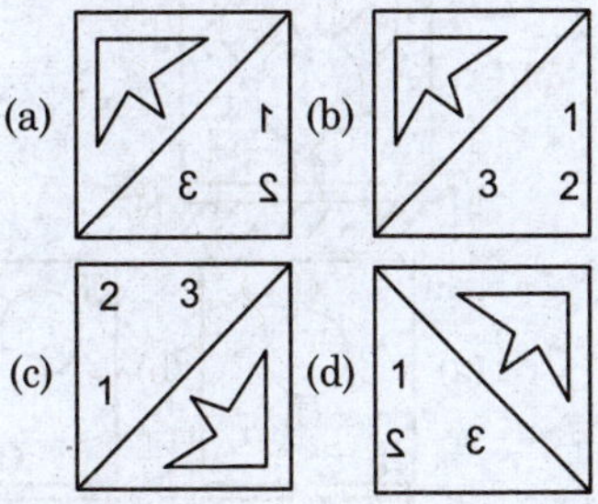

(a) (b)

1
3 2

(c) (d)

2 3
1

1

37.

A
B

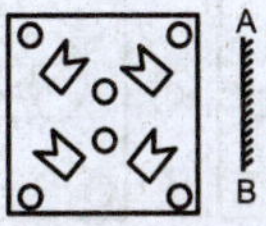

(SSC GD, 10/12/2021, Shift-II)

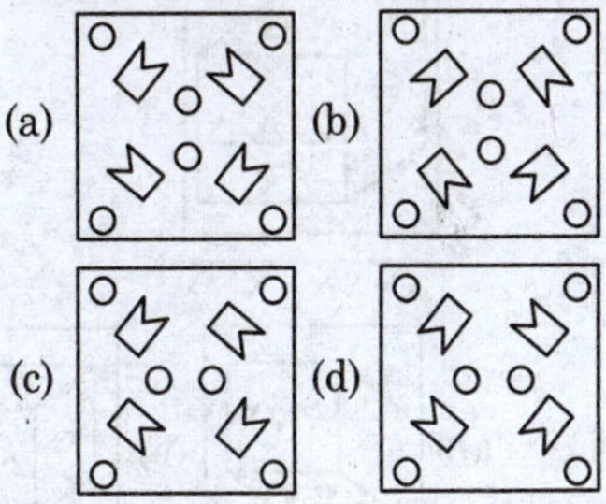

(a) (b)

(c) (d)

38.

f

(SSC GD, 14/12/2021, Shift-I)

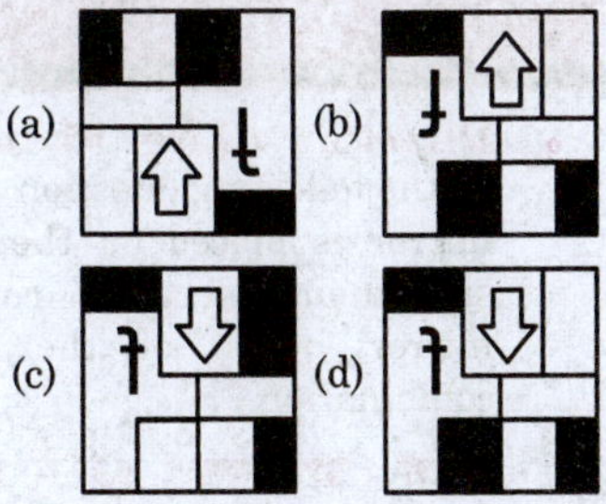

(a) (b)

(c) (d)

39.

X
Y

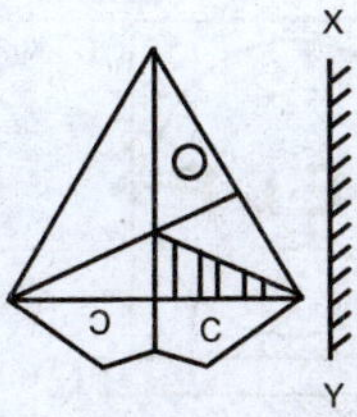

(SSC GD, 18/02/2019, Shift-III)

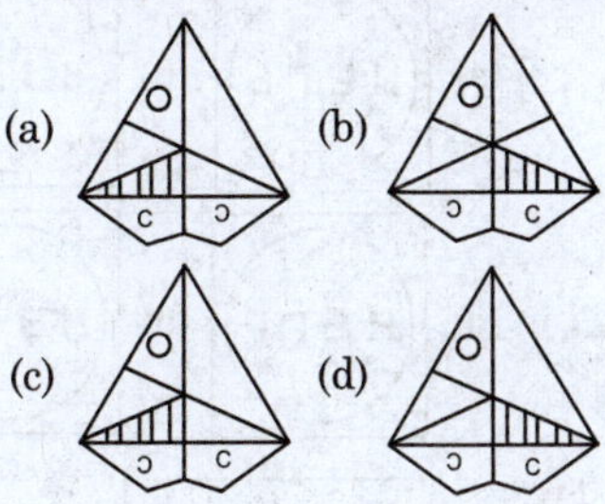

(a) (b)

(c) (d)

40.

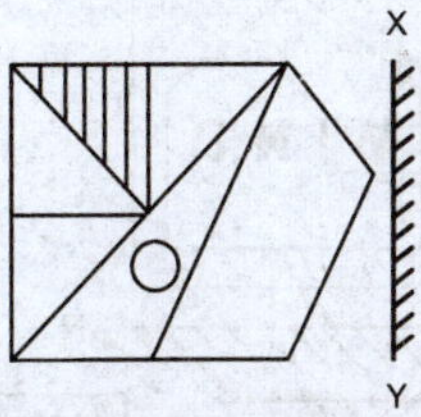

X
Y

(SSC GD, 19/02/2019, Shift-I)

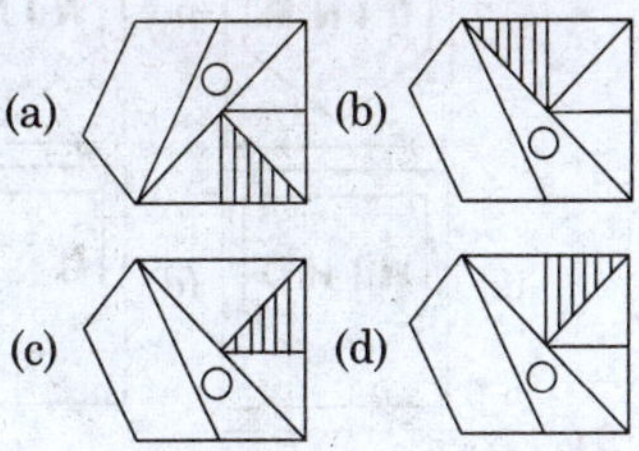

(a) (b)

(c) (d)

41.

N
X
Y
(X)

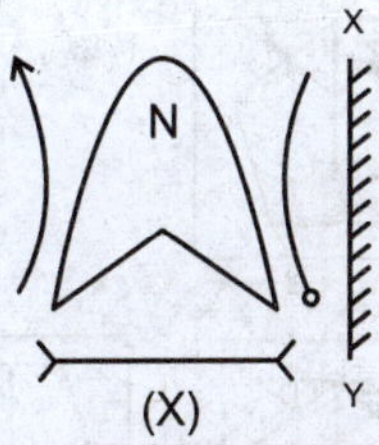

(SSC GD, 19/02/2019, Shift-II)

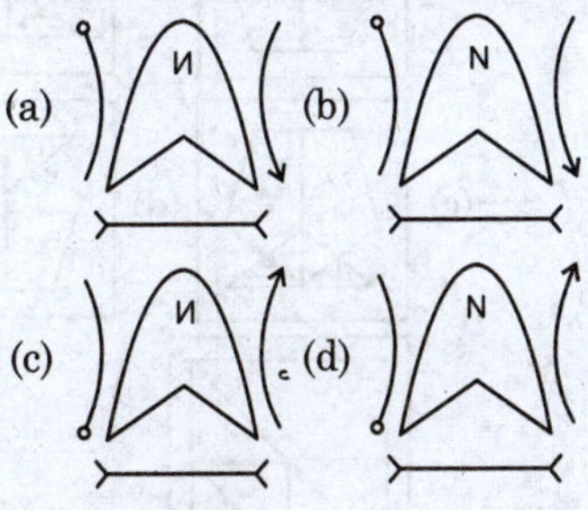

(a) (b)

N

(c) (d)

N

42.

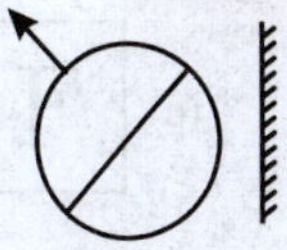

(SSC GD, 22/02/2019, Shift-II)

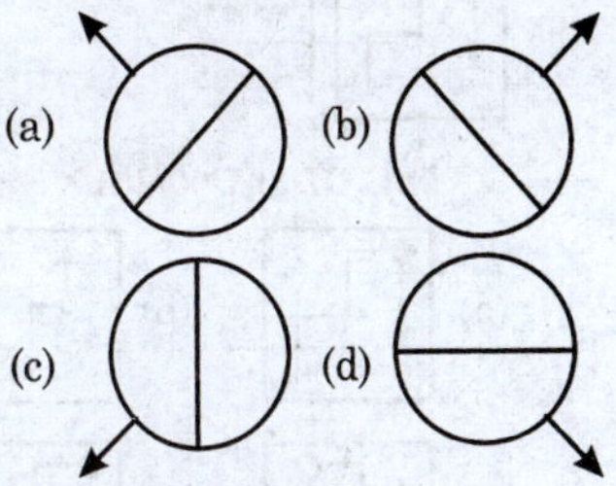

(a) (b)

(c) (d)

43.

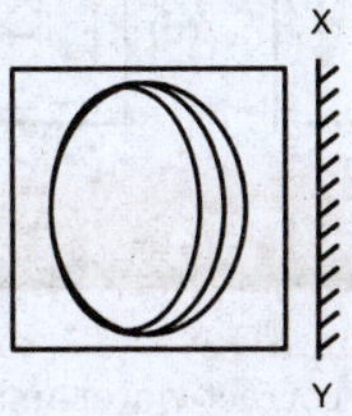

X
Y

(SSC GD, 15/02/2019, Shift-I)

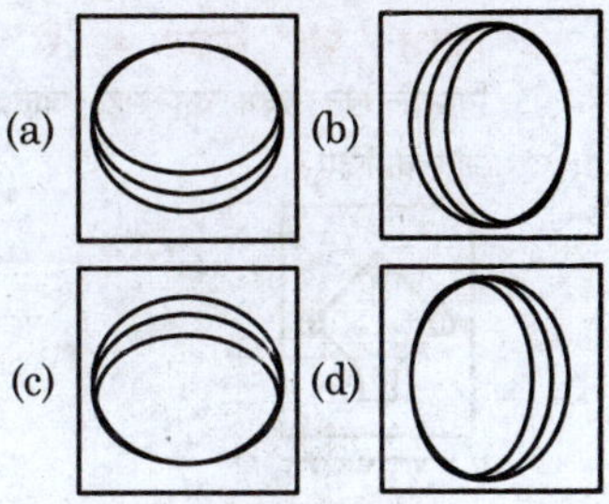

(a) (b)

(c) (d)

44.

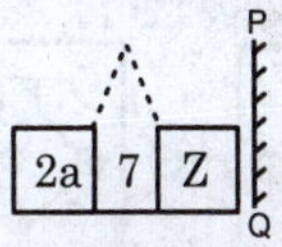

2a 7 Z
P
Q

(SSC GD, 06/03/2019, Shift-I)

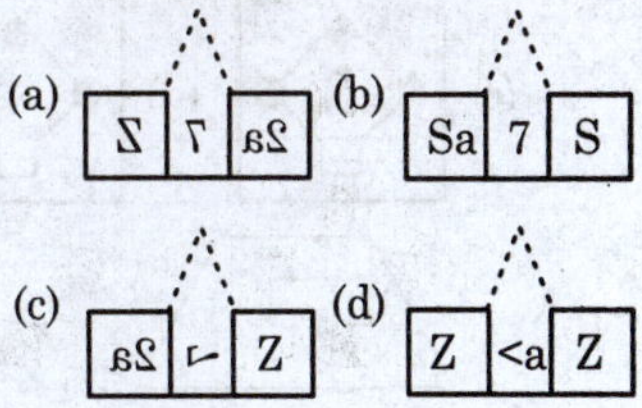

(a) (b)

Sa 7 S

(c) (d)

Z

Z <a Z

45.

F
P
Q

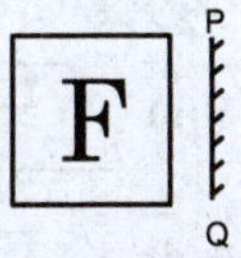

(SSC GD, 06/03/2019, Shift-II)

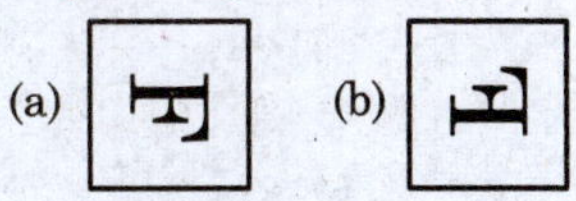

(a) (b)

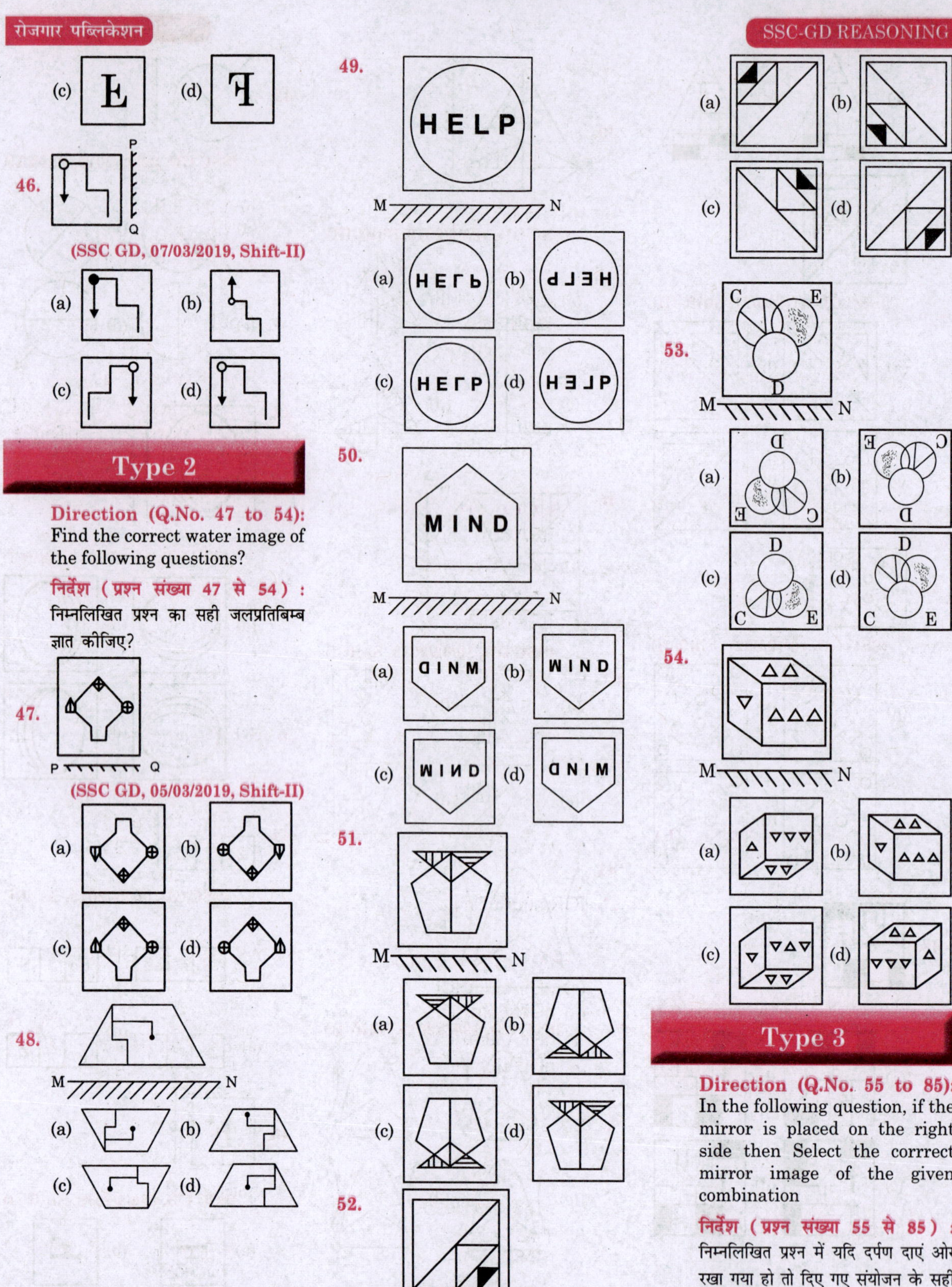

Type 2

Direction (Q.No. 47 to 54): Find the correct water image of the following questions?

निर्देश (प्रश्न संख्या 47 से 54) : निम्नलिखित प्रश्न का सही जलप्रतिबिम्ब ज्ञात कीजिए?

Type 3

Direction (Q.No. 55 to 85): In the following question, if the mirror is placed on the right side then Select the corrrect mirror image of the given combination

निर्देश (प्रश्न संख्या 55 से 85) : निम्नलिखित प्रश्न में यदि दर्पण दाएं ओर रखा गया हो तो दिए गए संयोजन के सही दर्पण प्रतिबिंब का चयन कीजिए।

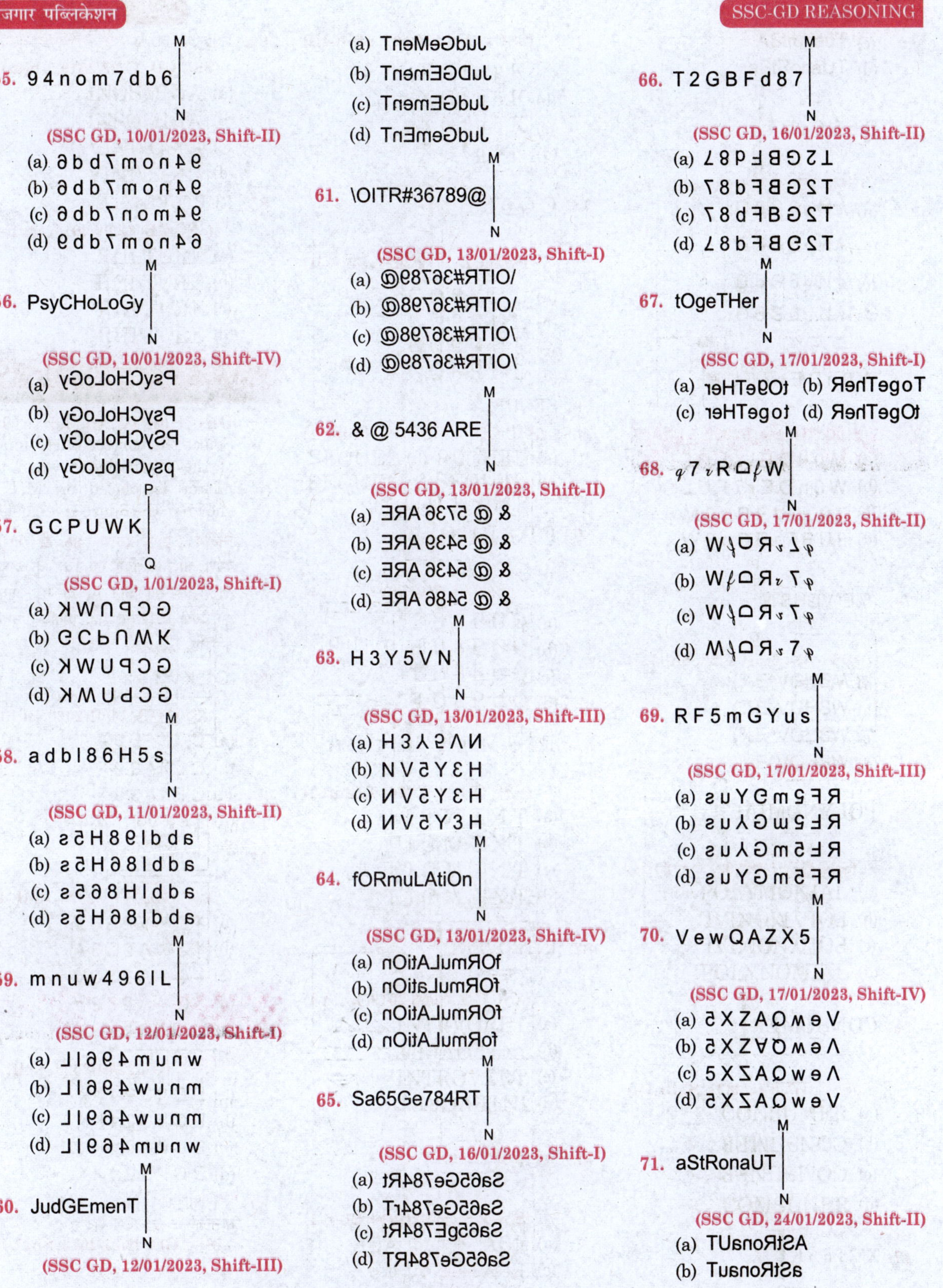

(c) TuanortSA

(d) TUanoRtSa

72. D 5 S 6 *g* N *h* (M–N)

(SSC GD, 24/01/2023, Shift-III)

(a) *h* И *g* 6 S 5 D

(b) *h* N *g* 6 S 5 D

(c) *h* N *g* 6 S 5 D

(d) *h* N *g* 6 S 5 D

73. W 0 n D E r 7 F U L (M–N)

(SSC GD, 24/01/2023, Shift-IV)

(a) M O n D E ɹ L F Ո ⅃

(b) W 0 n D E r 7 F U L

(c) ⅂ U Ⅎ 7 ɹ E D u 0 M

(d) ⅃ U Ⅎ 7 r Ǝ D n 0 W

74. (%E^VGHSW (P–Q)

(SSC GD, 25/01/2023, Shift-II)

(a) WSHGV^Ǝ%)

(b) WSHGVvƎ%)

(c) WSHGV^Ǝ%)

(d) WSHGV^Ǝ%)

75. POLYNOMIAL (P–Q)

(SSC GD, 1/12/2021, Shift-III)

(a) ⅃AIMONY⅃Oꟼ

(b) POLYNOMIAL

(c) POLYNOMIAL

(d) ⅃AIMONY⅃Oꟼ

76. CONSUMER (P–Q)

(SSC GD, 2/12/2021, Shift-III)

(a) ЯƎMUƧИOϽ

(b) CONSUMER

(c) COMSUNER

(d) ЯƎИUƧMOϽ

77. X G f q 5 K (P–Q)

(SSC GD, 3/12/2021, Shift-III)

(a) K 5 p f G X

(b) K 5 p f G X

(c) K 5 b f G X

(d) K 5 p J G X

78. C Q 6 R U L (P–Q)

(SSC GD, 6/12/2021, Shift-II)

(a) ⅃ U Я 6 Ϙ Ͻ

(b) ⅃ U Я 9 Ϙ Ͻ

(c) ⅃ U Я 9 Ϙ Ͻ

(d) ⅃ U Я 6 Ϙ Ͻ

79. SEQUEL

(SSC GD, 12/02/2019, Shift-III)

(a) ⅃ƎUϘƎƧ (b) ⅃ƎUϘƎS

(c) ⅃ƎUϘƎƧ (d) ⅃ƎUϘƎS

80. F D 8 P C Q (P–Q)

(SSC GD, 7/12/2021, Shift-I)

(a) Ϙ Ͻ ꟼ 8 D Ⅎ

(b) Ϙ Ͻ ꟼ 8 D E

(c) Ϙ Ͻ d 8 D Ⅎ

(d) Ϙ Ͻ ꟼ 8 D F

81. F I G M E N T (P–Q)

(SSC GD, 22/02/2019, Shift-I)

(a) T N E M G I Ⅎ

(b) T И Ǝ M G I F

(c) T N E M G I Ⅎ

(d) T И E M G I Ⅎ

82. INTROVERT (P–Q)

(SSC GD, 02/03/2019, Shift-I)

(a) TƎЯOVЯTИI

(b) INTROVERT

(c) TЯEVOЯTИI

(d) INTROVERT

83. ACE (X–Y)

(SSC GD, 11/02/2019, Shift-I)

(a) ƎϽA (b) ACE

(c) ECA (d) EϽA

84. INSOMNIA

(SSC GD, 11/02/2019, Shift-III)

(a) AIИMƧOИI

(b) AIИMOƧИI

(c) INSOMNIA

(d) INOSMNIA

85. RUPTURE

(SSC GD, 12/02/2019, Shift-II)

(a) ƎЯUTꟼUЯ

(b) ƎЯUTꟼUЯ

(c) ƎЯUTԳUЯ

(d) ƎЯUTԳUЯ

Type 4

Direction (Q.No. 86 to 92): Select the correct mirro image of the given figure when the mirror is placed on MN as shown in the figure given below.

निर्देश (प्रश्न संख्या 86 से 92) : दर्पण को नीचे दिए गए चित्र के अनुसार MN पर रखे जाने पर दी गई आकृति का दर्पण में निर्मित सही प्रतिबिंब चयनित कीजिए।

86. C L k v 3 8 z (M–N)

(SSC GD, 10/01/2023, Shift-I)

(a) C ꓶ K ^ 3 8 z

(b) C Γ K ^ 3 8 z

(c) C Γ K ^ 3 8 z

(d) C L k v 3 8 z

87. x C w V 5 2 3 A (M–N)

(SSC GD, 11/01/2023, Shift-IV)

(a) x C ʍ V 5 2 3 ∀

(b) x C ʍ Λ 5 2 3 A

(c) x C ʍ Λ 5 2 3 ∀

(d) x C ʍ Λ 5 2 3 ∀

88. B C h 3 5 4 k x (M–N)

(SSC GD, 23/01/2023, Shift-II)

(a) B C ч 3 5 4 K x

(b) B C ʮ 3 5 4 K x

(c) B C ʮ 3 5 4 K x

(d) B C ʮ 3 5 4 K x

89. x c U Q d h k (M–N)

(SSC GD, 23/01/2023, Shift-III)

(a) xc∩Øqμk
(b) ʞdpOUcx
(c) xc∩Øqμk
(d) xc∩Øqμʞ

90. FGRzc6nW
M———N

(SSC GD, 30/01/2023, Shift-IV)

(a) ꟻGЯzcɘuW
(b) ꟻGЯzcɘuW
(c) ꟻGЯzcɘuW
(d) WnɘɔzЯGꟻ

91. SnMwDNA
M———N

(SSC GD, 31/01/2023, Shift-III)

(a) ƧuMwᗡN∀
(b) ƧuMwᗡИ∀
(c) ƧuMwᗡИ∀
(d) ƧuMwᗡИ∀

92. 6ZkBMVd
M———N

(SSC GD, 1/02/2023, Shift-III)

(a) bVMBʞZ6
(b) ɘZʞBMΛq
(c) ɘZʞBMΛq
(d) ɘZʞBMΛq

उत्तरमाला

1.	(c)	**2.**	(b)	**3.**	(a)	**4.**	(a)	**5.**	(a)	**6.**	(c)	**7.**	(c)	**8.**	(c)	**9.**	(b)	**10.**	(a)
11.	(a)	**12.**	(c)	**13.**	(a)	**14.**	(b)	**15.**	(a)	**16.**	(b)	**17.**	(c)	**18.**	(c)	**19.**	(b)	**20.**	(c)
21.	(a)	**22.**	(d)	**23.**	(b)	**24.**	(d)	**25.**	(d)	**26.**	(a)	**27.**	(d)	**28.**	(b)	**29.**	(d)	**30.**	(a)
31.	(a)	**32.**	(d)	**33.**	(d)	**34.**	(c)	**35.**	(d)	**36.**	(a)	**37.**	(a)	**38.**	(d)	**39.**	(c)	**40.**	(d)
41.	(c)	**42.**	(b)	**43.**	(b)	**44.**	(a)	**45.**	(d)	**46.**	(c)	**47.**	(a)	**48.**	(a)	**49.**	(a)	**50.**	(c)
51.	(c)	**52.**	(c)	**53.**	(c)	**54.**	(a)	**55.**	(b)	**56.**	(b)	**57.**	(c)	**58.**	(b)	**59.**	(b)	**60.**	(c)
61.	(a)	**62.**	(c)	**63.**	(c)	**64.**	(c)	**65.**	(d)	**66.**	(b)	**67.**	(a)	**68.**	(c)	**69.**	(d)	**70.**	(d)
71.	(d)	**72.**	(d)	**73.**	(d)	**74.**	(c)	**75.**	(d)	**76.**	(a)	**77.**	(b)	**78.**	(d)	**79.**	(d)	**80.**	(a)
81.	(b)	**82.**	(c)	**83.**	(a)	**84.**	(b)	**85.**	(d)	**86.**	(c)	**87.**	(c)	**88.**	(b)	**89.**	(c)	**90.**	(c)
91.	(c)	**92.**	(b)																

18 कागज मोड़ना और काटना (Paper Folding and Cutting)

Direction (Q.No. 1 to 88): A piece of paper is folded and cut as shown below in the question figure. From the given answer figure, indicate how it will appear when opened.

निर्देश (प्रश्न संख्या 1 से 88): एक कागज को नीचे दर्शाए गए अनुसार मोड़ा और काटा जाता है। खोले जाने पर यह कैसा दिखाई देगा?

1.

(SSC GD, 20/02/2024, Shift-IV)

(a) (b)

(c) (d)

2.

(SSC GD, 21/02/2024, Shift-I)

(a) (b)

(c) (d)

3.

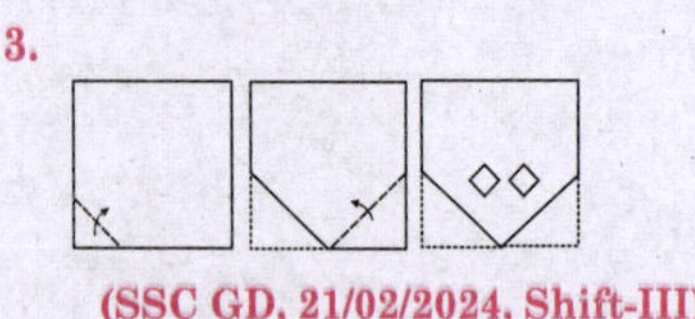

(SSC GD, 21/02/2024, Shift-III)

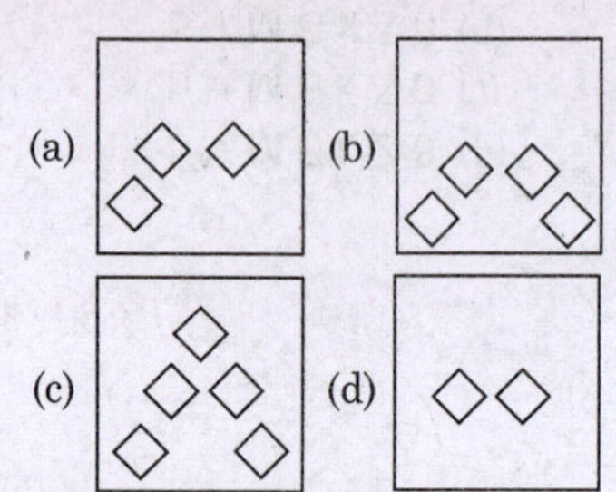

4.

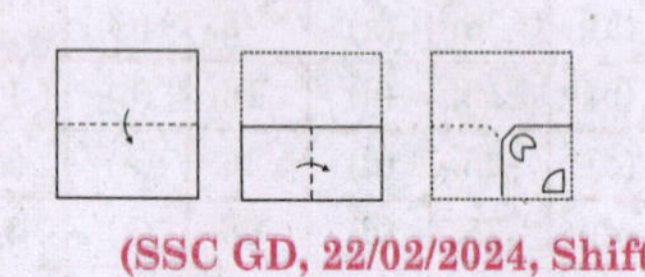

(SSC GD, 22/02/2024, Shift-I)

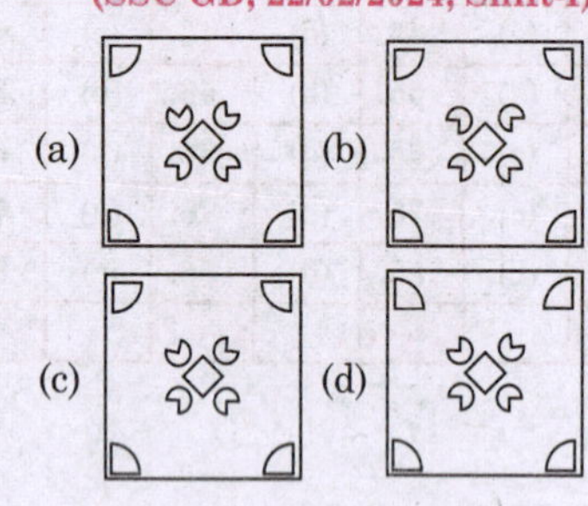

5.

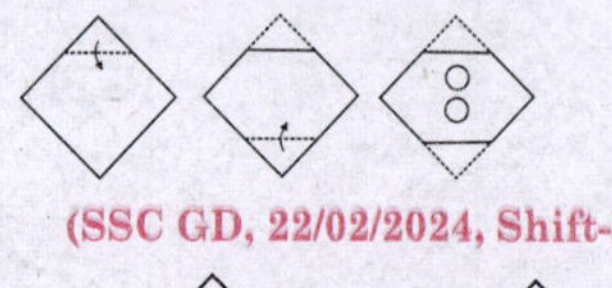

(SSC GD, 22/02/2024, Shift-II)

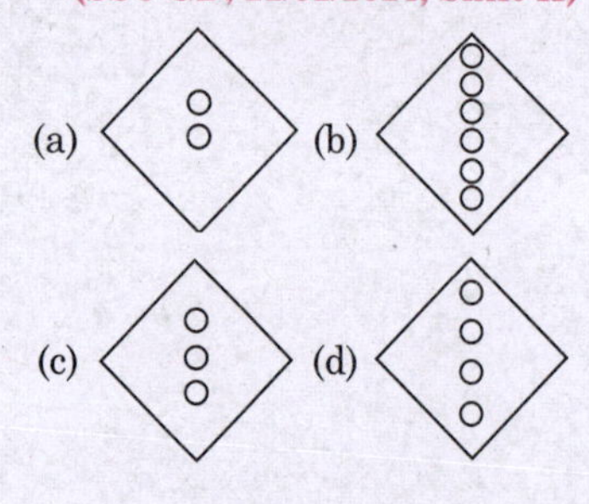

6.

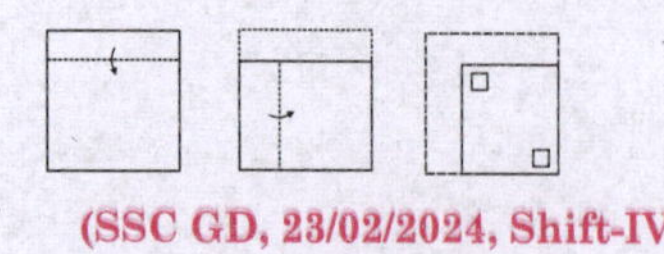

(SSC GD, 23/02/2024, Shift-IV)

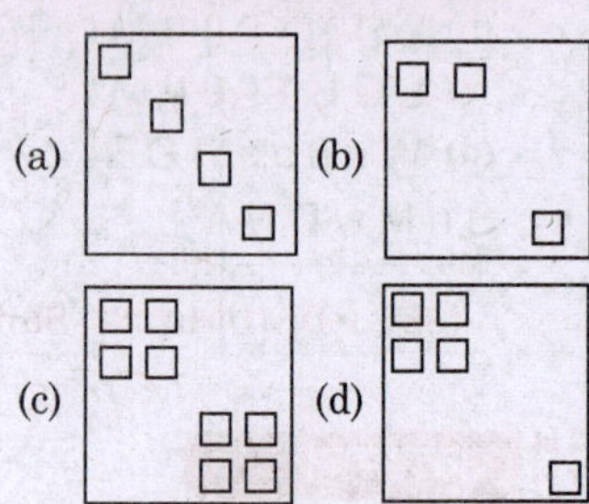

7.

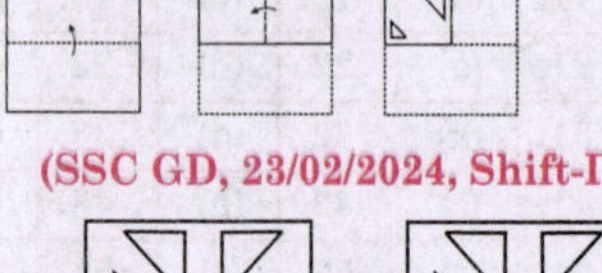

(SSC GD, 23/02/2024, Shift-IV)

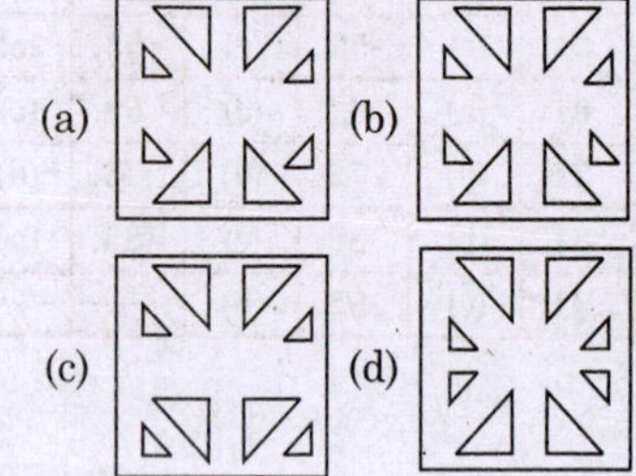

8.

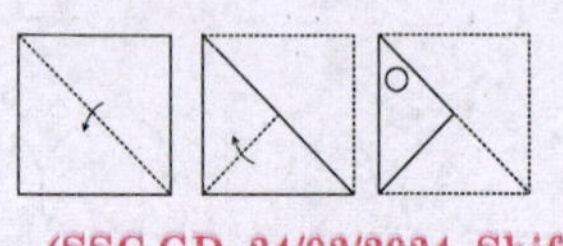

(SSC GD, 24/02/2024, Shift-III)

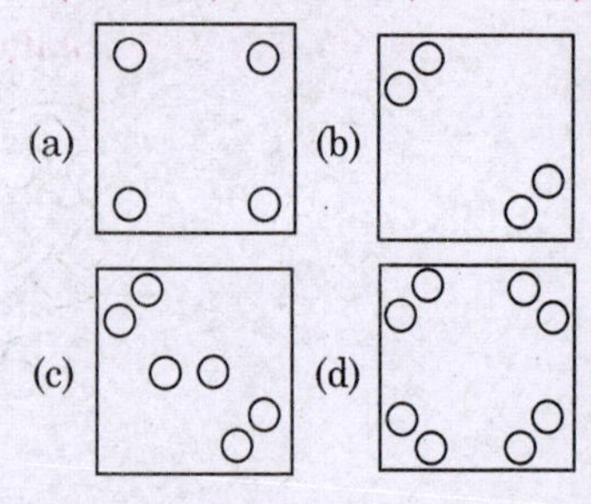

9.

(SSC GD, 24/02/2024, Shift-IV)

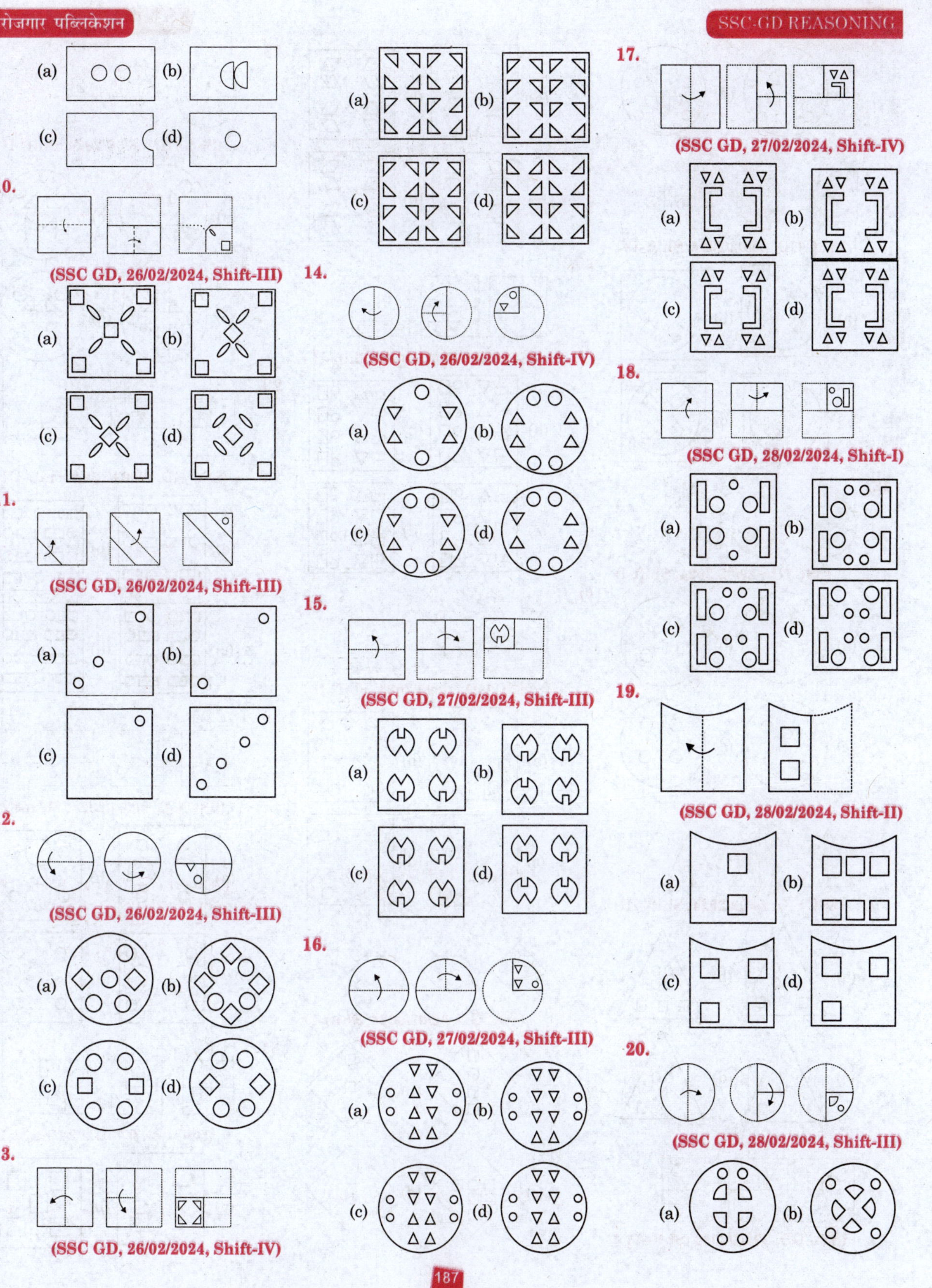
(a) (b) (c) (d)
10.
(SSC GD, 26/02/2024, Shift-III)
(a) (b) (c) (d)
11.
(SSC GD, 26/02/2024, Shift-III)
(a) (b) (c) (d)
12.
(SSC GD, 26/02/2024, Shift-III)
(a) (b) (c) (d)
13.
(SSC GD, 26/02/2024, Shift-IV)
(a) (b) (c) (d)
14.
(SSC GD, 26/02/2024, Shift-IV)
(a) (b) (c) (d)
15.
(SSC GD, 27/02/2024, Shift-III)
(a) (b) (c) (d)
16.
(SSC GD, 27/02/2024, Shift-III)
(a) (b) (c) (d)
17.
(SSC GD, 27/02/2024, Shift-IV)
(a) (b) (c) (d)
18.
(SSC GD, 28/02/2024, Shift-I)
(a) (b) (c) (d)
19.
(SSC GD, 28/02/2024, Shift-II)
(a) (b) (c) (d)
20.
(SSC GD, 28/02/2024, Shift-III)
(a) (b)

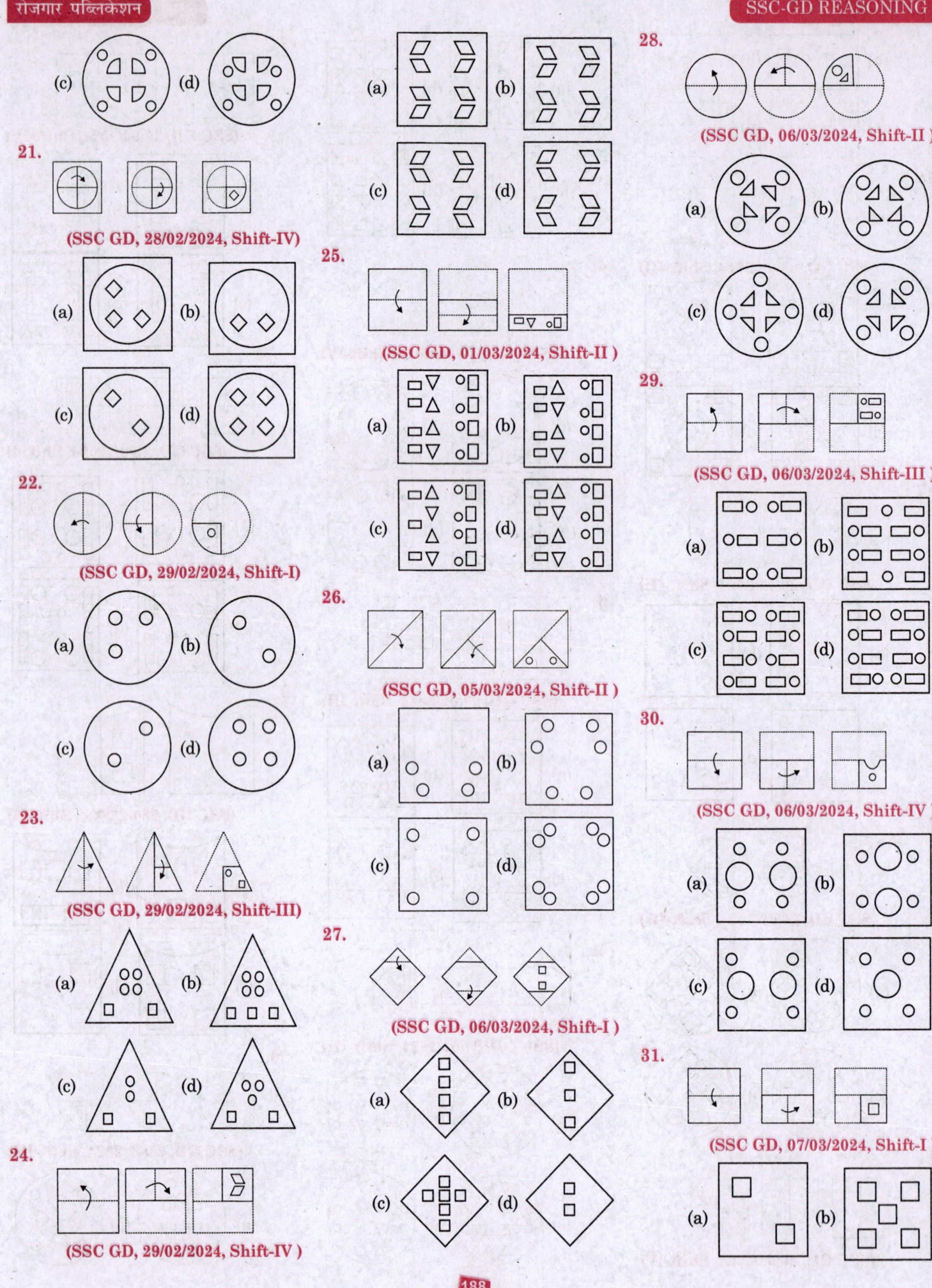
(c)
(d)
21.
(SSC GD, 28/02/2024, Shift-IV)
(a)
(b)
(c)
(d)
22.
(SSC GD, 29/02/2024, Shift-I)
(a)
(b)
(c)
(d)
23.
(SSC GD, 29/02/2024, Shift-III)
(a)
(b)
(c)
(d)
24.
(SSC GD, 29/02/2024, Shift-IV)
(a)
(b)
(c)
(d)
25.
(SSC GD, 01/03/2024, Shift-II)
(a)
(b)
(c)
(d)
26.
(SSC GD, 05/03/2024, Shift-II)
(a)
(b)
(c)
(d)
27.
(SSC GD, 06/03/2024, Shift-I)
(a)
(b)
(c)
(d)
28.
(SSC GD, 06/03/2024, Shift-II)
(a)
(b)
(c)
(d)
29.
(SSC GD, 06/03/2024, Shift-III)
(a)
(b)
(c)
(d)
30.
(SSC GD, 06/03/2024, Shift-IV)
(a)
(b)
(c)
(d)
31.
(SSC GD, 07/03/2024, Shift-I)
(a)
(b)

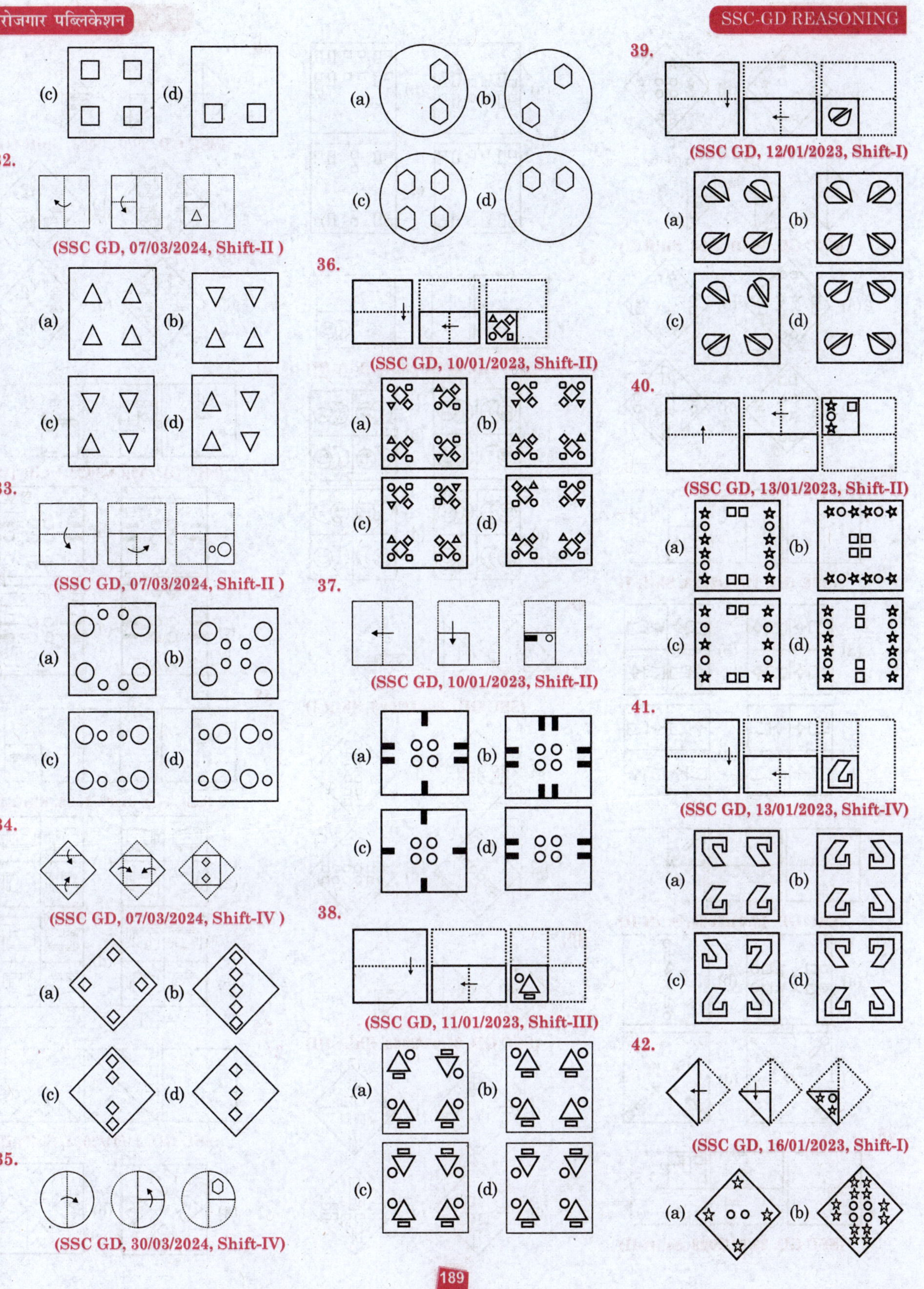
(c)
(d)
32.
(SSC GD, 07/03/2024, Shift-II)
(a)
(b)
(c)
(d)
33.
(SSC GD, 07/03/2024, Shift-II)
(a)
(b)
(c)
(d)
34.
(SSC GD, 07/03/2024, Shift-IV)
(a)
(b)
(c)
(d)
35.
(SSC GD, 30/03/2024, Shift-IV)
(a)
(b)
(c)
(d)
36.
(SSC GD, 10/01/2023, Shift-II)
(a)
(b)
(c)
(d)
37.
(SSC GD, 10/01/2023, Shift-II)
(a)
(b)
(c)
(d)
38.
(SSC GD, 11/01/2023, Shift-III)
(a)
(b)
(c)
(d)
39.
(SSC GD, 12/01/2023, Shift-I)
(a)
(b)
(c)
(d)
40.
(SSC GD, 13/01/2023, Shift-II)
(a)
(b)
(c)
(d)
41.
(SSC GD, 13/01/2023, Shift-IV)
(a)
(b)
(c)
(d)
42.
(SSC GD, 16/01/2023, Shift-I)
(a)
(b)

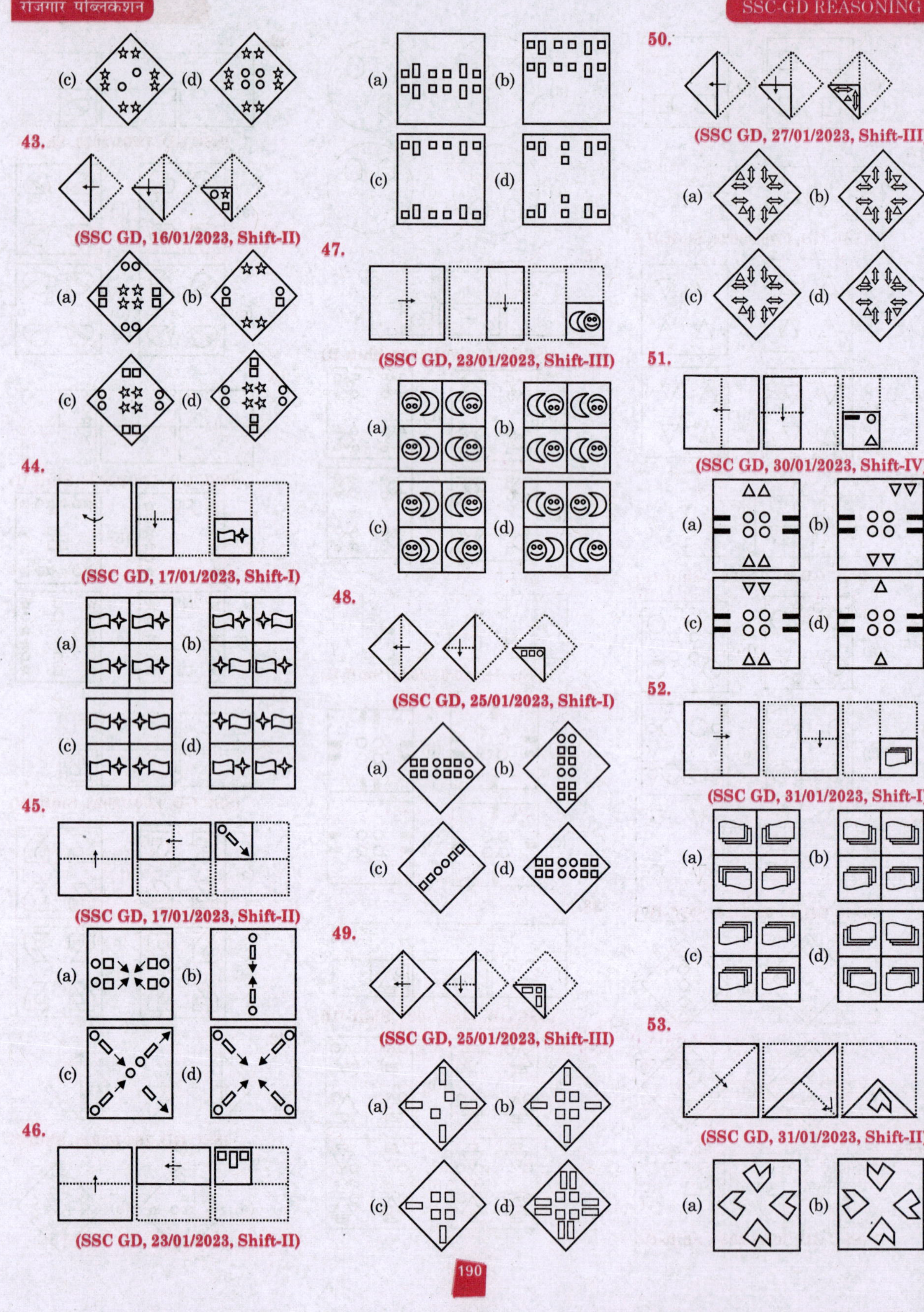
(c)
(d)
43.
(SSC GD, 16/01/2023, Shift-II)
(a)
(b)
(c)
(d)
44.
(SSC GD, 17/01/2023, Shift-I)
(a)
(b)
(c)
(d)
45.
(SSC GD, 17/01/2023, Shift-II)
(a)
(b)
(c)
(d)
46.
(SSC GD, 23/01/2023, Shift-II)
(a)
(b)
(c)
(d)
47.
(SSC GD, 23/01/2023, Shift-III)
(a)
(b)
(c)
(d)
48.
(SSC GD, 25/01/2023, Shift-I)
(a)
(b)
(c)
(d)
49.
(SSC GD, 25/01/2023, Shift-III)
(a)
(b)
(c)
(d)
50.
(SSC GD, 27/01/2023, Shift-III)
(a)
(b)
(c)
(d)
51.
(SSC GD, 30/01/2023, Shift-IV)
(a)
(b)
(c)
(d)
52.
(SSC GD, 31/01/2023, Shift-I)
(a)
(b)
(c)
(d)
53.
(SSC GD, 31/01/2023, Shift-II)
(a)
(b)

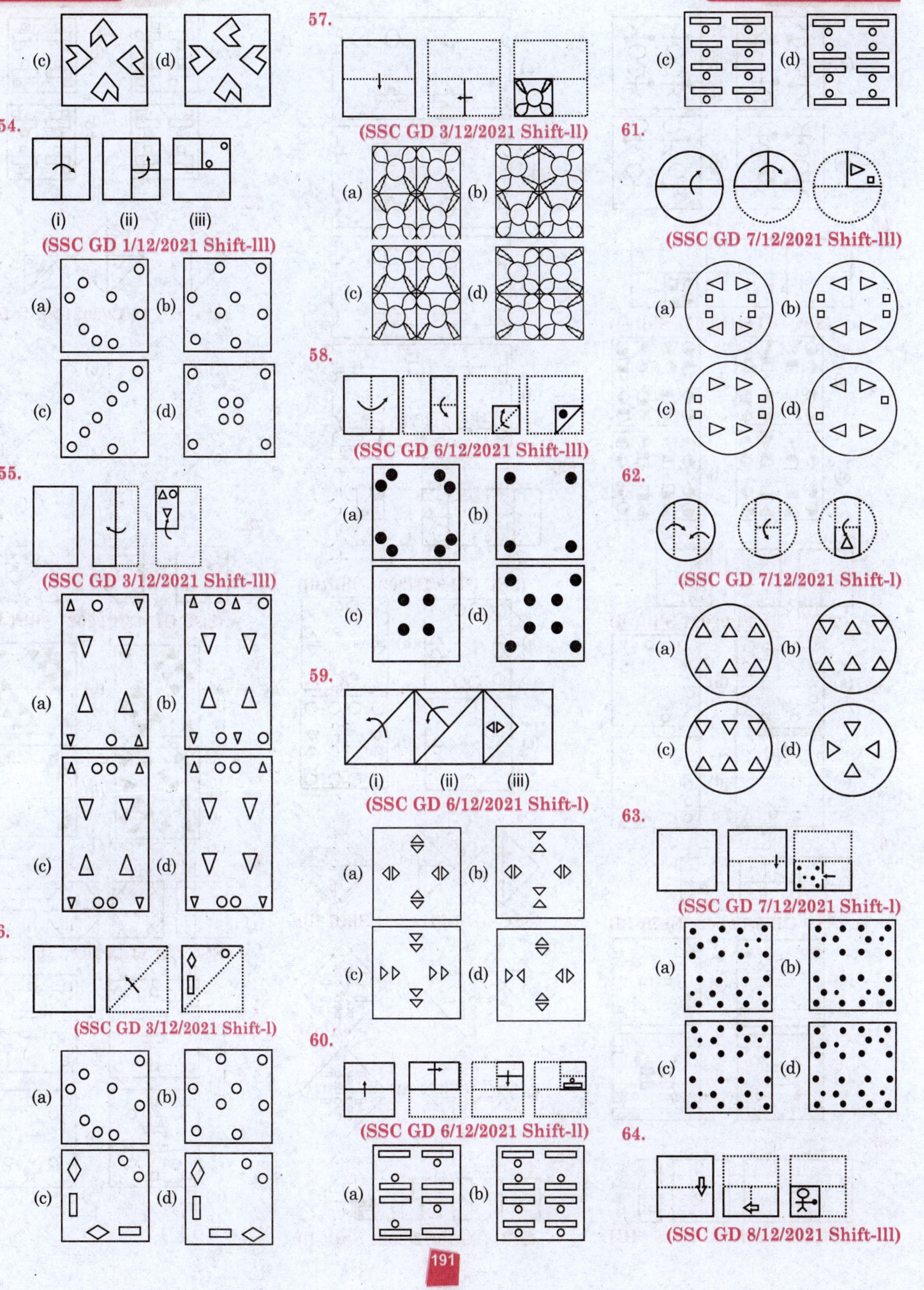
(c)
(d)
54.
(i)
(ii)
(iii)
(SSC GD 1/12/2021 Shift-lll)
(a)
(b)
(c)
(d)
55.
(SSC GD 3/12/2021 Shift-lll)
(a)
(b)
(c)
(d)
56.
(SSC GD 3/12/2021 Shift-l)
(a)
(b)
(c)
(d)
57.
(SSC GD 3/12/2021 Shift-ll)
(a)
(b)
(c)
(d)
58.
(SSC GD 6/12/2021 Shift-lll)
(a)
(b)
(c)
(d)
59.
(i)
(ii)
(iii)
(SSC GD 6/12/2021 Shift-l)
(a)
(b)
(c)
(d)
60.
(SSC GD 6/12/2021 Shift-ll)
(a)
(b)
(c)
(d)
61.
(SSC GD 7/12/2021 Shift-lll)
(a)
(b)
(c)
(d)
62.
(SSC GD 7/12/2021 Shift-l)
(a)
(b)
(c)
(d)
63.
(SSC GD 7/12/2021 Shift-l)
(a)
(b)
(c)
(d)
64.
(SSC GD 8/12/2021 Shift-lll)

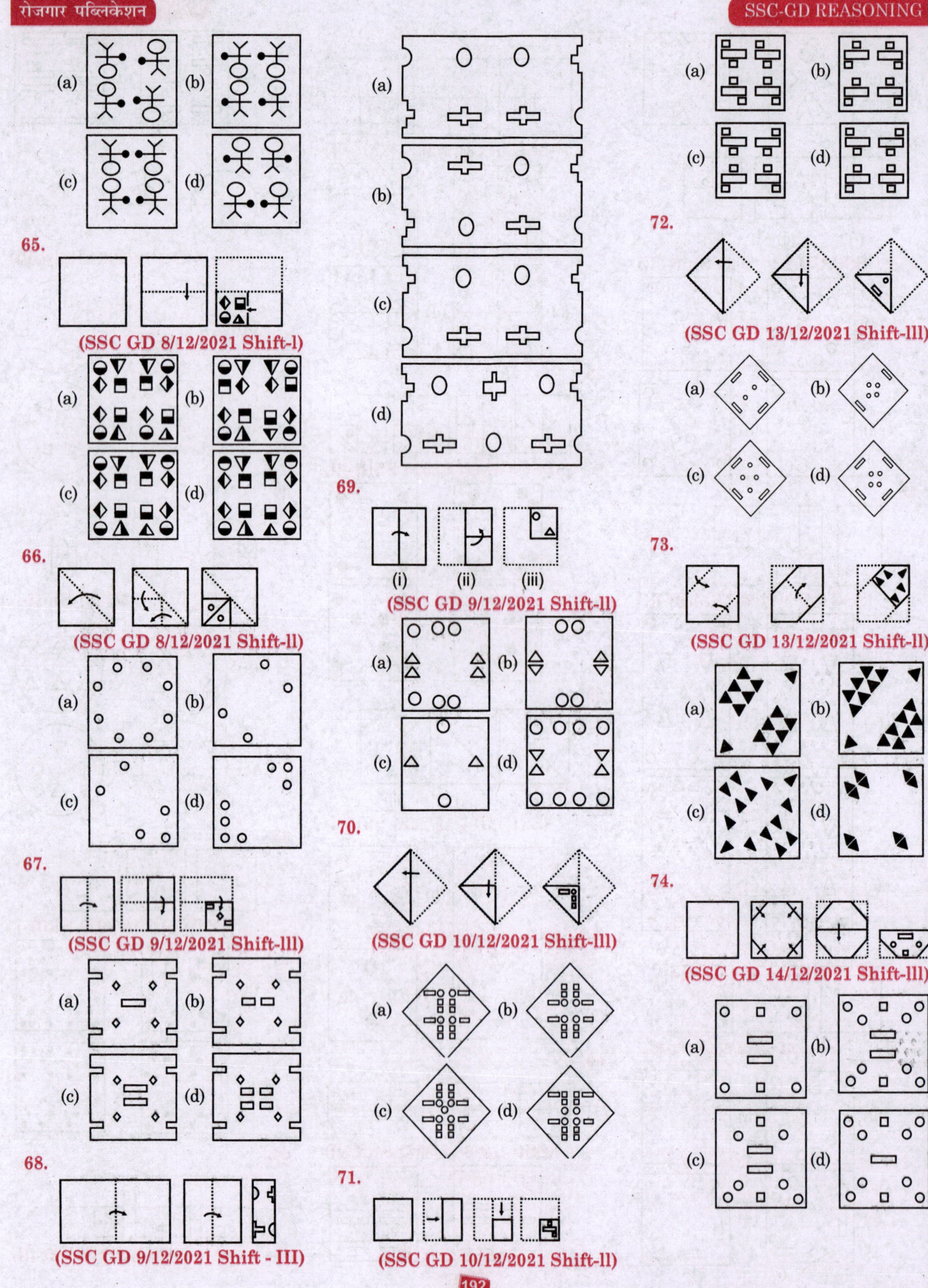
(a)
(b)
(c)
(d)
65.
(SSC GD 8/12/2021 Shift-I)
66.
(SSC GD 8/12/2021 Shift-II)
67.
(SSC GD 9/12/2021 Shift-III)
68.
(SSC GD 9/12/2021 Shift - III)
69.
(i)
(ii)
(iii)
(SSC GD 9/12/2021 Shift-II)
70.
(SSC GD 10/12/2021 Shift-III)
71.
(SSC GD 10/12/2021 Shift-II)
72.
(SSC GD 13/12/2021 Shift-III)
73.
(SSC GD 13/12/2021 Shift-II)
74.
(SSC GD 14/12/2021 Shift-III)

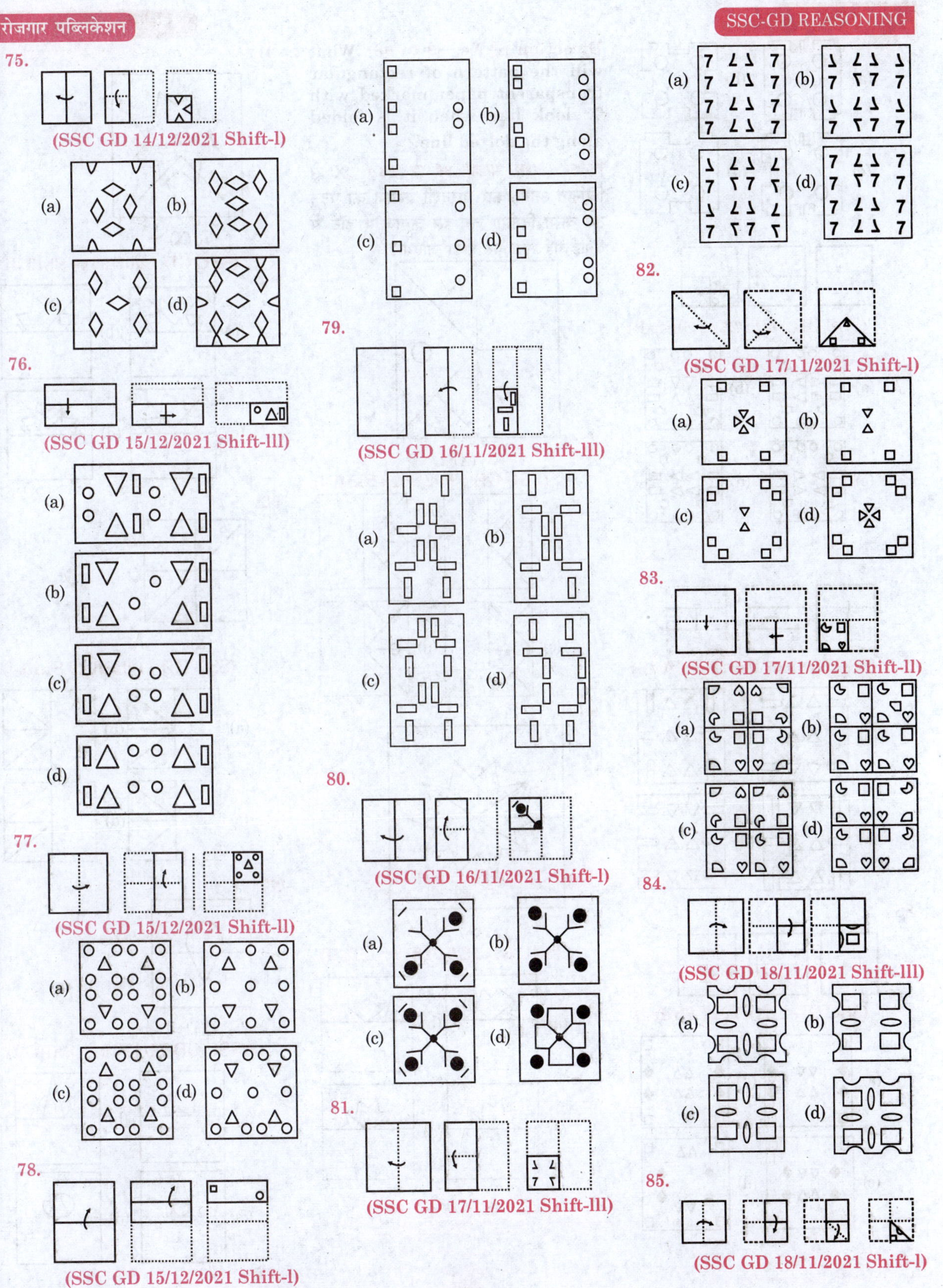
75.
(SSC GD 14/12/2021 Shift-I)
(a)
(b)
(c)
(d)
76.
(SSC GD 15/12/2021 Shift-III)
(a)
(b)
(c)
(d)
77.
(SSC GD 15/12/2021 Shift-II)
(a)
(b)
(c)
(d)
78.
(SSC GD 15/12/2021 Shift-I)
(a)
(b)
(c)
(d)
79.
(SSC GD 16/11/2021 Shift-III)
(a)
(b)
(c)
(d)
80.
(SSC GD 16/11/2021 Shift-I)
(a)
(b)
(c)
(d)
81.
(SSC GD 17/11/2021 Shift-III)
(a)
(b)
(c)
(d)
82.
(SSC GD 17/11/2021 Shift-I)
(a)
(b)
(c)
(d)
83.
(SSC GD 17/11/2021 Shift-II)
(a)
(b)
(c)
(d)
84.
(SSC GD 18/11/2021 Shift-III)
(a)
(b)
(c)
(d)
85.
(SSC GD 18/11/2021 Shift-I)

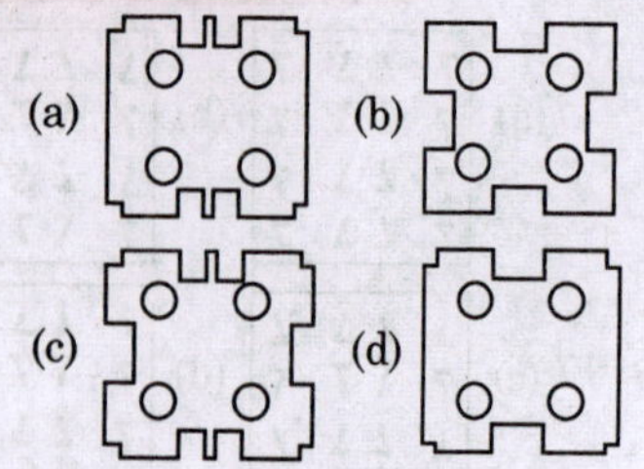

86.

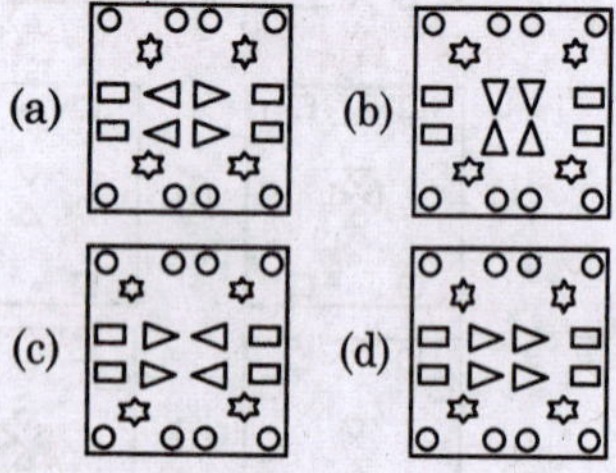

(SSC GD 18/11/2021 Shift-ll)

87.

(SSC GD 22/11/2021 Shift-lll)

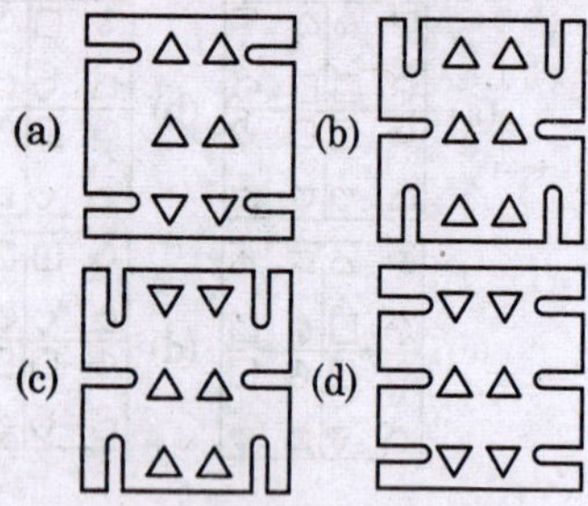

88.

(SSC GD 22/11/2021 Shift-l)

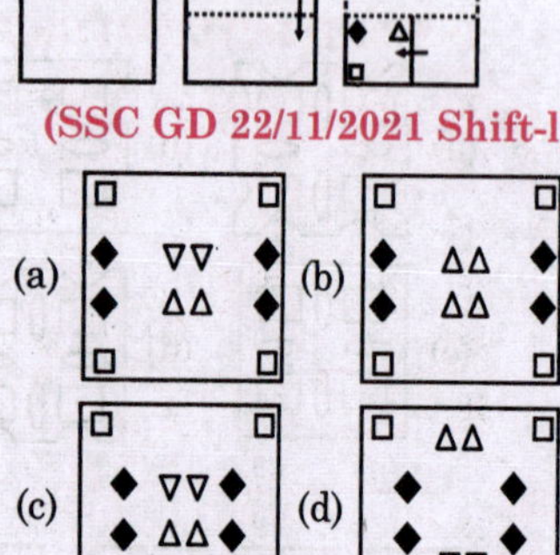

Direction (Q.No. 89 to 98): What will the pattern of rectangular transparent paper marked with 'X' look like when it is folded along the dotted line?

निर्देश (प्रश्न संख्या 89 से 98): 'X' से चिन्हित आयताकार पारदर्शी कागज का पैटर्न तब कैसा दिखेगा जब इस कागज में डॉट से बनाई गई रेखा पर मोड़ा जाएगा?

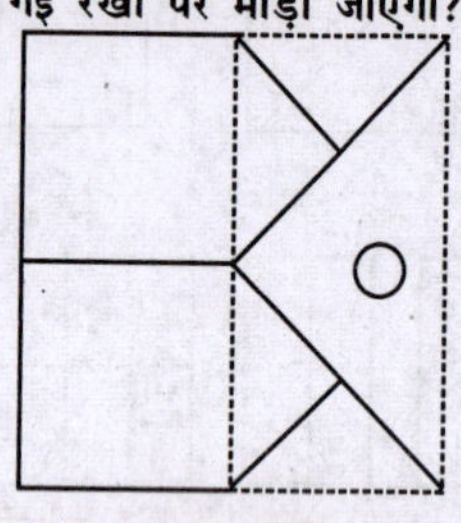

(X)

(SSC GD 19/02/2019 Shift-l)

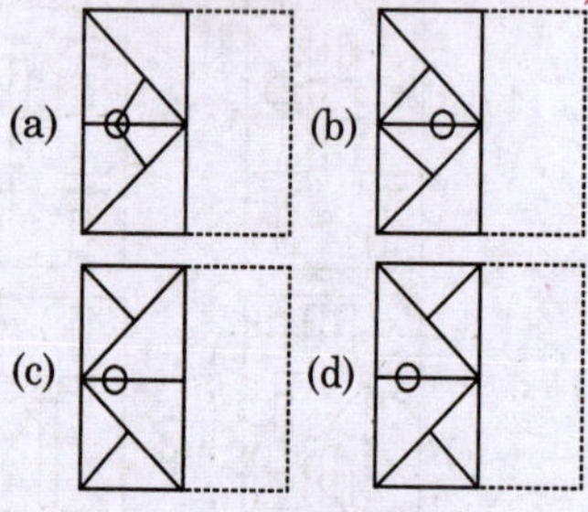

90.

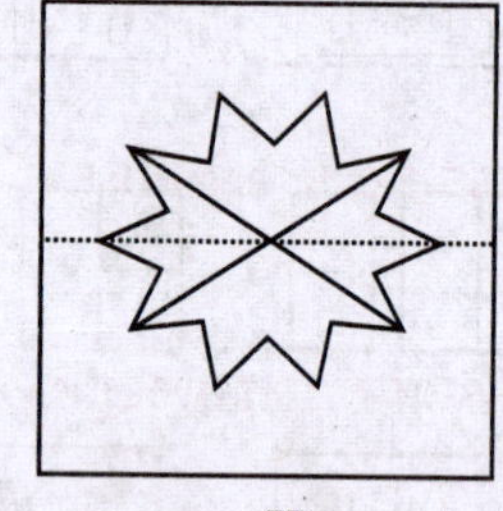

(X)

(SSC GD 19/02/2019 Shift-lI)

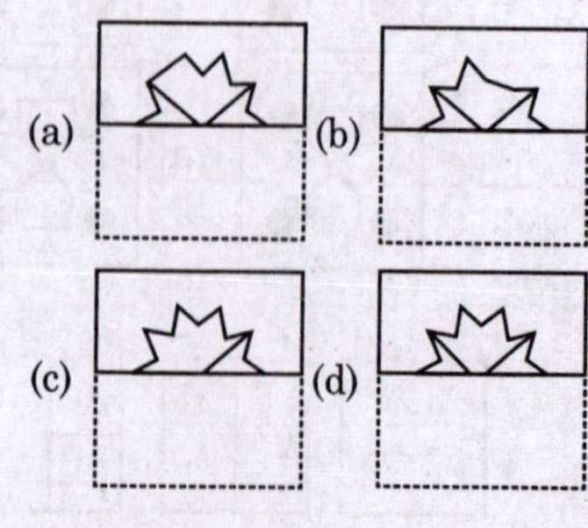

91.

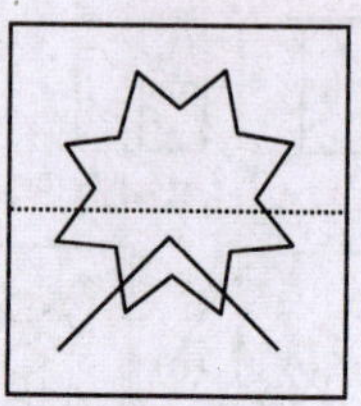

(X)

(SSC GD 12/02/2019 Shift-lI)

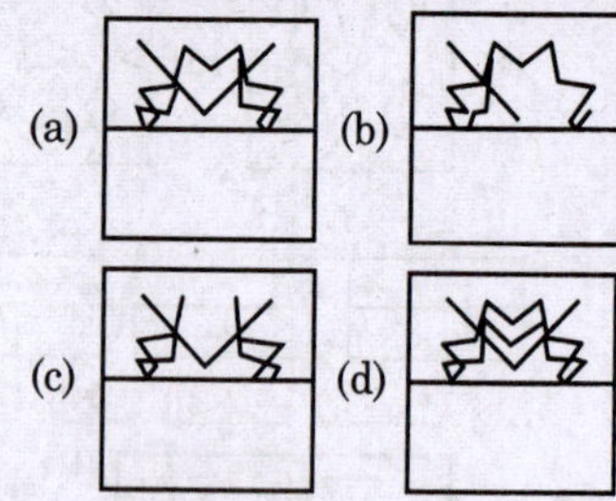

92.

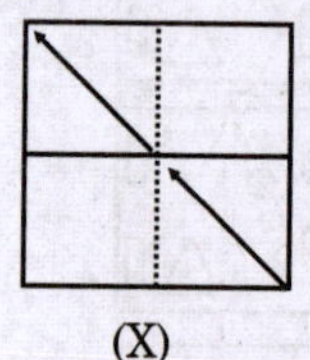

(X)

(SSC GD 11/02/2019 Shift-l)

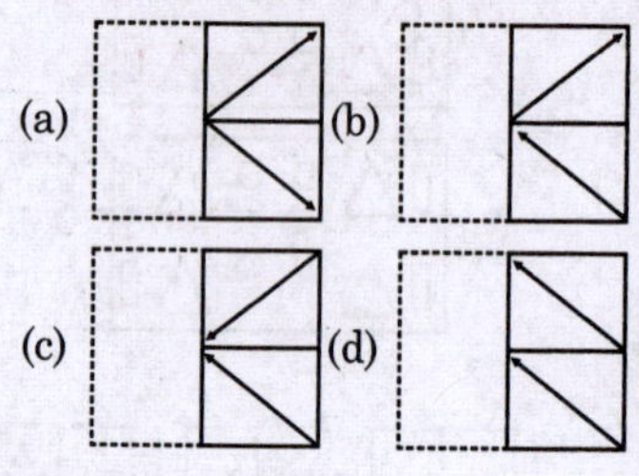

93.

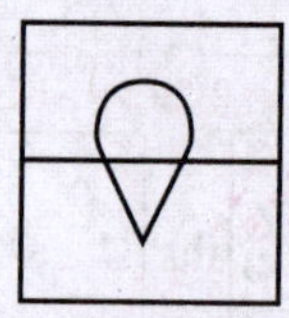

(X)

(SSC GD 11/02/2019 Shift-lI)

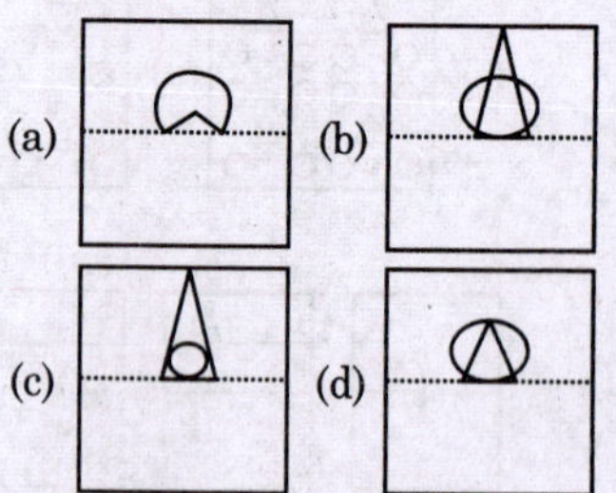

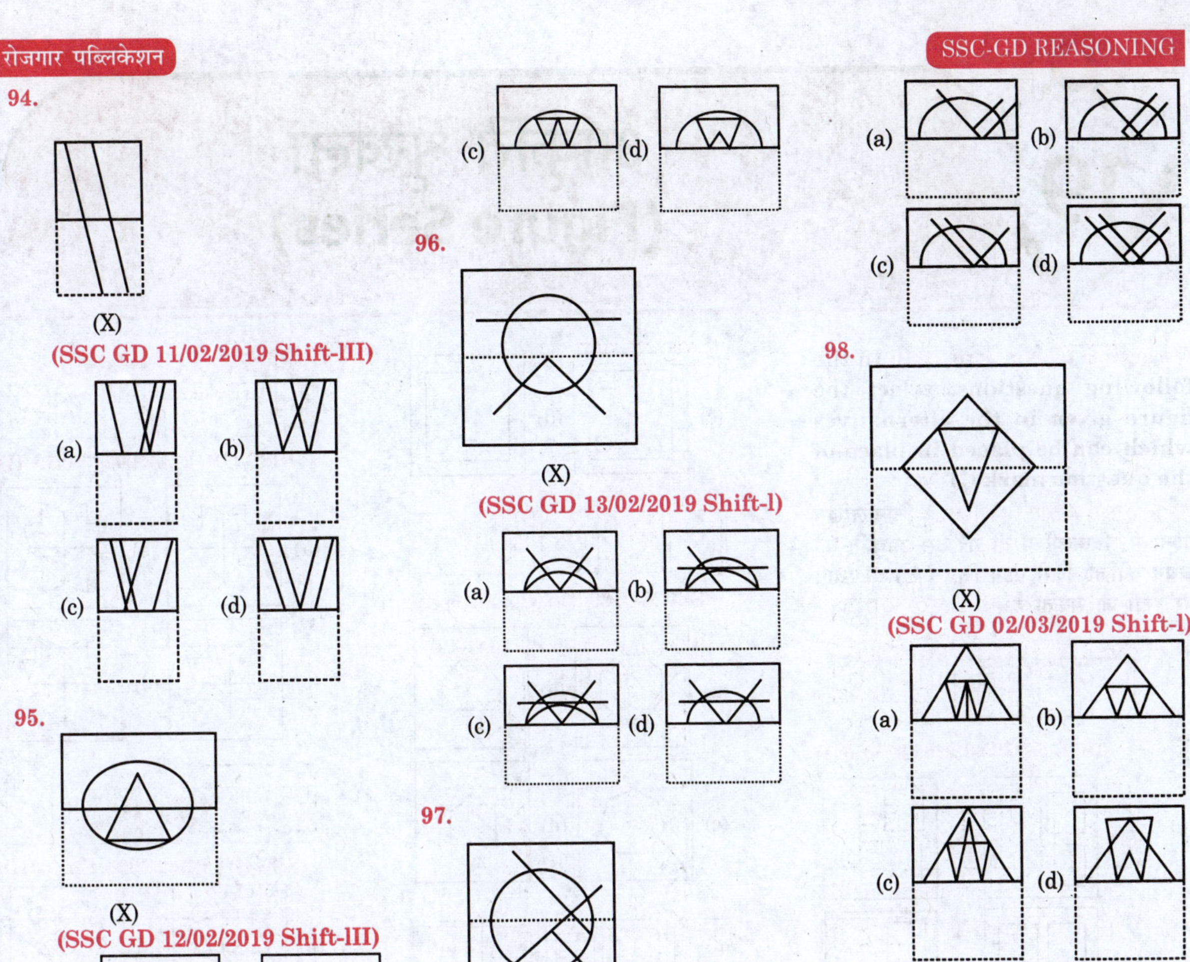

उत्तरमाला

1.	(d)	2.	(c)	3.	(b)	4.	(c)	5.	(d)	6.	(d)	7.	(d)	8.	(b)	9.	(d)	10.	(c)
11.	(d)	12.	(d)	13.	(c)	14.	(c)	15.	(d)	16.	(c)	17.	(b)	18.	(b)	19.	(c)	20.	(c)
21.	(d)	22.	(d)	23.	(a)	24.	(d)	25.	(d)	26.	(d)	27.	(a)	28.	(d)	29.	(d)	30.	(a)
31.	(c)	32.	(b)	33.	(c)	34.	(c)	35.	(c)	36.	(b)	37.	(d)	38.	(c)	39.	(b)	40.	(a)
41.	(d)	42.	(d)	43.	(c)	44.	(c)	45.	(d)	46.	(c)	47.	(a)	48.	(d)	49.	(d)	50.	(b)
51.	(c)	52.	(d)	53.	(b)	54.	(d)	55.	(c)	56.	(d)	57.	(a)	58.	(d)	59.	(a)	60.	(d)
61.	(b)	62.	(c)	63.	(c)	64.	(c)	65.	(d)	66.	(a)	67.	(c)	68.	(d)	69.	(b)	70.	(b)
71.	(c)	72.	(d)	73.	(c)	74.	(b)	75.	(a)	76.	(c)	77.	(a)	78.	(d)	79.	(b)	80.	(c)
81.	(c)	82.	(d)	83.	(a)	84.	(c)	85.	(b)	86.	(c)	87.	(d)	88.	(a)	89.	(d)	90.	(d)
91.	(d)	92.	(b)	93.	(d)	94.	(b)	95.	(c)	96.	(c)	97.	(d)	98.	(b)				

आकृति श्रृंखला (Figure Series)

Direction (Q.No. 1 to 100): In the following questions, select the figure given in the alternatives which can be placed in place of the question mark (?)

निर्देश (प्रश्न संख्या 1 से 100) : निम्नलिखित प्रश्नो में, विकल्पों में दी गई उस आकृति का चयन कीजिए जिसे प्रश्न चिह्न (?) के स्थान पर रखा जा सकता है।

1. ?

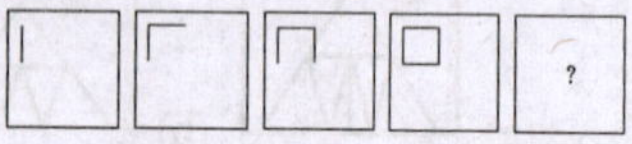

(SSC GD, 20/02/2024, Shift-I)

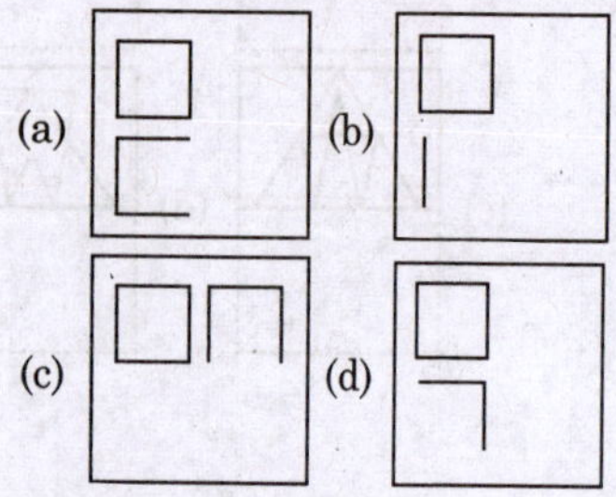

(a) (b) (c) (d)

2. ?

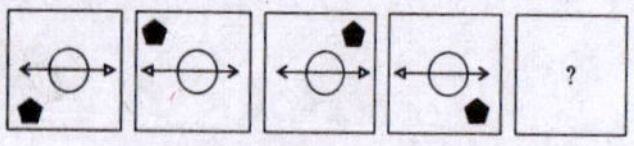

(SSC GD, 20/02/2024, Shift-II)

(a) (b) (c) (d)

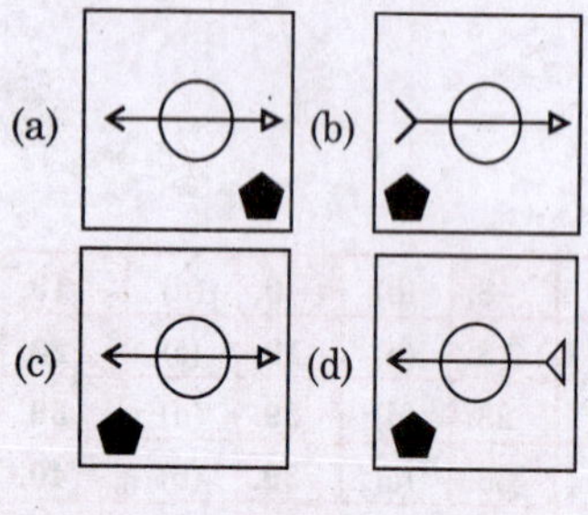

3. ?

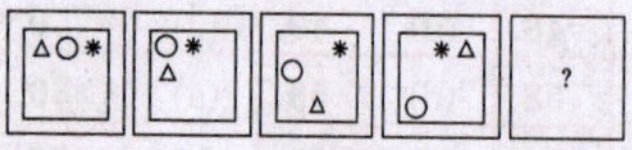

(SSC GD, 20/02/2024, Shift-II)

(a) (b) (c) (d)

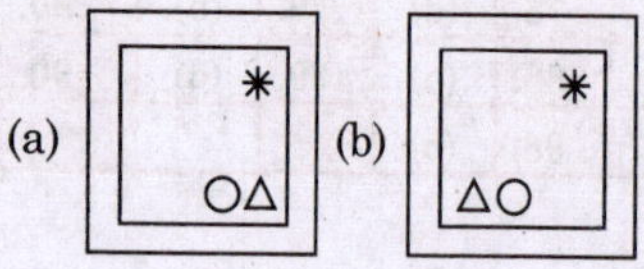

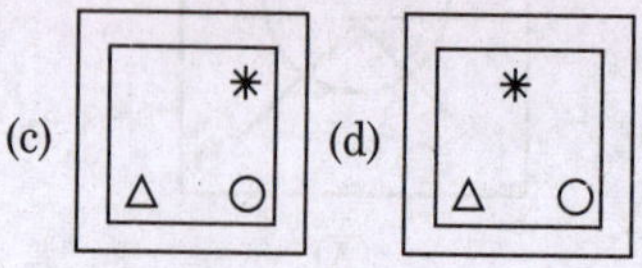

4. ?

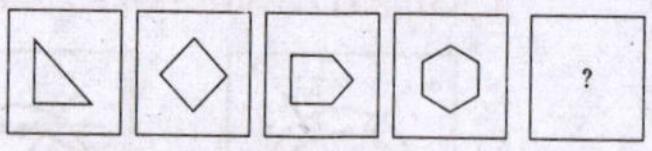

(SSC GD, 20/02/2024, Shift-III)

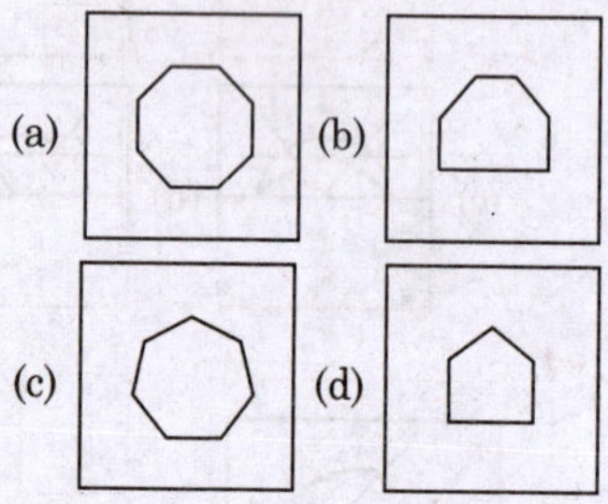

(a) (b) (c) (d)

5. ?

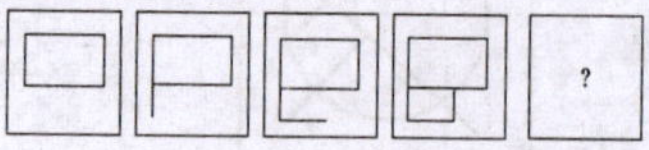

(SSC GD, 20/02/2024, Shift-IV)

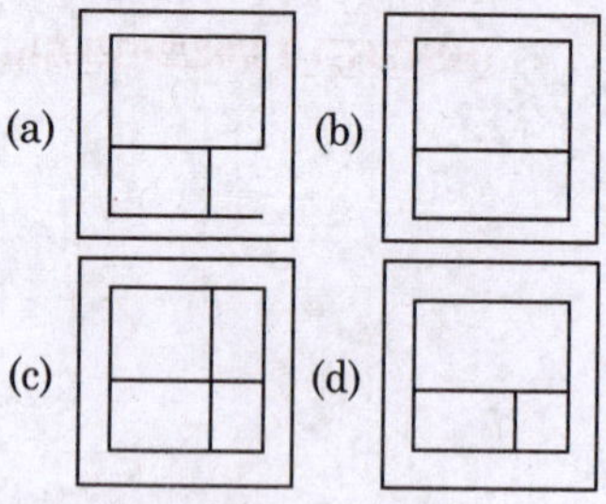

(a) (b) (c) (d)

6. ?

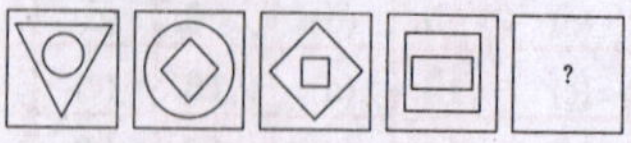

(SSC GD, 21/02/2024, Shift-I)

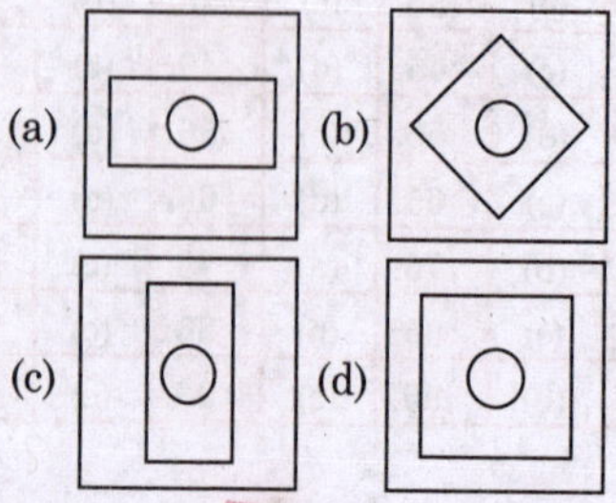

(a) (b) (c) (d)

7. ?

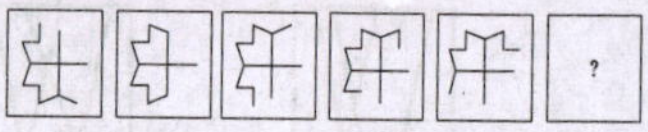

(SSC GD, 21/02/2024, Shift-II)

(a) (b) (c) (d)

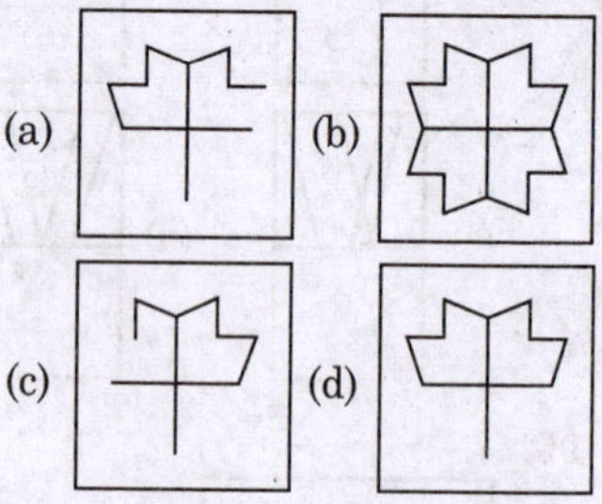

8. ?

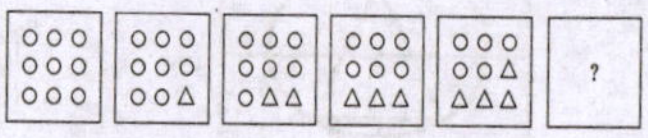

(SSC GD, 21/02/2024, Shift-III)

(a) (b) (c) (d)

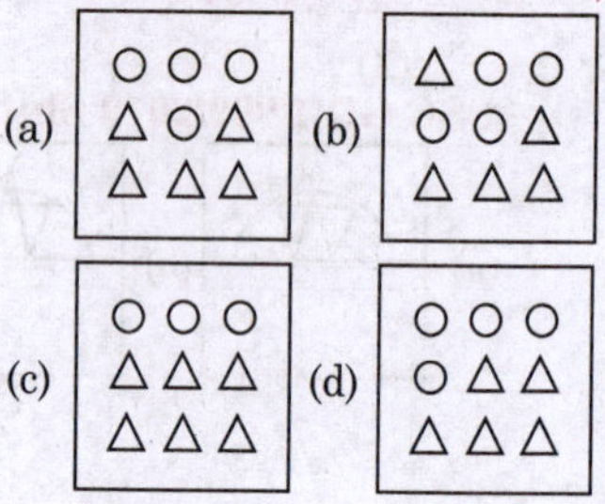

9. ?

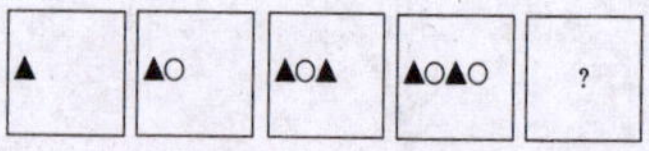

(SSC GD, 21/02/2024, Shift-III)

(a) (b) (c) (d)

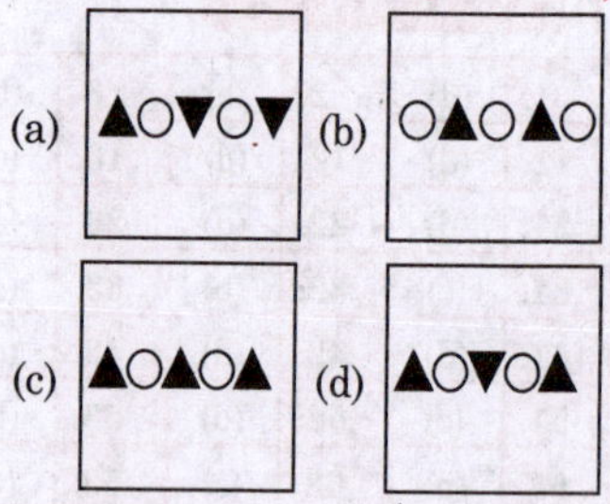

10. ?

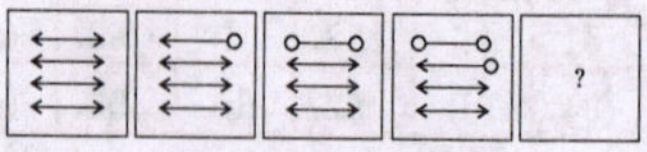

(SSC GD, 21/02/2024, Shift-IV)

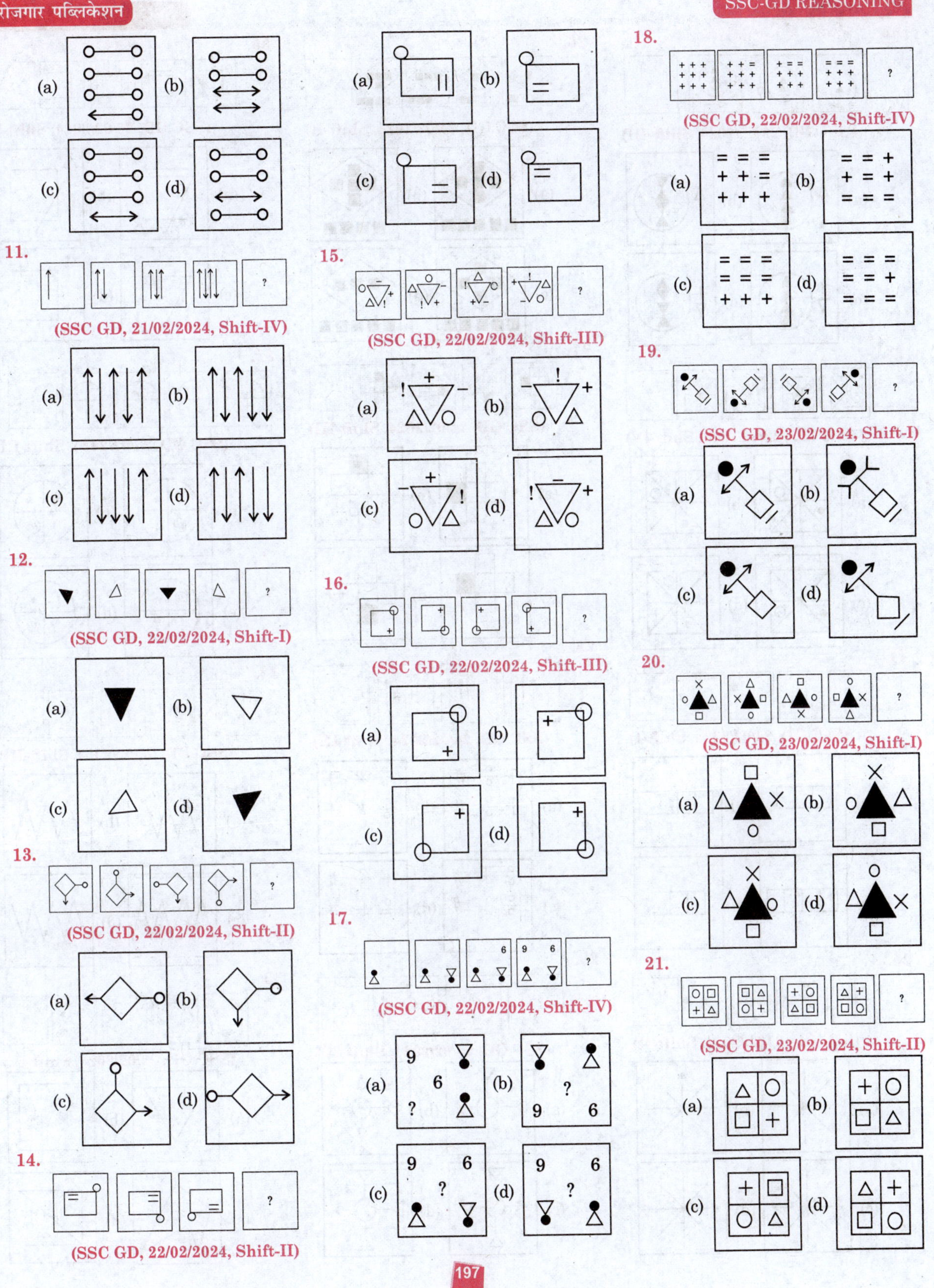
11.
(SSC GD, 21/02/2024, Shift-IV)
12.
(SSC GD, 22/02/2024, Shift-I)
13.
(SSC GD, 22/02/2024, Shift-II)
14.
(SSC GD, 22/02/2024, Shift-II)
15.
(SSC GD, 22/02/2024, Shift-III)
16.
(SSC GD, 22/02/2024, Shift-III)
17.
(SSC GD, 22/02/2024, Shift-IV)
18.
(SSC GD, 22/02/2024, Shift-IV)
19.
(SSC GD, 23/02/2024, Shift-I)
20.
(SSC GD, 23/02/2024, Shift-I)
21.
(SSC GD, 23/02/2024, Shift-II)

22.

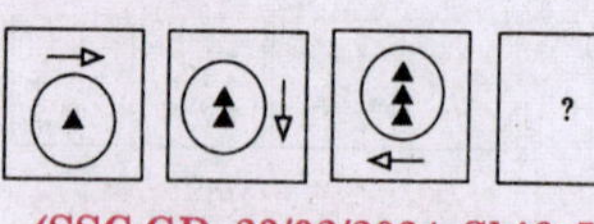

(SSC GD, 23/02/2024, Shift-III)

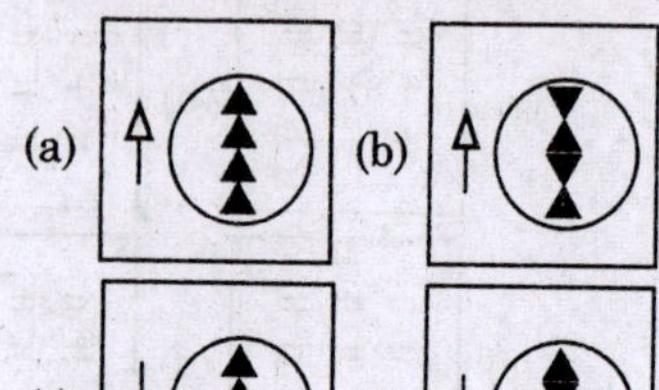

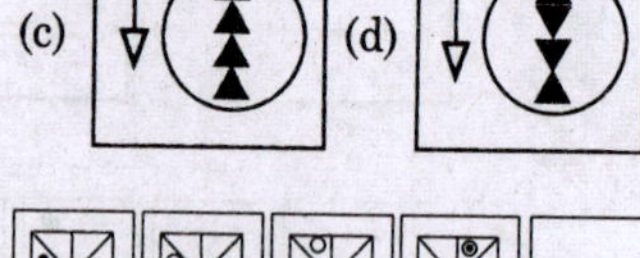

23.

(SSC GD, 23/02/2024, Shift-IV)

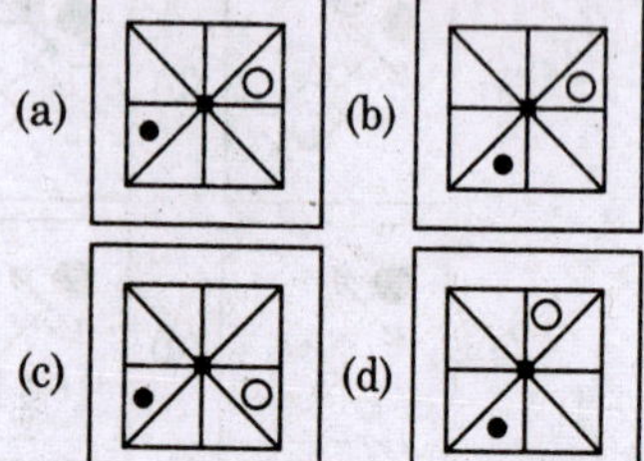

24.

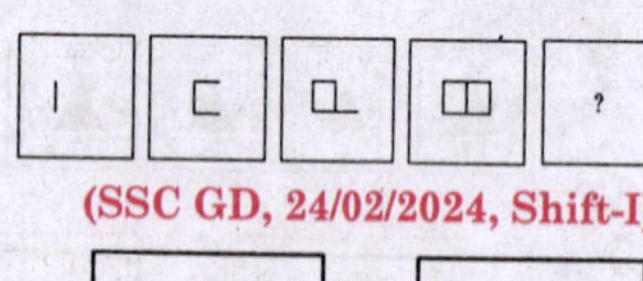

(SSC GD, 24/02/2024, Shift-I)

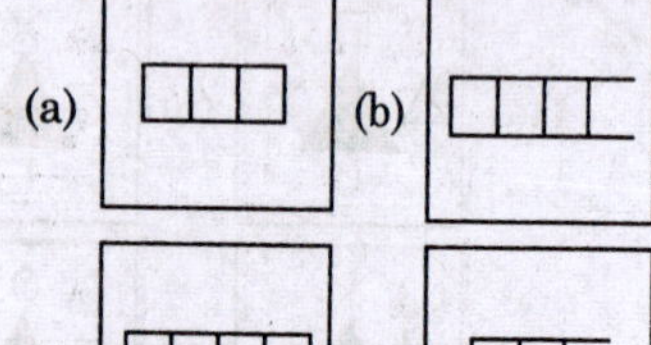

25.

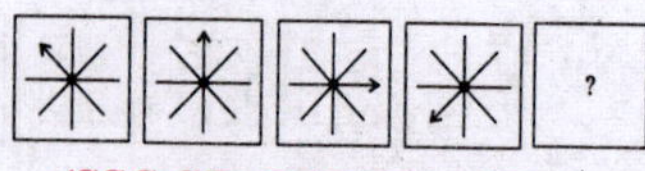

(SSC GD, 24/02/2024, Shift-II)

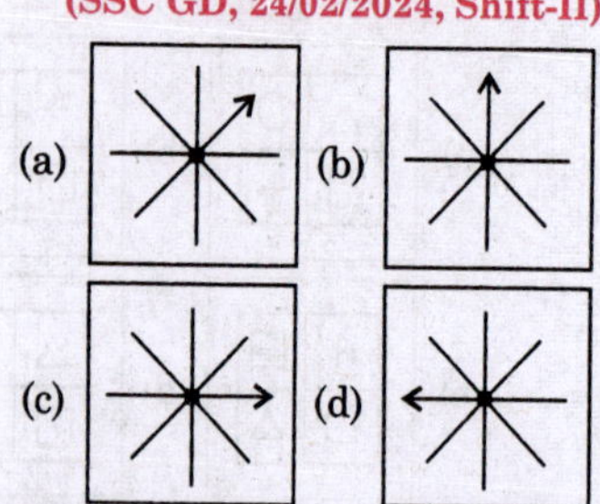

26.

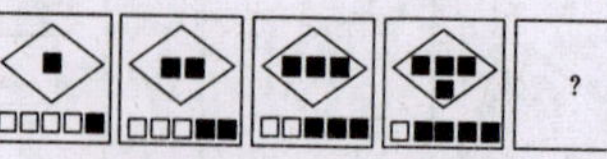

(SSC GD, 24/02/2024, Shift-II)

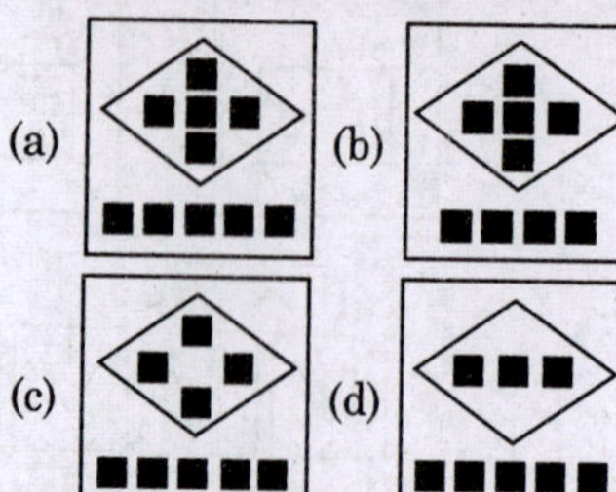

27.

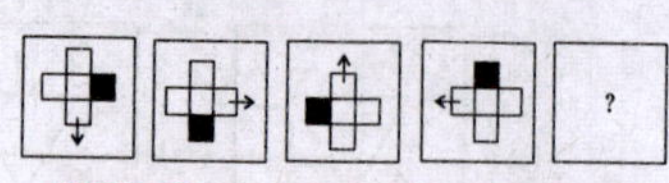

(SSC GD, 24/02/2024, Shift-III)

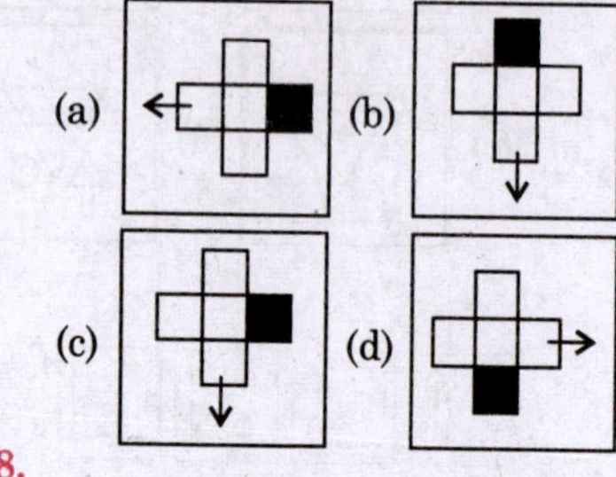

28.

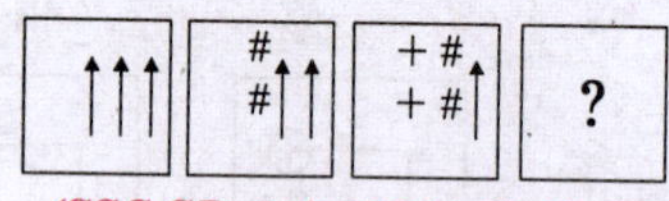

(SSC GD, 24/02/2024, Shift-III)

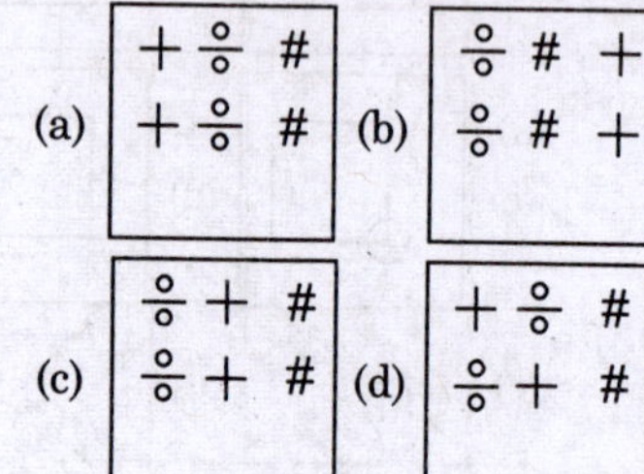

29.

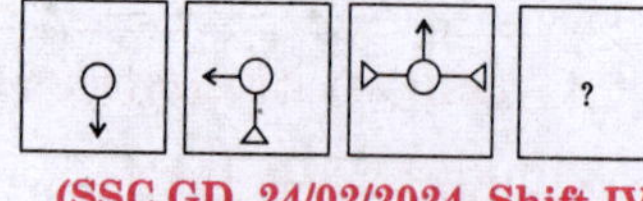

(SSC GD, 24/02/2024, Shift-IV)

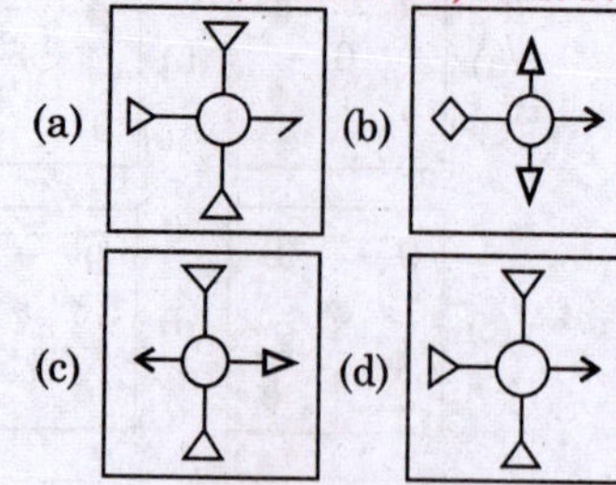

30.

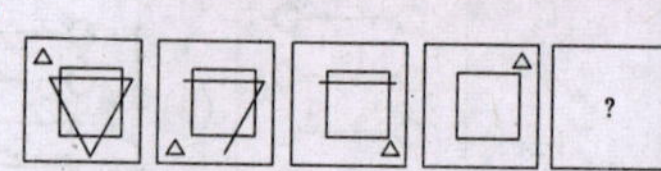

(SSC GD, 26/02/2024, Shift-I)

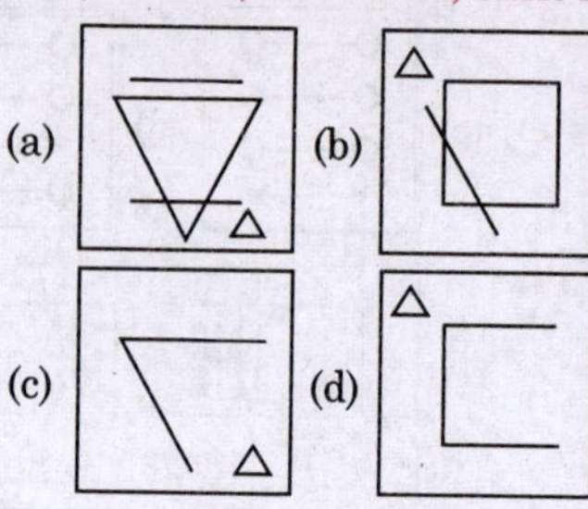

31.

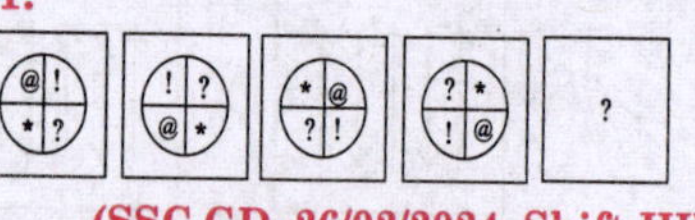

(SSC GD, 26/02/2024, Shift-III)

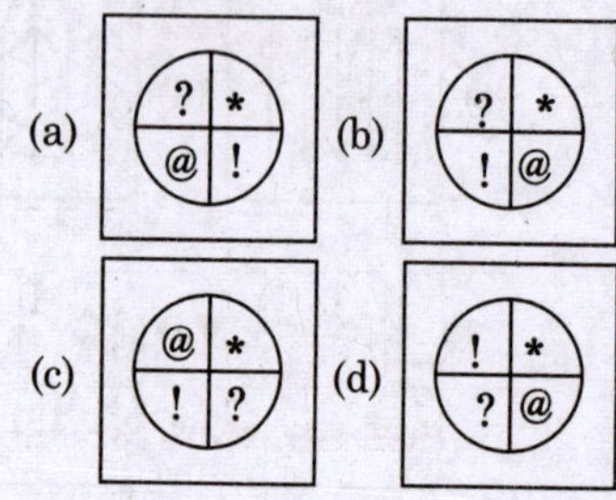

32.

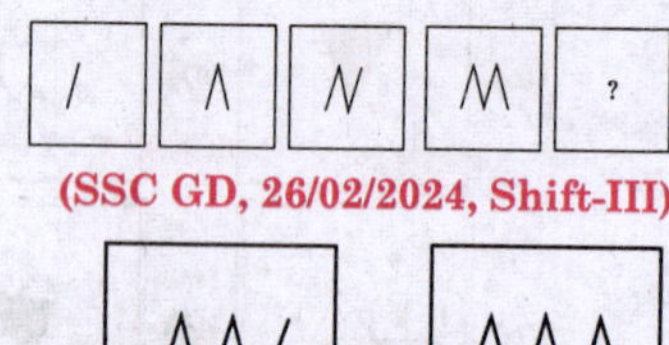

(SSC GD, 26/02/2024, Shift-III)

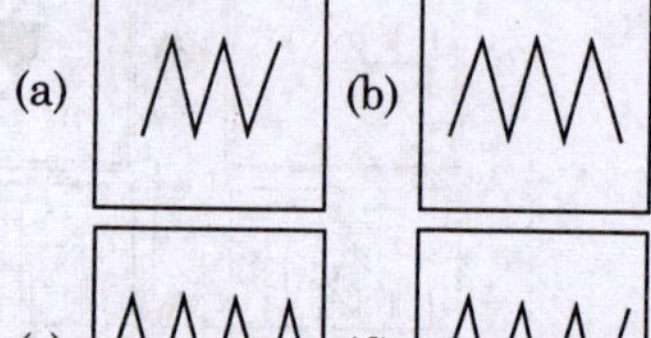

33.

(SSC GD, 26/02/2024, Shift-IV)

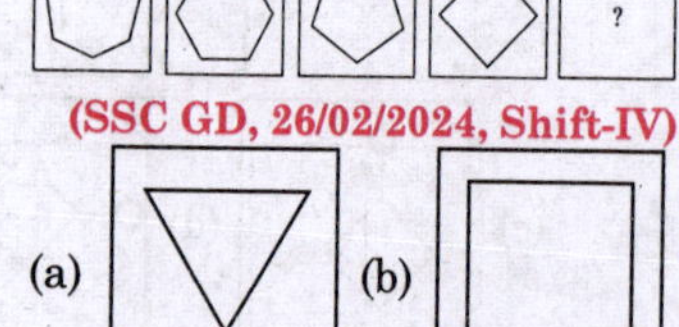

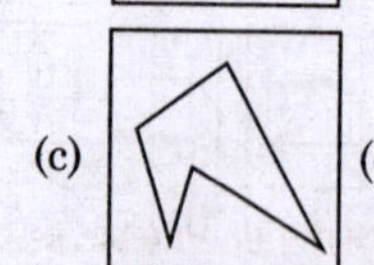

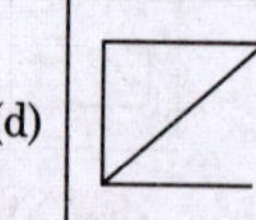

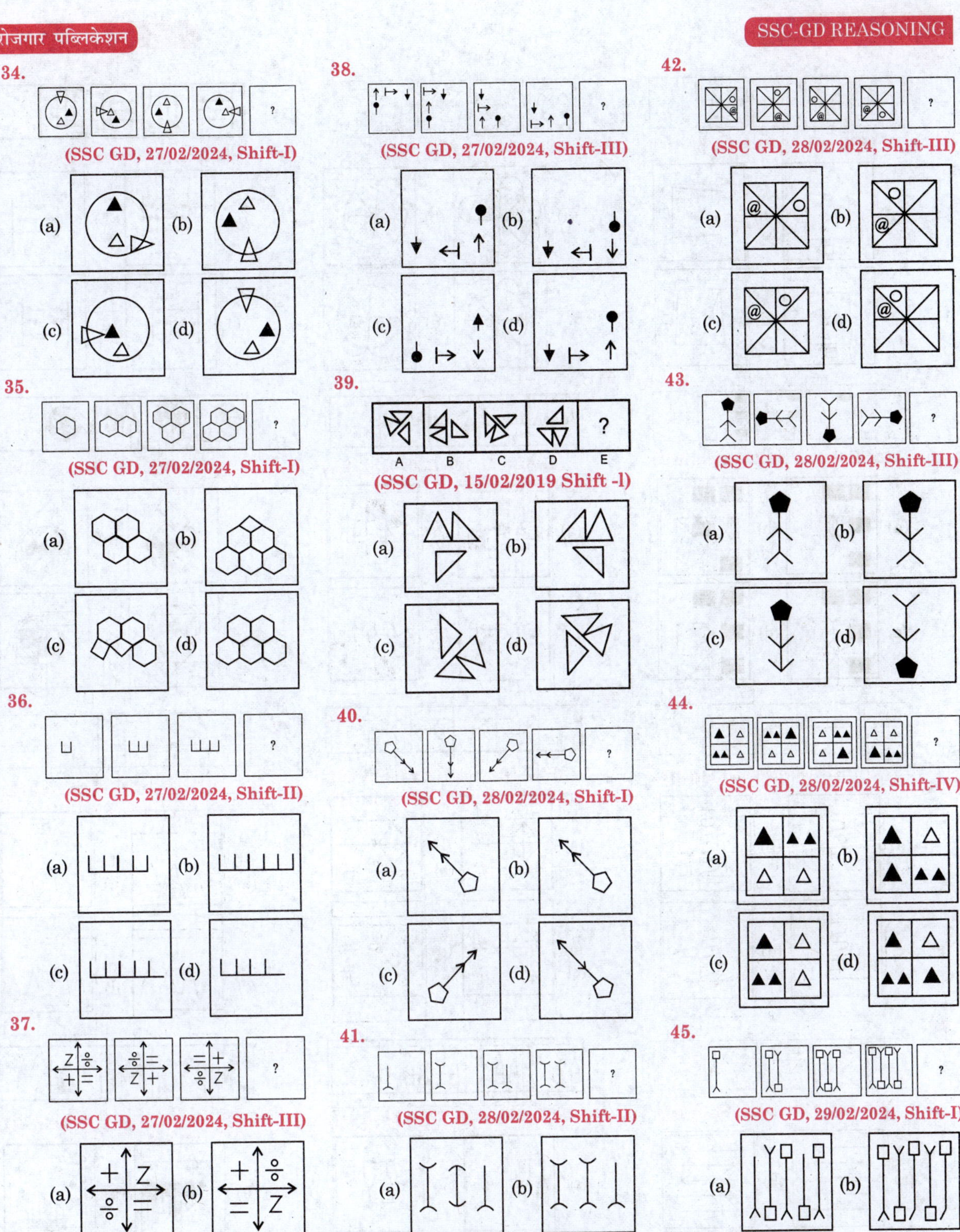
34.
(SSC GD, 27/02/2024, Shift-I)
(a) (b) (c) (d)
35.
(SSC GD, 27/02/2024, Shift-I)
(a) (b) (c) (d)
36.
(SSC GD, 27/02/2024, Shift-II)
(a) (b) (c) (d)
37.
(SSC GD, 27/02/2024, Shift-III)
(a) (b) (c) (d)
38.
(SSC GD, 27/02/2024, Shift-III)
(a) (b) (c) (d)
39.
A B C D E
(SSC GD, 15/02/2019 Shift -I)
(a) (b) (c) (d)
40.
(SSC GD, 28/02/2024, Shift-I)
(a) (b) (c) (d)
41.
(SSC GD, 28/02/2024, Shift-II)
(a) (b) (c) (d)
42.
(SSC GD, 28/02/2024, Shift-III)
(a) (b) (c) (d)
43.
(SSC GD, 28/02/2024, Shift-III)
(a) (b) (c) (d)
44.
(SSC GD, 28/02/2024, Shift-IV)
(a) (b) (c) (d)
45.
(SSC GD, 29/02/2024, Shift-I)
(a) (b) (c) (d)

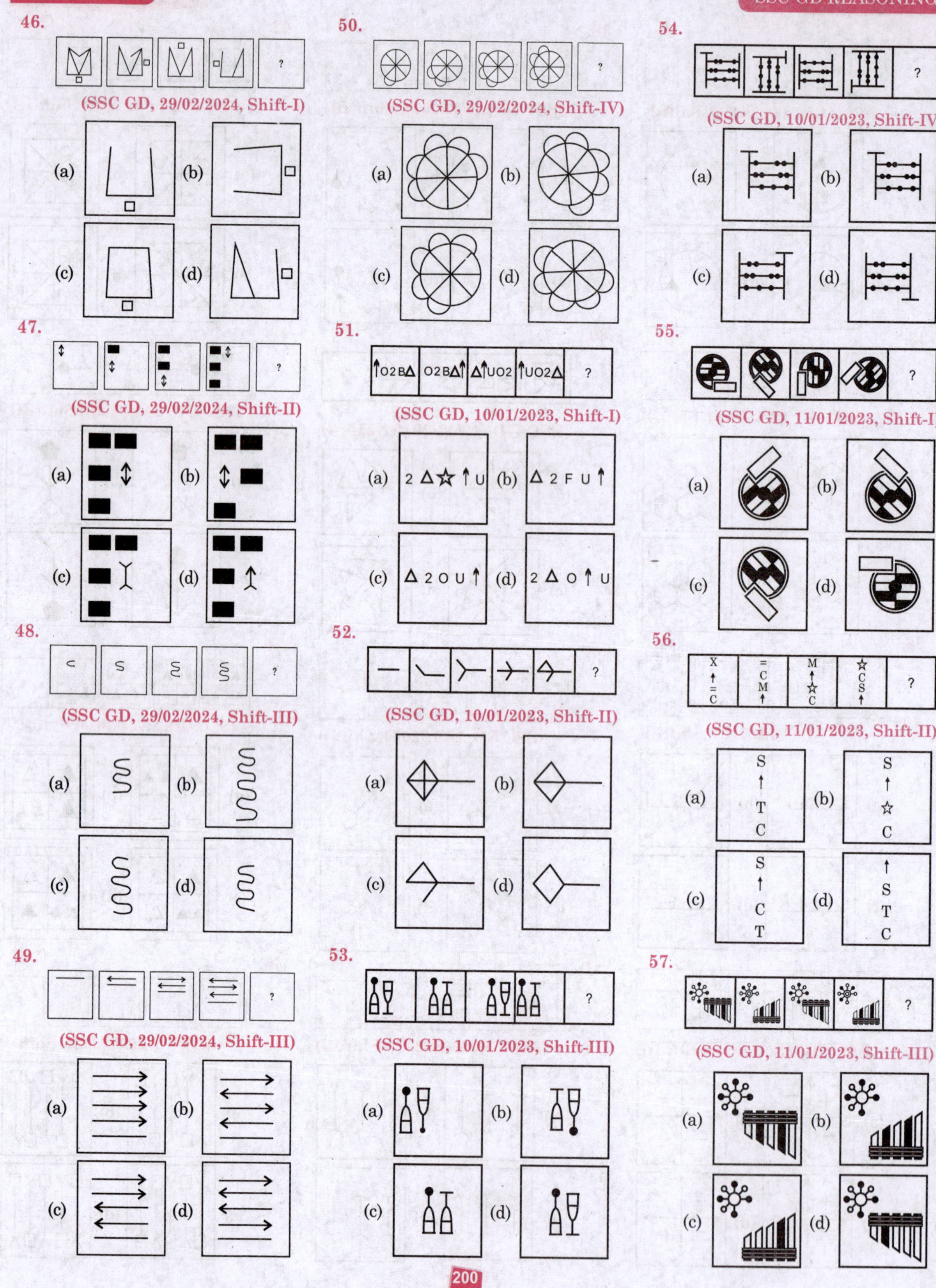
46.
(SSC GD, 29/02/2024, Shift-I)
(a) (b) (c) (d)
47.
(SSC GD, 29/02/2024, Shift-II)
(a) (b) (c) (d)
48.
(SSC GD, 29/02/2024, Shift-III)
(a) (b) (c) (d)
49.
(SSC GD, 29/02/2024, Shift-III)
(a) (b) (c) (d)
50.
(SSC GD, 29/02/2024, Shift-IV)
(a) (b) (c) (d)
51.
↑O2BΔ O2BΔ↑ Δ↑UO2 ↑UO2Δ ?
(SSC GD, 10/01/2023, Shift-I)
(a) 2 Δ☆ ↑ U
(b) Δ 2 F U ↑
(c) Δ 2 O U ↑
(d) 2 Δ O ↑ U
52.
(SSC GD, 10/01/2023, Shift-II)
(a) (b) (c) (d)
53.
(SSC GD, 10/01/2023, Shift-III)
(a) (b) (c) (d)
54.
(SSC GD, 10/01/2023, Shift-IV)
(a) (b) (c) (d)
55.
(SSC GD, 11/01/2023, Shift-I)
(a) (b) (c) (d)
56.
(SSC GD, 11/01/2023, Shift-II)
(a) S ↑ T C
(b) S ↑ ☆ C
(c) S ↑ C T
(d) ↑ S T C
57.
(SSC GD, 11/01/2023, Shift-III)
(a) (b) (c) (d)

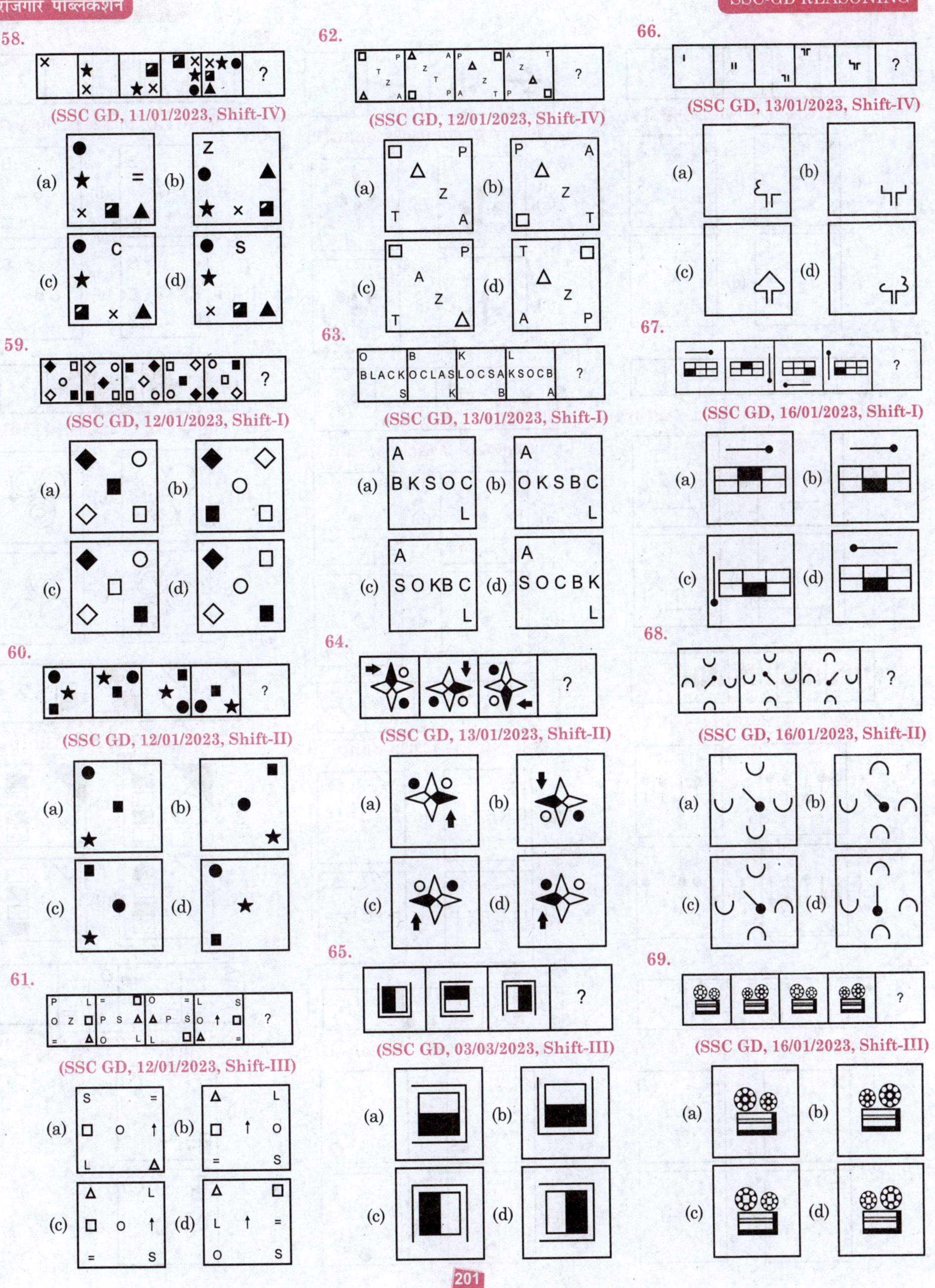
58.
(SSC GD, 11/01/2023, Shift-IV)
59.
(SSC GD, 12/01/2023, Shift-I)
60.
(SSC GD, 12/01/2023, Shift-II)
61.
(SSC GD, 12/01/2023, Shift-III)
62.
(SSC GD, 12/01/2023, Shift-IV)
63.
(SSC GD, 13/01/2023, Shift-I)
64.
(SSC GD, 13/01/2023, Shift-II)
65.
(SSC GD, 03/03/2023, Shift-III)
66.
(SSC GD, 13/01/2023, Shift-IV)
67.
(SSC GD, 16/01/2023, Shift-I)
68.
(SSC GD, 16/01/2023, Shift-II)
69.
(SSC GD, 16/01/2023, Shift-III)

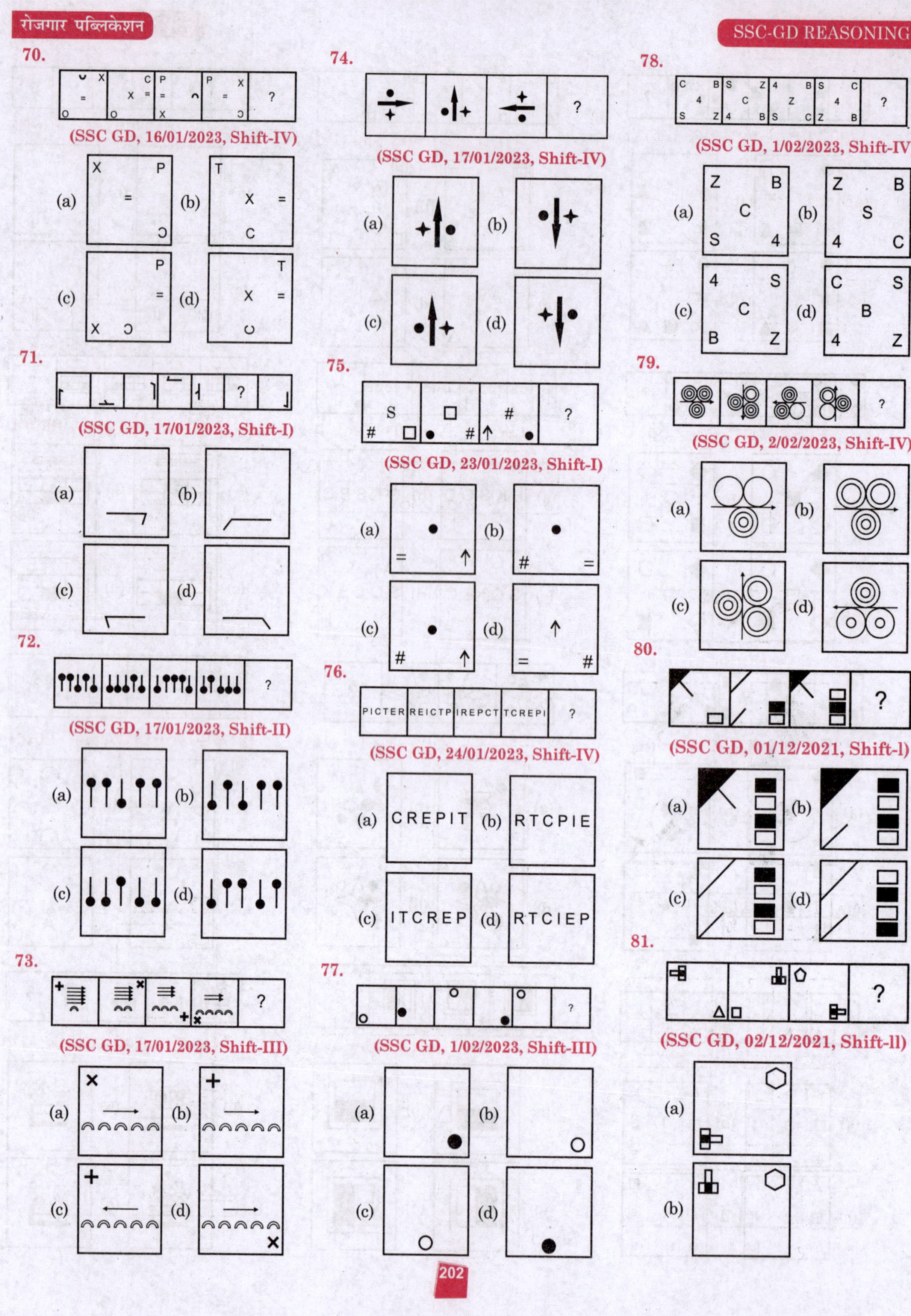
70.
(SSC GD, 16/01/2023, Shift-IV)
71.
(SSC GD, 17/01/2023, Shift-I)
72.
(SSC GD, 17/01/2023, Shift-II)
73.
(SSC GD, 17/01/2023, Shift-III)
74.
(SSC GD, 17/01/2023, Shift-IV)
75.
(SSC GD, 23/01/2023, Shift-I)
76.
PICTER REICTP IREPCT TCREPI ?
(SSC GD, 24/01/2023, Shift-IV)
(a) CREPIT (b) RTCPIE
(c) ITCREP (d) RTCIEP
77.
(SSC GD, 1/02/2023, Shift-III)
78.
(SSC GD, 1/02/2023, Shift-IV)
79.
(SSC GD, 2/02/2023, Shift-IV)
80.
(SSC GD, 01/12/2021, Shift-I)
81.
(SSC GD, 02/12/2021, Shift-II)

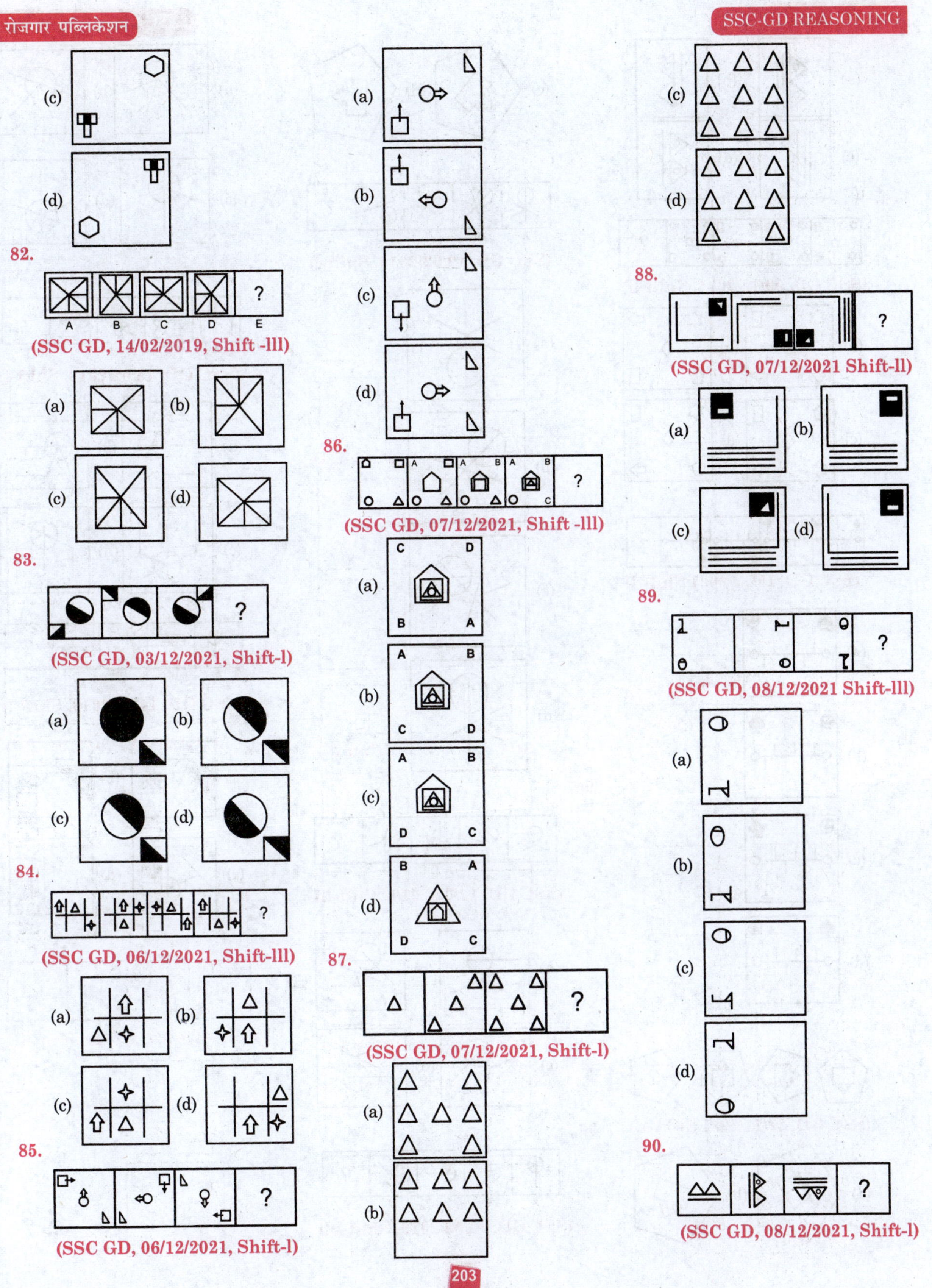
(c)
(d)
82.
A B C D E ?
(SSC GD, 14/02/2019, Shift -lll)
(a) (b) (c) (d)
83.
?
(SSC GD, 03/12/2021, Shift-l)
(a) (b) (c) (d)
84.
?
(SSC GD, 06/12/2021, Shift-lll)
(a) (b) (c) (d)
85.
?
(SSC GD, 06/12/2021, Shift-l)
(a) (b) (c) (d)
86.
A B A B A B C ?
(SSC GD, 07/12/2021, Shift -lll)
(a) C D B A
(b) A B C D
(c) A B D C
(d) B A D C
87.
?
(SSC GD, 07/12/2021, Shift-l)
(a) (b) (c) (d)
88.
?
(SSC GD, 07/12/2021 Shift-ll)
(a) (b) (c) (d)
89.
?
(SSC GD, 08/12/2021 Shift-lll)
(a) (b) (c) (d)
90.
?
(SSC GD, 08/12/2021, Shift-l)

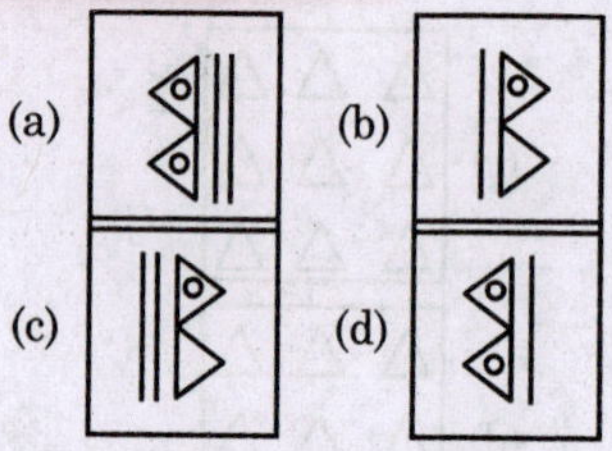

(a) (b)

(c) (d)

91.

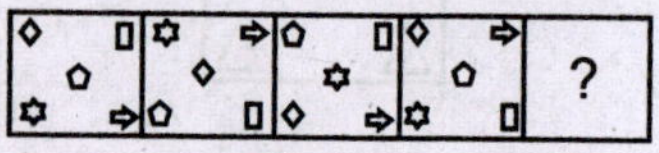

?

(SSC GD, 09/12/2021, Shift-ll)

(a) (b)

(c) (d)

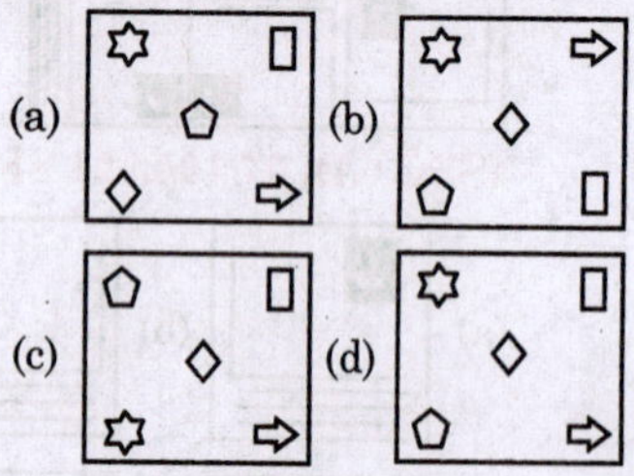

92.

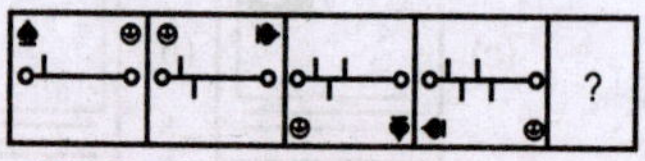

?

(SSC GD, 15/12/2021 Shift-l)

(a)

(b)

(c)

(d)

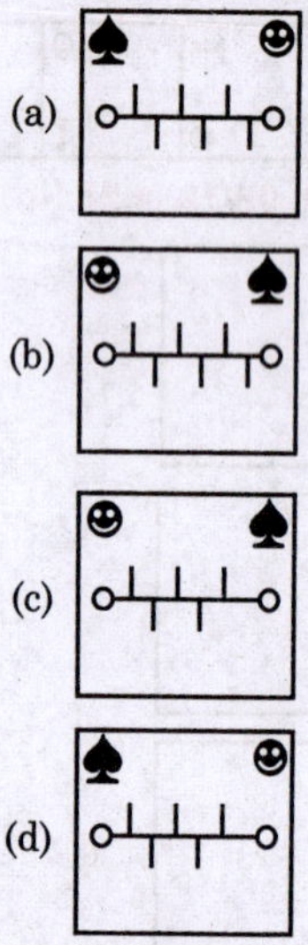

93.

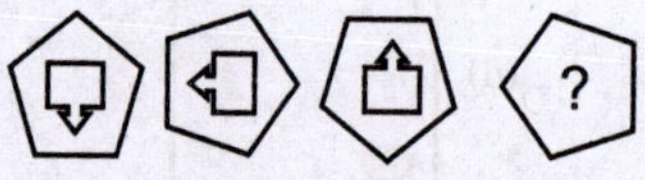

?

(SSC GD, 22/11/2021 Shift-ll)

(a) (b)

(c) (d)

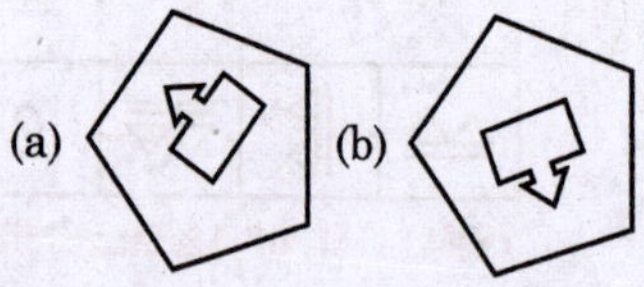

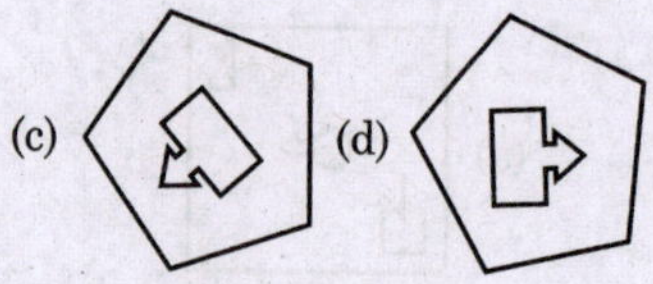

94.

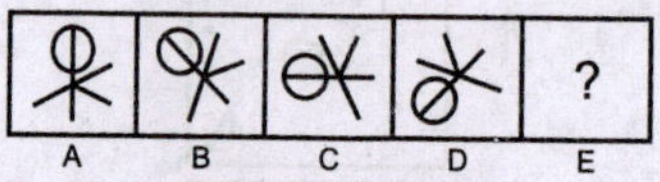

A B C D E ?

(SSC GD, 12/02/2019, Shift-l)

(a)

(b)

(c)

(d)

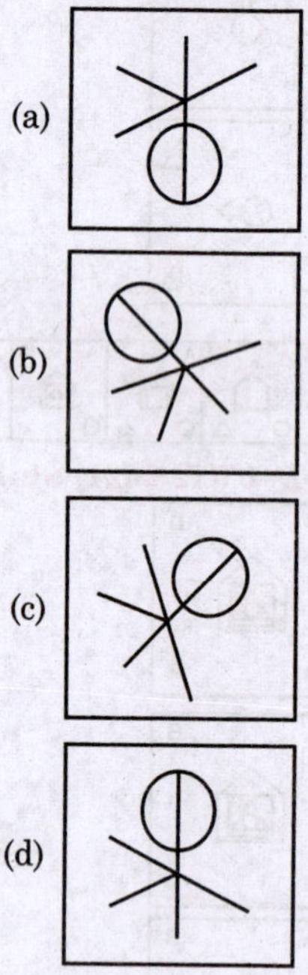

95.

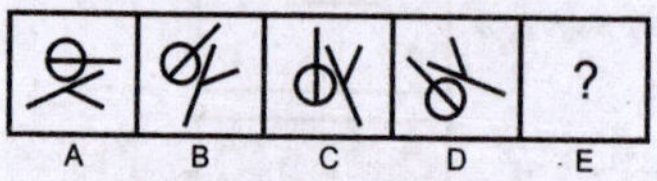

A B C D E ?

(SSC GD, 12/02/2019, Shift-ll)

(a) (b)

(c) (d)

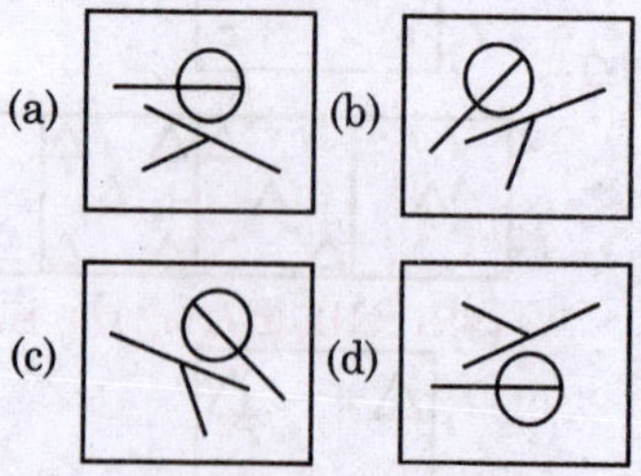

96.

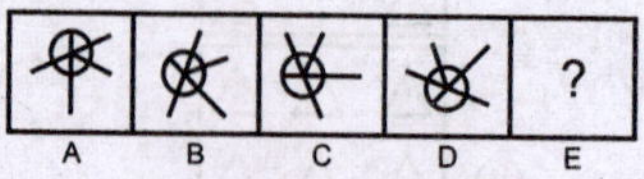

A B C D E ?

(SSC GD, 12/02/2019, Shift-lll)

(a) (b)

(c) (d)

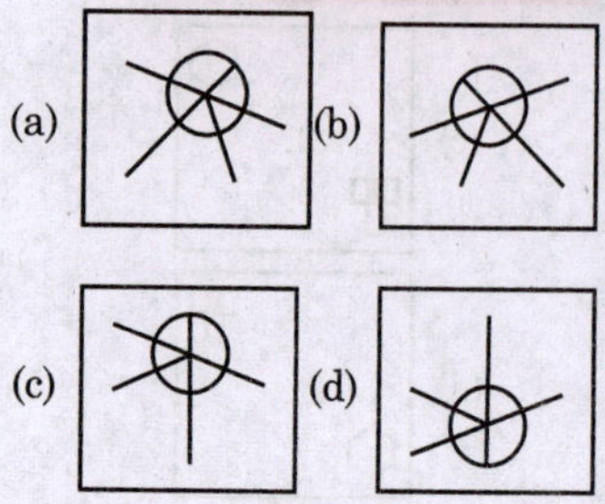

97.

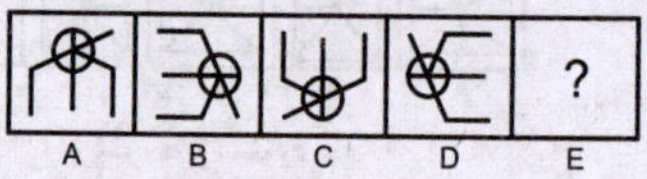

A B C D E ?

(SSC GD, 13/02/2019, Shift-l)

(a) (b)

(c) (d)

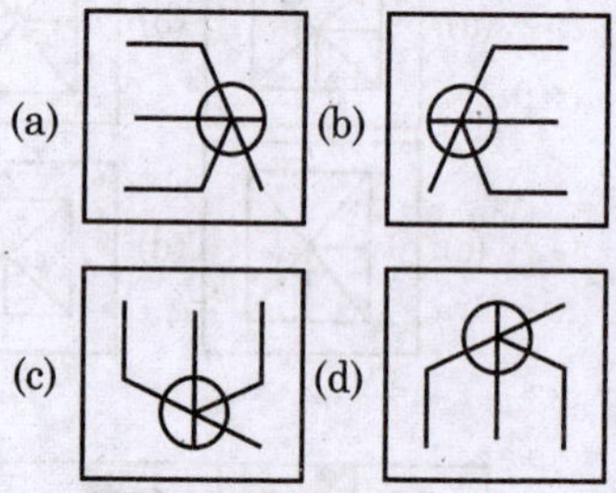

98.

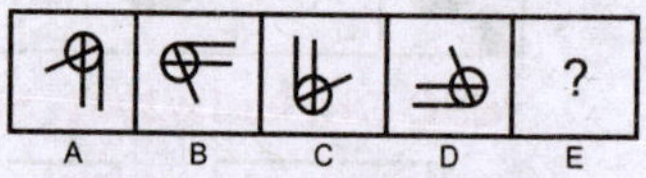

A B C D E ?

(SSC GD, 14/02/2019, Shift-l)

(a) (b)

(c) (d)

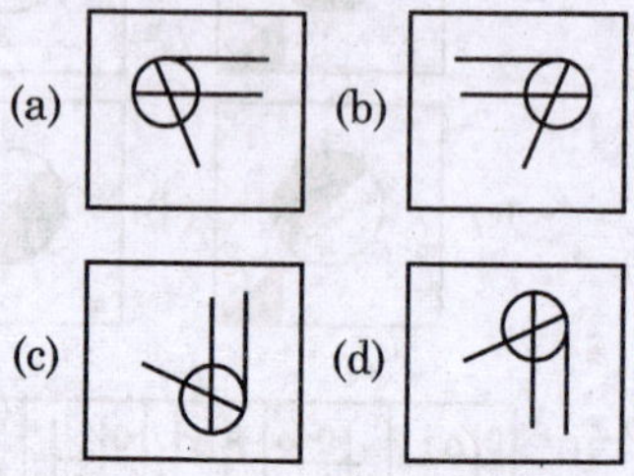

उत्तरमाला

1.	(b)	2.	(c)	3.	(b)	4.	(c)	5.	(a)	6.	(a)	7.	(d)	8.	(d)	9.	(c)	10.	(b)
11.	(a)	12.	(d)	13.	(b)	14.	(b)	15.	(c)	16.	(a)	17.	(c)	18.	(a)	19.	(a)	20.	(b)
21.	(d)	22.	(a)	23.	(b)	24.	(d)	25.	(a)	26.	(a)	27.	(c)	28.	(c)	29.	(d)	30.	(d)
31.	(b)	32.	(a)	33.	(a)	34.	(d)	35.	(d)	36.	(a)	37.	(c)	38.	(d)	39.	(c)	40.	(a)
41.	(b)	42.	(d)	43.	(a)	44.	(c)	45.	(d)	46.	(a)	47.	(a)	48.	(d)	49.	(b)	50.	(c)
51.	(a)	52.	(b)	53.	(d)	54.	(b)	55.	(d)	56.	(a)	57.	(a)	58.	(d)	59.	(d)	60.	(d)
61.	(c)	62.	(c)	63.	(b)	64.	(c)	65.	(a)	66.	(b)	67.	(a)	68.	(c)	69.	(c)	70.	(d)
71.	(b)	72.	(b)	73.	(b)	74.	(d)	75.	(a)	76.	(d)	77.	(d)	78.	(a)	79.	(a)	80.	(c)
81.	(c)	82.	(d)	83.	(b)	84.	(b)	85.	(a)	86.	(c)	87.	(a)	88.	(a)	89.	(a)	90.	(a)
91.	(d)	92.	(d)	93.	(d)	94.	(a)	95.	(d)	96.	(d)	97.	(d)	98.	(d)				

20 आकृति पूर्तिकरण (Figure Completion)

Direction (Q.No. 1 to 33): Which answer figure will complete the pattern given in the question figure? (rotation is not allowed)

निर्देश (प्रश्न संख्या 1 से 33) : दी गई विकल्प आकृतियों में से कौन-सी आकृति प्रश्न आकृति के पैटर्न को पूरा करेगी? (घूर्णन की अनुमति नहीं है)

1.

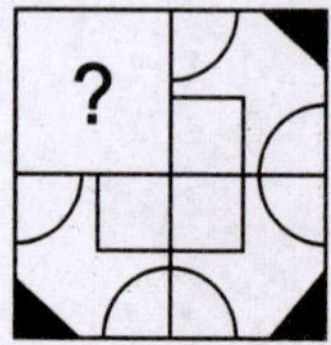

(SSC GD, 20/02/2024, Shift-III)

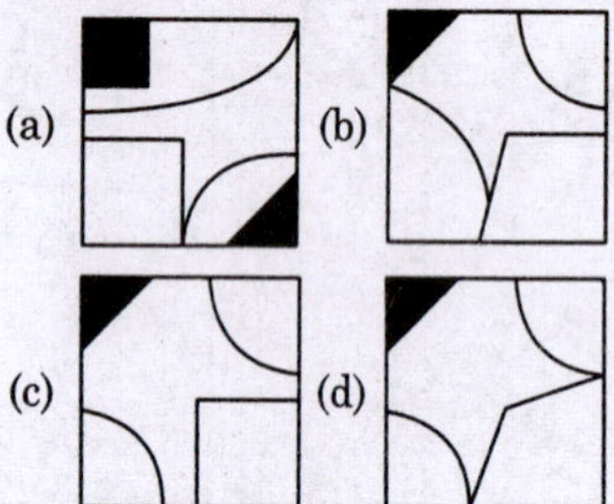

2.

(SSC GD, 20/02/2024, Shift-IV)

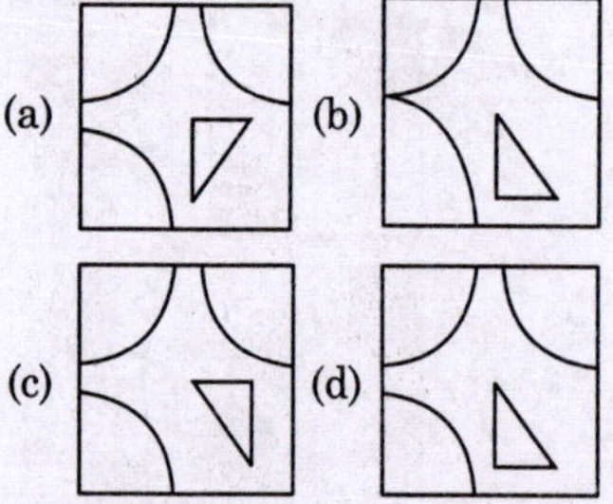

3.

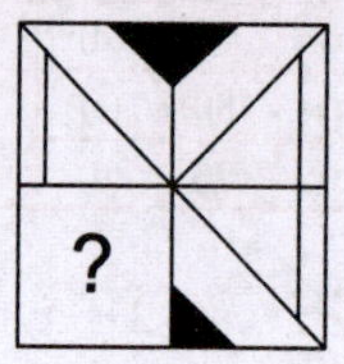

(SSC GD, 21/02/2024, Shift-II)

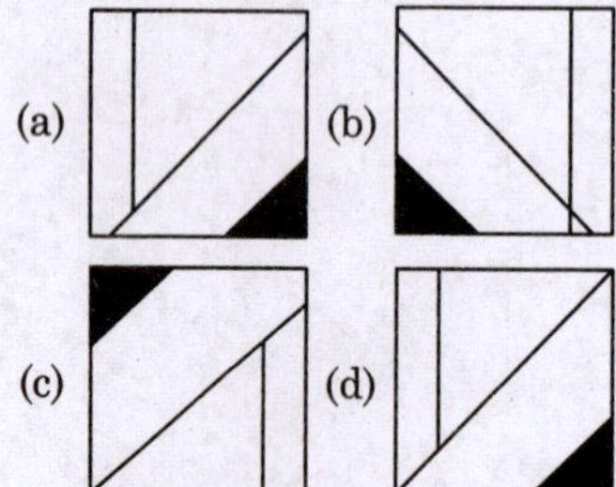

4.

(SSC GD, 21/02/2024, Shift-IV)

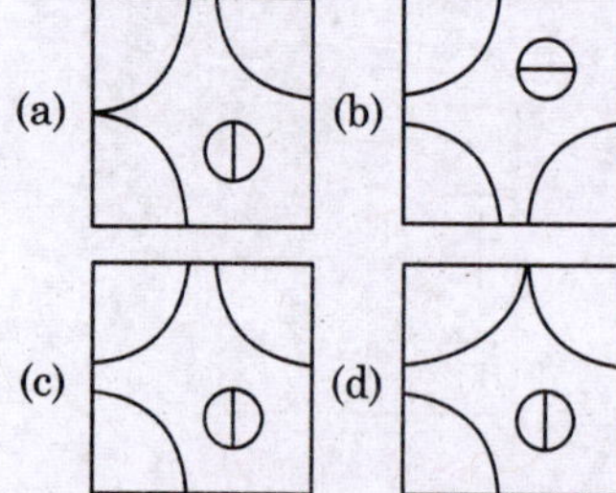

5.

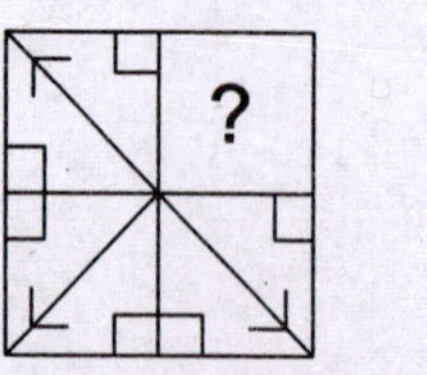

(SSC GD, 22/02/2024, Shift-I)

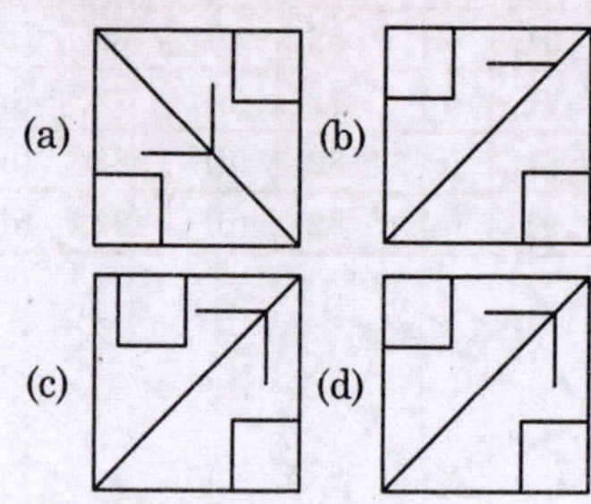

6.

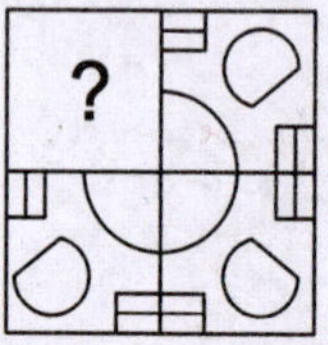

(SSC GD, 22/02/2024, Shift-IV)

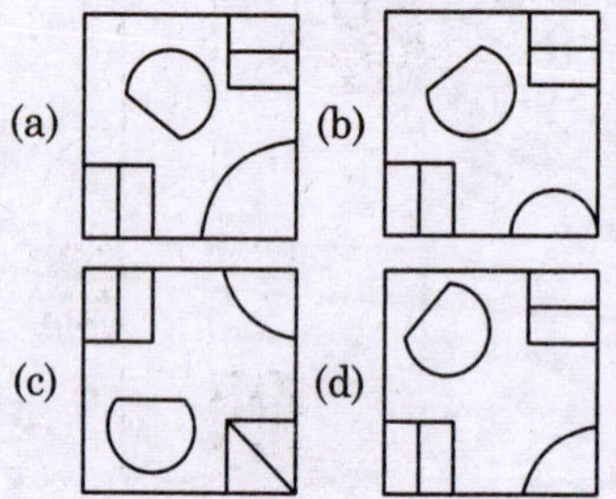

7.

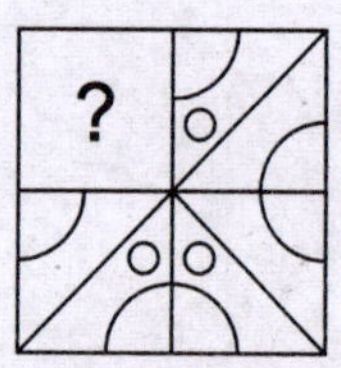

(SSC GD, 23/02/2024, Shift-I)

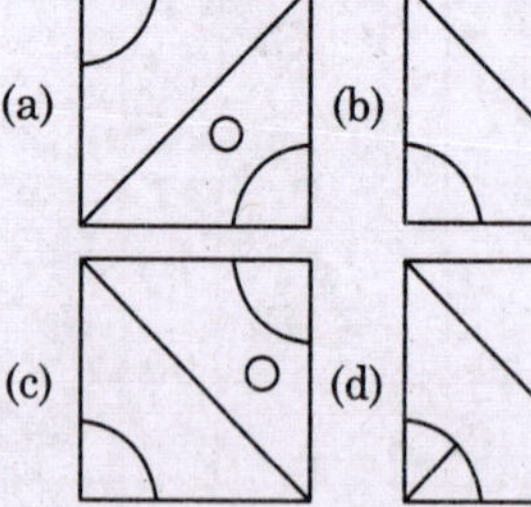

8.

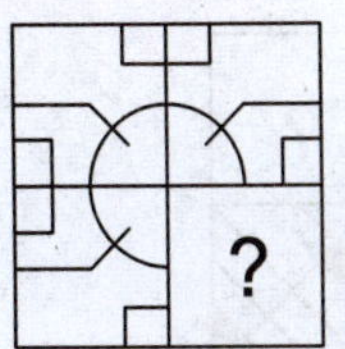

(SSC GD, 23/02/2024, Shift-III)

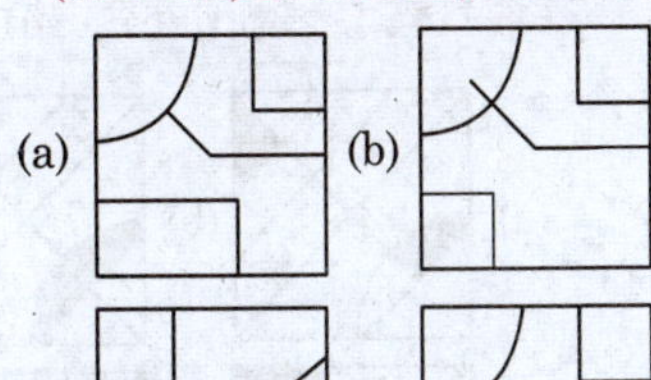

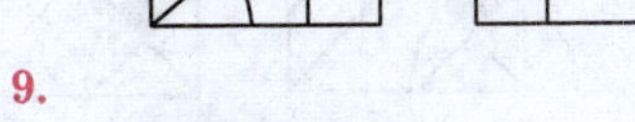

9.

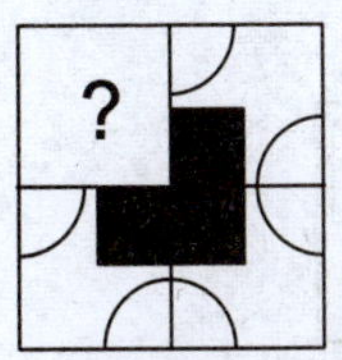

(SSC GD, 24/02/2024, Shift-II)

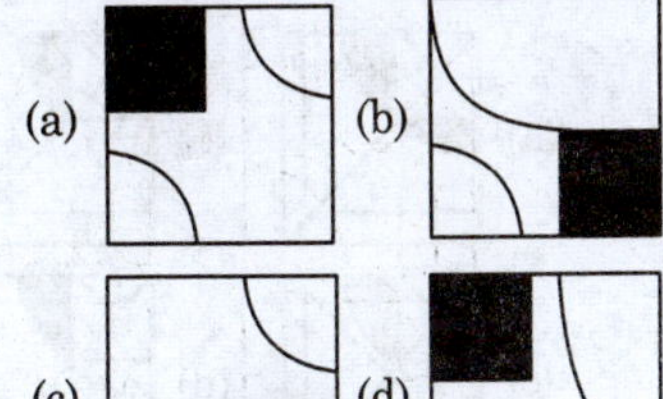

10.

(SSC GD, 24/02/2024, Shift-III)

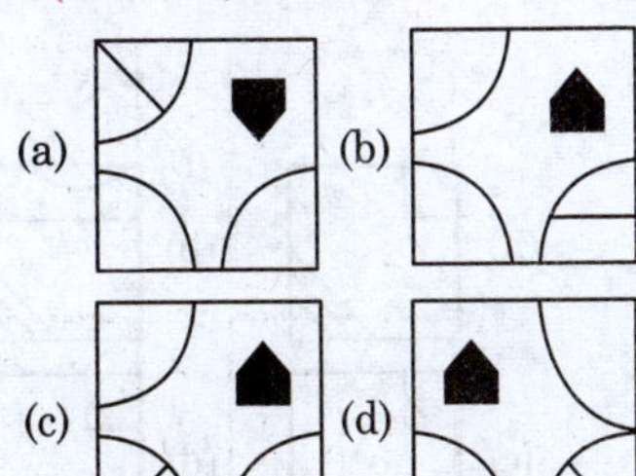

11.

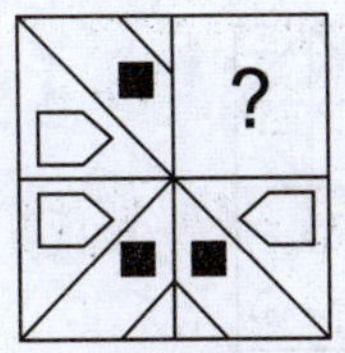

(SSC GD, 27/02/2024, Shift-II)

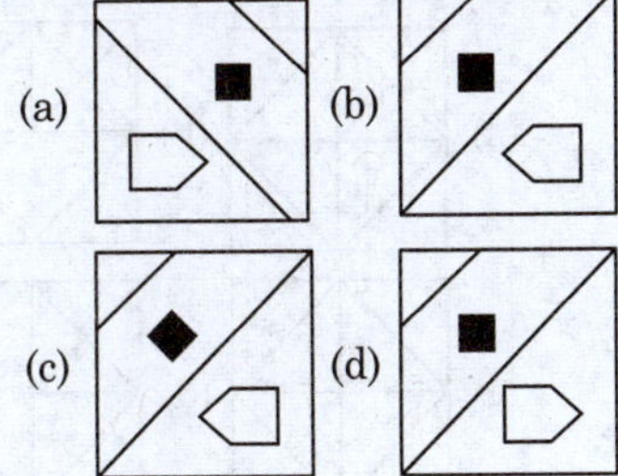

12.

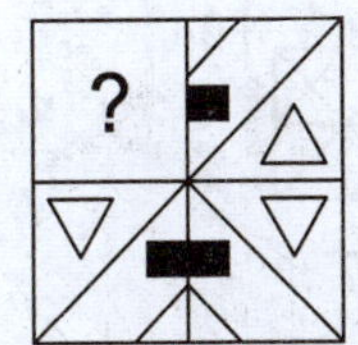

(SSC GD, 28/02/2024, Shift-I)

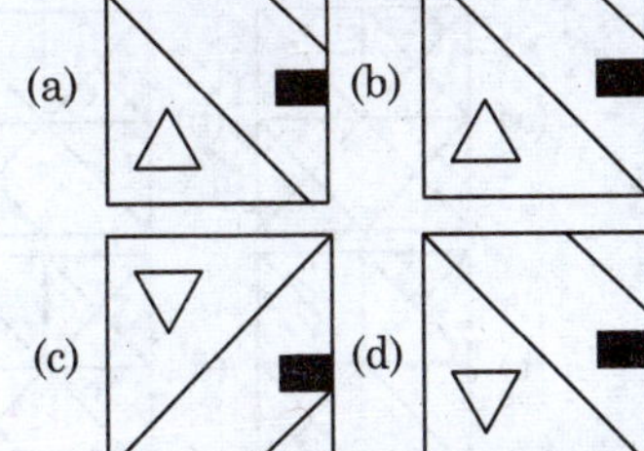

13.

(SSC GD, 29/02/2024, Shift-II)

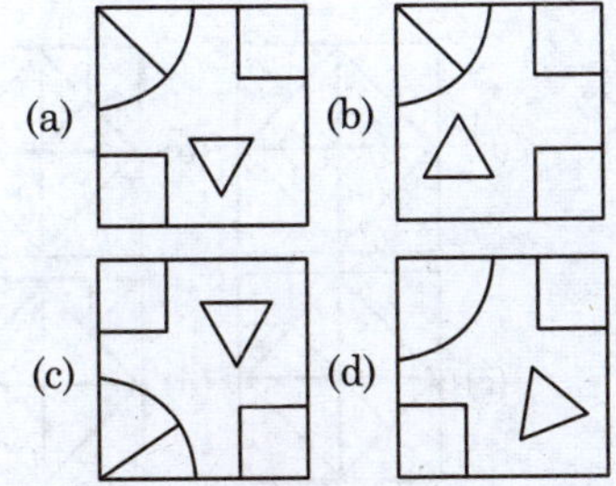

14.

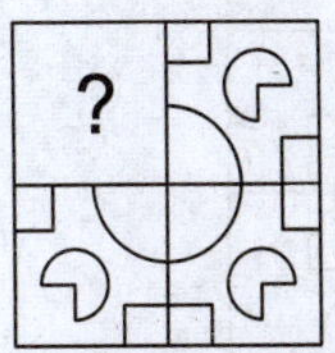

(SSC GD, 01/03/2024, Shift-III)

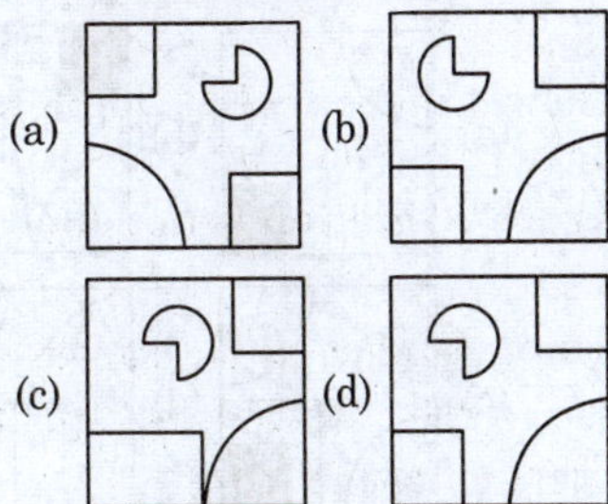

15.

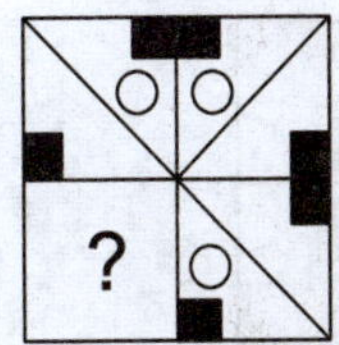

(SSC GD, 01/03/2024, Shift-III)

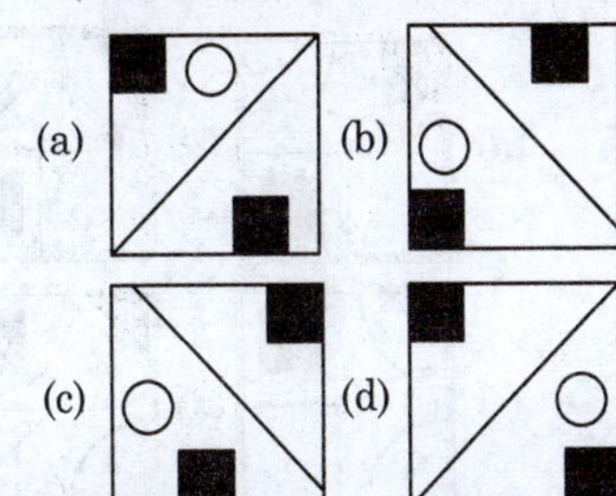

16.

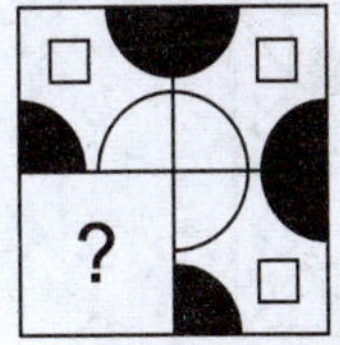

(SSC GD, 05/03/2024, Shift-I)

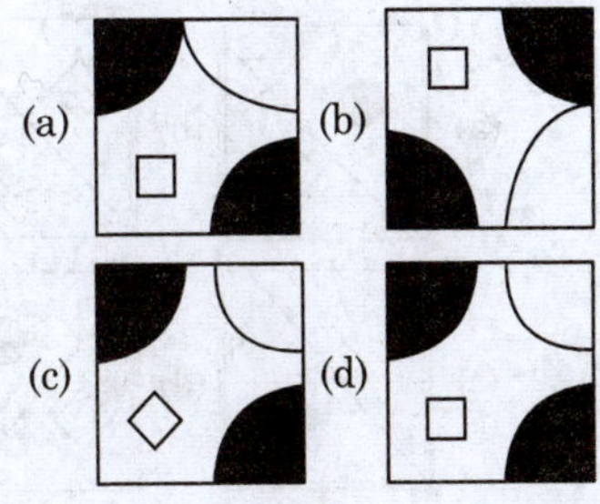

17.

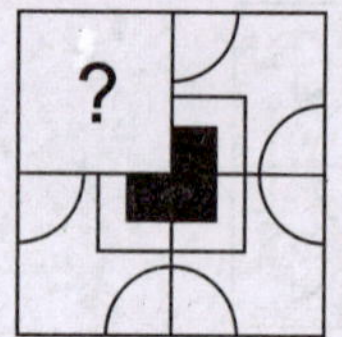

(SSC GD, 05/03/2024, Shift-I)

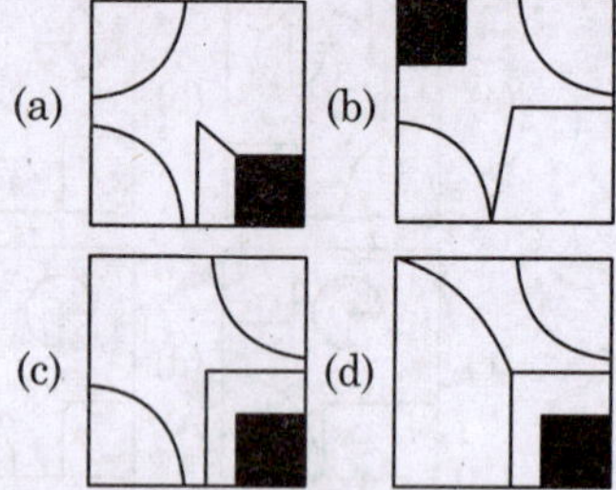

18.

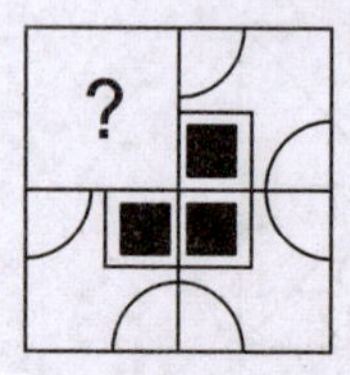

(SSC GD, 05/03/2024, Shift-III)

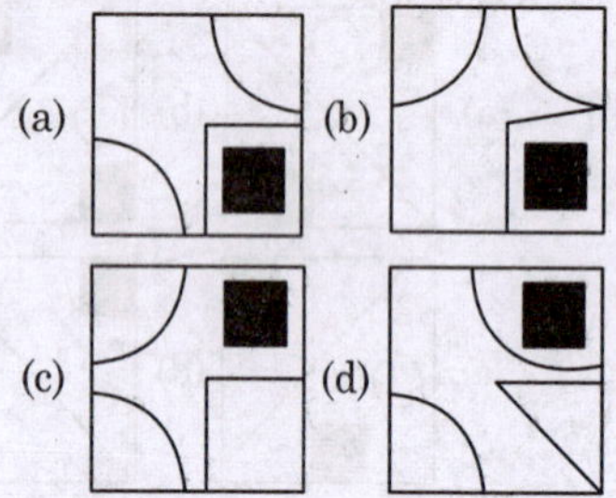

19.

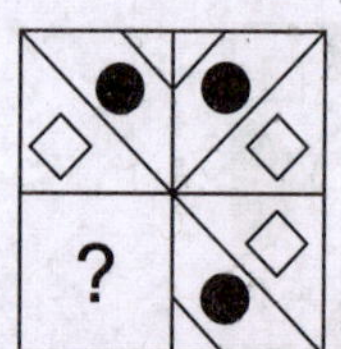

(SSC GD, 06/03/2024, Shift-I)

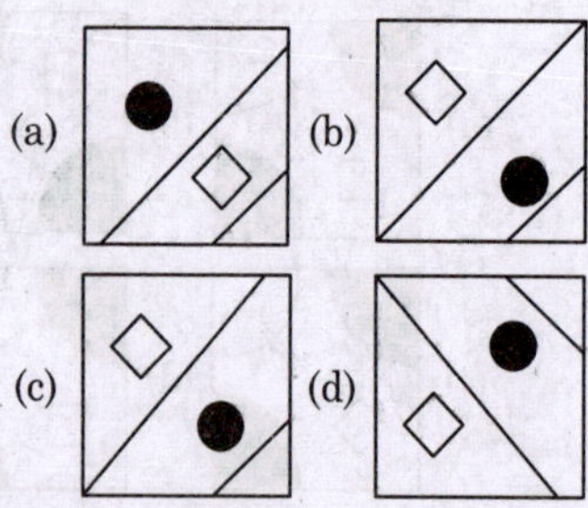

20.

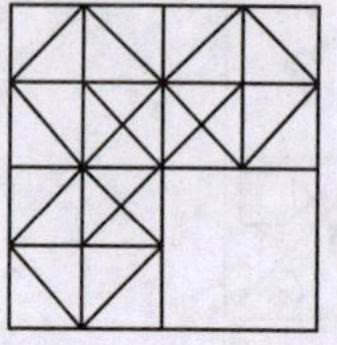

(SSC GD, 03/12/2021, Shift-II)

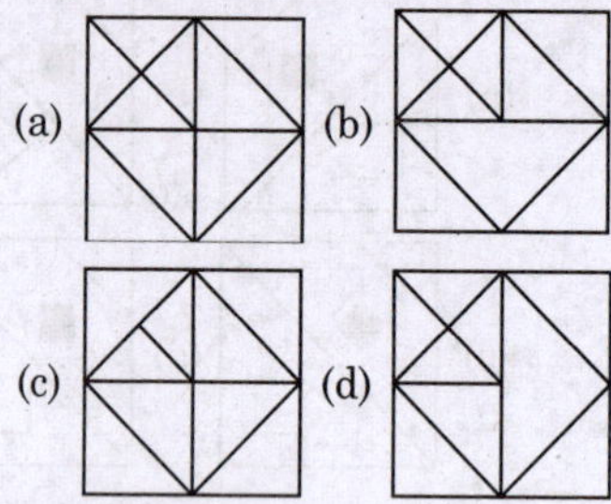

21.

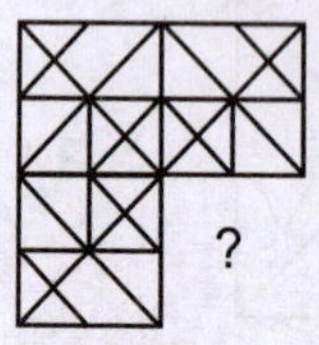

(SSC GD 13/12/2021 Shift -lll)

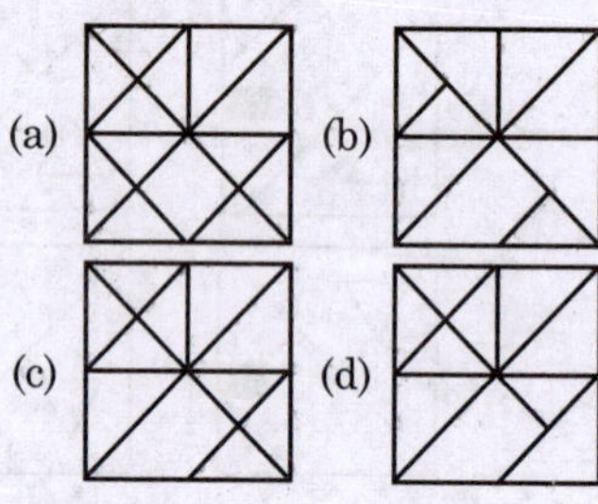

22.

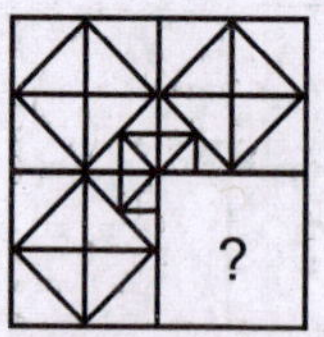

(SSC GD 16/11/2021 Shift -lll)

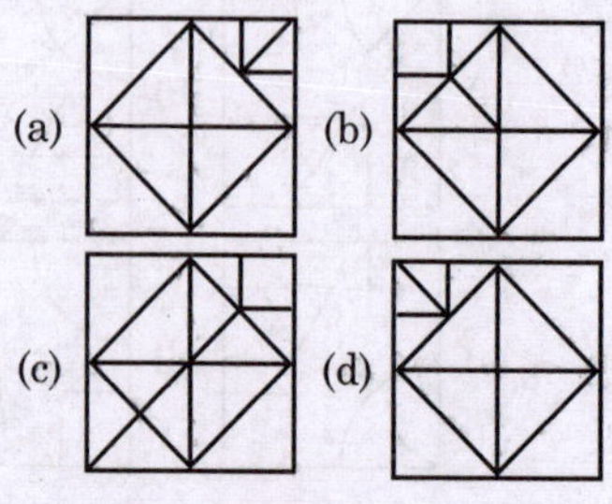

23.

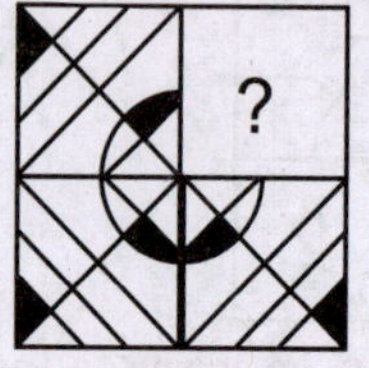

(SSC GD 18/11/2021 Shift -l)

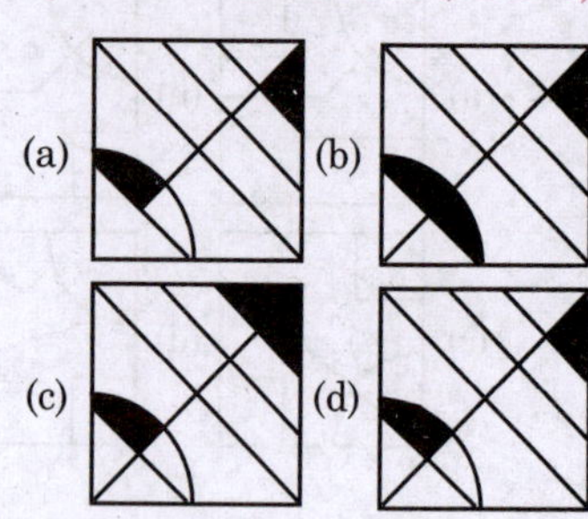

24.

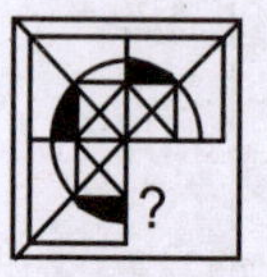

(SSC GD 23/11/2021 Shift -l)

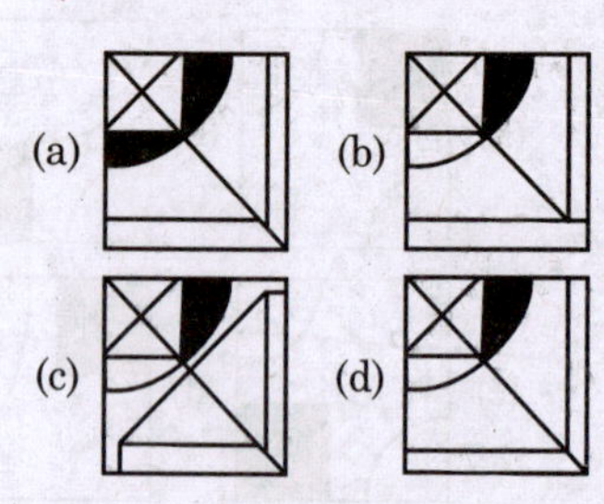

25.

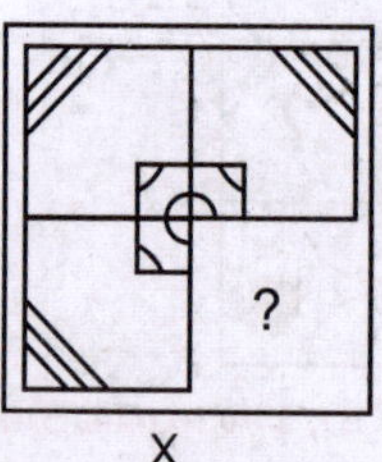

(SSC GD 11/02/2019 Shift -ll)

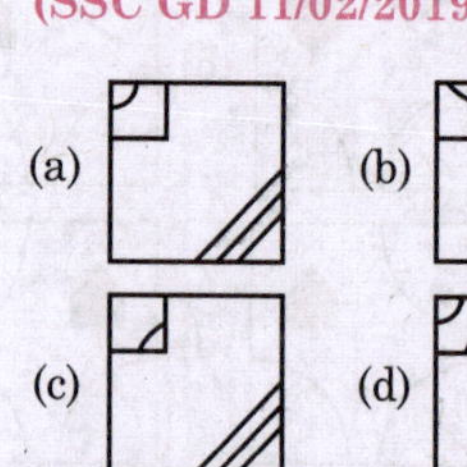

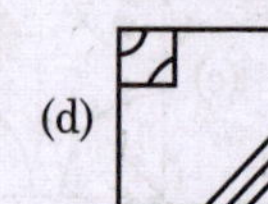

26.

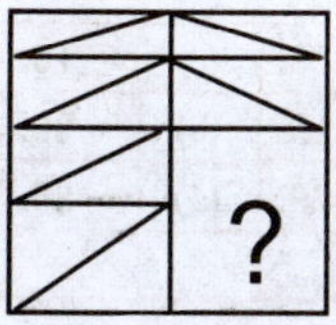

?

(SSC GD 11/02/2019 Shift -lll)

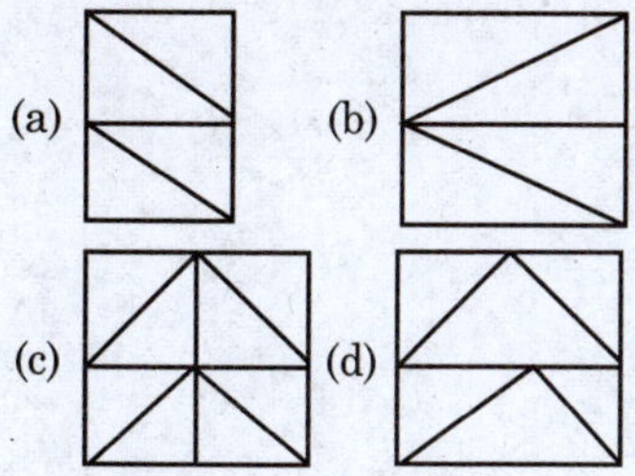

(a) (b)

(c) (d)

27.

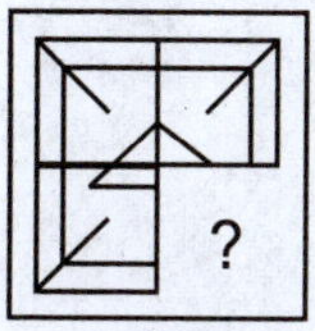

?

X

(SSC GD 12/02/2019 Shift -l)

(a) (b)

(c) (d)

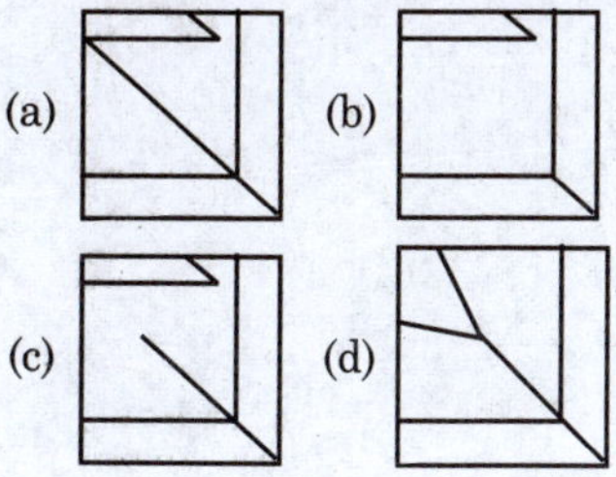

28.

?

X

(SSC GD 12/02/2019 Shift -ll)

(a) (b)

(c) (d)

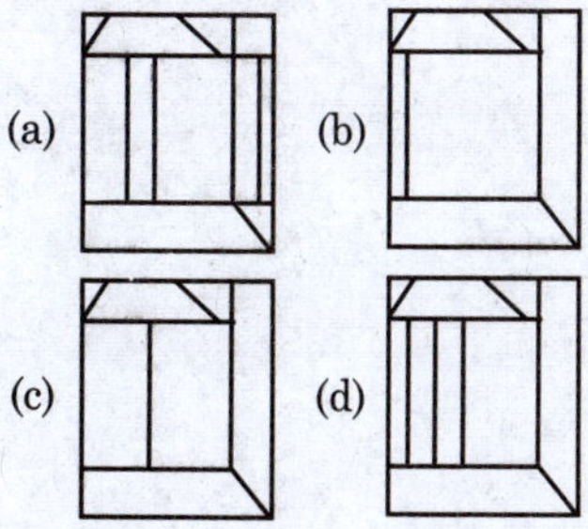

29.

?

X

(SSC GD 12/02/2019 Shift -lll)

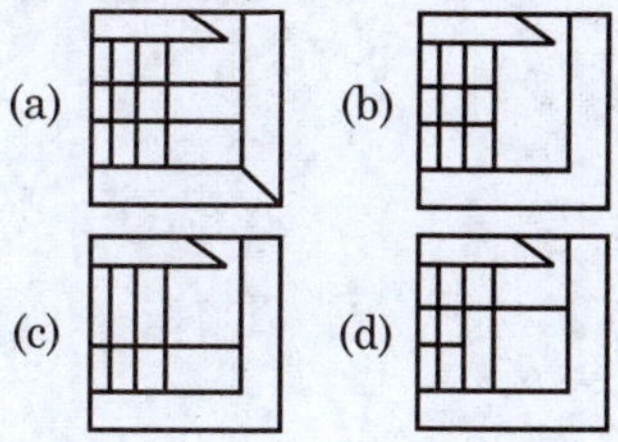

(a) (b)

(c) (d)

30.

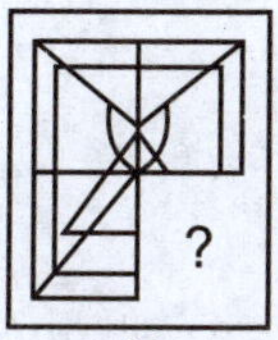

?

X

(SSC GD 13/02/2019 Shift -ll)

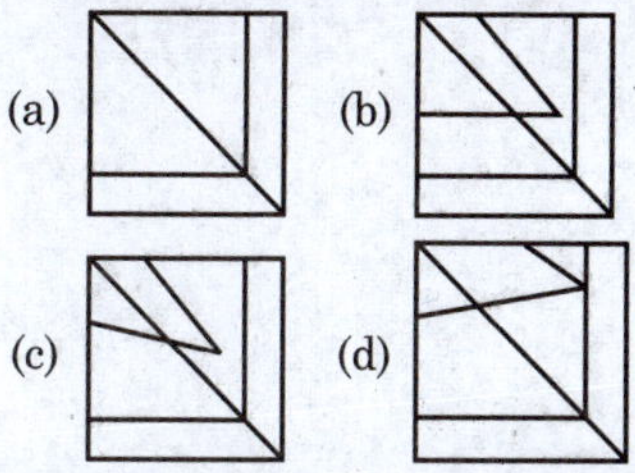

(a) (b)

(c) (d)

31.

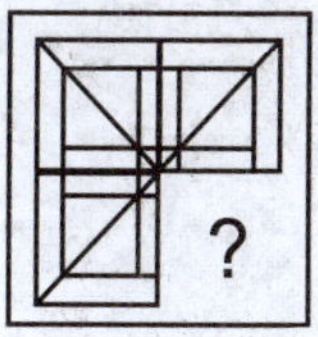

?

X

(SSC GD 14/02/2019 Shift -l)

(a) (b)

(c) (d)

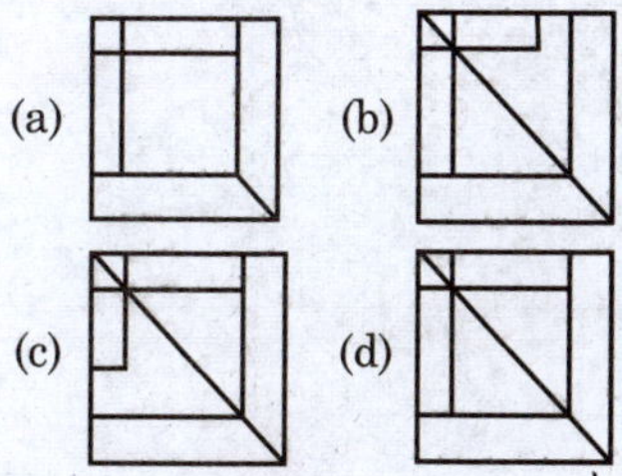

32.

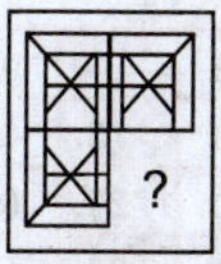

?

x

(SSC GD 14/02/2019 Shift -ll)

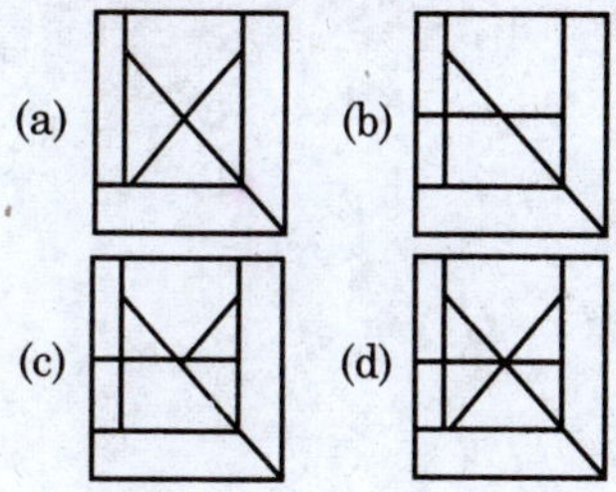

(a) (b)

(c) (d)

33.

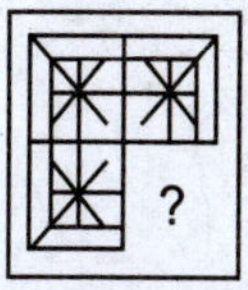

?

x

(SSC GD 15/02/2019 Shift -l)

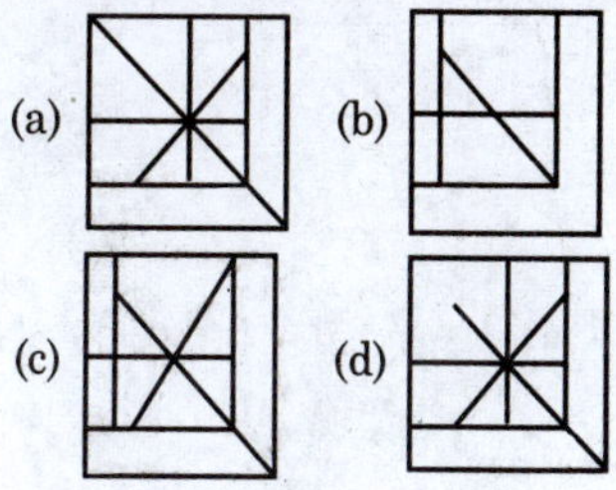

(a) (b)

(c) (d)

उत्तरमाला

1.	(c)	2.	(d)	3.	(d)	4.	(c)	5.	(d)	6.	(a)	7.	(c)	8.	(b)	9.	(c)	10.	(c)
11.	(b)	12.	(b)	13.	(a)	14.	(d)	15.	(d)	16.	(d)	17.	(c)	18.	(a)	19.	(b)	20.	(a)
21.	(c)	22.	(d)	23.	(d)	24.	(d)	25.	(d)	26.	(a)	27.	(c)	28.	(d)	29.	(a)	30.	(b)
31.	(d)	32.	(d)	33.	(d)														

सन्निहित आकृतियाँ (Embedded Figures)

Direction (Q.No. 1 to 22): From the given option figures, select the figure in which the question figure is hidden / implicit. (Rotation is not allowed)

निर्देश (प्रश्न संख्या 1 से 22) : दी गई आकृतियों में से, उस आकृति का चयन कीजिए जिसमें प्रश्न में दी गई आकृति छिपी हुई/निहित है। (घूर्णन की अनुमति नहीं है)

1.

(SSC GD, 20/02/2024, Shift-IV)

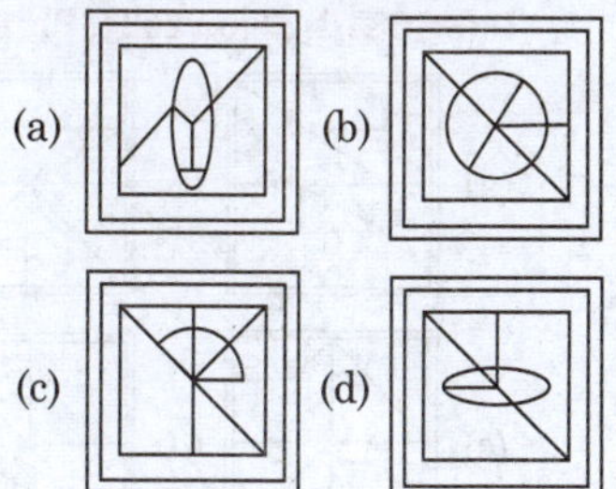

2.

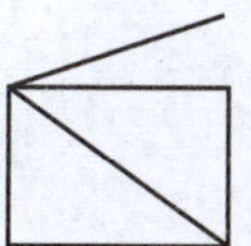

(SSC GD, 20/02/2024, Shift-IV)

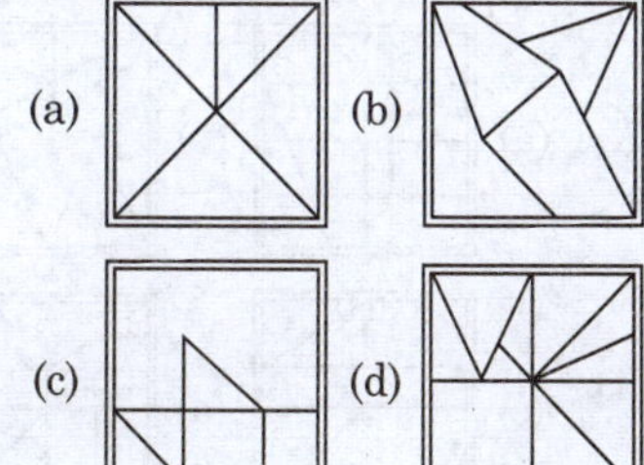

3.

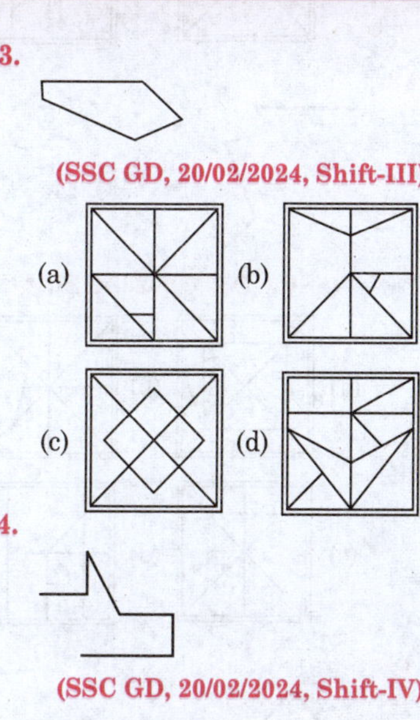

(SSC GD, 20/02/2024, Shift-III)

4.

(SSC GD, 20/02/2024, Shift-IV)

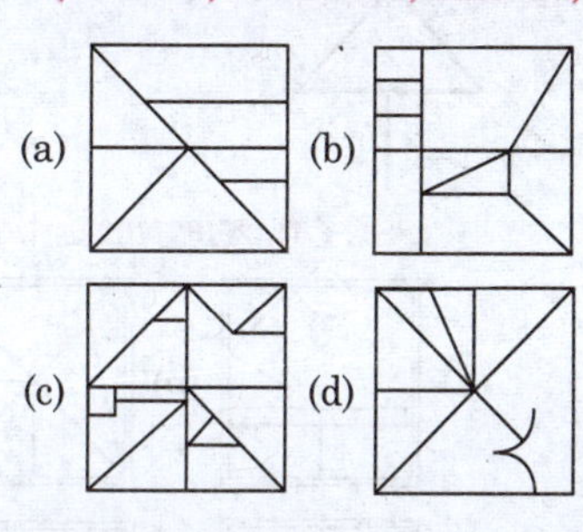

5.

(SSC GD, 21/02/2024, Shift-III)

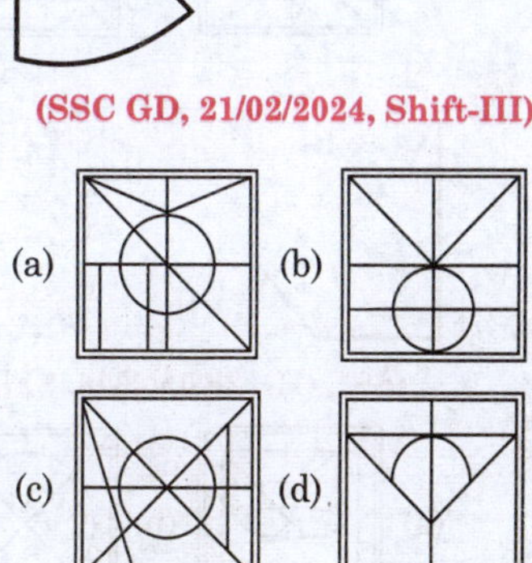

6.

(SSC GD, 21/02/2024, Shift-IV)

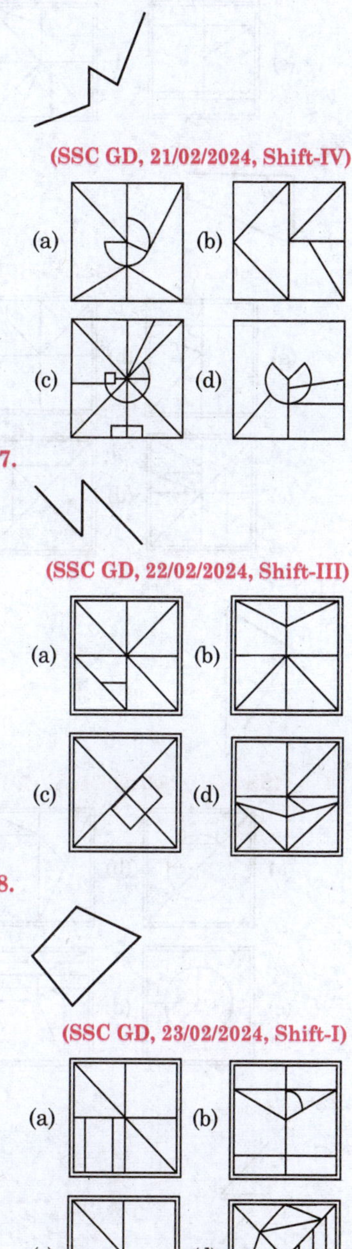

7.

(SSC GD, 22/02/2024, Shift-III)

8.

(SSC GD, 23/02/2024, Shift-I)

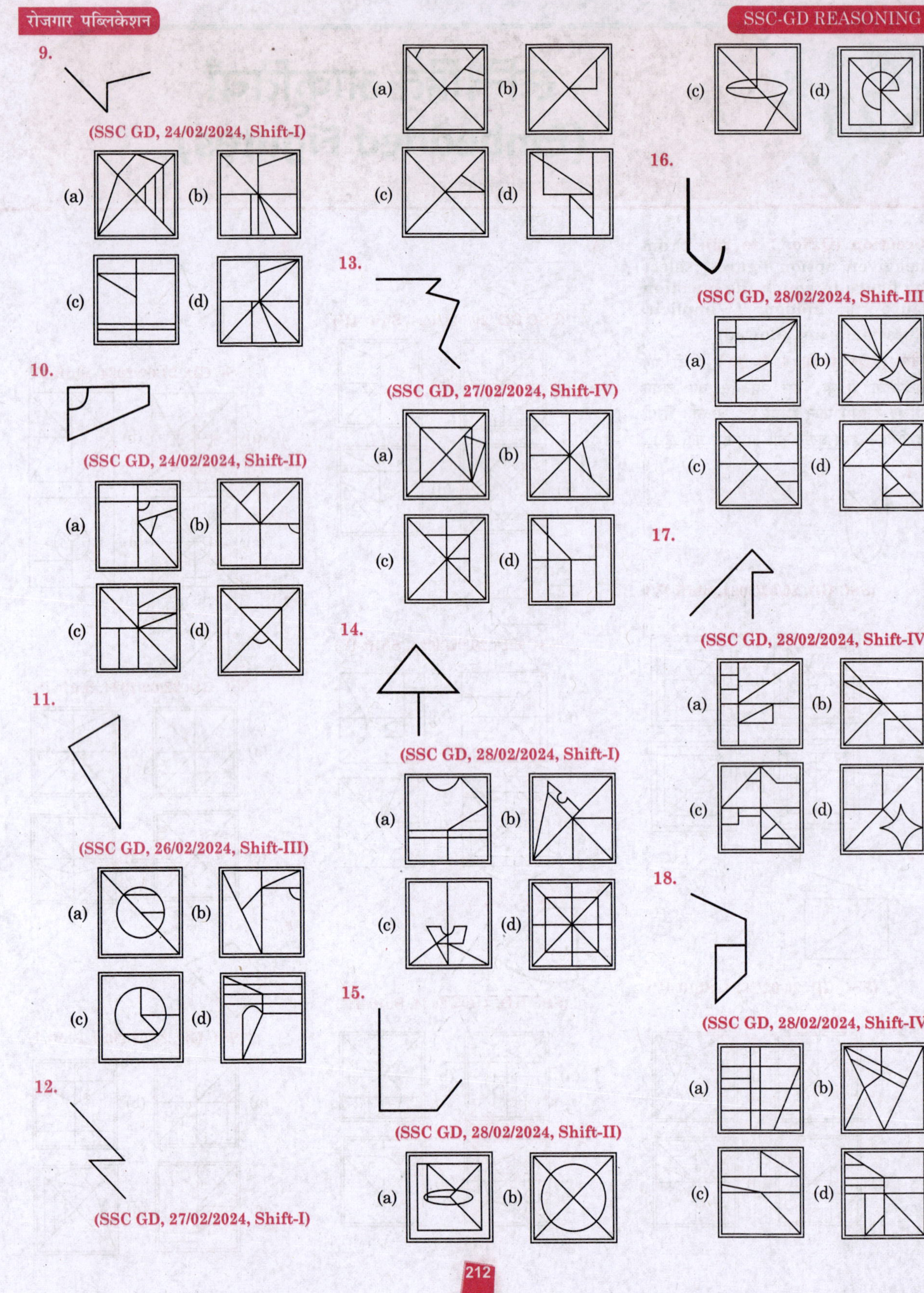
9.
(SSC GD, 24/02/2024, Shift-I)
(a) (b) (c) (d)
10.
(SSC GD, 24/02/2024, Shift-II)
(a) (b) (c) (d)
11.
(SSC GD, 26/02/2024, Shift-III)
(a) (b) (c) (d)
12.
(SSC GD, 27/02/2024, Shift-I)
(a) (b) (c) (d)
13.
(SSC GD, 27/02/2024, Shift-IV)
(a) (b) (c) (d)
14.
(SSC GD, 28/02/2024, Shift-I)
(a) (b) (c) (d)
15.
(SSC GD, 28/02/2024, Shift-II)
(a) (b) (c) (d)
16.
(SSC GD, 28/02/2024, Shift-III)
(a) (b) (c) (d)
17.
(SSC GD, 28/02/2024, Shift-IV)
(a) (b) (c) (d)
18.
(SSC GD, 28/02/2024, Shift-IV)
(a) (b) (c) (d)

19.

(SSC GD, 01/03/2024, Shift-I)

(a) 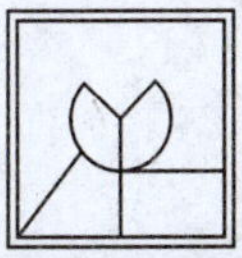 (b)

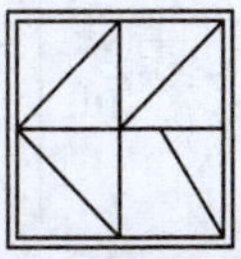

(c) 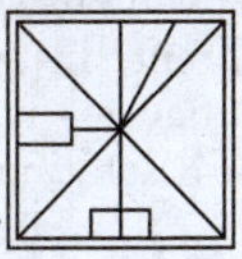 (d)

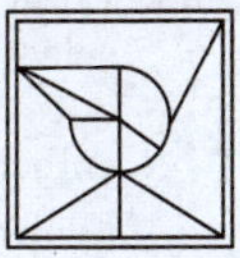

20.

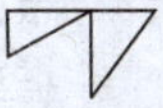

(SSC GD, 06/03/2024, Shift-IV)

(a) 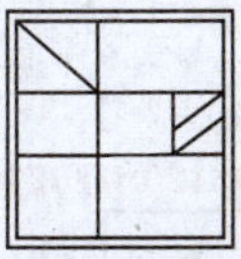 (b)

(c) 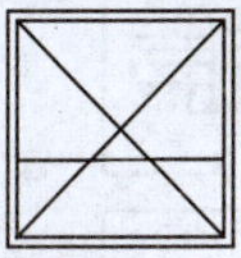 (d)

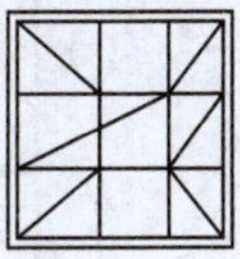

21.

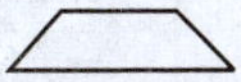

(SSC GD, 06/03/2024, Shift-II)

(a) 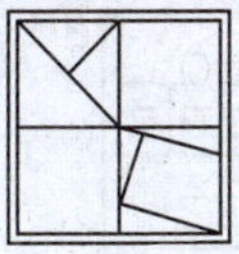 (b)

(c) 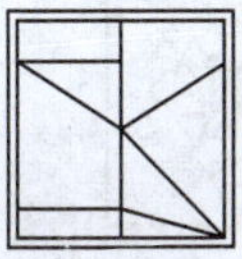 (d)

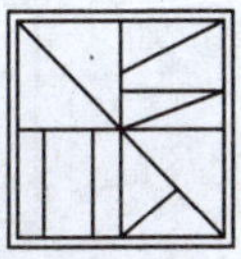

22.

(SSC GD, 07/03/2024, Shift-I)

(a) 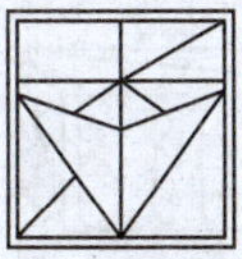 (b)

(c) 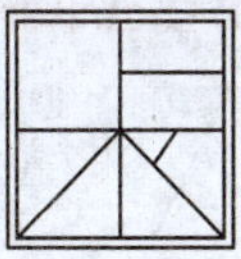 (d)

Direction (Q.No. 23 to 31): From the given option figures, Select the option figure that is embedded in the given figure (Rotation is not allowed).

निर्देश (प्रश्न संख्या 23 से 31) : दी गई आकृतियों में से, वह विकल्प आकृति चुनिए, जो प्रस्तुत आकृति में अंतर्निहित है। (घुमाना अनुमन्य नहीं है)

23.

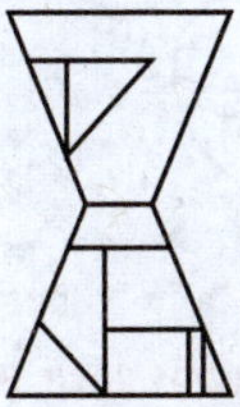

(SSC GD, 10/01/2023, Shift-I)

(a)

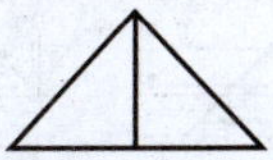

(b)

(c)

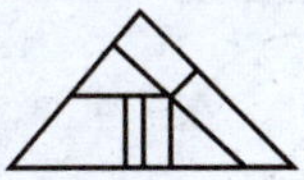

(d)

24.

(SSC GD, 10/01/2023, Shift-II)

(a)

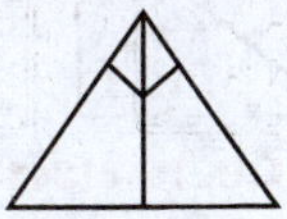

(b)

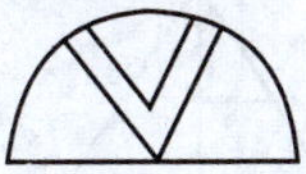

(c)

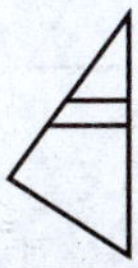

(d)

25.

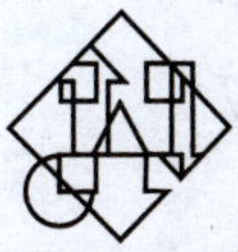

(SSC GD, 10/01/2023, Shift-III)

(a)

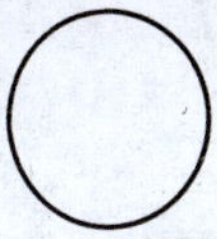

(b)

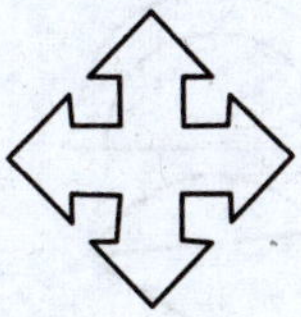

(c)

(d)

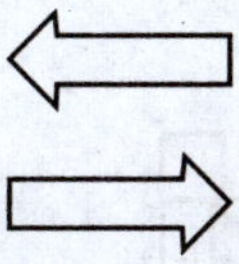

26.

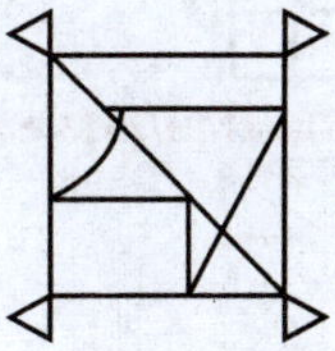

(SSC GD, 10/01/2023, Shift-IV)

(a)

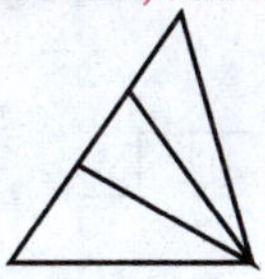

(b)

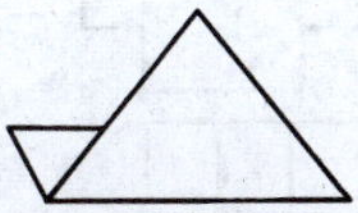

(c)

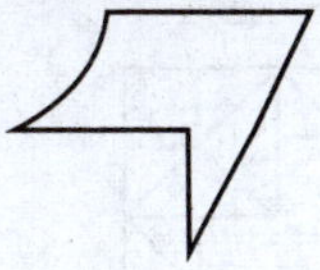

(d)

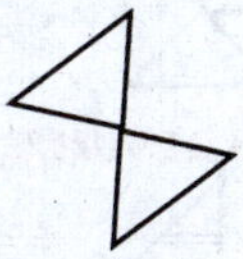

27.

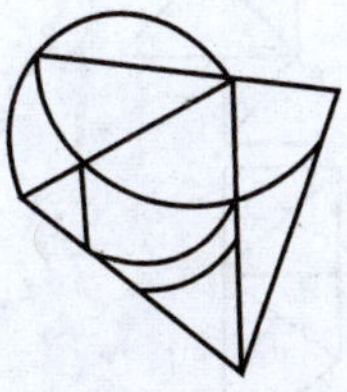

(SSC GD, 11/01/2023, Shift-I)

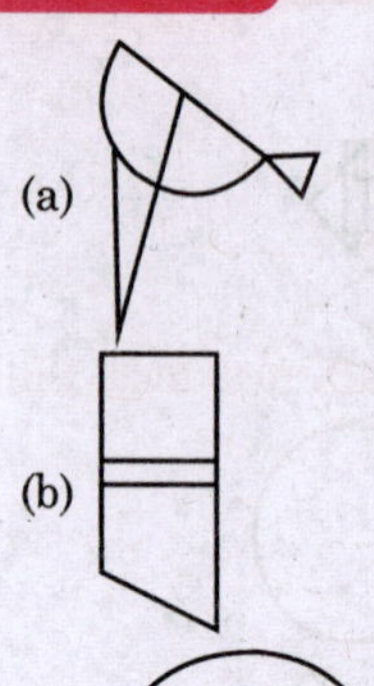

28.

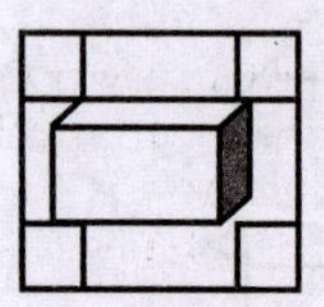

(SSC GD, 11/01/2023, Shift-II)

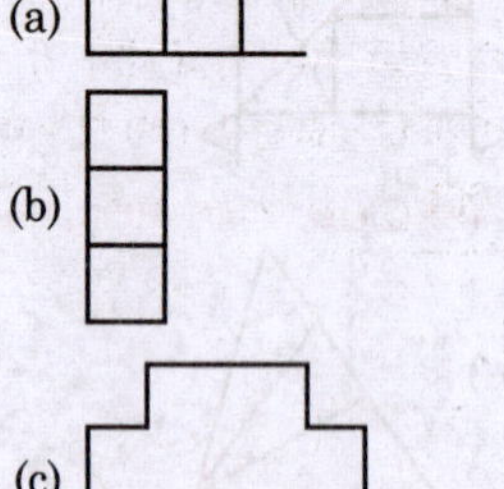

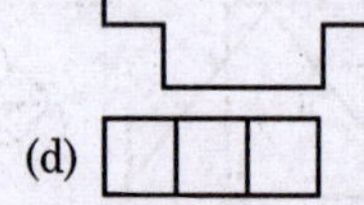

29.

(SSC GD, 11/01/2023, Shift-III)

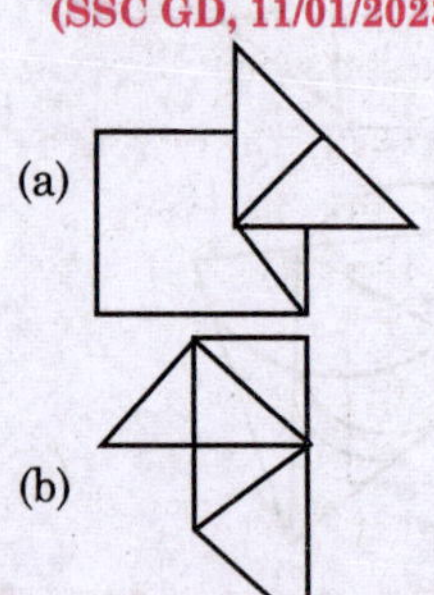

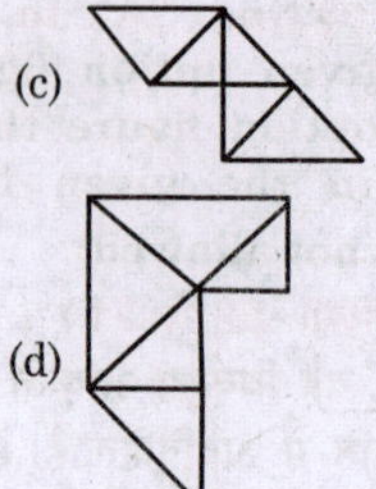

30.

(SSC GD, 12/01/2023, Shift-I)

(a) 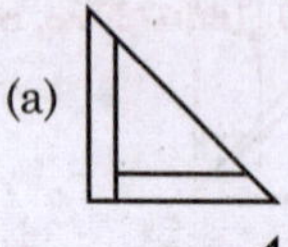

(b) 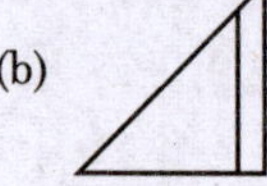

(c) 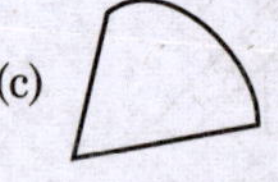

(d) 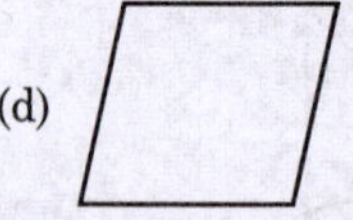

31.

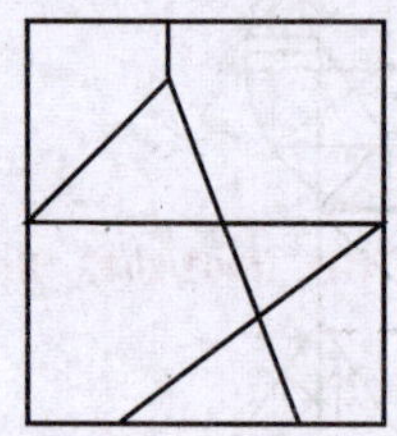

(SSC GD, 121012023, Shift-II)

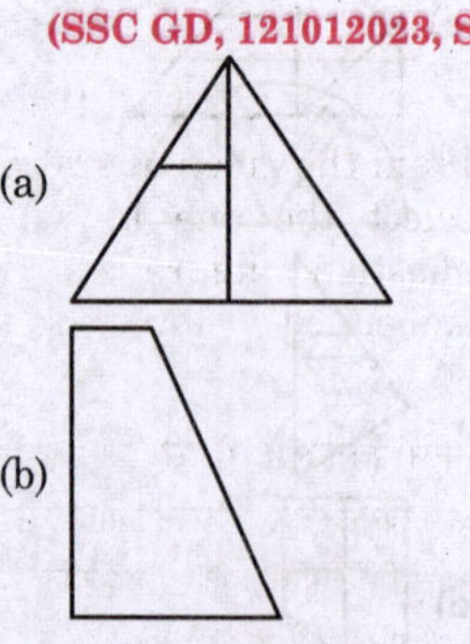

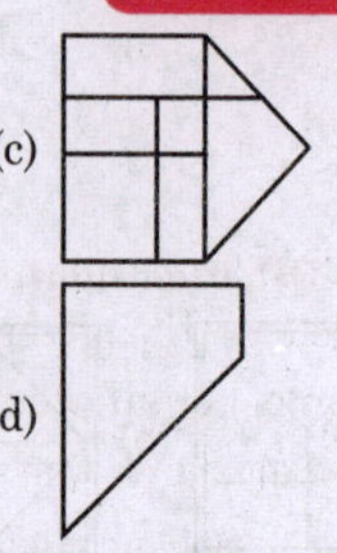

32. From the given answer figures, select the one in which the question figure is hidden/ embedded (Rotation is not allowed).

निम्न विकल्पों में से उस उत्तर आकृति का चयन करें जिसमें नीचे दी गई प्रश्न आकृति निहित है। (आकृति घुमाने की अनुमति नहीं है)

(SSC GD, 12/01/2023, Shift-III)

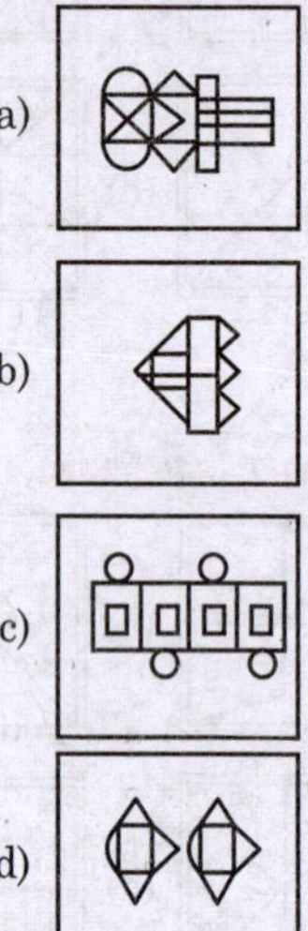

33. Select the option figure that is embedded in the given figure (Rotation is not allowed).

उस विकल्प का चयन कीजिए, जो दी गई आकृति में अंतर्निहित है। (घुमाने की अनुमति नहीं है)

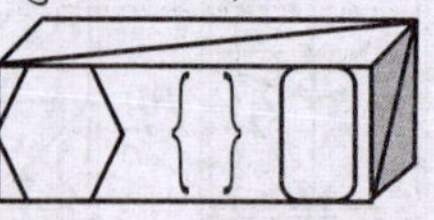

(SSC GD, 12/01/2023, Shift-IV)

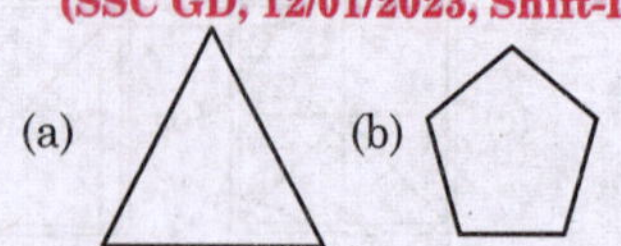

(c) 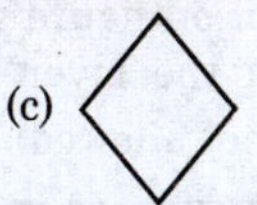 (d) 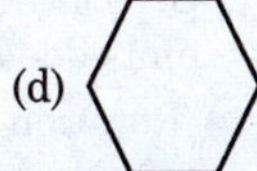

34. Select the option figure that is embedded in the given figure (Rotation is not allowed).

उस विकल्प आकृति का चयन करें जो दी गई आकृति में अंतर्निहित है। (घुमाने की अनुमति नहीं है)

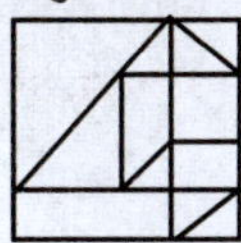

(SSC GD, 13/01/2023, Shift-I)

(a) (b) (c) (d)

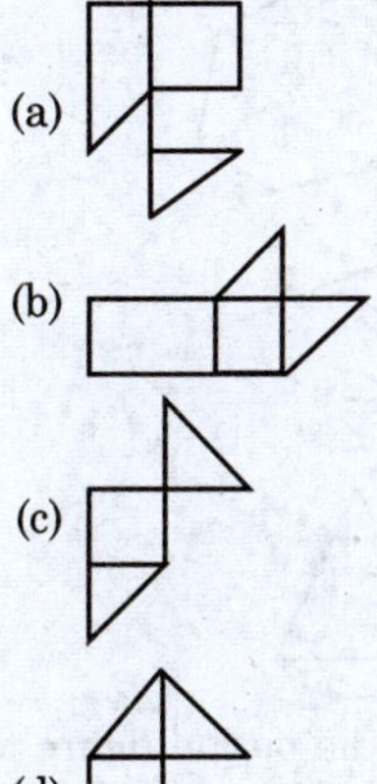

35. Select the option figure that is embedded in the given figure (Rotation is not allowed).

उस विकल्प आकृति का चयन करें जो दी गई आकृति में अंतर्निहित है। (घुमाने की अनुमति नहीं है)

(SSC GD, 13/01/2023, Shift-III)

(a) (b)

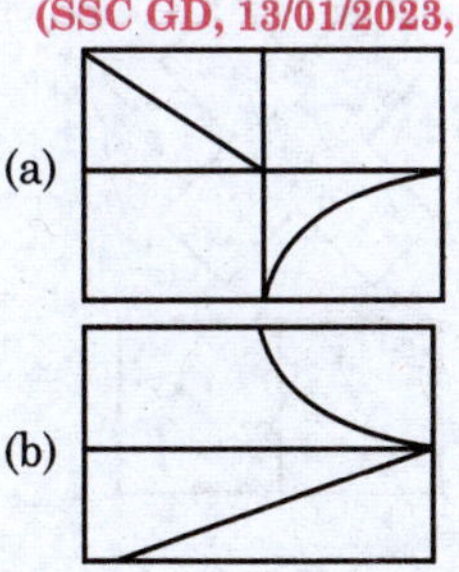

(c) (d)

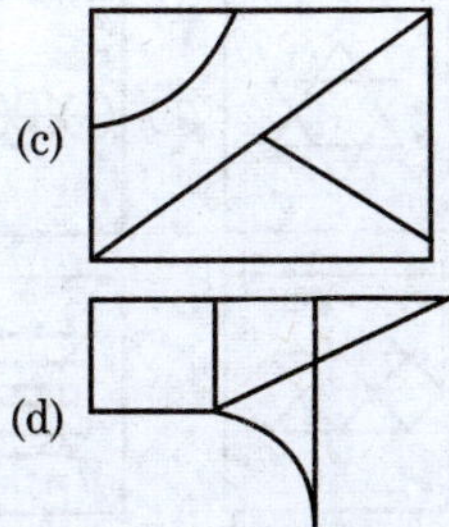

36. Select the option figure that is embedded in the given figure (Rotation is not allowed).

उस विकल्प आकृति का चयन करें जो दी गई आकृति में अंतर्निहित है। (घुमाने की अनुमति नहीं है)

(SSC GD, 13/01/2023, Shift-IV)

(a) (b) (c) (d)

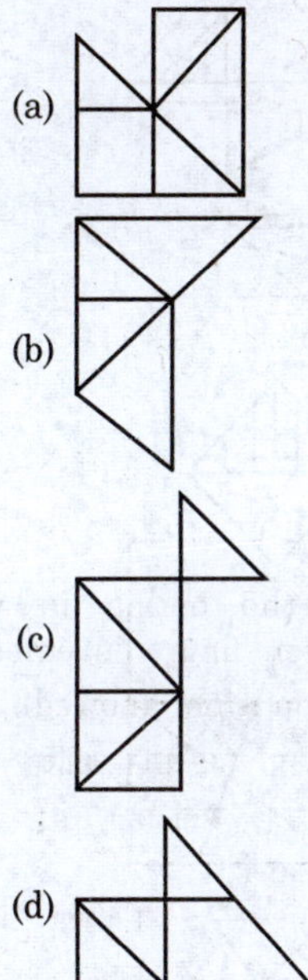

37. From the given answer figures, select the one in which the question figure is hidden/embedded (Rotation is not allowed).

निम्न विकल्पों में से उस उत्तर आकृति का चयन करें जिसमें नीचे दी गई प्रश्न आकृति निहित है। (आकृति घुमाने की अनुमति नहीं है)

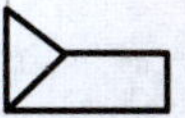

(SSC GD, 16/01/2023, Shift-I)

(a) 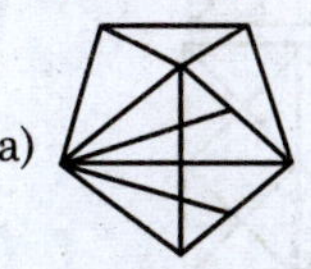

(b) 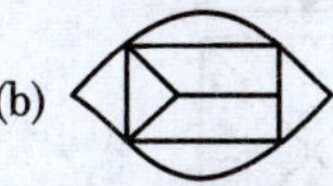

(c) 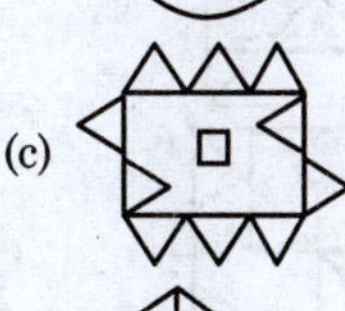

(d) 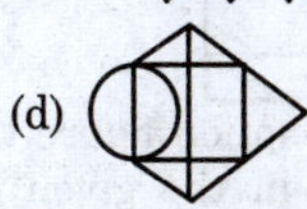

38. From the given answer figures, select the one in which the question figure is hidden/embedded (Rotation is not allowed).

निम्न विकल्पों में से उस उत्तर आकृति का चयन करें जिसमें नीचे दी गई प्रश्न आकृति निहित है। (आकृति घुमाने की अनुमति नहीं है)

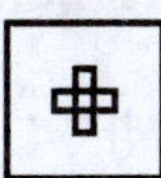

(SSC GD, 16/01/2023, Shift-IV)

(a) (b) (c) (d)

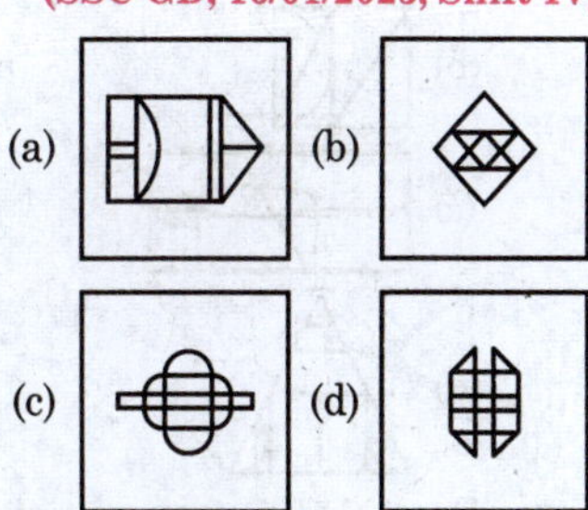

39. Select the option in which the given figure is embedded (Rotation is not allowed).

उस विकल्प का चयन कीजिए, जिसमें प्रस्तुत चित्र अंतर्निहित है। (घुमाना अनुमन्य नहीं है)

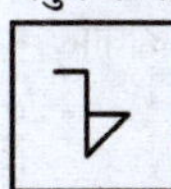

(SSC GD, 17/01/2023, Shift-I)

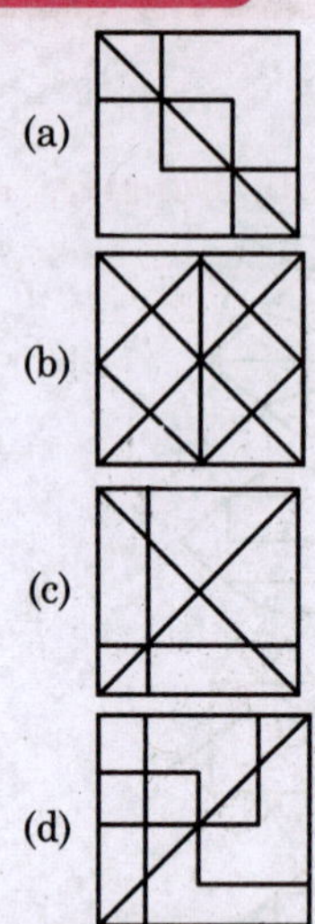

40. Select the option figure that is embedded in the given figure (Rotation is not allowed).

उस विकल्प आकृति का चयन कीजिए, जो प्रस्तुत आकृति में अंतर्निहित है। (घुमाना अनुमन्य नहीं है)

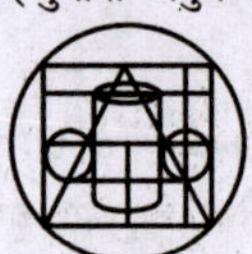

(SSC GD, 17/01/2023, Shift-III)

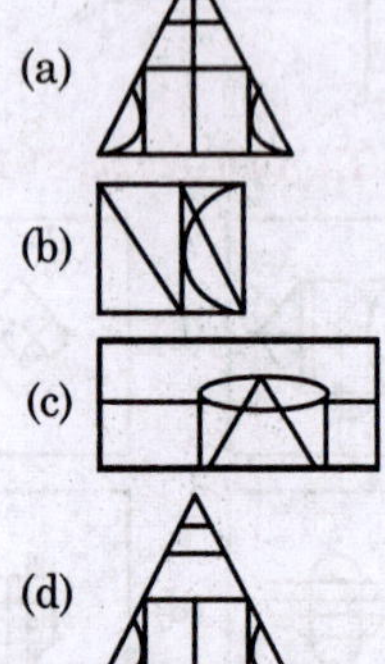

41. From the given answer figures, select the one in which the question figure is hidden/ embedded (Rotation is not allowed).

निम्न विकल्पों में से उस उत्तर आकृति का चयन करें जिसमें नीचे दी गई प्रश्न आकृति निहित है। (आकृति घुमाने की अनुमति नहीं है)

(SSC GD, 17/01/2023, Shift-IV)

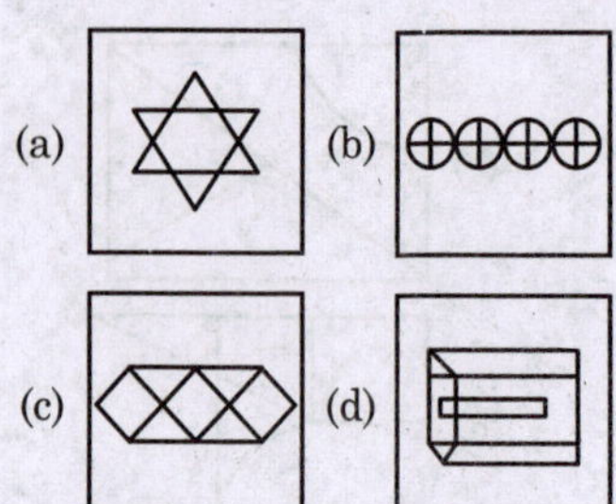

42. Select the option figure that is embedded in the given figure (Rotation is not allowed).

वह विकल्प चित्र चुनिए, जो प्रस्तुत चित्र में अंतर्निहित है। (घुमाना अनुमन्य नहीं है)

(SSC GD, 17/01/2023, Shift-II)

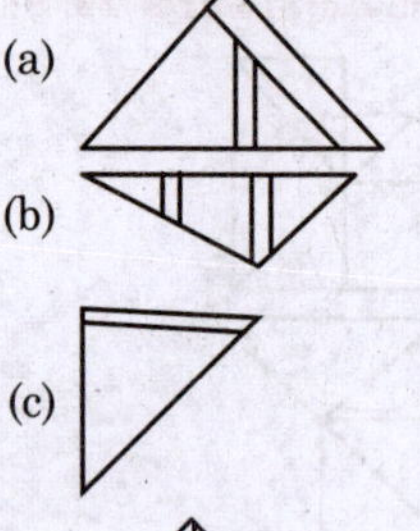

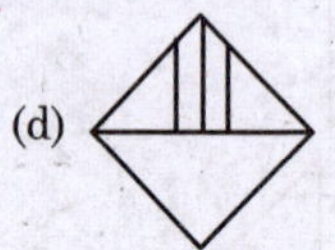

43. Select the option in which the given figure is embedded (Rotation is not allowed).

उस विकल्प का चयन कीजिए, जिसमें प्रस्तुत चित्र अंतर्निहित है। (घुमाना अनुमन्य नहीं है)

(SSC GD, 23/01/2023, Shift-III)

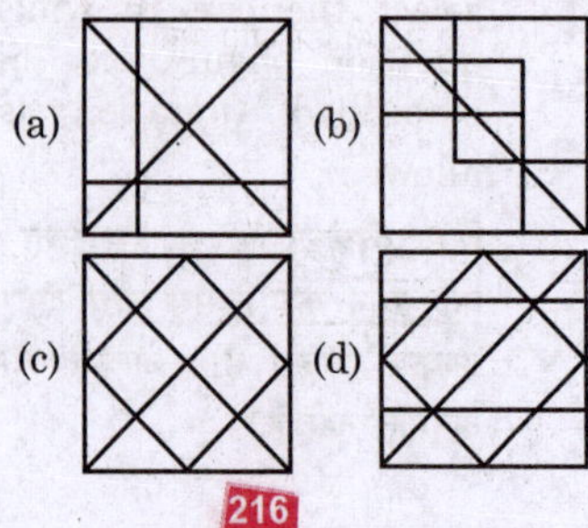

44. Select the option figure that is embedded in the given figure (Rotation is not allowed).

वह विकल्प चित्र चुनिए, जो प्रस्तुत चित्र में अंतर्निहित है। (घुमाना अनुमन्य नहीं है)

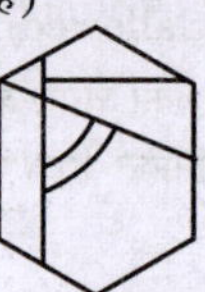

(SSC GD, 23/01/2023, Shift-IV)

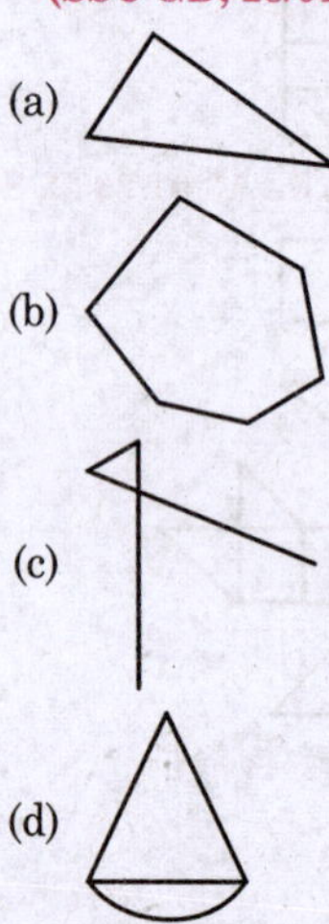

45. Select the option figure that is embedded in the given figure (Rotation is not allowed).

उस विकल्प का चयन कीजिए, जो दी गई आकृति में अंतर्निहित है। (घुमाने की अनुमति नहीं है)

(SSC GD, 24/01/2023, Shift-I)

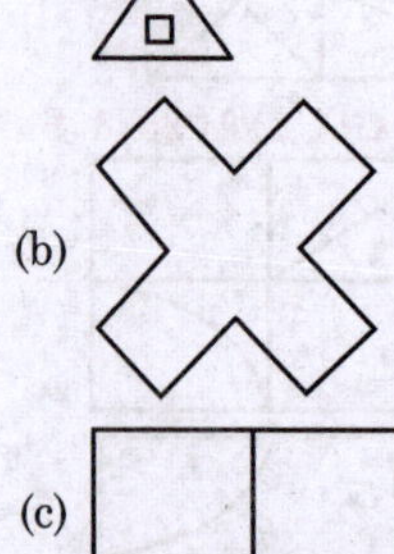

(d) 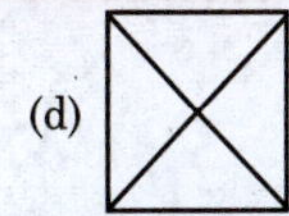

46. Select the option figure which contains the given figure (X) as its part. (Rotation is not allowed).

उस विकल्प आकृति का चयन कीजिए जिसमें दी गई आकृति (X) उसके भाग के रूप में निहित है। (आकृति को घुमाने की अनुमति नहीं है)

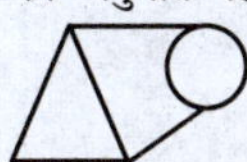

(SSC GD, 24/01/2023, Shift-II)

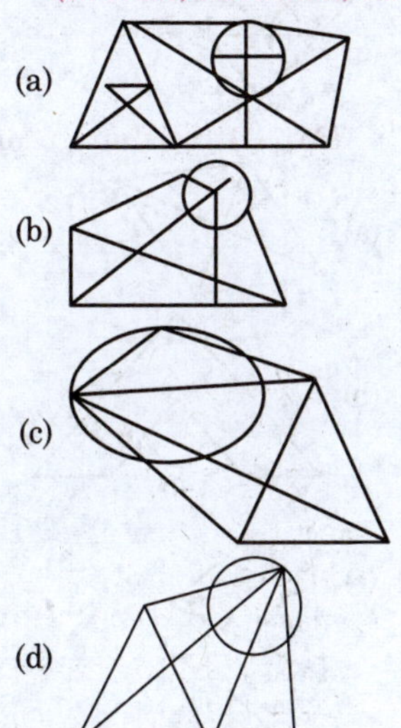

47. Select the option figure that is embedded in the given figure (Rotation is not allowed).

वह विकल्प चित्र चुनिए, जो प्रस्तुत चित्र में अंतर्निहित है। (घुमाना अनुमन्य नहीं है)

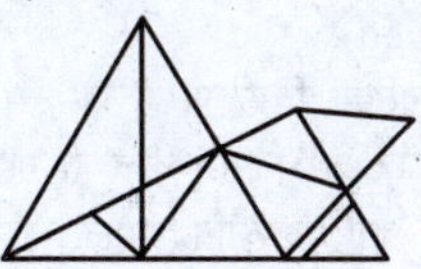

(SSC GD, 24/01/2023, Shift-III)

(a) 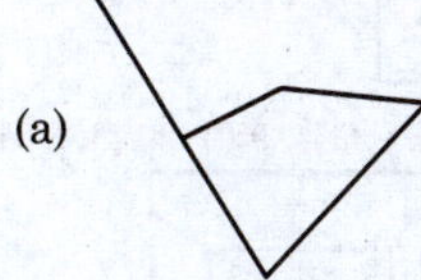

(b) 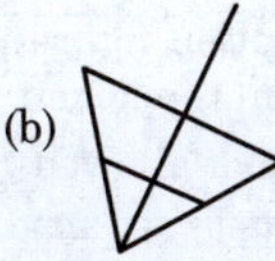

(c) 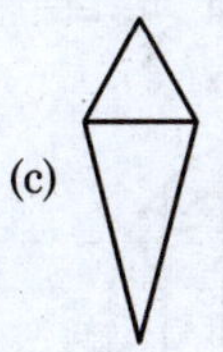

(d) 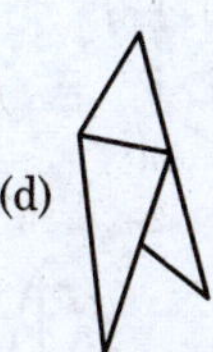

48. Select the option figure that is embedded in the given figure (Rotation is not allowed).

वह विकल्प चित्र चुनिए, जो प्रस्तुत चित्र में अंतर्निहित है। (घुमाना अनुमन्य नहीं है)

(SSC GD, 24/01/2023, Shift-IV)

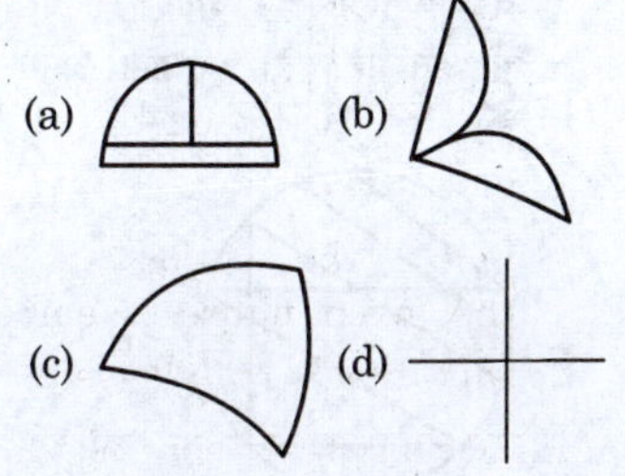

49. Select the option figure that is embedded in the given figure (Rotation is not allowed).

उस विकल्प आकृति का चयन करें जो दी गई आकृति में निहित है। (आकृति को घुमाने की अनुमति नहीं है)

(SSC GD, 25/01/2023, Shift-I)

(a) 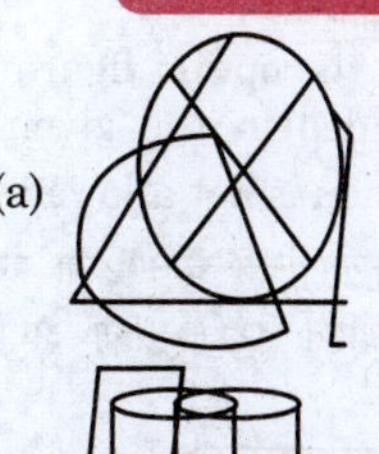

(b) 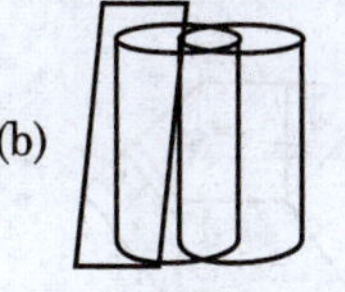

(c) 

(d) 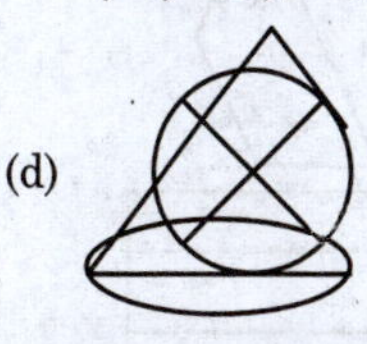

50. Select the option figure that is embedded in the given figure (Rotation is not allowed).

उस विकल्प आकृति का चयन करें जो दी गई आकृति में अंतर्निहित है। (घुमाने की अनुमति नहीं है)

(SSC GD, 25/01/2023, Shift-I)

(a) 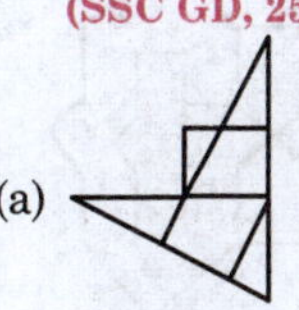

(b) 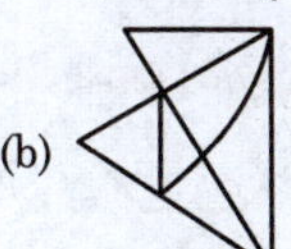

(c) 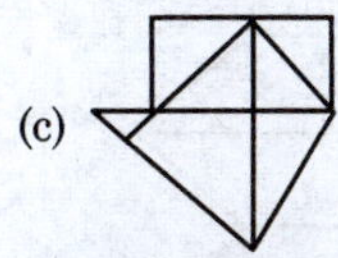

(d) 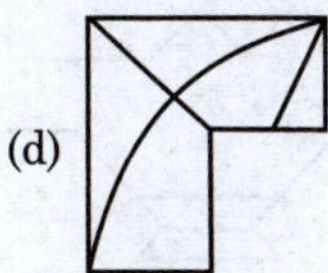

51. Select the option figure that is embedded in the given figure (Rotation is not allowed).

वह विकल्प चित्र चुनिए, जो प्रस्तुत चित्र में अंतर्निहित है। (घुमाना अनुमन्य नहीं है)

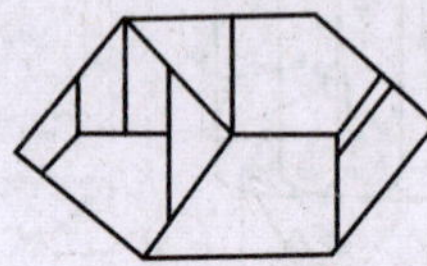

(SSC GD, 25/01/2023, Shift-IV)

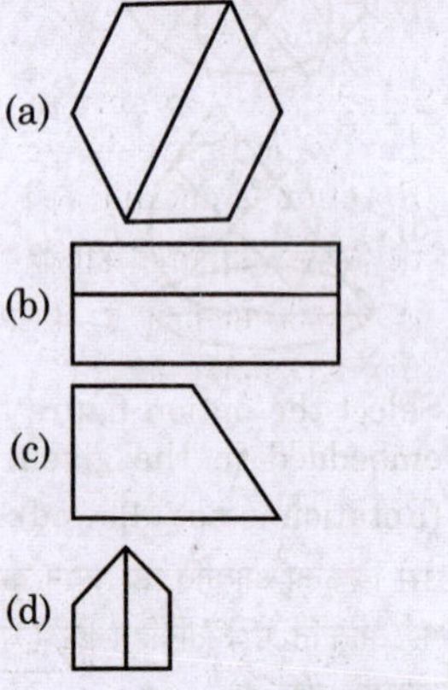

52. Select the option figure that is embedded in the given figure (Rotation is not allowed).

वह विकल्प चित्र चुनिए, जो प्रस्तुत चित्र में अंतर्निहित है। (घुमाना अनुमन्य नहीं है)

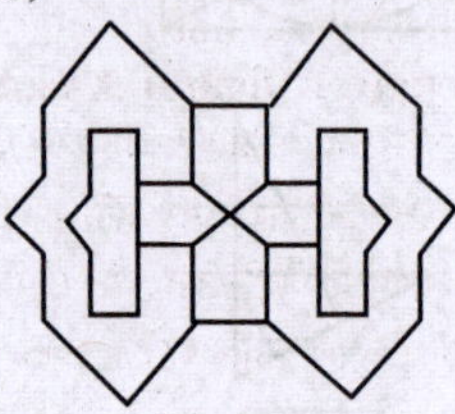

(SSC GD, 27/01/2023, Shift-IV)

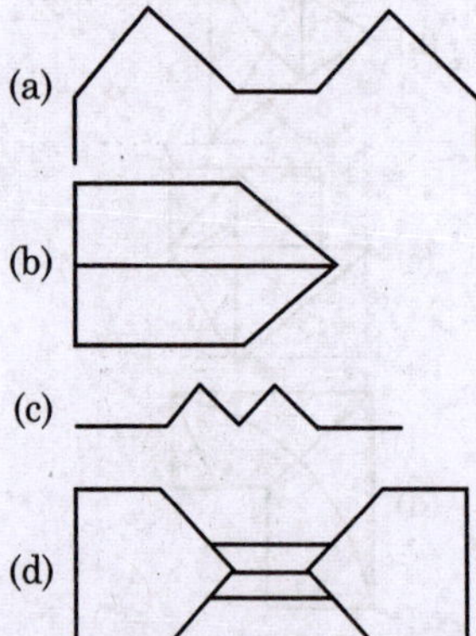

53. Select the option figure that is embedded in the given figure (Rotation is not allowed).

उस विकल्प आकृति का चयन कीजिए, जो प्रस्तुत आकृति में अंतर्निहित है। (घुमाना अनुमन्य नहीं है)

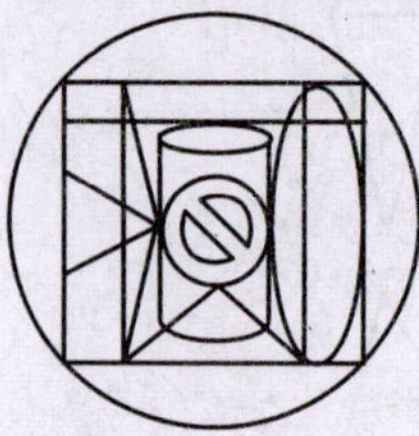

(SSC GD, 30/01/2023, Shift-III)

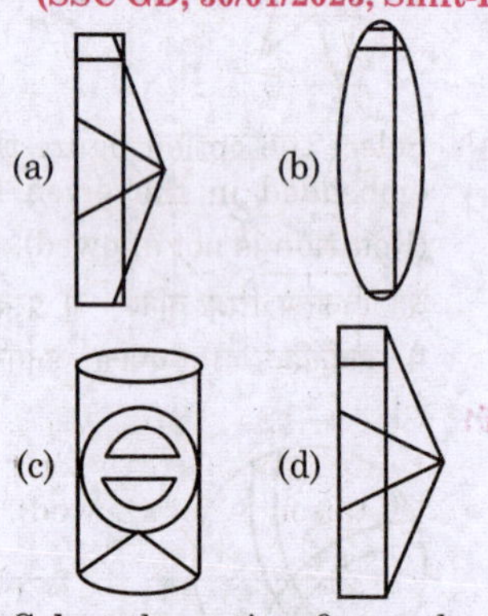

54. Select the option figure that is embedded in the given figure (Rotation is not allowed).

वह विकल्प चित्र चुनिए, जो प्रस्तुत चित्र में अंतर्निहित है। (घुमाना अनुमन्य नहीं है)

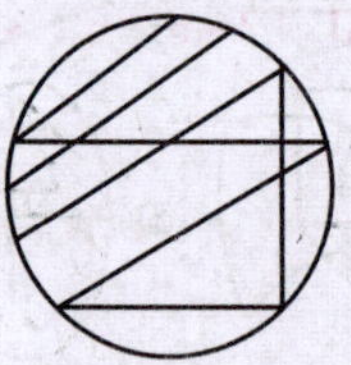

(SSC GD, 1/02/2023, Shift-II)

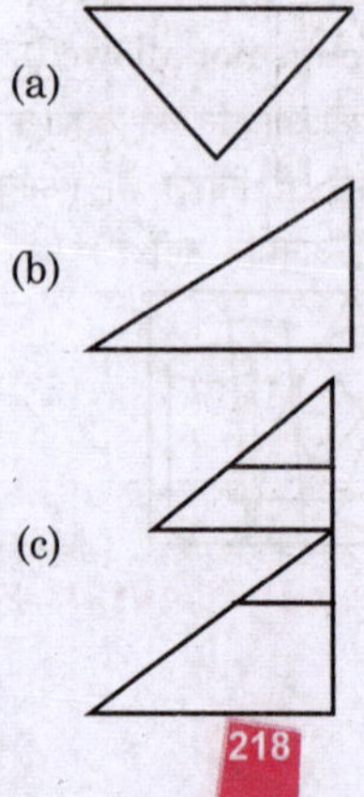

(d) 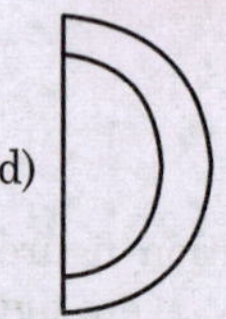

55. Select the option figure that is embedded in the given figure (Rotation is not allowed).

वह विकल्प चित्र चुनिए, जो प्रस्तुत चित्र में अंतर्निहित है। (घुमाना अनुमन्य नहीं है)

(SSC GD, 9/02/2023, Shift-III)

(a) 

(b) 

(c) 

(d) 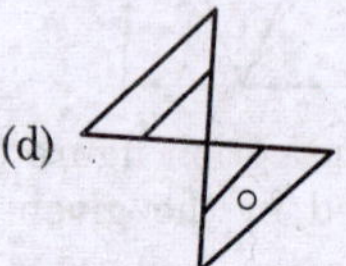

56. From the given answer figures, select the one in which the figure given below is hidden/embedded (Rotation is not allowed).

निम्नलिखित विकल्पों में से उस आकृति का चयन करें जिसमें नीचे दी गई आकृति निहित है। (आकृति घुमाने की अनुमति नहीं है)

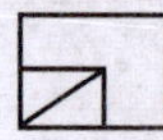

(SSC GD, 9/02/2023, Shift-IV)

(a) 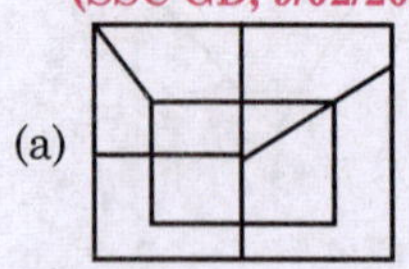

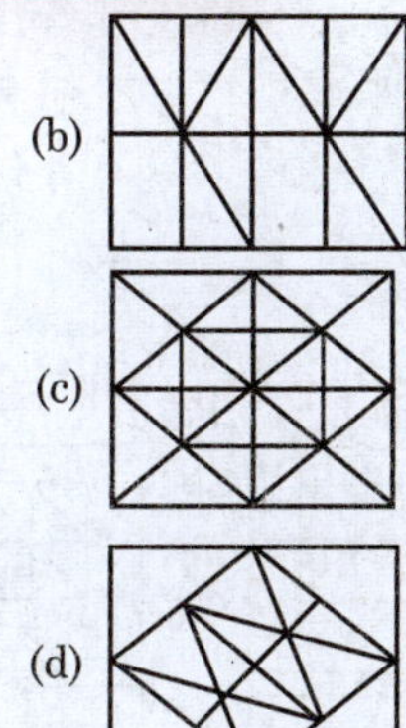

57. From the following option figures, Select the figure in which figure 'X' is hidden/ embedded.

निम्नलिखित विकल्पों में से उस आकृति का चयन करें जिसमें नीचे दी गई आकृति (X) निहित है। (आकृति को घुमाने की अनुमति नहीं है)

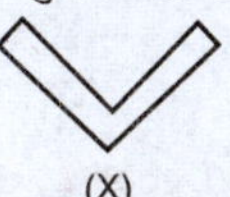

(SSC GD, 13/02/2023, Shift-IV)

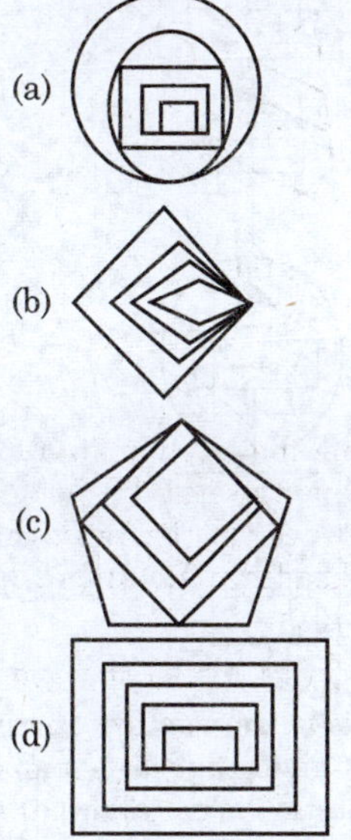

58. Select the option in which the given figure is embedded (Rotation is not allowed).

उस विकल्प का चयन कीजिए जिसमें दी गई आकृति सन्निहित है। (आकृति को घुमाने की अनुमति नहीं है)

(SSC GD 1 Dec 2021 Shift- lll)

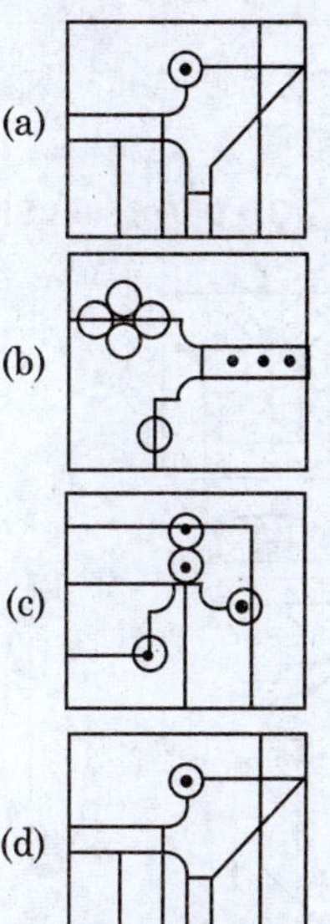

59. Select the option in which the given figure is embedded (Rotation is not allowed).

उस विकल्प का चयन करें जिसमें दी गई आकृति सन्निहित है। (आकृति को घुमाने की अनुमति नहीं है)

(SSC GD 1 Dec 2021 Shift- l)

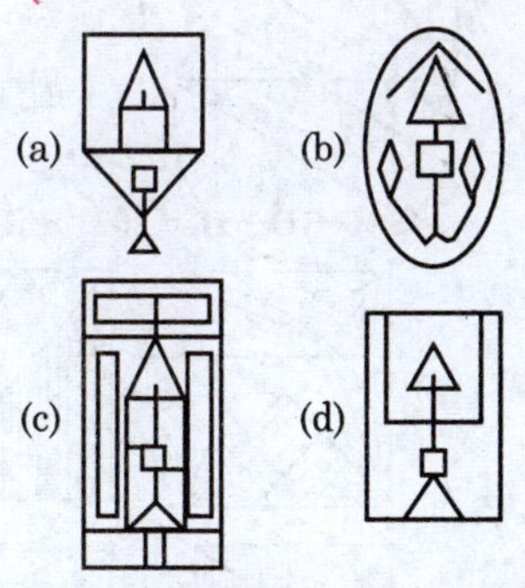

60. Select the option in which the given figure is embedded (Rotation is allowed).

उस विकल्प का चयन करें जिसमें दी गई आकृति अंतर्निहित है। (चित्र को घुमाने की अनुमति है)

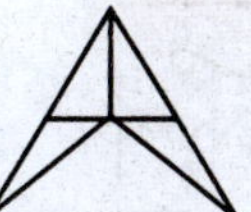

(SSC GD 2 Dec 2021 Shift- lll)

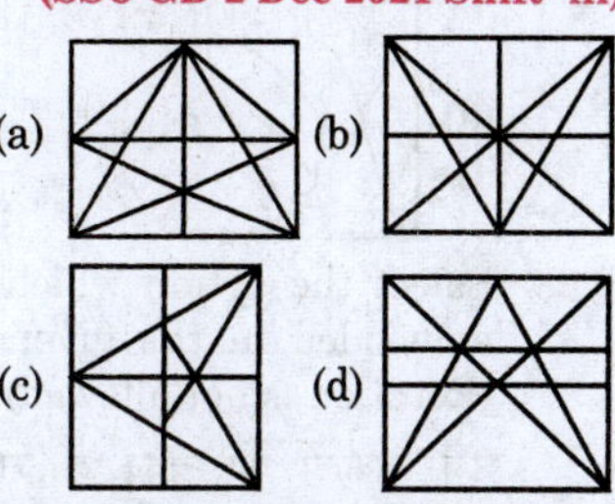

61. Select the option in which the given figure is embedded (Rotation is not allowed).

उस विकल्प का चयन कीजिए जिसमें दी गई आकृति सन्निहित है। (आकृति को घुमाने की अनुमति नहीं है)

(SSC GD 2 Dec 2021 Shift- l)

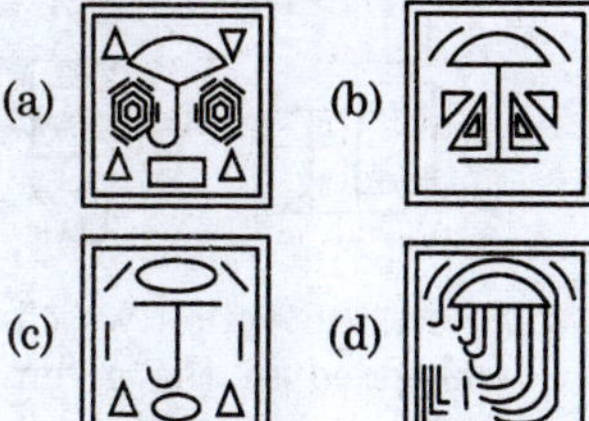

62. Select the option in which the given figure is embedded (Rotation is not allowed).

उस विकल्प का चयन कीजिए जिसमें दी गई आकृति सन्निहित है। (आकृति को घुमाने की अनुमति नहीं है)

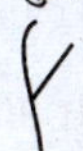

(SSC GD 2 Dec 2021 Shift- ll)

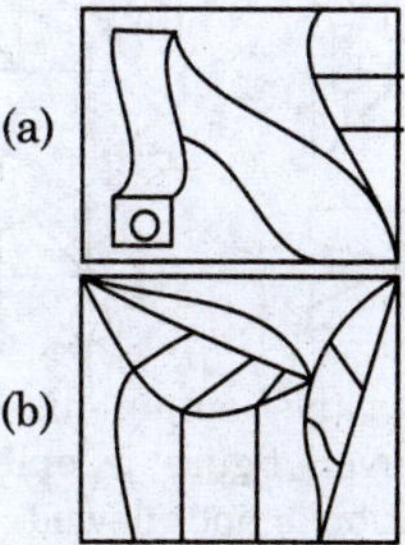

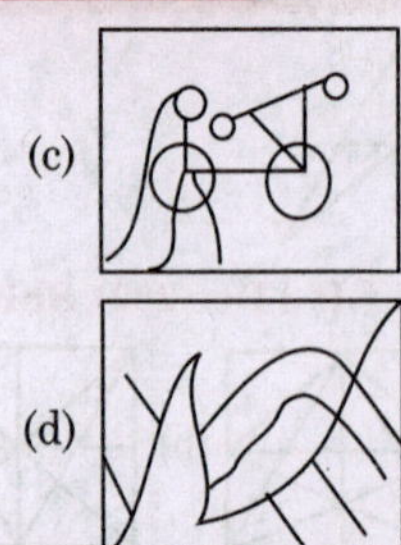

63. Select the option which is not embedded in the given figure (Rotation is not allowed).

उस विकल्प का चयन कीजिए जिसमें दी गई आकृति में अंतर्निहित नहीं है। (आकृति को घुमाने की अनुमति नहीं है)

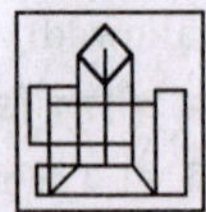

(SSC GD 3 Dec 2021 Shift- lll)

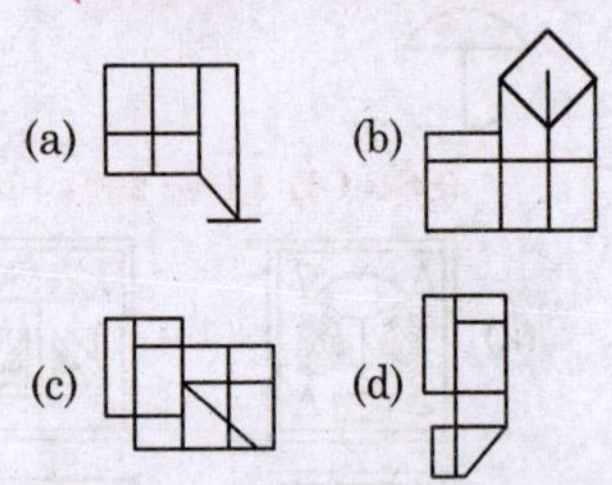

64. Select the option which is not embedded in the given figure (Rotation is not allowed).

उस विकल्प का चयन करें, जो दिए गए चित्र में अंतर्निहित नहीं है (आकृति को घुमाने की अनुमति नहीं है)

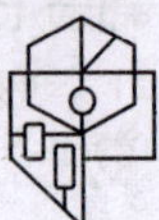

(SSC GD 3 Dec 2021 Shift- l)

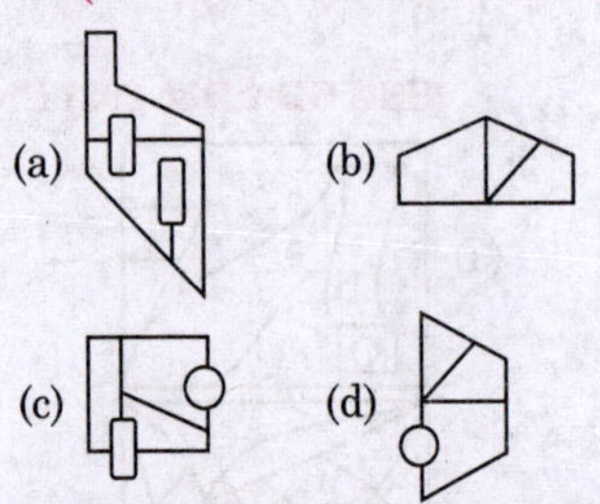

65. Select the option in which the given figure is embedded (Rotation is not allowed).

उस विकल्प का चयन करें, जिसमें दी गई आकृति अंतर्निहित है (आकृति को घुमाने की अनुमति नहीं है)

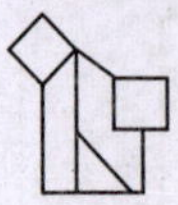

(SSC GD 6 Dec 2021 Shift- ll)

(a) 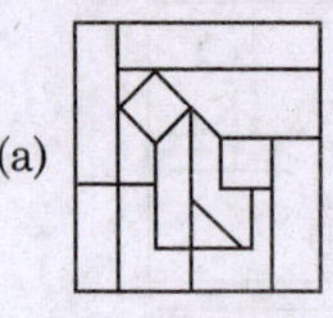

(b) 

(c) 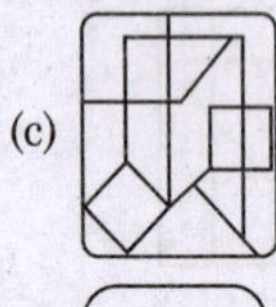

(d) 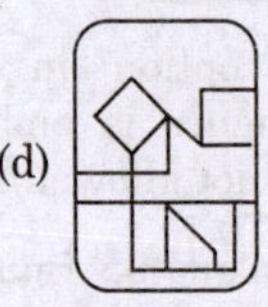

66. Select the option in which the given figure is embedded.

उस विकल्प का चयन करें जिसमें दी गई आकृति अंतर्निहित है।

(SSC GD 7 Dec 2021 Shift- lll)

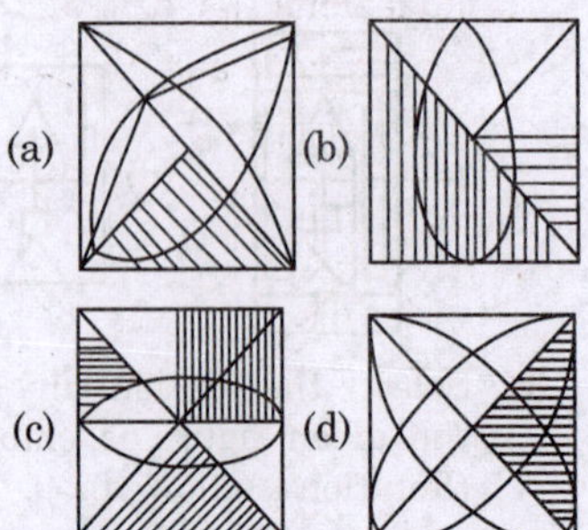

67. Select the option in which the given figure is embedded (Rotation is not allowed).

उस विकल्प का चयन करें जिसमें दी गई आकृति सन्निहित है (घुमाने की अनुमति नहीं है)।

(SSC GD 7 Dec 2021 Shift-l)

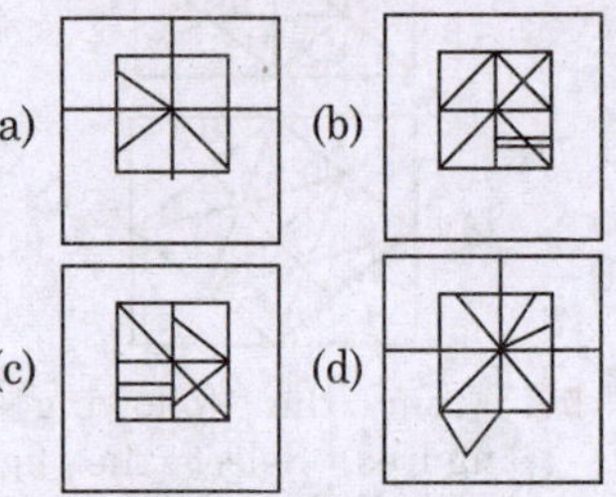

68. Select the option in which the given figure is embedded.

उस विकल्प का चयन करें, जिसमें दी गई आकृति अंतर्निहित है।

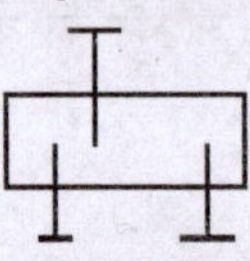

(SSC GD 7 Dec 2021 Shift-ll)

(a) 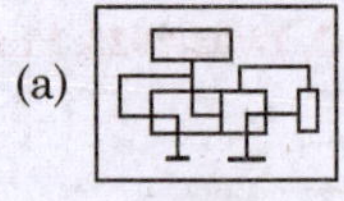

(b) 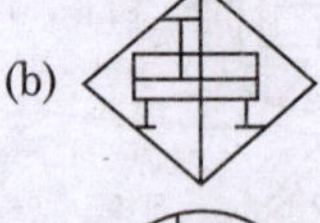

(c) 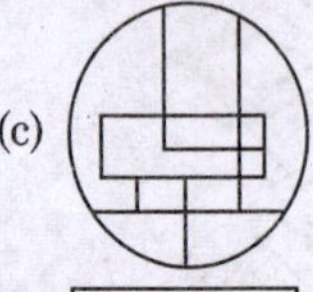

(d) 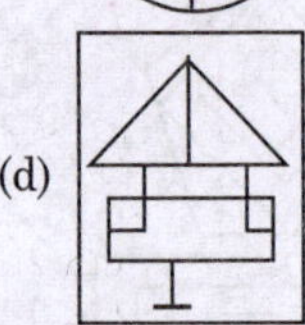

69. Select the option in which the given figure is embedded (Rotation is not allowed).

उस विकल्प का चयन करें जिसमें दी गई आकृति अंतर्निहित है (आकृति को घुमाने की अनुमति नहीं है)।

(SSC GD 8 Dec 2021 Shift-lll)

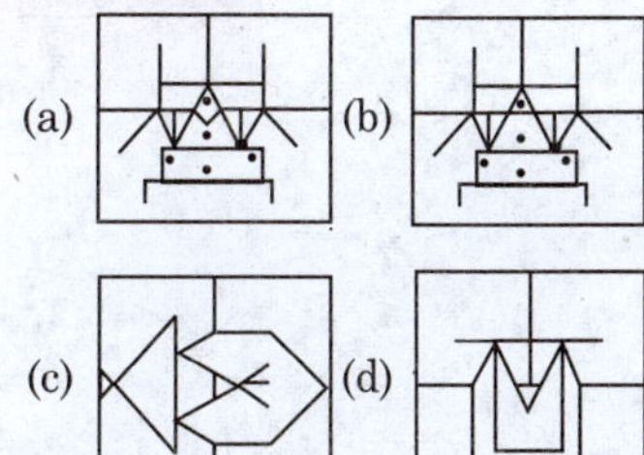

70. Select the option which is embedded in the given figure (Rotation is not allowed).

उस विकल्प का चयन करें जो दी गई आकृति में अंतर्निहित है (आकृति को घुमाने की अनुमति नहीं है)।

(SSC GD 9 Dec 2021 Shift-III)

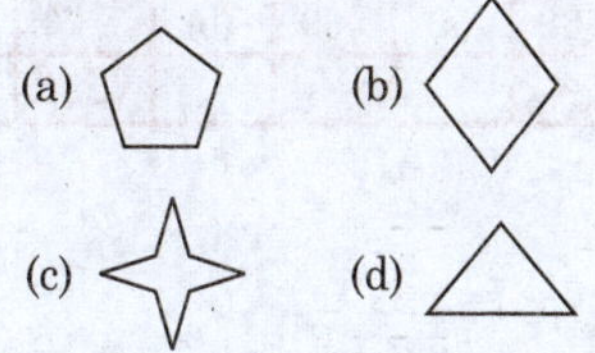

71. Select the option in which the given figure is embedded (Rotation is not allowed).

उस विकल्प का चयन करें जिसमें दी गई आकृति अंतर्निहित है (घुमाने की अनुमति नहीं है)।

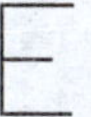

(SSC GD 9 Dec 2021 Shift-I)

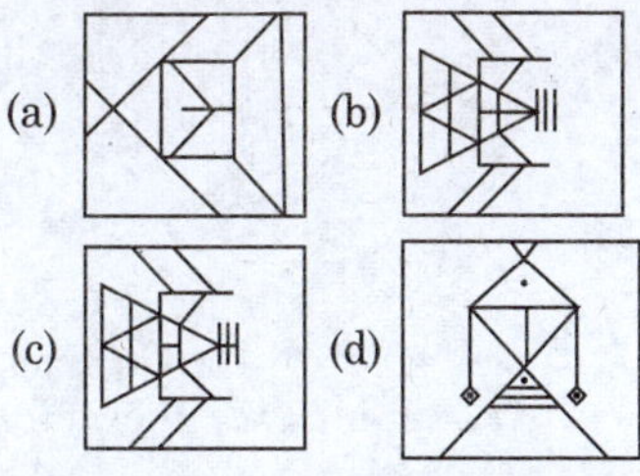

72. Select the option in which the given figure is embedded (Rotation is not allowed).

उस विकल्प का चयन करें जिसमें दी गई आकृति अंतर्निहित है (घुमाने की अनुमति नहीं है)।

(SSC GD 9 Dec 2021 Shift-II)

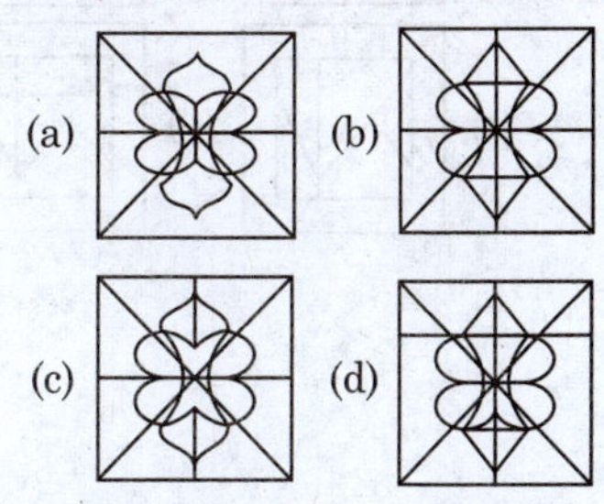

73. Select the option figure in which the question figure is hidden/embedded. (Rotation is not allowed).

उस विकल्प चित्र का चयन करें जिसमें प्रश्न चित्र छिपा/सन्निहित है (घूर्णन की अनुमति नहीं है)।

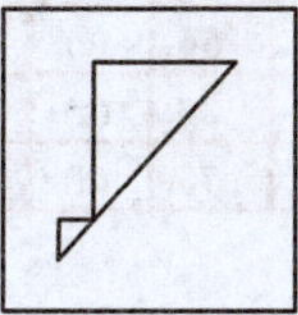

(SSC GD 11 Feb 2019 Shift-I)

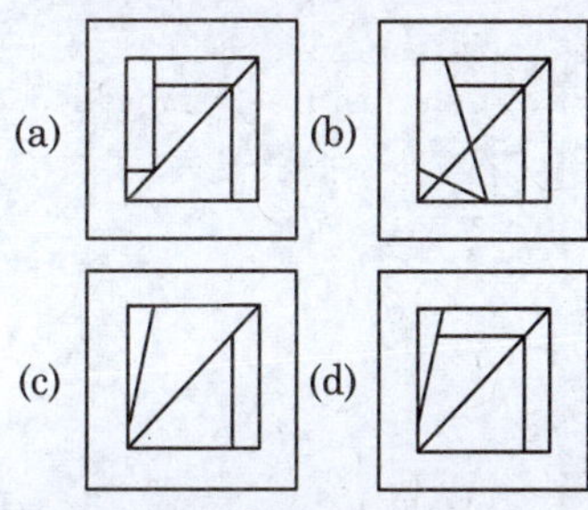

74. Select the option figure in which the question figure is hidden/embedded.

उस विकल्प का चयन करें जिसमें दी हुई आकृति अंतर्निहित है।

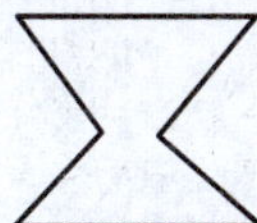

(SSC GD 11 Feb 2019 Shift-II)

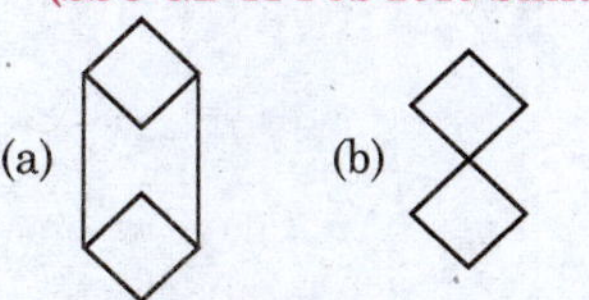

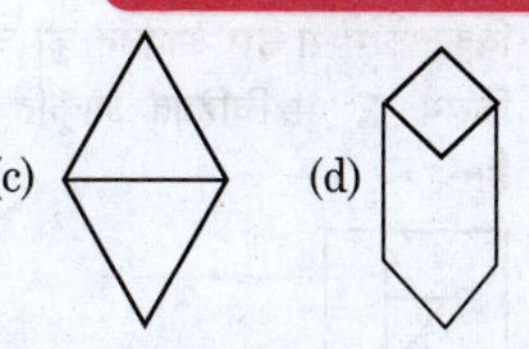

75. Select the option figure in which the question figure is hidden/embedded.

विकल्पों में से उस आकृति की पहचान करें, जिसमें दी गई आकृति अंतर्निहित है।

(SSC GD 11 Feb 2019 Shift-III)

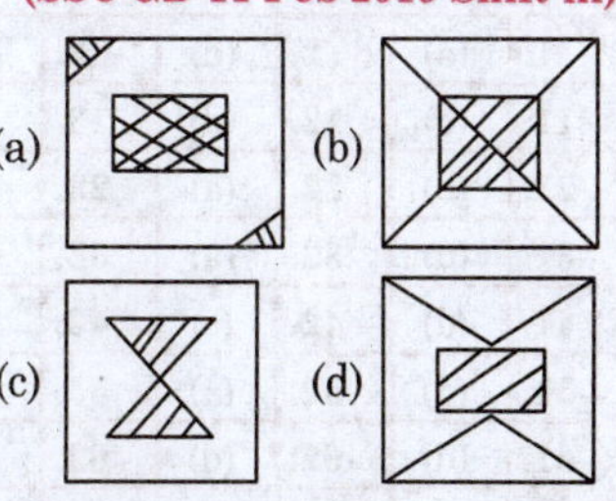

76. Out of the option figures, Select the figure in which figure 'X' is hidden/embedded.

विकल्पों में से उस आकृति का चयन करें जिसमें 'X' से चिह्नित आकृति समाहित है।

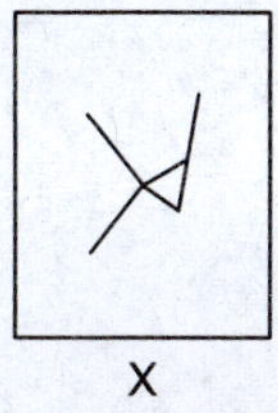

(SSC GD 12 Feb 2019 Shift-I)

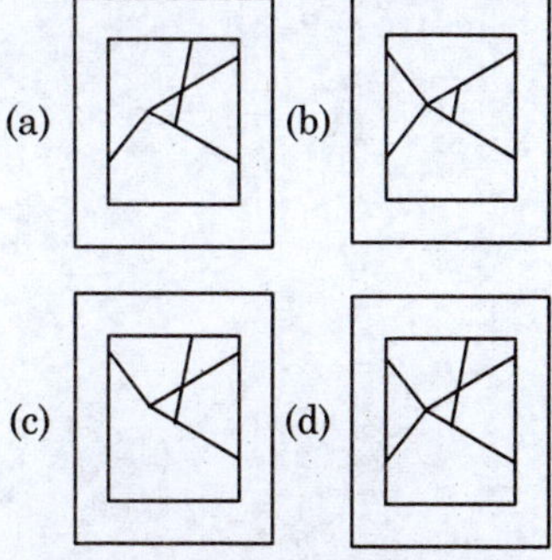

77. Out of the option figures, Select the figure in which figure 'X' is hidden/embedded.

विकल्पों में से उस आकृति का चयन करें जिसमें 'X' से चिह्नित आकृति समाहित है।

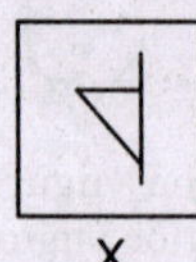

X

(SSC GD 12 Feb 2019 Shift-II)

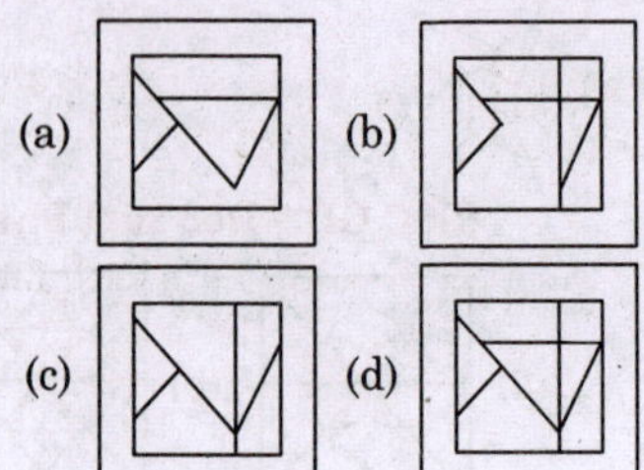

उत्तरमाला

1.	(a)	**2.**	(d)	**3.**	(d)	**4.**	(c)	**5.**	(a)	**6.**	(a)	**7.**	(a)	**8.**	(d)	**9.**	(b)	**10.**	(a)
11.	(b)	**12.**	(d)	**13.**	(a)	**14.**	(d)	**15.**	(a)	**16.**	(b)	**17.**	(b)	**18.**	(d)	**19.**	(d)	**20.**	(d)
21.	(b)	**22.**	(a)	**23.**	(b)	**24.**	(c)	**25.**	(b)	**26.**	(c)	**27.**	(d)	**28.**	(c)	**29.**	(d)	**30.**	(c)
31.	(d)	**32.**	(a)	**33.**	(d)	**34.**	(a)	**35.**	(d)	**36.**	(b)	**37.**	(b)	**38.**	(d)	**39.**	(d)	**40.**	(d)
41.	(d)	**42.**	(c)	**43.**	(c)	**44.**	(c)	**45.**	(b)	**46.**	(a)	**47.**	(a)	**48.**	(c)	**49.**	(a)	**50.**	(d)
51.	(d)	**52.**	(a)	**53.**	(d)	**54.**	(b)	**55.**	(b)	**56.**	(c)	**57.**	(c)	**58.**	(d)	**59.**	(c)	**60.**	(b)
61.	(d)	**62.**	(d)	**63.**	(c)	**64.**	(c)	**65.**	(a)	**66.**	(a)	**67.**	(d)	**68.**	(a)	**69.**	(b)	**70.**	(a)
71.	(b)	**72.**	(a)	**73.**	(a)	**74.**	(a)	**75.**	(b)	**76.**	(d)	**77.**	(d)						

22 ज्यामितीय आकृतियों की गिनती (Counting Geometrical Figures)

Type 1

1. Find the number of triangles in each of the following figure?
दी गई प्रत्येक आकृति में त्रिभुजों की संख्या बताइए।

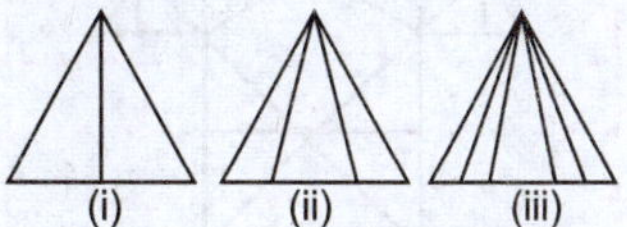

(a) 3, 5, 12 (b) 3, 6, 15
(c) 3, 5, 18 (d) 3, 6, 12

2. Find the number of triangles in each of the following figure?
दी गई प्रत्येक आकृति में त्रिभुजों की संख्या बताइए।

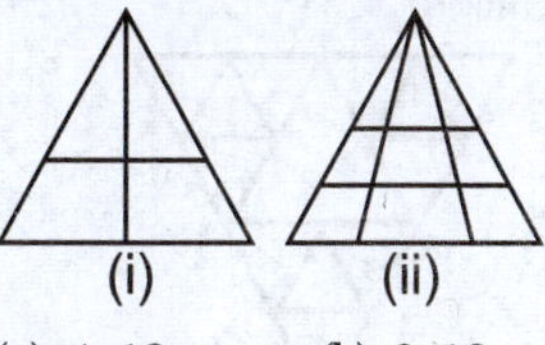

(a) 4, 12 (b) 6, 18
(c) 6, 15 (d) 5, 12

3. How many triangles are there in the given figure?
दिये गये चित्र में कितने त्रिभुज है?

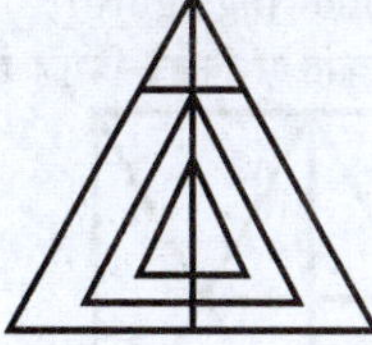

(a) 11 (b) 12
(c) 9 (d) 10

4. How many triangles are there in the following square?
दिये गये वर्ग में कितने त्रिभुज है?

(a) 11 (b) 7
(c) 8 (d) 6

5. How many triangles are there in the given figure?
दी गई आकृति में कितने त्रिभुज हैं?

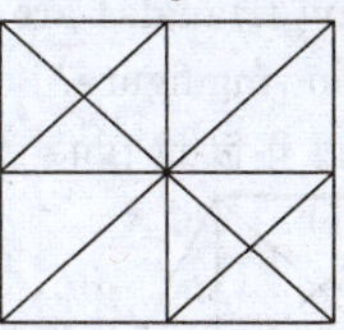

(a) 25 (b) 28
(c) 23 (d) 20

6. How many triangles are there in the given figure?
दी गई आकृति में कितने त्रिभुज हैं?

(a) 16 (b) 18
(c) 20 (d) 22

7. Find the number of triangles in the given figure.
दी गई आकृति में त्रिभुजों की संख्या ज्ञात करें।

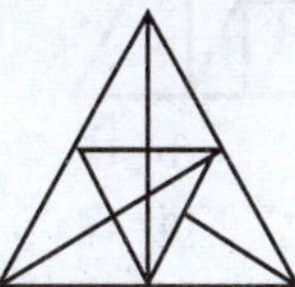

(a) 24 (b) 30
(c) 28 (d) 29

8. How many triangles are there in the given figure?
दी गई आकृति में कितने त्रिभुज हैं?

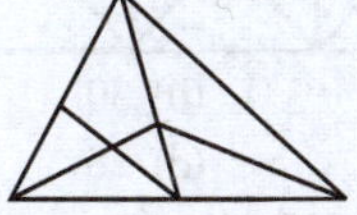

(a) 11 (b) 13
(c) 9 (d) 15

9. Find the number of triangles in the given figure?
दी गई आकृति में त्रिभुजों की संख्या ज्ञात करें।

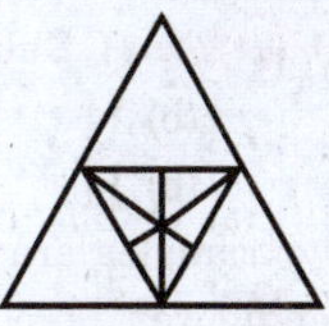

(a) 16 (b) 18
(c) 19 (d) 20

10. How many triangles are there in the given figure?
दी गई आकृति में कितने त्रिभुज हैं?

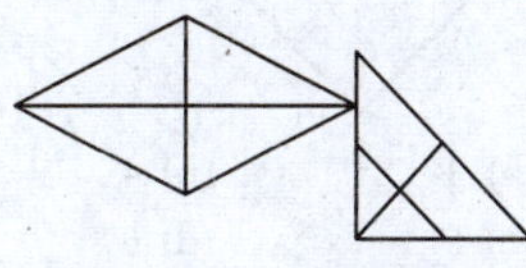

(a) 8 (b) 14
(c) 10 (d) 12

11. How many triangles are there in the following figure?
दी गई आकृति में कितने त्रिभुज है?

(a) 14 (b) 18
(c) 20 (d) 16

12. How many triangles are there in the following figure?
दिये गये चित्र में कितने त्रिभुज है?

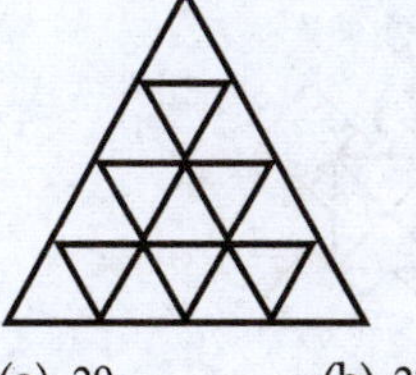

(a) 29 (b) 27

(c) 23 (d) 30

13. Find the number of triangles are embedded in the given figure?

दी गई आकृति में अंतर्निहित त्रिभुजों की संख्या ज्ञात कीजिए।

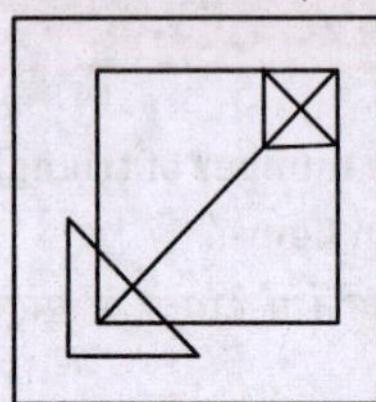

(SSC GD, 6/12//2021, Shift-III)

(a) 9 (b) 14
(c) 12 (d) 10

14. How many triangles are there in the given figure?

दी गई आकृति में कितने त्रिभुज है?

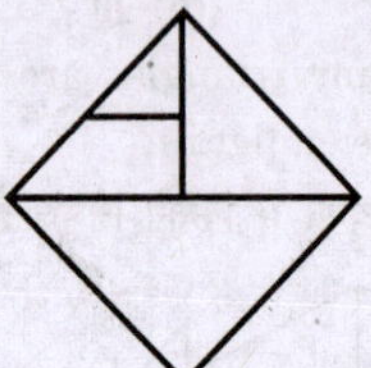

(a) 3 (b) 4
(c) 5 (d) 6

15. How many triangles are there in the figure given below?

नीचे दिये गये चित्र में कितने त्रिभुज है?

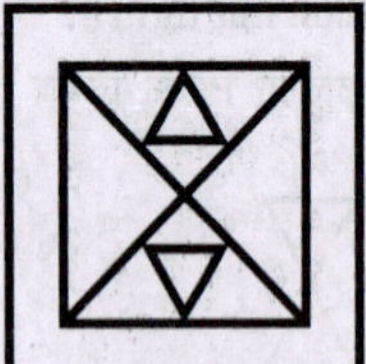

(a) 12 (b) 14
(c) 16 (d) 10

16. Find the number of triangles in the given figure.

दी गई आकृति में त्रिभुजों की संख्या ज्ञात करें।

(a) 15 (b) 14
(c) 12 (d) 16

17. Find the number of triangles in the given figure.

दी गई आकृति में त्रिभुजों की संख्या ज्ञात करें।

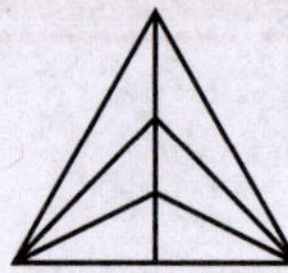

(a) 13 (b) 14
(c) 12 (d) 15

18. How many triangles are there in the following figure?

दिये गये चित्र में कितने त्रिभुज है?

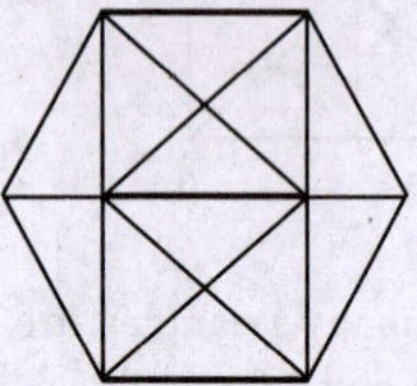

(a) 20 (b) 24
(c) 28 (d) 32

19. Find out the number of triangles in the given figure.

दिये गये चित्र में त्रिभुजों की संख्या बताइये।

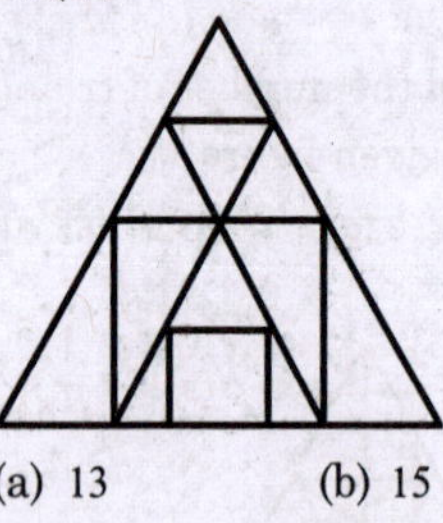

(a) 13 (b) 15
(c) 16 (d) 17

20. Find the number of triangles in the given figure.

दी गई आकृति में त्रिभुजों की संख्या ज्ञात कीजिए।

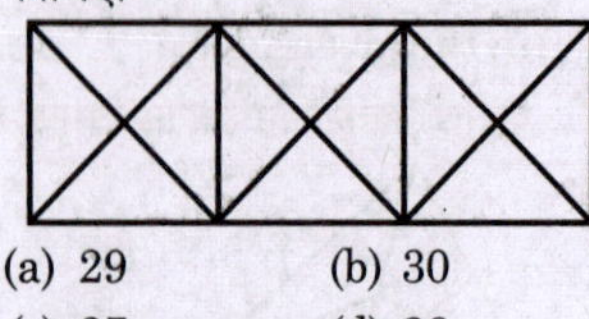

(a) 29 (b) 30
(c) 27 (d) 28

21. Find the number of triangles in the given figure?

दिये गये चित्र में त्रिभुजों की संख्या बताइये।

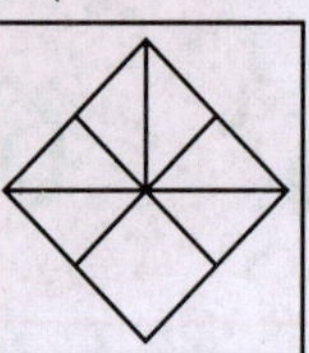

(a) 7 (b) 10
(c) 8 (d) 9

22. How many triangles are there in the given figure?

दिये गये चित्र में कितने त्रिभुज है?

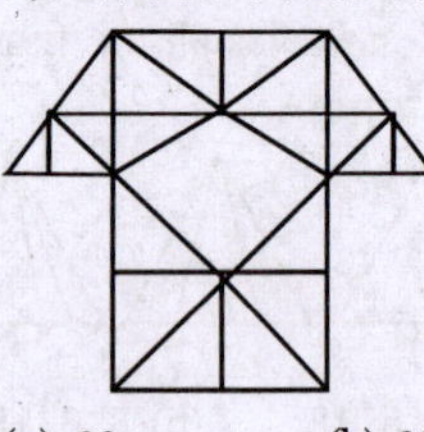

(a) 29 (b) 38
(c) 35 (d) 42

23. Find out the number of triangles in the following diagram is:

दिये गये चित्र में त्रिभुजों की संख्या बताइये।

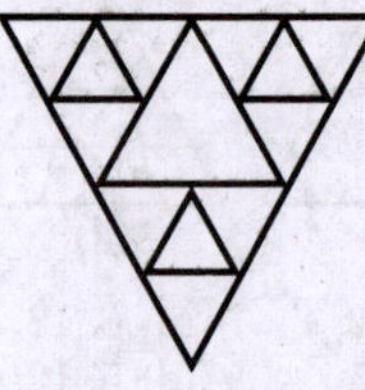

(a) 13 (b) 14
(c) 18 (d) 17

24. How many triangles are there in the following figure?

दी गई आकृति में कितने त्रिभुज है?

(a) 26 (b) 24
(c) 18 (d) 20

25. Find the number of triangles in the given figure.

दी गई आकृति में त्रिभुजों की संख्या ज्ञात कीजिए।

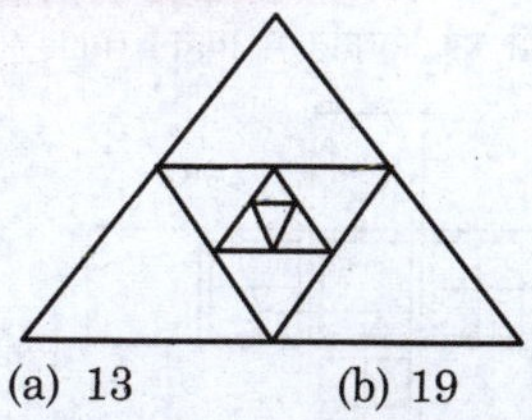

(a) 13 (b) 19
(c) 17 (d) 23

26. Find the number of triangles are there in the given figure?
दी गई आकृति में त्रिभुजों की संख्या ज्ञात करें।

(a) 20 (b) 23
(c) 24 (d) 26

27. Find the number of triangles are embeded in the circle given below?
दिये गये वृत्त के अन्दर सन्निहित त्रिभुजों की संख्या बताइये।

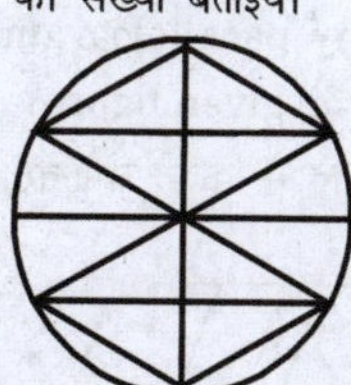

(a) 16 (b) 6
(c) 22 (d) 24

28. How many triangles are there in the given figure?
दी गई आकृति में कितने त्रिभुज है?

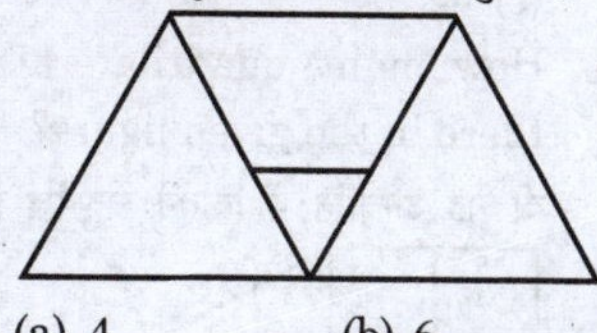

(a) 4 (b) 6
(c) 5 (d) 7

29. How many trigangles are there in the given figure?
दी गई आकृति में कितने त्रिभुज हैं?

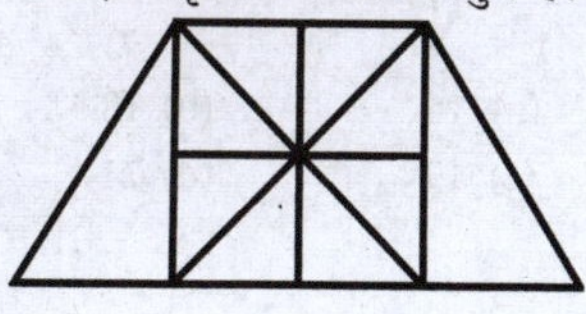

(a) 16 (b) 18
(c) 20 (d) 24

30. How many triangles are there in the following figure?
दी गई आकृति में कितने त्रिभुज हें?

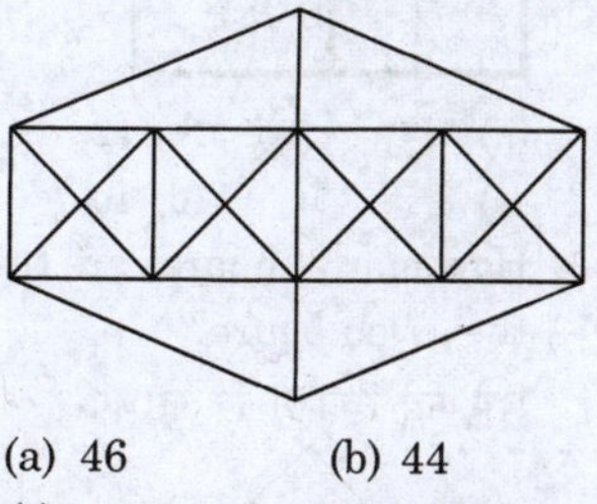

(a) 46 (b) 44
(c) 40 (d) 42

Type 2

31. How many rectangles are there in the given figure?
दी गई आकृति में कितने आयत हैं?

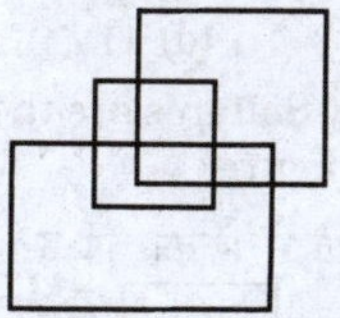

(a) 9 (b) 10
(c) 11 (d) 12

32. Find the number of rectangles in the given figure?
दिये गये चित्र में आयतों की संख्या बताइये।

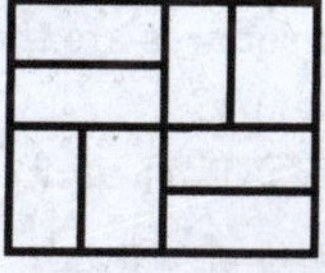

(a) 24 (b) 16
(c) 21 (d) 14

33. How many rectangles are there in the given figure?
दी गई आकृति में कितने आयत है?

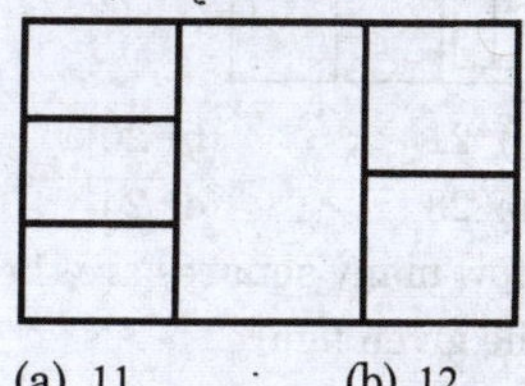

(a) 11 (b) 12
(c) 10 (d) 13

34. How many rectangles are there in the given figure?
दी गई आकृति में कितने आयत हैं?

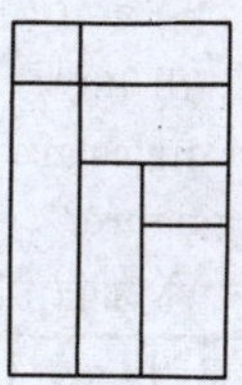

(a) 21 (b) 15
(c) 16 (d) 17

35. How many rectangles are there in the question figure?
दी गई प्रश्न आकृति में कितने आयत है?
(UP Const. 25 Oct. 2018)

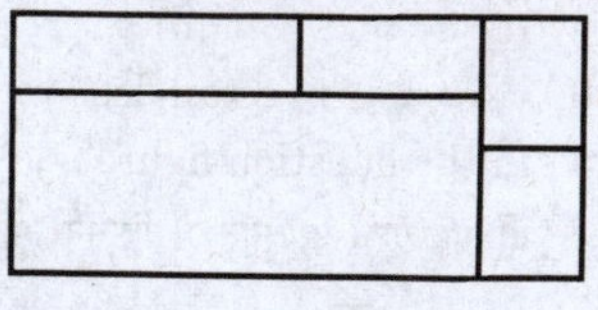

(a) 6 (b) 7
(c) 8 (d) 9

36. How many rectangles are there in the given figure?
दी गई आकृति में कितने आयत है?

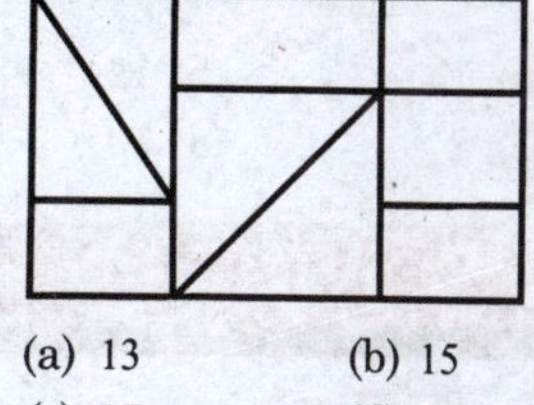

(a) 13 (b) 15
(c) 17 (d) 19

37. How many rectangles are there in the figure?
दी गई आकृति में कितने आयत हैं?

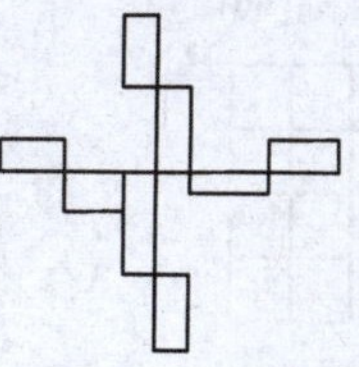

(a) 9 (b) 8
(c) 5 (d) 7

38. How many rectangles are there in the given figure?
दिये गये चित्र में कितने आयत है?

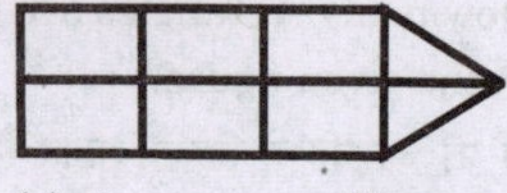

(a) 4 (b) 7
(c) 19 (d) 18

39. How many rectangles are there in the following figure?

दिए गए चित्र में कितने आयत हैं?

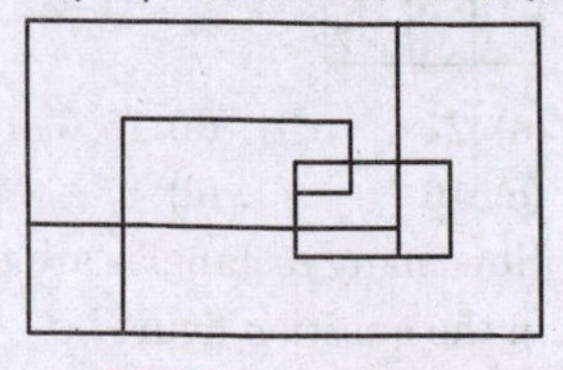

(SSC GD, 6/12//2021, Shift-II)

(a) 7 (b) 6
(c) 8 (d) 9

40. How many rectangles are there in the question figure?

दी गई प्रश्न आकृति में कितने आयत हैं?

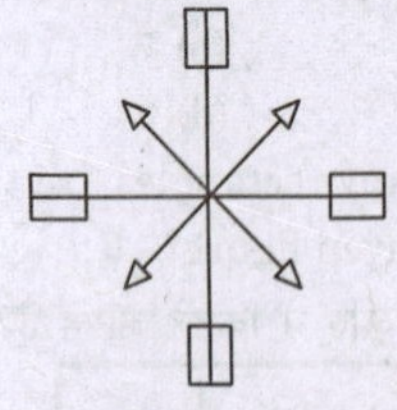

(a) 14 (b) 12
(c) 8 (d) 10

Type 3

41. Find the number of squares are there in the square figure ABCD.

दिये गये चित्र में ABCD में वर्गों की संख्या ज्ञात कीजिए।

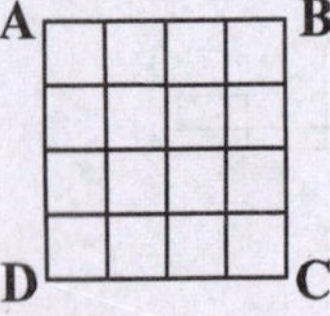

(a) 16 (b) 17
(c) 26 (d) 30

42. How many squares are there in this figure?

दिये गये चित्र में कितने वर्ग है?

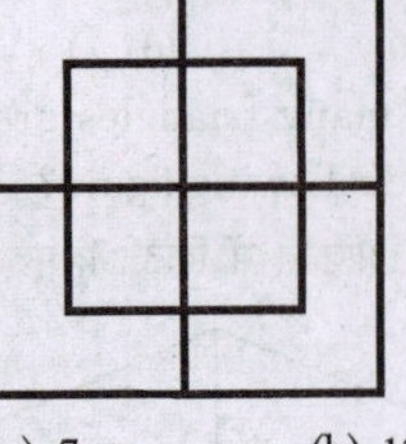

(a) 7 (b) 12
(c) 8 (d) 10

43. How many squares are there in the given figure?

दिये गये चित्र में कितने वर्ग है?

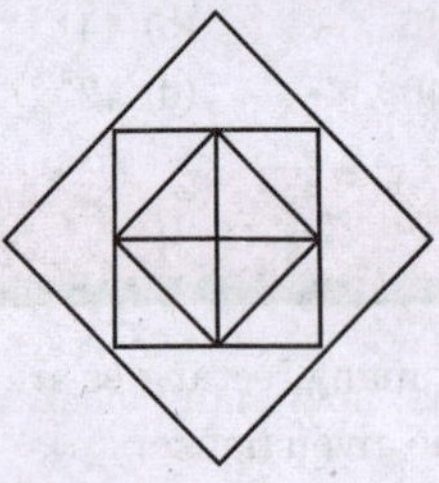

(a) 9 (b) 7
(c) 8 (d) 11

44. How many Squares are there in the given figure?

दी गई आकृति में कितने वर्ग है?

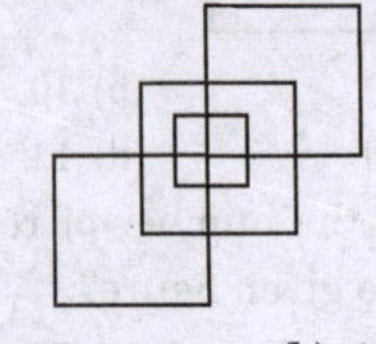

(a) 15 (b) 12
(c) 19 (d) 8

45. How many squares are there in the given figure?

दी गई आकृति में कितने वर्ग हैं?

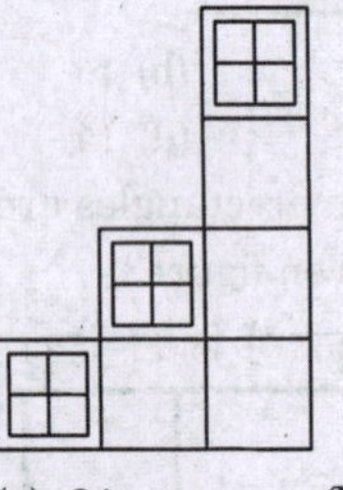

(a) 21 (b) 20
(c) 23 (d) 24

46. How many squares are there in the given figure?

दी गई आकृति में कितने वर्ग हैं?

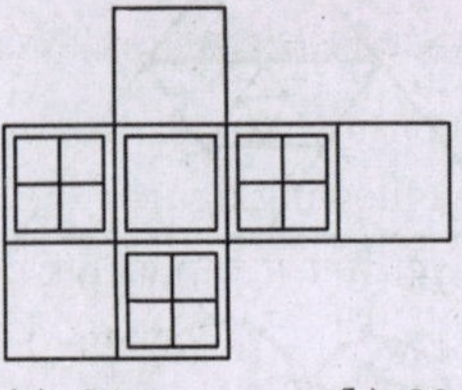

(a) 21 (b) 20
(c) 18 (d) 24

Type 4

47. How many quadrilaterals are there in the given figure?

दी गई आकृति में कितने चतुर्भुज है?

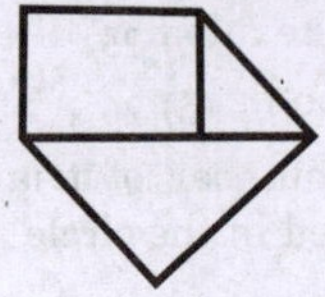

(a) 2 (b) 3
(c) 4 (d) 5

48. How many parallelograms are there in the given figure?

दी गई आकृति में कितने समान्तर चतुर्भुज है?

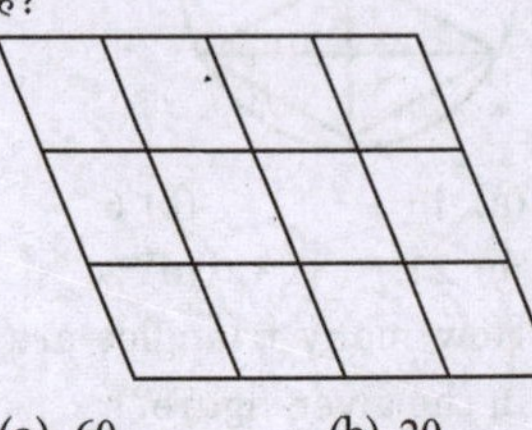

(a) 60 (b) 20
(c) 40 (d) 80

49. How many quadrilaterals are there in the given figure?

दी गई आकृति में कितने चतुर्भुज हैं?

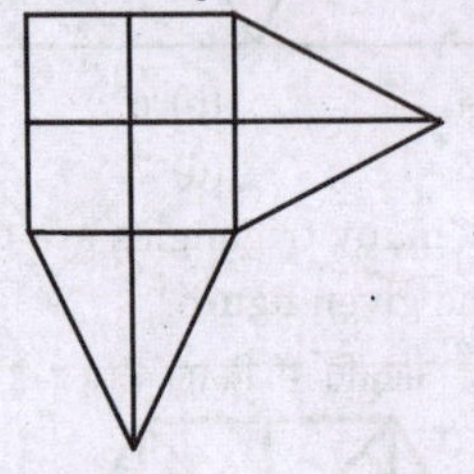

(a) 15 (b) 18
(c) 19 (d) 21

Type 5

50. Find the number of circles in the following figure?

दिये गये चित्र में वृत्तों की संख्या बताइये।

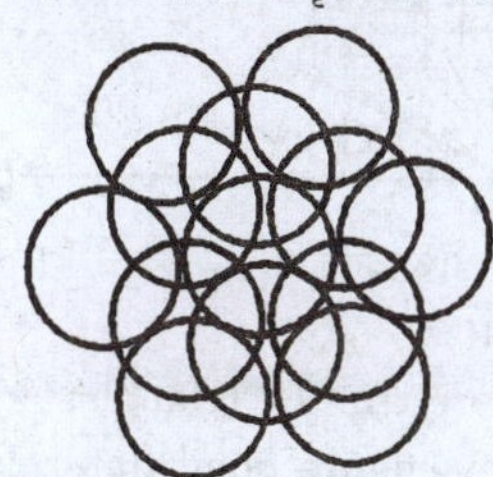

(a) 12 (b) 13
(c) 14 (d) 11

51. Find out the numbers of circles in the given figure.

दिये गये चित्र में वृत्तों की संख्या बताइये।

(a) 4 (b) 8
(c) 6 (d) 5

52. Find out the number of circles in the given figure:

दिये गये चित्र में वृत्तों की संख्या बताइये।

(a) 14 (b) 16
(c) 17 (d) 18

Type 6

53. दी गई आकृति में कितने अर्द्धवृत्त हैं?
How many semicircles are there in the figure given below?

(a) 12 (b) 16
(c) 13 (d) 15

54. The figure below is a drawing of a pile of blocks. When taken apart, how many blocks would be there?

नीचे दिये गये चित्र में ब्लॉक के ढेर को दर्शाया गया है जब इन्हें अलग किया जाता है तो कितने ब्लॉक बनेंगे?

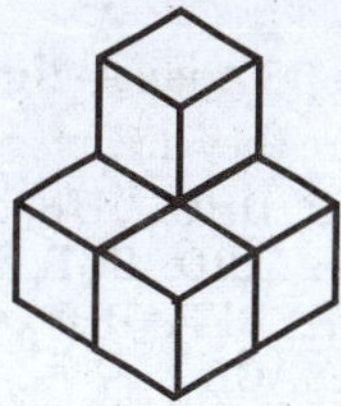

(a) 6 (b) 3
(c) 4 (d) 5

55. The figure below is a drawing of a pile of blocks when taken apart, how many blocks would be there?

नीचे दिये गये चित्र में ब्लॉक के ढेर को दर्शाया गया है जब इन्हें अलग किया ज है, तो कितने ब्लॉक बनेंगे?

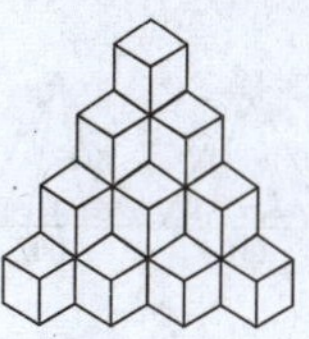

(a) 14 (b) 18
(c) 20 (d) 10

56. What is the minimum numb of lines required to form th given image?

दी गई छवि को बानाने के लिए न्यून कितनी रेखाओं की जरूरत है?

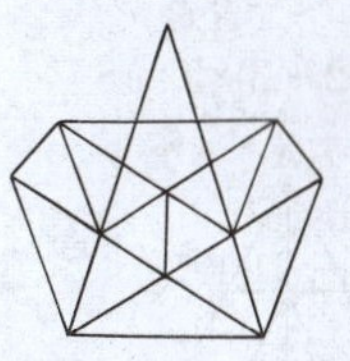

(a) 12 (b) 13
(c) 14 (d) 15

57. How many quadrilaterals ar there in the given figure?

दी गई आकृति में कितने चतुर्भुज हैं?

(a) 5 (b) 6
(c) 8 (d) 10

उत्तरमाला

1.	(b)	**2.**	(b)	**3.**	(b)	**4.**	(c)	**5.**	(b)	**6.**	(b)	**7.**	(c)	**8.**	(b)	**9.**	(d)	**10.**	(b)
11.	(b)	**12.**	(b)	**13.**	(b)	**14.**	(c)	**15.**	(c)	**16.**	(d)	**17.**	(d)	**18.**	(c)	**19.**	(c)	**20.**	(d)
21.	(b)	**22.**	(d)	**23.**	(d)	**24.**	(b)	**25.**	(a)	**26.**	(a)	**27.**	(a)	**28.**	(a)	**29.**	(c)	**30.**	(b)
31.	(c)	**32.**	(c)	**33.**	(d)	**34.**	(c)	**35.**	(d)	**36.**	(c)	**37.**	(b)	**38.**	(d)	**39.**	(d)	**40.**	(b)
41.	(d)	**42.**	(d)	**43.**	(b)	**44.**	(b)	**45.**	(c)	**46.**	(d)	**47.**	(a)	**48.**	(a)	**49.**	(b)	**50.**	(b)
51.	(d)	**52.**	(c)	**53.**	(d)	**54.**	(d)	**55.**	(c)	**56.**	(d)	**57.**	(b)						

Hints & Solution (व्याख्या)

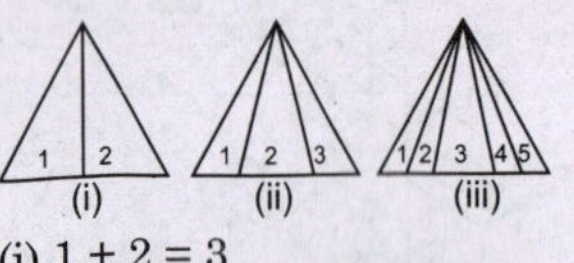

(i) 1 + 2 = 3

(ii) 1 + 2 + 3 = 6

(iii) 1 + 2 + 3 + 4 + 5 = 15

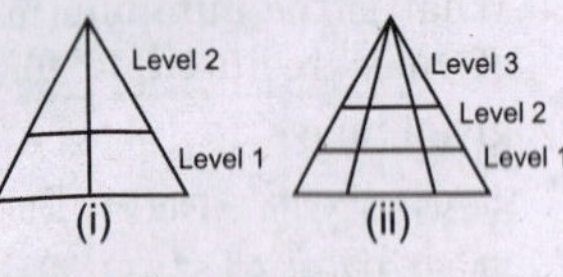

(i) (1 + 2) ×2 = 6

(ii) (1 + 2 + 3)×3 =18

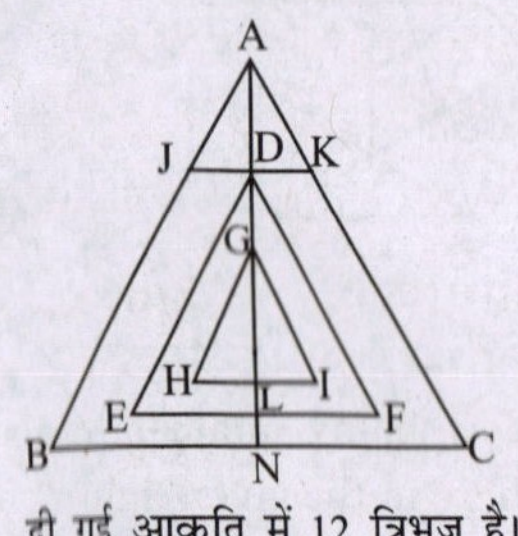

दी गई आकृति में 12 त्रिभुज है। वे निम्न प्रकार है-

There are 12 triangles in the given figure, they are -

ABC, ABN, ANC, DEF, DEL, DLF, GHI, GHL, GLI, AJK, AJD, ADK

4.

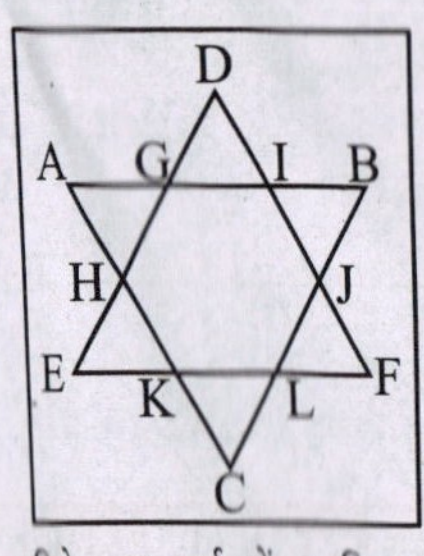

दिऐ गए वर्ग में 8 त्रिभुज है। वे निम्न प्रकार है-

There are 8 triangles in the following square, they are.

ABC, DEF, AGH, DGI, BJI, JLF, KLC, HEK

5.

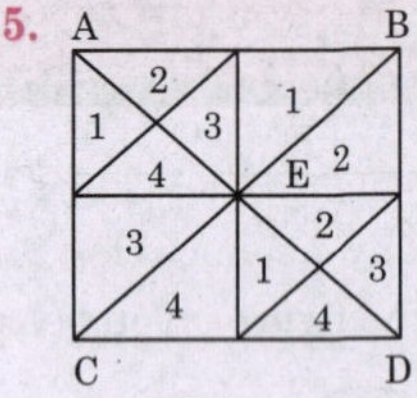

दी गई आकृति में त्रिभुजों की संख्या
= (4 × 2) + (4 × 2) + (1, 2, 3, 4) + ΔECD + ΔEBD + ΔEAC + ΔEAB + ΔBAD + ΔCAD + ΔABC + ΔDCB

अत: कुल त्रिभुजों की संख्या
= 8 + 8 + 4 + 8 = 28

6.

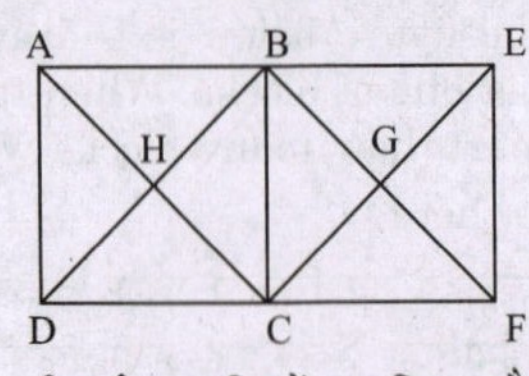

दी गई आकृति में 18 त्रिभुज है। वे निम्न प्रकार है-

There are 18 triangles in the given figure they are -

AHB, AHD, DHC, CHB, ABC, ADC, DCB, ABD, BGE, BGC, CGF, EGF, BEF, BCF, CFE, CBE, DBF, ACE

7.

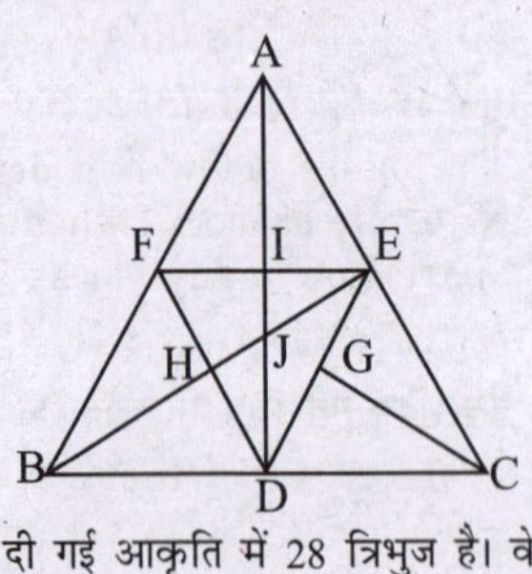

दी गई आकृति में 28 त्रिभुज है। वे निम्न प्रकार है-

There are 28 triangles in the given figure, they are-

ABC, DEF, DEI, DFI, EFH, DHE, JDH, DJE, ABE, BEC, ABD, ADC, DGC, GCE, IJE, AJB, AJE, BJD, FBH, BHD, AED, AFD, BED, DBF, AFE, AFI, AIE, BEF

8.

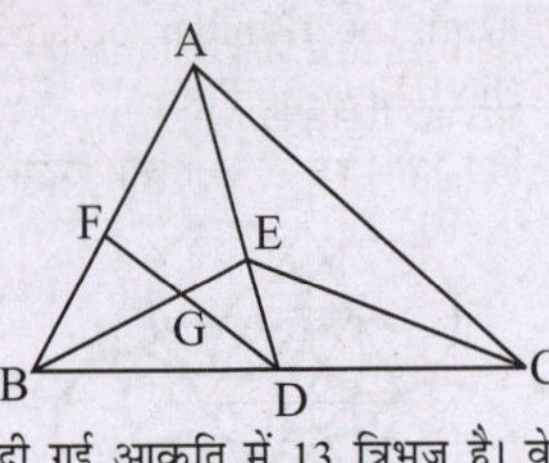

दी गई आकृति में 13 त्रिभुज है। वे निम्न प्रकार है-

There are 13 triangles in the above figure, they are -

ABC, ABD, ADC, EBC, EBD, EDC, ADF, AEC, EDG, BFG, ABE, BGD, BDF

9.

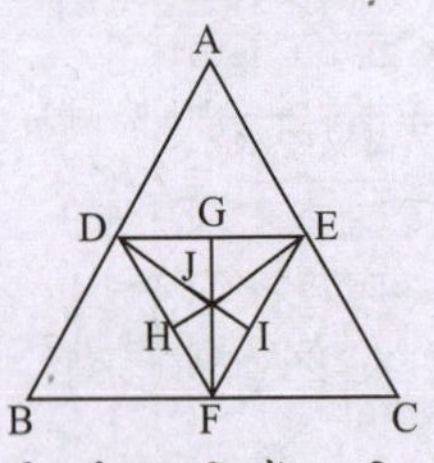

दी गई आकृति में 20 त्रिभुज है। वे निम्न प्रकार है-

There are 20 triangles in the given figure, they are -

ABC, DEF, ADE, BDF, EFC, DGF, GFE, DHE, FHE, DJG, GJE, DJH, JHF, JFI, JIE, DEI, DIF, DJF, EJF, DJE

10.

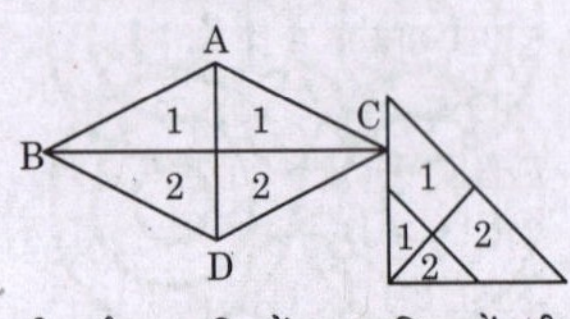

दी गई आकृति में कुल त्रिभुजों की संख्या
= 6 + 6 + ΔABC + ΔDBC

अत: कुल त्रिभुजों की संख्या
= 12 + 2 = 14

11.

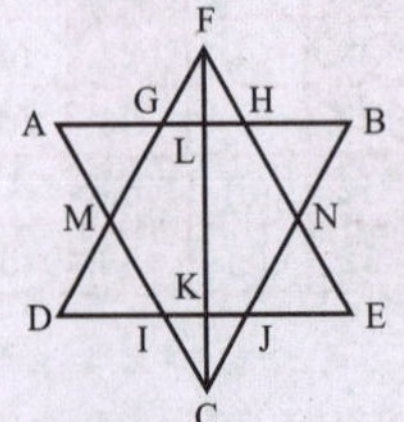

ABC, ALC, LBC, DEF, DFK FKE, AGM, MDI, IJC, JNE

36. 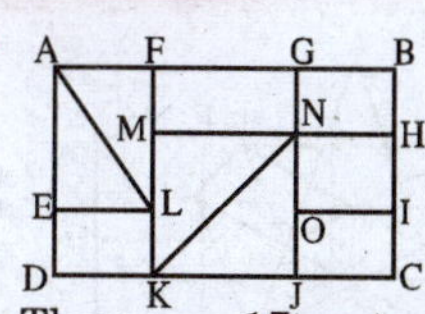

There are 17 rectangles in the given figure, they are -
दी गई आकृति में 17 आयत है, जोकि निम्न है-
FGNM, GBHN, NHIO, OICJ, ELDK, MNJK, AFLE, FBHM, GBIO, NHCJ, GBCJ, AFKD, MHCK, FGJK, AGJD, ABCD, FBCK

37. 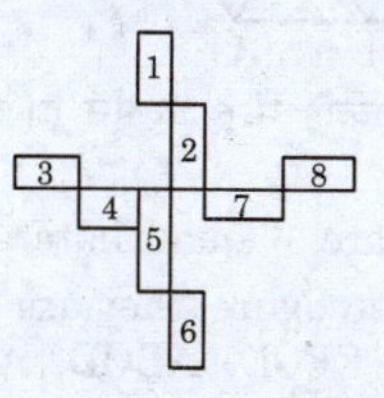

दी गई आकृति में आयतों की संख्या
= 8

38. 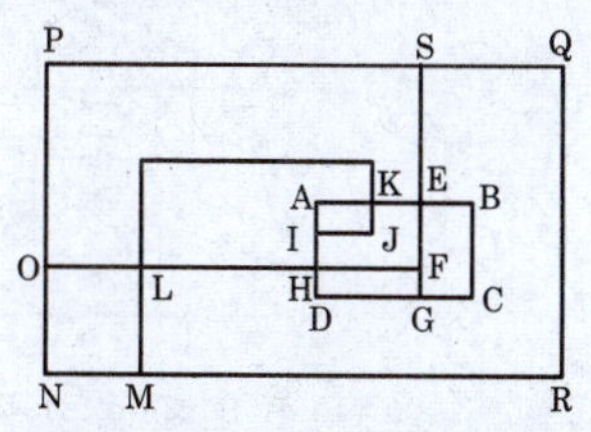

एक अंक से बने आयत = 6
दो अंकों से बने आयत
= (1, 2), (2, 3) : (4, 5) (5, 6)
(1, 4) (2, 5) (3, 6) = 7
तीन अंकों से बने आयत
= (1, 2, 3) (4, 5, 6) = 2
चार अंकों से बने आयत
= (1, 2, 4, 5) (2, 3, 5, 6) = 2
सभी से मिलकर = 1
कुल आयत = 6 + 7 + 2 + 2 + 1
= 18

39. 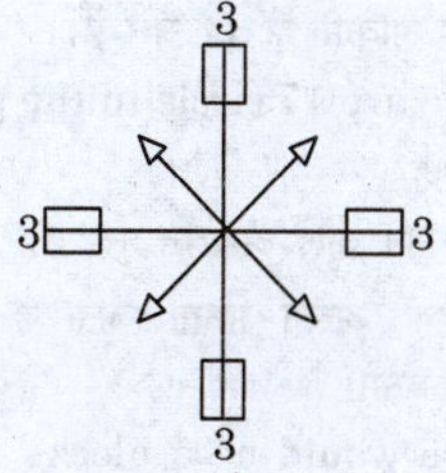

दी गई आकृति में 9 आयत (Rectangle) है, जोकि निम्न है-
ABCD, BCGE, AKJI, HFGD, AHFE, ADGE, OLMN, PQRN, PSFO

40. 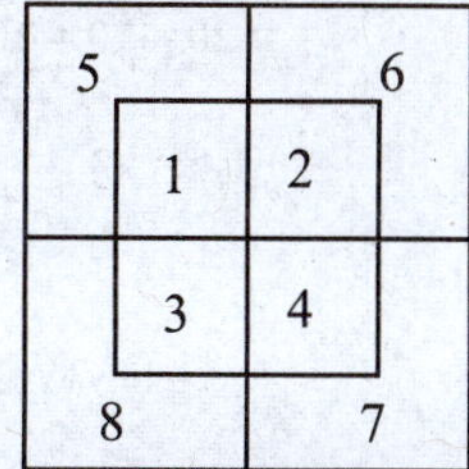

आयतों की संख्या = 4 × 3 = 12

41. 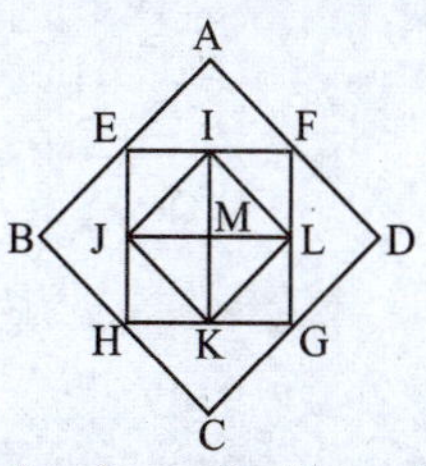

दी गई आकृति में 30 वर्ग है। वे निम्न प्रकार है-
There are 30 squares in the given figure they are
वर्गों की संख्या= $(1^2 + 2^2 + 3^2 + 4^2)$
वर्गों की संख्या = (1 + 4 + 9 + 16)
वर्गों की संख्या = 30

42. 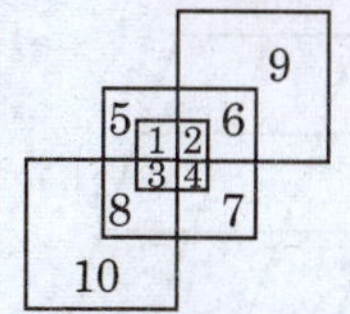

अतः दी गई आकृति में 10 (8 + 2) वर्ग है।
There are 10 (8 + 2) Squares in the given figure

43. 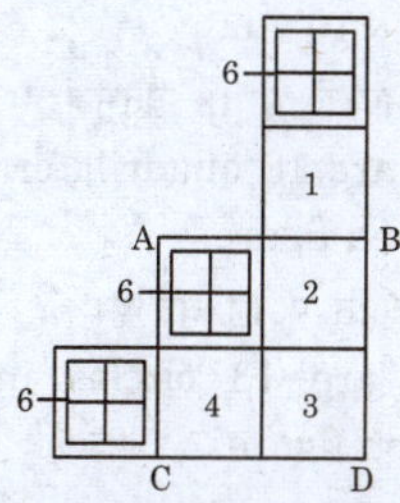

दी गई आकृति में 7 वर्ग है। वे निम्न प्रकार है-
There 7 squares in the figure, they are -
EFGH, IJKL, EIMJ, FIML, JMKH, LMKG, ABCD

44. 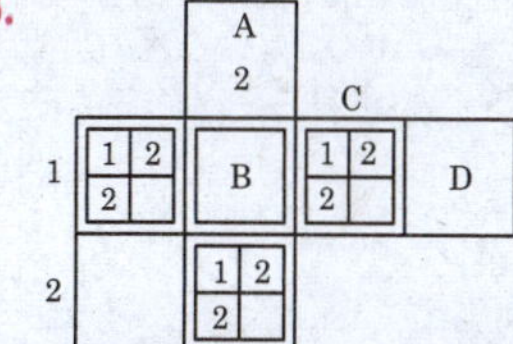

एक अंक वाले वर्ग = 1, 2, 3, 4, 5, 6, 7, 8, 9,10
अन्य = (1, 2, 3, 4) (5, 6, 7, 8)
कुल वर्ग = 10 + 2 = 12

45. 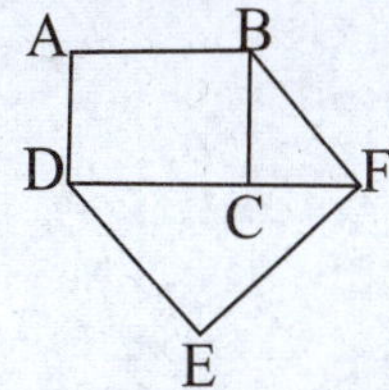

दी गई प्रश्न आकृति में तीन छोटी आकृतियाँ दी गई हैं। प्रत्येक में 5 (अंदर) + 1 (बाहर) वर्ग बनेगा।
अतः कुल वर्गों की संख्या
= 4 + (3 × 6) + 1 (ABCD)
= 4 + 18 + 1 = 23

46.

दी गई आकृति में कुल वर्गों की संख्या
$= 4 \times (1^2 + 2^2) + 4$ वर्ग (A, B, C, D)
= 20 + 4 = 24

47.

दी गई आकृति में 2 चतुर्भुज है। वे निम्न प्रकार है-
There are 2 quadrilaterals in the given figure, they are -
ABCD, ABFD

48. 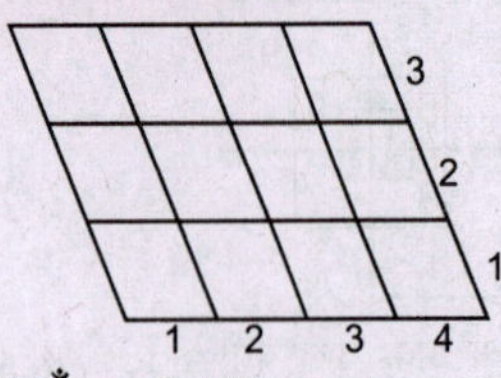

यहाँ r = 3 तथा c = 4

N = [(r) + (r – 1)) + ...1]

[c + (c – 1) + ... 1]

N = (3 + 2 + 1) × (4 + 3 + 2 +1)

= 6 × 10 = 60

49. दी गई आकृति में 18 चतुर्भुज है।

There are 18 quadrilaterals in the given figure.

50. प्रश्न आकृति में 13 वृत्त है।

There are 13 circles in the question figure.

51. 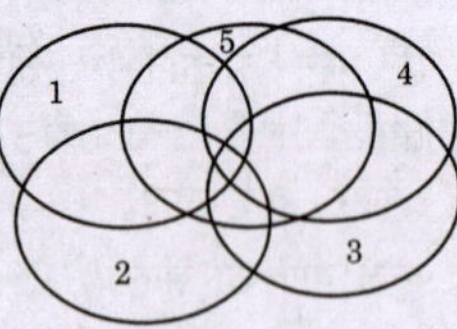

दी गई आकृति में कुल वृत्तों की संख्या 5 है।

52. दी गई आकृति में 17 वृत्त है।

There are 17 circle in the given figure.

53. कुल बनने वाले अर्द्धवृत्त 15 हैं।

54. जब इन्हें अलग किया जाता है तो 5 ब्लॉक बनेगे।

There would be 5 blocks when taken apart.

55. 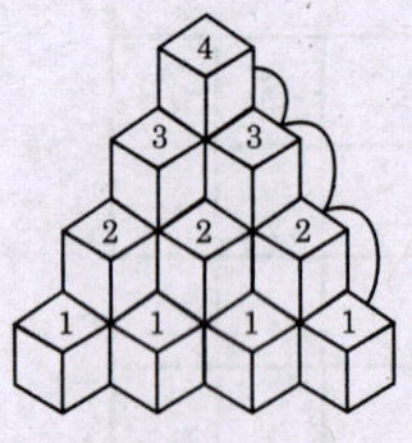

1 × 4 = 4

2 × 3 = 6

3 × 2 = 6

4 × 1 = 4

Total cube = 20

Seen cube = 10

Hidden cube = (toal cube – seen cube)

= 20 – 10 = 10

56.
A, F, E, G, D, I, H, J, K, B, C

अभीष्ट रेखाएँ AB, BC, CA, CD, DE, EF, FG, GB, GC, BD, FH, FJ, EH, IK, EJ,

अत: न्यूनतम संख्या 15 होगी।

57. 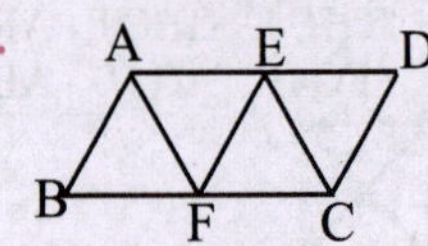

दी गई आकृति में 6 चतुर्भुज है। वे निम्न प्रकार है-

There are 6 quadrilaterals in the given figure, they are - ABFE, EFCD, ABCD, AECB, ADCF, AEFC

1 Practice set

1. Select the option that is related to the third term in the same way as the second term is related to the first term.

उस विकल्प का चयन करें जो तीसरे पद से उसी प्रकार संबंधित है जैसे दूसरा पद पहले पद से संबंधित है।

BACTERIA : EXFWBUFX :: WOUNDS:?

(a) ZLRQGV (b) YLRQFV
(c) ZLSQFW (d) ZRXQGV

2. In a certain code language 'CHALK' is coded as 6-16-2-24-22, and 'BOARD' is coded as 4-30-2-36-8 in this code langauge. How will PAPER be encoded in that language?

एक निश्चित कूट भाषा में CHALK को 6-16-2-24-22 के रूप में कूटबद्ध किया जाता है, और BOARD को 4-30-2-36-8 के रूप में कूटबद्ध किया जाता है। उसी कूट भाषा में PAPER को किस प्रकार कूटबद्ध किया जाएगा?

(a) 32-2-32-10-36
(b) 32-2-32-12-36
(c) 36-2-36-12-32
(d) 36-2-36-10-32

3. Select the option which shows the correct order of the given words in the order in which they appear in the English dictionary.

उस विकल्प का चयन कीजिए, जो दिए गए शब्दों के उस सही क्रम को दर्शाता है, जिस क्रम में वे अंग्रेजी शब्दकोश में मौजूद होते हैं।

(1) Warriors
(2) Warehouse
(3) Warcraft
(4) Warranty
(5) Wardrobe
(6) Wardenship

(a) 3, 5, 6, 2, 1, 4
(b) 3, 5, 6, 2, 4, 1
(c) 3, 6, 5, 2, 1, 4
(d) 3, 6, 5, 2, 4, 1

4. Identify the figure that completes the visual series.

दृश्य शृंखला को पूरा करने वाली आकृति की पहचान कीजिए।

प्रश्न आकृति

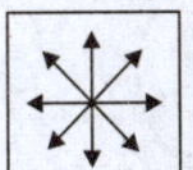
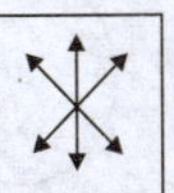
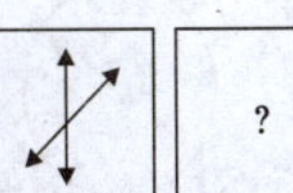

?

उत्तर आकृति

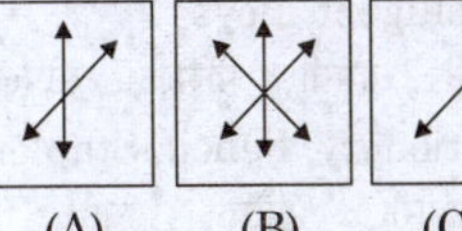

(A) (B) (C) (D)

(a) A (b) B
(c) C (d) D

5. Eight Friends A, B, C, D, E, F, G and H are sitting clockwise at equal distance from each other in the same sequence around a circular table facing the centre. If D is facing southwest, then who is sitting third to the right of H?

आठ मित्र A, B, C, D, E, F, G और H दक्षिणावर्त दिशा में एक दूसरे से बराबर दूरी पर इसी अनुक्रम में वृत्ताकार मेज के चारों तरफ बैठे हुए हैं। यदि D का मुख दक्षिण-पश्चिम दिशा की ओर है, तो H के दाएँ से तीसरे स्थान पर कौन बैठा है?

(a) D (b) E
(c) C (d) F

6. Observe the dots (one to six dots) shown on a dice in the given figures. How many dots are there on the face opposite to the face with six dots.

दी गई आकृतियों में एक पासे पर दर्शाए गए बिंदुओं (एक से छः बिंदुओं) का अवलोकन करें। छः बिंदुओं वाले फलक के विपरीत वाले फलक पर कितने बिंदु हैं?

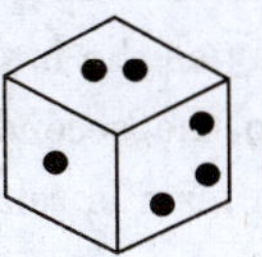
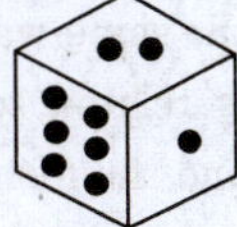

(a) चार (b) पाँच
(c) एक (d) तीन

7. Which two signs should be interchanged to make the equation correct ?

दिये गये समीकरणों को सही बनाने के लिए किन दो चिन्हों को आपस में बदलना चाहिए?

$45 \div 15 \times 5 + 15 - 11 = 39$

(a) – and × (b) – and +
(c) + and × (d) ÷ and +

8. Select the option in which the given figure is embedded (Rotation is not allow)

उस विकल्प का चयन करे जिसमे दी गई आकृति सन्निहित है (घूमाने की अनुमति नहीं है)

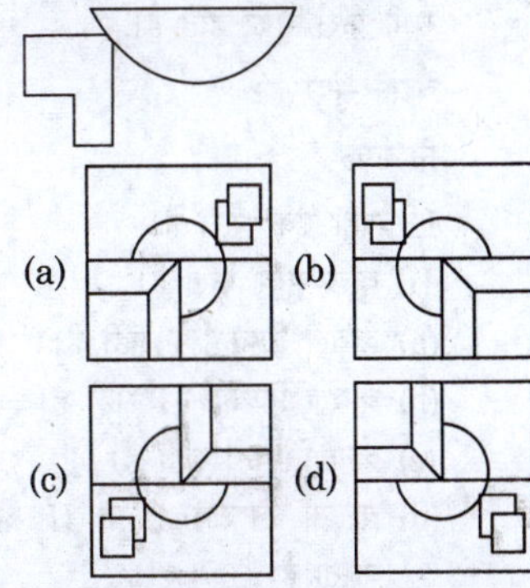

9. Q is mother of R. P is the husband of Q. S is brother of R. How is P related to S?

Q, R की माँ है P, Q का पति है। S, R का भाई है। P का S से क्या संबंध है?

(a) साला (b) पुत्र
(c) पिता (d) भाई

10. Find the missing term in the following series.

शृंखला में लुप्त पद ज्ञात कीजिए।

2, 4, 12, 48, 240, ?

(a) 480 (b) 720
(c) 360 (d) 1440

11. Choose the option which is related to the fourth term in the same way as the first term is related to the second term and the fifth term is related to the sixth term.

उस विकल्प का चयन करें, जो चौथे पद से उसी प्रकार संबंधित है जिस प्रकार पहला पद दूसरे पद से संबंधित है और पाँचवाँ पद छठे पद से संबंधित है।

17:4624:: ? : 180 :: 13 : 2028

(a) 6 (b) 11
(c) 7 (d) 4

12. Statements:

All flowers are beautiful.

Vaidehi is beautiful.

Conclusion:

I. Vaidehi is a flower.

II. Some beautiful are flowers.

कथन:

सभी फूल सुंदर होते हैं।

वैदेही सुंदर है।

निष्कर्ष:

I. वैदेही एक फूल है।

II. कुछ सुंदर फूल हैं।

(a) केवल निष्कर्ष I सही है।
(b) केवल निष्कर्ष II सही है।
(c) दोनों निष्कर्ष सही हैं।
(d) या तो निष्कर्ष I या II अनुसरण करता है।

13. Find the number of square in the given figure.

प्रश्न में दी गयी आकृति में वर्गों की संख्या ज्ञात कीजिए।

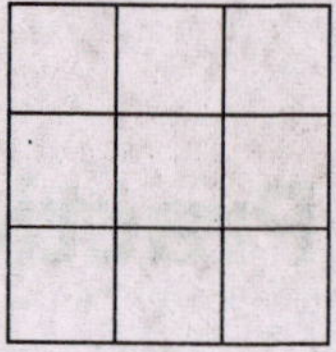

(a) 10 (b) 9
(c) 14 (d) 12

14. Select the set of classes the relationship among which is best illustrated by the given venn diagram.

वर्गों के उस समुच्चय का चयन करें जिसके बीच का संबंध दिए गए वेन आरेख द्वारा सर्वोत्तम रूप से दर्शाया गया है।

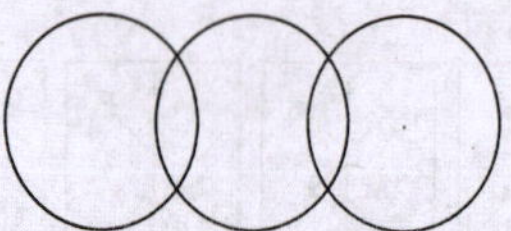

(a) लड़की, बुद्धिमान, लड़का / Girls, Intelligent, Boys
(b) लेखन सामग्री, पेंसिल, स्टेपलर/ Stationery, Pencil, Stapler
(c) शाकाहारी, औरत, बहन / Vegetarian, Woman, Sisters
(d) यमुना, नदी, कावेरी / Yamuna, rivers, Kaveri

15. A, B, C, D, E and F are sitting in a circular manner facing at the centre. D is between F and B, A is second to the left of D and second to the right of E. Who is facing A?

A, B, C, D, E और F केंद्र की ओर मुख करके गोलाकार तरीके से बैठे हैं। D, F और B के बीच है; A, D के बाएँ से दूसरे स्थान पर और E के दाएँ से दूसरे स्थान पर है। A के सम्मुख कौन है?

(a) D (b) F
(c) B
(d) Either B or F

16. Four word clusters have been given, out of which three are alike in some manner and one is different. Select the word cluster that is different.

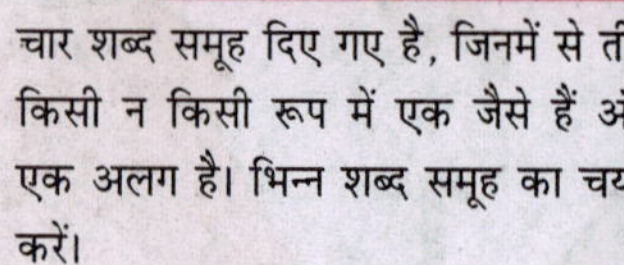

चार शब्द समूह दिए गए है, जिनमें से ती किसी न किसी रूप में एक जैसे हैं अ एक अलग है। भिन्न शब्द समूह का चय करें।

(a) केला (b) सेब
(c) अंगूर (d) फूलगोभी

17. Find the missing characte from the given alternatives.

दिए गए विकल्पों में से लुप्त पद ज्ञा कीजिए।

5	6	7
8	7	9
189	265	?

(a) 341 (b) 409
(c) 424 (d) 395

18. Find the correct mirror imag of the given figure when th mirror is placed on the line MN

जब दर्पण को रेखा MN पर रखा जात है, तो दी गई आकृति का सही दर्प प्रतिबिंब ज्ञात कीजिए।

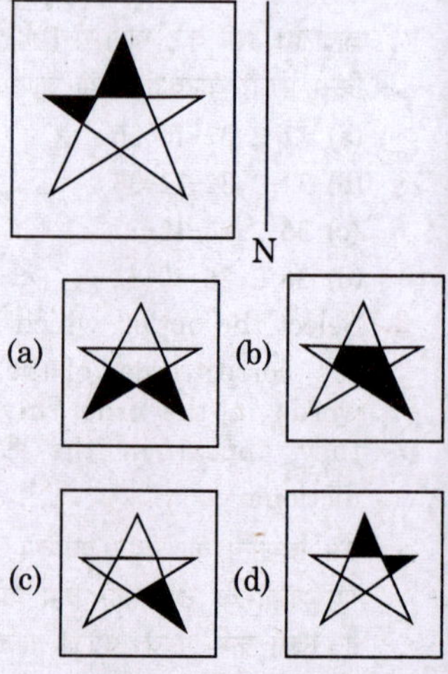

19. In a certain code language, 'wil come back later' is written as 'nk zs kp rq' and 'later he wo it' is written as 'pj st mk kp'. How will 'later' be written i that code language?

एक निश्चित कूट भाषा में, will come back later को nk zs kp rq लिखा जाता है और later he won it को pj st mk kp लिखा जाता है। उस कूट भाषा में later को किस प्रकार लिखा जाएगा?

(a) zx (b) nk

(c) kp (d) rq

20. Rohit drives 3 km towards North from point A. He turns left and drives 4 km. He turns left and drives 4 km. He again turns left and drive 6 km. Finally, he takes a left turn, and drives 4 km to reach point B. How far and in which direction should he drive to reach point A again?

रोहित, बिंदु A से उत्तर की ओर 3 किमी ड्राइव करता है। वह बाएँ मुड़ता है और 4 किमी ड्राइव करता है। वह फिर से बाएँ मुड़ता है और 6 किमी ड्राइव करता है। अंत में, वह बाएँ मुड़ता है और बिंदु B तक पहुँचने के लिए 4 किमी ड्राइव करता है। फिर से बिंदु A पर पहुँचने के लिए उसे कितनी दूर और किस दिशा में ड्राइव करना चाहिए?

(a) 4 किमी दक्षिण की ओर/4 km towards South

(b) 3 किमी पूर्व की ओर/3 km towards East

(c) 3 किमी उत्तर की ओर/3 km towards North

(d) 2 किमी पश्चिम की ओर/2 km towards West

उत्तरमाला

1.	(a)	**2.**	(a)	**3.**	(d)	**4.**	(c)	**5.**	(b)	**6.**	(d)	**7.**	(d)	**8.**	(c)	**9.**	(c)	**10.**	(d)
11.	(a)	**12.**	(b)	**13.**	(c)	**14.**	(a)	**15.**	(d)	**16.**	(d)	**17.**	(c)	**18.**	(d)	**19.**	(c)	**20.**	(c)

Practice Set

1. Saloni is the daughter of the only son of Kartik, Nirupama is the mother of Deepak. Yamini's only son, Ankit, is married to Nirupama. Kartik is the grandfather of Deepak. How is Kartik related to Ankit?

सलोनी, कार्तिक के इकलौते बेटे की बेटी है। निरूपमा, दीपक की माता हैं। यामिनी के इकलौते बेटे अंकित की शादी निरुपमा से हुई हैं। कार्तिक दीपक के दादा हैं। कार्तिक अंकित से किस प्रकार संबंधित है?

(a) भाई/Brother

(b) चाचा/Paternal Uncle

(c) बेटा/Son

(d) पिता/Father

2. Select the option which is related to the third term in the same way as the second term is related to the first term and the sixth term is related to the fifth term.

उस विकल्प का चयन कीजिए, जो तीसरे पद से उसी प्रकार संबंधित है जिस प्रकार दूसरा पद पहले पद से और छठा पद पाँचवें पद से संबंधित है।

16 : 144 :: 22: ? :: 14 : 112

(a) 244 (b) 266

(c) 264 (d) 246

3. Which Answer Figure will complete the series of Figure given in the question Figures.

कौन-सी उत्तर आकृति प्रश्न आकृति में दी गई आकृतियों की शृंखला को पूरा करेगी।

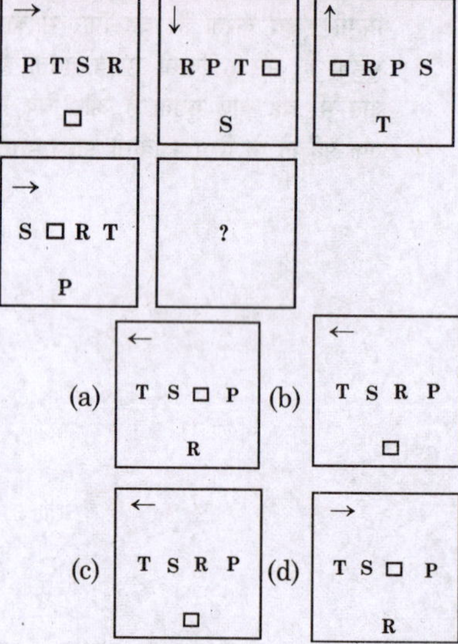

4. In a certain code language, 'ASK' is written as '62' and 'BYE' is written as '64'. How will 'CRY' be written in that code language?

एक निश्चित कूट भाषा में, ASK को 62 लिखा जाता है और BYE को 64 लिखा जाता है। उस कूट भाषा में CRY को केसे लिखा जाएगा?

(a) 92 (b) 72

(c) 68 (d) 86

5. Which of the following option- would be meaningful order of the following words?

निम्नलिखित में से कौन-सा विकल्प नीचे दिए गए शब्दों का सार्थक क्रम होगा?

1. शिशु/Infaint
2. बूढ़ा/Old
3. वयस्क/Adult
4. किशोर/Adolescent
5. बच्चा/Child

(a) 5, 4, 3, 2, 1

(b) 3, 4, 2, 1, 5

(c) 1, 5, 4, 3, 2

(d) 2, 3, 4, 5, 1

6. Select the option in which the given figure is embedded- (Rotation is NOT allowed).

उस विकल्प का चयन करें जिसमें दी गई आकृति सन्निहित है। (घुमाने की अनुमति नहीं है।

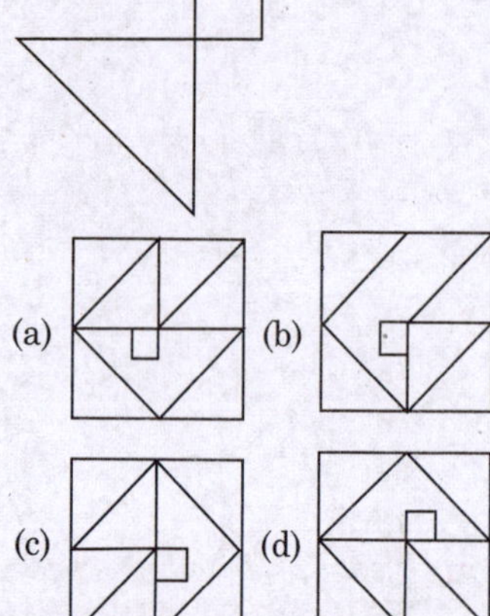

7. Four number clusters have been given, out of which three are alike in some manner and one is different. Select the number cluster that is different.

चार संख्या समूह दिए गए हैं, जिनम से तीन किसी न किसी रूप में एक जैसे हैं और एक अलग है। भिन्न संख्या समूह का चयन करें।

(a) 21 (b) 63

(c) 49 (d) 37

8. C, D, E, F, M and N are sitting around a round table facing the

centre. D is sitting second to the right of M. F is sitting to the immediate right of N. N is not the immediate neighbor of M. C is not an immediate neighbor of D. Who among the following is an immediate neighbor of E?

C, D, E, F, M और N एक गोल मेज के परित: केंद्र की ओर मुख करके बैठे हैं। D, M के दाएँ से दूसरे स्थान पर बैठा है। F, N के ठीक बाएँ बैठा है। N, M का निकटतम पड़ोसी नहीं है। C, D का निकटतम पड़ोसी नहीं है। निम्नलिखित में से कौन E का निकटतम पड़ोसी है।

(a) C (b) N
(c) F (d) D

9. Select the correct combination of mathematical signs that can sequentially replace the * signs to balance the following equation.

* चिन्हों को प्रतिस्थापित करने और दिए गए समीकरण को संतुलित करने के लिए गणितीय चिन्हों के सही संयोजन का चयन कीजिए।

96 * 12 * 15 * 7 * 36 * 77

(a) –,+, ÷ , ×, =
(b) –, ×, +, ÷, =
(c) +, ×, –, ÷, =
(d) ÷, +, ×, –, =

10. Which Answer Figure will complete the series of Figure given in the question Figures.

कौन-सी उत्तर आकृति प्रश्न आकृति में दी गई आकृतियों की श्रृंखला को पूरा करेगी।

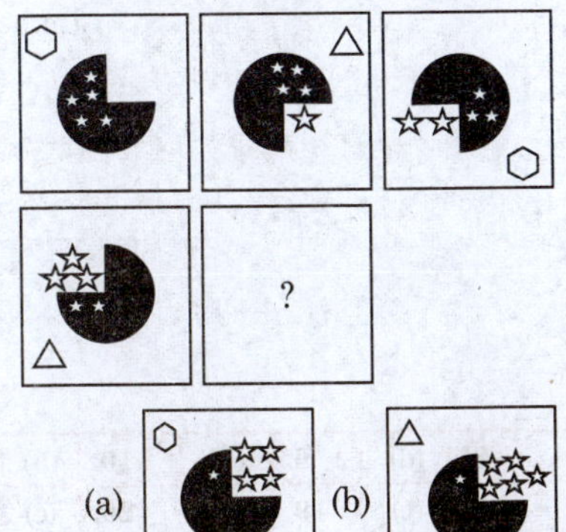

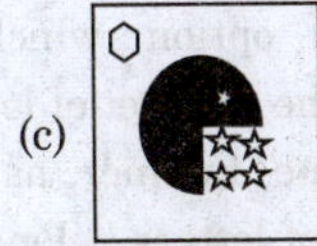

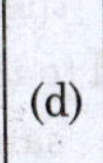

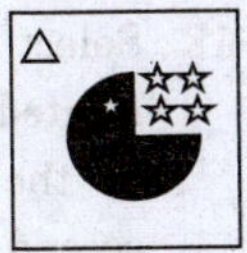

11. Statements:
All teachers are painters.
Some painters are rich.
Conclusion:
I. All painters are teachers.
II. Some rich are not painters.

कथन :
सभी शिक्षक चित्रकार हैं।
कुछ चित्रकार अमीर हैं।
निष्कर्ष :
I. सभी चित्रकार शिक्षक हैं।
II. कुछ अमीर चित्रकार नहीं हैं।

(a) केवल II अनुसरण करता है।
(b) न तो I न ही II अनुसरण करता है।
(c) केवल I अनुसरण करता है।
(d) या तो I या II अनुसरण करता है।

12. Two different positions of the same dice are shown, with six faces numbered from 1 to 6. Select the number which will be on the face opposite to the face showing '1'.

एक ही पासे की दो अलग-अलग स्थितियाँ दिखाई गई हैं। जिनमें छ: फलकों को 1 से 6 तक संख्यांकित किया गया है। उस संख्या का चयन करें, जो '1' दर्शाने वाले फलक के विपरीत फलक पर होगी।

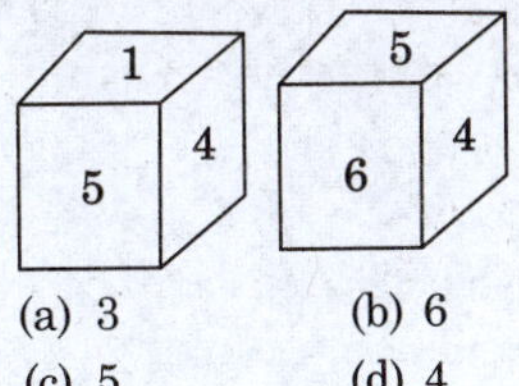

(a) 3 (b) 6
(c) 5 (d) 4

13. The ages of five sisters, Sita, Geeta, Babita, Lalita and Anita were compared. Geeta is older than Babita but younger than Sita. Lalita is the eldest. Babita is not the youngest. Who is the second eldest sister?

पाँच बहनों, सीता, गीता, बबिता, ललिता और अनीता की आयु की तुलना की गई। गीता, बबिता से बड़ी है, किंतु सीता से छोटी है। ललिता सबसे बड़ी है। बबिता सबसे छोटी नहीं है। दूसरी सबसे बड़ी बहन कौन है?

(a) गीता (b) बबिता
(c) सीता (d) अनीता

14. Find the correct mirror image of the given figure when the mirror is placed on the line MN.

जब दर्पण को रेखा MN पर रखा जाता है, तो दी गई आकृति का सही दर्पण प्रतिबिंब ज्ञात कीजिए।

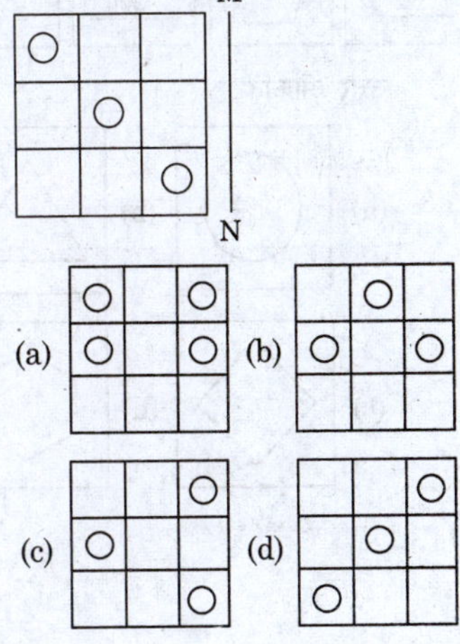

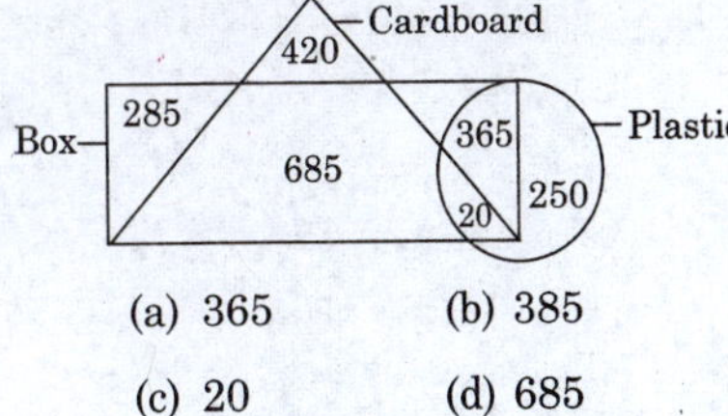

15. In the figure, how many of the boxes are made of both cardboard and plastic?

आकृति में कार्डबोर्ड और प्लास्टिक दोनों से कितने डिब्बे बने हैं?

Cardboard
420
285
Box
685
365
Plastic
250
20

(a) 365 (b) 385
(c) 20 (d) 685

16. The following questions, find the number of rectangles in the given figure.

प्रश्न में दी गयी आकृति में आयतों की संख्या ज्ञात कीजिए।

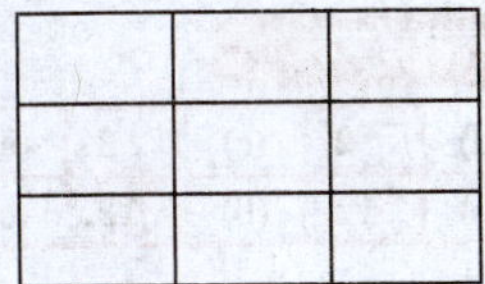

(a) 32 (b) 42
(c) 28 (d) 36

17. Select the appropriate Figure From the Answer Figure which will come in place the Question Mark.

उत्तर आकृतियों में से उपयुक्त का चयन करे जो प्रश्न चिह्न के स्थान पर आएगी।

प्रश्न आकृति

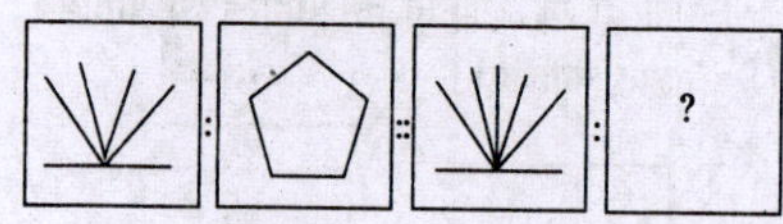

उत्तर आकृति

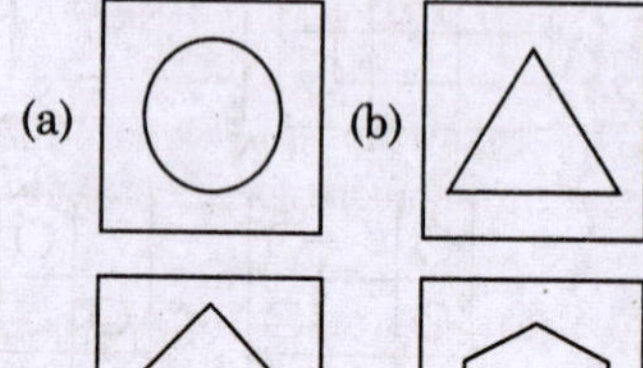

18. Select the option which is related to the fifth set of letters in the same manner as the second set of letters belongs to the first set of letters and the fourth set of letters belongs to the third set of letters.

उस विकल्प का चयन कीजिए जो पाँचवें अक्षर समूह से उसी प्रकार संबंधित है जिस प्रकार दूसरा अक्षर-समूह पहले अक्षर समूह से संबंधित है और चौथा अक्षर समूह तीसरे अक्षर-समूह से संबंधित है।

EGAK: WKSO :: JRCU: BVUY :: CLAG : ?

(a) IHEN (b) USPC
(c) UPSK (d) THAL

19. Find the missing term in following series.

दी गई श्रृंखला में लुप्त पद ज्ञात कीजिए।

12, ?, 82, 123, 168, 217

(a) 51 (b) 42
(c) 45 (d) 63

20. From its nest, a bird flew 25 m towards the North-East. Then it took a right turn and flew 7 m. Again, it took a right turn and flew 75 m. In which direction is the bird now from its nest.

एक पक्षी अपने घोंसले से 25 मीटर उत्तर-पूर्व की ओर उड़ गया। फिर यह दाहिनी ओर मुड़ा और 7 मीटर उड़ गया। फिर यह दाहिनी ओर मुड़ा और 75 मीटर उड़ गया। पक्षी अब अपने घोंसले से किस दिशा में है?

(a) उत्तर-पूर्व/North East
(b) पूर्व/East
(c) दक्षिण-पश्चिम/ South West
(d) उत्तर-पश्चिम/North West

उत्तरमाला

1.	(d)	2.	(c)	3.	(a)	4.	(a)	5.	(c)	6.	(d)	7.	(d)	8.	(d)	9.	(d)	10.	(a)
11.	(b)	12.	(b)	13.	(c)	14.	(d)	15.	(c)	16.	(d)	17.	(d)	18.	(c)	19.	(c)	20.	(c)

3 Practice Set

1. Four word clusters have been given, out of which three are alike in some manner and one is different. Select the word cluster that is different.
चार शब्द-समूह दिए गए हैं। जिनमे से तीन किसी-ना किसी रूप में एक जैसे है। और एक अलग है। तब भिन्न शब्द-समूह का चयन करे।
(a) मनोचिकित्सक
(b) कार्डियोलॉजिस्ट
(c) नेफ्रोलॉजिस्ट
(d) पल्मोनोलॉजिस्ट

2. Select the option which shows the correct order of the given words in the order in which they appear in the English dictionary.
उस विकल्प का चयन कीजिए, जो दिए गए शब्दों के उस सही क्रम को दर्शाता है, जिस क्रम में वे अंग्रेजी शब्दकोश में मौजूद होते हैं।
(1) Broken (2) Brochure
(3) Brown (4) Brothel
(5) Broom
(a) 1, 2, 5, 4, 3
(b) 2, 1, 5, 4, 3
(c) 2, 1, 5, 3, 4
(d) 2, 1, 4, 5, 3

3. Three different positions of the same dice are shown. Which alphabet will appear on the opposite surface on Which alphabet P appears?
एक ही पासे की तीन अलग-अलग स्थितियों को दिखाया गया है। विपरीत सतह पर कौन सा अक्षर दिखाई देगा जिस पर P अक्षर दिखाई देता है?

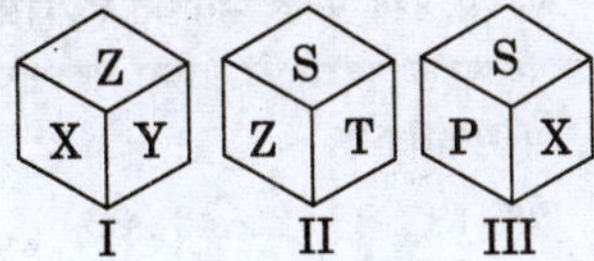

(a) Z (b) S
(c) T (d) X

4. If sign '+' is interchanged with '÷' and number '2' is interchanged with '6', which of the following equations would be-
यदि चिन्ह '+' को '÷' से बदल दिया जाता है और संख्या '2' को '6' से बदल दिया जाता है, तो निम्नलिखित में से कौन-सा समीकरण होगा?
(a) $8 + 6 \div 2 = 8$
(b) $2 + 8 \div 6 = 6$
(c) $2 + 8 \div 2 = 8$
(d) $2 + 6 \div 8 = 11$

5. Select the option that is related to the third term in the same way as the second term is related to the first term.
उस विकल्प का चयन करें जो तीसरे पद से उसी प्रकार संबंधित है जैसे दूसरा पद पहले पद से संबंधित है।
GTQ : JVP :: SDK : ?
(a) VFJ (b) UGF
(c) UEK (d) VGK

6. Select the option in which the given figure is embedded. (Rotation is not allowed).
उस विकल्प का चयन करें जिसमें दी गई आकृति सन्निहित है (घुमाने की अनुमति नहीं है।

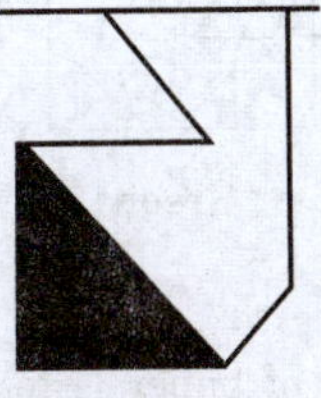

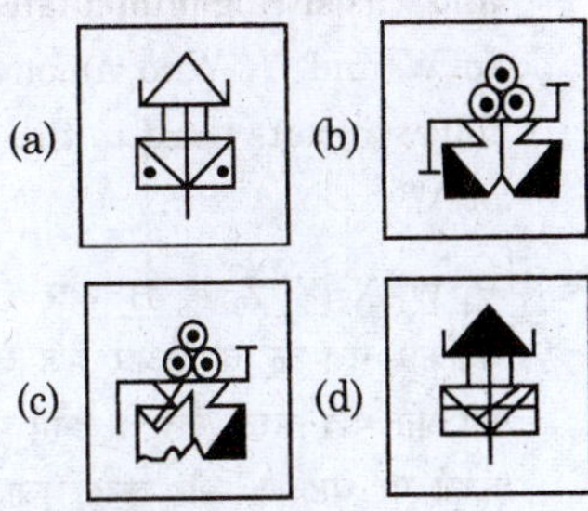

7. The following questions, find the number of triangles in the given figure.
प्रश्न में दी गई आकृति में त्रिभुजों की संख्या ज्ञात कीजिए।

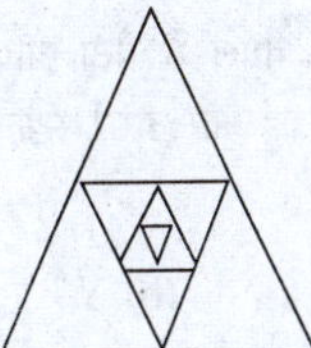

(a) 13 (b) 19
(c) 17 (d) 23

8. In a certain code, 'Kit Mit Fit' means 'I am laborious', 'Zit Rit Kit' means "laborious is dangerous' and 'Sit Fit Rit' means 'dangerous extremely painful'. Which code will refer to the word 'is'?
एक निश्चित कोड में 'Kit Mit Fit' का अर्थ 'I am laborious', "Zit Rit Kit' का अर्थ laborious is dangerous' और 'Sit Fit Rit' का अर्थ 'dangerous am painful' है, तो कौन सा शब्द 'is' का उल्लेख करता है?
(a) Kit
(b) Zit
(c) Rit
(d) Data inadequate/ डेटा अपर्याप्त

9. V, W, X, Y, Z, A, B and C were sitting around a square table facing towards the center of

the table. Some of them sat at the corners, and some of them sat in the middle of the sides. C sits immediate right of W. B sits third to the left of Z, A was sitting immediate next to X and C, Z did not sit at any corner, and was sitting immediate next to W and Y. Who among the following sits third to the right of A?

V, W, X, Y, Z, A, B और C एक वर्गाकार मेज के चारों ओर मेज के केंद्र की ओर मुख करके बैठे थे। इनमें से कुछ कोनों पर बैठे थे, और कुछ भुजाओं के ठीक मध्य में बैठे थे। C, W के दाई ओर ठीक बगल में बैठा था। B, Z के बाई ओर तीसरे स्थान पर बैठा था। A, X और C के ठीक बगल में बैठा था। Z किसी भी कोने पर नहीं बैठा था और W और Y के ठीक बगल में बैठा था। इनमें से कौन A के दाई ओर तीसरे स्थान पर बैठा था?

(a) B (b) Y
(c) Z (d) V

10. From the given alternalives, Select the figure which can come in place of the question mark (?) in the following Figure Series?

दिए गए विकल्पों में उस आकृति का चयन करे जो निम्नलिखित शृंखला में प्रश्नवाचक चिन्ह (?) का स्थान ले सकती है।

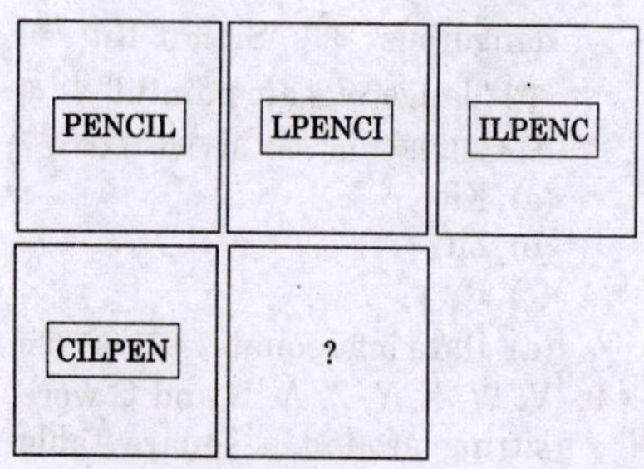

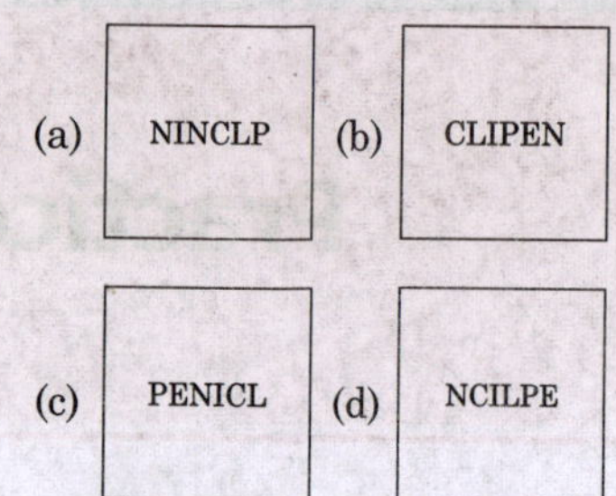

11. Find the missing term in the following series.

शृंखला में लुप्त पद ज्ञात कीजिए।

131, 132, 141, 166, 215, ?, 417

(a) 296 (b) 300
(c) 294 (d) 286

12. Find the correct mirror image of the given figure when the mirror is placed on the line MN.

जब दर्पण को रेखा MN पर रखा जाता हैं, तो दी गई आकृति का सही दर्पण प्रतिबिंब ज्ञात कीजिए।

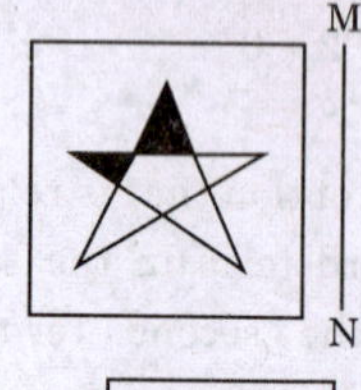

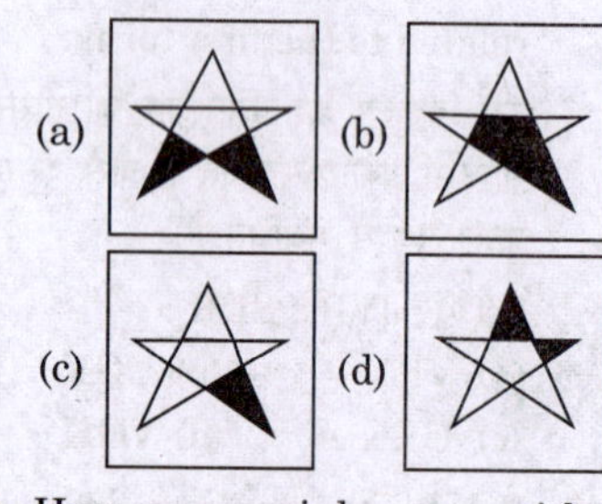

13. How many pinks are neither green nor yellow?

कितने गुलाबी न तो हरे हैं और न ही पीले हैं?

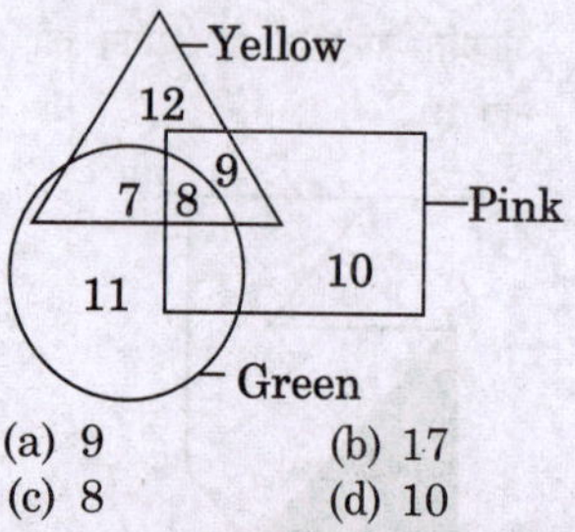

(a) 9 (b) 17
(c) 8 (d) 10

14. A piece of paper is folded and cut as shown below in the question figure. From the given answer figure, indicate how it will appear when opened?

कागज के एक टुकड़े को मोड़ा और काटा जाता है जैसा कि नीचे प्रश्न आकृति में दिखाया गया है। दिए गए उत्तर चित्र में बताएँ कि खोलने पर यह कैसा दिखाई देगा?

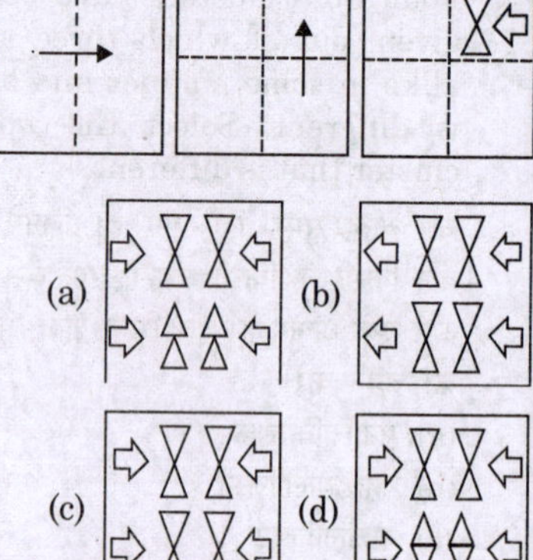

15. What day of week was on February 22, 2012?

22 फरवरी, 2012 को सप्ताह का कौन-सा दिन था?

(a) शुक्रवार (b) बुधवार
(b) मंगलवार (d) गुरुवार

16. Find the missing character from the given alternatives.

दिए गए विकल्पों में से लुप्त पद ज्ञात कीजिए।

80	64	48
112	96	80
232	216	?

(a) 219 (b) 225
(c) 230 (d) 200

17. Choose the option which is related to the third term in the same way as the second term is related to the first term and the sixth term is related to the fifth term.

उस विकल्प का चयन कीजिये, जो तीसरे पद से उसी प्रकार संबंधित है, जैसे दूसरा पद पहले पद से और छठा पद पाँचवें पद से संबंधित है।

25: 18 :: 37 : ? :: 49 : 36

(a) 30 (b) 27
(c) 29 (d) 32

18. In each of the following questions, which one set of letters when sequentially placed at the gaps in the given letters series shall complete.

निम्नलिखित श्रृंखला में प्रत्येक प्रश्न में अक्षरों का कौन-सा सेट/समूह, जो दी गई अक्षर श्रृंखला में रिक्त स्थानों पर क्रमिक रूप से रखा जाता है, इसे पूरा करेगा।

C_ _ SRCNP_ _ _N_SRC_PS_

(a) NPSRPCRN
(b) NPSRCPNR
(c) NPSRCPRN
(d) PSNRCPNR

19. If '@' means means 'addition', '%' multiplication, '$' means division, and '#' means subtraction, then find the value of the following expression.

यदि '@' का अर्थ जोड़, '%' का अर्थ गुणन, '$' का अर्थ विभाजन और '#' का अर्थ घटाव है, तो निम्नलिखित अभिव्यक्ति का मान ज्ञात कीजिए।

9 @ 114 $ 19 % 5 #21

(a) 32 (b) 18
(c) 26 (d) 20

20. If the given figure is folded to form a cube. Which symbol will come opposite to '&'?

यदि दी गई आकृति को मोड़कर एक घन बनाया जाए, तो '&' के विपरीत कौन-सा चिन्ह आएगा?

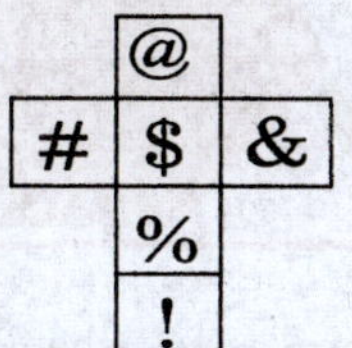

(a) % (b) #
(c) $ (d) @

उत्तरमाला

1.	(a)	**2.**	(b)	**3.**	(a)	**4.**	(d)	**5.**	(a)	**6.**	(b)	**7.**	(a)	**8.**	(b)	**9.**	(d)	**10.**	(d)
11.	(a)	**12.**	(d)	**13.**	(d)	**14.**	(c)	**15.**	(b)	**16.**	(d)	**17.**	(b)	**18.**	(b)	**19.**	(b)	**20.**	(b)

Practice Set

1. Which two signs should be interchanged to make the following equation correct?
निम्नलिखित समीकरण में किन दो चिन्हों को आपस में बदलना चाहिये ताकि इसे सही बनाया जा सके?
$4 \times 5 - 24 \div 12 + 8 = 14$
(a) + and ÷ (b) ÷ and ×
(c) + and – (d) × and +

2. When Abhimanyu Saw Mitu, he recalled "She is the daughter of his father's Mother's only son's wife." How is Mitu related to Abhimanyu?
जब अभिमन्यु ने मीतू को देखा, तो उसने याद किया, "वह उसके पिता की माँ के इकलौते बेटे की पत्नी की बेटी है।" मीतू, अभिमन्यु से किस प्रकार संबंधित है?
(a) चाची/Aunt
(b) माँ/Mother
(c) बहन/Sister
(d) भतीजी/Niece

3. Choose the option which is related to 3rd term in the same way as 2nd term is related to 1st term and 6th term is related to 5th term.
उस विकल्प का चयन करें, जो तीसरे पद से उसी प्रकार संबंधित है जिस प्रकार दूसरा पद पहले पद से संबंधित है और छठा पद पाँचवें पद से संबंधित है।
400 : 200 :: 248 : ? :: 256 : 128
(a) 148 (b) 200
(c) 124 (d) 114

4. Select the option which is embedded in the question Figure.
उस विकल्प का चयन करें जो प्रश्न आकृति में सन्निहित है।

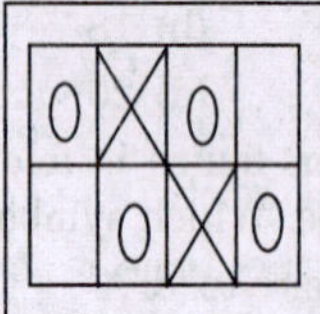

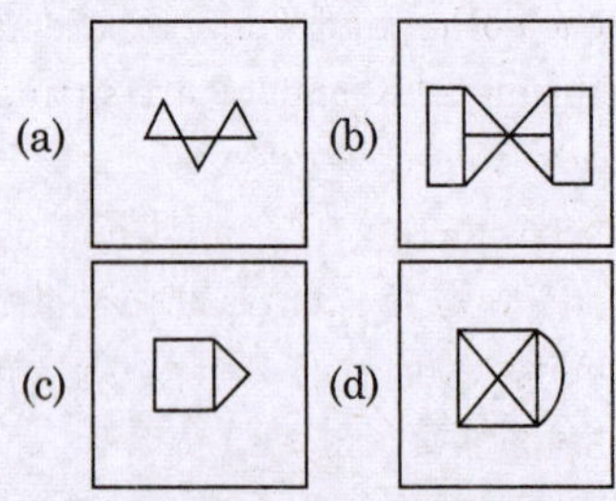

5. If the given sheet is folded to form a cube, which of the given figures is/are possible?
यदि दी गई शीट को घन बनाने के लिए मोड़ा जाता है तो दी गई आकृतियों में से कौन-सी संभव है?

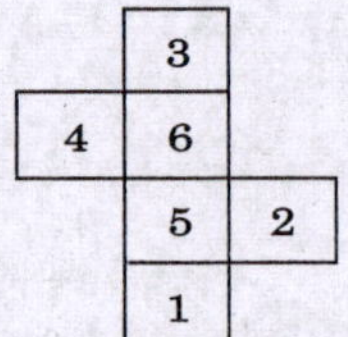

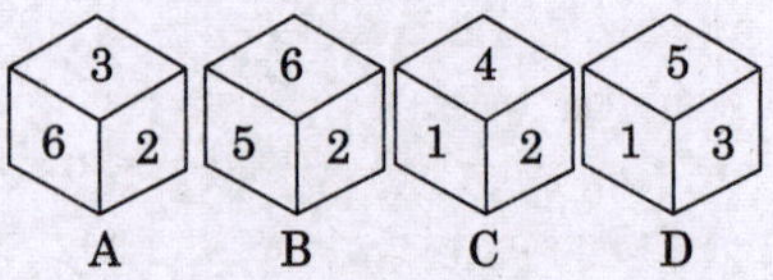

(a) A and C (b) Only A
(c) A and B (d) Only D

6. Sulochana is standing in a park facing east. Then she turns 45 degrees clockwise and then 135 degree anti-clockwise. In which direction is she facing now?
सुलोचना एक पार्क में पूर्व दिशा की ओर अभिमुख होकर खड़ी है। फिर वह 45 डिग्री दक्षिणावर्त मुड़ती है और उसके बाद 135 डिग्री वामावर्त मुड़ती है। वह अब किस दिशा की ओर अभिमुख है?
(a) उत्तर-पूर्व/North-east
(b) दक्षिण/South
(c) उत्तर/North
(d) उत्तर-पश्चिम/North&west

7. What will be the angle between the hour hand and the minute hand when the hands of the clock reach 5:10?
जब घड़ी की सुईयाँ 5:10 पर आती है तो घंटे की सुई और मिनट की सुई के बीच का कोण क्या होगा?
(a) 95° (b) 155°
(c) 150° (d) 55°

8. Which of the following diagrams best indicate the relation between Intelligence, Anxiety and Strength?
निम्नलिखित में से कौन सा आरेख बुद्धि, चिंता और शक्ति के बीच संबंध को सबसे अच्छी तरह दर्शाता है?

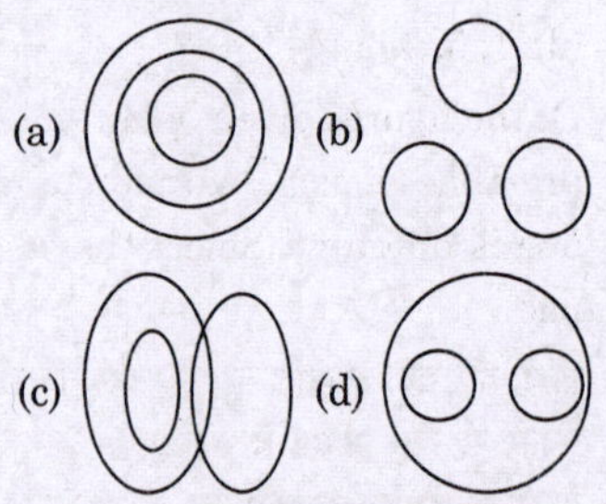

9. Find the missing character from the given alternatives.
दिए गए विकल्पों में से लुप्त पद ज्ञात कीजिए।

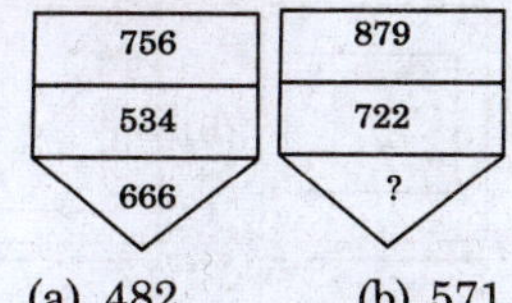

(a) 482 (b) 571

(c) 562 (d) 471

10. In a certain code language 'OIL' is coded as 27, and 'CREAM is coded as 125. How will 'POWDER' be coded in that code language.

एक निश्चित कूट भाषा में 'OIL' को 27 के रूप में कूटबद्ध किया जाता है, और 'CREAM' को 125 के रूप में कूटबद्ध किया जाता है। उसी कूट भाषा में 'POWDER' को किस प्रकार कूटबद्ध किया जाएगा?

(a) 198 (b) 169

(c) 216 (d) 225

11. Select the correct option which shows the arrangement of the following words in a logical and meaningful order.

उस सही विकल्प का चयन कीजिए, जो निम्नलिखित शब्दों की व्यवस्था को तार्किक और अर्थपूर्ण क्रम में दर्शाता है।

1. लेफ्टिनेन्ट 2. एडमिरल
3. कमाण्डर 4. कोमोडोर
5. केप्टन

(a) 2, 3, 5, 4, 1

(b) 1, 5, 3, 4, 2

(c) 1, 3, 5, 4, 2

(d) 1, 5, 4, 2, 3

12. Of the figures given below, four are alike in some manners and one is different. Select the odd one.

नीचे दी गई आकृति में से चार किसी प्रकार से एक समान हैं और एक असगंत है, उस असंगत आकृति का चयन करें।

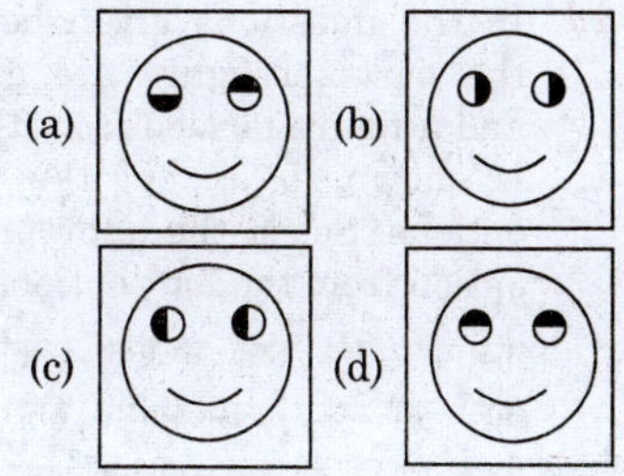

13. Read the given information carefully and answer question that follows.

'I', 'J', 'K', 'L' and 'M' are sitting in a row facing north but not necessarily in the same order. 'L' and 'I' are sitting next to each other and 'I' and 'K' are at the ends. 'K' and 'M' are sitting next to each other.

Who among the following is sitting at the centre of the row?

दी गई जानकारी को ध्यान से पढ़े और नीचे दिए गए प्रश्न का उत्तर दें।

'I', 'J', 'K', 'L' और 'M' एक पंक्ति में उत्तर की ओर मुख करके बैठे हैं, लेकिन जरूरी नहीं कि इसी क्रम में हो। 'L' और 'I' एक दूसरे के बगल में बैठे हैं और 'I' और 'K' छोरों पर हैं। 'K' और 'M' एक दूसरे के बगल में बैठे हैं। निम्नलिखित में से कौन पंक्ति के बीच बैठा है?

(a) M (b) L

(c) J (d) I

14. Select the letter clauses that can replace the question mark in the following series.

निम्नलिखित श्रृंखला में उस अक्षर ख़ंड का चयन करें जो प्रश्नवाचक चिन्ह को प्रतिस्थापित कर सकता है।

QNR, WRU, CVX, IZA, ?

(a) OHD (b) ODD

(c) PND (d) PHD

15. श्रृंखला में अगली आकृति कौन-सी है।

What is the next Figure in the series.

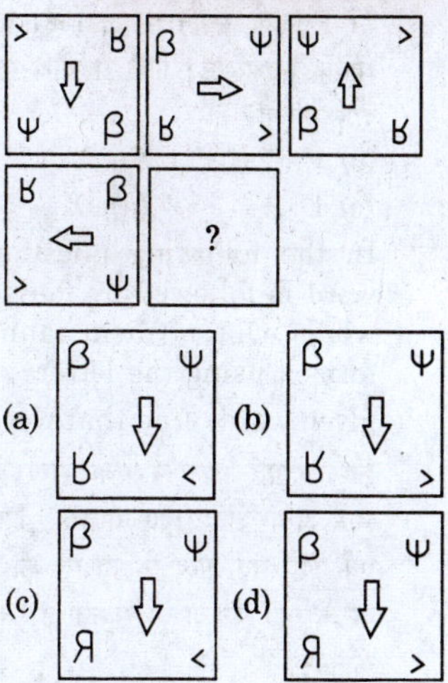

16. Statements:

Some roads are metros.

Some metros are cars.

Conclusion:

I. All cars are either roads or Metros.

II. Some cars are metros

कथन:

कुछ सड़के मेट्रो हैं।

कुछ मेट्रो कार हैं।

निष्कर्ष:

I. सभी कारें या तो सड़कें हैं या मेट्रो हैं।

II. कुछ कारें मेट्रो हैं।

(a) केवल निष्कर्ष I सही है।

(b) न तो निष्कर्ष I और न ही निष्कर्ष II सही है।

(c) केवल निष्कर्ष II सही है।

(d) या तो निष्कर्ष I या II सही है।

17. Seven runners (Athletes) A, B, C, D, E, F and G participate in a race. E is ahead of A but behind from F. D is ahead of only two athletes. G is running last. C is running behind only two athletes. F is not at first position. Which athlete is running fourth from the back?

सात धावक (एथलीट) A, B, C, D, E, F और G एक दौड़ में भाग लेते हैं। E, A से आगे हैंए किंतु F से पीछे है। D केवल दो धावकों (एथलीट्स) से आगे है। G सबसे पीछे दौड़ रहा है। C केवल दो धावकों (एथलीट्स) से पीछे दौड़ रहा

है। F पहले स्थान पर नहीं है। कौन-सा धावक (एथलीट) पीछे से चौथे स्थान पर दौड़ रहा है?

(a) C (b) A
(c) E (d) D

18. In the following questions, a word is followed by four other words. One of them cannot be formed using the letters of the given word. Find that word?

निम्नलिखित प्रश्न में एक शब्द के बाद चार अन्य शब्द दिए गए हैं, जिनमें से एक दिए गए शब्द के अक्षरों का उपयोग करके नहीं बनाया जा सकता है। वह शब्द कौन-सा है।

GYMNASTIC

(a) MAN (b) STICK
(c) GYM (d) AIM

19. In the questions given below, the parts of figure are given and a figure formed from them is shown in one of the four options. Select the appropriate option from the four options.

नीचे दिए गये प्रश्नों में एक आकृति के अंशों को देकर उनसे निर्मित होने वाली एक आकृति को चार विभिन्न विकल्पों में से किसी एक में दर्शाया गया है।

चार विकल्पों में से उपयुक्त विकल्प का चयन करें।

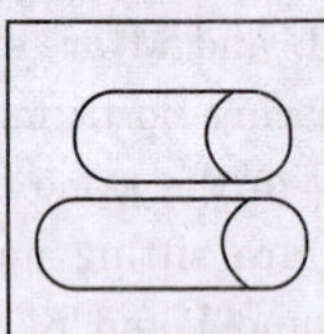

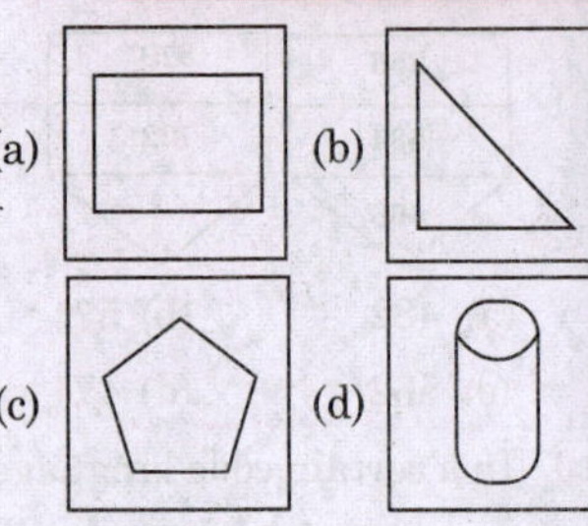

20. In a cricket match, every playe of both the teams shook hand with each other. How man times in total were hand Shook?

एक क्रिकेट मैच में दोनों टीमों के प्रत्ये खिलाड़ियों ने एक-दूसरे से हाथ मिलाय कुल कितनी बार हाथ मिलाये गये?

(a) 55 (b) 121
(c) 231 (d) 220

उत्तरमाला

1.	(c)	2.	(c)	3.	(c)	4.	(c)	5.	(c)	6.	(c)	7.	(a)	8.	(b)	9.	(d)	10.	(c)
11.	(c)	12.	(a)	13.	(c)	14.	(b)	15.	(b)	16.	(c)	17.	(c)	18.	(b)	19.	(d)	20.	(c)

5 Practice Set

1. Arrange the words given below in the sequence of their positions in an organization.

नीचे दिए गए शब्दों को किसी संगठन में उनके पदों के अनुक्रम में व्यवस्थित करें।

1. सहायक प्रबंधक
2. प्रबंधक
3. उप महाप्रबंधक
4. वरिष्ठ प्रबंधक
5. मुख्य कार्यकारी अधिकारी

(a) 1, 2, 4, 3, 5
(b) 2, 3, 1, 4, 5
(c) 1, 3, 2, 4, 5
(d) 2, 1, 3, 5, 4

2. If the given sheet is folded to form a cube, then which letter-number will be on the face opposite to the face bearing letter-number 'A1' in the cube formed? (Elements are shown only to indicate faces.)

यदि दी गई शीट को मोड़कर एक घन बनाया जाए, तो निर्मित घन में अक्षर संख्या 'A1' वाले फलक के विपरीत फलक पर कौन-सी अक्षर संख्या होगी? (एलिमेंट केवल फलकों को इंगित करने के लिए दिखाए गए हैं)

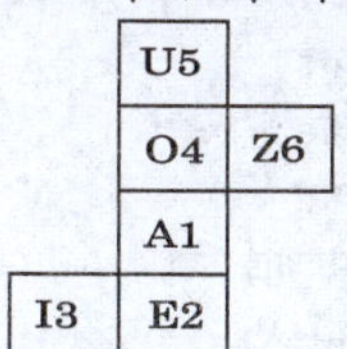

(a) O4 (b) I3
(c) E2 (d) U5

3. Four number clusters have been given, out of which three are alike in some manner and one is different. Select the number cluster that is different.

चार संख्या समूह दिए गए हैं, जिनमें से तीन किसी न किसी रूप में एक जैसे हैं और एक अलग है। भिन्न संख्या समूह का चयन करें।

(a) 15-135 (b) 11-89
(c) 18-162 (d) 13-117

4. आकृति में त्रिभुजों की संख्या ज्ञात कीजिए।

Find the number of triangles in the given figure.

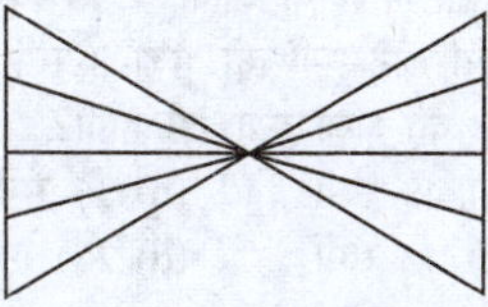

(a) 18 (b) 22
(c) 20 (d) 24

5. Select the word pair that best represents the same relationship expressed in the pair of words given below represents well.

उस शब्द-युग्म का चयन करें, जो नीचे दिए गए शब्दों के युग्म में व्यक्त किए गए समान संबंध का सबसे अच्छा निरूपण करता है।

राजा : महल

(a) मधुमक्खी : शहद
(b) साध्वी : मठ
(c) बर्फ : इग्लू
(d) घोड़ा : मांद

6. M is the son of P. Q is the granddaughter of O who is the husband of P. How is M related to O?

M, P का पुत्र है। Q,O की पोती है जो P का पति है। M का O से क्या संबंध है?

(a) पुत्र / Son
(b) पुत्री/Daughter
(c) माता/Mother
(d) पिता/Father

7. In a certain code language, 'CURD' is written as '342184' and 'BREAD' is written as 2181024'. How will 'BUTTER' be written in that language?

एक निश्चित कूट भाषा में, CURD को 342184 लिखा जाता है और BREAD को 2181024 लिखा जाता है। उसी भाषा में BUTTER को क्या लिखा जाएगा?

(a) 2212020518
(b) 442201018
(c) 421201018
(d) 24220201018

8. Select the option in which the given figure is embedded. (Rotation is NOT allowed).

उस विकल्प का चयन करें जिसमें दी गई आकृति सन्निहित है। (घुमाने की अनुमति नहीं है।

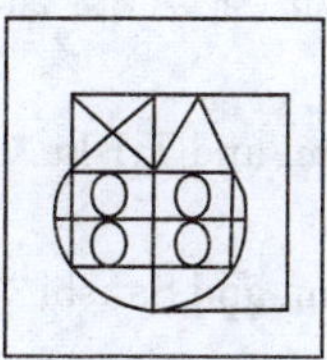

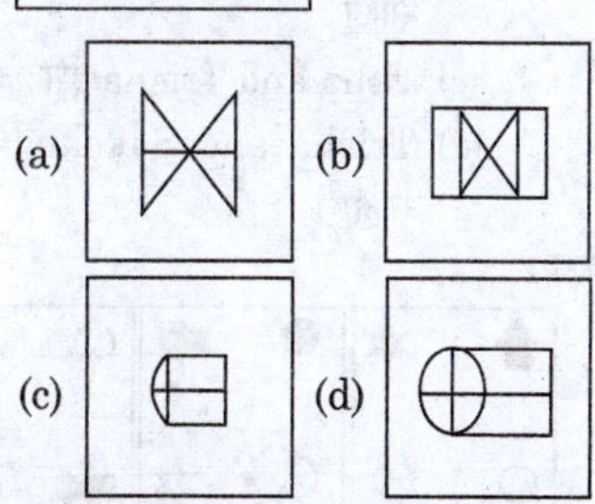

9. Choose the figure that best represents the relationship among the classes given below.

Apple, Banana, Fruits and Papaya

उस आकृति का चयन करें, जो निम्नलिखित श्रेणियों के बीच के संबंध को सर्वोत्तम ढंग से निरूपित करती हो।

सेब, केला, फल और पपीता

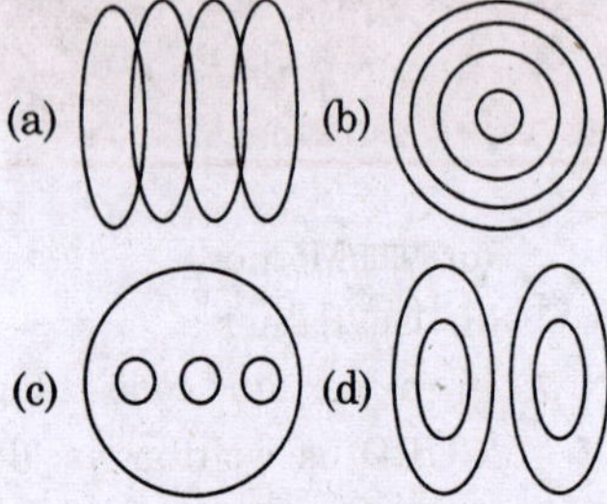

10. Pratik, Esha, Rashmi, Sakshi and Trisha are sitting on a bench facing towards the North. Trisha and Esha are sitting together. Trisha and Rashmi are sitting together, Pratik is on the extreme left, Esha is second from extreme right. Who is sitting between Pratik and Esha ?

प्रतीक, ईशा, रश्मि, साक्षी तथा तृषा उत्तर की ओर मुख करके एक बेंच पर बैठे हुए हैं। तृषा तथा ईशा एक साथ बैठे हैं। तृषा तथा रश्मि एक साथ बैठी हैं। प्रतीक सबसे बायीं ओर है। ईशा दायीं ओर से दूसरी है। प्रतीक और ईशा के बीच कौन बैठा / बैठी है?

(a) Rashmi and Trisha/रश्मि और तृषा
(b) Rashmi and Sakshi/रश्मि और साक्षी
(c) Esha and Trisha/ईशा और तृषा
(d) Trisha and Sakshi/तृषा और साक्षी

11.

?

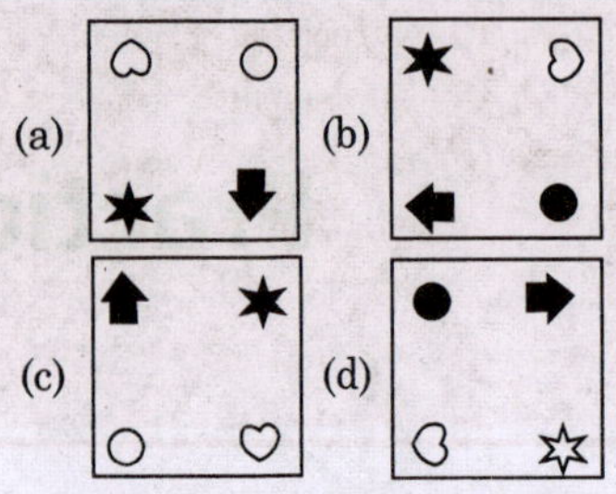

12. A large cube is divided into 216 smaller cubes. The side of the smaller cubes obtained from this division is 8 cm. What would have been the side of the bigger cube?

एक बड़े घन को 216 छोटे घनों में विभाजित किया जाता है। इस विभाजन से प्राप्त छोटे घनों की भुजा 8 सेमी है। बड़े घन की भुजा क्या रही होगी?

(a) 48 सेमी (b) 36 सेमी
(c) 42 सेमी (d) 25 सेमी

13. Select the correct mirror image of the given combination when the mirror is placed at MN as per the figure below.

दर्पण को नीचे चित्र के अनुसार 'MN' पर रखे जाने पर दिए गए संयोजन के सही दर्पण प्रतिबिंब का चयन करें।

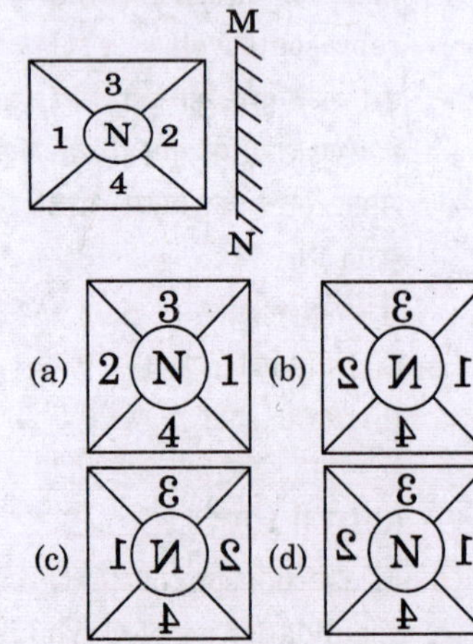

14. In each of the following questions, which one set of letters when sequentially placed at the gaps in the given letters series shall complete.

निम्नलिखित शृंखला में प्रत्येक प्रश्न में, अक्षरों का कौन-सा सेट/समूह, जो दी गई अक्षर शृंखला में रिक्त स्थानों पर क्रमि रूप से रखा जाता है, इसे पूरा करेगा।

LK_JIL_CJ_L_EJILKG_I

(a) A K I K J (b) K I J K A
(c) K A I J K (d) A I J K K

15. Replace the question mark wit an option that follows the sam logic applied in the first pair.

प्रश्न चिह्न को उस विकल्प से प्रतिस्थापि कीजिए जो प्रथम युग्म में लागू तर्क क अनुसरण करता है।

ACT : KCD :: EAR : OAB :: EY

(a) OZO (b) OYE
(c) OYN (d) OYO

16. Find the missing charact from the given alternatives.

दिए गए विकल्पों में से लुप्त पद ज्ञ कीजिए।

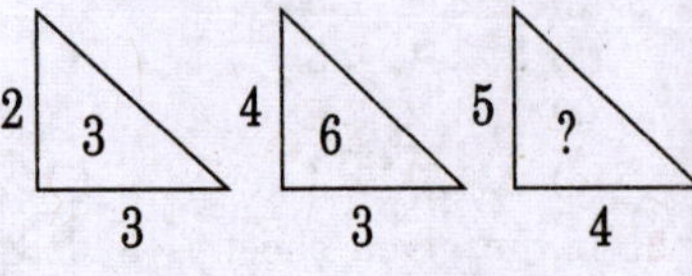

(a) 8 (b) 16
(c) 12 (d) 10

17. In how much time will a monk reach the top of an 84 feet lo tree? If he goes up 3 feet in o second and immediately slid down 2 feet.

कितने समय में एक बंदर 84 फीट त पेड़ के शीर्ष पर पहुँच जायेगा, यदि व एक सेकंड में 3 फीट ऊपर जाता है अ तुरंत 2 फीट फिसल कर नीचे आता है

(a) 81 सेकंड
(b) 82 सेकंड
(c) 84 सेकंड
(d) इनमें से कोई नहीं

18. Statements:

All pencils are colours.
All colours are paint.
Some paints are pictures.

Conclusion:

I. Some pencils are pictures.
II. Some paint are colour.
III. Some colours are pencils.

कथन :

सभी पेंसिलें रंग हैं।

सभी रंग पेंट हैं।

कुछ पेंट चित्र हैं।

निष्कर्ष:

I. कुछ पेसिलें चित्र हैं।

II. कुछ पेंट रंग हैं।

III. कुछ रंग पेंसिलें हैं।

(a) केवल निष्कर्ष I और II अनुसरण करते हैं।

(b) केवल निष्कर्ष I और III अनुसरण करते हैं।

(c) सभी निष्कर्ष अनुसरण करते हैं।

(d) केवल निष्कर्ष II और III अनुसरण करते हैं।

19. Direction: Select the most appropriate Venn Diagram from the given Venn diagrams

प्रश्न में दिये गये शब्दों के लिए दिये गये वेन आरेखों में से सबसे उपयुक्त वेन आरेख का चयन करें।

पेंसिल (Pencil), रबड़ (Rubber), शार्पनर (Sharpener)

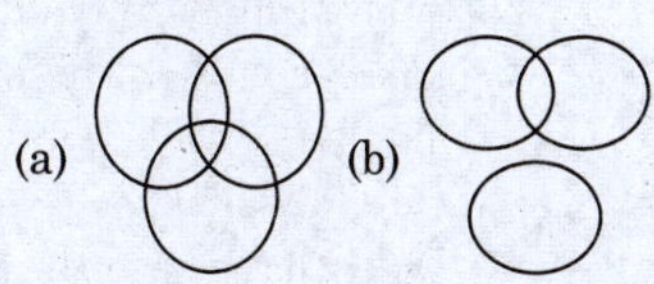

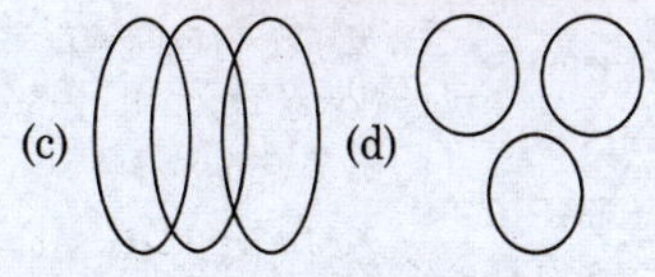

20. Which two numbers should be interchanged to make the given equation correct?

दिए गए समीकरण को सही बनाने के लिए किन दो संख्याओं को आपस में बदलने की आवश्यकता है?

$9 + 4 \div 2 - 6 \times 3 = 4 \div 3 \times 6 - 9 + 1$

(a) 6 and 3 (b) 4 and 9

(c) 4 and 2 (d) 6 and 4

उत्तरमाला

1.	(a)	**2.**	(d)	**3.**	(b)	**4.**	(c)	**5.**	(b)	**6.**	(a)	**7.**	(d)	**8.**	(c)	**9.**	(c)	**10.**	(a)
11.	(c)	**12.**	(a)	**13.**	(b)	**14.**	(a)	**15.**	(d)	**16.**	(d)	**17.**	(b)	**18.**	(d)	**19.**	(d)	**20.**	(d)